한국장로교회사

한국장로교회사
고신교회중심

허순길 박사 저

도서
출판 영문

A HISTORY OF THE KOSIN PRESBYTERIAN CHURCH IN KOREA

Soon-Gil Hur, Th.D.

2008
YOUNG-MOON PUBLISHING CO.

머 리 말

장로교 고신 교회가 지난 2002년 9월 설립 50주년 희년을 축하했다. 이 교회가 반세기 역사를 축하했지만 50년 전에 갑자기 시작된 교회는 아니다. 1884년에 이 땅에 뿌리를 처음 내린 한국장로교회의 역사의 맥을 바로 이어오고 있는 교회라 할 수 있다. 한국 장로교회는 1938년 9월 제27회 총회에서 신사참배를 하기로 공적으로 결의하여 배교(背敎)하게 되므로, 당시 제도로서의 한국 장로교회는 배교 단체가 되어버린 것이다. 해방 후 경남노회가 1946년 9월에 설립된 "고려신학교"를 중심으로 지난날 총회가 범한 배교의 죄를 공적으로 참회하고 한국 장로교회의 재건에 임하자는 호소를 안팎으로 했으나, 배교한 제도상의 교회를 이어온 교권세력은 이 호소를 일축하고, 1951년 제36총회에서 경남(법통)노회를 마침내 제도권 밖으로 축출해 버렸다. 이 축출 당한 교회들은 일제시 범한 죄에 대한 공적 참회와 개혁을 통해 교회를 재건하고 "대한 예수교 장로회 헌법대로의 전통적인 장로회 총회를 계승"[1] 하기 위해 1952년 9월 11일 "대한 예수교 장로교(고신) 총노회(總老會)"를 조직함으로 고신 교회의 출발을 보았었다. 그러기에 고신교회는 외형적인 제도상의 연속성이나, 교회 수의 많고 적음에 관계없이 본질적으로 한국 장로교회의 역사와 전통을 바로 이어 온 교회라 할 수 있다. 이런 차원에서 본서는 한국장로교회의 개척시대부터 다루게 되었다. 1952년 이후의 고신 교회 역사 50년은 한국 장로교회의 신학과 생활의 역사적인 전통을 바르게 이은 개혁된 참된 한국 장로교회의 역사로 보게 되는 것이다.

저자는 고신 교회사를 씀에 있어서 개혁주의 신앙고백에 기초한 사관(史觀)을

---

1) 1952년 10월 16일자 발표한 "대한 예수교 장로회 총노회 발회식 선언문" 참조.

가지고 임하였다. 종래의 대부분의 교회사는 일반적으로 교회의 확장을 중심으로 한 선교사적 관점에서 쓰여져 왔다. 그런데 근래에 한국 교회사를 쓰는 분들 가운데는 민족사적 입장에서 혹은 민중운동사적 입장에서 쓰는 분들이 있게 되었다. 이런 분들에게는 교회의 머리 곧, 교회의 왕이 되시는 그리스도의 역사적 통치와 간섭이 간과되고, 민족, 혹은 민중이 역사의 중심을 이루게 된다. 이런 교회사관을 가진 분들은 필연적으로 인본주의적 입장에서 교회사를 볼 수밖에 없다. 교회사에 민족이나 민중이 중심이 될 수 없다. 교회가 피상적으로는 인간 공동체로 보이지만, 실질적으로는 거듭난 새 인간 공동체로 그리스도의 왕권 아래 살아가는 초자연적 공동체이다. 그러기에 세상의 일반공동체와 교회공동체는 본질적으로 다르다. 교회는 각 민족 속에서 자기 고유한 사명을 위해 부름 받은 구별된 "백성"이요, 그리스도가 그의 구원사(救援史)를 이루기 위해 사용하시는 빼신 "백성"이다. 교회는 그리스도의 말씀을 절대적인 생활의 법으로 삼으며, 그의 왕권의 지배 아래 그의 사명을 이행하며 살아가는 공동체이다. 이런 교회관은 그리스도 중심의 역사관을 요구하게 된다. 그래서 저자는 다음 두 가지 전통적 개혁주의 신앙 고백 관점에서 사실(史實)을 살피려고 노력했다.

첫째, 그리스도가 교회의 주요 왕이라는 신앙고백 위에서이다. 장로교회는 "이 교회는 주 예수 그리스도의 왕국이요, 하나님의 집이요 권속이다"[2] 라고 신앙을 고백한다. 이는 그리스도가 교회의 왕이심을 고백하는 것이다. 이 고백은 단순한 하나의 이념이나 교리의 고백이 아니다. 그리스도는 과거에만 교회의 왕으로 존재한 것이 아니라, 현재도 하늘과 땅의 모든 권세를 가지시고 하나님 우편에 앉아 계시면서 지상에 있는 그의 교회를 위해 일하시고 계신다는 실질적인 진리를 고백하는 것이다(마29:18, 19, 엡1:20-23, 히13:8). 그는 "이제도 계시고 전에도 계시고 장차 오실 이"이시다(계1:4). 장로교회와 신앙과 신학의 전통을 공유하고 있는 구미의 "개혁교회"는 교회에 대한 신앙고백에서 "하나님의 아들

---

[2] 웨스트민스터 신앙고백 25:2

이 온 인류로부터 세상 처음부터 끝까지 영생으로 선택된 교회를 그의 말씀과 성령으로 자기를 위해 모으시고, 지키시고, 보존하신다"[3]고 한다. 교회의 왕이신 그리스도는 피흘려 구원한 지상의 자기 교회를 순간이라도 잊거나 관계를 단절하는 일이 없다(시 121:3, 4). 교회는 그의 왕국이기 때문이다. 그래서 지난날의 교회의 사실(史實)들을 통해 교회의 왕이신 그리스도께서 은혜 가운데 계속 그의 교회를 모으시고, 지키시고, 보존해 가심을 보는 것이다.

그리스도는 교회의 주요 왕이기 때문에 그의 백성인 교회에 순종의 생활을 요구하신다(요 14:23, 15:10). 교회에서 왕이신 그리스도의 말씀은 곧 교회의 법이다. 교회는 본질적으로 그의 말씀과 성령으로 세상으로부터 불러냄을 입고 중생을 통해 새로 지음을 받은 피조물들의 공동체요, 그의 백성이다. 그래서 교회는 그의 말씀에 순종하고 충성할 사명을 가진다(마 22:37). 교회가 그의 요구를 따라 살면 사는 만큼 그 교회는 아름다워지고 참된 교회가 되며, 그의 기뻐하심의 대상이 된다. 그러나 그의 요구에 불순종하게 될 때 그의 노여움을 사게 된다. 중생한 성도라도 아직 육신에 거하는 동안은 부패성을 가지고 있어 이따금 불순종하고 실수를 범하게 되는 것처럼, 이런 불완전한 성도들로 이루어진 공동체인 교회도 이따금 불성실하고 실수를 범할 때가 있다. 그러나 회개와 개혁이 있는 곳에는 주의 인자하심이 따르게 된다.

교회사는 왕이신 그리스도께서 그의 교회에 내리시는 시혜(施惠)와 권징의 흔적을 보여준다. 물론 인간이 그리스도께서 통치해 가시는 신비한 역사의 흔적을 모두 밝히 찾아 드러낼 수는 없는 것이다. 그러나 신앙의 눈으로 그의 계시된 말씀을 따라 사실(史實)을 관찰하게 될 때, 그의 통치가 주는 어느 정도의 의미를 발견할 수 있게 된다. 그래서 우리는 역사라는 일반계시 속에서 주께서 주시는 교훈을 얻을 수 있다. 구약시대의 구원의 역사가 그의 교회에 "거울이 되어" 교훈을 주듯(고전 10:1-13), 신약시대의 구원의 역사도 본질적으로 같은 교훈을 주는 것이다. 교회사는 맹목적인 사실(史實)들의 수집과 연결이 아니고, "산 자"

---

[3] 하이델베르그 교리문답 54

(The Living)⁴⁾ 이신 교회의 왕 그리스도의 통치의 흔적이며 미래를 위해 교훈을 담은 교과서이기도 하다.

둘째, 교회는 하나라는 신앙고백 위에서이다. 사도적인 신앙고백은 "하나의 거룩한 보편교회"(a Holy Catholic Church)를 믿는다. 교회는 하나이다. 그런데 이 하나의 교회는 "사도들과 선지자들의 터" 위에 서 있는 교회를 말하고 있다. 교회사는 본질적으로 사도행전에 나타난 하나의 사도적인 교회를 이어오는 역사이다. 사도적 신앙의 터전을 벗어난 집단은 이 교회의 범주 속에 들어 갈 수 없다. 이들은 스스로 교회라 주장하나 실상 그리스도의 교회는 아니다. 물론 지상의 교회가 다 순전하고 완전할 수는 없다. 그래서 장로교 신앙고백은 "개 교회는 복음의 교리를 가르침과 받아들이는 일, 규례의 집행, 그리고 공적 예배가 얼마나 순수하게 시행되느냐에 따라 그 교회의 순수성에 차이가 있다"⁵⁾고 한다. 그러면서 이 신앙고백은 "어떤 교회는 그리스도의 교회라 하기 보다 사단의 회가 될 정도로 타락했다"⁶⁾고 하므로 어떤 교회가 하나의 거룩한 보편적인 사도적 교회의 범주를 벗어나기까지 변질될 수 있다는 위험을 경고했다. 어떤 교회가 "사단의 회가 될 정도로 타락"했을 때, 그 집단은 "하나의 거룩한 보편교회"의 범주에서 이미 벗어난 것이다.

이 세상에는 종종 사단의 회가 될 정도로 타락하고 변질된 종파들(sects)이 교회라는 이름을 스스로 내세우고 있어 사도적인 참 교회를 분별하기가 매우 어렵게 되어 있다. 그래서 개혁교회 신앙고백은 참 교회를 분별할 수 있는 표지로 "순수한 복음의 전파(설교)", "그리스도가 세우신 성례의 순수한 집행", "죄를 교정하고 벌하기 위한 권징" 세 가지를 들었다.⁷⁾ 저자는 교회에 대한 이런 개혁주

---

4) 계 1:17, 18 "나는 처음이요 나중이니 곧 산 자라 내가 전에 죽었었노라. 볼지어다 이제 세세토록 살아 있어 사망과 음부의 열쇠를 가졌노니…"
5) 웨스트민스터 신앙고백 25:4
6) Ibid. 25:5
7) 벨직신앙고백 제29장; "The true Church is to be recognized by the following marks; It practises the pure preaching of the gospel. It maintains the pure administration of

의 신앙고백을 마음에 새기면서 사실을 살폈다. 그러기에 정통이 있기 전에 하나의 교회가 있다는 전제 아래 교회의 교리적 순수성을 경시하는 오늘날의 소위 교회일치주의자들(Ecumenists)과는 매우 다른 관점과 입장에서 본 교회사를 썼다.

끝으로 독자들에게 이해를 구하고자 한다. 사실(史實)을 정확하게 살피려 최선을 다했으나 혹 오류가 있을 수 있을 수 있음을 인정한다. 그리고 어떤 사실에 대한 견해는 사학자에 따라 다를 수 있다. 저자의 견해도 주관적일 수 있다는 것도 인정한다. 이 모든 것에 대한 책임은 전적으로 본인에게 있다. 어떤 복잡한 문제가 얽혀 있는 민감한 사항들에 관하여는 객관성을 지키려 노력했지만 만족스럽게 여겨지지 않는다. 독자의 이해를 구한다. 50년이란 짧은 고신 역사이지만 그 동안 크고 작은 사건들이 많이 있었다. 이 사건들과 관련하여 현역에서 은퇴하신분 뿐 아니라, 아직 목회 현장에서 봉사하고 계시는 분들이 거명되었을 수 있다. 이에 대해서도 깊은 이해가 있기를 바란다. 지난 10여 년간의 세밀한 역사는 대부분 다음 세대의 역사저술에 맡기고 언급을 피했다. 사실을 살피고 조명하기에는 너무 이르고, 대부분의 주역들이 아직 역사의 현장에서 봉사하고 있기 때문이다.

원래 이 책은 장로교 고신 교회 50주년 희년 기념으로 2002년도에 출판이 되었다. 이후 몇 년이 지나지 않았지만 약간의 증보와 재판을 필요로 하게 되었다. 포스트모던이즘이란 시류를 탄 상대주의적 사고가 교회에도 깊이 스며들어 자기 교회 역사가 잊혀져가고 교회의 정체성이 상실되어 가고 있음을 보기 때문이다. 자기가 속해 있는 교회가 어디에서 왔는지를 아지 못하면, 현재 교회가 어디 서 있는지를 알 수 없고, 미래에 어디로 가야 할지를 내다 볼 수 없다. 과거의 역사를 아는 것은 오늘의 사명을 의식하고, 미래의 역사를 열어가는 데 필수적이다. 부족하지만 이 책이 고신 장로교회가 어디에서 온 것을 알고, 오늘의 사

---

the sacraments as Christ instituted them. It exercises Church discipline for correcting and punishing sins."

명을 다하며, 내일의 교회 건설 봉사에 도움이 되어질 수 있기를 바란다.

이 증보판을 내는데 있어서 내용을 살펴 교정하고 사진들을 편집함으로 기꺼이 도와준 필자의 제자인 총회 유사기독교 연구소장 최병규 박사와 이 증보판을 출판해 주신 영문사 김수관 장로에게 깊은 감사들 드린다.

2008년 3월
허 순 길

차 례

머리말

제1편 한국 장로교회의 설립과 발전

제1장 개신교 한국 선교의 태동(胎動)
1.1 신비한 하나님의 섭리(攝理)   23
1.2 은둔(隱遁)의 나라 조선에 대한 선교의 시도   27
   1. 한국에 발을 딛게 된 첫번째의 개신 교회의 신자들   27
   2. 한국에 들린 첫번째의 개신교 선교사   29
   3. 토마스 선교사의 한국 선교여행과 그의 순교   31
1.3 나라 밖에서의 조선말 성경번역과 반포를 통한 선교 활동   38
   1. 만주로부터의 선교활동   38
   2. 일본으로부터의 선교활동   45
1.4 은둔의 나라 조선의 문이 열림   50
   1. 조선의 정치적 변화   50
   2. 미 장로교 선교사들이 들어올 문이 열려짐   51

제2장 장로교 선교사들의 입국과 개척활동(1884-1906)
2.1 장로교회 선교사들의 입국   53
   1. 미국 북장로교회 선교사들의 입국   54
      1) 알렌(Horace N. Allen, 安連, 1858-1932)의 입국(1884)과 활동   54
      2) 언더우드(Horace G. Underwood, 元杜尤) 선교사의 입국(1885)   56
      3) 뒤따라 입국한 북장로교 선교사들   57

2. 호주 장로교회 선교사들의 입국(1889)　59
　　3. 미국 남장로교회 선교사들의 입국(1892)　60
　　4. 캐나다 장로교회 선교사들의 입국(1898)　61
2.2 선교사들의 초기 선교활동　63
　　1. 의료와 교육을 통한 선교　63
　　2. 성경의 번역간행과 문서를 통한 선교　68
　　3. 순회전도의 시작　71
　　　　1) 첫번째 얻은 개종자 ; 노도사(魯道士)　71
　　　　2) 순회전도　72
　　4. 선교사들과 조정(朝廷)과의 관계　74
2.3 초기 장로교 선교사들의 신학적 입장　75
　　1. 언더우드(Horace G. Underwood, 元杜尤)의 신학적 입장　79
　　2. 미 북장로교 선교사들의 신학적 입장　82
　　　　1) 맥코믹 신학교 출신들의 신학　82
　　　　2) 19세기 하반기 미북장로교 안에 자리잡은 교리적 포용주의(Inclusivism)　87
2.4 초기 선교사들의 선교정책　92
　　1. 네비우스(Nevius) 방법의 도입　92
　　2. 선교지의 분할　96
2.5 교회의 형성과 초기의 교회생활　100
　　1. 한국 초기 신앙공동체의 형성　100
　　2. 초대 한국교회의 생활　103
　　　　1) 성경과 성례　103
　　　　2) 생활의 갱신　105
　　　　3) 반상(班常)의 타파　107
　　　　4) 여성의 지위 신장　108
　　　　5) 교회의 수난　110
2.6 초대교회의 성장　114

제3장 1907년 오순절적 성령의 대역사(대부흥)
　3.1 오순절적 대역사의 발단　120

3.2 오순절적 성령의 역사　122
3.3 성령의 대역사의 결과　128
3.4 백만명 구령운동　135

제4장 장로교회의 조직
4.1 공의회(公議會) 조직과 활동　138
　1. 조선어를 쓰는 공의회　139
　2. 영어를 쓰는 공의회　140
4.2 독로회(獨老會)의 조직　144
4.3 장로회 총회(長老會 總會)의 조직　148
4.4 교회일치운동(敎會一致運動)　152

제2편　교회의 수난과 시련(1910-1935)

제5장 수난(受難) 길에 들어선 일제하의 교회
5.1 105인 사건; 소위 데라우찌 총독 모살미수사살(寺內總督謀殺未遂事件)　160
5.2 한일합병(韓日合倂)에 대한 일본교회의 입장　164
5.3 기독교학교와 교회에 대한 일제의 통제(統制)　166

제6장 교회와 삼일독립운동(三一獨立運動, 1919)
6.1 삼일운동과 그리스도인들의 참여　171
6.2 삼일독립운동과 교회가 받은 피해　174
6.3 3·1 운동에 대한 선교사들의 반응　176
6.4 총독부(總督府)의 정책변화　179
6.5 3·1 운동과 일본교회(日本敎會)　181
6.6 3·1 운동 후의 교회의 부흥　182

제7장 도전받는 전환기의 교회

7.1 지식인들로부터의 교회 비난   185
7.2 사회주의권(社會主義圈)의 반(反) 기독교 운동   186
7.3 선교사들의 교권(敎權)의 이전   192
7.4 신학교육과 한국교회의 참여   193
7.5 교회의 사회개선운동(社會改善運動)   198

제8장 부흥회, 신비주의

8.1 길선주(吉善宙)와 김익두(金益斗)의 부흥회   206
　1. 길선주(吉善宙, 1869-1935)   207
　2. 김익두(金益斗, 1874-1950)   209
8.2 신비주의(神秘主義)   212
　1. 이용도(李龍道, 1901-1933)의 신비주의   212
　2. 황국주(黃國柱)의 완전주의(完全主義, Perfectionism)   216

제9장 분파, 자유주의 신학, 교회연합운동

9.1 분파주의자(分派主義者)   218
　1. 김장호(金庄鎬)의 조선기독교회   219
　2. 이만집(李萬集)과 박영조(朴永祚)의 장로교 이탈   221
9.2 적극신앙단(積極信仰團, Positive Faith Society) 사건   222
9.3 자유주의 신학(自由主義 神學)   226
9.4 교회연합과 일치운동   234

제3편 일제하 배교교회(背敎敎會)와 전투교회(戰鬪敎會) (1931-1945)

제10장 일제의 신사참배(神社參拜)강요와 한국교회의 배교(背敎)

10.1 일제의 신도정책(神道政策)   244
10.2 기독교 학교에 대한 신사참배강요(神社參拜强要)   245

10.3 교회에 대한 신사참배 강요　250

10.4 장로교 총회의 배교(背敎)(1938)　253

10.5 순정 일본적 기독교(純正 日本的 基督敎) 건설에 나선 배교한 총회
(1938-1945)　259

  1. 백귀난행(百鬼亂行)의 길에 들어선 배교총회　259

  2. 부일협력(附日協力)　265

  3. 신사참배 항거자(抗拒者)의 축출(逐出)　268

    1) 제명, 축출당하는 선교사들　268

    2) 면직, 시무사면 강요 당하는 목사들　270

  4. 황국화(皇國化)를 위한 일본적 신학교(日本的 神學校) 설립　270

  5. 순정 일본적 기독교의 완성: "일본기독교조선교단"(日本基督敎朝鮮敎團)　274

제11장 신사참배에 항거한 전투적 교회(戰鬪的 敎會)

11.1 서북지방(平安, 黃海地方)에서의 신사참배 항거운동　279

  1. 주기철(朱基徹, 1897-1944) 목사와 평양 산정현교회(山亭峴敎會)　279

  2. 이기선(李基宣, 1879-1950) 목사를 중심한 서북지방의 항거운동　288

  3. 박관준(朴寬俊) 장로와 김선두(金善斗) 목사　291

11.2 남부지방(慶南)의 신사참배 항거운동　294

  1. 한상동(韓相東, 1900-1976) 목사의 반대운동　294

  2. 주남선(朱南善, 1888-1951)의 목사　301

  3. 이인재(李仁宰, 1906-1997) 전도사　304

  4. 최덕지(崔德支, 1901-1956) 전도사　305

  5. 조수옥(趙壽玉, 1914-2002) 전도사　307

제4편　해방과 교회의 개혁재건운동(改革再建運動) (1945-1951)

제12장 해방 후의 개혁과 재건운동

12.1 해방과 충복(忠僕)들의 출옥(出獄)　315

12.2 충복들의 교회재건안(敎會再建案)과 배교자(背敎者)들의 반응　317

15

12.3 북한교회(北韓敎會)의 재건운동과 박해   321
   1. 5도연합노회(五道聯合老會)의 소극적인 교회재건 결의   321
   2. 이기선(李基宣) 목사의 독자적 행보   322
   3. 교회의 정치참여(政治參與)와 그 결과   323
   4. 북한교회가 공산주의자들로부터 받은 박해   326
   5. 기독교도연맹(基督敎徒聯盟)   328

12.4 남한교회(南韓敎會)의 재건운동   331
   1. 서울, 경기 지역에서의 교단(敎團) 지속운동(持續運動)   332
   2. 장로교 총회의 기구적 재건(機構的 再建)   333

제13장 경남노회의 개혁과 재건운동(1945-1951)

13.1 경남지방교회의 노회 재건운동(老會 再建運動)   340
13.2. 경남노회 제47회 정기노회의 자숙(自肅) 결정   343
13.3 고려신학교(高麗神學校)의 설립   345
   1. 신학교 설립기성회의 조직과 진해의 신학강좌   345
   2. 고려신학교의 개교   353
   3. 박형룡 박사의 취임과 이탈(離脫)   357
   4. 박윤선 교수의 교장 취임   365
13.4 경남노회내 개혁진영과 교권주의자들간의 충돌(衝突)   368

제14장 경남(法統)노회에 대한 총회교권의 횡포(橫暴)(1949-1952)

14.1 제35회 총회 전권위원회(全權委員會)의 교권의 전횡(專橫)   379
14.2 제36회 총회 특별위원들(特別委員)의 교권의 전횡   387
14.3 경남(법통)노회의 축출(逐出) 및 관계 단절(斷切)   397
   1. 축출 당하는 경남(법통)노회(1951)   397
   2. 단절 당하는 경남(법통)노회(1952)   401
     1) 교회당 접수에 나선 총회교원   401
     2) 경남(법통)노회를 완전 단절하는 총회의 교권   402
   3. 조선신학교측의 분열   403

제5편 개혁해 가는 장로교회; 고신교회(高神敎會)의 출발(1952-)

제15장 개혁하는 장로교회; 고신교회의 조직
  15.1 개혁운동의 확산(擴散)   409
  15.2 총노회(總老會)의 조직(1952)   411

제16장 개혁의 지속과 교회의 발전
  16.1 교세(敎勢)의 확장과 발전   419
  16.2 총회 조직(總會 組織, 1956)   421
  16.3 정체성(正體性)을 가진 고신교회   424
  16.4. 거룩한 보편교회(A Holy Catholic Church)로서의 고신교회   428
  16.5. 고려신학교의 발전   431
    1. 신학교 교수진   431
    2. 박윤선 박사와 그의 신학   432
    3. 신학교의 생활   436
    4. 회개운동   437
    5. 월간지 "파수군"의 발행   440
    6. 학생신앙운동(S.F.C.)의 조직과 지도   441
    7. 고려신학교 송도 새 교정의 확보   443
  16.6 고려고등성경학교(高麗高等聖經學校)의 설립   444
  16.7 칼빈(대학)학원의 설립과 기독교 일반 교육   445
  16.8 복음병원(福音病院)의 설립과 구호사업   448

제17장 시련(試鍊); 소송 문제와 주일성수 문제
  17.1 예배당 확보를 위한 법정소송 문제(法廷訴訟 問題)   451
    1. 마산 문창교회 문제   453
    2. 법정 소송 문제에 대한 이견(異見)   454

3. 박윤선 교장의 강력한 도전(挑戰): 그의 사면과 복귀　455

　　4. 경기노회의 행정보류(行政保留)　459

　17.2 주일성수(主日聖守) 문제와 박윤선 교장의 해임　462

제18장 합동과 환원(還元)(1960-1963)

　18.1 난국(難局) 타개의 길을 찾는 고신(高神側)과 장신 승동측(長神 勝洞側)　449

　　1. 고신교회가 당면한 난국　432

　　2. 장신 승동측이 당면한 난국　433

　18.2 장신 승동측과의 합동(合同)　478

　　1. 고신, 승동측의 합동위원회(合同委員會)의 활동　478

　　2. 합동총회(合同總會)　484

　　3. 합동 후의 혼란과 불신의 2년　492

　　4. 경남노회의 항쟁(抗爭)　496

　　5. 고려신학교의 폐합(廢合)과 학생들의 항의(抗議)　498

　18.3 고신측 교회의 환원(還元)　500

　　1. 고려신학교의 복교(復校)　500

　　2. 고신교회의 환원　506

제19장 교회생활의 재정착(再定着)과 발전(1964-1971)

　19.1 고려신학교의 재정착(再定着)　513

　　1. 고려신학교의 총회직영(總會直營) 결정　513

　　2. 칼빈학원의 폐합(廢合)　517

　19.2 고려신학대학의 설립과 시련(試鍊)　517

　19.3 장로교 교리표준문서(敎理標準文書=信仰告白文書)의 수용　522

　19.4 세계 개혁주의 교회와의 친교(親交)　524

제20장 전진(前進) 속에 맞는 시련(1972-1980)

　20.1 고려신학교 교사의 신축과 발전　529

　20.2 "법적 이사장"(法的 理事長) 문제로 겪는 시련　531

20.3 법정소송문제에 대한 공방(攻防)   535
20.4 경남노회의 행정보류와 이탈(離脫)   539

제21장 화합과 전진(前進) (1980-)

21.1 1975년 이탈한 경남지역 교회들의 영입(迎入)   545
21.2 교회 교육기관들과 병원의 발전   547
   1. 고려신학대학원의 발전   547
      1) 고려신학교의 정체성(正體性)의 회복; "고려신학대학원"   547
      2) 지방신학교의 정리와 신학교육의 단일화(單一化)   550
      3) 안영복 교수의 성령론에 관한 정리   551
      4) 신학대학원의 수도권 천안(天安)으로의 이전   553
      5) 신학대학원 교수진의 세대교체(世代交替)   555
   2. 고신대학교의 시련과 발전   556
      1) 기독교 일반대학으로의 전환(轉換)(高麗神學大學에서 高神大學으로)   556
      2) 고신대학의 시련   558
      3) 고신대학교(高神大學校)로의 교명 변경과 발전   559
   3. 복음병원(福音病院)의 발전   561
21.3 학생신앙운동(S.F.C.)의 진전   563
21.4 문서운동   565
   1. 월간지   565
   2. 주간신문   566
21.5 고신교회와 세계 선교   566
   1. 해외 선교   566
   2. 해외 교포 선교와 해외 고신계(高神系) 교회   570
21.6. 한국과 세계 속의 교회들과의 관계   572
   1. 국내 다른 교회와의 관계   572
   2. 외국교회와의 자매관계(姉妹關係)   573
   3. 국제적 교회연합기구와의 관계; 국제개혁교회협의회
     (The International Conference of Reformed Chuches; ICRC)   575

제22장 반세기 역사 전환기에 맞는 시험과 또 다른 교회들의 영입
  22.1 고신의료원을 둘러싼 문제와 총회가 겪는 시험　578
  22.2 이탈한 또 다른 교회들(반고소 고려파)의 영입(2001)　582

맺는말　586
고신 이전의 장로회 총회 임원 명단(제1회-제37회)　592
장로교회(고신)의 역대총회임원　594
한국장로교회사 연표　599
참고문헌　619
찾아보기　627

제 1 편
한국 장로교회의 설립과 발전

제1장 개신교 한국 선교의 태동(胎動)

1.1 신비한 하나님의 섭리(攝理)

하늘과 땅의 창조자이신 전능하신 하나님은 절대주권을 가지시고 모든 피조물 세계를 섭리하시고 지배해 가신다. "하나님의 섭리의 사역은 모든 피조물들을 가장 거룩하고, 지혜롭고, 능력있게 보존하시고 통치하시며, 하나님 자신의 영광을 위하여 피조물들과 그들의 행동들을 주관하는 것이다."[1] 그런고로 역사세계에 일어나는 모든 일은 우연히 일어나지 않고 하나님의 섭리적 통치 아래 일어나게 되며,[2] 일어나는 모든 일들은 정해진 때가 있게 된다. 동북아(東北亞)에 자리 잡은 작은 반도의 땅 한국에 사는 백성은 개벽 이래 수 천년 동안 복음의 빛이 없는 어두움 속에서 살아 왔다. 그런데 이 흑암에 거하던 백성에게도 하나님께서 복음의 빛을 비추어 주시기를 기뻐하신 정하신 때가 이르게 되었다.[3] 그는 신비한 섭리 속에서 이 땅에 복음이 잘 전해지고 열매 맺을 수 있는 종교적, 정치적, 사회적, 문화적 환경을 마련하시고 복음의 사자들을 보내 주신 것이다.

첫째, 19세기 한국은 종교적으로 공백 상태를 맞고 있었다. 이 땅에는 삼국시대 이 후 불교와 유교가 거의 2천년 동안 번갈아 민족종교로 자리를 잡고 한민족(韓民族)의 사상과 문화를 지배해 왔다. 그러나 양 종교가 모두 인간 두뇌의 산물이었기 때문에 인간 영혼의 영구한 내적 요구를 채워 줄 힘이 없어 종내 쇠잔하

---

1) 웨스트민스터 대교리문답 18. 이 외에 웨스트민스터 신앙고백 5:1 소교리문답 11 참조
2) 벨직신앙고백 13장, 하이델베르그 교리문답 27, 28 참조
3) 이사야 9:2

선교초기의 한 장면

고 말았다. 19세기 하반기에 이 양 종교는 한민족의 마음으로부터 크게 멀어져 있었다. 불교는 민중으로부터 멀어져 승려들은 단지 생활비를 벌기 위해 절을 지키고 있었을 뿐이었으며,[4] 유교 역시 조상숭배와 효행을 가르치는 것 외에 어떤 인간의 내적 만족을 채워주지 못하였다. 일본에 수신사로 갔던 박영효(朴泳孝)가 1885년 3월, 일본 요꼬하마에서 한국을 향해 오고 있는 스크랜튼(W.B. Scranton) 목사를 만나 이렇게 말했다; "우리의 재래 종교는 지금 기운이 다하였습니다. 이 백성이 기독교로 돌아오게 할 수 있는 길은 환히 열려 있습니다".[5] 19세기 말 종교적 공백상태 속에 살고 있던 한민족은 하나님이 그리스도안에서 은혜로 제공하는 복음 선포에 민감하게 응할 수 있는 처지에 있었던 것이다.[6]

둘째, 오랫동안의 로마 천주교의 수난역사가 한 민족에게 서양 종교의 우월함에 대한 가치의식을 암암리에 심어주었다 이것이 참 복음을 전하는 개신교(改新

---

4) 방위량(W.N. Blair) 목사는 한국선교초기 한국의 불교가 죽은 상태에 있음을 보면서, 복음전파의 때를 도래하게 하신 하나님의 섭리를 생각했다; "Now we come to a special instance of God's providence. Buddhism is dead in Korea." William Blair & Bruce Hunt, *The Koran Pentecost, The Suffering which followed*. The Banner of Truth Trust, 1977, p.21

5) F. A. Mckenzie, *The Tragedy of Korea*, London. 1908, p.55
당시 開化派에 속했던 朴泳孝역시 일본에 망명해 있던 중 1885년 고종에게 보낸 상소문 가운데서 예수교가 성한 구미지역은 강성한데 우리 조선은 儒佛이 침체하고 국세도 浸弱하다고 하면서 신교의 자유에 대한 상소를 하였다.(耶蘇敎之盛 歐美諸邦最强盛 我朝鮮 儒佛之敎 曾 有小盛之時 然至今日 儒佛俱廢 國勢浸弱 豈不寒心歎息哉...) 日本外交文書, 日本外勤省, 1906, 第二十一卷 參照

6) Horace G. Underwood, *The Call of Korea*, New York, 1908, pp.95,98 참조. 한국에 온 최초 장로교 선교사 언더우드는 그들이 처음 들어 왔을 때 조선 사람들은 옛 종교에 대한 충성이 식어 있었고 믿음을 잃고 있었으며, 인간이 생산한 신앙의 공허함과 거짓을 보고 있었다고 한다.

敎)의 수용과 정착을 용이하게 만드는 정신적 환경을 만들어 주었다. 로마 천주교의 한국 선교는 개신교보다 100년 이상 앞선다. 조선의 지식인들은 이미 17세기에 중국에 정착한 로마교 선교사들과 접촉할 기회를 얻고, 서양 종교에 대한 관심을 가졌다. 1637년 청(淸)나라에 볼모로 잡혀갔던 소현세자(昭顯世子)가 당시 북경에 주재하고 있던 독일인 예수회 신부(John Adam Shall von Bell, 1591-1666)를 만나 친교를 가진 적이 있었다. 그 후 종종 북경을 찾은 사은사(謝恩使)들이 서양 학문에 대한 관심을 갖고 서양 선교사들과 접촉하게 되었다. 1783년 사은사로 북경을 방문하게 된 이승훈(李承薰)이 그 곳 예수회 선교사들과 접촉을 하게 되고, 서교(西敎)의 탁월함에 마음이 끌려 영세를 받음으로 첫번째의 조선인 로마교신자가 되어 1784년에 귀국했다. 이 때가 한국에 첫 장로교 선교사 알렌(H.N. Allen, 安連)이 들어오기 꼭 백년 전이었다.

이 후 조선에는 로마 천주교가 지식인들과 평민들 사이에서 차츰 널리 퍼져 나가게 되었다. 그러나 이들이 로마 천주교 신자가 되자 제사를 폐하고 신주(神主)를 불태우는 일들을 하게 되므로 조야(朝野)에서는 이를 조선의 예법을 파기하는 사교(邪敎)로 규정하고 박해를 가하기 시작했다. 이런 가운데서도 로마교 신부들이 이어 잠입(潛入)하게 되고, 이들이 자기들 국가의 힘을 업고, 무력시위 방법을 통해 전교(傳敎)의 기회를 얻으려 함으로써 더 큰 박해를 불러오게 되었다.[7] 결과, 신해(1791), 신유(1801), 기해(1839), 병인(1866)으로 이어지는 교난(敎難)이 일어나 수 천 명의 로마 천주교 선교사들과 신자들이 순교를 당하게 되었다. 실상 이 로마 천주교의 선교와 수난의 역사가 100년 후에 들어오게 된 개신교의 역사와 아무런 직접적 관계는 없다.[8] 그러나 서양 종교인 로마 천주교 신자들이 그들의 신앙을 위해 계속되는 수난을 기꺼이 참으며, 장렬하게 순교까지 하게 되므로, 이를 지켜본 조선 민족은 암암리에 서양 종교의 우월함을 의식

---

[7] 2000년 11월 한국 로마천주교회는 조상에 대한 제사를 금한 일과 전교의 허락을 위해 외국의 군사력에 호소한 일 등의 과오에 대해 공식으로 한국 민족 앞에 용서를 빌었다. 이로서 로마 천주교는 실상 조상숭배를 시인하는 종교로, 성경적인 신앙을 가진 교회공 동체가 아니라는 사실을 스스로 보여 주었다.

[8] 閔庚培, 韓國基督敎會史, 연세대학교 출판부, 1993, p.111

절두산

하게 되고, 개신교 선교사들이 들어와 참된 복음을 전하게 되었을 때, 이를 쉽게 수용할 수 있는 마음 밭을 가질 수 있게 되었다. 여기 불가해한 하나님의 역사적 섭리를 보게 된다.

셋째, 은둔의 나라로 불려온 나라가 정치적으로 문호를 개방해야 할 때를 맞은 것이다. 오랫동안 지속되어 온 대원군의 쇄국정책이 세계사의 흐름과 주변 외세(外勢)에 밀려 차츰 문호를 개방하고 외래의 문화와 종교를 수용할 수 밖에 없는 처지에 이르게 되었다. 먼저 개화(開化)의 길을 걸었던 일본이 한국에 가시적인 압력을 행사하고, 운양호를 몰고와 1876년 2월 26일에 강화조약(江華條約)을 체결하게 되었다. 미국과는 1866년 대동강에서 일어났던 제네랄 셔먼(General Sherman)호 사건으로 말미암아 긴장관계가 계속되어 오던 중, 1882년에 한미수호조약(韓美修好通商條約)을 체결하게 되었다. 이어 1883년에는 영국, 독일과도 수호조약을 맺었다. 이때 서양인들은 조약 속에 그들 거주지역에서 그들 자신들의 종교의식을 집행할 수 있다는 내용을 넣을 수 있었다. 이 종교의식 허락은 당시 외국인들에게 한정된 것이었지만, 실상 서양종교가 한국에 자리 잡을 수 있는 발판을 마련해 준 것이라 할 수 있다. 이제 한국은 오랫동안 닫쳤던 문호를 세계를 향하여 차츰 개방하게 되고, 선교사들이 들어 올 수 있는 길도 열어 주어야만 하게 된 것이다.

넷째, 문호개방시의 역사의 진행이 개신교의 수용에 매우 유리했다. 동남아에 있는 인도, 인도네시아, 필리핀, 베트남 등 여러 나라들은 서구의 기독교국가인 제국주의자들의 침략으로 일찍이 식민지가 되었다. 이때 기독교 선교사들이 저들의 침략과 거의 동시에 들어왔기 때문에, 이 나라들에서는 서양 종교의 선교가 제국의 침략과 식민정책의 한 수단으로 간주되어버리는 경향이 있었다. 그래서 이 민족들에게 기독교가 수용되는 일이 쉽지 않았고, 선교가 큰 성공을 거두기 어려웠다. 그런데 당시 한국의 입장은 이와는 전혀 달랐다. 한국은 19세기말

비기독교 국가인 일본에 의해 식민지가 되어 가는 과정에 있었다. 바로 이 시기에 기독교를 국교로 하고 있는 서구 제국과는 달리 정교(政敎)를 분리하고 있는 나라인 미국의 선교사들이 들어오게 되었다. 이들에게서 복음을 받은 한민족은 기독교를 침략의 도구로 보지 않고, 오히려 빼앗긴 국권을 회복할 수 있는 힘의 원천으로 볼 수 있게 되었다. 그래서 당시 한민족의 정서는 기독교 복음에 대한 거부감을 갖지 않았을 뿐 아니라, 오히려 환영하는 처지에 있게 되었던 것이다.

다섯째로, 한말(韓末)의 국가적 무능과 관리들의 무서운 부패가 백성들로 하여금 의지할 만한 곳이 없게 만들었던 것을 들 수 있다. 초기 선교사들은 가는 곳마다 백성들로부터 "의지할 곳이 도무지 없소"(There is altogether no place to trust)라는 불만의 소리를 들을 수 있었다.[9] 이런 한말의 국가와 통치자들에 대한 백성들의 실망이 복음을 받아들일 수 있는 마음 밭을 마련해 주게된 것이다.

역사의 주가 되시는 하나님은 이 땅의 종교적, 정치적, 문화적, 사회적, 도덕적인 모든 환경이 복음전파에 유리하게 되어졌을 때, 복음의 사자들을 보내심으로 그의 교회를 세워 가셨다.

1.2 은둔(隱遁)의 나라 조선에 대한 선교의 시도

1. 한국에 발을 딛게 된 첫번째의 개신 교회 신자들

17세기 초반에 이미 한국에 발을 디딘 서구의 기독교 신자들이 있었다. 이들은 화란 사람들로서 1627년 일본을 향하여 항해를 하다 폭풍을 만나 표류하던 중 담수(潭水)를 얻기 위해 경주에 상륙했다 붙들려 한국에 머물게 된 벨트프레이(Jan Janse Weltvree), 해이베르츠(Dirk Gijberts), 피터즈(Jean Pieterz) 세 사람이었다. 이들 중 두 사람은 병자호란 때 출병했다 전사하게 되고, 벨트프레이는 박연(朴燕)이라는 한국 이름을 얻고, 우리나라에 영주하면서 군 영솔자 중 한사람이 되었으며, 가정도 가져 일남 일녀까지 두고 평생을 한국에서 보냈다.

---

9) J.R. Moose, A Great Awakening, from *The Korean Mission Field*, Jan. 1906, p.51 A.W. Wasson, *The Land of Opportunity*, ibid., p.67

그는 주변 사람들에게 믿는자 다운 생각과 모습을 보였다. 그는 자주 "하늘이 갚는다"는 말을 했으며 도(道)를 가지고 있는 사람답게(類有道者) 생활했다 한다.[10] 그는 전도자가 아니고 단지 평범한 상인이었기 때문에 이방인들 속에서 평생을 살면서 신앙을 유지하고, 그 흔적을 남기기란 어려웠던 것으로 보인다. 그러나 그가 신자라는 분명한 모습을 보여 준 것만은 확실했다.

벨트프레이의 표도(漂到)가 있은 지 26년 후인 1653년에 다시 화란인 일행 64명이 일본 나가사끼를 향해 가다가 폭풍을 만나 파선을 당해 표류하게 되었다. 이들 중 28명은 익사하고 헨드릭 하멜(Hendrik Hamel, 1630-1692)을 포함한 36명이 살아남아 제주도 해변에 닿았다. 이들이 모두 한국에 억류되어 14년을 생활해 오던 중, 그들 가운데 생존자 15인이 일본으로 도망할 기회를 얻어 마침내 본국으로 돌아가게 되었다. 그 후 하멜은 1668년에 "표류기"를 출간하여 한국을 세계에 최초로 소개하는 저서를 남기게 되었다.[11] 그런데 이들이 기독교인이었다는 사실이 분명히 알려져 있다. 한국의 기록에도 "왜어(倭語) 아는 자로 하여금 물어보기를 너희들은 서양 길리시단(吉利是段, 크리스챤)이냐 하니 무리들이 모두 야야(耶耶. 화란어 Ja, Ja는 영어로 Yes, Yes를 의미함-저자 주)라고 대답하였다"라고 쓰여 있으며[12] 하멜은 "표류기"에서 어려운 가운데 살아남은 것이 하나님의 은총이었음을 감사하며, 어려울 때마다 하나님께 기도했다는 사실을 기록했다. 이들이 기독교인들이었다면 화란 개혁교회 교인들이었음이 거의 틀림없었을 것으로 추정된다. 벨트프레이나 하멜 일행이 한국에 이른 때는 화란이 로마교를 배경한 서반아의 필립 2세 정권의 학정과 박해로부터 독립을 쟁취하고(1579), 돌트렉트 총회(The General Synod of Dordrecht, 1618-1619)에서 개혁교회의 터를 견고히 다진 후여서, 화란의 거의 전 국민이 칼빈주의 개

---

10) 金良善, 韓國基督敎史硏究, 基督敎文社, p.87, 鄭載崙의 "閑居漫錄" 卷 二 로부터.
11) J. Churchill, *A Collection of Voyages and Travels, Some Now First Printed from Original Manuscripts, Others Now First Published in English*, Vol. IV. An Account of the Shipwreck of a Dutch Vessels on the Coast of the Isle of Quelpart, together with the Description of the Kingdom of Corea, translated out of French, London, 1732 참조.
12) 金良善, 韓國基督敎史硏究, 基督敎文社, 1971, p.89 孝宗實錄으로 부터.

혁신앙을 수용하여 개혁교회에 속해 있었던 시기였기 때문이다.[13]

저들은 모두 선교사가 아닌 평범한 신자들이었기 때문에 한국에 체재하는 동안 어떤 뚜렷한 전도의 흔적을 남기지는 않았다. 그러나, 세상에 어떤 일도 우연히 일어나지 않고, 하나님의 섭리 안에서 일어남을 믿을 때[14], 개혁교회 신자들이 맨 처음 한국 땅을 밟게 하신 하나님의 숨은 뜻을 생각하게 한다.

2. 한국에 들린 첫번째의 개신교 선교사

한국 땅에 첫 발을 디딘 선교사는 독일의 경건 주의적 개혁신앙을 가진 구츠라프(Karl F.A. Gutzlaff) 목사였다. 그는 독일 할레 대학에서 신학을 수학한 후에 중국에 복음을 전하는 선교사가 되기를 원했다. 먼저 화란 선교 협회(The Netherland Mission Society)의 파송을 받아 인도네시아 지역인 자바, 수마트라로 가서 봉사하게 되었다. 그러나 그는 거기서 중국선교의 꿈을 이루기가 어려워, 1829년 이 선교회와의 관련을 끊고 화교(華僑)가 많이 사는 태국으로 선교지를 옮겼다가, 1831년에 다시 중국 본토라 할 수 있는 마카오로 가게 되었다.

구츠라프

그는 그 곳에서 먼저 중국 동해안 전도여행을 떠나 6개월간을 보냈으며, 나아가 조선 서해안을 포함한 전도여행의 기회를 찾게 되었다. 때마침 중국 연안에 새로운 시장을 개척할 목적으로 항해를 하는 영국 동인도회사 소속 "암허스트 경호"(Lord Amherst)를 알게 되어, 의사 겸 통역으로 승선할 기회를 얻게 되었다. 그렇지만 그의 원래의 승선 목적은 단순한 통역이 아니라 선교였다. 1832년 2월 26일 마카오를 출발 중

---

13) R.C. Reed, *History of the Presbyterian Churches of the World*, Westminster Press, 1927, pp.92-100 참조.
14) 하이델베르그 교리문답 27; "하나님의 섭리는 전능하고 항존하는 능력인데, 이로 말미 암아... 모든 일이 우연히 일어나지 않고 그의 아버지의 손에 의해 일어난다"고 한다.

국 서해안 여러 지역을 거쳐 7월 17일 백령도 부근에 상륙하여 주민들에게 한문 성경을 나누어주었다. 거기서 조선 정부에 통상 교섭을 위한 서한을 전달해 줄 것을 부탁해 보았으나 이것이 수용되지 않자, 한국 서해안을 따라 계속 남하하여 7월 25일 홍주(洪州), 고대고(古代島) 안항(安港)에 이르렀다.

이때 그 배의 책임자인 린드세이(Lindsay)와 구츠라프는 홍주 목사(牧使) 이민회(李敏會)를 통해 순조(純祖) 왕께 진귀한 서양 물품과 성경 등의 선물과 함께 영국과의 통상을 요구하는 글을 올렸다. 조정으로부터의 회신을 기다리는 동안 구츠라프 일행은 섬 주민들에게 중국 개척선교사 모리슨(Robert Morrison)이 제공한 한문 성경을 나누어주고, 의약을 주어 병을 고쳐주며 전도의 길을 열려 노력했다. 그리고 감자 종자를 주고 그 심는 법과 저장법을 가르쳐 주기도 했다. 그런데 8월 9일 서울에서 통역관을 대동하고 내려온 특사는 구츠라프가 보냈던 선물을 돌려주면서 중국 황제의 허락을 받지 않고는 다른 나라와 통상할 수 없음을 알려주었다. 구츠라프 일행이 한국 해안에 머문 것은 한 달 남짓했다.

이 구츠라프의 여행이 뚜렷한 선교의 결실을 얻지는 못했지만, 개신교의 선교사상 큰 의미를 갖게 된다. 린드세이의 1932년 7월 27일자 일기에 의하면 구츠라프가 "양"이라는 사람에게 한자로 주기도문을 써주고 그것을 한글로 베끼게 했다고 한다. 이것은 성경의 일부가 한글로 번역되어 쓰여진 첫 번째의 경우였다고 보여 진다. 그리고 구츠라프는 7월 27일 항해기에서 한국인들에게 인류의 구세주에 관하여 자주 이야기했고, 예수 그리스도와 하나님이 구세주라는 것을 되풀이하여 전했다고 한다. 그리고 주민들에게 성경을 공급하였던 것이다. 당시 한국정부가 서양 종교를 배척하고 로마교를 박해하던 환경에서 전하는 복음이 이들에게 쉽게 수용되지는 않았다. 그러나 구츠라프는 배포된 말씀을 통해 하나님이 그의 때에 열매를 주실 것을 믿었다. 그래서 그는 "조선에 파종된 하나님의 진리가 뿌리를 내리지 못하고 없어질 것인가? 나는 그렇게 생각하지 않는다고 믿는다. 주님께서 예정하신 때에 푸짐한 열매를 맺으리라"고 썼다.[15] 여기에서

---

15) K. Gutzlaff, *Journal of Three Voyages along the Coast of China*, 1832,7,27. 이진호, 동양을 섬긴 귀츨라프, 감리교사학회 편,1988, pp.64,65

그는 하나님의 주권적 예정과 섭리를 믿는 칼빈주의자였음을 보여주고 있다.

구츠라프가 서구의 선교사로서 한국 땅을 밟은 것은 로마교의 사제들보다 앞선다. 로마교의 불란서 사제인 모방(P.P. Maubant)이 잠입하여 한국에 발을 처음 딛게 된 것이 1836년 1월 12일이었다. 그러니 개신교의 선교사가 처음으로 한국에 발을 디딘 것이 로마교의 사제보다 4년 빨랐던 것이다.

3. 토마스 선교사의 한국 선교여행과 그의 순교

구츠라프가 한국의 해안을 끼고 다녀 간지 30여 년이 지난 후 한국 선교를 위해 이 땅을 찾아 온 다른 선교사는 토마스(Robert Jermain Thomas) 목사였다. 그는 개혁주의 신앙을 가진 선교사로서 복음 전파를 위해 한국 땅에 와서 피를 흘린 첫번째의 개신교 순교자였다. 토마스 목사는 영국 웨일즈(Wales)의 회중교회 목사의 아들로 태어나 런던 대학교에서 신학과정을 이수했다. 당시 회중교회(Congregational Church)는 교회정치 면에 있어서는 장로회 정치가 아닌 회중정치제(민주제)를 따랐지만, 교리적인 면에 있어서는 일반적으로 칼빈주의 입장을 취했다.

그는 중국 선교에 대한 사명감을 가지고 고향인 하노바(Hanover) 교회에서 1864년 6월 4일 목사 안수를 받고, 7월 21일 그의 아내 캐로라인(Caroline Godfery)과 함께 폴메이스(Polmaise)호로 중국을 향해 떠났다. 목적지에 도착한지 얼마 되지 않아 큰 시련을 겪게 되었다. 그의 아내가 유산을 하고, 병을 얻어 별세를 한 것이다. 그때 그는 런던 선교회 상해 주재 책임자와 화목하지 못한 관계까지 갖게 되었다. 그 결과 1864년 12월 런던 선교회에 사표를 제출하고 청나라 세관에 통역으로 취직하여 그 자리를 선교사역의 장소로 생각하고, 1865년 1월부터 8월까지 근무하였다. 그는 외국어에 재질이 있어 중국어, 러시아어, 몽고어까지 구사할 수 있었다.

이런 어려운 환경에 처해 있을 때 그의 주변에서 그를 도와 줄 분이 나타나게 되었다. 그는 스코틀랜드 성서공회 중국 지푸 주재원인 장로교 선교사 윌리암슨(A. Williamson)으로, 본국 선교부에 그를 위해 변호해 주었을 뿐 아니라, 성경

연구반, 영어사용 교회 등을 운영하게 함으로써 세관 업무 못지않게 선교사역에도 관련을 갖게 해 주었다. 그는 이제 다시 마음을 정리하여 세관에 사직서를 내고 선교회에 복직을 타진하는 글을 보내었다.

이즈음 윌리암슨은 한국인 로마교 신자 김자평(金子平)과 최선일(崔善一)을 만나, 이들로부터 조선의 종교사정에 대하여 여러 가지를 들어 알게 되고 조선에 대한 큰 관심을 갖기 시작했다.[16] 그는 이들을 토마스 목사에게 소개하고, 토마스 목사는 이들의 순박한 종교심에 감동을 받고, 선교지를 조선으로 옮길 뜻을 갖기까지 했다.[17] 그는 한국 방문을 결심하고 중국인 우문태(于文泰)에게 부탁하여 그의 배를 탈 수 있었다. 윌리암슨 목사의 도움으로 다량의 한문 성경을 가지고 1865년 9월 4일 지푸를 떠나 황해도 서해안 자라리(紫羅里)에 도착했다. 여기서 약 2개월 반을 머물며 섬 사람들에게 복음서를 나누어주고 한국어 지식을 습득했다.[18] 그는 서울에 가서 법적으로 선교의 허락을 얻으려 했으나, 심한 폭풍을 만나 이를 단념하고 1866년 1월에 북경으로 되돌아 왔다. 이때그는 런던 선교회로부터 그의 새 임지로 북경이 정해졌다는 통고를 받았다. 그가 북경에 있는 동안 동지사(冬至使)로 온 평양 감사 박규수(朴珪壽)와 그 일행을 만나 교제할 기회를 가졌다. 그가 한국에 대한 선교계획을 말했을 때 당시 실학파(實學派)의 영향을 받은 박규수는 그의 뜻에 찬성하였다. 그리고 그가 평양에 오면 반갑게 맞이해 주겠다는 약속도 해 주었다.

그런데 이들 동지사들이 귀국했을 때는 한국에서 로마교에 대한 큰 박해가 일어나게 된 때였다. 이 박해는 병인년(丙寅年 1866)에 일어나 대원군이 실각할 때까지 8년이나 계속되어 외국 사제들과 로마교 신자들 8천명 이상이 죽임을 당했

---

16) A. Williamson 목사는 1866년 4월에 營口에서 한국인 상인들을 만나고, 9월에는 天莊臺 에서 귀국길에 있는 조선 冬至使들을 만나 교제하는 중 조선에 대한 많은 지식을 얻게 되고 조선이 "위대한 가능성의 나라"임을 확신하게 됨으로 조선 선교를 다방면으로 돕게 되었다. A. Williamson, *Journey in North China, Manchuria, and Eastern Mongolia, with Some Account of Corea*, London, Smith & Elder, 1870, Vol.2, p.310

17) 金良善, op. cit. p.43

18) 日省錄, 高宗3年3月26日字, 黃海兵使 李敏辛의 狀啓. 金良善 op.cit. p.43, 閔更培,op.cit. 138 참조.

다. 그러니 당시 한국은 서구의 선교사들이 접근하기에 매우 어려운 가운데 있었다. 그러나 토마스 목사는 한국에 대한 선교의 열망을 버리지 못했다. 더욱 그해 동지사 일행 중 한 사람이 그의 호주머니 속에 한문으로 된 쪽지 하나를 집어 넣어 주었는데 거기에는 "어느 외국인이 서해안에서 배포한 것과 같은 마태복음 책 하나를 구득해 주시오"라는 글이 들어 있었던 것이다. 그것은 분명히 자신이 지난해 뿌린 씨앗임이 확실했다. 이로 말미암아 그는 큰 용기를 얻게 되어 어떤 난관이 있어도 한국에 다시 가기를 원하게 되었다.

그에게 한국에 갈 수 있는 길이 열렸다. 이해 6월 한국에서 박해를 피해 중국으로 탈출해 온 리델(F.C. Ridel) 신부로부터 박해의 소식을 들은 중국주재 프랑스 공관이 한국정부에 문책을 하기 위해 함대를 파견키로 결정했다. 이때 함대사령관 로즈(P.G. Roze)가 토마스 목사에게 통역으로 함께 가 주기를 청원했던 것이다. 그는 이에 당장 동의했다. 그러나 때마침 베트남에서 소요가 일어나게 되어, 그 함대가 이를 진압하기 위해 갑자기 그 곳으로 출동하게 되었다. 그래서 조선 원정은 3개월 연기되고 말았다.[19]

한국에 갈 기회를 잃게 된 것에 실망하고 있던 토마스 목사는 다른 기회를 얻게 되었다. 미국인 프레스톤(Preston)의 소유인 상선 "제너럴 셔만"(General Sherman)호가 많은 상품을 싣고 조선으로 가려 하면서 토마스 목사에게 통역과 안내를 부탁해 온 것이다. 그의 한국 선교에 대한 열망은 이 청원을 즉각 수락케 했다.

그런데 복음전파의 목적을 가진 선교사인 토마스 목사는 이런 선박들을 편승하는 데 신중했어야 했다. 앞서 언급한 조선 정부에 문책을 하기 위해 떠나는 프

---

19) 로즈 제독이 이끄는 불란서 함대는 9월 말에 조선에 출정하여 10월 15일에 강화도를 점령했었다. 이 침공은 통상요구가 아니라, 프랑스인 신부 살해에 대한 보복적 성격을 가진 것이었다. 이로 말미암아 조선군과 프랑스 해군 사이의 공방전이 한달이나 계속되었는데 이것이 병인양요(丙寅洋擾)이다. 프랑스군은 11월 11일에야 퇴각을 하면서 강화성에 소장되어 있던 은괴(銀塊) 열아홉 상자(888.5kg)와 강화사고에 보관되어 있던 각종 귀중 사료들과 문화재를 싣고 갔다. 이 문화재는 현재도 프랑스에 소장되어 있고, 한국 정부는 이를 돌려받기 위한 협상을 수년 째 해오고 있다.

랑스 함대는 한국에 무력시위를 하기 위해서 가는 것이었다. 그리고 제네랄 셔만호는 상선이었지만 상당히 중무장을 한 배였던 것이다.[20] 한국이 서양 종교인 로마 천주교에 대해 박해하고 있고, 서구의 세력을 경계하고 있다는 사실이 알려져 있는 상황에서, 이런 무장한 배의 인도자가 되어 편승한다는 것은 깊이 생각해 보았어야 할 일이었다.[21] 그러나 그는 매우 독자성이 강하고, 모험적이며, 개척적인 성격을 가진 분으로 일을 처리하는 데는 크게 신중하지 못했던 것으로 보인다. 당시 한국의 기록에 의하면 1865년 9월 황해도 도서를 다녀갔을 때도 허리에 단총(短銃)을 찼다고 했으며,[22] 이번 여행에도 소양총(小洋銃)과 환도(環刀)를 가지고 있었다고 하는 것이다.[23] 그 시대에 상선이 무장을 하고 선원들이 호신을 위해 무기를 소지하는 것은 매우 일반적인 일이었다 하더라도 복음을 전하는 선교사로서는 마땅히 신중했어야 했다.

어쨌든 토마스 목사는 한국에 순수한 복음을 전하려는 열망을 가지고 기회를 놓치지 않으려 셔만호의 청원을 수락하고, 스코틀랜드 성서공회에 속한 윌리암슨 목사로부터 다량의 한문성경을 얻어 싣고 황해(黃海)를 향해 떠나게 되었다.

---

20) W.E. Griffith, *Corea the Hermit Nation*, New York, Charles Scribners, 1889, p.392 Griffith는 중무장을 한 이 상선의 항해 목적이 평양에 있는 王陵盜掘과 어떤 관계가 있다는 소문을 중요시했다.

21) Thomas가 순교한 후 그의 집에 도달한 런던 선교회의 편지에는 "무장한 선박을 타고 조선에 나가다니 이것은 위험을 자초하는 것입니다"라는 말이 쓰여져 있었다. J. Mullen's Letter to R. J. Thomas, 1866. 12. 10 일자. The Livingstone House Library, 書類番號, BK. 6. 305 Scotland 성서공회는 특별한 은사를 받고 장래가 촉망되는 젊은 선교사를 잃게 된 것을 슬퍼하면서 조심스럽게 그 자신의 일터를 이탈한 것에 대해 유감을 표시하고 있다; "so young, so promising, so peculiarly gifted, perishing by such an end…It is sad…, however much deplore his error in leaving his own proper field, for reasons, doubtless, and under motives of which it is difficult to form a judgement, and for which he cannot altogether be blamed. The Report of the National Bible Society of Scotland, 1866, p.42 그가 첫 번째 한국 서해안 선교 여행을 다녀왔을 때 (1886년 1월) 런던 선교회로부터 북경이 그의 새 임지로 정해졌다는 통고를 받았다. 그러니 "그의 고유한 일터(his own proper field)를 떠났다는 것은 이를 두고 하는 말로 이해된다.

22) 高宗實錄 高宗二年 (乙丑), 九月二十日條(陰)

23) ibid., 丙寅年 七月 十五日

그는 "조선을 처음 방문해서 선교한 최초의 프로테스탄트 선교사로서의 명예"를 얻게 될 것을 생각하고 흥분하였을 것임에 틀림없었다. 그가 남긴 마지막 편지에서 "나는 상당한 분량의 책들과 성경을 가지고 떠납니다. 조선 사람들에게 환영받을 생각을 하니 얼굴이 달아올라 희망에 부풉니다."라고 했다.[24] 그 배에는 5명의 서구사람들과 19명의 아시아인(중국과 말레이지아 지역인)이 타고 있었다.

이 배는 1866년 8월 9일 지푸항을 떠나 일주일 후에 대동강 입구에 이르고 강을 거슬러 올라가 8월 20일에는 신장포구(新場浦口)에 이르렀다. 이 때에 토마스는 선박을 찾아 온 문정관(問情官)에게 로마 천주교 박해에 관하여 묻고, 그가 전하는 예수교는 하늘의 도(道)를 마음에 익히고 인의충효(仁義忠孝)를 다 갖추어 천하 모든 사람이 따르는데 아름답고 선한 종교로 천주교와는 다르다는 것을 말함으로 복음전파의 기회를 찾았다.[25] 그리고 방문의 목적이 성교(聖敎)를 전하는 일과 교역(交易)과 여러 곳을 구경하는 것이라고 밝혔다.[26] 토마스는 주민들에게 많은 전도문서와 성경을 나누어주었다.

그런데 곧 불행한 충돌사건이 일어나게 되었다. 제네랄 셔만호는 문정(問情)을 위해 승선한 순영중군(巡營中軍) 이현익(李鉉益)을 배 안에 억류하게 되었다. 여기에는 그럴만한 이유가 있었던 것으로 보인다.[27] 문정에 나섰던 진사(進士) 안상흠(安尙洽)이 셔만호의 처치 방안을 가지고 배에 접근해 왔을 때 셔만호의 선원이 이를 빼앗아 검토하여본 결과, 선원 전체를 유인 상륙시킨 뒤에 궤살(軌殺)하자는 것이었다. 그래서 선원을 다시 보내어 중군을 배 위로 납치하고 그 신인(信印)을 빼앗았던 것이다. 토마스는 중군에게 그 이유를 물었으나 그는 대답할 길이 없었다. 토마스는 평양에 들어가 연초에 북경에서 만나 환영의 약속을 받은 바 있는 평양 감사 박규수(朴珪壽)를 만나면 모든 일이 해결 될 것이라 생각했다. 그래서 그는 평양성에 들어가서 중군을 돌려보내어 주겠다고 약속했다.

---

24) Thomas' Letter, 1866년 8월 1일자. L.H.L., Records, C. 5.1 閔庚培, op.cit. p.139를 보라.
25) 高宗實錄, 丙寅 七月十八日條(陰)
26) 浿江錄, 崇實大學 基督敎 博物館에 所藏되어 있는 이 文書는 李玄益의 口授本으로 가장 正確한 根本 史料로 간주되고 있다.
27) 金良善, op. cit. 45

그런데 이때 퇴교(退校) 박춘권(朴春權)이 중군을 구하기 위해 그의 아들임을 가장하고 배에 올라 왔다. 그 순간 거기 모여든 병졸과 군중이 함성을 지르며 돌맹이, 화살, 혹은 화승총(火繩銃)으로 셔만호를 공격하니 셔만호 측에서는 중군에게 이를 중지해 줄 것을 요청했다. 중군은 신인(信印) 없이는 중지 명령의 효과를 거둘 수 없다고 말하여 신인을 돌려받게 되자, 그는 곧 배 뒤로 달려가 강 위로 뛰어 내렸다. 박춘권이 이현익을 구출하여 대기 시켜 놓은 배를 타고 총탄이 빗발치는 속을 겨우 빠져 나와 생명을 건졌다.

이 때로부터 쌍방은 포화로 교전하게 되었으며, 셔만호는 우기(雨期)후 물이 빠진 양각도(羊角島)에 좌초되어 빠져나갈 길을 잃게 되었다. 결국 셔만호는 화공포격을 받아 불타게 되고, 토마스 목사, 프레스톤, 중국인 서기 조능봉(趙凌奉)등 4인 외는 다 사멸하게 되었다. 토마스 목사는 북경에서 환영의 약속을 했던 평양 감사 박규수 앞에까지 갔지만 상황은 어쩔 수 없게 되었다. 박규수는 토마스와 다른 살아남은 자들의 생명을 군졸의 손에 맡겨버리고 말았다. 1866년 9월 5일 토마스 목사는 양각도 옆 쑥섬에서 참수를 당함으로 순교하게 되었다.[28] 당시 그의 나이 27세였다. 토마스는 참수를 당하는 마지막 순간까지 성경을 건네주고 복음을 전하는 일에 온 힘을 쏟았다. 그는 죽으나 주의 말씀은 헛되게 돌아오지 않을 것을 믿었던 것이다.[29]

그가 순교한지 28년이 지난 후 평양에 들어와 복음을 전하기 시작한 미 북장로교 선교사 모펫(S.A. Moffet, 馬布三悅)목사는 그가 가르치는 성경 교리반에서 토마스 목사가 전해준 성경을 받은 사람 중 한 사람의 아들을 만나게 되었다.[30] 토마스의 한국선교 여행이 신중성이 결여된 것이기는 했지만, 복음의 불모지 한국에 구원의 복음을 전하기 원한 거룩한 정열이 이를 감행하게 했고, 그가 흘린 순교의 피가 헛되지 않았음을 보여주는 것이었다.

---

28) 高宗實錄, 丙寅 七月二十七日 條(陽 九月 五日)
29) 이사야 55:11
30) William Blair & Bruce Hunt, *The Korean Pentecost. The Sufferings which followed*, The Banner of Truth Trust, 1977, pp.28,29

토마스 선교사가 안수받은 하노버 교회

토마스 목사는 순수한 의미에서 장로교 목사는 아니었고, 회중교회 목사였다. 그런데 한국장로교회는 그를 한국에 온 첫 번째의 장로교 목사로 기록하고,[31] 1927년 제16회 총회에서는 토마스 목사 기념사업을 하기로 하고 그의 순교기념회를 조직하였다.[32] 그리고 대동강변 토마스 목사가 순교한 지점인 봉래도 맞은편에 "토마스 목사 순교 기념예배당"을 세워 1932년 9월 총회 중에 총 회원 일동이 그 헌당식에 참석했다.[33] 이는 아마도 토마스 목사 자신이 장로교 목사는 아니었지만 회중교회 목사로서 그의 신학과 신앙의 입장이 장로교의 그것과 동일한 칼빈주의 입장에 있었고, 또 당시 스코틀란드 성서공회의 총무 장로교 목사 윌리암슨과 밀접한 관계를 가졌으며, 그가 제공한 성경을 보급하는 자로 봉사했었기 때문인 것으로 보인다. 어쨌든 그가 순교의 피를 흘린 평양지역은 후일에 선교에 큰 결실이 나타나 한국의 예루살렘이라 불리게 될 만큼 한국 장로교회의 중심이 되었다. 그의 순교의 피는 미래 한국선교의 씨가 되고, 교회의 축복이 되었다.

이 셔만호의 사건은 후일 미국이 한국선교의 문을 열게 하는 간접적인 계기를 만들어 주기도 했다. 제네랄 셔만호가 미국선적이었기 때문에, 셔만호 사건은 곧, 한미간의 외교문제로 비화하게 되었다. 셔만호에 대한 문제를 조사하기 위해 미 해군 함정이 1866년 12월과 1868년 3월에 파견되어 왔으나, 별 성과를 거두지 못했다. 5년이 지나 1871년 5월 미 극동함대 사령관 로저스(John Rogers) 제독이 제네랄 셔만호 사건에 대한 책임을 묻고, 통상을 교섭하기 위해 다섯 척의 전함을 이끌고 강화도 부근에 와서 닻을 내렸다. 이때 양측 사이에 충돌이 일어나, 양편 모두 사상자를 내게 되었는데 이를 가리켜 신미양요(辛未洋擾)라 부

---

31) 長老教會史 典彙集(1917年 刊), 朝鮮耶蘇教會, 1918, p.8
32) 朝鮮예수교 長老會 總會 第16會 會錄(1927), p.48
33) 朝鮮예수교 長老會 總會 第二十一會 會錄(1932), p.29

른다. 이로 인해 대원군은 척사정책(斥邪政策)을 더욱 강화하여 척화비(斥和碑)를 종로 네거리와 전국 방방곡곡에 세우게 하고, 수많은 로마 천주교인들을 죽이게 했다.[34] 그런데 차츰 미국에서는 제네랄 셔만호의 비극은 그 자체에 책임이 있었다는 여론이 형성되었다.[35] 서교(西敎)에 대한 박해가 계속되고, 대원군의 쇄국정책이 지속되었으나, 그가 섭정의 자리에서 물러나게 되고(1873), 차츰 개화의 바람이 불자 한미의 관계가 달라지게 되었다.

1882년 5월 한국은 중국 이홍장의 중재로 제물포에 설치된 천막 안에서 미국 해군 준장 슈펠트(Shufeldt)와 한미수호통상조약에 서명하기에 이르렀다. 이 조약은 1883년 1월에 미 의회에서 비준되고, 같은 해 6월 4일에 서울에서 공포되었다. 그 결과 이듬해인 1884년에 미국 선교사 알렌(H.N. Allen)이 한국에 발을 드려놓을 수 있게 되고, 이어 선교의 문이 열려지게 된 것이다. 여기 복음을 위해 자신을 내 던진 한 사람의 봉사를 통해 그의 교회의 터를 넓혀 가시는 불가해한 하나님의 섭리의 역사를 보게 된다.

1.3 나라 밖에서의 조선말 성경번역과 반포를 통한 선교활동

1. 만주로부터의 선교활동

강력한 쇄국정책을 추진해 오던 대원군이 1873년에 섭정(攝政)의 자리를 물러가기는 했으나, 1870년대 말까지도 한국은 서교(西敎)를 박해하고 서구의 세력을 경계하는 조짐이 누그러들지 않았다. 그런데 이 때에 만주에서 선교사역을 하고 있던 스코틀란드 장로교회 선교사들이 압록강 바로 건너편에 있는 은둔의 나라, 조선 땅의 선교에 대한 관심을 갖게 되었다. 1900년까지는 대영제국(大英帝國)의 교회가 미국의 교회보다 세계에 선교사를 더 많이 보내고 더 많은 선교비를 들였다. 그런데 1914년부터는 미국의 개신교가 대영제국의 교회보다 선교

---

34) 斥和碑에는 "洋夷侵犯 非戰則和 主和賣國"이란 글이 새겨 졌다.
35) 閔庚培, 韓國基督敎會史, 연세대학교출판부, 1993, p.107 참조

에 더 큰 공헌을 하게 되었다.[36]

　1870년대에 중국과 만주지역에는 영국, 스코틀랜드 선교사들이 많이 와서 봉사하고 있었다. 이들은 그 때의 조선의 정치적 사회적 형편을 고려할 때, 선교사들을 파송하여 복음을 전한다는 것을 매우 어려운 일로 판단했다. 그래서 먼저 성경을 조선말로 번역하는 일에 관심을 갖게 되었다. 이것은 조선에 문호가 열릴 앞날을 내다보면서 미래의 선교를 대비하는 선교전략이었다. 이는 또 현재 선교사들이 직접 들어가지 못하지만 성경을 들여보냄으로 복음 전파 사역을 시작하자는 것이었다. 이것은 "믿음은 들음에서 나고, 들음은 그리스도의 말씀으로 말미암는다"[37]는 성경 말씀을 그대로 믿는 개혁주의 선교사들의 확신에서 온 것이었다.

　이미 언급한대로 중국에 주재하고 있으면서 조선 선교에 관심을 가지고 기회 있을 때마다 한문성경을 한국에 보급했던 분은 윌리암슨(Alexander Williamson)이었다. 스코틀랜드 장로교회가 중국선교를 시작한 것은 1862년이었다. 윌리암슨은 글라스코 대학을 졸업하고, 스코틀랜드 성서공회 선교사로 중국 북쪽 지역과 만주에 파송을 받아 성경출판과 반포를 통한 선교에 봉사하고 있었다. 이미 밝힌 대로 그는 토마스 목사가 1865년 조선 서해안 선교 여행을 하게 되었을 때와, 그 다음 해인 1866년 셔만호를 타고 다시 조선에 가게 되었을 때, 많은 한문성경을 주어 조선에 반포하도록 했다. 뿐만 아니라 그는 1866년 4월에 요동(遼東)지역에서 한국인 상인들과 여행자들을 만나 "진리의 말씀과 서적들"을 나누어주고 전도의 기회를 갖기도 했다.[38]

　그런데 성경을 조선말로 번역하고 권서인(勸書人)을 파송하여 조선 선교에 위대한 공헌을 한 분은 존 로스(John Ross, 1842-1915)목사이다. 스코틀랜드 장로교회는 1871년부터 윌리암슨의 지도아래 산동반도(山東半島)를 선교중심지로

---

36) K.S. Latourette, Vol.4, *The Great Century: Europe and the United States, A.D.1800-1914*, Zondervan, 1970, pp.94,95
37) 롬10:17
38) A. Williamson, , London: Smith, Elder &Co., 1870. Vol. 2, p.131

정하고 복음 전파에 모든 노력을 기울였다. 존 로스는 그의 자형 되는 맥킨타이어(John MacIntire)에 이어 1872년 8월에 선교사로 파송되어 왔다. 그는 지푸에 도착한 후 윌리암슨의 자문을 받아 만주의 항구 도시 영구(營口)에서 그해 겨울 동안 중국어와 만주어 습득에 집중한 결과 그 이듬해에는 어느 정도 중국어로 설교할 수 있게 되었다. 그는 윌리암슨 목사로부터 1866년 토마스 목사가 조선에 선교를 시도하다 순교한 사실을 들었다. 두 선배 선교사들이 조선 선교에 대해 보여준 열의에 감명을 받아 그는 곧 조선 선교에 대해 큰 관심을 갖게 되었다.

로스 목사는 1874년 10월 9일 영구를 출발하여 조선인을 만나기 위해 고려문(高麗門)을 찾았다. 이 곳은 봉황성(鳳凰城) 아래 있는 작은 마을로 당시 청국과 조선의 국경 마을이자 양국간에 합법적인 교역이 이루어지는 곳이기도 했다. 그는 조선 사람들을 만나 한문 성경을 팔고 전도를 했다. 그러나 이들은 서양의 면제품이나 물건에 큰 관심을 두었지 복음에는 별 관심을 보이지 않았다. 당시 조선의 관서지역에는 나라 밖으로 눈을 돌려 청과의 무역에 관심을 두고 활동하는 분들이 상당수 있었다. 어느 날 50대의 한 남자 상인이 그의 여관을 찾아오게 되었다. 로스는 그로부터 조선의 정세에 관해 듣고, 조선어 발음을 배우고, 한문 성경을 그에게 건너 주었다. 후에 이 분이 바로 백홍준(白鴻俊)의 아버지인 것으로 밝혀졌다.[39]

로스의 두 번째 고려문 방문은 1876년 4월말이었다. 그는 성경을 조선어로 번역하기를 원했고 이를 위해서는 조선어를 배워야만 했다. 조선어 교사를 찾기 위해 노력하던 중 의주(義州)에서 올라온 젊은 학자요 상인인 이응찬(李應贊), 이성하(李成夏), 백홍준(白鴻俊), 김진기(金鎮基) 네 사람을 만나게 되었다. 이들은 서구의 새 지식을 얻을 기회를 찾고 있었다. 이들 가운데 이응찬이 로스의 어학 선생이 되기를 원하여, 로스 목사와 함께 봉천으로 오게 되고, 다른 세 사람은 의주로 돌아갔다. 같은해 가을 이응찬이 고려문에 다시 와서 위 세 친구를 만나 함께 우장으로 와서 서양 선교사들에게 조선어를 가르치면서 서양문화를 배우

---

39) C. Robson, *The Korean Mission of the Presbyterian Church(North) of the United States of America*. UPMR. Oct. 1892, p.345

던 중 예수를 믿게 되었다. 이들에게서 조선어를 배운 로스는 "조선의 글자는 현존하는 문자 가운데 가장 완전한 문자"라 하며 경탄을 했다.[40]

로스 목사는 어느 정도 조선말을 익히게 된 후 이들과 함께 곧 성경번역에 착수했고, 1878년 봄까지 "요한복음"과 "누가복음" 번역을 마치게 되었다. 1879년에는 백홍준과 이응찬을 비롯한 젊은 지성인 조선 사람 넷이 맥킨타이어 목사로부터 세례를 받았다. 이것이 한국에 첫 장로교 선교사가 들어오기 꼭 5년 전 일이었다. 이로서 조선 나라 땅 밖에서 처음으로 장로교회 신자들이 탄생하여 미래 한국장로교회의 씨가 뿌려지게 되었다. 이들은 한국 장로교회의 첫 신자였을 뿐 아니라, 한국 개신교회의 첫 신자들이었다.

서상륜

이 같은 해(1879)에 로스는 또 재질이 뛰어나고 민첩하여 앞으로 조선 선교를 위해 큰 일을 하게 될 젊은이를 만나게 되었다. 상업 차 우장에 온 서상륜(徐相崙)과 그의 동생 서경조(徐景祚)를 만난 것이다. 당시 서상륜이 낯선 외지에서 장질부사에 걸려 사경을 헤매고 있었다. 이때 맥킨타이어 목사가 서양인이 경영하는 병원에 그를 소개하고 치료를 받게 하여 주어, 그는 곧 완쾌되었다. 그는 전도를 받아 예수를 믿게 되고, 1881년에는 세례를 받았으며, 로스 목사에게 소개되어 성경 번역하는 일을 돕게 되었다. 그는 열심과 재간이 있어 목판을 깎아 내어 인쇄하는 일까지도 했다. 그 결과로 1882년 가을에 심양(瀋陽) 문광서원 간행으로 "예수성교 누가복음전서"와 "예수성교 요안내 복음전서"라는 쪽 복음서를 내 놓을 수 있었다.[41]

서상륜은 위에 소개된 그의 동향인들보다 3년이나 뒤에 복음에 접근할 수 있

---

40) *Quarterly Review*, Vol. 155, Jan. 1883, London.
41) *Historical Catalogue of Printed Editions of the Holy Scriptures*, the Library of the British and the Foreign Bible Society, com. by T.H. Darlow and H.F. Moule London: The Bible House. Vol 2, No. 5984,5985, p.886

는 기회를 얻었지만, 복음을 받은 그의 신앙인격은 누구보다 더욱 진지하고 적극적이었다. 그래서 로스는 1882년 대영성서공회에 보낸 편지에서 "이 권서인(勸書人) 서상륜은 개혁교회신앙에 입교한 최초의 조선인입니다. 그는 나와 함께 전에 누가복음을 조선말로 번역했고, 번역이 끝나자마자 나에게 세례를 받겠다고 말했습니다. 상해에 있는 귀 주재원을 통해서 서씨는 3개월간 권서 행로에 나섰습니다. 그는 조선 전역을 여행할 수 있지만 우선 압록강 연안부터 시작하려 합니다"라고 했다.[42] 로스에게 이 서상륜은 개혁신앙에 들어온 첫 번째의 조선 사람으로 보였던 것이다.

로스와 맥인타이어는 계속해서 서상륜, 이응찬, 김진기, 백홍준 등의 도움을 받아 1883년에는 "뎨자 행적"(사도행전)과 "예수 셩교 젼서 말코 복음"(마가복음)을 출판했고, 1884년에는 "예수 셩교젼서 마태복음"을 발간했다. 만주에서의 조선어 성경 번역과 출판은 뒤에 소개하게 될 일본에서의 번역과 출판보다 적어도 5, 6 년 앞선 것이었다. 1887년에는 드디어 "예수 셩교젼셔"라는 신약성경 전부가 번역 출판되었다.[43]

예수성교전셔

조선 왕국이 1882년에 이르러서야 차츰 쇄국정치를 벗어나 문호를 개방하기 시작하게 되었다. 그런데 문호가 개방되어 선교사가 들어오기 전, 나라 땅 밖에서 이미 복음이 번역 출간되므로 조선 선교를 위한 준비가 이뤄졌다. 선교사들이 조선 땅에 들어오기 전에, 조선말로된 성경이 이미 존재하였고, 이 성경 말씀이 조선인들에 의해 조선 땅에 보급되어, 짙은 어둠 속에 살아 온 사람들의 마음속에 빛이 비춰지기 시작했다.

서상륜은 누구보다 마음에 복음의 뜨거운 불을

---

42) The Report of British Foreign Bible Society(앞으로 B.F.B.S.로 표기), Vol. 110, 1914, p.329 The Report of The National Bible Society of Scotland(앞으로 N.B.S.C.로 표기), 1883, p.38 참조
43) Historical Catalogue, op.cit., Vol.2, Ser. No.5993

품은 전도자였다. 그는 권서인(勸書人)으로 번역 출판된 조선말 성경을 가지고 먼저 만주에 흩어져 사는 각지의 조선 동포들을 두루 찾아 성경을 보급했다. 그는 1883년 이른 봄에는 고국을 향해 떠났다. 상당한 수의 조선말 성경과 상류계급 전도를 위한 다수의 한문 성경을 가지고 입국하려다 압록강 국경 심문소의 검문에 걸려 모든 성경을 몰수당하고 생명의 위협까지 받게 되었다.[44] 그러나 이때 몇몇 관리의 묵인으로 다행히도 탈출할 수 있었다. 그는 마침내 고향 의주로 돌아와 친지들에게 복음을 전했으며, 관가의 탐색으로 위험에 직면하자, 1884년 봄에 동생 경조와 함께 삼촌이 살고 있는 황해도 솔내(黃海道 長淵君 大救面 松川里)로 내려와 거기 머물며 복음을 전했다. 로스 목사는 1884년 봄 봉천에서 상해 제물포간의 기선 항로를 이용하여 6천권의 조선말 성경과 소책자를 서상륜에게 보내 주었다. 당시 세관 고문으로 있던 독일인 묄렌도르프(P.G. von Mullendorf)의 예외적인 호의로 이들을 받게 되어, 그는 서울을 중심으로 6개월간 활기차게 전도에 임하게 되었다.[45] 그 결과 개종자를 얻게 되어 만주의 로스 목사에게 서울에 와서 세례를 원하는 13명의 친구들에게 세례를 베풀어 교회를 조직해 줄 것을 요청하는 글을 보냈다.

이즈음 서경조(徐景祚)가 서울에 와서 그의 형으로부터 신약전서와 "덕혜입문"(德惠入門)등의 소책자를 받아 소래로 돌아가 신약을 여러번 읽은 후 구원의 진리에 대한 확신을 얻어 죽음을 각오하고 예수를 믿게 되었다.[46] 이후 그는 그의 형과 열심히 전도하여 1885년까지는 최소한 20여명의 세례지원자를 얻었다. 이들이 처음에는 개인 집을 돌아가며 예배를 드리다, 1886년에는 초가집 예배처소를 마련하여 매주일 예배를 드리게 되었다. 결과적으로 구미의 선교사가 들어오기 전 순수하게 조선인에 의한 자립(自立) 자조(自助) 자영(自營)의 개혁주의 장로교회가 이 땅에 세워진 것이다.

---

44) E. Wagner, *Through the Hermit Gate with Suh Sang Yune*, Korea Mission Field, Vol XXXIV, No. 5 (1938) pp.93, 98
45) 朝鮮예수教長老會史記 上, 車載明, 서울, 1928, p.8
46) 徐景祚, 徐景祚의 信道와 傳道와 松川敎會 設立 歷史" 神學指南 第7卷4호 (1925. 10), pp.89-90

실로 솔내(松川)는 한국 장로교회의 요람지일 뿐 아니라, "한국프로테스탄트 교회의 잊을 수 없는 요람지"가 되었다.[47] 이 교회는 몇 해안에 그 마을 58세대 중 50세대의 가족이 복음을 받아 들임으로 거의 마을 사람 전체가 그리스도를 믿는 신앙의 공동체가 되었다.[48] 복음이 한 마을 사람들의 마음을 사로잡고 급성장을 보게된 이 솔내 교회는, 아직 교회의 직분이 없고 제도가 갖추어지지 않은 미완된 교회였으나, 미래의 번영하는 조선 장로교회의 모습을 미리 보여주는 것 같았다. 선교사가 아닌 권서인들이 배포하고 전한 복음이 이렇게 큰 결실을 맺은 사실은 하나님의 말씀은 그 자체가 "살아있고 운동력이" 있을 뿐 아니라, "구원에 이르는 지혜가 있게 하는" "하나님의 능력"이 된다는 산 증거를 보여 준 것이다.[49]

백홍준은 그가 세례를 받은 해인 1879년에 이미 그의 고향인 의주를 방문하여 전도를 한 일이 있고, 1882에는 로스 번역 복음서를 가지고 돌아와 의주 강계 등지에 이를 배포하여 전도함으로 첫 번째의 매서(賣書) 조사가 되었고,[50] 반년이 못되어 십여 명의 개종자를 얻어 주일마다 자기 집에서 예배를 드렸다. 1883년 10월 서상륜이 권서로 파송 받아 그 곳에 나왔을 때에는, 백홍준이 교리문답 교육반을 운영하고 있었고, 1885년에는 적어도 18명의 신자가 있어 예배처소를 마련할 정도로 성장했다. 이로써 실상 국내 최초의 신앙공동체가 의주에 생겨난 것이다.[51] 이로 볼 때 의주의 신앙공동체는 서상륜의 전도로 생긴 솔내의 그것보다 실제로 앞선 것이었다.

1889년 언더우드(H.G. Underwood)가 신혼여행을 빙자하여 의주까지 선교 순행을 하게 되었을 때에, 압록강을 건너가 만주 땅에서 33인에게 세례를 주게

---

47) G.L. Paik, *The History of Protestant Missions in Korea*, Seoul, Yonsei University Press, 1971, p.31
48) 徐明源, 韓國敎會成長史, 서울 基督敎書會, 1966, p.47
49) 히4:12, 딤후 3:15-17, 롬 1:16, 16
50) 長老敎會史典彙集(1918年刊), 郭安連 編輯, 1918, p.9
51) 이덕주, "백홍준-몇가지 오류와 문제점을 중심으로-" 韓國基督敎史硏究, 제19호, 1988. 4. 5. pp.29-33

되었는데, 이 때의 소위 "한국의 요단강"세례도 백홍준의 요청에 의한 것이었다. 이때 세례를 받은 사람들 가운데는, 한국에서 최초로 목사가 된 사람 중의 한 분인 한석진(韓錫眞)도 포함되어 있었다.

그런데 백홍준이 번역 복음서를 가지고 입국했을 때의 일화는 유명하다. 그가 고향에 돌아오기 위해 조선에 가까운 국경에 도착했을 때, 이성하가 성경을 숨겨 들여 오려 하다가 실패한 소식을 듣고는 복음서를 무사히 조선에 가지고 들어오기 위한 궁리를 하게 되었다. 결과 그는 복음서를 한 장씩 풀어서 말아 노끈을 만들고, 고지(古紙) 속에 복음서를 감추어 고지처럼 위장하고 이 노끈으로 묶어 드려온 후, 고지 속의 복음서를 끌어내고, 노끈을 다시 풀어 책을 만들어 사용하고 배포했다고 한다.[52] 그는 의주에 거하며 수반의 조사로 봉사하기도 했으며,[53] 뒤에 관에 붙잡혀 의주 감옥에서 2년간 무참한 고생을 당하다 1892년에 세상을 떠났다.[54]

그밖에 이성하(李成夏)는 일찍이 조선 땅에 숨겨 들여 오려고 압록강 가까운 중국인 여관에 성경책들을 쌓아 두었었는데, 여관 주인은 이것이 금지된 책들인 것을 알고 불에 던져 태우기도 하고, 압록강에 던져 버리기도 했다. 당시 이 소식을 듣게 된 로스(John Ross) 목사는 "그 압록강 물을 마시는 사람이나, 불탄 성경의 재가 떨어지는 집의 생명들이 그리스도를 믿게 될 것이다"라고 했다고 한다.[55] 이렇게 만주는 조선 내의 선교를 위해 준비하고 노력한 첫 번째의 전초기지가 되었던 것이다.

2. 일본으로부터의 선교활동

조선 선교를 위한 성경번역과 전도가 조선반도 서북부에 위치한 만주에서 진행되어 왔을 뿐 아니라, 같은 일이 동쪽 일본에서도 진행되었다. 이를 위한 인물

---

52) 金光洙, 복된 말씀, 1973,12,P.60-64, 韓國教會人物選, 白鴻俊 編
53) 朝鮮예수教 長老會史記, 上, p.9
54) C.C. Vinton, The Presbyterian Mission, The Korean Repository, 1895, January Issue, p.20 참조
55) The Korea Mission Field, 1908, p.138

로 이수정(李樹廷)을 들게 된다. 온건 개화파 학자인 그는 임오군란(壬午軍亂) 때 민비를 구출한 공으로 1882년 수신사 박영효(朴泳孝)의 비공식 수행원으로 일본에 건너가게 되었다. 그가 일본에 건너간 원래의 목적은 개화된 선진 문화와 산물을 시찰하고 연구하는 것이었지만, 기독신자인 농학자 쯔다센(津田仙)을 만나 친교를 갖는 가운데, 그에게서 한문성경을 얻고 기독교 교리에 관한 대화를 갖게 되었다. 틈이 나는 대로 성경을 읽는 중에 그는 복음진리에 마음이 사로잡히게 되고 예수를 믿게 되어, 1883년 4월 29일 주일에 동경의 개혁주의 장로교 계통 교회인 일치교회(一致敎會)의 쯔유쯔끼죠 교회(露月町敎會)에서 야스가와(安川亨)목사로부터 세례를 받았다.56) 결과적으로 그는 나라 밖 동쪽의 나라 일본 땅에서 세례를 받아 개신교 장로교 신자가 된 첫 번째 사람이 되었다.57) 복음진리에 대한 뜨거운 열의를 갖게된 그는 일본주재 장로교 선교사 낙스(George W. Knox)와 감리교 선교사 맥레이(R.S. MacLay)를 접촉하여 성경연구에 몰두하였다.

이수정이 세례를 받은 바로 그해 5월 일본교회가 동경 신에이 교회(新榮敎會)에서 제3회 전국기독교 대 친목회를 갖게 되었다. 이때 그는 공기도(公祈禱)를 맡아 조선말로 당당히 기도를 인도했다. 5월 12일 요한복음 15장을 중심으로 그의 신앙고백서를 발표했는데, "너희가 내 안에 있고, 내가 너희 안에 있다"는 그리스도의 말씀 속에서 하나님과 사람이 교통하는 신인상감(神人相感)의 원리를 찾았다. 그는 등잔의 심지가 타는 것과 같은 비유를 들어 이 원리를 설명했으며, 그리스도의 은혜와 믿음에 의한 속죄와 구원의 도리는 자력구원(自力救援)을 가르치는 불교의 구원과 전혀 다르다고 설명했다.58)

---

56) G.W. Knox, "*Affairs in Corea*." FM, June, 1883,p.17 이 일본의 一致敎會는 일본에 주 재한 미국의 북장로교회, 화란의 개혁교회 및 스코틀란드의 연합장로교회 선교회가 협의 해서 미국장로교 헌법을 채용하여 세운 교회로 신학적 교회정치적 입장에서 볼 때 개혁주의 장로교회였다.

57) H. Loomis, "The First Korean Protestant in Japan." *The Korea Mission Field*, July, 1967, pp.139-141

58) 吳允台, "韓國基督敎史 IV, 先驅者 李樹廷 編" 惠善文化社, 1983,pp.64-67

조선인 이수정의 개종과 그의 공개적인 신앙고백은 일본교회와 일본에서 선교하면서 멀지 않은 나라, 조선의 선교에 관심을 가졌던 미(美) 선교사들에게 큰 자극을 주었다. 낙스 목사의 친구로 당시 일본 주재 미국성서공회의 총무로 봉사하고 있었던 루미스(Henry Loomis) 목사는 그를 찾아가 복음서를 조선말로 번역하는 일을 맡아 줄 것을 제안했다. 이수정은 이 제안을 수락하고, 바로 성경 번역에 들어갔다. 복음에서 참된 진리를 발견한 그는 서구의 어떤 새로운 문물(文物)보다는 이 복음이 동족에게 속히 전해지고 읽혀져야 한다는 확신을 가지고 이 일에 착수했다.

신약 마태전(이수정 역)

우선 한한(漢韓)성경을 먼저 시작하자는 것이 좋겠다는 루미스의 제안을 따라 1883년 5월에 한문성경에 토를 다는 방법으로 소위 "현토성경"(懸吐聖經)에 착수했다. 이는 비교적 쉬운 작업이었고 성경을 조선어로 번역하는 일에 준비가 될 수 있었다. 한달 남짓 걸려 신약전체의 작업을 완성할 수 있었다. 1883년 11월에 인쇄에 들어가 1884년 8월까지 4복음서와 사도행전 등 5권을 각 1천 부씩 출간하게 되었다. 이 토달린 한문성경은 당시 일본 유학생들 세계와 국내에 보급되어 지식인들 세계로부터 큰 환영을 받았다.

현토성경 작업이 끝난 후 이수정은 1883년 6월부터 조선어 번역에 착수하게 되었다. 먼저 "마가복음"을 선택하여 1884년 4월에 완역을 하게 되고, 출판은 약간 지연되어 1885년 2월 미국성서공회에 의해 요꼬하마에서 6천부가 간행되었다. 이는 결과적으로 한국의 첫번째 복음 선교사로 임명된 미 북장로교의 언더우드(元杜尤, H.G. Underwood) 목사와 미 감리교의 아펜셀라(H.G. Appenzeller) 목사가 한국에 들어가게 되는 때에 맞추어지게 된 셈이다. 이들이 1885년 4월 5일 한국에 처음 들어 올 때, 이수정이 번역한 마가복음을 가지고

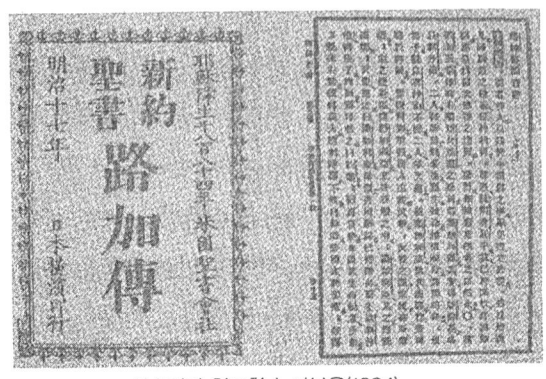
이수정이 현토한 누가복음(1884)

들어오게 되었다.

이수정은 성경을 번역 했을 뿐 아니라, 전도와 한국선교를 위해 선교사를 불러들이기 위한 적극적인 활동을 했다. 먼저 김옥균(金玉均)의 인솔로 당시 일본에 와있던 30여 명의 유학생들에게 전도를 했다. 결과 여러 유학생들이 예수를 믿게 되어 1883년 7월 1일 주일에 이경필을 비롯한 세 명의 청년이 세례를 받아, 만주에서 뿐 아니라(만주는 1879년) 일본에서도 첫번째의 한국인 그리스도인 공동체가 생겨나게 된 것이다.[59] 1883년 말 에는 수세자가 7, 8명으로 늘게 되어 주일마다 설교자를 초청해 예배를 드리게 되므로 도꾜(東京)에 첫 한인 교회가 생겨나게 되었다.

나아가, 이수정은 조선 민족에게 복음이 속히 전해져야 된다 생각하고, 재일 미 선교사들에게 한국에 선교사들을 파송해 줄 것을 요청하였다. 장로교회 선교사인 낙스 목사는 "이 신사는 한국에 선교회가 개설되어야 한다고 간절히 소원하였다"고 본국에 알렸다.[60] 이수정의 조선에 대한 선교의 호소를 미국 장로교회는 "한국의 마케도니아인의 부름"이라 일컫고, 한국 선교에 대한 관심을 갖게 되었다. 1883년 12월 13일자로 그는 미국 교회 앞으로 한국선교를 간절히 바라는 진정서를 보내면서 "여러분들이 우리에게 복음을 보내주지 않으면, 다른 나라가 그들의 교사들을 신속히 파송 하리라 생각되며, 또한 그 가르침이 주님의 뜻과 일치하지 않을까 하여 걱정하게 됩니다."라고 하였다.[61] 이런 호소로 말미암아 미 장로교 선교회는 1884년 초에 조선에 선교사를 보내기로 결정하고, 복

---

59) H. Loomis's Letter to Dr. Gilman, 1883, 7, 5
60) G.W. Knox, "Affairs in Corea," FM. June, 1883, p.17
61) Rijutei, "Rijutei to the Christian of America, Greeting," MR. March, 1884, pp.145-146

음 선교사로 언더우드(H.G. Underwood) 목사를 임명했다. 이때 미장로교회 선교잡지(Foreign Missionary) 9월호에 "이 주목할만한 일련의 사건에 자극된 우리 선교사 몇명은 여러달 동안 선교본부에 조선 선교사를 임명해 줄 것을 간절히 요청하였는데, 이는 개종한 한국인들의 청원과 동일한 것이었다. 다음 사실이 선교본부가 취하게 된 행동이다. 최근 모임에서 선교본부는 목회선교사로 언더우드 목사를 임명했다. 그는 뉴욕대학과 뉴저지 뉴 부른스윅의 개혁신학교를 졸업했다. 피치 못할 사정으로 그는 12월 1일까지 미국에 있다가 일본으로 떠날 것이다."라고 했다.

당시 조선은 보수파와 개화파간의 다툼이 있어 1884년 12월 4일 갑신정변(甲申政變, 郵政局事件이라고도 함)이 일어나게 되었다. 이때 이수정은 망명 개혁파인들과의 관계를 멀리하여 이들의 미움을 사게 되었다. 이런 환경 가운데서 1886년 5월 그는 귀국하여 은거하던 중 병사하게 되었다.[62] 그러나 이수정의 조선 선교를 위한 거룩한 소원은 성취되고, 그의 노력은 열매를 맺어, 장로교 선교의 문이 열려, 미 장로교 선교사가 조선에 입국을 하게 되어졌다.

그런데 일본에서 조선 선교를 도운 사람들 중에는 미 선교사들 뿐아니라, 스코틀란드 장로교회 선교사도 있었다. 스코틀란드 성서공회로부터 파송을 받은 톰슨(J.G. Thomson)은 같은 나라 교회로부터 파송을 받아 만주에 와서 선교하면서 이미 조선어 성경을 출간한 로스 목사와 긴밀한 연락을 가지고 조선 선교를 위해 노력했다. 그는 1882년 로스 목사로부터 2천권의 복음서와 많은 소책자를 받아, 일본인 신자 나가사끼(長坂)를 부산에 매서인으로 보내어 2개월간 선교지 탐사를 하게 했다.[63] 1884년에는 본격적인 성경 반포를 위해 성경보급소 설립을 목적으로 미우라(三浦)와 스가노(管野)와 함께 직접 부산을 방문하여 성경보급소까지 세웠다.[64] 부산의 성경보급소는 장날에 "출입구에 놓인 신발 딱개가 닳을" 정도로 사람들이 붐볐다고 한다. 스가노는 대구까지 복음서를 반포함

---

62) 李萬烈, 李樹廷의 改宗과 活動(II)," 빛과 소금, 1988, 5, pp.210-211
63) The National Bible Society of Scotland(앞으로 N.B.S.S.로 표기함), *Western Committee Minutes Book*, Oct. 9 1883
64) J.A. Thompson, "A Visit to Corea." Quarterly Record, June, 1885, pp.805-808

으로 조선에 복음의 씨를 뿌렸다.[65]

여기에서 미래의 한국 교회건설을 위한 하나님의 특별한 간섭과 축복을 생각하게 된다. 만주 땅에서처럼 일본 땅에서도 처음으로 예수를 믿고 세례를 받은 조선 사람이 개혁주의 장로교회 교인이었다는 사실이다. 1879년에 만주에서 조선 사람으로 처음 세례를 받은 백홍준을 위시한 네 사람이 스코트란드 장로교 선교사 맥인타이어에게 세례를 받은 장로교인들이었고, 1883년에 일본 땅에서 개혁주의 교회 목사인 야스가와에게 세례를 받아 첫번째로 신자가 된 이수정도 장로교 교인이었다는 사실은, 한국의 개신교회가 개혁주의 장로교로 그 효시(嚆矢)를 이루게 되었다는 것을 말해 주고 있다. 여기서 역사를 지배하시고 교회를 세워 가시는 하나님의 한국을 향하신 은혜로운 특별한 섭리를 보게 된다.

1.4 은둔의 나라 조선의 문이 열림

1. 조선의 정치적 변화

1873년 대원군이 섭정의 자리에서 물러나고, 1874년 고종이 친히 통치하게 되므로 지금까지 지속되어 오던 쇄국정책은 차츰 끝이 나게 되었다. 1876년에 한일수호조약(韓日修好條約)이 체결되고 굳게 닫혔던 문이 열리자 외국과의 통상교섭의 기운이 세차게 일게 되었다. 이를 위해서 청(淸)이 중재역에 나섰었다. 그런데 당시 조선은 서교(西敎)인 로마 천주교에 대한 철저한 경계심을 가지고, 개방으로 인한 서방과의 통상은 서교의 도입을 수반하게 된다는 우려를 하고 있었다. 그래서 1882년 한미수호조약(韓美修好條約)을 체결하려 했을 때, 조선측에서는 서양의 교당(敎堂)을 세워서는 안된다는 사실을 명문화하려 했다.[66] 그러나 이때 조약 교섭을 맡았던 청의 마건충(馬建忠)은 조선이 이것을 고집한다면 구미 여러 나라들과의 수호교섭은 불가능하다고 밝혔다. 결과 1882년 5월 22일 제물포에서 미국의 슈펠트(R.W.Schufeldt) 제독과 조선 사이에 한미수호조

---

65) N.B.S.S. Annual Report for 1885, p.42
66) 金允植, 陰晴史, 國史編纂委員會, pp.53-68

약이 체결되었을 때에, 금교(禁敎)가 명기되지 않았다. 이것은 미래의 선교 사역의 가능성을 시사하는 일이었다.

견미사절단(1883)

선교의 문은 여러 과정을 거쳐 차츰 열려가게 되었다. 1883년 11월에는 영국과 독일과의 수호조약이 체결되었다. 이 조약문에는 자기들의 지정된 거주지에서 자신들의 종교의식을 집행할 수 있다는 내용이 포함되므로 서교(西敎)와의 관계에 있어서 상당히 진전된 양상이 나타났다. 나아가 1886년 6월에 불란서와 체결된 수호조약에는 전교(傳敎)의 자유로 해석될 수 있는 "교회"(敎誨)라는 문구가 들어가게 되었다. 조선 측 관원이 외교문서 내용을 면밀하게 살피지 않았었는지, 혹은 알면서도 시대적인 변화를 의식하고 간과해 버렸는지 모른다. 그렇지만 이로 인해서 전교의 자유가 곧 허락된 것은 아니다. 어쨌든 이제 역사의 흐름은 조선이 차츰 문호를 개방하고, 선교사들을 받아 들일 수 밖에 없는 환경으로 변하여져 가게 된 것이다. 1882년에 고종은 쇄국정책에서 완전히 벗어나 서양의 종교는 사(邪)라 배척하되, 기(器=文物)는 이로우니 이용하는 것이 좋다는 그의 문호개방에 따른 시정정책을 천명했다.[67] 이로서 교육과 의료를 통해 복음전파의 환경을 마련할 선교사들이 들어올 수 있는 길이 차츰 열려지게 된 것이다.

2. 미 장로교 선교사들이 들어올 문이 열려짐

앞서 언급한 대로 이수정이 1883년 12월에 미국 장로교회에 선교사를 보내 달라는 진정서를 보냈을 때 큰 반응이 일어나게 되어 1884년 초에 미장로교 선교

---

67) 承政院日記, 高宗十九年八月五日 條(陽 9月 16日) ... 其敎則邪 當如謠聲美色而遠之 其器則利 苟可以利用厚生...

부는 조선에 선교사를 파송하기로 결정을 했다. 그런데 이해에 일본 주재 미감리교 선교사 맥레이(R.S. Maclay)가 본국 선교회 총무의 요청으로 조선을 방문하여 7월 2일 김옥균(金玉均)을 통하여 조선에서 병원과 학교사업을 시작해도 된다는 고종으로부터의 재가 결정을 받은 일이 있었다.[68] 고종은 서방 종교의 유입은 경계하면서도, 구미의 선진 문물(文物)의 유입은 원했던 것이다. 이로서 마침내 미국 선교사들이 조선에 들어올 수 있는 문이 드디어 열려지게 되었다.

---

68) R.S. Maclay, *Korea's Permit to Christianity*, The Missionary Review of the World, April, 1895, p.289

제2장 장로교 선교사들의 입국과 개척활동 (1884-1906)

2.1 장로교회 선교사들의 입국

한국 장로교 역사는 이미 밝힌 대로 구미의 선교사들이 들어오기 전, 나라 밖에서 복음을 받고 그리스도인이 된 백홍준, 서상륜 같은 분들이, 한국어로 번역 출간된 복음서를 가지고 들어와 복음을 전함으로 이미 시작되었었다. 이들의 전도로 예수를 믿은 자들이 목사가 없으므로 세례를 받지 못하여, 성례를 집행할 수 있는 선교사 목사들이 들어오기를 기다리게 되었다. 결과적으로 한국에 처음 온 선교사들의 활동은 어떤 면에서 복음을 전하는 일보다는 이미 믿는 자들에게 세례를 주는 일로 시작이 되었던 것이다.[1] 그래서 한국에 들어온 첫번째 복음선교사였던 언더우드(元杜尤, H.G. Underwood)는 "그 무렵은 씨를 뿌릴 시기였음에도, 동시에 우리는 첫 열매를 거둘 수 있었다."고 했다.[2]

한국에 처음으로 선교사를 보낸 미국 교회는 18세기 대각성운동(The Great Awakening)이 일어난 후에 선교에 대한 큰 관심과 뜨거운 열성을 갖게 되었다. 특별히 이 시기의 부흥운동이 미국 개신교의 특징으로 등장하게 되었다. 19세기에 이르러 차례로 등장한 찰스 피니(Charles G. Finny, 1792-1875)와 드와이트 무디(Dwight L. Moody, 1837-1899)로 말미암은 부흥운동은 세계 선교 운동을 더욱 크게 자극했다.

---

1) 한국기독교의 역사 1, 한국기독교역사연구소, 기독교문사, 1989, p.183
2) H.G. Underwood, *The Call of Korea*. New York, Fleming H. Reveil Company, 1908, p.136

미국 장로교회는 1790년대부터 산발적인 조직을 가지고 선교를 시작하게 되었고, 1837년에는 총회의 외국선교부가 조직되고, 1870년도부터는 모든 선교가 이 기관을 통해 시행되었다. 그래서 미국 장로교회는 한국에 선교사를 보내기 전에 이미 멕시코, 남미, 인도, 태국, 중국 등에 선교사를 파송하고 있었다. 특별히 19세기 중반기 이후 무디가 교파를 초월하여 선교를 자극하고 학생들을 선교에 동원하는 일에 큰 역할을 했다. 그는 1886년 메사추세스 허몬산에서 모인 학생 집회(Student Conference Mt. Hermon, 1886)에서 "이 세대의 세계의 복음화"(The Evangelization of the World in this Generation)란 표어를 내 걸고 "모두 나가야 하고, 모두에게 나가야 한다"(All should go and go to all)는 제목으로 강연하여, 100명의 선교지원자를 얻기도 했다.[3] 그는 어느 교파에도 속하지 않는 독립적인 회중교회에 속해 있었으나 그의 부흥운동은 장로교회를 위시한 여러 복음주의 교회에 큰 영향을 미치었다. 그동안 영국보다 뒤져 온 미국 교회의 선교사역이 19세기 후반에 이르러 급속하게 성장했으며, 1900년 이후에는 영국보다 훨씬 더 큰 공헌을 하게 되었다.

1. 미국 북장로교회 선교사들의 입국

1) 알렌(Horace N. Allen, 安連, 1858-1932)의 입국(1884)과 활동

미 북장로교(The Presbyterian Church in the U. S. A.) 선교부는 1884년 초에 한국에 선교사를 보내기로 결의하고, 곧 의사 헤론(John W. Heron)을 한국 최초의 의료선교사로 임명하고, 뒤이어 7월 28일에는 인도선교를 목표하고 준비해 온 언더우드(Horace G. Underwood) 목사를 한국 최초의 복음선교사로 임명하였다. 그러나 하나님의 뜻은 인간의 뜻과 달랐다. 한국 땅을 최초로 밟게 된 선교사는 저들이 아니고, 알렌이었다.

---

3) K.S. Latourette, *A History of the Expansion of Christianity*, Vol.4, The Great Century: Europe and the United States, A.D. 1800-1914, Zondervan, Michigan, 1970, pp.94-97

알렌은 1883년에 오하이오주에서 의과대학을 졸업하고, 같은해 의료선교사로 임명되어 10월에 중국 상해에 도착하여 적당한 사역처를 찾았으나 얻지 못하던 중, 상해에 있는 친구 선교사의 권유를 받아 선교임지를 한국으로 옮기기로 마음을 먹게 되었다. 1884년 6월에 한국에서 세관 사무를 돕고 있는 하스(Joseph Hass)에게 한국주재 외국인들에게 의사가 필요한지를 묻고, 긍정적인 답을 받게 되자 선교본부에 임지변경 허락을 청원했다. 선교본부가 이 청원을 허락하자 그는 곧 상해를 떠나 1884년 9월 20일에 제물포에 닿았고, 22일에 서울에 들어 오게 되었다.[4] 그는 아직 서양 종교를 경계하고, 서교(西敎)의 신자들을 사형에 처하는 법이 있는 조선의 환경을 고려하여 선교사로서의 신분을 숨기고, 무보수로 미국 영사관 공의(公醫)로, 이어 영국, 청국, 일본 영사관, 세관의 공의로 봉사하게 되었다. 그러나 그는 선교사로서의 사명을 잊지 않고, 그와 가까워진 한국 사람들에게 복음을 전했다.

그런데 그가 도착한지 약 두 달이 지나 한국에서의 그의 입지를 굳게 할 수 있는 귀한 기회를 얻게 되었다. 갑신정변(甲申政變, 郵政局事件이라고도 함)이란 혁명적 사건이 12월 4일에 일어난 것이다. 당시 개화파(開化派)에 속한 김옥균(金玉均), 박영효(朴泳孝)등이 수구파(守舊派)정권을 무너뜨리고 정권을 장악하기 위해 우정국 피로연 자리에서 이들 요인들의 암살을 기도했던 것이다. 개화파가 제거의 대상으로 삼은 주된 인물은 민비의 사촌(四寸)인 민영익(閔泳翊)이었다. 그런데 개화파의 거사는 실패로 끝이 나고, 민영익은 중상을 입어 심한 출혈을 하게 되었다. 조정에서는 출혈을 멎게 하기 위해 장안의 여러 명의를 불러 드렸으나 이들은 어찌 할 수 없었다. 이 때 세관에서 일하고 있는 뮐렌도르프(P.G. von Mulendorf)의 주선으로 알렌 의사를 청하여 치료를 받게 되자, 즉시 출혈이 멎게 되고 상처가 낫게 되었다. 민영익은 곧 그에게 감사의 편지와 함께 10만량의 사례비를 보냈다. 알렌의 의술에 감명을 받은 조정에서는 그를 곧 고종황제의 어의(御醫)로 임명을 하였다. 의사로서의 알렌의 명성이 높아지자 많

---

[4] Horace G. Underwood, *The Call of Korea*, 1908, pp, 102-103

은 환자들이 몰려와 그의 집에서는 이들을 다 수용할 수 없는 형편이 되었다. 이 때에 미국 대리공사 폴크(Foulk)가 조선 정부에 교섭한 결과, 정부는 1885년 2월에 병원설립을 허가해줄 뿐 아니라, 갑신정변 때 살해당한 홍영식(洪英植)의 집을 내어주어 병원으로 사용하게 하고, 광혜원(廣惠院)이라는 병원의 이름까지도 지어 주었다. 4월 23일에 제중원(濟衆院)으로 명칭이 바뀐 이 병원은 실상 정부가 운영하는 왕립병원(王立病院, Royal Hospital)이 되었다. 그 해 6월에는 미국 장로교 선교부에서 한국 의료선교사로 임명된 헤론(W.J. Heron)이 도착하여 협력을 하게 되었다. 첫해 선교 보고서에서 알렌은 10,460명의 환자를 치료했다고 알렸다. 알렌은 조정의 신임을 받아 지난날에 서구인들(특별히 로마 천주교 선교사들)이 남겨 온 부정적인 인상을 제거하고, 구미(歐美) 선교사들을 수용할 수 있는 분위기를 조성하는데 큰 기여를 하게 되었다. 그는 1887년 의료 선교사직을 사임하고 워싱톤 주재 한국 공사관 서기가 되었다가, 뒤에는 주한 서울주재 미 대리 공사와 총영사, 특명대사 등을 역임했다. 1895년 11월 일본 역도(逆徒)에 의한 명성황후시해사건(明成皇后弑害事件)이 터졌을 때는 일본의 변명을 만족해하는 워싱톤에 사건의 진실을 알리고, 일본의 만행을 규탄하기도 했다. 이런 결과로 그는 조선정부로부터 세 번이나 공로훈장을 받았다.

2) 언더우드(Horace G. Underwood, 元杜尤) 선교사의 입국(1885)

북 장로교회라 불리는 미합중국 장로교회(The Presbyterian Church in the U.S.A.) 선교부로부터 직접 한국 선교사로 임명을 받고 파송되어 온 첫 복음 선교사는 언더우드 목사다. 원래 영국 태생인 그는 13세가 되던 1872년에 부모와 함께 미국에 이주하여 화란계 개혁교회에 속해 신앙생활을 했다. 그는 뉴욕대학을 졸업하고 뉴 부른스위크(New Brunswick)에 있는 화란계 개혁신학교(The Dutch Reformed Theological Seminary)[5] 에서 신학을 수학했다. 그는 인도에 선교사로 갈 뜻을 가지고, 그 준비로 의학을 1년 동안 공부하기도 했다. 후에 그

---

5) 이 신학교는 화란이민계 교회인 The Reformed Church in America가 1784년에 세운 신 학교이다.

언더우드 선교사 부부

는 장로교 선교부에 선교사 지원을 하게 되고, 이것이 수락되어 1884년 7월에 한국 선교사로 임명을 받았다.

언더우드는 미혼 입장의 단신으로 한국을 향해 떠나, 1885년 2월에 일본에 도착하게 되었다. 당시 한국은 두 달 전(지난해 12월 4일) 서울에서 일어난 갑신정변의 여파로 개화파가 불리한 입장에 있었기 때문에 외국인들의 입국이 안전하다고 보기 어려웠다. 그는 미 감리교 한국 선교사로 임명을 받아 동행하는 아펜셀라(Henry G. Appenzeller)부부와 함께 일본주재 미 선교사들과 당시 조선 유학생들 및 망명 중에 있는 개화파 인사들을 만나 약 두 달 동안 교제하며 한국말과 문화를 익혔다. 특별히 이들은 성경을 한국말로 번역하고, 미국 교회에 한국 선교를 호소한 이수정을 만나 교제를 나누고, 그로부터 일본에서 번역 출간된 한국어 "마가복음"도 받게 되었다. 1885년 3월 31일 그는 아펜셀라 부부와 함께 일본 나가사끼를 떠나 한국입국을 감행하였다. 4월 2일 부산에 잠시 정박한 후, 항해를 계속하여 부활주일인 4월 5일 오후 인천 제물포 항에 도착했다. 당시 미 대리공사는 현재 서울 분위기가 갑신정변의 여파로 외국인에게 위험하여 입경을 만류함으로써, 아펜셀라 부부는 같은 배로 일본으로 되돌아갔다가 6월에 다시 오게 되고, 단신이었던 언더우드는 입경을 감행하여 같은 미 장로교회 소속으로 지난해 이미 서울에 온 의료 선교사 알렌을 만나 광혜원에서 즉시 교사로 활동하기 시작했다.

3) 뒤따라 입국한 북장로교 선교사들

이제 미 북장로교회의 한국 선교는 고요히 시작이 되었다. 1885년 6월에 의료 선교사 헤론(J.W. Heron, 惠論) 부부가 들어오고, 미 북장로교 한국선교부가 조

아펜셀라

직되므로 서울을 중심으로 의료, 교육사업을 통한 선교사업이 본격적으로 시작된 것이다. 제중원(이전 명칭은 광혜원)에서 남자 의사로서는 부녀자에게 치료해 주기 어렵기 때문에 선교본부에 사정을 알린 결과, 여의사 애니 엘러즈(Annie Ellers)를 보내주게 되었다. 그녀가 1886년 7월에 도착하여 왕비와 궁중 부인들로부터 큰 환영을 받았다.[6] 애니가 결혼하여 가정으로 돌아가게 되었을 때, 여의사 홀톤(H. Horton)양이 1888년 3월에 부임하여 그 뒤를 이었고, 명서황후의 시의(侍醫)로 임명되어, 시해(弑害)될 때까지 그 직에 있었으며, 제중원 부인과를 전담했다.[7]

이어 모펫(Samuel A. Moffett, 馬布三悅)이 1890년에, 베어드(W.M. Baird, 裵緯良)가 1891년에, 리(Graham Lee, 李吉咸), 스왈론 부부(W.L.Swallon, 蘇安論)가 1892년에 계속 입국하므로, 선교기지를 서울 이외 관서지방(關西地方)에도 개설하고 선교활동을 펴게 되었다. 모펫은 1893년에 평양을 선교기지로 정해 옮겨가고, 1892년에 입국한 밀러 부부(F.S. Miller)는 선교기지를 청주로 정하고, 그 후 1895년에 입국한 아담스 부부(J.E. Adams)는 대구를 선교기지로 정해 활동하게 되었다. 이 후 계속해서 선천(1901), 재령(1906), 안동(1909) 등지에도 장로교 선교기지가 세워졌다. 결과 미 북장로교회 파송 선교사들은 개신교 선교사들 중 가장 먼저 한국에 들어와 선교기지를 정하고 선교사역에 착수를 했다.

---

6) The Annual Report of the Board of Foreign Missions of the Presbyterian Church in the U.S.A. 1887, p.155
7) 여의사 Horton은 1889년 3월 H.G. Underwood목사와 결혼했고, 그의 남편의 전기인 "Underwood of Korea"와 "Fifteen Years among Top Knots"를 저작했다.

2. 호주 장로교회 선교사들의 입국(1889)

1889년 10월 호주 장로교회(The Presbyterian Church in Australia)의 데이비스(J. H. Davis)목사와 그의 여동생 매리 데이비스(Mary Davis)가 함께 서울에 도착했다. 이들이 한국선교를 지원하게 된 것은 우회적인 경로를 통해서였다. 중국에 와서 선교를 하던 성공회(聖公會, The Church of England)선교회가 1885년 중국인 두 사람을 부산에 파송하여 선교를 시작했다. 이 때 북중국과 일본의 성공회 선교를 관장하고 있던 올프(H. Wolfe)감독이 1887년에 조선을 방문하여, 부산에 진행되고 있는 선교활동을 시찰하고 돌아갔다. 이때 그는 한국선교가 긴급함을 실감하고 영국의 캔터베리 대감독에게 "지체 말고 본국교회에서 선교단을 파송하는 조치를 취해 줄 것"을 요청하는 서한을 보냈다.[8] 나아가, 그는 같은 영 연방국인 호주에도 같은 내용의 호소문을 보냈는데 "영적으로 죽었거나 죽어가고 있는 한국인들을 구하기 위해 일할 사람들을 보내달라"는 내용이었다.[9]

호주 선교지에 실린 이 호소문을 본 데이비스와 그의 여동생이 이 호소를 심각하게 받아드리고 빅토리아주 장로교회(The Presbyterian Church of Victoria) 청년회(Young People Fellowship)의 재정지원을 받아 한국에 오게 되었다. 데이비스 목사는 1867년에 멜본에서 출생했고, 멜본대학을 나온 후 스코틀란드의 에딘바라 대학에 가서 신학을 수학하고, 선교사로 목사 장립을 받아 그의 누이가 선교사로 봉사하고 있는 인도에 파송되어 약 18개월 봉사하다가 건강문제로 호주로 돌아가고 말았다. 호주에 돌아간 그는 멜본에 초등학교를 세우고 봉사하던 중에 한국 선교에 대한 호소를 접하고, 각오를 새롭게 하여 한국선교를 지망하여 오게 된 것이다.[10]

---

8) M.N.Trollope, *The Church of Corea*, London, A.R. Mowbray & Co. Ltd, 1915, p.29
9) M.S, Davies, "The Pioneer Australian Missionary to Korea." *Korea Mission Field*, Vol 17, No.2, Feb.1921, p.25
10) 韓國長老敎會史(高神), 大韓예수敎長老會 歷史編纂委員會, 1988, p.46 참고

그가 한국에 도착했던 1889년에는 이미 미 북장로교 선교사들이 서울 경기지방에 선교기지를 정해 봉사하고 있었으므로 부산에서 선교할 뜻을 가지고 선교지 답사여행을 하게 되었다. 서울에서 약 5개월 체류한 후 부산을 향해, 경기도, 충청도, 경상남북도를 거쳐 장거리여행을 하게 되었다. 그는 낯설고 거친 먼길을 오는 동안 극도로 피곤한 나머지 천연두와 급성폐렴을 앓게 되어, 입국한지 반년만인 1890년 4월 5일 부산에서 별세하고 말았다. 데이비스 목사의 갑작스런 죽음에 대한 소식은 호주 장로교회에 큰 충격을 주었고, 한국 선교에 대한 새로운 불을 일으키게 되었다. 그 결과 빅토리아 장로교회는 1891년 맥케이 목사(J.H. Mackey)부부와 멘지스 양(B. Menzies), 포세트 양(Fawcett) 페리 양(J. Perry)등 세 여성 독신 선교사들을 한국에 파송하게 되었다. 호주 선교사들은 원래 데이비스 목사가 기획한 대로 부산 경남 지역을 선교기지로 삼고 봉사하게 되었다.

3. 미국 남장로교회 선교사들의 입국(1892)

미국 남 장로교회(The Presbyterian Church in the U. S.)의 한국 선교는 북장로교회보다 8년 뒤에 시작되었다. 1891년 10월 북장로교회의 한국 선교사 언더우드 목사가 첫번째 안식년을 맞아 미국에 돌아갔을 때, 내시빌(Nashville)에서 열린 "해외선교를 위한 신학교 연합회"(Inter-Seminary Alliance for Foreign Missions)에 강사로 참석했다. 이 때에 그는 한국 선교를 강조하고 동참을 호소했다. 그 회집에는 당시 밴더빌트 대학에 재학 중이던 윤치호(尹致昊, 1865-1945)도 강사로 초빙되어 같은 호소를 했다.

이 호소에 크게 감명을 받은 남 장로교회에 소속된 신학생들인 매코믹(McComick) 신학교의 테이트(Lewil B. Tate, 崔義德), 유니온(Union)신학교의 전킨(William M. Junkin, 全緯廉), 레이놀즈(William D. Reynolds, 李訥瑞)가 남 장로교 선교부에 한국 선교사로 갈 것을 자원했다. 선교부는 처음 재정문제로 난색을 표했으나 곧 선교기금이 확보되므로 1892년 초에 한국 선교를 결정하게 되고, 테이트, 레이놀즈, 전킨과 여 선교사로 테이트의 여동생 매티(Mattie Tate)양과 린니 데이비스(Linnie Davis)양 등을 첫 한국 선교사들로 임명을 하게 되었다.[11] 이들은 1892년 11월 3일에 제물포에 도착하고, 서울의 북장로교 선교사 모펫(Samuel A. Moffet)의 영접을 받았다. 남장로교 선교사들은 그들의 선교지역을 1895년 호남지방으로 정하게 되었다.

4. 캐나다 장로교회 선교사들의 입국(1898)

캐나다 장로교회(The Presbyterian Church in Canada) 선교사가 개인자격으로 한국에 와서 선교를 시작한 것은 1888년이었다. 게일(James S. Gale, 奇一, 1863-1937)이 토론토 대학 기독청년회(YMCA)의 후원을 받아 1888년 12월 16일에 내한하였다. 그는 약 3개월간 서울에 머물다가 내지 답사와 순회전도 여행을 떠나 처음 황해도 해주(海州)에 정착하려 했지만 여의치 못해 솔내(松川)로 옮겨 약 3개월을 지났다. 그 후 그는 서울을 거쳐 다시 부산으로 내려와 1889년부터 1891년 봄까지 약 1년 반 동안 선교활동을 했다.[12] 이 해에 그는 토론토 대학 기독청년회와 관계를 끊고, 미국 북장로교 본부 선교사로 일하게 되고, 1902년에 원산지방으로 옮겨 선교를 하게 되었다.

그의 뒤를 이어 개인 자격으로 한국에 온 선교사는 맥켄지(William J. McKenzie, 1861-1895) 목사였다. 그는 매리타임즈(Maritimes)지역 "장로교학교 학생선교협회(The Student Missionary Association of Presbyterian College)의 지원으로 1893년 12월에 단신으로 한국에 도착했다. 서울에서 몇 달을 지낸 뒤, 황해도 장연의 솔내(松川)에 가서 한복을 입고, 한식을 먹으며 한국 사람과 꼭 같이 생활하면서 복음을 전했다. 그는 마침내 신체적으로 허약하게

---

11) G.T. Brown, *Mission to Korea*, Board of World Missions Presbyterian Church, U.S. 1962, p.22, 23)
12) R.Rutt, *A Biography of James Scarth Gale and a New Edition of his History of the Korean People*, Seoul, Royal Asiatic Society Korea Branch, 1983, p.12

되어 한국에 도착한지 겨우 1년 반을 지난 후 1895년 6월 23일 솔내 초가집에서 별세하고 말았다.[13] 당시 그의 사랑과 헌신의 생활은 마을 사람들에게 바로 설교가 되었었다.[14] 맥켄지의 죽음은 많은 사람들의 마음을 뜨겁게 만들었고, 소래교회의 교인들은 그의 뒤를 이을 선교사를 파송해 달라는 편지를 캐나다에 보냈다.

이에 캐나다 장로교회 총회는 1897년 10월 7일 한국선교를 공식적으로 결정하고 서둘러 착수하게 되었다. 선교부는 그리어슨(R.G. Grierson, 馬禮孫) 의사와, 맥래(D.M. McRae, 馬具禮) 목사, 푸트(W.R. Foote, 富斗一) 목사 세 사람을 선교사로 임명하게 되어, 이들이 1898년 9월 8일 한국에 도착함으로써 캐나다 장로교회 한국선교가 시작되었다. 캐나다 장로교회 선교사들은 함경 남북도를 중심하여 선교를 시작했고, 원산, 함흥, 용정 등에 선교기지를 두고 봉사했다.

이렇게 1884년부터 1898년까지 미 남, 북 장로교회, 호주 장로교회, 캐나다 장로교회 등 네 장로교회가 한국에 선교사들을 파송하여 선교 활동을 하게 되었다. 앞서 소개한 대로 영국 스코틀란드 등 서구의 선교사들은 일찍부터 한국 선교에 관심을 가지고, 중국, 만주, 일본 등지에서 노력을 했으나, 이들은 한국 땅 밖에서 한국인 개종자들을 얻고, 성경을 번역하여 한국에 들여 보내어 전도하는 등 한국의 선교를 준비하고 터를 닦는 역할만을 하였다. 한국에 실제 들어와 교회의 터를 놓고 교회건설을 하게 된 선교사들은 미주와 호주에서 온 장로교 선교사들이었다. 결과적으로 한국 장로교회는 서구의 개혁주의 장로교회의 신앙과 생활의 전통보다는 미주와 호주 장로교회의 영향 아래 터가 놓이고 성장을 보게 되었다.

---

13) "Notes and Comments", *The Korean Repository*, July, 1895, p.277 The Annual Report of the Board of Foreign Missions of the Presbyterian Church in the U.S.A., 1896, p.165

14) L.H. Underwood, *Fifteen Years among the Top-knots*, American Tract Society, 1904, p.129

2.2 선교사들의 초기 선교활동

1. 의료와 교육을 통한 선교

선교사가 아직 한국에 들어오기 전 1884년 7월에 일본주재 감리교 선교사 매클레이(Robert S. MacLay)가 미 본국 선교본부의 명을 받고 한국에서의 선교의 가능성을 타진하기 위해 한국을 방문하였다. 이때 고종이 김옥균(金玉均)을 통해 그에게 "한국에서 병원과 학교사업을 시작해도 좋다"는 허락을 한 일이 있었다.[15] 그러나 이것은 조정에서 의견일치를 보아 허락하거나, 문서로 허락된 것이 아니었고, 황제의 사사로운 허락이었던 것이다. 여기 선교에 대한 허락은 포함되지 않았다. 그러나 이 허락은 당시 한국의 젊은이들이 신문화, 신학문을 사모하고 있는 형편에 있었기 때문에, 병원과 학교를 세워 이를 통해 차츰 선교의 목적을 이루어 갈 수 있는 가능성을 포함하고 있었던 것이었다. 이때 주변 국가에 와서 봉사하고 있던 선교사들도 우선 이런 간접적인 방법을 통한 선교를 매우 합당하게 생각하고, 이를 추진하도록 일찍부터 본국 선교부에 한국선교를 호소하게 되었다.

1883년 일본에 와서 일하던 장로교 선교사 낙스(George W. Knox)는 본국 선교부에 "조선에 교회학교를 세우면 큰 성과를 거둘 것은 분명합니다. 두 목사와 한 사람의 의사만 있으면 넉넉히 시작할 수 있습니다. 병 치료를 갈망하는 이 곳 사람들을 위하여 의사에게는 큰 기회가 기다리고 있습니다"라고 썼으며,[16] 1883년 중국 지푸에서 선교하던 리드(Gilbert Reid)목사도 선교본부에 "조선에 선교사업을 한시 바삐 시작하기를 바랍니다… 나도 선교사를 처음에는 가르치는 일과 의사의 자격으로 보내자는 것입니다"라고 썼다.[17] 이들은 모두 오랫동

---

15) 韓國外交文書, 第10卷 1, 1889年 9月 18日 附, pp.456-7 Robert S. MacLay, "Korea's Permit to Christianity," *The Missionary Review of the World*, 1896, April, p.289, "尹致昊 日記" 1884, 7,4 참조

16) 李永獻, 韓國敎會史, 서울 컨콜디아社, 1978, p.73 *The Foreign Missionary*, Jan. 1884, p.336

17) 李浩雲, 韓國基督敎會 初期史, 서울 基督敎書會, 1970, p.48

안의 서교(西敎)에 대한 저항감, 쇄국정책, 수구적 분위기 때문에 공개적이고, 본격적인 선교활동은 어렵게 보았다. 병원을 통한 자비의 사역과 학교를 통한 간접선교는 지난날 로마 천주교가 서구 종교에 대해 남긴 무군무부(無君無父), 침략적 외세대변자(外勢代辯者)라는 편견을 없애고 복음을 전하는 길을 트는데 큰 도움이 될 줄 믿었다.

 결과 선교사들이 가장 먼저 시작하게 된 것이 의료선교였다. 이미 언급한 것처럼, 1884년 9월 20일에 미 북장로교회 의료선교사 알렌이 미국 공사관(公使館) 소속 의사의 이름으로 들어와 갑십정변(1884. 12. 4)때 중상을 입은 민영익을 치료해 주므로 고종, 민비, 정부측의 신임을 크게 받게 되었다. 그리고 정부는 이 정변에 가담했다 처형당한 홍영식의 집을 내어 줄뿐 아니라, 병원 이름도 광혜원(廣惠院)이라 지어주고, 의사 교육도 의뢰하였다. 이 병원이 왕립병원(王立病院)으로 설립되어 한국정부측 감독 아래 운영되기 시작했지만, 실상 이 곳이 미래 한국선교의 전초기지가 되어진 것이다. 1885년 4월에 내한한 언더우드가 교사자격으로 이 병원에 머물면서 우리말을 배우고, 1885년 여름에 도착한 의료 선교사 헤론(J.H. Heron)이나, 그 이듬해 여자의사로 처음 들어온 엘러즈(A. Ellers)양도 이 곳에서 일을 시작했다. 광혜원에서 제중원(濟衆院)으로 이름

제중원(1887)

세브란스 병원(남대문, 1933)

을 바꾸어 1887년에 병원을 구리개(동현동)로 옮겼는데, 이 당시 진료를 받은 환자수가 1년에 만명을 넘어섰다.

1893년 11월 애비슨(O.R. Avison)박사가 제중원의 책임을 맡게 되자 병원사업은 약진을 보게 되었다. 당시 왕립병원 책임자로 임명을 받은 애비슨은 병원에 근무하는 조선 관리들이 부패하여 병원 일을 함부로 좌우하고, 조정의 병원예산을 횡령하며, 원장으로 임명된 자신을 억압하는데 분격한 나머지 그 직책을 사면하면서 범행들이 시정되지 않는 한 관계를 갖지 않겠음을 밝히게 되었다. 이 때 조정에서는 개혁을 추진하게 되고, 애비슨에게 절대운영권을 위임함으로써 다시 책임을 맡게 되었다.[18]

1894년 갑오경장(甲午更張) 후 선교부는 정부에 병원의 단독경영을 청원하여, 건물과 기지를 양도받고, 경영권을 완전히 인수하게 되었다. 뒤에 미국인 독지가 세브란스(I.H. Severance)가 건축기금을 제공함으로써 남대문 근처에 새 건물을 지어 1904년 9월에 개원하여 대(大) 세브란스 병원으로의 약진을 보았다. 당시 이 병원이 거의 무료로 진료를 해주게 되자 가난한 계층의 시민이 많이 찾

---

18) Medical Work, The Annual Report of the Board of Foreign Missions of the Presbyterian Church in the U.S.A. 1910, p.280

아오게 되어, 이들에게 복음을 전할 수 있는 좋은 기회가 되었다.

그리고 이 병원은 한국에 있어서 현대 의학교육을 맨 처음으로 시작한 기관이 되기도 했다. 병원을 개원한지 1년이 지나 1886년 4월 10일 의학교육이 시작된 것이다. 언더우드 목사가 교사로 영어와 대수를 가르치고, 알렌과 헤론이 해부학과 생리학을 가르쳤다.[19]

1899년 이것이 정규학교가 되어지므로, 이 학교가 한국 최초의 의학교육기관이 되었을 뿐 아니라, 현대 고등교육기관의 효시가 되어진 것이다. 이 학교는 1908년 7인의 첫번째 졸업생을 내므로 한국 최초의 신의(新醫)들을 배출되었다.

의료선교는 서울 뿐 아니라 차츰 지방에도 자리를 잡게 되었다. 1891년에 호주의 브라운(H. Brown)의사 내외가 부산에 와서 1893년 여름까지 870인을 진료하고, 81인에게 수술을 해 주었다. 1893년 그가 갑자기 병사하자, 북 장로교 의료선교사 어빈(C.H. Irvin)이 그를 이어 봉사했다. 그는 매리 화이팅 진료소(Mary Whiting Dispensary)를 설치하여 남선 전역으로부터 많은 환자를 받아 치료하게 되고, 전킨 기념병원을 건립했다.[20] 1895년 6월에는 웰스(J.H. Wells) 의사가 평양에 도착하여 병원을 세워 봉사했고, 1898년에는 존슨(W.O. Johnson) 의사가 대구에, 1902년에는 샤록스(A.M. Sharrocks)가 선천에서 각각 병원을 개설했다.

미국 남장로교회도 일찍부터 의료선교사업에 착수했다. 드류(A.D. Drew)가 1896년에 서울에서 진료소를 세웠고,[21] 1898년에는 오웬(C.C. Owen)이 호남지방 목포에서 진료소를, 1899년에는 잉골드(Miss M.B. Ingold)가 전주에 부녀진료소를 열었다.[22] 호주 장로교 선교부는 1902년 커렐(H. Currel)을 파송하여

---

19) O.R. Avison, *History of Medical Work in Korea*, Quarto Centennial Papers, 1909, p.32
20) O.R. Avison, op.cit. p.34
21) The Annual Report of the Executive Committee of Foreign Missions of the Presbyterian Church in the United States, 1896, p.39
22) Ibid., 1898, p.64, 1899, p.54

부산에서 진료소를 개설했고, 1905년에는 진주(晋州)에 병원을 열었다.[23]

1892년까지는 의료선교사들의 수와 복음선교사들의 수가 거의 같은 비율을 차지했다. 이 의료사업은 치유를 통해 그리스도의 사랑을 보여주므로 복음전파의 길을 예비하는데 큰 역할을 했다.

학교 교육을 통한 선교활동은 어떤 면에서 언더우드가 한국에 도착하자마자 시작하게 되었다고 볼 수 있다. 1885년 말에 이미 제중원에서 2, 3명의 학생들을 가르치기 시작하였기 때문이다. 물론 이들은 영어를 배우기 위해 언더우드를 찾은 것이다. 그리고 이미 언급한 대로 1886년부터는 제중원에서 의학 지원자들에게 강의를 시작했다. 언더우드가 실상 선교사였지만은, 당시 정부측에서는 한 교사로 간주하였던 것이다. 그는 1886년 일찌기 고아들을 위한 집과 학교도 시작했다.[24] 정식 학교활동은 1886년에 새문안(新門內)에 구세학당(救世學堂)을 설립하여 약간 명으로 교육을 시작한 것이 그 시작이라 할 수 있다.[25] 이것이 1906년에 경신학당(敬新學堂)으로 정착하여 경신학교가 되었다.

장로교 선교회에 의해 고등교육도 시작되었다. 한국의 고등교육의 시작은 이미 언급한대로 세브란스 의학교였다. 제중원의 의학교육은 이미 1886년 4월에 이 병원의 의학부로서 시작되었고, 1899년에는 정식으로 인정된 의학교가 되었

고아학당(언더우드)

---

23) E.A. Kerr & G. Anderson, *The Australian Presbyterian Mission in Korea*, Australian Presbyterian Board of Missions, 1970, p.74
24) L.H. Underwood, *"Underwood of Korea"*, New York, 1918, pp.28-29 김규식이 여기서 자랐다.
25) H.G.Underwood's letter to Dr. Elingwood, Jan, 17, 1887, 大韓 예수교 長老會史記, 上, p.80

스크랜턴 부인

다. 초대학장에는 세브란스 병원 원장인 애비슨 (O.R. Avison, 魚丕信)이 추대되었다. 평양의 숭실학교는 1897년 10월에 설립되고, 1905년 9월에 정식 전문학교로 고등교육기관이 되었다. 1885년부터 1909년까지 서울, 평양을 위시하여 지방에 세워진 네 장로교회 선교부에 속한 학교가 20여 학교에 이르렀다. 당시 감리교회 선교회도 1885년 8월에 배재학당(培才學堂)을 설립하고, 1886년 5월에 이화학당(梨花學堂)을 설립하는 등 장로교회와 거의 동수의 학교를 설립했다.

이들 학교들은 모두 한국의 복음화를 위한 전초기지가 되었다. 그래서 평양의 숭실학교에서 가르쳤던 샤록스(A.M. Sharrocks, 謝落守)는 1901년의 보고서에서 "점증하는 학교의 효율성과 가치성이 교회나 선교회에만 보람을 주는 것이 아니라, 한국을 복음화시키는데에 생생하고도 가능성이 있는 요인이 될 것이다"라고 했다.[26] 이렇게 해서 기독교 학교는 한국을 복음화시키는 방편이 되었을 뿐 아니라, 한국의 근대화를 주도하는 놀라운 기관이 되었다.

2. 성경의 번역간행과 문서를 통한 선교

기독교는 말씀의 종교이다.[27] 그러기에 말씀이 전해지지 않고는 개종자가 생길 수 없고, 교회가 설 수 없다. 이미 기술한대로 한국선교의 문을 여는데 관심을 가졌던 만주와 일본에 있던 구미(歐美) 선교사들은 미리 복음서들을 한국말로 번역 간행하여 한국 권서인(勸書人=賣書人)들을 통해 한국 사람들에게 전달함으로써 개종자를 얻었다. 하나님의 말씀인 성경의 번역과 반포는 한국선교를

---

26) Quarto Centennial Papers read before the Korea Mission of the Presbyterian Church in the U.S.A. Aug. 1909, p.65.
27) 요한복음1:1-5, 히4:12, 시119:105,116

남자 권서 / 여자 권서

위한 절대요인이었다.

한국에 들어온 선교사들은 의료와 교육활동을 하면서 성경번역에 착수하게 되었다. 이들은 먼저 한국 어학선생이나 조사들의 협력을 얻어 만주와 일본에서 이미 번역 출판된 쪽복음을 수정 출판하였다. 그러나 이 번역들은 지방 사투리가 문제되어 1890년 이후에는 새로운 번역에 착수하게 되었다. 그 결과 1900년에 신약전서가 완역되어 시험역본의 출판을 보게 되고, 그 후 개정작업이 꾸준히 이루어져 1906년에 공인본인 신약전서가 출간되었다.[28]

구약 번역은 신약 번역이 끝난 1900년에 시작되었다. 선교사들의 분주한 활동때문에 별 진전이 없자, 1907년에는 이눌서(李訥瑞, Reynolds), 김장삼(金鼎三), 이승두(李承斗) 3인을 번역에만 전무하게 하여, 1910년에 구약 전체 번역을 완료하였다. 그래서 한국 교회는 선교사가 들어온지 26년만에 신구약 66권을 자기언어로 가질 수 있게 된 것이다.[29] 이것을 "구역성경(舊譯聖經)"이라 하는데, 1937년에 개역되어 나온 "개역성경(改譯聖經)"에 견주어 부른 이름이다. 이제 한국교회는 정경을 다 자기말로 갖게 되므로 든든한 반석 위에 서게 되었다.

성경번역자들은 성경을 번역함에 있어서 지식인 뿐 아니라, 일반 서민이 다

---

28) W.D. Reynolds, "The Board of Bible Translations", *Korean Mission Field*, Vol.2, No.6 Apr., 1906, p.101
29) W.D. Reynolds, *"Fifty Years of Bible Translation and Revision,"* p.118

이해할 수 있는 언어와 문체로 번역하기 위해 모든 노력을 쏟았다.[30] 특별히 이들은 한글을 사용함으로써 한국의 글이면서도 오랫동안 지식인들에게 무시를 당해온 글을 대중화시킴으로 한글 문화를 꽃피우는 데도 큰 기여를 하게 되었다.[31]

이어 찬송가, 기독교교리, 전도문서들이 한글로 출간되었다. 1893년에 언더우드가 편집한 "찬양가"가 나왔고, 1895년에는 리(Graham Lee, 李吉咸) 목사와 기포드(M.H.Gifford) 부인의 공편으로 "찬셩시"가 출간되었다. 이 두 찬송가가 지역적으로 사용되다가 1902년에 장로교 공의회 결의로 "찬셩시"가 장로교회 공인 찬송가로 확정되었다. 그러다가 1908년 장로교와 감리교 연합으로 "찬송가"를 발행하여 20여년 함께 사용해 왔다. 1930년대에 감리교가 "신정 찬송가"를 장로교가 "신편 찬송가"를 별도로 간행하여 각각 사용하게 되었다.

한글로된 장로교 교리 문서들은 1883년 만주 봉천에서 로스(J. Ross) 목사의 "예수셩교문답"과 "예수 셩교요령"이 출판되었는데 이것들이 최초의 교리문서들이었다. 고백교회로서의 장로교 전통을 지녀온 스코틀란드 선교사들은 성경 번역과 함께 웨스트민스터 교리문서도 함께 번역하게 된 것이다. 1885년 일본에서 이수정이 "랑자회개"를 번역해 내었다. 국내에서는 1889년에 언더우드가 "속죄지도"(贖罪之道), 1890년에 "셩교촬리"(聖敎撮理)를 펴냈다.[32]

1890년에 장로교, 감리교 연합문서사업 기관으로 "조선성교서회"(The Korean Religious Tract Society)가 설립되어 문서선교의 기틀을 놓았다. 이 서회는 언더우드, 헤론(장로교 측), 올링거(F. Ohlinger, 감리교 측)의 노력으로 설립되었는데, 그 목적은 "조선어로 기독교 서적과 전도지와 정기간행의 잡지류를 발행하여 전국에 보급"하는 것이었다.[33] 언더우드의 번역서 "셩교촬리"를 위시한 전도 교리 문서들은 모두 이 서회를 통해 출간된 것이다. 이 서회가 곧 현재

---

30) H.G. Underwood, "Bible Translatting." *Korea Mission Field*, Vol. 7, No. 10, Oct., 1911, p.297
31) 李德周, "初期한글聖書飜譯에 關한 硏究," (한글성서와 겨레문화) 기독교문사, 1985, p.499
32) "셩교촬리"(The Salient Doctrine of Christianity)는 중국주재 영국인 선교사 Griffith John의 저작이었다.(1890)
33) "조선예수교셔회헌장"(1901); 이장식, "大韓基督敎書會百年史, 대한 기독교서회, 1984, p.18

의 "대한 기독교서회"의 전신이 된다. 이 때 한국교회는 성경뿐 아니라, 모든 기독교와 관련된 서적들을 한글로 출판했다. 이로써 한국의 한글이 교회로 말미암아 빛을 보게 되고, 한국 민족의 글로 자리를 잡아가게 되었다.

초대 한국교회의 문서선교운동은 주로 선교사들에 의해 주도되었다. 한국인의 글과 저작은 아직 희소했다. 장로교에서는 1904년 길선주의 "해타론"(懈惰論)의 출간이 첫 것이라고 할 수 있다. 복음의 진리를 확신하고 익혀 그 진리를 체계 있게 글로 옮겨 출간한다는 것은 시간이 걸리는 일이었다.[34] 한국교회의 신앙과 신학과 교회생활의 정착은 선교사상 유례를 찾아 볼 수 없을 만큼 빨랐다고 본다. 이것은 한국교회를 향한 하나님의 축복이었고, 초대 선교사들의 헌신의 결과였다고 보아야 한다.

3. 순회전도(巡廻傳道)의 시작

노도사

1) 첫번째 얻은 개종자 ; 노도사(魯道士)

의료, 교육을 통해 차츰 선교의 문이 열리자, 선교사들은 차츰 한국 전지역에 복음을 전할 계획을 세우고 행동에 나서게 되었다. 언더우드는 한국에 도착한지 1년 남짓 후에 첫신자로 노도사(魯道士, 본명이 魯春京으로 알려져 있음)라는 분을 얻게 되는 기쁨을 누렸다.

이 분은 원래 종교에 대한 관심을 가지고 언더우드의 사랑방 학교에 나오는 학생이었다. 서양 종교는 그릇 되다는 것을 들어 왔는데, 이런 종교를 가진 서양 나라가 잘 살고 있다는 사실이 그에

---

34) 초대 한국교회 문서사업이 서양선교사들에 의해 주도되고, 한국인에게 기회가 주어지지 않은 사실을 비판적으로 보는 견해가 있다.(韓國基督敎의 歷史, 1, 기독교교문사, 1989, p.207) 그러나 1910년에야 성경전서가 역간된 형편을 고려할 때, 선교초기 한국인들로부터 책임있는 기독교 진리를 다루는 저작물을 기대한다는 것은 무리이다.

게는 이상하게 여겨졌다. 그래서 그는 기독교를 알기 원했다. 한번은 알렌 집을 방문하여 그의 방 책상 위에 있는 중국어 마태, 누가 복음을 발견하고 그것을 소매 속에 감추어 가지고 돌아가 밤새 여러 번 읽고 큰 감동을 받았다. 그 이튿날 아침 그는 두려움을 잊고 언더우드 목사를 찾아와서 그 책을 옷 섶에서 꺼내어 보이며, "정말 아름답고, 위대합니다" 했다. 둘은 함께 하나님과 그리스도와 내세에 관하여 이야기를 나누었다. 그는 성경으로부터 구원진리에 대한 확신을 얻고 1886년 일찍이 세례 받기를 원함으로 언더우드 목사는 7월 18일에 세례를 주게 되었다.[35] 노도사는 미 북장로교 선교부 선교의 첫 열매가 되었을 뿐 아니라, 그는 한국 개신 교회 사상 한국 땅 안에서 세례를 받은 첫 사람이 된 것이다.

2) 순회전도

언더우드는 한국선교의 개척자로 선교의 효과적인 방법을 모색하여 뒤이어 오는 선교사들에게 본을 보여 주었다. 그는 서울뿐 아니라 전 한국을 포괄한 선교의 꿈을 실현하기 위해 시작한 것이 순회전도(巡廻傳道)이다. 1886년 말 서상륜이 로스(J. Ross)목사의 소개 편지를 가지고 장연의 솔내로부터 그를 찾아와서 거기 세례 받기 원하는 몇 사람이 있다고 하여 그의 내방을 요청하였다. 이것을 계기로 그는 순회전도 사역을 시작하게 된 것이다. 그 이듬해 봄에 언더우드는 그 곳을 방문하여 세례를 받기 원하는 자들을 시험하고 돌아와 보고하자 선교회는 세 사람에게 세례 주는 일에 만장일치로 가결하여 세례를 주었다.[36]

---

35) H.G. Underwood, *The Call of Korea*, New York, Fleming H. Revell, 1908, pp.105-106 L.H. *Underwood of Korea*, New York: Fleming H. Revell, 1918, p.55 아펜셀라, 이만열 편, 연세대학교 출판부, 1985, p.287 이 세례는 Heron의사의 집에서 모인 기도회에서 집행되었으며 이때 Heron의사의 어린 딸 사라 앤도 언더우드 목사에 의해 유아세례를 받게 되었다. 아펜셀라 목사(감리교 선교사)는 그의 1886년 7월 24일의 일기에서 "언더우드 형제가 서울에서는 처음으로 개신교 선교사에 의한 세례를 노씨에게 주었다. 나는 세례식을 도와주는 기쁨을 누렸다"고 했다. 이것은 한국 땅에서 첫 번째로 있은 세례의식이었고, 아직 전교(傳敎)나 종교의식이 허락되지 않은 때에 이루어진 일이었기 때문에 밖에서 망을 보고 경계하는 중 행해졌다. 감리교 최초 선교사 아펜셀라는 1887년 7월 24일에 박용상이라는 학생에게 첫 번째로 세례를 주었다. 위 아펜셀라, p.307 (1887, 7, 24 일기)

언더우드 선교사의 선교 여행

　1887년 가을에는 송도, 솔내, 평양을 거쳐 의주까지 이르는 선교 탐색 여행을 하게 되었다. 솔내를 방문했을 때 그 동안 7사람이 세례 받을 준비를 하고 있어 이들에게 세례를 주므로 솔내 교회는 10명의 세례 교인이 생겨나게 되었다. 언더우드는 여행길에 책과 키니네(Quinine, 열에 쓰는 약)와 여러 약품을 말에 가득 싣고 다니며 이를 팔기도 했다.[37] 그는 도처에서 환영을 받게 되어 앞으로 선교사들이 한국 각처에 주재할 수 있다는 확신을 얻었다. 1889년에 언더우드는 의사 호르튼(L. Horton)양과 결혼하고 신혼여행을 겸해 서북도 순회전도에 나서 강계(江界)까지 다녀왔다.

　이런 언더우드의 순회전도 법을 새로 오는 선교사들이 따르게 되었다. 1889년에 내한한 호주 선교사 데이비스(J.H. Davis)가 1890년 초 충청도와 경상도를 거처 부산까지 순회하였고, 1890년에 도착한 모펫(S.A.Moffett)은 그해 바로 평안도와 황해도에, 그 이듬 해에는 게일(J.S. Gale, 奇 一)과 함께 평안도, 남만(南滿) 일부, 함경도, 강원도를 3개월 동안 순회하였다. 이들은 순회하는 중에 성경책들을 보급하되 무료로 주지 않고 팔았다. 이는 그 책을 가치 없게 여기지 않

---

36) H.G. Underwood, *The Call of Korea*, p.137
37) Ibid, pp.107-8

고, 귀하게 여겨 읽도록 하기 위해서였다. 선교사들은 이 순회여행을 통해 한국 전 지역을 개관할 수 있었고, 선교기지를 정할 준비를 갖추게 되었다. 그래서 1891년에는 베어드(W.M. Baird, 裵緯良)가 부산에 선교기지를 정해 이거했고, 1892년에는 게일 부처가 원산에 선교기지를 정했으며, 1893년에는 모펫이 평양에 가서 선교기지를 개설했다.[38] 이들 초대 선교사들은 교통의 어려움, 식생활의 어려움, 질병의 위험 등 많은 어려움을 극복하면서 한국의 복음화를 위해 모든 정열을 쏟았었다.

4. 선교사들과 조정(朝廷)과의 관계

첫 선교사 알렌이 입국한 후 곧 갑신정변이 일어나, 이것이 선교사와 왕실과 밀접한 관계를 가질 수 있는 좋은 기회를 주었다. 알렌이 정변 때에 중상을 입은 민비의 사촌인 민영익이 받은 중상을 완치해 주므로 왕실과 가까운 인연을 맺게 된 것이다. 뒤이어 복음 선교사로 한국에 온 언더우드도 알렌으로 말미암아 왕실과 좋은 관계를 맺게 되고, 1888년에 여의사로 한국에 온 호르톤(L.Horton)양이 왕후의 시의(侍醫)로 봉사하던 중 1889년에 언더우드와 결혼을 하게 되므로, 선교사들과 왕실의 관계는 더욱 깊어지게 되었다. 조정의 사랑을 많이 받은 이들은 명절이 되면 많은 선물을 받기도 했다.[39]

1893년에 온 애비슨(Avison)이 고종의 어의(御醫)가 되므로 조정과의 관계는 더욱 강화되었다. 1895년 민비가 시해(弑害) 당하고 큰 어려움을 당했을 때, 고종은 전적으로 외국선교사들을 의지했다. 당시 선교사들은 두려움 속에 떨고 있는 고종의 보호에 나섰다. 고종은 그들만을 의지하는 가운데 "선교사들은 어디 갔느냐?"[40]고 외치고 있었다. 이들은 고종의 옆에서 밤을 지새우며 그의 방어벽이 되어 주었다. 이로써 왕과 선교사들 간의 신의는 더욱 깊어졌다. 고종은 선교

---

38) 長老敎會史典彙集, 第1卷, 1918, p.12 William Blair & Bruce Hunt, *The Korean and Pentecost*, pp.28,29
39) L.H. Underwood; *Underwood of Korea*, p.103
40) F.A. McKenzie, *The Tragedy of Korea*, pp.70,71

사들 가운데 언더우드를 가장 선호하였었던 것으로 알려져 있다. 그는 공개적으로 언더우드를 형제라고 불렀다.[41]

당시 고종은 한국을 둘러싼 일본, 중국, 러시와와의 미묘한 국제 관계 속에서 미 선교사들과의 관계로 문제 해결을 해 보려는 구상도 한적이 있었다. 1900년경 러시아의 남하 정책으로 크게 위기를 느끼게 되었을 때, 조정을 중심으로 한 어떤 분들은 황제와 궁실 모든 사람이 세례를 받고 장로교를 국교(國敎)로 받아들여 미국과 깊은 관계를 갖는 것이 최선의 길인 줄로 생각하고, 이에 대해 언더우드에게 암시한 일까지 있었던 것이다. 이 때 언더우드는 장로교의 정교분리 제도를 설명하여 이 제의를 거절했던 것으로 알려져 있다.[42]

초기 선교사들과 조정과의 밀접한 관계와 선교사들이 왕과 왕비에 기울인 봉사는 기독교인들이 왕에게 충성하는 모습을 교회와 한국 국민들에게 보여 주는 것이 되었다. 그래서 한국 초대 교회 신자들은 자연히 일반인 보다 더욱 뚜렷하게 충군애국(忠君愛國)의 모습을 보였다. 1896년 9월 2일 고종 탄신일에 서울의 교회들이 연합, 약 200명이 모여 경축회를 개최했다.[43] 그 다음 해인 1897년의 고종 탄신일에도 교회는 경축예배를 드렸다.[44] 교회는 경축일이나 주일마다 십자가와 태극기를 함께 교회와 집에 게양하게 함으로써 충군애국의 모습을 보여 주었다. 첫번째 한국에 들어 온 선교사가 조정과 맺게 된 인연은 자연스럽게 한국 초대교회에 신앙심과 애국심을 동반한 신앙생활을 하게 만들었다.

2.3 초기 장로교 선교사들의 신학적 입장

한국 초대 장로교회 선교사들의 대부분은 신학적으로 보수적인 장로교 신학교에서 수학한 분들로서 성경의 축자영감(逐字靈感)을 믿은 청교도형(淸敎徒型)

---

41) L.H. Underwood, *"Underwood of Korea"*, 177
42) L.H. Underwood, *Underwood of Korea*, pp.204-205
43) Editorial Department. *The Korean Repository*, 18, 1896, 9월호 p.371 독립신문, 1896, 9,3일자 논설.
44) 대군쥬폐하탄일, 죠선그리스도인회보, 1897,8,25일자.

의 개혁주의 신앙인들이었다. 미 북장로교 외지 선교부 총무였던 브라운(A.J. Brown)은 1911까지의 한국 초대 선교사들에 관하여 언급하기를, "나라가 개방된 이후 첫 25년간의 선교사는 전형적인 퓨리탄형의 선교사들이었다. 이들은 1세기 전 그들의 조상들이 뉴 잉글랜드에서 그러했던 것처럼 안식일을 지켰으며, 춤이나 담배 그리고 카드놀이에 기독교 신자들이 빠져서는 안될 죄라고 보았다. 신학과 성경비평에 관해서는 철저히 보수적이었으며, 그리스도의 재림에 관한 전 천년의 견해를 없어서는 안될 진리라고 주장했다. 고등비평주의와 자유주의 신학은 위험한 이단으로 생각되었다"[45]고 했다. 박형룡(朴亨龍)은 "그 선교사들이 평양 장로회 신학교를 설립하고 그들의 신학으로 교역자들을 양성해 내므로 전교회의 신학사상과 신앙생활을 청교도적 개혁주의 풍토로 인도했던 것이다"라고 했다.[46] 초대 평양 장로회 신학교 교장이었던 모펫(馬布三悅)은 표준주석 서문에서 주석저술에 참여한 초기 선교사들의 신앙고백적 입장을 강조하여 이르기를, "본 주석의 집필자들은 성경전부가 신의 영감된 말씀이며, 신앙과 행위의 유일무이한 법칙이라 믿는다. 성경에 계시된 진리의 체계가 장로교회의 웨스트민스터 신앙고백과 요리문답에 선히 개괄되어 있다고 믿는다"라고 하였다.[47]

이로 보건대 한국 초기 장로교 선교사 대부분이 성경관에 있어서 철두철미 보수적이요, 개혁주의 최상의 표어인 "오직 성경"(Sola Scriptura)이란 개혁주의 입장에 서 있었던 것이다. 그리고 이들의 신학적 입장은 대륙의 개혁주의 신학에 영미의 퓨리탄적 경건생활을 가미하고 있었다.[48] 이런 초대선교사들의 입장이 한국교회 미래에 큰 축복이 되었다. 초기 한국교회는 이들의 교육과 지도로 성경을 하나님의 말씀으로 절대 신뢰하는 신앙 위에서, 청교도적 경건생활에 힘쓰므로 한국교회의 터를 다지게 되었다.

그러나 초대 장로교 선교사들이 철저한 보수적 개혁주의 신앙의 소유자들이

---

45) A.J. Brown, *The Mastery of the Far East*, Scribners, 1919, p.540
46) 朴亨龍, 韓國長老敎會의 神學的 傳統, 〈神學指南〉 제13권 3집, 1976, 가을 호, p.16
47) C.A. Clark, 標準聖經註釋 -마가 福音, 서울: 대한예수교 장로회종교교육부, 1957, pp.9,10
48) 박형룡, 신학지남, 제43권 3집(1964. 8) p.11

라고는 했지만 교리적인 면에서 장로교 웨스트민스터 신앙고백의 터전 위에 확고히 선 신앙고백적 개혁주의자들이었는지에 대하여는 의문을 갖게 한다. 위에 인용한 대로, 모펫이 웨스트민스터 신앙고백을 강조했으나 그가 감리교와의 교회일치운동에 동참한 것을 보면 그의 신앙고백 강조는 보수라는 의미 외에 다른 큰 뜻이 없었던 것으로 볼 수 있다.[49] 초기 선교사들 대부분이 장로교 신앙고백을 자신의 신앙고백으로 하고 장로교의 정체성을 귀중히 여기기 보다는, 보수라는 큰 틀 안에서 교회(교파)들의 울을 자유롭게 넘나드는 그 시대의 미국적 복음주의적 부흥주의 기류에 강한 영향을 받았던 것으로 보이는 것이다. 19세기 북미교회에는 18세기 대각성운동에 버금가는 부흥운동이 일어나 전 교회가 이로부터 큰 영향을 받고 있었다.[50] 19세기 말 한국에 온 장로교 선교사들 대부분도 그 영향을 받고 왔던 것으로 보이는 것이다. 피니(Charles G. Finney, 1792-1875)의 부흥운동이 19세기 중반을 넘기까지 북미 교회를 열기에 몰아 넣었고, 하반기에는 무디(Dwight L. Moody, 1837-1899)의 부흥운동이 북미교회에 큰 영향을 끼쳤다. 이들은 장로교회 밖의 분들이었지만 특별히 장로교 보수편(The Old School)에 큰 영향을 주고, 지지도 받았던 것이다.

피니는 원래 장로교의 목사로 안수를 받았으나, 예정교리와 제한적 속죄 교리를 부정하고, 장로교회를 떠나 독립적인 회중교회를 세웠다.[51] 그의 완전주의적 경향을 가진 성화의 교리는 감리교적 색채를 짙게 띄었다. 그러나 그의 설교는 장로교 구학파(The Old School)를 포함한 여러 복음주의 교파의 지지를 받았다. 피니를 이어 무디에 의한 대 부흥운동이 일어났다. 그는 신학을 수학한 일도 없고, 어떤 역사적 배경을 가진 고백 교회에 속해 신앙생활을 해 본 적도 없었다. 어릴 때에는 유니테리안 교회에 속했고, 시카고에 있을 때에는 회중교회에 속하

---

49) 연규홍, 한국장로교회와 칼빈신학사상, 〈한국교회일치를 위하여〉,(박사학위논문), 도서 출판 한빛, p.29 참조.
50) Kenneth S. Latourette, *History of Christianity*, Vol.2 Reformation to the Present, Harper & Row, Pub. Londdon, p.1163
51) Clifton E. Olmstead, *History of Religion in the United States*, J.J. 1960, pp.348-349

였으며, 부흥설교자로 활동하면서는 비 교파적인 위치를 지키며 지냈다. 신학적인 면에 있어서 무디는 근본주의와 현대주의 논쟁이 한창이던 19세기 하반기에 확고한 근본주의 입장에 서 있었다. 그러기 때문에 정통적 복음주의 입장의 교회들로부터 환영을 받았다. 그러나 그는 교회의 교리와 신앙고백을 불필요하게 여겼다. "교리의 형성은 성령의 영역에 있는 것이 아니고, 이성의 영역에 있는 것이므로 권위도 없고 필요도 없는 것"이라 하고,[52] "현대의 큰 잘못은 많은 사람들에게 이 신조와 저 신조, 이 교회와 저 교회를 따르면서 하나님의 음성 대신에 교회의 소리를 듣는 것"이라고도 했다.[53]

그래서 무디의 부흥운동이 교회의 신앙생활에 활력을 불어넣은 결과를 가져온 긍정적인 면이 크기는 했지만, 교회가 역사적으로 상속받은 신령한 유산인 신앙고백(교리)을 무시하고, 교리적으로 건전한 교회 건설을 경시하는 결과를 가져오는 부정적인 면을 가지고 있었던 것이다. 무디는 초교파주의적 정신을 가지고 교회연합을 통해 그의 전도의 실효를 거두려 했다. 그는 초교파주의의 아버지로 20세기의 초교파운동에 큰 영향을 미치게 되었다.[54]

결과적으로, 19세기에 미국에 일어난 대 부흥운동은 교회(교파)의 정체성과 교리(신앙고백)를 무시하는 미국 특유의 복음주의를 생산하게 된 것이다. 이 복음주의자들은 19세기 자유주의에 대항하여 강한 근본주의적 입장을 취하고, 고등비평을 반대하여 성경의 축자영감을 강하게 주장한 나머지, 시대주의적 경향을 강하게 들어내기도 했다. 결과 이들은 교회(교파)들 간의 교리적인 차이를 간과하고, 복음의 단순성을 강조하며, 신조보다 교제를 강조하는 경향을 보였다. 한국에 온 초기 선교사들도 예외 없이 그 시대의 아들이었던 만큼, 이런 전형적인 미국적 초교파적 복음주의에 영향을 받은 분들이었음이 틀림없었던 것으로 추정된다. 그래서 이들은 비록 개혁주의 교회의 역사와 신학을 배경하고 있었지

---

52) Stanley N. Gundry, "무디의 생애와 신학,"(*Love them In The Life & Theology of Moody*) 이희숙 역,(서울: 생명의 말씀사, 1985) p.80
53) Ibid., p.82
54) Ibid., pp.219-220 1910년에 John Mott에 의한 Edinburgh Conference도 Moody의 운동의 영향과 결과에 의한 것이었다고 보여진다.

만 교회(교파)와 교리(신앙고백)문제에 있어서 매우 너그러운 포용주의(Inclusivism) 입장을 보였다. 북 장로교 초기 선교사들의 신학적 입장과 생활에 대하여 아래에 좀 더 살펴보려 한다.

1. 언더우드(Horace G. Underwood: 元杜尤)의 입장

먼저 언더우드는 한국의 첫 복음선교사로 한국 장로교신앙생활 정착에 지대한 영향을 끼치게 되었다. 신학적인 면에 있어서 그는 성경을 하나님의 말씀으로 믿는 보수주의자요 근본주의자였다. 그러나 그의 교회관과 신앙생활면을 보게 될 때 철저한 신앙고백적 개혁주의자는 아니었다고 생각하게 된다. 그가 처음 화란계 개혁교회에 속하였고, 뉴 부룬스윅(New Brunswick)의 화란계 개혁신학교를 졸업했으나, 신학교 시절부터 교회와 교리의 한계를 넘나드는 복음주의자적 기질을 가지고 있었다. 그의 신앙적 관용 정신은 그의 어릴 때 생활로부터의 영향이 컸는지 모른다. 그가 미국으로 이주하기 전 영국에 있을 당시, 열 살 때에 불란서에 로마 천주교가 운영하는 기숙학교(Boarding School)에 가서 2년 동안 지낸 일이 있었다. 그 때 그는 로마 천주교회 참석을 강요당하지 않고, 영어를 사용하는 개신교회에 자유롭게 참석할 수 있었다고 한다. 그의 아내는 언더우드가 거기에서 어떤 관용의 정신을 배운 것으로 이해를 했다.[55]

그는 신학교 재학시절에 거리에서 전도를 하며, 구세군과도 잘 어울렸다고 하며, 친구들로부터 "고함 지르는 감리교도"(the roaring Methodist)라는 별명을 얻기도 했다고 한다. 그는 개혁신학교를 졸업하고 장로교 선교부에 한국 선교사로 지망을 했다. 이로 인해서 그는 자연히 개혁교회로부터 장로교회로 옮기게 된 것이다. 이런 개인적인 교회의 역정을 가진 그는 한국 선교사로 임용이 되었을 때, 당시 선교부 총무 엘링우드(Dr. Ellingwood)에게 "장로교를 전하기 위해 나를 한국에 보낸다면, 나는 가기를 원하지 않습니다. 대신 예수 그리스도를 전하고 그의 복음을 공포하기를 원한다면 나는 가겠습니다."라고 했다. 그는 처음

---

[55] L.H. Underwood, "Underwood of Korea" pp, 20

부터 교파라는 것을 싫어한 일치주의자(Unionist)였다.[56]

한국에 와서 선교사역을 하면서 이러한 그의 교회 일치에 대한 정신은 잘 나타나게 되었다. 1905년 9월 장로교 네 선교부와 감리교 두 선교부가 같이 모여 "재한 개신교 복음주의 선교 총공의회"(The General Council of Protestant Evangelical Missions in Korea)를 조직했을 때, 이들은 "한국에 단일한 개신교 그리스도 교회가 세워져야 할 시기가 되었다" 고 보고 한국에 하나의 "그리스도의 교회"를 세우기로 결의까지 했다.[57] 그런데 이 때에 교회일치에 대한 정서가 회원들의 마음을 지배한 것이 사실이었다 하더라도, 이런 분위기 조성에 가장 큰 역할을 한 분이 언더우드였다고 볼 수 있다. 그가 원했던 가장 중요한 것 중의 하나가 선교지에 교회의 유기적인 일치를 이루는 일이었다.[58] 1908년에 출간된 그의 "한국의 부름"(The Call of Korea)이라는 책도 한국에 "하나의 일치된 그리스도교회"(One United Christain Church)가 서기를 소원하는 말로 끝을 맺고 있다.[59]

언더우드의 신학적 입장이 전통적인 개혁주의 입장은 아니었다는 사실은 1913년에 한국어로 간행된 세대주의 전파 매체인 스코필드 관주 성경번역에 기일(奇一, J.Gale)과 함께 참여했다는 사실이 잘 말해 주고 있다.[60] 결과적으로 이 두 분은 한국에 초기 선교사들로서 개혁주의와는 거리가 먼 세대주의와 세대주의 전천년설을 보급한 분들이 되었던 것이다.[61]

언더우드가 성경을 그대로 믿는 보수주의자였음에는 틀림없었다. 그의 아내

---

56) *The Korean Mission Filed*, Dec. 1916, No.12
57) S.F. Moore, An Epoch-Making Conference in Korea, The Movement for a United Christian Church, *The Missionary Review of the World*, 1905, Sept. Issue, p.691
58) L.H. Underwood, *"Underwood of Korea,"* pp.227-228
59) H.G. Underwood, *"The Call of Korea,"* p.188
60) *Korea Mission*, Presbyterian Church, U.S.A. Annual Minutes, 1913, p.75 간하배, op. cit., p.43 foot note 83 참고
61) 오랫동안 평양 장로회신학교에서 조직신학을 가르친 이눌서(李訥瑞, W.D.Reynolds)도 1922년 1월호 《神學指南》에 시대주의 천년전기 재림론의 대변기관인 "나이아가라 사경회"의 유익을 예찬함으로 시대주의 전천년 추종자임을 보여주었다. 박용규, 한국장로교 사상사, 총신대학 출판부, 1993, p.285 참고

가 일찌기 "하나님께 감사한 것은 한국 사람들이 배우고 있는 신학은 인간이 조작하거나 인위적인 수정을 요하는 신학이 아니라는 것이다"62)라고 했다. 이는 언더우드가 공감하고 있는 견해였을 것이다. 그러나 앞서 언급한대로 교리적인 문제에 있어서의 그의 접근 태도는 매우 관대하기 보다 수용적이었다 할 수 있다.

언더우드 선교사의 선교 여행

결과 뒤에 어떤 분은 언더우드를 근대신학지향적인 인사였던 것으로 간주하였다.63) 그는 차츰 일제의 종교정책에 대해서도 매우 수용적인 태도를 보이기도 했다. 이는 연희대학(현 연세대학)의 설립자로서 설립당시 보여준 그의 태도에서 분명히 나타났다. 총독부가 기독교 학교에서 예배의식과 성경교육을 금한 "개정사립학교규칙"을 공포한 1915년에 "종교문제에 있어서는 중립"64)을 지키고, 앞으로 "개정사립학교규칙"에 순종하기로 하면서, 연희전문학교를 세우게 된 것이었다.65) 그는 당시 보수적이고, 강한 반일적인 경향을 가진 서북지역의 선교사들의 반대를 무릅쓰고, 장로교 서울 스테이션과, 당시 북장로교 선교 본부 총무로서 일제에 대해 유화적 태도를 가진 브라운(A.J. Brown)이 중심이된 선교 본부와 남북 감리교 선교부, 그리고 캐나다 장로교선교부의 지원을 받아 함께 이사회를 구성하여 연희전문학교를 개교하게 되었던 것이다.66) 이로 보아 언더우드는 철저한 개혁주

---

62) L.H.Underwood, *Fifteen Years Among the Top-Knots*, American Tract Society, 1904, p.333
63) 大韓예수敎 長老會 百年史, 大韓예수敎長老會總會, 1984, p.299
64) Educational Committee, The Minutes, 1916, pp.74,75, Cf. H.H. Underwood, *Modern Education in Korea*, New York, International Press, 1926
65) 大韓예수敎長老會 百年史, p.302
66) B.W. Billings, *The Co-operating Board for Christian Education in Korea*, The Christian Movement, 1918, p.381
간하배(Harvie M. Conn), 한국장로교신학사상, 개혁주의 신행협회, 1997, p.55 Foot note 66. Chung Chun Chun, *Schism and Unity inb the Protestant Churches in Korea*, p.143. 참조

의 보수신학을 가진 장로교 목사라기 보다는 근대신학 지향적인 경향을 가진 전형적인 미 복음주의자요, 교회일치주의자였다는 사실을 인정하게 된다.[67]

2. 미 북장로교 선교사들의 신학적 입장

1) 맥코믹 신학교(McCormick Theological Seminary) 출신들의 신학

한국에서 선교기지를 개설한 미 남, 북 장로교 선교부, 호주 장로교 선교부, 캐나다 장로교 선교부 가운데 미 북장로교 선교부가 가장 먼저 자리를 잡았을 뿐 아니라, 그 선교사 수도 제일 많았기 때문에, 미 북장로교 선교사들이 한국 교회의 신학적, 신앙적 전통과 생활의 확립에 제일 큰 영향을 끼쳤다고 본다. 또 다 같은 북장로교회 선교사들이라도 그가 나온 신학교 배경을 따라 색다른 영향을 끼쳤을 것으로 생각하게 된다. 한국 선교 4반세기 기념 행사를 했던 1909년에, 북장로교회 선교사 40명이 한국에 봉사하고 있었는데 이들은 일곱개 다른 신학교 출신들로 이루어져 있었다. 프린스톤(Princeton) 출신이 16명으로 가장 많았고, 그 다음으로, 맥코믹(McCormick) 출신이 11명, 셋째로 샌 안세모(San Anselmo, 칼리포니아에 있었던 신학교로 미국 서부 태평양 지역 대회의 관리하에 있었음) 출신이 4명, 그 다음은 뉴욕 유니온(Unoion) 신학교 출신 3명이었으며, 나머지는 다른 신학교 출신들이었다.[68] 그러니 한국교회 초기 역사에 가장 영향을 많이 끼친 선교사들은 미 북장로교 직영 신학교인 프린스톤과 맥코믹 출신들이었던 것이다. 그런데 이 두 신학교 가운데 한국교회 초기 신학과 신앙생활을 형성하는 데 가장 큰 영향을 끼친 선교사들은 프린스톤 보다 맥코믹 출신들이었다고 보게 된다.[69] 그 이유는 한국교회 초기에 가장 큰 영향을 줄 수 있었

---

67) 大韓예수敎長老會百年史 p.299 참조. 원두우(元斗尤)가 세운 연희전문학교의 3대교장(1934-1941)으로 봉사한 그의 아들 원한경(元漢慶, H.H. Underwood)은 당시 장로교 안에서 자유주의 세력을 영도한 대표자로 알려지고 있다.

68) The Quarter Centennial Papers read before the Korean Mission of the Presbyterian Church in the U.S.A. pp.136-138

69) 박용규, 한국장로교 사상사, 총신대학 출판부, 1993, pp.65-66

던 목사 후보생 양성기관인 신학교에서 신학교육의 중요한 부분을 맡은 분들이 주로 맥코믹 신학교의 출신이었기 때문이다. 맥코믹 출신인 모펫(Samuel A. Moffett, 馬布三悅)이 1893년 평양을 선교 기지로 정하고 정착한 후, 평양은 한국 어느 다른 지역보다 선교에 성공적인 결과를 가져와 일찍부터 한국장로교의 중심이 되었다. 거기에 신학교가 1901년에 설립이 되고, 모펫이 처음부터 이 학교의 주도 역할을 맡았고, 1907년에는 교장이 되어 1924년까지 봉사하게 되었던 것이다. 이로서 그의 모교 출신들이 다른 학교출신들보다 더 많이 교수로 봉사할 수 있게 된 것은 자연스러운 일이었다. 1909년 한국선교 4반세기를 맞이 했을 때, 당시 교수로서 5년 이상 봉사한 선교사가 모펫(馬布三悅), 리(Graham Lee: 李吉咸) 스왈른(W.L. Swallon 蘇安論) 세 사람 뿐 이었는데, 이들이 모두 맥코믹 신학교 출신이었던 것이다.[70]

이들은 신학교 설립 초기부터 교수로 근속해 온 셈인데 스왈론은 15년간 기독교윤리와 신구약 주경학을 가르쳤다. 그리고 1902년에 내한한 클라크(Charles Allen Clark, 郭安連), 1787-1961)도 맥코믹 출신으로 1908년부터 평양신학교에 가르치기 시작하여 1922년에는 전임이 되었고, 평생 목회학, 설교학을 담당했으며 한국어로 50권, 영어로 6권의 저서를 내었다 그래서 평양신학교는 "한국의 맥코믹 신학교"라 불릴 만큼 되었다.[71] 이로써 맥코믹 신학교 출신자들의 한국교회에 대한 영향은 자연히

마포삼열

---

70) *Catalogue of the Presbyterian Theological Seminary*, Pyeng Yang, Chosen(Japan: The Fukuin Printing Co., Ltd., 1916, pp.5-6
71) 일찌기 미국 시카고의 McCormick 신학교에 거액을 희사했던 McCormick 家는 그 학교 출신들이 주력이 되어 교수하고 있는 평양 장로회 신학교에도 큰 희사를 했다. 1908년에 그의 기부금으로 한국식 교사와 기숙사를 건축하였고(大韓예수敎長老會史記 下, p.47), 1922년 역시 그의 7만여원의 기부금으로 신 교사를 마련할 수 있었다(總會, 第11回 會錄, 1922, p.52). S.L. Roberts, *Fifty Years of Christian Training*, *The 50th Anniversary Papers*, 1934, p.110 참고

클 수밖에 없었다.[72]

물론 초기 신학 교육에 프린스톤 출신이 배제된 것은 아니었다. 그러나 프린스톤 출신들은 1925년에 로버트(Stacy L. Robert, 羅富悅)선교사가 모펫을 이어 신학교교장이 되면서 주축을 이루게 되었고, 어드만(W.C. Eerdman, 魚塗萬), 해밀톤(B.F. Hamilton, 咸日頓)등이 교수로 봉사했다. 그러나, 이들이 교회에 끼친 영향은 맥코믹 출신자들의 그것과는 비교될 수 없는 것이었다. 모펫은 1890년에 한국에 온 선교사로, 1907년에 내한한 로버트보다 17년 선배 선교사였다. 맥코믹, 프린스톤 출신 외에 버지니아의 유니온 신학교 출신으로 1924년부터 1937년 은퇴할때까지 조직신학을 담당하여 교수한 이눌서(李訥瑞, Williamn D. Reynolds) 같은 분들도 있었지만, 1920년대까지의 평양신학은 맥코믹 출신이 지배했다고 볼 수 있다.

그러면 프린스톤 신학교와 맥코믹 신학교의 특성을 고려하므로 맥코믹 출신들이 한국 교회에 끼친 영향을 고려해 보게 된다. 프린스톤 신학교는 미 장로교회 총회가 장로교의 신앙고백적 기반위에 목사를 양성하기 위해 1812년에 세웠다. 그래서 처음 이 학교의 공식적 이름이 "미합중국 장로교회신학교(The Theological Seminary of the Presbyterian Church in the U.S.A.)"였다. 이 학교에는 19세기 하반기에 세계적인 신학자 하지(Charles Hodge)와 칼빈주의 3대학자 중 한 분으로 불리는 워필드(Benjamin B. Warfield) 같은 분들이 교수로 있었으며, 장로교회가 가진 신앙고백의 내용이 성경적 교리체계임을 굳게 믿고 가르쳤다. 이 신학교가 1929년에 자유주의자들의 세력에 의해 재조직되었을 때까지는 미국 북 장로교회의 정통적 장로교 신학과 신앙고백을 지켜온 보루 역할을 했다.

그런데 맥코믹 신학교는 1829년에 인디아나 대회(大會, Indiana Synod)의 학교로 인디아나주에 있는 하노바에 설립되어 "인디아나 신학교"(The Indiana

---

72) Charles Allen Clark, Letter to Mr. McCaughey, April 15,1939, in Robert Culver McCaughey, "A Survey of the Literary Output of McCormick Alumini in Chosen" p.91

Theological Seminary)로 불렸었다. 1859년에 총회가 인디아나 대회로부터 이 학교의 감독권을 넘겨받아 총회의 직영신학교가 되었다. 이 때 맥코믹(Cyrus H. McCormick)씨가 학교를 시카고로 옮기는 것을 조건으로 거액을 희사하게 되어(10만불), 학교를 그곳으로 옮기게 되고 "북서 장로교 신학교"(The Presbyterian Theological Seminary of the Northwest)로 불렸다가, 1886년에 이 학교의 명칭이 거액을 희사한 분의 이름을 따라 "맥코믹 신학교"(McCormick Theological Seminary)로 바뀌게 되었다. 그런데 이 신학교는 프린스톤과 달리 복음주의적인 강한 경향을 띄고 있었던 것으로 보인다.

당시 맥코믹 신학교가 있는 시카고는 미 복음주의 개신교회(改新敎會)에 큰 영향을 끼친 무디(Dwight L. Moody, 1937-1899)의 부흥운동의 한 중심이 되어 있었던 것이다. 이 사실이 시사하는 바가 크다고 할 수 있다. 앞서 이미 언급한 대로 무디는 교파들이 지닌 특수한 교리와 신앙고백을 불필요하게 여겼다. 그는 단순한 복음을 가지고 그 시대의 모든 근본주의적 복음주의 세계를 파고 들었다. 당시 무디 부흥운동의 큰 흐름에 이 학교 출신들이 영향을 받았을 것이라고 능히 짐작할 수 있다. 그리고 이 학교는 "광범한 신학적 문화"를 강조하였고,[73] 역사적 신앙고백의 강조가 결여되어 있음을 보게 된다. 미국에서 신학생연합회(The Theological Student Association)가 1897년에 이 학교에서 처음으로 조직된 바 있고, 이 연합회는 초교파 청년단체인 YMCA 학생영역의 신학분과의 발전에 중요한 역할을 했다는 사실은,[74] 이 신학교에 초교파적 복음주의 분위기가 조성되어 있었음을 감지하게 한다. 그러니 이 신학교에서 신학훈련을 받은 분들 역시 넓은 초교파적 복음주의적 입장을 취했을 것이라고 쉽게 추단할 수 있게 되는 것이다.

1905년 장(長), 감(監) 선교사들이 함께 모여 "재한 개신교복음주의 선교총공회"(The General Council of Protestant Evangelical Missions in Korea)를

---

73) *The New Schaff-Herzog Encyclopedia of Religious Knowledge*, Vol. XI, section; Theological Seminary, p.373
74) Idem.

조직하고, 양 선교회가 하나의 "조선 그리스도 교회(The Church of Christ in Korea)"를 세우기로 결의했을 때, 모펫을 위시한 장로교 선교사들 중에 어느 한 사람도 이에 대한 부정적 입장을 취한 분이 없었던 것이다.[75] 맥코믹 출신이요 평양신학교 주경학 교수인 스왈른(W.L.Swallon, 蘇安論)이 한때 교회일치위원회 회장직을 맡기도 했다. 그는 "한국에서 감리교와 장로교가 그 교리의 조화를 찾는데 어려움이 개재한다고 보지 않는다"고까지 말했다.[76] 이들의 복음주의는 아르미니안 주의를 포괄하는 것이었다. 그런고로 북 장로교 선교사들의 대부분은 엄밀한 의미에서 철두철미한 신앙 고백적 개혁주의자들이 아니고, 전형적인 미 복음주의자들이었음이 확실하였다.[77] 이들이 성경의 모든 말씀을 하나님의 말씀으로 믿고 전한 복음주의자요 근본주의자들이었으나, 개혁주의 교리(신앙고백)를 중요시하고 파수하는데는 약점을 가졌던 것이다.

한국 초기 장로교회에서의 초교파적 복음주의 영향은 다른 면에서도 추적하게 된다. 1909년 당시 안수 받지 않은 선교사가 의료선교사를 포함하여 74명이었는데, 이들 중 상당수가 성경학교 출신으로 10개 성경학교 출신 중에서 시카고에 있는 무디성경학교의 출신이 단연 1위였던 것이다.[78]

결과적으로 한국 장로교회는 장로교회 신앙고백(교리)에 기반을 둔 정체성을 가진 고백교회 보다는 미국 복음주의의 짙은 영향을 받은 근본주의적 복음주의 장로교회로서 자리를 잡게 되었다고 보게 된다. 이에 장로교회로서의 정체성 확립은 미래의 세대들에게 주어진 사명이 되었다.

---

75) S.E. Moore, *An Epoch-Making Conference in Korea, The Movement for a United Christian Church*, *The Missionary Review of the World.*, 1905 9月號, pp.690-691
76) The Annual Minutes, The General Council of Protestant Evangelical Missions in Korea, 1907, p.25
77) 해방전 평양신학교에서 교수한바 있는 박윤선은 1958년 복음주의 도서관 부산지관에 제출한 "한국에서의 칼빈주의"라는 미출간 논문에서 "평양신학교는 복음주의적 기독교를 가르친 보수주의 학교였다. 그러나 선명한 칼빈주의를 전하지 못했다… 교수진도 칼빈주의를 충실히 전할 수 있는 선명한 칼빈주의 학자들 만은 아니었다"라고 했다. 간하배, 한국장로교 신학사상, p.41, Foot note 80
78) *Korea Mission*, Presbyterian Church, U.S.A., Annual Report, 1922, p.17 朴容奎, op.cit., p.67 참조

2) 19세기 하반기 미북장로교회 안에 자리잡은 교리적 포용주의(Inclusivism)

초기 한국교회 미 장로교 선교사들의 신학적 입장을 잘 이해하기 위해서는 19세기 하반기와 20세기 초 미국 장로교 내의 신학의 흐름과 교회생활의 분위기를 살펴보는 것이 도움이 될 수 있다. 미국 장로교회는 19세기초부터 순수 장로교회가 아닌 교회와 통합을 함으로써 이질적인 요소의 유입을 허용하고, 다시 분열과 통합의 과정을 겪는 동안 차츰 교리적 포용주의 입장을 취하게 되었다.

① 1801년의 "통합계획"(the Plan of Union)

1620년에 새 대륙 뉴 잉글랜드 풀리머쓰(Plymouth)에 도착한 소위 청교도 순례자들(Pilgrim Fathers)은 그 대부분이 회중교회 교인들로서, 뉴 잉글랜드의 회중교회 인구는 급성장해 나갔다.[79] 스코틀랜드, 북 아일랜드계 장로교 교인들은 17세기 하반기, 18세기 초반에 주로 새 대륙으로 건너 와 뉴저지와 펜실바니아, 델라웨어 지역에 정착하였다. 18세기에 양측 교회의 인구가 급하게 늘게 되자 양 교회에 속한 교인들은 서부 지방으로 옮겨, 뉴욕 서부와 오하이오 북쪽에서 서로 만나 섞여 살게 되었다. 이 양 교회는 교회 정치문제에 있어서는 서로 달랐지만, 교리적인 면에 있어서는 거의 같은 개혁주의 입장을 취해 왔었다. 그런데 미국에 정착한 회중교회들 가운데는 장로직을 인정하는 변형된 교회도 생기게 되므로 교회정치면에서도 장로교에 차츰 접근하는 모습을 보였다. 회중교회의 원래 특성은 회중정치(민주적 정치)로서, 직분의 권위를 인정하지 않고, 단지 회중의 대표성을 인정하였으며, 노회를 교권으로 간주하고 부정했다.

한 지역에 양편 교회의 교인들이 정착하고, 양편 교회가 서게 되었을 때 차츰 서로 신앙의 동질성을 인정하고 교류를 갖게 되었다. 이런 결과로 1801년에 장로교 총회와 "코네티컷 회중교회연합회"(The Congregational Association of Connecticut)사이에 "통합 계획(The Plan of Union)이 이루어졌다. 이 결과 다른 지역의 회중교회 연합회도 이에 가담하게 되고, 장로교회가 회중교회를 영입

---

79) William W. Sweet, *The Congregationalists, Religion on the American Frontier 1783-1850*, vol.III, Chicago 1939, p.3

하게 되므로 양 교회의 통합이 이루진 것이다. 이제 양 교회 목사들이 서로 청빙을 받아 양 교회를 오가게 되었다. 그리고 지역에 따라서는 양 측 교인들이 하나의 교회를 세우기도 했다.

그런데 회중교회는 장로교회 안에 들어오므로 그 속에서 용해되지 않았다. 어떤 교회들은 회중교회의 전통을 따라 당회가 아닌, 위원회를 통해 치리하게 되고, 위원들이 서게 될 때, 신앙고백을 준수하기로 서약하는 일들이 없게 되었다. 장로가 아닌 이런 위원들이 노회 등의 치리회에 총대로 참석도 하게 되었다. 결국 "장로회중체제"(Presbygational System) 혹은 "회중장로회체제"(Congreterial System)라는 이상한 정치체제가 생겨나게 된 것이다.[80] 이 통합을 통해 미 장로교회가 양적으로는 크게 증가되어 갔으나, 장로교 원리로부터는 차츰 멀어져 가게되었으며, 교회 내에 알력과 투쟁의 씨가 뿌려지게 되었다.

② 1837-1838년의 신구 양 학파의 분열

1801년의 통합계획을 받아들인 후 장로교회는 어려운 때를 당면하게 되었다. 뉴 잉글란드의 회중교회들에 의해 위험한 사색적 신학(Speculative theologly)의 영향을 크게 받게 된 것이다.[81] 이 신학에 젖은 회중교회 목사들이 장로교회에 초빙되어 목회를 하게 되므로 자연히 장로교회 안에 내적 긴장과 분열이 생기게 되었다. 결과 교회 안에는 두 파가 생기게 된 것이다. 구학파(The Old School)라 불리는 한 파는 장로교 신앙고백을 성경에 계시된 "교리의 체계"(system of the doctrine)로 믿었고, 장로교 교회정치원리를 주장하였으며, 신학파(The New School)라 불려진 다른 파는 웨스트민스터 신앙고백을 "교리의 요지"(in the substance of the doctrine)로만 받아들이고, 교회정치면에서 미

---

80) *A History of the Ecumenical Movement*, 1517-1948, Second Edition, London, 1967, p.234.

81) 특별히 많은 사람들이 요나단 에드워드(Jonathan Edwards, 1703-1758)의 형이상학적 저서를 읽고, 그의 제자로 자칭한 홉킨스(Samuel Hopkins, 1721-1803)의 사상을 받아 들이므로 나타나게 되었다. 뉴 헤이븐(New Haven)은 이 신학의 중심으로, 피니(Charles G. Finney)와 같은 분들의 영향이 컸다.

국의 장로교는 뉴 잉글랜드의 회중교회에 근거하고 있다 주장했다. 그러니 구학파는 장로교의 신앙고백적, 정치적 전통을 지켜 가려 노력하였고, 신 학파는 이 문제들에 있어서 매우 포용적인 입장을 취했다. 신학파가 1834~6년 총회에서 다수를 차지했을 때에 인간의 원죄를 부인하는 바네스(Albert Barnes)의 교리적 오류를 관용하고, 교회정치면에서 장로교정치와 회중정치의 혼합체제(混合體制)를 촉진시켰다. 회중교회와의 통합으로 역사적 장로교회는 이제 위기를 맞았다.

그런데 이 즈음에 미국 장로교 정통의 보루라 할 수 있는 프린스톤 신학교 교수들이 마음으로는 구파에 동의하면서도 중립을 지키고 침묵해 왔다. 신학파가 득세한 1836년에야 프린스톤 교수들이 학교자체의 위기감을 느끼고 구학파에 가세하고 나서게 되었다. 이들은 학교가 신학파의 지배하에 들어가게 될 위험에 직면해 있음을 감지하고, 구학파 측에서 침묵으로 일관하는 프린스톤 밖에 구학파에 속한 신학교를 새로 세우려는 운동이 일어나고 있음을 알아챘기 때문이었다. 결과 프린스톤 최초 교수들인 알렉산더(Archibald Alexander)와 밀러(Samuel Miller)가 구학파에 적극 가담하게 되었다.

이제 전세는 역전되어 1837년 총회에서 구학파가 다수를 차지할 수 있었다. 구 학파는 장로교의 신앙고백적, 정치적 정체를 찾는 최선의 길은 양측이 갈라서는 것이라 판단하고, 평화적으로 이런 길을 모색했다. 그러나 이것이 성공을 거두지 못하게 되자, 1801년의 회중교회와의 "통합계획"(The Plan of Union) 폐기안을 제출하여 투표하게 되었다. 이에 찬성 표가 143표였고, 반대표가 110표로서 찬성측이 33표 더 많았다. 결과 37년 전의 "통합계획"이 마침내 취소되고, 회중교회적 요소들을 제거하게 되었다. 다음해 총회시에 구학파 중심의 총회가 신학파에 속한 교회들의 총대들을 수용하지 않자, 1838년 신학파에 속한 교회들이 자기편 총회를 따로 조직하게 되므로 미 장로교회는 구학파 총회와 신학파 총회로 분열되었다. 이로써 구 학파측은 장로교회의 정체를 찾았으나, 미 장로교회는 이로써 큰 분열을 겪어야만 했다.

③ 1869년의 구, 신 양측 총회의 통합과 교리적 포용주의(Inclusivism)

1837년 "통합계획"이 취소되고, 1838년에 구 학파에 속한 교회들이 따로 총회를 조직함으로써 미 장로교회는 분열되어 내려오게 되었다. 그런데 1861년에 남북전쟁이 일어나고, 이 전쟁이 5년간 계속되는 동안 북미의 교회생활에 큰 변화가 일어나게 되었다. 전쟁이 일어나던 그 해 미 남부지방에 있는 구학파에 속한 교회들은 북부 지방의 구학파 총회에서 분리되어 남미 장로교회를 따로 조직했다(The Presbyterian Church in the Confederate States of America라는 이름을 가졌다가, 남부가 패배한 후에 The Presbyterian Church in the United States라고 부름). 남북전쟁이 끝난 후 북부지방에 있었던 신구 양 학파는 지난 날의 차이를 잊고 1869년에 다시 통합을 하게 되었다.

이 1869년의 통합은 미 북장로교회 내에 구 학파의 세력이 차츰 약화되고, 신학파의 노선인 신학적, 교리적 포용주의가 강화되는 결과를 가져 왔다. 보수주의자들이 진보주의자들과 통합함으로써 그들에게 보수주의적 영향을 미친 다는 것은 불가능하다는 사실을 역사적으로 드러 내 보여 주었다. 통합 이후 신 학파의 포용주의 사상은 장로교 안에 확고한 자리를 잡게 되고, 보수·진보 양 파벌 간의 알력이 계속되어 갔다.

통합된지 20년 후인, 1889년에 교리적 포용주의 사상을 가진 분들의 편에 의해 웨스트민스터 교리 표준을 수정하자는 건의가 총회에 들어 왔다. 결과 1891년 총회에 전 총회가 임명한 수정위원회에 의해 신앙고백과 대소 요리문답 중 상당 부분에 대한 수정안이 제출되었다. 그러나 이것이 당시 프린스톤 신학교의 패턴(Francis L. Patton)과 워필드(B.B. Warfield)같은 보수 신학자들의 강한 반대가 있게 되어 부결되고 말았다.

그 후 포용주의자들의 건의는 끈질기게 계속되었다. 1900년에 이 건의가 다시 올라오게 되었다. 1903년 총회는 마침내 웨스트민스터 신앙고백 중 하나님의 예정과 관련된 장들(3, 10, 11장)을 위시하여, 여러 장에 수정을 가하게 되고, 기존의 신앙고백내용 외에 34장 "성령에 관하여", 35장 "하나님의 사랑과 선교에 관하여" 등 두 장을 첨가하게 되었다. 이 두 장의 내용은 제한적 구속과 효과적 부르심에 대한 개혁주의 교리를 피해간 것이었다.

이로써 미 장로교회는 아르미니안적 교리를 가진 교회에도 만족을 주게 되었다. 이 후 미 북장로교회는 아르미니안주의를 수용한 교회에도 통합을 위한 손을 쉽게 내밀 수 있었다. 1906년에 미 북장로교회는 "쿰벌란드 장로교회"(The Cumberland Prsbyterian Church)와 합동하게 되었다. 이 교회는 칼빈주의와 아르미니안 교리를 합성한 교리를 가지고 있었다.[82] 이제 신학파(The New School)가 주장한 포용주의는 장로교회 안에 차츰 대세를 형성하게 되었다. 1920년대에 이르러서는 현대주의 세력이 미 북장로교회 안에 지배세력으로 등장하게 되어, 지난 100년 동안 신학적 정통을 지켜오던 프린스톤 신학교도 1929년 이 세력에 의해 개편되므로, 북 장로교회 안에 다시 분열(1936, 오늘의 美 正統長老敎會가 생김)이 일어나게 되었다. 결과적으로 1869년의 신·구학파 양 교회의 통합을 역사적인 비극으로 보게도 된다.[83]

19세기 말 이후 계속 신 학파의 포용주의가 미 북장로교회 안에 대세를 형성해 가던 시대에, 한국에 온 초대 선교사들 중에는 그 영향을 받은 분이 상당수 있었을 것이다. 이미 언급한 대로 19세기 하반기 미국 개신교 세계를 석권한 초교파적 부흥주의와 장로교회 자체 안에 자리잡은 신학적, 교리적 포용주의 사상에 영향을 받은 이들이 선교지 한국에서 이를 그대로 반영하므로 정체성이 뚜렷한 역사적인 신앙고백적 개혁주의 장로교를 건설하는데 큰 관심을 보이지 않았을 것임이 분명하다. 한국 장로교 역사 초기부터 현재까지 신앙고백과 교리를 초월한 교회일치 운동이 끊임없이 지속되고 있는 근원을 여기서 찾아 보게 된다.

---

82) *Cyclopedia of Biblical Theological and Ecclesiastical Literature*, by McClintock Strong, Vol. VIII, Baker, 1970(Reprinted), section; Presbyterian Churches, 11 Cumberland Presbyterian Church. 이 교회는 1814년 장로교 교리 표준을 수정하여 유기(遺棄)와 제한적 구속등의 교리를 거절했었다.

83) Edwin H. Rian, *The Presbyterian Conflict*, OPC, Philadelphia, 1992, p.7

2.4 초기 선교사들의 선교정책

1. 네비우스(Nevius) 방법의 도입

한국에 온 초기 선교사들은 한국 선교에 대한 강한 정열을 가지고 왔지만, 거의 모두가 선교의 경험을 갖지 못한 30세 미만의 젊은이들이었다. 1885년 당시 나이를 보면 알렌(安連)이 27세, 언더우드(元杜尤)가 26세, 헤론(惠論)이 29세, 1890년에 입국한 모펫(馬布三悅)이 26세, 1888년에 입국한 게일(James S. Gale: 奇一)은 25세였다. 이들은 모두 신학교를 졸업한 후 바로 선교지에 뛰어든 것이다. 개성이 각기 다르고, 선교에 대한 실제 경험이 없기 때문에, 선교 방법문제에 있어서 의견이 서로 달라 상당한 갈등이 일기도 했다. 그래서 언더우드는 선교현장에 경험이 있는 분을 찾아 파송해 달라고 선교 본부에 요청하기도 했다.[84]

선교 초기의 모습

이런 형편 가운데서 선교사들은 1890년 중국 지푸에서 선교를 하던 네비우스(John Nevius)를 초청해서 2주 동안 함께 지내며, 앞으로 한국 선교사들이 실천해야 할 선교방법의 원칙에 관하여 듣게 되었다. 네비우스는 북 장로교회 소속 선교사로서 30년 넘게 중국 선교에 헌신해 온 노련한 분이었다. 한국 선교사들이 그를 초청하게 된 것은 그가 오랫동안의 선교경험을 가졌을 뿐 아니라, "선교교회의 기획과 발전"(The Planning and Development of Missionary Church)이라는 그의 저서를 읽은 데 있었다. 네비우스가 제시한 선교의 원리는 선교지 교회의 자립을 강조한 것이었는데, 당시 언더우드는 다음

---

84) L.H.Underwood, *Underwood of Korea*, p.99

4개항으로 네비우스 선교방법을 정리했다.[85]

첫째, 각자가 "처음 부르심을 받았을 때의 형편에 거하게"하며, 각 개인이 그리스도의 사역자들이 되어 자기 이웃들 속에 살고, 스스로 생업을 꾸려 가면서 그리스도인으로 살도록 가르친다.

둘째, 교회의 운영방법이나 조직을 토착교회가 감당할 수 있는 수준에서 발전시킨다.

셋째, 교회 스스로가 가능한한 인력과 재정을 공급하게 하여 이웃 속에서 복음 사역을 하게 하되, 자질이 좀 더 나은 사람을 훈련시켜 복음전도 사역을 하게 한다.

넷째, 본토인들로 자기네 교회당 건물을 마련하게 하되, 그 건물은 토착적인 것이어야 하고, 그 지역 교회가 능히 꾸밀 수 있는 그런 양식으로 지어야 한다.

후에 신학교에서 목회학을 가르친 클라크(郭安連)는 이를 더욱 확대하여 네비우스 원리를 광범위한 순회선교, 강력한 자립성, 성경중심 생활의 강조를 핵심으로 다음과 같은 아홉 가지 대 원칙으로 요약하였다.[86]

1) 선교사들 한사람 한사람의 복음 전도와 광범위한 순회전도
2) 자립선교: 신자 한 사람 한 사람이 다른 사람에게 성경의 교사가 된다.
3) 자립정치: 모든 신자들은 그들이 선택한 봉급을 받지 않는 지도자 아래에서 전도와 교회경영을 한다.
4) 자립보급: 모든 교회건물은 그 교회의 교인들에 의해서만 마련되게 하고, 교회가 조직이 되면 바로 전도인의 봉급을 지급한다.
5) 체계적인 성경연구와 모든 활동에서의 성경의 중심성을 관철한다. 성경연구는 반드시 여러분이 함께 한다.
6) 성경의 교훈에 따라서 엄격한 생활훈련과 치리(治理)를 한다.

---

85) H.G. Underwood, "The Call of Korea." pp.109-110
86) C.A. Clark, The Korean Church and the Nevius Methods, New York: Fleming H. Revel, 1930, pp.33-34

7) 다른 교회나 기관과 협력 및 일치의 노력을 계속하며, 최소한도 다른 기관과는 지역을 피차 뜻에 맞게 분할하여 전도한다.
8) 지역과 프로그램의 분할 이후에는 서로 절대 간섭을 하지 않는다.
9) 그러나 경제나 그 이외의 문제에 있어서는 항상 넓게 서로 협동하는 정신을 가져야 한다.

네비우스로부터 감명을 받은 주한 선교사들은 이 원리를 한국선교에 적용하기 위하여 연구하고, 미국 남, 북장로교회 선교회와 호주 장로교회 선교회로 조직된 "장로교 정치를 쓰는 선교공의회"(The Council of Missions Holding the Presbyterian Form of Government)는 다음과 같은 10가지의 구체적인 선교정책을 채택하고 선교에 임했다.[87]

1) 전도의 목표를 상류계급보다 근로계층에 두는 것이 더 좋다.
2) 부녀자에게 전도하고 크리스천 소녀들을 교육하는데 특별히 힘을 쓴다.
3) 기독교 교육은 군 소재지에서 초등학교를 경영함으로써 크게 효력을 낼 수 있다.
4) 장차 한국인 교역자도 이런 곳에서 배출될 것이다. 이점에 항상 관심을 두어야 한다.
5) 사람의 힘이 다할 때에 하나님의 말씀이 사람을 회개시킨다. 그러니 모든 힘을 다하여 조속한 시일 내에 정확한 말로 성경을 번역하여 세상에 내어놓는 것이 중요하다.
6) 모든 문서 사업에는 한자를 쓰지 않고, 순 한글을 사용하도록 해야 한다.
7) 진취적인 교회는 자립하는 교회이다. 선교사의 도움을 받는 사람의 수를 줄이고, 자립하고 헌금하는 자의 수를 늘려야 한다.
8) 한국인 대중을 그리스도에게로 인도하는 일은 한인 자신들이 하여야 한다. 따라서 우리 자신들이 나서서 대중에게 전도하는 것보다 전도자의 훈련에

---

87) C.C. Vinton, Presbyterian Mission Work in Korea," *Missionary Review of the World*, Vol.9, No.6, Sep.1893, p.671

진력해야 한다.
9) 의료 선교사들의 사업이 좋은 성과를 얻으려면 환자를 개별적으로 병실이나 환자의 집에 오래 두고, 치료하면서 전도도 하려니와, 의사가 모범이 되어 환자가 마음속에 깊은 감격을 느낄 수 있는 기회를 가지게 할 것이다. 시약만으로는 별 효과를 낼 수 없다.
10) 지방으로부터 와서 입원했다가 퇴원한 환자들을 그들의 주소로 심방하여 계속 돌봐야 한다. 이런 온정은 전도사가 접촉할 수 있는 좋은 기틀이 될 것이다.

미 북장로교회 선교회는 1895년 10월에 선교정책의 신조로 별도 8개 조항을 채택하였는데 이 가운데 "선교회는 보다 정규적인 조직이 갖추어질 정도로 사업이 발전되기까지는 "네비우스 사업방식"을 적용한다고 했다.[88] 결과적으로 주한 장로교 선교회의 선교정책은 네비우스 방법에 의존하게 되었다. 후에 그 기본 이념이 자진전도(Self-propagation), 자력운영(Self-Support), 자주치리(Self-government)로 알려졌다. 이 네비우스 선교정책은 그 시행과정에서 부정적인 결과를 초래한 일이 있었음도 부정할 수는 없다. 한가지 예를들면 선교지의 자치 정책을 수행하고 교회전도자를 양성하는 문제에 있어서 "그가 함께 살고 일해야 할 사람들보다 높은 수준으로 끌어올릴 우려가 있는 훈련은 시키지 말아야 한다"는 원칙을 제시함으로 전도자의 자질 향상을 제도적으로 제한하는 결과를 가져온 것이다.[89] 그러나 자급자치(自給自治)의 원리 아래 교회의 서양화를 방지하고, 한국토착교회로서의 건전한 발전을 기한 것은 매우 긍정적인 것이었다.[90]

---

88) D.L. Gifford, "Annual Meeting of the Presbyterian Mission, North." KPR., Vol.2, 1896, p.444
89) W.D. Reynolds, "The Native Ministry." Korean Repository, May 1896, pp.200-201 한국기독교의 역사 1, 기독교문사, pp.223-225
90) 白樂濬, 韓國改新敎史, 延世大學校 出版部, 1974, p.306

2. 선교지의 분할

  1885년 미 북장로교 선교사와 미 감리교 선교사가 같은날 입국한 뒤를 이어, 호주 장로교회(1889), 미 남장로교회(1892), 캐나다 장로교회(1898) 선교사들이 내한하게 되었고, 이어 각 교파들에 속한 여러 선교사들이 계속 파송되어 들어오게 되었다. 이제 여러 선교회는 서로의 마찰과 사업의 중첩을 피하고, 돈과 시간과 힘의 낭비를 줄이는 일을 필요하게 여겨 상호협의를 하게 되었다.[91]

  먼저 장로교 선교사들 사이에 협의체가 구성되었다. 1889년 호주 빅토리아 장로교회 소속인 데이비스(J.H. Davis)가 내한하자 미 북장로교 선교부와 호주 장로교 선교회 사이에 "장로교연합선교공의회"(The United Council of Presbyterian Missions)가 첫 번째로 결성되었다. 그러나 데이비스 목사가 1890년 갑자기 별세하게 되자 이 공의회는 지속될 수 없었다. 1892년에 미국 남장로교회 선교사들이 내한하게 되자 1893년 "장로교 정치체제를 쓰는 선교공의회"(The Council of Missions Holding the Presbyterian Form of Government)를 다시 조직하게 되었다. 이 공의회는 "조선 땅에 개신교 신 교파 장로회 정치를 사용하는 연합교회를 설립하는 것"을 목적했으며,[92] 이 후에 내한한 캐나다 장로

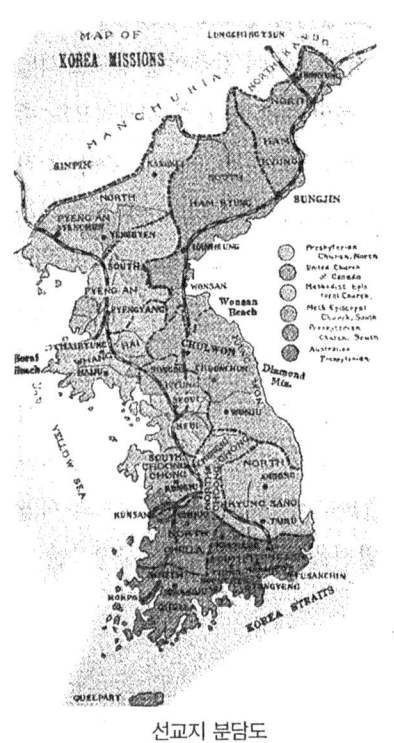

선교지 분담도

---

91) H.G. Underwood, "Division of the Field," *The Korea Mission Field*, vol. No. 12, Dec., 1909, p.211
92) 郭安連 編, 長老敎會史典彙集, 朝鮮耶蘇敎會編, 1918, pp.14-15

교회와 호주 장로교회도 가입하였다.

그런데 이 선교공회의의 명칭이 장로교 정치만을 특성으로 밝히고, 장로교회의 교리적인 기반인 신앙고백을 언급하지 않고 있는 것이 주목을 끈다. 초대 선교사들은 폭 넓은 복음주의 입장에 서 있었기 때문에 신앙고백 문제에 대하여는 큰 관심을 기울이지 않았다는 인상을 남기고 있다. 이런 현상은 다른 선교회와 관련을 갖는 과정에서 계속 드러나게 된다.

처음 이 선교공의회는 선교에 관한 일을 서로 논의하는 협의체였고, 정치적 권한은 행사하지 않았다. 그러나 1901년부터 한국인들이 이 공의회에 참석하게 되자 정치적 권한까지 행사하게 되어 1907년 독노회(獨老會)가 설립되기까지 한국 장로교회를 다스리는 실질적인 정치기구 역할을 했다.[93]

1893년 1월 선교공의회는 그 설립회의에서 이미 장로교 각 선교부 간의 선교지 조정 협의를 했다. 이들이 모두 같은 장로교회에 속했지만 그들을 파송한 교회들이 서로 달랐기 때문이다. 이 협의 결과 북장로교 선교부는 이미 서울과 관서지방을 중심으로 선교를 해 왔기 때문에 계속 그 지역을, 남장로교 선교부는 미개척 지역인 전라도와 충청도 지방을 선교지역으로 할 것에 합의했다. 이 때 호주 장로교 선교부는 부산에서 북장로교 선교부와 함께 일하고 있었다. 양 선교부가 서로 협의한 결과 부산은 공동지역으로 삼아 선교하고, 경남지역에서는 낙동강 이남은 호주 선교부가, 이북은 북장로교 선교부가 담당하기로 하였다.[94] 그러나 그 후 다시 서로 협의하여 1914년에는 부산을 위시한 경상남도 전지역을 호주 장로교 선교회가 맡기로 하였다. 이 후 경상남도 전 지역은 전적으로 호주 장로교 선교의 구역이 되어졌다.

선교회 상호간의 협의체 구성과 선교구역 분할은 장로교 선교회들 사이뿐 아니라, 다른 선교회들 사이에도 이루어졌다. 1905년에 장로교의 4개 선교부와 미감리교회(美監理敎會)와 남감리교회(南監理敎會) 선교부와의 사이에 "한국개신교복음주의선교총공의회"(The General Council of Protestant Evangelical

---

93) 朝鮮예수敎 長老會史記(1918年 刊) p.17.
94) 白樂濬, op.cit., p.210

Missions in Korea)가 결성되었다. 이 공의회의 목적은 "선교사업에 있어서 협력을 기하는 것과, 한국에서 유일한 하나의 복음주의 교회를 조직하는 것"이라고 밝혔다.95)

이 총공의회는 먼저 선교사업에 대한 상호 협력을 위해 선교지역 분할에 착수했다. 장·감 선교부 사이의 선교지역 분할협정은 이미 1892년 미감리회와 북장로회 선교부 사이에 이루어졌다. 1892년 6월 11일 양측 선교사들이 모여 협의하고 그 이듬해 두 선교회에 의해 받아 드려진 협정은 5천명 이상의 인구를 가진 도시는 양 선교회가 공동 점유하여 선교하고, 그 미만 되는 도시에서는 이미 한 선교회가 그 도시에 선교기지를 가지고 있을 때에는 다른 선교회가 사업을 시작하는 것이 바람직하지 않다는 것이었다.96)

나아가, 총공회회는 장·감 선교부가 지금까지 선교를 해 오는 중 지역마다 중복되는 선교회 사업을 정리하게 되었다. 평북, 평남, 황해도 지역에 대한 북장로회와 미 감리회 사이의 협정이 1905년에 이루어졌다. 미 감리회는 평북의 영변, 태천, 회천군과 박천 등의 일부, 평남의 진남포, 상서, 용강군과 중화군 일부, 황해도 해주, 서흥, 신계, 곡산, 장단, 청

초기 전도지 삽화

---

95) "Constitution of the General Council of Protestant Evangelical Missions in Korea." Annual Report of the General Council of Protestant Evangelical Missions in Korea, Oct. 1909, p.36

96) H.D. Rohdes and Campbell, *A History of the Korean Mission*. Presbyterian Church in the U.S.A.(1884-1894). Seoul: Chosen Mission Presbyterian Church, U.S.A. 1934, p.441 C.A. Clark, *The Korean Church and the Nevius Methods*, New York, Fleming H. Revell Comp., 1930. pp.118-119

단, 배천을 담당하게 되고, 이외의 지역은 북장로회 구역이 되었다.[97] 1907년에는 남장로회와 미감리회간에 충남, 전라도 지역에 대한 협정이 이루어져 공주를 분계점으로 남쪽은 남장로교회, 북쪽은 미감리회의 선교구역이 되었다. 이어 같은해에 북장로회 및 캐나다 장로회와 남감리회간에 강원도, 원산지역에 대한 협정이 이루어져 원산은 남감리회와 캐나다 장로회가 공동으로 점유하고, 철원 이북의 강원도 지역은 남감리회 구역이 되었으며, 원주 이남지역은 북장로회 구역이 되었다. 1909년에 충북, 강원도 지역에 대한 북장로회와 미 감리회 사이의 협정이 이루어져 청주를 중심한 충북의 남부지역은 북 장로회 구역이 되었고, 북장로회 구역이었던 강원도 원주와 충북 북부지역(제천, 충주)은 미 감리회 구역으로 되었다. 이렇게 해서 1910년까지 장로회와 감리회간의 선교지역 분할협정이 거의 다 되어진 셈이다. 이 선교지 분할이 일제가 한국을 강제 합병하던 시기에 마무리되었지만, 일제의 강점과는 아무런 관계가 없다.[98]

결과적으로 한국은 장로교 네 선교회(미 남,북 장로교 선교부, 호주 장로교 선교부, 캐나다 장로교 선교부)와 두 감리교 선교회(미감리회, 남감리회)가 지역을 분할하여 선교활동을 하게 된 것이다. 다른 여러 교파 선교회가 그 동안 들어와 선교활동을 했으나, 선교지역 분할에 동참할 수 없었다. 이 선교지 분할은 지나

---

97) C.D. Morris, "Division of the Territory between the Presbyterian and Methodist Missions," *the Korean Mission Field*, Vol. 10, No., 1, Jan 1914, p.19

98) 민족사적 입장에서 교회사를 보고 있는 이만열은 선교지역 분할이 일제의 한국침략이 본격화되던 1890년대에 시작되어 일제강점이 이뤄지던 1910년경에 마무리 된 것을 상호 연관시켜 생각하고 "한국이 정치 군사적으로 일제에 의한 식민지배가 확립되던 시기에 한국의 전 국토(선교지역)는 영·미계의 선교부에 의해 분할, 점거되어 갔던 것이다. 따라서 선교 영역 확정이 일본제국주의의 묵시적인 양해 속에서 이뤄지지 않았나 하는 여운을 암시 받게 된다"고 한다. 여기서 그는 일제의 강점, 식민지배와 영·미계의 선교부의 선교지 분할을 평행적인 입장에서 보고, 선교지 분할에 관하여 "점거"라는 표현을 사용하므로 영미계 선교부의 선교활동을 제국의 식민활동의 일부로 오해하게 하고 있는듯 하다. 그리고 선교부의 분할 "점거"가 일제의 묵시적인 양해 속에 이루어진 것이 아닌가 의혹을 던짐으로 영미계 교회의 선교활동을 일제의 식민지배와 연관시켜 정치적으로 해석하려 하고 있음을 보게 된다. 일제가 한국을 강점해 가던 어려운 시기에 선교사들이 교회안에서의 민족운동과 독립운동을 경계한 것은 사실이다. 그러나 영미 선교회의 선교활동을 저렇게 보는 것은 지나친 오해요 사고의 비약이라고 보게 된다. 이만열, 한국 기독교 수용사 연구, 두레시대, 1998, pp.334-335 참조

친 서로의 경쟁, 서로의 마찰, 재정 낭비 등을 줄이는 데는 이점이 있었다. 그러나 거기에는 부정적인 면도 있었다. 이미 한 교파 교회로 자리잡고 있는 교회가 갑작스런 선교지역 조정으로 다른 교파 교회로 넘어가게한 일은 신자의 신앙양심을 강제하는 일로서 파장을 불러오기도 했다. 장·감 양 교회가 있는 지역이 한 선교회의 관할 아래 들어가 교회합동을 모색하게 되었을 때 교인들의 저항이 컸던 것이다.[99] 이미 장로교회 교인이 된 신자들을 갑자기 감리교회 교인이 되도록 강요한 것은 이해 할 수 없는 일이었다. 이 지역분할의 배후에는 무엇보다 교회의 역사와 교리를 중요시하지 않는 미 복음주의적 영향이 자리잡고 있었던 것이다. 이는 결과적으로 교인들에게 교회에 대한 상대주의적 사고를 심어주고, 자기가 속한 교회를 귀중하게 여기지 않는 생각을 갖게 만들었다고 볼 수 있다.

2.5 교회의 형성과 초기의 교회생활

1. 한국 초기 신앙공동체의 형성

한국에 선교사들이 들어오기 전, 나라 땅 밖 만주와 일본에서 한국인 여러분이 개신교 장로회 선교사들을 통해 개종하게 된 사실을 이미 언급했다. 만주 땅에서 개종한 백홍준, 서상륜 등은 권서인, 전도인으로 파송을 받아 한국말로 번역된 성경을 가지고 국내에 들어와 전도활동을 했다. 그 결과 선교사들이 들어오기 전 이미 의주(義州)와 솔내(松川)에 장로회 신자들로 구성된 신앙공동체가 이루어졌던 것이다. 뿐만 아니라 이들 개종자들은 만주 땅에 사는 한인 촌에도 복음을 전했다. 권서인과 전도자로 파송된 김청송(金淸松)의 활동으로 고구려

---

[99] 예수교 장로회 제2회 총회(1913)시 합동에 대한 별위원 보고는 합동을 강요당한 장로 교인들의 저항이 컸음을 잘 말해 주고 있다. 그 보고 가운데는 "총회의 명령을 의지하여 황해도 해주 경내에 전에 장로교에 속했었던 교인들이 감리교회의 치리권을 받지 않고, 따로 모이는 일을 권면하여 합하라고 가서 그 사람들을 청하여 권면하기도 하고...합하도록 하여도 불복하는고로 합하지 못하였사옵는데... 그 형제들에게 감리회에게 순복하라고 편지하옵시기를 바라나이다"라는 내용이 있다. 총회록 p.33

소래교회(첫 예배당) / 소래교회의 신자들

고도인 집안(輯安)을 중심한 한국인 촌에 상당한 수의 개종자들이 생겨 1884년 11월에 로스(J. Ross)와 웹스터(J. Webster)가 그곳에 가서 그 지역 4개의 마을에서 75명의 남자들에게 세례를 주었다. 일본에서는 1883년 이수정이 세례를 받은 후 계속 개종자들(孫鵬九, 李景弼, 朴永善 등)이 생겨 세례를 받으므로 동경에도 신앙공동체가 이루어졌다. 그러니 한국 땅에 선교사가 들어오기전 이미 나라 밖에서는 한국인 그리스도인 공동체들이 생기게 된 것이다.[100]

장로교 선교사들이 한국에 들어와 그들의 복음 전파로 첫 세례를 베풀게 된 것은 1886년 7월 18일이었다.[101] 이날 언더우드가 노도사(魯道士)라 불리는(본명 魯春京)자에게 세례를 주게 된 것은 이미 언급하였다. 이것이 한국 땅 안에서 베푼 첫 번째의 세례였다. 그 후 1886년 말에 솔내의 서상륜이 와서 언더우드 목사에게 그 곳 믿는자들을 위한 세례를 요청함으로, 그 이듬해 1887년 봄에 솔내의 교인 서경조(徐景祚), 정공빈(鄭公斌), 최명오(崔明悟) 세사람에게 세례를 주게 되었다.(2.2-3 참조) 그런데 이들은 모두 선교사에 의해 개종된 분들이 아니고, 서상륜의 전도로 성경말씀을 읽고 개종한 분들이었다. 한국 선교의 시작은 매우 이례적이었다. 한국에 들어온 선교사들은 이미 복음을 듣고 찾아오는 자들

---

100) J. Webster, "Journey to the Corean Valleys." The Korean Mission of the Presbyterian Church(North) of the United States of America. Oct. 1885, pp.321-326
J.Ross, "Corean Converts", The Missionary Review, May, 1885, pp.207-209
101) H.G. Underwood's letter to Dr. Ellingwood, July 19, 1886 "The Call of Korea," p.106
"아펜셀라의 1886년 7월 24일의 일기", 이만열 편, 아펜셀라 p.297

을 만나게 되고, 이들에게 세례를 베풀어주는 것으로 선교를 시작한 것이다.

1887년 9월 27일에 서울 정동에 있는 언더우드 목사 집에서 14명의 세례교인들이 모여 한국에서 최초로 조직교회가 설립되는 역사적인 사건이 드디어 있게 되었다. 이 정동교회는 오늘의 새문안 교회의 전신이었다. 이 14명 가운데 13명도 선교사를 통해서가 아니고, 이미 서상륜을 통해서 믿게 된 사람들이었다.[102] 언더우드는 로스(John Ross)에게 보낸 편지에서 이 사실을 잘 밝혔었다. 그는 "한국 최초의 교회 교인들이 내 앞에서 그들 교회를 조직합니다. 그런데 이들은 거의 전부가 당신의 매서인 서씨의 결실들입니다"라고 썼다.[103] 만주서 로스 목사로부터 복음에 접하고 신자가 되었던 서상륜이 장로로 장립되고 이로 말미암아 명실공히 장로교회가 탄생되었던 것이다.[104] 이 한국 최초 장로교회의 설립예배에는 만주에서 한국교회의 터를 놓는데 귀하게 쓰임을 받은 스코틀란드 장로교 선교사 로스 목사가 초대를 받아 참석하게 되어 하나님의 영광이 더욱 크게 드러나게 되었다.[105] 교회는 빠르게 성장하여 1888년 말에는 세례를 받은 장로교인이 65명에 이르렀다.[106]

한국 정부가 아직 선교사들의 공적 선교활동을 허락지 않은 때, 이미 그리스도의 교회는 한국이란 토양에 그 뿌리를 깊이 내리게 되었다. 주님은 성경의 반포를 통해 한국사람들을 먼저 믿음으로 인도하시고, 이들을 통해 한국 민족의 복음화를 위해 일하신 것이다. 선교사들의 선교활동의 공적 허락은 1898년 6월에 가서야 이루어졌다. 정부가 처음으로 장로교 선교사 스왈른(蘇安論, W.L. Swallon)에게 전도 일을 할 수 있도록 호조(護照-여행증명서)를 발행했던 것이다.

---

102) The Annual Report of the Board of Foreign Missions of the Presbyterian Church in the United States of America, 1890, p.134
103) The Report of British Foreign Bible Society, 1888-1889, Vol.. 84-85, p.287
104) 새문안 교회 70년사, 1958, p.63
105) J. Ross, *The Christian Dawn in Korea*, p.247
106) H.G. Underwood's letter to Dr. Ellingwolld, Jan. 16, 1889

2. 초대 한국교회의 생활

1) 성경과 성례

한국의 개신교회는 처음부터 성경과 밀접하게 연관되어 있다. 이것이 일찌기 성경 없이 한국에 들어온 로마천주교와는 근본적으로 다른 것이었다. 일찌기 한국 땅 밖으로부터 한국을 접촉하고 선교를 시도한 개신교 선교사들은 모두 성경 반포를 아주 중요하게 여겼다. 이들은 복음이 "구원을 주시는 하나님의 능력"임을 믿었기 때문이다.[107] 구츠라프 목사나 토마스 목사가 한국해안에 접근했을 때에 성경을 주민들에게 배포하였고, 아직 한국의 문호가 개방되지 않았을 때, 만주에서는 로스와 맥킨타이어 목사가, 일본에서는 루미스와 낙스 목사가 조선사람의 협력을 얻어 성경을 번역하여 한국에 들여보냈다. 그래서 언더우드가 첫번째 선교사로 한국에 들어 올 때, 이미 일본에서 출간된 한국어 쪽복음을 가지고 온 것이다. 개신교 장로교회 최초 신자들인 백홍준, 서상륜 등은 권서인으로 성경을 반포함으로 전도활동을 했고, 성경 말씀에 그들의 신앙의 터전을 두었던 것이다. 예수를 구주로 영접한 사람들은 성경을 사랑하고, 연구하며, 성경말씀 대로 살려고 노력했다. 선교사들이 채용한 네비우스 선교 방법은 특별히 여러 사람이 함께 하는 성경연구를 강조했고, 성경중심의 활동을 강조했다. 이로 말미암아 한국교회는 성경중심의 교회생활이 처음부터 자리를 잡게 되었다. 농한기에 일주일씩 집회를 가지고 성경을 함께 읽어가며, 가르치고 배우는 사경회(査經會)가 일찍부터 시작되었다. 사경회(査經會)에는 노회단위 사경회인 도사경회가 있었고, 지도자 강습 사경회와 수양회가 병합된 사경회가 있었으며, 남자와 여자들이 따로 모이는 사경회도 있었다.[108] 사경회 기간은 삼일에 끝나는 것도 있었으나, 한 주간 혹은 두 주간 계속되는 것도 있었다. 사경회를 위한 등록인수는 적을 때도 있었지만, 어떤 때는 수 백 이상, 천명을 넘어서는 때도 있었다. 이런 성경연구를 위한 사경회가 차츰 발전되어 나타난 것이 성경학교

---

107) 롬 1:16
108) H.G. Underwood, *The Call of Korea*, p.111

아펜셀러가 사용하던 성찬기

(Bible Institute)이다. 여기서는 성경이 유일한 교과서였고, 교회지도자나 장로들, 그리고 젊은이들이 단기 과정으로 공부를 하게 되었다. "성경 공부나 사경회는 한국교회의 발전에 아주 독특하고 중요한 요소가 되었다. 교회의 신앙과 지식의 원천이 거기에 놓여있기 때문이다. 이 성경연구반이나 학교들이야 말로 모든 교회를 일으켜 밖으로 뻗어 가게 하는 정신적 전력을 공급하는 발전소(發電所)가 되었던 것이다."[109] 이로써 한국장로교회는 "성경을 공부하고 성경을 사랑하는 교회"로서의 특징을 가진 교회가 되었다.

그런데 초대 한국교회가 성례(聖禮)에 관해서는 다른 양상을 보였다. 초대 한국 교회가 세례, 성찬 두 성례 가운데 세례는 비교적 성실하게 베풀었다. 앞서 언급한 대로 한국인에 대한 첫 번째 세례는 나라 밖인 만주(1879)와 일본(1883)에서 이미 집행이 되었다. 한국 땅 안에서는 가장 처음으로 노도사가 언더우드에게서 세례를 받음으로 시작되었다(1886). 당시 이와 같은 종교행위를 하는 것은 국법을 어기는 것이므로 생명을 걸고 하게 되는 모험이 아닐 수 없었다. 그래서 이 세례식을 집행하면서 밖에 사람을 세워 망을 보게 했던 것이다. 헐버트(B.B. Hulbert)는 당시 언더우드의 부탁을 받고 세례가 집행되는 동안 그 집 문 밖에서 지켰다고 말했다.[110] 1887년 봄에는 솔내의 서상륜을 포함한 세 사람에게 세례를 주었다(2.5-1 참조). 1889년 언더우드가 의주에 갔을 때 33명에게 세례를 주게 되었는데, 이를 위해서는 나라 밖으로 가야 했다. 이들은 배를 내어 압록강을 건너 중국 땅 안동(安東)에서 세례를 집행하게 되었다. 위험하고 어려운 환경 중에서도 세례는 처음부터 비교적 성실하게 집행되어 왔다.

그러나 성찬에 관해서는 그렇지 못했다. 1885년 10월 11일에 한국에서 첫 성

---

109) S.A. Moffet, Evangelical work, The Annual Report of the Board of the Foreign Missions of the Presbyterian Church in the United States of America, 1910, p.279
110) B.B. Hulbert, "The first baptism in Korea," *The Korea Mission Field*, 1939, p.71

찬예식이 거행되었다. 물론 여기에는 선교사들만이 참여하여 베푼 것이었고 한국 사람은 한 사람도 없었다. 일본 요고하마에 주재하고 있는 미 성서공회에 속한 루미스(Loomis) 목사가 성례를 주재하고, 장로교에 속한 언더우드와 감리교에 속한 아펜셀라가 수종을 드는 가운데 베풀어 졌는데 인원수는 11명이었다. 1887년 새문안 장로교회가 설립되고, 첫 예배를 보게 되었다. 그러나 교회 안에서 성례집행은 없었다. 한국의 신자가 처음으로 성찬에 참여하게된 것은 1887년 성탄절날 언더우드 목사의 집에서였다.[111] 한국 사람이 세례를 받은지 8년이 지나고, 성경이 우리말로 번역되어 간행된지 5년이 지난 후의 일이다. 이런 성례에 대한 소극적인 생활은 한국교회생활의 전통이 되어버렸다. 화란계 개혁신학교에서 신학을 하게된 언더우드는 그 교회의 신앙적 전통에 따라 성례의 중요성에 관하여 상당한 확신을 가진 분이었음에 틀림없다. 당시 의사 알렌(Allen)이 세례를 베푸는 일이 한국정부에 박해를 촉발할 위험이 있다고 하여 이런 의식집행을 반대했지만, 그는 세례란 기독교의 바탕이요, 성례가 그 본질이 되어 있다고 주장하고 강행했던 것이다.[112] 그러나 부흥운동의 여파로 성례보다는 성령의 직접인 역사와 체험에 더 강조를 두게 된 미국개신교계의 일반적인 복음주의적 경향이 한국에 그대로 미쳐지므로 성례의 방편을 통해 받아 누리게 되는 은혜를 등한히 여기는 전통을 한국 교회에 남긴 것으로 보인다. 이것은 성례를 가견적 말씀(Visible Words)의 선포로 믿어 중시하는 개혁주의 신앙생활의 전통과는 거리가 멀었다.

2) 생활의 갱신

한국 초대교회 신자들은 오랫동안 젖어 왔던 이방세계의 구습을 과감하게 청산하고 변화된 삶의 모습을 보여주었다. 어떤 분들은 신앙양심을 따라 살기 위해 이에 거리끼는 직업도 과감히 포기했다.[113] 그래서 이들은 그들이 내적으로

---

111) L.H. Undderwood, *Underwood of Korea*, 1918, p.55
112) H.G. Underwood, Letters to D.H.N. Allen, Seoul, Jan. 27, 1887
113) D. L. Gifford, *Every-Day Life in Korea*, New York, 1898, pp.134-161

가진 고귀한 신앙을 생활에서 보여주었다.

한국에는 오랫동안 미신과 우상숭배가 넘쳤다. 신자들은 그 폐습을 직시하고 이들로부터의 해방을 위해 힘썼다. 그 결과 무당이나 판수들이 회개하고 돌아오는 일이 많았다.[114] 당시 교회는 우상이나 미신의 폐해를 사람들에게 조리있게 설명하여 설득하고 그 굴종에서 벗어나게 하는 일을 열심히 했다. 그래서 사회를 정화 개조해 나가는 일에도 힘을 기울이게 된 것이다.

교회는 1890년대 중반 이후 술과 담배를 단호히 금하는 생활을 시작했다. 이는 처음부터 주초(酒草)가 죄가 되기 때문은 아니었고, 이것들이 바른 생활과 건강을 해치기 때문이었다. 신자가 된 후 술을 끊고 새로운 삶을 사는 것을 보았을 때, 사람들은 "예수교는 참 사람 고치는 교(敎)"라고 평하게 되었다.[115] 술은 낭비와 인간성의 변질을 가지고 오므로 "경제상으로나 도덕상으로 보면 술은 없이 할 물건"이었다.[116] 교회가 금주, 금연을 주장하면서도 약 1900년경까지는 이를 허용해 왔고, 1900년대에 들어서면서 성경적인 근거를 찾아 금하게 되었다. 그래서 당시의 기독교신문은 "형제들아 우리의 몸이 하나님의 거룩하신 성전인줄 알지 못하느냐? 교인들은 술 담배를 먹지 못하려니와 전도선생들은 더욱 먹지 못할지니"라고 했다.[117] 1910년대에 이르러서는 주초(酒草)가 신체상, 정신상, 경제상 해독이 심함을 계속 강조하고, 동시에 "우리 영혼의 거룩한 집을 더럽히는 것"이라 하여 교회로부터 주초를 추방하는 운동을 강하게 계속했다.[118] 이후 장로교회는 술 취한 사람들에게 대하여 권징을 시행하기 시작했다. 이 권징건에 대한 노회로부터의 보고가 장로회 제 5회 총회(1916) 이후 종종 나타나는 것을

---

114) 죠선그리스도인 회보, 1897, 3, 10 자. The Report of the British Foreign Bible Society, 1897, p.243
115) 조선그리스도인 회보, 1897, 4, 7 日字.
116) 업시할 물건, 죠선그리스도인 회보, 1897, 12, 29日 字.
117) 대한 그리스도인회보, 1900, 3, 7 日字 이 때까지는 아직도 전도자들 가운데도 주초를 하는 분들이 있었던 것이다.
118) 그리스도 신문, 1897, 5, 7일자, 대한그리스도인 회보, 1911, 7, 15日 字.

보게 된다.[119]

3) 반상(班常)의 타파

19세기말 개화의 물결이 일면서 오랫동안 한국 민족사회 속에 자리 잡아온 양반(兩班), 상민(常民)의 계급의식이 차츰 허물어지기 시작했다. 조정도 1894년에 이에 대한 타파를 공포한 바 있었다. 그러나 이에 대한 시행은 쉬운 일이 아니었다. 이 계급을 타파하고 역사적 사회변혁을 일으키므로 참된 평등운동에 실천적으로 앞장 선 것은 그리스도 교회였다. 이런 일에 열정적으로 나선 분이 미 북장로교 선교사 무어(Samuel F. Moore, 辛三悅, 1860-1906)였다. 그는 서울 곤단골에 사는 백정(白丁) 박(朴)씨를 그리스도에게 인도하고 사회적 변혁을 일으키게 했던 것이다. 박씨가 개종하게된 것은 그가 장질부사에 걸려 사경을 헤매고 있을 때, 무어의 주선으로 고종의 시의(侍醫)인 애비슨(Avison)이 찾아가 치료해 준 결과, 감동을 받아 복음을 받아드리게 된 데서였다. 주변의 동족에게서 천시를 받아온 그에게 애비슨의 방문치료는 넘치는 감격을 갖게 했던 것이다. 1895년 4월 12일 박씨와 같은 곳에 사는 백정 일동은 그들 모두의 이름으로 〈지난 500년 동안 천대를 받고 갓이나 망건도 쓰지 못한 그들을 위해 팔도에 공문을 보내어 백정인 그들을 이상 구박 못하게 하고 갓과 망건도 쓰게 해 달라〉는 내용의 진정서를 정부에 보냈었다.[120] 이 진정이 수락되어, 갓과 망건을 자유로 쓰라는 교시가 곧 나오게 되었다. 이 진정서를 보내고 그 허락이 나올 때가지 교회는 이것을 특별기도 제목으로 삼아 계속기도 했다. 그 후 다시 진정서를 제출하여 여태껏 호적에 오르지 못한 이들의 이름이 앞으로 호적에 입적될 수 있는 허락도 받게 되었다.[121]

---

119) 예수교 장로회 조선 총회 제5회 회록(1916, 9, 2) p.68; "치리; 금년 책벌 467인이요 출교가 189인이온데 혼인 위반죄와 주일 범한죄와 술취하는 죄가 많사오며 해벌은 133인이 오며". 계속 같은 "술취함"에 대한 권징건이 보고 되고 있다. 예수교 장로회 총회 제6회 회의록 p.56
120) S. F. Moore, The Butchers of Korea, The Korean Repository, 1898, 4월호, pp.127-128.
121) Ibid, pp.128-129

박씨는 전국을 다니면서 백정들에게 복음을 전하고, 1898년 3월에는 수원 지방에서만도 백정과 그의 가족들 132명이 신앙을 고백하고 교회에 들어오게 되었다.[122] 이렇게 해서 교회로 말미암아 사회적인 변혁이 차츰 일어나게 되었다. 그러나 양 계급간의 상호 수용과 이해는 교회 안에서도 갑자기 이루어지기는 쉽지 않았다. 백정들 자신의 도덕적 품행의 변화도 있어야 했지만, 양반출신 신자들의 의식도 변해야 했다. 곤당골 교회에 백정교인이 6명이 되자, 양반이었던 대부분의 교인이 그 교회에 나오지 않고 분립하여 따로 교회를 세우게 되었는데 이것이 승동교회(勝洞敎會)의 시작이었던 것이다.[123] 오랫동안 형성된 반상의 사회악을 치유하고 변혁을 가져오는데는 시간이 걸려야 했다. 교회가 앞장서 이 일을 꾸준히 실천수행해가므로 사람들은 차츰 교회가 하는 일을 이해하고 눈을 교회로 돌리게 되었다.

4) 여성의 지위 신장

교회로 말미암아 여성의 지위에 큰 변화가 오기 시작했다. 이는 여의사 엘러즈(A.J. Ellers)양이 1886년 북장로교회 선교회 소속 여의사로 내한하여 제중원의 부인과를 설립하고 왕후의 시의가 되어 활동하면서부터이다. 여의사로서 한국에 와서 상하 여러 층의 사람들과 교류하며 봉사한 것이 한국 여성의 지위의 변화에 큰 영향을 주게 된 것이다. 그리고 헤론 부인과 여러 선교사들 부인들이 성경반을 만들어 성경을 가르치며, 여러 사람을 믿음으로 인도했다. 장로교회에서 최초의 여자 세례는 1888년에 있었다.[124] 불행히도 그 여자의 이름은 알려져 있지 않다. 그리고 호주 선교부의 여러 미혼 여성들이 한국에 와서 복음사역을 한 일도 한국 여성들에게 큰 영향을 미치게 되었다. 선교사 부인들과 여선교사들의 활동으로 믿는 여성들의 수가 크게 증가하게 되었다. 예를들면 1897년 새문안 교회의 수세인중 남자가 20명, 여자가 21명으로 여자의 수가 남자의 수를

---

122) S.G. Moore, op. cit. 132
123) Notes and Comments, *The Korean Repository*, 1895, 7月號, p.280
124) L.H. Underwood, Women's Work in Korea, *The Korea Repository*, 1896, 2월호, p.63

앞지르게 되었다.[125]

　1892년에 여성들이 이미 개별전도에 나섰고, 성경반에서 가르치기까지 했다.[126] 한국의 여성들의 사회적 지위가 신장된 것이다. 성경을 공부하면서 하나님이 남녀를 다 그의 형상대로 지으셨다는 진리를 확인하므로 남녀 양자의 인격을 다같이 존중해야 할 것을 배우게 된 것이다. 1898년에는 장로교의 "여자 전도회"가 평양 판동(板洞)교회에서 처음으로 조직되었다.[127] 이제 시골지방 순회전도에도 이들의 발길이 선교사들보다 빈번하게 되었다.[128] 여신도들은 헌금과 헌신, 다양한 활동을 통해 교회를 크게 봉사했다. 또한 교회는 결혼생활에 있어서의 여성의 권리를 신장시켰다. 1908년 독노회는 소실(小室)있는 자에게 학습, 수세 자격을 주지 않기로 했고,[129] 1910년에는 데릴사위나 민며느리를 들이는 교인을 경계하기로 했다.[130] 1914년에는 조혼의 폐를 없애기 위해 남자 만17세, 여자 만 15세 이상이 될 때 결혼하게 하였다.[131]

　그런데 기존의 잘못된 모든 관습을 교정하고 개혁하는 일은 단시일 안에 이루어 질 수는 없었고 시간이 걸려야 했다. 교회당 안 남녀 좌석 사이에 걸어 놓았던 휘장을 걷는 문제에 대한 헌의가 1913년 총회에 올라왔었다. 당시 총회는 "아직은 모여 예배하는데 무례할까 조심되는 일이니, 각기 당회에서 형편대로 조심하여 할일"이라고 결의를 하였다.[132] 한국에서의 여성의 위치는 교회로 말미암아 점차적으로 개선되어 가게 되었다.

---

125) 회중신문, 죠션그리스도인회보, 1897, 3, 7日字
126) The Annual Report of the Board of Foreign Missions of the Presbyterian Church in the U.S.A. 1892, p.178, 1896, p.160
127) 朝鮮예수敎長老會史記, 上, p.74 : "1898年(戊戌)春에 平壤府板洞敎會女徒李信行申磐石 朴寬善 金聖信等의 發起로 傳道會를 創設하니 是乃 婦人傳道의 起源이러라."
128) The Annual Report of the Board of the Missions of the Presbyterian Church of the U.S.A. 1906, p.252
129) 예수교장로회 대한로회 데2회 회록, 1908, p.15
130) 예수교 쟝로회 죠션로회 데4회 회록, 무록 p.20
131) 예수교장로회조선총회, 제3회 회록, 1914, p.29 데6회회록, 1917, p.17; 혼인 연령에 만자를 제하지는 헌의에 대하여 이미 정한 규례대로 하기로 함.
132) 예수교장로회총회록, 제2회, 1913, p.29.

5) 교회의 수난

한국교회 개신교회 선교는 그 출발부터 의료선교사 알렌(Allen)과 왕실과의 밀접한 관련 속에서 차츰 터를 잡아갈 수 있었다. 알렌을 뒤 따라 입국한 선교사들은 왕실의 사랑을 개인적으로 받고, 또 지방에 나갈 때는 왕이 지방관리로부터 특별한 대우를 받도록 주선도 해주었다. 그러나 서양의 종교를 배척하는 수구적인 세력이 아직 지배적인 세력을 행사하고 있었기 때문에 이들은 종종 수난을 당할 수 밖에 없었다. 1888년 4월에 갑자기 전도 금지령이 발표되었다. 이는 당시 로마 천주교 측에서 1887년 서울 시내, 높은 지대에 비밀리에 대지(지금의 명동 성당자리)를 구입하고, 왕궁을 내려다 볼 수 있는 높은 위치에다 성당을 짓게 된 것이 원인이었던 것으로 보였다. 당시 이를 알게 된 고종이 건축의 중단을 이들에게 요구했으나 강행해 나갔던 것이다.[133] 전도 금지령이 내리자 미국 공사는 벽지에 전도 여행 중에 있는 언더우드에게 알려, 여행을 중단하고 돌아오게 했던 것이다.

더욱이 이 해에는 서양 선교사들에 대한 그릇된 유언비어가 퍼져 선교에 큰 위협이 되었다 1888년 6월 소위 영아소동(Baby Riots)이 일어났는데 이는 수구 세력이 일으킨 일종의 폭력사건이라 볼 수 있다. 선교사들이 어린이들을 유괴해서 외국에 팔아 버리거나, 실험대상으로 사용한다는 것이었다. 그리고 조정의 총애를 받아 온 병원이 특별히 큰 범죄 장소로 비난을 받았다. 이는 거기에서 어린아이의 심장과 눈을 빼어 외국공사들과 선교사들의 식탁에 별미로 제공되고 있다는 소문이 퍼진 때문이었다.[134] 이런 소문이 서울의 시중에 퍼지게 되자 선교사 배척운동이 일어났다. 프랑스 공사관에서 일하는 오봉엽이란 사람이 외국인들이 아이들의 살과 피를 먹는 것을 보았다고 소문을 퍼뜨려 분위기는 더 험악해졌다.[135] 외국인들이 다 혐의를 입게 되고, 선교사들이 의심을 받게 되었다.

---

133) L.H. Underwood, *Fifteen Years among the Top-Knots, or Life in Korea*, Boston: American Tract Society.1904, p.13
134) L.H. Underwood, *Underwood of Korea*, p.75
135) 韓國外交文書, 19卷 法案(1), pp.13-14

흥분한 무리가 거리에 몰려다니면서 외국인들을 위협할 뿐 아니라, 외국인의 집과 운영하는 병원, 학교까지 습격했다. 이 때에 이화학당이 두 번이나 습격을 당하고, 거기에서 일하는 한국사람들이 살해 위협을 당하기까지 했다. 선교사들뿐 아니라 함께 일하는 한국사람들도 이들의 앞잡이라고 해서 닥치는 대로 구타했다. 이런 때에 미, 불, 러시아 등 서구 공사관들이 나서서 한국정부에 항의하고, 외국인 보호를 요청함으로써, 정부가 나서서 소요를 진정시켰다.

　1894년에는 평양기독교인 박해사건이 일어났다. 모펫(Moffet) 선교사가 평양에 선교기지를 개설한지 일년이 된 때였다. 덕천부사(德川府使) 신덕균(申德均)과 김호영(金好英)이란 분이 선교사를 내쫓고, 교인들에게 돈을 뜯어내기 위해 음모를 꾸몄다. 이들은 평안도 관찰사 민병석(閔丙奭)에게 "이교를 수입하여 다수의 양민을 유혹하게 하며, 외인으로 협잡하는 류(類)를 방지하여 금지하는 것이 가하다"고 진언하였다.[136] 민병석은 "서양사람은 잡을 수 없으니 조선교인만 잡으라"는 명령을 내려 그 해 5월 장로교회의 한석진(韓錫晉), 송인서(宋麟瑞), 최치량(崔致良), 신상호(申尙昊), 우지룡(禹之龍) 등과 감리교회의 김창식(金昌植) 등이 잡혀가 난타를 당하고 감금되었다.[137] 이들은 배교를 하면 석방하겠다고 했으며, 선교사 집으로 사람을 보내어 드러 놓고 돈을 요구하기까지 했다.[138] 이 때 장로교 선교사 모펫과 홀(W.J. Hall)이 영·미 공사에게 협조를 구하고, 이들은 한국주재 청국 공사 원세개를 통하여 한국정부에 강경하게 항의하여, 왕이 명령을 내리므로 이들이 비로소 석방되었다. 1899년 1월 중순경 또 황주(黃州)에서 큰 환난이 일어났었다. 이길함(Graham Lee, 李吉咸)목사가 순회 전도의 길에 있는데, 관가에서 나온 관리가 교리박멸을 구실로 교회를 파괴하고 교인들을 난타할 뿐 아니라, 이목사의 책을 불태우고 현금을 빼앗기까지 한 것이다.[139]

---

136) "朝鮮예수敎長老會史記" 下卷, 韓國敎會史學會 編, 1968, p.136
137) 朝鮮예수敎長老會史記(1918年刊), pp.75-76 S.A. Mofet, The Work of the Spirit in North Korea, *The Missionary Review of the World*, Nov. 1895, pp.832ff.
138) 白樂濬, op.cit. pp.136-137
139) "舊韓國外交文書" 第11卷, 美案 Ⅱ, pp.502-503, 655, 665

1900년에는 서울의 전차(電車)부설을 둘러싸고 이상한 불상사가 일어나기도 했다. 지난해 전차부설공사가 한창일 때 당시 군부대신(軍部大臣) 이근택(李根澤)과 내장원경(內藏院卿) 이용익(李容翊)이 전차부설을 반대하고, 완성된 후에도 시민을 충동하여 전차를 타지 못하게 한 일이 있었다. 이 때에 미국인이 고종에게 아뢰어 전차이용의 금지를 못하게 했다. 이에 원한을 품은 이들은 합의하여 기독교 박멸을 기도하고 고종에게 개신교회의 폐해를 상소했다. 그리고 국내에 있는 선교사들과 신자들을 한꺼번에 살육할 명령을 12월 1일을 기해 전국각도에 비밀로 보내었다.[140] 당시 해주에 머물고 있던 언더우드가 이 소식을 먼저 접하게 되어, 바로 애비슨(O.R. Avison, 魚丕信, 1860-1956)에게 다른 사람들이 잘 알지 못하는 라틴어로 전보를 쳐서, 알렌으로 하여금 고종에게 알려드리게 하고, 외교통로를 통해 선교사와 교인보호를 요청했다.[141] 이에 고종이 준엄한 명령을 내림으로 교회는 무서운 환난을 면하게 되었다.

개신교 신자들은 교회적으로 뿐 아니라, 개인적으로도 신앙 때문에 여러 가지 수난을 당하게 되었다. 동네 사람들의 반발, 가족들로부터 받는 오해, 로마 천주교인으로 오인된 무고(誣告), 신자가된 후 근면한 생활로 저축한 재산에 대한 시기 등으로 수난을 당한 것이다.[142] 어떤 신자들은 동민들의 핍박으로 출입을 자유롭게 못하게 되어 농사를 그르친 일이 있고, 어떤 분은 조상을 위한 제사에 참여하지 않는한, 가족이 아니라 하여 족보(族譜)에서 제명을 당해 쫓겨나기도 했고, 어떤 부녀는 시댁(媤宅)가문에 의해 무참히 집단 구타를 당할 뿐 아니라, 가산을 다 빼앗기고 쫓겨나 걸식을 하게도 되었고, 어떤 여신도는 시가(媤家) 모든 가족이 매일 구타하여 온 몸에 상처를 입고 머리에 머리카락이 없을 정도로 수난을 당하기도 했다.[143]

한국 초대 개신교회의 수난은 로마 천주교회측으로부터도 왔다. 이 교회는 일

---

140) 朝鮮예수敎長老敎會史記 上, 1928年 刊, p.80
141) (宣敎師 및 敎民保護要請), "舊韓國外交文書", 第12卷, 美案 Ⅲ, 1900, 9, 14 p.12
142) The Annual Report of the Board of Foreign Missions of the Presbyterian Church in the U.S.A. 1908, p.29
143) 朝鮮예수敎 長老會史記, 上, (1918年 刊) pp.14-15

찍부터 정치적이고 위압적인 방법으로 선교의 문을 열려했기 때문에 한국 조정과 국민으로부터 부정적인 인상을 받아 왔다. 그래서 이 사실을 잘 알고 있는 개신교 측에서는 처음부터 로마 천주교회와의 역사적인 관계를 부인하고, 반 로마 천주교적인 입장을 분명히 해 왔다. 일찍이 토마스(Thomas) 목사가 한국인들을 접촉했을 때 프로테스탄트교는 로마 카톨릭교와 전혀 다르다는 것을 누차 밝혔고,[144] 만주의 로스(Ross) 목사도 프로테스탄트 교회는 로마 카톨릭교회와는 전적으로 다르다고 했으며,[145] 알렌은 한불조약 체결시(1887) 선교자유의 특권을 획득하려는 눈치를 알아채고, 고종에게 로마 카톨릭교회의 접근을 경계하라고 알리기도 했다.[146] 그리고 언더우드는 로마 카톨릭교는 한국에서 그리스도를 전하지 않고, 로마를 전하고 있다고 비판했다.[147]

이런 이유로 로마 천주교 측과 개신교 측간에는 긴장관계가 형성되었고 로마 카톨릭 측에서는 틈을 타 개신교회에 박해를 가해 왔다. 예를들면 황해도 재령(載寧)에서 연이어 두 사건이 일어났다. 1898년 항내동(恒內洞) 교인들이 예배당을 건축하는데 백 여명의 로마 교인이 몰려와 예배당을 공동 사용할 것을 요구하였다. 장로교 측에서 이를 받아 주지 않자 건축을 방해하였다. 1900년에는 신환포(新換浦) 로마 천주교인들이 자기들 성당건축을 위해 개신교도들에게 부역(赴役)과 헌금을 강요하고, 이에 불응하는 교인들은 남녀를 불문하고 자기 교회당으로 끌고 가서 기둥에 매어 달고 매로 치기까지 하였다.[148] 이와 유사한 박해들이 특별히 황해도 여러 지방(신천, 안악, 복상, 황주, 시흥, 장연)에서 일어났다. 이 배후에는 강대국을 배경하고 날뛴 빌헬름(Wilhelm: 洪錫九)같은 악명높은 신부가 있었기 때문이기도 했다. 결국 이런 만행을 저지른 자들 중 15명이 고

---

144) 高宗太皇帝實錄, 卷 3, 병인(丙寅) 7月 18日 條
145) The Report of the British Foreign Bible Society, Vol. 80-81, 1884-85, p.250
146) Allen's Diary, May 9, 1886, "舊韓末 激動期 秘史, 알렌의 日記" 金源模 完譯, 서울 東國大學校 出判部, 1991, p.121
147) The Report, Alliance of the Reformed Churches Holding the Presbyterian System, 5th Meeting, Toronto, 1892, Published at London, 1892, p.410
148) 大韓예수교 長老會史記(1928年 刊), 上, pp.78-79

종의 명으로 서울로 붙들려 와 재판을 받고 실형 선고를 받게 되었다.[149] 한국의 장로교회는 이런 진통과 수난을 겪으면서 한국 땅에 자리를 잡아가게 되었다.

2.6 초대교회의 성장

장로교 선교회들은 1892년에 네비우스 선교방법을 채용하고 선교대상을 상류계층보다는 근로계층과 부녀자로 하기로 했다. 당시 선교사들은 조정과의 밀접한 관계를 가지면서도 선교의 대상은 서민층과 부녀층을 삼았던 것이다. 이것이 처음부터 무사와 식자계급을 상대로 전도한 일본과 달랐고, 일본보다 선교에 성공을 가져온 하나의 요인이 되었다고 볼 수 있다. 그런데 한국 선교의 성공과 교회 급성장의 가장 중요한 요인은 당시 한국민족이 맞은 위기였다고 볼 수 있다. 이 위기가 주님의 교회를 위해서는 놀라운 기회가 된 것이었다.[150] 19세기 말 조정에서는 동아시아의 침략 세력과 경제적 이득을 얻으려는 서구 제국주의 세력에 대하여 자주적인 입장을 취하지 못하고 수동적인 자세만을 취하고 있었다. 특별히 한반도의 평화를 위협해 들어오는 일본, 러시아, 청국 등의 침략세력들에 대하여 정부는 아무런 방어 태세를 갖추지 못하고, 이 땅을 저들의 전쟁터로 내어 주고 있었고, 일제는 계획대로 한국에 대한 식민화 작업을 착착 진행해 가고 있었다. 이런 가운데 백성들은 의지할 곳을 잃고 자연히 생명과 재산의 보호를 받을 곳을 찾게 되었는데, 그 곳이 교회였다.

1889년까지 약 5년간 장로교, 감리교 양 선교사들에 의해 개종된 사람들은 겨우 백명을 넘어서는 정도였다. 물론 이 숫자는 다른 아시아 나라들의 선교결과에 비하면 매우 큰 수확이었던 것으로 볼 수 있다.[151] 이후 개종자의 수가 완만

---

149) News Calendar, *The Korea Review*, Vol. 3, No. 11, November, 1903, p.506, 閔景培, 韓國基督敎會史, pp.180-184
150) H.G. Underwood, *The Call of Korea*, p.150 언더우드는 1907년에 이렇게 쓰고 있다; "Today is Korea's Crisis hour. To the American Church in a peculiar way has been given the opportunity of winning this nation for Christ."
151) L.H. Underwood, *Underwood of Korea*, p.97

하게 증가되어가다가 한민족이 수난기에 접어들게 되었을 때, 그 수는 급격히 늘게 되었다.[152] 1894-5년에 청일전쟁(淸日戰爭)이 일어나게 되고, 1904-5에 노일전쟁(露日戰爭)이 일어나게 되었다. 1895년에 180명이었던 장로교회 세례 교인의 수가 청일전쟁을 겪은 후인 1896년에 2,000명으로 증가하여 11배 이상의 성장을 보게 되었다. 이런 현상이 1905-6년 노일전쟁을 겪는 사이에도 일어나게 되었다. 1905년에 8431명의 장로교회의 세례교인이 1906년에는 12,161명으로 증가되었다.[153] 일년동안 세례교인의 수가 거의 50퍼센트 증가한 것이다. 사람들은 전쟁이라는 극한적인 상황을 당면하게 될 때 언제나 생명과 재산을 보호받을 수 있는 길을 택하게 된다. 이를 위해 교회를 택한 것이었다.

청일전쟁 중에 가장 치열한 전투가 벌어진 곳이 평양이었다. 이 때 교회는 일종의 피난민 수용소가 되었다. 전투가 벌어졌을 때, 많은 사람들이 지방으로 피난을 가게 되고 평양에 남아 있던 교인들 대부분은 예배당에 모여 주님의 보호를 빌었다.[154] 사람들은 그들의 재물을 예배당에 갖다 두었다. 당시 교회당은 외국인의 소유로 인식되고 치외법권적인 영역으로 간주되었기 때문이다. 전쟁 중에 교회당과 선교사들이 운영하는 병원이 생명과 재산을 보호해 줄 수 있는 보호구역으로 인정되어 교인들뿐 아니라, 일반 사람들도 교회당을 찾아들게 되고, 전쟁이 지난 후에도 계속 찾게 되었다. 이것이 전쟁 중에 개종자가 급격히 증가한 가장 큰 원인이었다고 볼 수 있다. 그리고 전쟁 중에 신자들의 신앙이 확고해지고, 피난을 위해 지방으로 흩어진 이들이 그 곳에서 복음을 전함으로 많은 곳에 교회가 개척되고 신자의 수가 급격히 늘어가게 된 것이다. 예를들면 청일전쟁 전(1894)에 평안, 황해에는 7개 지역에서만 교회가 개척되어 있었으나, 청일전쟁 후(1898)에는 이 지역들 외 18개 지역에 교회개척이 이루어졌다.[155] 이

---

152) 車載明, 朝鮮예수敎長老會史記, 1928, p.29; 동학난과 청일전쟁을 계기로 "福音의 所到에 衆魂이 始蘇하야 敎會가 從此發展하니라." 고 한다.
153) 한국기독교의 역사 1, 한국 기독교역사 연구소, p.254 참고
154) S.A. Moffets's letter to Dr. Ellingwod, Nov., 1, 1894

때부터 서북지방은 한국에서 기독신자의 밀도가 가장 높은 지역으로 한국교회의 중심이 되어갔다.

평양은 모펫(Moffet)과 리(Graham Lee)목사가 1893년에 선교기지를 삼고 정착하게 된 곳이다. 당시 평양은 부유하고 부도덕한 도시였다. 그래서 주민들이 처음에는 복음을 잘 받아들이지 않았다. 그런데 1894년에 청일전쟁이 일어나자, 이들이 교회를 피난처로 택하게 되어 복음에 접근할 기회를 갖게 되고, 나아가 전쟁 기간 중에 보인 선교사들의 희생적 봉사가 이들로 하여금 복음에 귀를 기울이게 만든 것이다.[156] 1895년에 도시 안에 20명의 신자가 있을 뿐 이었다. 그런데 1896년에는 세례교인 150명이 증가하고, 1897년에는 377명이 늘어나게 되고, 1,723명의 학습교인이 생겨나게 되었으며, 69개의 전도소와 14개의 새 교회건물이 서게 되었다. 1898년에는 697명의 세례교인 증가를 보이고, 3,440명의 학습교인이 등록을 하게 되었다. 그리고 이 한해 동안 44개 새 교회당이 건축되었다. 1899년에는 세례교인이 1,182명으로 증가되고 7,433명의 학습교인이 생기게 되었으며, 이들이 153처의 자립교회에 회집 하였다.[157] 그러니 선교사가 평양에 들어와 정착한 후 6년만에 거의 일만 명에 이르는 개종자를 얻게 된 셈이다. 이 성장은 기적적인 것이었다.

평양의 신자수의 증가는 서울의 그것을 크게 앞질렀다. 1905년의 평양과 서울의 교세 통계를 보면, 평양에 선교사 19명의 사역으로, 세례교인 5,468명, 학습교인 10,744 합 16,230명이었는데 비해, 서울에는 선교사 29명의 봉사로, 세례교인 1,963명, 학습교인 3,915명, 합 5,878명으로 평양의 신자수가 서울의 거의 3배 가까이 되었다.[158] 당시 평양의 인구를 약 5만명으로 추산한다면 선교 10여 년의 역사에 시민의 거의 3분의 1이 개종하게된 셈이다. 결과적으로 평양이 한국 장로교회의 중심이 되게 된 것이다.

---

155) Annual Report of Pyeng Yang Station of Korea Mission For the Year 1897-1898, Cot., 1898, p.31 한국기독교의 역사, 한국기독교역사 연구소, pp.257,258 참조.
156) H.G. Underwood, *The Call of Korea*, p.144
157) H.G. Underwood, *The Call of Korea*, pp.144-147
158) *The Korea Review*, Vol.. 6, No. 3(1906, 3월), p.100에 의거함.

당시 교회성장의 요인은 전쟁 뿐은 아니다. 역병이 유행하게 되었을 때에 선교사들과 기독교신자들이 헌신적으로 병자를 돌보아준 사랑과 자비의 사역이 많은 사람들로 하여금 교회를 찾게도 만든 것이다. 1895(乙未年) 청일 전쟁이 끝나자 북쪽의 의주(義州), 남쪽의 서울 등 여러 곳에 호열자가 7, 8월에 만연하여 많은 사람이 생명을 잃게 되고, 모두 공포에 떨게 되었다. 이 때 서울에서는 정부가 시 외각에 있는 낡은 건물을 호열자 환자 치료를 위해 내어주고, 선교사들이 사용해 오던 시료소도 이들 환자들을 위해 사용하게 되었다. 웰즈(J.H. Wells, M.D., 禹越時), 언더우드, 애비슨 등이 간호사로서 봉사하기 원하는 청년 신자들과 함께 구원과 사랑과 자비의 상징인 붉은 십자가 표시를 달고 치료에 나서 많은 사람을 구했던 것이다. 그래서 조선정부는 성문에 "예수병원으로 가서 사십시오. 왜 죽으려하십니까?"라는 글을 써 붙이기도 했다.[159] 이런 헌신적인 그리스도인들의 사랑이 하나님의 사랑을 전해주고, 많은 사람을 교회로 인도하는 계기를 마련해 주게 되었다.

한국 초대 교회가 급성장을 하게 된 또 다른 요인은 부패가 만연하고 매관매직(賣官賣職)이 성행하던 때에, 교회가 이에 항의하고 시정을 요구함으로써 세상에 빛을 드러내게 된 데도 있었다.[160] 이로 말미암아 일반적으로 사회저변에서 관변 세계로부터 압력을 받고 무시를 당해 온 많은 서민층의 사람들이 교회를 찾게 된 것이다.

그런데 이 때에 일반 서민뿐 아니라 상당수의 지식인들이 교회를 찾게 되므로 교회의 성장은 더욱 빨라지게 되었다. 청일전쟁과 노일전쟁에서 일본은 승리를 거두고, 한반도를 거점으로 하여 아시아 패권을 노리면서 한국의 병합을 추구해 감으로 한국은 차츰 국권을 상실해 가는 비운을 겪게 되었다. 1904년에 한일의정서(韓日議定書)가 체결되어 외교, 경제, 행정 제분야에 대한 침략이 드러나고, 1905년에는 을사 보호조약, 1907년에는 정미 7조약, 1910년에는 한일합방조약

---

159) L.H. Underwood, *Underwood of Korea*, pp.143-144. "Why do die when you can go to the Jesus Hospital and live?"

160) 〈대한 그리스도인 회보〉, 3권 9호, 1899. 3. 1 p.6, 李萬烈, 韓國基督敎와 歷史意識, 知識産業社, 1981, p.105 참고

(韓日合邦條約)이 체결되므로 마침내 일제는 조선을 병탄(倂呑)하게 되었던 것이다. 이런 일본의 침략이 진행되는 동안 많은 민족주의자들이 교회를 찾게 되었다.

이들 민족주의자들 대부분은 기독교를 "힘의 종교"로 인식하고 기독교를 방편으로 민족운동을 전개하기를 원했던 것이다. 이들의 입신동기는 매우 정치적이라 할 수 있다. 독립협회(獨立協會)가 창설되고 민족운동이 전개되었을 당시 (1896), 이 협회의 지회 지방활동이 신자들을 중심하게 되었던 것도 이런 맥락에서 이해하게 된다. 예를들면, 평양지회에 있어서는 한석진, 방기창, 방화중, 김종섭등의 신자가 중심이 되었던 것이다. 정부내 수구세력은 반체제 정치운동을 한 개혁세력에 대한 대대적인 체포를 단행함으로써(1899-1904), 만민공동회(萬民共同會)를 이끌어 오던 이승만(李承晩)을 위시하여 상당한 수의 지식인들을 체포하여 감금하였다. 이승만은 1902년 말에 기독교신앙을 고백했다. 그런데 이승만을 포함한 여러 지식인들이 투옥되자 선교사들인 언더우드, 게일, 헐버트, 아펜셀라, 벙커 등이 이들을 방문할 뿐 아니라, 기독교 서적들을 넣어주었다. 특히 당시 이승만은 동료들에게 적극적인 전도를 함으로써 1903년에는 이상재, 유성준, 이원긍, 김정식, 신흥우 등 많은 사람들이 집단적으로 개종하여 신앙을 고백했던 것이다.[161] 이들은 모두 노일전쟁이 일어나기 전인 1904년에 석방되어 교회와 황성기독교청년회(皇城基督敎靑年會, YMCA)등에서 활동하며 기독교 신앙운동을 펼쳤다.[162]

유식층에 있는 이들 개혁파인사들의 개종은 지식인층의 입교를 유발시키는 계기가 되어, 궁내부 협판을 지난 박승봉(朴勝鳳), 대원군의 외손자 조남복(趙南復)등 쟁쟁한 양반 출신 지식인들이 교회에 들어오게 되었다. 이로써 한국 교회는 주류를 이루어 온 서민층에 양반 지식층이 더해 지므로 다양화를 이루게 되어 모든 계층을 포함하는 신앙 공동체로 성장을 해 가게 되었다. 특별히 옥중에

---

161) 리승만, "옥중전도"〈신학월보〉, 3권 5호, 1903, 5, p.184, F. Brockman, "Mr. Yi Sang Chai," pp.218-219
162) 李能和, 朝鮮基督敎及外交史, pp.203-204

서 개종한 개화파 지식인들은 국권을 상실하게 된 비운의 환경에서 교육과 계몽을 통해 한민족의 자존과 독립을 추구하는 일에 있어서 중추적 역할을 하게 되었다. 한국교회 초기 교회의 급성장은 당시의 정치적, 사회적인 환경이 큰 요인으로 작용했다. 역사의 주 예수 그리스도는 이 모든 역사적인 환경을 한국에 그의 교회건설을 위한 계기로 섭리하시고 사용해 가신 것이다.

제3장 1907년 오순절적 성령의 대역사(대부흥)

한국선교는 한국이 역사상 가장 큰 정치적 문화적 변화를 겪고 있던 시기에 시작되었다. 그런 만큼 선교에 큰 어려움도 있었지만은 다른 선교지역에서 볼 수 없는 큰 결실도 있었다. 신흥제국 일본은 청국, 러시아의 세력을 꺾고 한국을 병합하기 위한 계획을 하나 하나 이루어 가고 있었다. 당시 한국은 이런 환경을 직접보고 알면서도 스스로 대처할 만한 역량을 갖지 못하고 당하기만 하는 형편에 있었다. 그러니 백성들은 힘없이 무너져 가는 나라를 바라보고 기댈 언덕이 없음을 느꼈던 것이다. 이런 절망의 때에 마음에 용기를 불어 넣어주고 미래의 소망을 보여줄 수 있는 종교는 기독교 밖에 없었다. 많은 사람들이 위로를 얻으며 보호를 받기 위해 교회를 바라보고 찾게 되었다. 어쨌든 나라의 비운이 이제 터를 잡아가는 한국 교회에는 성장의 기회가 된 것이다. 온 민족이 실의에 빠져들고, 많은 사람이 교회에 피난처를 찾게 되었을 때에, 말씀을 통한 성령의 강력한 역사가 교회에 일어나게 되었다. 이를 어떤 선교사들은 '한국의 오순절'이라고 불렀다.[1]

3.1 오순절적 대역사의 발단

1907년 평양에서 오순절적 성령의 대 역사가 일어났다. 그런데 이것은 갑자기

---

[1] 방위량(W.N. Blair) 선교사는 대 부흥의 역사를 소개한 책자의 이름을 "한국의 오순절"(Korean Pentecost)이라 부쳤다. W.N. Blair & B. Hunt; *Korean Pentecost & the Sufferings which followed*, Edinburg, The Banner of Truth Trust, 1977를 보라.

일어난 것이 아니었다. 1903년 원산에서 있었던 선교사들의 기도회에 그 기원을 찾게 된다. 원산지역에서 봉사하던 장로교 감리교 및 침례교 선교사들이 1903년 겨울에 창전 교회당에 모여 일주일간 매일밤 모여 기도회를 가졌다.[2] 당시 한국에 온 선교사들은 복음주의라는 기반 위에서 초교파적인 집회를 갖는 일에 거리낌을 느끼지 않았다. 이 때 캐나다인으로 남 감리교에 의해 파송을 받아 온 하디 (R.A. Hardie, 河裡泳, 1865-1949)가 큰 은혜를 받고, 선교사로서의 자신의 무력함을 고백하고 통회를 하게 되었다. 지난 3년간 강원도 일대에서 최선의 노력을 하였으나 아무런 결실이 없었다고 거침없이 밝히고, 자신의 무능을 솔직하게 고백했다. 그리고 그는 사역에 실패한 원인이 한국인 앞에서 품어온 민족적인 우월감과 자만의 죄 때문이었다고 고백했다.[3] 이 고백과 참회는 본인에게 성령의 임재를 체험하는 놀라운 계기가 되었을 뿐아니라, 거기 참석한 모든 사람들에게는 감동과 은혜를 받는 기회가 되었던 것이다. 여기 대부흥의 발단이 있었다.

다음해인 1904년 정월에 다시 세 교파 교회가 연합 사경회를 갖게 되었다. 이 때는 캐나다 장로교의 롭(A.F. Robb, 亞力, 1872-1935)이 "특별한 은혜를 받아 여러 날 금식통회하며 길 위에서도 간구를 중단하지 않으므로 신자들은 비웃고, 불신자들은 술에 취한 사람이라고까지 불렀다."[4] 한 해를 지난 후 1905년 여름 제직 사경회가 있었는데 이 사경회는 "부흥회로 변하게 되어 롭이 인도하는 중, 회개 애통하는 자가 많고, 기이한 능력을 받은자도 많았으며, 이것이 도화선이 되어 그 후 전국교회가 점차 부흥하고 발전해 가는 대 전기가 만들어지게 되었다."[5] 여기 대 부흥의 흐름이 그

하디(R.A. Hardie) 선교사

---

2) 朝鮮예수敎長老會史記, 上, p.179
3) 白樂濬, 韓國改新敎史, p.384
4) 朝鮮예수敎長老會史記, 上, p.179
5) ibid, pp.179-180

힘과 폭을 더 해 갔다. 이 부흥의 열기는 그 해에 평양과 전남지방 목포에까지도 전해져 거기에서도 죄를 자복하고 통회하는 역사가 일어나게 되었다.

1906년 8월 평양의 장로교, 감리교 선교사들은 하디(河鯉泳) 선교사를 초청하고 부흥회를 개최하여 은혜를 받으며, 다음해 정월에 있을 사경회를 위해 기도하기로 약속했다. 이 해 10월에 미국에서 존스톤(Rev. H. Agnew Johnston D.D.) 목사가 와서 인도와 영국 웨일스(Wales)에 있는 교회가 성령의 은혜를 받게 된 사실을 설명하고, "청중을 향하여 성령 받기를 원하는 자는 일어서라"고 했을 때 길선주가 즉시 일어섰더니, 그가 말하기를 "이 땅에도 성령이 장차 강림하리라"고 했다."6) 이는 다음해 초에 있게 될 성령의 역사에 대한 일종의 예언과도 같았다.

3.2 오순절적 성령의 역사

1907년 1월 6일(월요일) 평양 장대현 교회에서 선교사들과 교회 제직들이 중심이된 사경회가 열리게 되었다. 이는 매년 있어온 연례행사였다. 이 사경회 시에는 성경을 강해하고 배울 뿐 아니라, 그 외에 반을 나누어 축첩, 조혼, 음주, 흡연 문제 같은 당면한 사회윤리 문제들을 다루고 토론하는 일도 있었다.7)

그런데 이 사경회가 있기 전에 선교사들은 성탄절과 신년 사이에 일주간 함께 모여 친교를 나누면서 앞으로 있을 사경회를 준비하게 되었다. 그런데 이 해에 선교사들은 전과 같은 사교적인 모임에 대한 관심을 갖지 않고, 매일 저녁에 모여서 기도를 했다. 정월 2일 장로회반(Presbyterian Class) 모임이 시작되었을 때 선교사들은 이 저녁 기도회를 중단하였다. 그러나 이들은 계속 기도할 마음을 갖게 되어 매일 정오에 기도회를 계속했다. 리 목사(Graham Lee, 李吉咸)가 "정오의 기도회는 우리들에게 있어서 벧엘 그것이었다."고 말한 것을 미루어 보

---

6) ibid., p.180
7) J.Z. Moore, "The Great Revival Year, Korea Mission Field," Vol.3. No.8, p.116 E.H. Miller, "A Succession of Classes," Korea Mission Field, Vol.3 No.5 p.76 참조.

아, 그 기도회는 이들에게 사경회 이전에 체험한 은혜의 시간이었다.[8]

정월 6일 밤 사경회가 시작이 되었다. 이미 부흥 설교가로 이름이 나 있는 길선주(吉善宙)장로는 일찍부터 이 집회 준비를 위한 새벽기도회를 인도해 왔다. 새벽기도는 그가 이미 1905년에 시작한 것으로 한국교회의 특수한 전통이 되었다. 이 부흥 사경회는 첫날부터 약 1,500명의 신자들이 모이게 되어, 자리가 모자라 여자들은 교회당 밖에 자리를 마련하여야만 했다. 이 집회는 선교사들과 한국 교역자들이 인도하게 되었다. 이 집회가 민족적으로 비운을 맞은 시기에 열렸기 때문에, 모두 큰 관심을 가지고 모였다. 성령의 은사를 받지 않고는 그 날에 당면한 시련을 이길 수 없다고 생각한 것이다. 어느날 밤 설교를 맡았던 길선주의 모습은 마치 광야에서 죄를 회개하라고 외치던 세례 요한의 모습과 같

1907년 사경회에 참석하러 강추위를 견디며 온 사람들

사경회에 참석하러 양식을 지고 온 사람들

사경회에 참석하러 온 사람들

았다. 그가 "맛을 잃은 말라빠진 사람들아"라고 외쳤을 때, 회중들은 죄를 자복하고 통회하지 않을 수 없었다. "어떤 사람은 마음이 너무나 괴로워 예배당 밖으로 뛰쳐 나가기까지 했다. 그러나 전보다 극심한 근심에 쌓인 얼굴과 죽음에 떠

---

8) Harry A. Rhodes, *A History of the Korea Mission Presbyterian Church U.S.A.1884-1934*, p.282

1907년 선교사의 죄 고백

는 영을 가지고 예배당으로 되돌아와서 오 하나님 나는 어떻게 했으면 좋겠습니까? 라고 울부짖었다."9)

1월 12일 토요일 밤이었다. 사경회 엿새째 되는 날이었다. 집회가 계속 되면서 성령의 불길은 더욱 뜨거워졌다. 북장로회 소속 선교사 방위량 목사(邦偉良, W.N. Blair)가 고전 12:27 "너희는 그리스도의 몸이요 지체의 각 부분이라"는 말씀을 본문으로 설교했다. 그는 교회 안에서 교인들의 불화와 분쟁은 몸에 든 병과 같다는 것을 보여주기 원했다. 한 형제의 마음속에 있는 미움은 전 교회에 해를 줄 뿐 아니라, 교회의 머리되시는 그리스도에게 고통을 준다는 것을 보여주기 원했다. 그래서 그는 한국 형제들이 잘 알고 있는 한 체험적인 예화를 들어 설명했다. 한국에 온 후 얼마 안되어 사냥을 하다 한 손가락 끝을 쏜 사고를 만난 적이 있었다. 그는 손을 들어 보이며 그 때 그는 상처를 입은 손가락 때문에 머리가 아프고 전신이 괴로움을 당했다고 했다. 청중에게 이것이 영적으로 잘 이해가 되었다. 설교 후에 많은 사람이 무엇이 죄임을 알게 되고, 사랑이 없었음을 고백하게 되었다.10) 서양인이나 한국인이나 모두 그리스도안에서 형제요 자매라는 것을 실감하게도 되었다.

다음 날 주일(13일) 밤 회중은 "신비스런 경험"을 했다.11) 온 교회가 영적 호흡으로 배어 있는 듯 느끼게 되었다. 1월 14일 월요일 밤이었다. 그 밤의 교회의 분위기는 아주 달랐다. 교회를 들어설 때 하나님의 임재가 가득함을 누구나 느끼게 되었다.12) 이를 느낀 것은 선교사들과 한국 사람들이 꼭 같았다. 이길함(李吉

---

9) 金良善, 韓國基督敎史 硏究, p.87 S.A. Moffett, *An Educational Ministry in Korea*, 1907, 2, 14
10) William Blair & Bruce Hunt, *The Korean Penticot & The Sufferings which Followed*. p.69
11) W.N. Blair, *Gold in Koea*, Pressbytyerian Church in the U.S.A. 1957, p.65

咸, Grahan Lee) 목사가 간단하게 설교를 한 후 회중에게 누가 기도할 것을 부탁했다. 이 때 많은 사람이 기도를 시작했다. 그래서 이 목사는 모두 통성으로 기도하게 했다. 이목사가 "나의 아버지여!"라고 하자, 모두가 밖으로부터 밀어닥치는 강대한 힘에 압도를 당하는 성령의 역사를 체험하게 되었다. 오순절 날에 겪은 사실처럼, 저희가 다 같이 한 곳에 모여 마음을 같이하여 전혀 기도하기를 힘쓰니 "급하고 강한 바람 같은 소리가 있어 저희 앉은 온 집에 가득"하였다.[13] 온 회중이 소리내어 기도하기를 시작하였는데 그 결과는 형언하기 어려웠다. 거기 혼돈이 없었고 영의 조화가 있었다. 기도소리는 많은 물이 떨어지는 폭포소리처럼 들렸고, 하나님의 보좌에 부딪치는 기도의 파도처럼 들렸다. 죄에 대한 통회가 일어났다. 한편에서 한사람이 애통하기를 시작하자 순간적으로 전 회중이 애통했다.

이 목사는 삼 년이 지난 후 당시의 상황에 관하여 기록하기를 "사람들은 앞 다투어 일어나 죄를 고백하고 울음을 터트리며 마루바닥에 쓰러지고, 죄에 대한 고통을 참지 못해 주먹으로 마루를 쳤다. 이따금 한 사람이 죄를 고백한 후에 전 회중이 통성으로 기도하고, 수 백명의 통성기도의 결과는 형언할 수 없는 어떤 것이었다. 다시 다른 사람이 고백한 후에 모두는 억제할 수 없는 울음을 터트렸다. 우리는 다 울었다. 이는 어이할 수 없는 일이었다. 집회는 고백과 애통과 기도로 밤 2시까지 계속되었다"고 했다.[14] 이 때 회중은 인간이 범할 수 있는 가능성이 있는 죄를 거의 다 고백했다. 사람의 체면은 이제 다 잊어버렸고, 국법에 의해 처벌을 받는다든지 죽음을 당한다 해도 문제는 아니었다. 다만 하나님의 용서를 받는 것만이 그들의 유일한 소원이었다. 심지어 어떤 여신도는 청일전쟁 때에 어린아이를 업고 도망하다 무거워 빨리 갈 수 없어 애기를 나무에 부딪쳐 죽이고 혼자서 달아났던 참혹한 일까지 고백했다.[15] 이 밤에 선교사들은 몇 분밖에 참석하지 않았다. 그래서 그 이튿날 아침 방위량 목사와 이길함 목사는 선교

---

12) William Blair & Bruce Hunt, op.cit. p.71
13) Idem, 행 2: 1, 2 참조
14) Ibid, 72
15) 金良善, 韓國基督教史研究, p.87

장대현 교회(1901)

사 가정(평양에 사는 감리교 선교사들 가정에도)을 돌며 이 기쁜 소식을 전했다. 그래서 그 다음 낮에는 모두가 나와 하나님께 감사를 드렸다.

이 분위기는 집회 마지막 밤인 15일 화요일 밤에도 계속되었다. 이 밤에 일어난 한가지 사건을 방위량 선교사는 다음과 같이 소개하고 있다. 당시 교회직원들 간에 잘못 지내는 일이 있었다. 그 가운데 강이라는 사람과 김이라는 사람 사이가 좋지 않다는 것을 모두가 잘 알고 있었다. 월요일 밤에 강씨는 김씨를 미워한 것을 고백하고 회개했다. 그런데 김씨는 잠잠했다. 김씨는 당시 장대현 교회의 장로요, 평양 남장년회 서기였다. 방목사가 이 장년회의 회장이었다. 화요일 밤 길선주 장로가 설교를 했다. 집회가 진행되는 동안 그는 강단 뒤에 장로들과 함께 앉아 있었다. 방 목사는 김씨를 바라보면서 저도 강씨처럼 회개하고 성도의 참된 교제를 할 수 있기를 바라고 기도했다. 그런데 그날 밤 그는 드디어 회개했다. 강단을 부여 잡고 죄를 고백했다; "나는 하나님을 거슬려 싸우는 죄를 범했습니다. 교회 장로인 저가 강윤문을 미워하는 죄를 범했을 뿐 아니라 방 목사(W.N. Blair)를 미워했습니다." 이를 들은 방 목사는 "내 생에에서 이만큼 놀래 본 일은 없다. 남장년회의 동료인 이 분이 나는 알지도 못했는데 나를 미워했다니... 그는 나를 돌아보며 나를 용서할 수 있습니까? 나를 위해 기도해 주실 수 있습니까? 했다. 나는 서서 기도하기를 시작했다. 아버지, 아버지! 더 이상 계속할 수 없었다. 교회건물의 지붕이 거두어지고 하나님의 영이 하늘로부터 우리 위에 굉장한 능력으로 강림하신 것으로 보였다. 나는 그의 옆에 엎드려져 울며 이전에 해 본적이 없는 기도를 하게 되었다"고 썼다.[16]

이 놀라운 성령의 역사의 물결은 평양에 있는 학교와 전국으로 퍼져나가 6개

---

16) William Blair & Bruce Hunt, op. cit., p.73

월간 전국을 휩쓸게 되었다. 장대현 교회에서 놀라운 성령의 역사가 일어났을 당시 숭실대학(Pyung Yang Union College and Academy)은 방학중에 있었다. 그러나 기숙사에 있는 몇몇 학생들은 그 집회에 참석하여 놀라운 체험을 했다. 개학할 날이 가까워 학생들이 모여들자 교수와 학생들은 매일 오후 네 시에 모여 집회를 갖게 되었다. 거기에도 놀라운 성령의 역사와 함께 자복 통회가 일어나게 되었다. 그 당시의 정황을 선교사 배위량 부인(Mrs. W.M. Baird)은 이렇게 진술하고 있다; "이런 고백들을! 그것은 지옥의 지붕을 열어제쳐 놓은 것 같았다. 살인, 간음, 그리고 상상할 수 없는 방화, 주벽, 강도, 도적, 거짓, 증오, 질투 등 모든 불결한 죄를 부끄러움이나 주저함 없이 털어놓았다. 어떤 인간의 힘도 이런 고백을 강제할 수는 없다. 많은 한국 사람들이 이 고백을 듣고 공포에 질렸었다."[17] 2월 개학을 하자 300여 학생들은 한 주간 수업을 제쳐놓고 성경공부와 기도, 밤에는 집회를 가져 자복 통회하는 놀라운 시간을 가졌었다. 이 때 90퍼센트의 학생들이 변화를 받고 새 사람되었다고 한다.[18] 5월에 평양신학교는 연례적인 3개월 학기를 개학하자 10일간의 부흥집회를 가지게 되었다. 여기서도 성령의 역사는 미래의 교역자들의 가슴속에 뜨거운 불을 부쳤고 정화의 역사를 나타내었다. 이런 성령의 역사를 통한 부흥운동은 이웃 감리교 학교(崇德學校)에서까지도 일어났다.

평양에서 이 성령의 역사를 체험한 교회의 지도자들은 전국 여러 곳에 나아가 계속되는 성령의 역사에 수종을 들었다. 평양 사경회가 끝난지 한 달되던 때, 저 놀라운 소식을 들은 서울의 승동교회는 길선주 장로를 초청하여 부흥집회를 가졌다. 8월에는 의주에서 길선주가 인도하는 집회가 열렸다. 선교사들도 지방에 나아가 봉사를 했다. 이길함(李吉咸, Graham Lee)은 선천으로, 소안론(蘇安

---

17) Mrs. W.M. Baird, 〈The Spirit Among Pyung Yang Students〉, *Korea Mission Field*, Vol. 2, May 1907, No.5 p.64 Mrs. Baird는 그의 글 끝에 이렇게 쓰고 있다; "That this movement may sweep over the whole peninsula from end to end is our prayer. What it may mean for this country who can say? Little and despised among the nations is Korea, and yet God has begun to do wonderful things in her." p.67
18) L.G. Paik, *The History of Protestant Missions in Korea, 1832-1910*, pp.358-359

論,W.L. Swallon)은 광주로, 한위렴(韓緯廉, W.B. Hunt)은 대구로 가서 이 부흥운동에 수종을 들었다. 이 부흥의 열기는 중국까지도 미쳤다. 중국 요양과 봉천에서 선교활동을 하던 장시정(張賜禎)과 호만성(胡萬成) 목사등이 1907년의 평양 부흥회에 직접 참석하고 돌아갔다. 이들은 이를 하나의 새로운 선교방법으로 인식하고 중국에서도 중국교회의 부흥을 위해 부흥 사경회 제도를 도입하여 넓혀 나갔다. 30년전 중국 만주를 통해 복음을 받은 한국이 이제 복음의 아름다운 새 물결을 그 곳으로 전해주게 된 것이다.[19]

3.3 성령의 대역사의 결과

이 대부흥은 오랜 교회역사의 배경을 갖지 않은 교회에서 그리고 정치적으로 사회적으로 실의와 불안에 쌓여 있던 환경에서 일어난 것이었다. 그러기에 비정상적인 현상이 나타날 위험의 소지가 있었다. 그러나 사경회에서 일어난 성령의 역사는 매우 건전한 것이었다.

첫째, 교회는 이를 통해 복음을 통한 성령 임재의 순수한 신앙적 체험을 하게 되었다. 거기 어떤 비정상적인 심리적 발작 같은 것이 없었다. "교회는 높은 영적 수준으로 올라갔고 미리 주의 깊은 성경교육 때문에 광신적인 것은 거의 찾아 볼 수 없었다."[20] 성령으로 말미암은 죄에 대한 통절한 고백과 그리스도의 대속을 믿음으로 받게 되는 사죄에 대한 확신, 하나님의 죄인에 대한 공의와 사랑에 대한 체험적인 이해를 하게 된 것이다. 그리스도 안에서 옛 사람을 벗고 새 사람을 입는 놀라운 결과를 가져 온 것이다. 그래서 회개는 고백으로만 맺지 않고 새 사람된 모습을 행동으로 보여주었다. 신자들이 같은 믿는 분들에게 뿐 아니라, 이방인들에게도 불의로 취한 물건과 돈을 돌려주므로 온 도시가 동요하게 되었다. 한 중국 상인은 신자가 갑자기 찾아와 몇년 전에 부당하게 취한 상당액

---

19) K.S. Latourette, *A History of Christian Mission in China*, New Yor,k, 1927, pp.574-619 참고
20) L.G.Paik, op. cit., p.361

의 돈을 돌려주어 놀래기도 했다.[21] 밝은 빛 속에 사는 그리스도인의 모습이 드러 난 것이다.

둘째, 선교사들과 한국신자들간에 이해가 증진되고 화해가 이루어진 것이다. 선교사들 중에서는 맥켄지(W.J. McKenzie 1895. 6. 24 솔내에서 별세) 목사같이 한국사람들처럼 살다 간 분들도 있었지만 대부분은 백인 우월의식을 가지고 있었다. 한국인 가운데서도 양대인(洋大人)의식을 가지고 서양인들을 무조건 높여주고 추종하는 경향이 있었다. 그리고 민족성, 풍속, 사고 방식의 차이등은 서로의 이해를 가로막는 벽이 되어 왔다. 그런데 이 때 성령의 역사를 함께 체험하고 회개하므로 양자간에 막힌 담이 헐리고, 서로를 이해하게 되었으며, 서양인이나 한국인이나 그리스도안에 있는 자들은 하나의 하나님 나라에 속한 한 백성, 하나의 교회에 속한 한 형제자매라는 의식을 더욱 실질적으로 갖게 되었다.

한 선교사의 다음 고백은 이를 잘 증명해 주고 있다; "금년(1907)까지 나는 다소간 동은 동이고 서는 서이며, 양자간에는 어떤 친화성이나 공통적으로 만날 터전이 없다는 건방진 생각에 매여 있었다. 나는 다른 사람들과 함께 한국인은 서방인이 가지는 그런 종교적 체험을 결코 가지지 못할 것이라고 말했다. 그런데 이 부흥이 내게 다음 두 가지를 가르쳐 주었다; 첫째는, 표면상 서양과 아주 다른 일천 가지가 있을지라도 한국인들은 마음에 있어서 그리고 모든 근본적인 것들에 있어서는 서방의 형제들과 일치한다는 것이다.

둘째로 이 부흥은 기도와 단순한 어린아이 같은 신뢰로 우리 모든 생활을 종교 생활화함에 있어서, 동방이 서방을 가르칠 많은 것을 가지고 있을 뿐 아니라, 심오한 것들을 가지고 있다는 것과, 이것들을 배울 때까지 우리는 그리스도의 완전한 복음을 모른다는 것을 내게 가르쳐 주었다."[22] 이렇게 함으로써 선교사들과 한국 신자들 간에 이해가 깊어지고 상호간에 조화를 가져오게 되었다.

셋째는 성경 공부와 기도의 생활이 더욱 강화된 것이다. 성경을 사랑하고 공

---

21) William Blair & Bruce Hunt, op. cit., p.75
22) J. Z. Moore, 〈The Great Revival Year〉, *Korea Mission Field*, Vol. 2, No.8, Aug., 1907, p.118

부하는 것과 기도에 대한 열심은 일찍부터 자리 잡은 한국교회의 특징이었다. 1907년의 대 부흥 운동도 평양의 장로교회에 속한 남자들이 성경공부를 위해 모인 사경회에서 시작된 것이다. 이 때를 계기로 거의 모든 신자들은 성경 공부하는 것을 신앙 생활에 있어서 없어서는 안될 요소로 보고 오늘까지 계속해 오고 있다. "한국인 신자들은 참 베뢰아인들의 자손들"이라고 일컬어졌다.[23] 새벽기도회는 1905년에 이미 길선주에 의해 시작되었지만 이 때부터 부흥회 때에만 아니라 매주일 새벽마다 하게 되었고, 주일 뿐 아니라 평일에도 신자들이 교회에 나와 기도하는 것이 영속적인 교회전통으로 자리를 잡게 되었다. 해방 후에는 거의 모든 교회가 새벽 기도회를 매일 가지게 되었다. 이 새벽기도회는 한국교회만이 시행하고 있는 것으로 교회 성장과 활력있는 신앙생활에 큰 요인이 되어 오고 있다.

넷째, 교회가 정치화(政治化) 되는 길을 피할 수 있었다. 교회가 한국에 자리를 잡게 되던 19세기 말은 나라가 국권을 상실해 가던 비운의 때였다. 당시 기독신자들은 불신자들보다 나라 사랑하는 더 뜨거운 마음을 가졌다. 그래서 주일날 신자들은 집과 교회에 대나무 끝에 국기를 달아 세우고 그 날이 주의 날임을 알리면서 나라 사랑하는 마음을 상징적으로 표현하기도 했다.[24] 모든 신자들은 나라를 사랑하고, 기울어져 가는 나라를 위해 비감한 심정으로 기도했다. 고종황제가 일제의 힘에 밀려 양위했을 때 교인들은 매일 기도회를 열고 통곡하며 기도했다.[25] 이 때문에 망국의 비운 속에 살던 많은 지식인들이 한 가닥 희망을 걸고 교회를 찾게 되었다. 동기야 어떻든 이들 중에는 교회에 나오므로 순수한 복음 신앙을 갖게된 분들도 있었다. 그러나 어떤 분들은 단지 정치적인 목적을 가지고 교회에 머물면서 교회를 반일 저항의 근거지로 삼으려는 모습을 보였다.[26]

이 때 선교사들의 입장은 매우 어려워졌다. 교회가 일제항거를 위한 논의의 장소로 사용되는 것을 느꼈기 때문이다. 그래서 선교사들은 교회를 정치적인 운

---

23) Ibid., p.116
24) R.E. Speer, *Missions and Politics in Asia*, New York, Fleming H. Revell, p.253
25) 李永獻, 韓國基督敎史, 컨콜디아사, 1980. p.114

동의 근거지로 사용하는 것을 반대하게 되었다. 1901년 장로회 선교회 공의회는 정교분리에 대한 다음과 같은 결의를 하게 되었다; "우리 목사들은 대한 나라 일과 정부 일과 관원 일에 대하야 도모지 그 일에 간섭 아니하기를 작정할 것이요... 교회는 성신의 교회요 나라 일을 보는 교회 아닌데, 예배당이나 회당 사랑이나 교회 학당이나 교회 일을 위하여 쓸 집이요, 나라일 의논하는 집은 아니오, 그 집에서 나라 일을 공론하려 모일 것도 아니요. 또한 누구든지 교인이 되어서 다른데서 공론하지 못한 나라 일을 목사의 사랑에서 더욱 못할 것이오."[27] 이로 말미암아 선교사들과 교회와의 사이에 긴장관계가 생겨나게 되었다. 특별히 정치적 목적을 가지고 교회를 찾은 분들과 선교사들 사이에는 어느 정도 적대관계가 이루질 수 밖에 없었다. 이 때 선교사들은 매우 어려운 처지에 놓이게 되었다.

　정교분리가 장로교회의 기본원칙이므로 선교사들이 이를 주장한 것은 당연한 일이었다. 그러나 국권이 상실되는 비운에 살고 있는 한민족으로서의 교인들의 감정은 이에 매우 예민할 수 밖에 없었다. 특별히 당시 영국이 영일동맹(英日同盟 1902, 1905), 미국이 카츠라. 태프트 밀약(1905)을 통해 일본의 입장을 내심 지원해 주는 형편에 있었으니, 이 나라들의 교회들로부터 파송을 받은 선교사들의 입장은 정치적인 면에서는 난처한 입장에 있었던 것이다. 그리고 일제의 한국지배가 현실화되어 있는 가운데서 복음을 전하는 것이 목적인 이들 선교사들로서의 입지란 매우 어려웠었음이 틀림없었다. 그러니 이들에게 있어서 최선의 길은 교회란 정치적인 공동체가 아니라, 영적인 실체라는 것을 강조하고, 이를 부각시키는 길 뿐이었다. 이들은 교회에 영적인 운동이 일어남으로 이런 난국을 극복해 갈 수 있기를 자연히 바란 것이다. 그래서 1906년 9월 평양에서 원산의 하리영(河裡泳, R.A. Hardie)을 강사로 집회를 가졌을 때 방위량 선교사(W.N. Blair)는 "놀라운 능력을 가진 성령으로의 세례밖에는 아무 것도 우리와 한국형제들이 앞으로 닥칠 시련의 날들을 감당케 할 수 없다"는 것을 인정하고, "격분

---

26) A.J. Brown, "*Politics and Missions in Korea,*" The Missionary Review of the World, 1902年 3月號, p.188
27) "장로회 공의회 일기", 그리스도신문, 1901年 10月 3日字

한 영혼들이 그들의 생각을 국가적 문제로부터 멀리하고 주님과의 인격적인 관계를 가져야 한다"는 생각을 가졌다는 것이다. 그래서 이런 축복이 1907년 정월에 평양에서 열릴 사경회에 내림으로 한국 형제들에게 큰복이 되기를 기도했다고 한다.[28]

선교사들에게 난국을 헤어날 길은 영적인 부흥의 길 밖에 없었다. 평양의 집회에서 이렇게 기도한 결과가 나타난 것이다. 평양 장대현 교회에서 "순수한 오순절 경험"이라 불린 성령의 대 역사가 나타나게 된 것이다.[29] 이로 말미암아 선교사들과 한국인 신자들 사이에 긴장이 풀려지고 화합이 이루어지게 되었다. 교회가 "정결해지고 새로운 것"이 되었다고 말한다.[30] 한국교회의 신자들은 이제 시련의 때를 정치적인 수단과 인간의 힘으로 해결하려 하기보다는 하나님의 능력과 주권에 의지하려는 신앙을 갖게 되었다. 그래서 1907년의 부흥은 한국교회의 비정치화를 가져오게 되었다고 볼 수 있다. 그런데 이를 보고 "민족문제에 무관심 하도록 만드는 결과를 가져왔다"고 생각하는 것은 옳지 않다.[31] 대부흥 이후 제도적인 교회가 민족운동, 독립운동에 직접 가담하지 않았으나, 그리스도인들은 민족의 일원으로서 개인적으로 이 운동에 적극 가담해 온 것이다. 3.1 독립운동에 기독교인들이 주축을 이룬 것이 이를 증명한다.

이 대부흥으로 제도로서의 교회가 정치적 행동을 극소화하게 되자 정치적 목

---

28) W.N. Blair & Bruce Hunt, op. cit., p.66-67
29) 1910년에 Edinburg에 모인 "국제선교협의회"(World Missionary Conference)는 그 보고에서 1907년 한국에서의 성령의 역사를 가리켜 "순수한 오순절 경험"이라 했다. World Missionary Conference. Report of Commission 1, Edinburg, 1910, pp.70-80
30) W.N. Blair, *The Korean Pentecost and Other Experience on the Mission Field*, New York; The Board of Foreign Missions, Presbyterian Church in the U.S.A., p.50
31) 이만열은 대 부흥운동과 백만구령운동에 관하여 민족사적 관점에서 이렇게 말한다; "그러한 신앙부흥운동이 당시 민족의 운명과 관련해서 볼 때 반드시 긍정적인 결과만을 초래했는지에 대해서는 의문이 없지 않다... 우리는 1907년, 1909년의 부흥운동 구령운동이 한국 기독교의 신앙적 성장을 가져왔을 것이라는 선학(先學)들의 주장에 동의하면서도, 한편으로는 당시 이 운동이 민족의 울분을 종교적으로 카타르시스 시킴으로써 민족문제에 무관심하도록 만드는 결과를 가져왔을 것이라는 민족사적 관점에서도 유의하지 않을 수 없다." 이만열, 한국기독교사 특강, pp.83,84

적을 가지고 교회를 찾아온 분들 중에 복음의 진리에 접하지 못한 분들은 실망하고 교회를 떠나는 일이 있게 되고, 교회가 해산된 경우도 나타났다.[32] 그러나 이것은 어떤 의미에서 교회의 순화(純化)라고 볼 수 있다. 신자들은 한 나라의 국민으로 나라의 주권 수호와 신장을 위해 일할 의무를 가지고 있다. 그러나 교회라는 공동체가 정치단체로 등장하거나 부각되어서는 안된다. 당시 순화의 필요성을 가지고 있던 한국 교회는 부흥운동을 맞게 된 것이다. 성령의 역사와 교회의 부흥은 인간이 자의적으로 조작할 수 있는 것이 아니고, 하나님의 주권적 역사의 결과로 일어나는 것이다. 1907년의 부흥 운동은 어떤 의미에서 한국 교회의 오순절 역사요, 한국 교회 오늘의 부흥과 성장을 가져온 역사의 원류라고 볼 수 있다. 그러기에 이 부흥운동을 선교사들이 "한국교회를 비정치적인 피안적 교회로 구형시키려"한 것으로 보려하는 것은 한국교회를 향한 하나님의 주권적인 은혜로운 섭리의 역사를 간과하는 일이 되는 것이다.[33] 선교사들과 한국교회는 성령의 역사로 말미암아 순화된 영적 공동체로서 닥쳐오는 시련의 때를 헤쳐 나갈 힘을 얻고, 암담하게 보이는 험로를 신앙의 용기를 가지고 헤쳐 나아갈 수 있게 된 것이다.

다섯째, 교세의 증가이다. 이 부흥은 먼저 신자들의 영적 부흥이었지만, 전도에 대한 부흥도 된 것이다. 영적 활력을 얻은 신자들은 적극적으로 전도에 나서게 되었다. 사경회 때, 낮에는 성경공부를 하고, 밤에는 일반적으로 전도 목적의 집회를 가지므로 많은 불신자들을 초대하게 되었다. 낮 공부 후, 참석자들은 모두 흩어져 가가호호 방문하여 밤 집회에 초대했다. 이해에 조직된 독노회(獨老會)는 전도국을 설치하여 적극적인 전도활동에 나서게 되었다. 그래서 당시 교세는 놀라운 증가를 보았다. 장로회공의회 통계를 보면[34] 1905년에 세례교인 11,061명, 원입교인 8,431명이었는데 1907년 6월30일까지의 통계는 세례교인

---

32) The Annual Report of the Board of the Missions of the Presbyterian Church in the U.S.A. 1909, p.286
33) 閔庚培, 韓國基督敎會史, p.271, 민경배는 이런 부흥운동을 인본주의적 시각에서 접근하고 있다.

18,061명, 원입교인은 19,791명이었다. 2년동안에 세례교인 7,000명, 원입교인 11,361명이 증가되어 배가 증가한 것이다. 그리고 교회에 출석하는 사람들의 총수는 1905년에 37,407명이었고 1907년 6월에는 72,968명으로 거의 배로 매년 50퍼센트씩 증가된 셈이다. 한국의 선교가 세기의 선교기적(the missionary marvel of the age)이라 불린 것이 과장된 것은 아니었다.[35] 세계교회연합운동 가였던 모트(J.R. Mott, 1865-1955)는 1907년 한국을 방문한 후 이렇게 말했다; "한국을 생각해 보십시오. 그 나라에는 지금 전국적으로 영적인 부흥의 물결이 휩쓸고 있습니다... 한국을 방문하고 돌아오는 사람들은 만일 오늘날 한국의 기독교가 이만한 속도로 계속 발전하게 된다면, 한국은 근대 선교 역사상 완전히 복음화된 최초의 기독교국이란 확신을 가지게 될 것입니다."[36]

여섯째, "조선예수교장로회공의회"는 각기 본국 선교본부로부터 허락을 받아 1907년에 "조선예수교장로회"를 조직하기로 결의하고 이를 준비하여 왔다. 이제 한국 장로교회가 조직되어 출발하기 직전 이런 성령의 큰 역사가 일어났던 것이다. 이제 한국 장로교회는 말씀과 성령의 놀라운 역사의 체험을 기반으로 활력있는 교회로서 출발할 수 있었던 것이다. 이는 한국 장로교회가 부흥적 성격을 가진 교회로 터를 잡게 되었음을 말해 주기도 한다.

끝으로, 1907년의 대부흥은 장로교회에서 일어난 것이었지만은 특별히 감리교회와 같은 다른 교파 교회에도 파급이 되었다. 결과 이 부흥운동은 장로교회와 감리교회가 서로 더 가까워지게 되고, 연합과 협력을 강화하게 되는 계기가 되었다. 이는 개혁주의 장로교회가 한국에 터를 놓는 중요한 시기에 그 정체성을 뚜렷이 들어내게 하는데는 부정적인 것이었다. 부흥을 통한 주관적 신앙 체험의 공유는 언제나 교회의 제도적 한계선을 넘어 서로 쉽게 수용하고 교류하게 만드는 경향을 남긴다. 평양에서는 양 교회가 병원을 공동운영하기로 했고, 교

---

34) 대한예수교장로회노회록 제일회노회록, p.42(부록)
35) H.G.Underwood, *The Call of Korea*, p.148
36) J.R. Mott, *Addresses and Papers*, vol. 3, Student Volunteer Momvement for Foreign Missions, New York, Association Press, 1946, pp.326-327. The Open Door in Korea, *The Missionary*, 1908, October, p.476

육사업도 공동운영하기로 했다. 오랫동안 이교(異敎)의 문화가 지배해 온 한국 같은 곳에서 기독교회 공통 목적을 위한 교파상호간의 연합은 매우 바람직한 것이다. 그러나 연합에도 불구하고 신앙고백적 면에서 교회의 정체성은 언제나 유지되어야 한다. 부흥운동은 객관적인 진리보다는 주관적 신앙체험의 공유를 귀중하게 여기는 경향을 갖게되므로 교회가 가진 역사적인 신앙고백 내용과 고유한 신앙생활의 전통을 간과하는 부정적인 면을 수반하는 위험이 항상 뒤따르게 된다. 정체성을 간과한 연합과 협력은 참된 교회건설에 유익이 되지 못한다. 이 사실이 이 후 역사에서 드러나게 된다. 부흥운동은 교회에 활력을 가져오는 긍정적인 면이 있는 반면, 교회의 정체성을 간과하는 부정적인 면을 수반하게 된다. 그러니 주관적인 신령한 체험을 객관적 진리로 시험하여 정체성을 유지하는 일이 중요하다. 1907년 이후 부흥운동에 뿌리를 두고, 부흥운동적 교회로 정착하게 된 한국 장로교회는 교리문제(신앙고백)를 간과하고, 체험을 중시하는 교회로 성장해 오게 되어 그 정체성을 뚜렷하게 하지 못한 결과를 가져오게 되었다. 이후 소위 뛰어난 부흥사이면 그 분이 장로교, 감리교, 성결교 어느 교회에 속했건 상관없이 강사로 초청을 하는 일이 전통으로 굳어져 간 것이다. 이런 전통은 개혁주의 교회건설에 유익을 가져오지 못했다.

3.4 백만명 구령운동

1907년의 대 부흥운동이 있은 지 얼마 안되어 뜨거웠던 영적 열기가 차츰 식어져가고, 그 활력이 쇠잔해감을 느끼게 되었다. 이런 때, 1909년 감리교 선교사들 사이에서 전도운동이 일어나고, 9월에 모인 남 감리회 선교회 연회는 "20만 명을 그리스도에게"라는 표어를 채택하고 전도운동을 전개하기로 했다. 그런데 이 연회 후에 곧 장로교 선교사들과 감리교선교사들로 이루어진 "개신교 복음주의 선교 총공의회"(The General Council of Protestant Evangelical Missions)가 모이게 되었는데 여기서 표어를 "백만 명을 그리스도에게"로 바꾸게 되었다.[37] 당시 한국 기독신자들의 수가 20만이었다고 생각할 때, 백만 명을 목표로 전도운동을 전개한다는 것은 매우 대담한 일이었던 것이다. 이 때 선교사들은 일제의 국권강탈과 실의에 젖어 있는 한국인들의 정황을 고려하고 이런 대담한 전도 운동을 전개하려 한 것이다.

장로교의 기일(奇一, J.S. Gale) 목사는 이렇게 설명했다; "백만 명의 구령이라는 소리는 민족의 실망이 절정에 다다른 이 때에 널리 울려 퍼지고 있다... 오늘날에 와서 모든 것을 박탈당하고, 만 국민의 판정을 받고 할 나위 없게 된 이 나라는 한 구세주를 찾고 있다. 오늘은 결정의 날이다. 우리는 내일을 기다릴 수 없고, 예언할 수도 없다. 오늘이 전도할 그 날이요 이 곳이 전도할 곳이다. 활짝 열린 전도의 문 앞에 겸손하게 서 있는 수많은 백성과 초라한 심정으로 기다리는 사람들이 있다. 우리 선교사들은 이 때가 한국의 중대한 고비라고 확신한다."38) 선교사들은 당시 한국의 정치적, 사회적 상황이 전도를 위한 절호의 기회로 여긴 것이다.

장로교회측에서는 1910년 9월에야 공식적으로 전 교회가 이 운동에 가담하게 되었다. 1910년 9월 18일 선천에서 개회된 장로교회 제4회 독노회는 둘째 날인 18일에 백만명 구령운동에 동참하기로 결정하고 이를 위해 각 대리회에 일인씩 특별위원을 택하게 되었다.39) 선교회 측에서는 미국으로부터 채프만(Wilbur Chapman), 알렉산더(Charles Alexander) 등의 부흥강사들을 초청하여 서울에 와서 집회를 인도하게 했고, 교파를 초월한 전도단이 조직되어 전국을 순회하고 전도집회를 갖게 되었다. 평양, 서울 등 각 지역의 기독교계 학교의 학생들과 교사들도 이 전도운동에 가담했다.

당시 전도운동에 도입된 두 가지 특수한 방법은 상기할만하다. 그 한 방법은 "날 연보"(day-offering)라는 것이었다. 이것은 신자들이 전도를 위해서 시간을 연보하는 것을 가리킨다. 전도를 위해 물질을 바칠 수 없는 분들도 헌일(獻日)을

---

37) "A Bold Watchword for Korea," *Missionary Review of the World*, New York, 1888-1931, Vol. 33,,,,,, No. 4, Apr. 1910, p.242 白樂濬, 韓國改新敎史, p.403
38) *The Missionary*, Vol. 43, No. 5. May, 1910, p.213
39) 예수교쟝로회 죠션로회데사회회록, p.5

함으로 동참하게 된 것이다. 이 "날 연보"제도는 큰 호응을 얻게 되었다. 그래서 예를들면 평양에서는 1천명의 신자가 연 2만2천 날을 바쳤으며, 재령에서는 1만 날의 날 연보를 하게 되는 결과를 보여주었다. 이 전도운동이 계속된 1년 동안에 총 날연보가 10만일을 넘었다. 다른 방법은 전도 문서를 반포하는 것이었다. 이는 일찍부터 도입된 방법이었지만 이 때처럼 많은 전도지와 쪽 복음을 널리 배포한 일은 없었다. "신자들은 수백만 매의 전도지와 70만권이 넘는 마가복음 쪽 복음서를 사서 불신자들에게 나누어주었다. 한국에 있는 거의 모든 집을 방문하게 되고, 수 천명의 한국 신자들이 매일 이를 위해 기도했다."[40]

그러나 드러난 결과는 많지 않아 목표했던 10분의 1에 미치지 못했다. 장로교회의 통계를 보면 1910년의 전체교인 수가 14만 470명이었는데, 1911년에는 14만 4천 2백 61명으로 일년동안 3,790명이 증가된 셈이다.[41] 이는 다른 때 와 비교하여 매우 낮은 수의 증가였다고 볼 수 있다. 망국으로 깊은 실망과 좌절을 느낀 백성들이 이제 교회로부터의 기대도 가질 욕망을 잃어버린데 원인이 있었는지도 모른다. 그러나 하나님의 말씀은 헛되이 돌아오지 않는 이상 뿌려진 씨는 언젠가 싹을 내고 자라게 될 것이라는 소망을 교회는 가졌다. 한일 합방으로 국권을 완전히 상실한 1910년에 이 운동이 일어났으므로 밖으로부터 이 구령운동을 부정적 입장에서 보는 시각도 없지 않았다. 그러나 일본은 처음부터 교회를 한반도 침탈에 대한 장애물로 경계해 왔는데, 합방을 성취하려는 시기에 교회가 "백만명을 그리스도에게"라는 표어를 내세웠을 때, 이것을 자신들에게 도전하는 "백만인 십자군"으로 느낄 수 있었다. 그러기에 이들은 곧 교회의 세를 꺾기 위한 계책을 세우게 되었다. 뒤에 언급할 105인 사건이 이러한 배경에서 꾸며져 생기게 된 것이었다.[42]

---

40) "The Million Movement and Its Results," *Korea Mission Field*, Vol. 6, No. 1, Jan. 1911, p.5
41) 예수교 장로회 죠선로회 제4회 회록과 제5회 회록에 실린 총계표 참조
42) 한국기독교의 역사 1, 한국기독교역사연구소, p.282

제4장 장로교회의 조직

4.1 공의회(公議會) 조직과 활동

한국에 정착하여 선교를 시작한 초대 선교사들은 협의기관이 필요했다. 그래서 처음 입국한 북장로교 선교사들인 알렌 부부, 언더우드(1889년에 결혼), 헤론 부부(의료선교사)는 먼저 "미국 북장로회선교회"(美國北長老會宣敎會)를 조직하였다.[1] 1889년에 호주 빅토리아주 장로교에 속한 데이비스(J.H. Davies) 목사가 내한하게 되자, 바로 같은해에 미국 북장로회 선교회와 빅토리아 장로회(Melbourne을 수도로 한 Australia의 한 주)선교회가 "장로회선교연합공의회" (The United Council of Presbyterian Missions)를 조직하였다.[2] 이 공의회가 3, 4차 모여 몇 가지 안건을 논의했었지만, 데이비스 목사가 1890년에 부산에 와서 갑자기 별세를 하게 되므로 이 공의회는 자연 폐지되고 말았다. 1892년에 남장로교회 선교사 6인이 내한하자 1893년 미국 남북 양장로회 선교회가 "장로회 정치를 쓰는 선교공의회"(The Council of Missions Holding the Presbyterian Form of Government)를 조직하게 되었다.[3] 이 공의회의 회원은 선교사들만으로 구성되었고, 그 목적은 "조선 땅에 갱정교신경과 장로회정치를 사용하는 연합교회를 설립하는 것"이었다. 권한에 관하여 이 공의회는 "각기 소속 미슈운에 대하여 권고권만 있으나 교회가 장로회의 규칙대로 완전히 성립

---

1) 長老會敎史典彙集, 1918, p.10
2) Ibid., pp.14, 15
3) Ibid., pp.15

될 때까지는 적국교회에 대하여 전권(專權)으로 치리하는 상회"가 되는 것이었다.[4] 1891년에 호주 장로교회로부터 5명의 선교사가 내한하고, 1898년에는 캐나다 장로교회로부터도 5인의 선교사가 입국하게 되어 이 양선교회도 "장로회 정치를 쓰는 선교공의회"에 가담하게 되었다.

1900년에 모인 이 공의회는 1901년부터 조선인 총대를 참가하게 하고 반은 영어를 사용하고, 반은 조선어를 사용하기로 결정을 했다.[5] 그래서 1901년에는 조선어를 쓰는 회와 영어를 쓰는 회 둘로 나누어 모이는 "조선야소교장로회공의회"(宣敎師와 朝鮮人總代合成公議會)시대가 열리게 된다. 그런데 이 때 조선인 총대가 참여하는 조선어를 쓰는 회를 둔 중요한 목적은 한국교회의 지도자를 훈련시키자는 것이었다. 이 제도는 1907년 독노회가 조직될 때까지 계속되었는데 "조선인 총대가 공회에 참가하였으나, 아직 교회 일에 익숙하지 못하고 또 조선인 목사가 없고, 장로된 자도 희소한 고로 치리권은 계속하여 영어로 의사(議事)하는 회에 있었고, 조선어를 쓰는 회에는 각처 총대의 친목(親睦)하는 것과 교회사(敎會事)를 처리하는 규칙과 어떻게 처리할 것을 실습하고 토론하므로 유익이" 있게 하는 것이었다.[6]

1901년 첫 번째로 모인 공의회에는 조선인 장로 3인, 조사 6인으로 조선 사람은 모두 9인이었고 선교사는 25인이었다. 1901년부터 1906년까지 조선어를 사용하는 공의회와 영어를 사용하는 공의회가 다루고 결정한 중요한 안건들을 살펴보면 다음과 같다.

1. 조선어를 쓰는 공의회

1901년에는[7] 흉년을 당한 김포를 위시한 여러 지역 교회를 위해 전국교회가

---

4) Ibid., pp.15,16
5) Ibid., 17
6) Ibid., 18
7) Ibid., 19

연보하기로 결정함으로써 교회공동체가 어려울 때 서로 돌보는 일을 하는 것으로 출발을 하게 되었다. 1902년에는[8] 특별한 결정건은 없고 조선 13도 장로회 제1회 통계보고가 주목을 끈다. 선교사가 34명, 조선 장로 5명, 조사 46명, 교회 366명, 학교 60명, 학생 1,300명이었다.

1903년에는[9] 다시 경남과 강계 등지에 흉년이 들어 전국교회가 구제 연보 하기로 결정을 보았다.

1904년에는[10] 감사일을 정해 지키자는 문제를 토의하여, 타 교파와 교섭하여 같은 날을 정하기 전에는 11월 10일에 지키기로 하였으며, 조선언문을 교정하는 일에 대하여 토론하고 위원을 선정하기로 했다. 이것은 그동안 한문에 밀려 등한히 여겨졌던 우리 글에 대한 관심을 교회가 갖게 된 것을 말해 준다.

1905년에는[11] 감사일을 정하는 일에 대하여 타 교파와 협의치 못한 고로 금년에만 음력 11월 첫째 주일 후 목요일로 하기로 결정했다. 지난 공의회 때 논의한 조선언문 교정하는 일에 대하여는 토론결과 옥편(玉篇)과 자전(字典)에 의지하여 시행하기로 했다. 그리고 전도위원회를 설립하기로 하고, 이를 위해 영어회와 조선어회 양회로부터 각기 3명씩을 선택하였다.

1906년에는[12] 감사일을 양역 11월 19일로 정하게 되었다.

2. 영어를 쓰는 공의회

1901년에는[13] 조선교회에서 장로선거가 1900년부터 시작되었는데 1900년에 선택되어 장립된 장로는 평남의 김종섭(金宗燮), 황해의 서경조(徐景祚)로서 이

---

8) Ibid., p.24
9) Ibid., p.29
10) Ibid., p.32
11) Ibid., pp.39-40
12) Ibid., 43
13) Ibid., 19-23 이 장로교회사전휘집을 편집했을 때의 자료는 선교사들 만으로 이루어진 공의회 시대(1889-1890)의 영어회록과 연로한 선교사들이 기억하고 전한 것으로부터 온 것이다. 그렇기 때문에 어떤 것은 역사적으로 정확하지 않을 수도 있다. 장로교회사전휘집, 1918, p.17

들이 참석했다. 1901년에 평남의 길선주(吉善宙), 방기창(方基昌), 1902년에 평북의 양전백(梁甸伯) 1903년에 평남의 주공삼(朱孔三), 정익로(鄭益魯), 한석진(韓錫晉), 황해의 최정엽(崔正燁), 조병직(趙秉稷), 함경의 유태연(柳泰淵), 경상의 심취명(沈就明)이었으며 1904년까지 장로의 수는 25명이었다. 그리고 1901년에 김종섭(金鐘燮), 방기창(方基昌) 두 사람을 처음으로 선택해서 신학을 교수하게 되었다. 나아가, 평안, 경성, 전라, 경상 공의회를 두고 한국장로들을 거기 위원으로 넣었다. 그래서 1901년부터 1907년까지 각 공의회 위원이 각 지방을 나누고 당회위원을 택하여 교회 일을 처리하였다. 또한 호주 선교회의 헌의로 "조선자유장로회"(朝鮮自由長老會) 설립을 위한 위원을 선택했다. 북장로회 선교회가 발행해 오던 "기독신문"을 공의회 발행으로 하기로 하였다.

    1902년에는[14] 신학생의 학습할 임시과정을 마련하여 받았으며, 찬송가를 다른 교파와 연합하여 편찬키로하고 위원을 선정했다. 또 함경 공의회를 설립함으로써 이제 다섯 공의회가 되었다. 조선갱정교회통칭(朝鮮更正敎會通稱)을 타 교파와 협의한 결과 "예수교회"(耶蘇敎會)로 하기로 했다. 지난해에 "조선자유장로회" 설립에 대한 연구를 하도록 위임한 위원이 "장로 1인 이상이 있는 지 교회 12처, 목사에 임직할 자격이 있는 자가 3인 이상에 달하면, 조선자유예수교장로

합동공의회(1901)

---

14) Ibid., pp.24-28

회를 설립하고, 이 노회에서 선교사도 조선회원이 향유하는 일반권리를 향유하나 여전히 각기 본국 노회원이 되어 그 관할과 치리를 받는다"는 내용의 설립지침보고를 함으로써 이를 받았다. 그리고 공의회에 속한 각 선교회가 각기 본국 선교국에 "조선자유장로회" 설립허락을 청원하기로 했다.

1903년에는[15] 각 선교회가 본국 선교부에 "조선자유장로회" 설립청원을 한데 대한 반응을 보고했는데, 캐나다 장로교회와 호주 장로교회 선교국은 허락을 하였으나, 미 남 북 장로교회 선교국으로 부터는 확답을 받지 못했다는 것이었다. 그리고 성경출판에 대한 성서공의회 문의에 대하여 성경을 언문(諺文)으로 출판하고, 국한문(國漢文)으로 하지 않는 것이 좋겠다는 답을 했다. 이는 처음부터 서민 중심의 선교를 하게 된 사실을 잘 보여 주고 있다.

1904년에는[16] 헌법과 규칙을 처음으로 채용하고, 웨스트민스터 소요리문답 5천부를 간행하기로 했다. 각 지방 공의회 위원을 폐지하고, 공의회소회(公議會小會)를 설립하여, 각 지방에 당회가 이루어지지 않은 교회를 합당한 분에게 매년 당회권을 주어 돌아보게 하고, 언문으로 기록한 회록을 만들게 했다. 이 소회는 목사 후보자를 시취하고 보호 양성하기로 했다. 1904년까지 "신학생의 통학할 사경회와 같은 회"는 평양에만 있었으나, 경성과 각지에서 동일한 회를 준비함으로써 공의회는 각 소회로 하여금 신학생을 평양으로 다 모아 합력 교수하기로 결정하게 되었다. 그래서 경성으로부터는 언더우드(元杜尤), 전라도로부터는 남장로교회 속한 전위렴(全緯廉, W.M. Junkin), 함경도로부터는 캐나다 장로교회에 속한 부두일(富斗一, W.R. Foote)을 교사로 정해서 평양에 와서 교수하게 했다. 결과 미국 남장로교회, 호주 장로교회, 캐나다 장로교회가 함께하는 신학교육의 일치와 협력을 이루게 되었다. 그리고 이혼문제에 관하여 음행(淫行)만이 그 이유가 될 수 있는 고로, 다른 이유로 이혼하는 자는 시벌할 것을 결정했다

---

15) Ibid., pp.29-31
16) Ibid., 33-38

1905년에는[17] 장로를 선택할 시에는 투표자 3분의 2를 얻어야 할 것을 가결하고, 국한문신약을 발간하기로 결정했다. 전국에 있는 장로회와 감리회가 친목하기 위해 "총공의회"를 설립하게 된 사실을 인준하였다. 그리고 각 선교회의 본국 선교국으로부터 "조선 연합자유장로회" 설립이 허락된 고로 1907년에 "조선예수교장로회"를 조직하기로 결정했다. 그리고 노회 조직하는 날에 조선 목사를 장립하고 그 목사는 전도목사로 장립할 것을 결정했다. 또 공의회는 교회신조(敎會信條)를 채용했는데 새 신경을 만들지 않고, "몇 개월 전에 새로 조직한 인도국(印度國) 자유장로회에서 채용한 신경과 동일한" 것을 채용하였다. 이것은 그 후 "12 신조"로 불려왔는데 공의회는 이것을 채용한 이유가 "웨스트민스터 신경보다 간단하여도 그 요긴한 것은 다 있기 때문"이라고 했다.

　1906년에는[18] 다음해에 조직할 "조선예수교장로회"를 위한 준비에 모든 관심을 기울였다. 노회가 조직된 후에는 "조선어공의회"는 폐지되고 노회 총대원은 목사, 장로로만 허용되게 된다. 웨스트민스터 정치모범에 따른 완전한 정치는 "너무 무거운 부담이 되어 연약한 교회가 감당하기 어려우니 마땅히 만국장로회의 보통원리에 기초하여 간단히 제정하여 사용하다가 몇 년 후 교회가 성장하여 장로회교리에 한숙하게 된 후에 교회가 자기 형편에 적당한 정치를 제정하는 것이 합당하다" 하고 간단한 정치를 받게 되었다. 그리고 1907년 노회가 조직되면 공의회가 주관해 오던 사무는 노회에 돌리기로 하였다.

　1907년 노회가 조직되기 전, 공의회가 모여 잔무처리를 하게 되었다.[19] 지난날에 선교회에서 공의회(영어공의회)로 각 교회를 치리하던 권은 모두 노회에 위임하도록 하고, 노회조직 후에 "영어공의회"는 계속 존속하되 연합선교사들과 관계되는 사건만(신학교 관리, 찬송가 발행 등)처리하고, 계승하는 공의회의 명칭은 "장로회 믿슈운 합중회(合衆會)"로 하기로 했다. 그리고 평양에 있는 신학교를 "전국장로회신학교"(全國長老會神學校)로 세우고 합력담당하기로 하였다.

---

17) Ibid., pp.40-42
18) Ibid., pp.43-46
19) Ibid., pp.46-47

4.2 독노회(獨老會)의 조직

1907년 9월 17일 오전 9시 전날에 준비한대로 평양 장대현 교회에서는 오전 9시에 공의회가 모여 조선전국독노회를 조직하게 되었다. 지난해 공의회 회장 배유진 목사가 사도행전 1장 8절을 읽고 기도한 후 성찬예식을 거행하고, 이 해 공의회 회장인 마포삼열(馬布三悅, S.A. Moffett) 목사가 네 선교회의 소속 총회로부터 얻은 권리대로 예수교 장로회 노회를 창설한다 선언하고 기도함으로써 개회를 했다. 호명당시 참석회원은 선교사 회원이 33인, 한국회원이 36인었다.[20] 같은 날 오후 2시에 공의회 회장 마포삼열씨의 사회로 개회하여 임원을 선출하였는데 회장 마포삼열, 서기 한석진, 부서기 송인서로 선출되었다. 이 때 노회 절차 위원장 편하설 씨가 "은으로 십자를 면에 삭이고 청홍으로 태극을 머리에 새긴 맛치"를 회장에게 주면서 "대한국 예수교 장로회를 견고히 십자가로 설립하여 영광을 돌리며 세세토록 노회 회장에게 전장하옵소서"하였다.[21] 회는 맛치란 말이 속되다고 보아 위원을 선정하여 연구하고 그 이름을 고퇴(두드리는 맛치란 뜻)라 하기로 결정을 보았다.[22] 한국에 첫 선교사가 들어온지 23년만에 한국장로교회 조직이 이루어진 것이다. 이때 노회는 복음선교사로 첫 번째로 한국에 온 원더우드(H.G. Underwood)목사가 안식년으로 미국에 있는 고로 그에게 대한장로회 조직 소식을 알리기로 했다. 당시 총회에 보고된 장로교회 교세는 장로 53인, 조사 131인, 예배처소 984개처, 세례교인 17,890명, 원입교인 21,482명, 교회에 출석하는 전체의 수가 69,098명이었으며, 학교는 402개교였다.[23] 이는 선교 23년 밖에 되지 않은 한국교회가 경이로운 성장을 하게 된 것

---

20) 이 때의 총대장로 36인 중 서북이 23명, 함경 2명, 호남 2명, 영남 5명, 서울 4명의 비율로 서북지역의 수가 64%로 압도적이었다. 그리고 이 독노회에서 안수를 받은 목사 7명도 서북지역에 속한 사람들이었다. 이는 일찍부터 장로교세가 서북지역이 강했음을 잘 보여주고 있다. "大韓예수敎長老會百年史", 大韓예수敎長老會總會, p.242 참조. 개정한 후에 숫자는 서국회원(선교사)이 38인이고, 한국회원이 38인이었다.
21) 대한예수교장로회독로회회록, 제1회회록, 1907, pp.6,7
22) Ibid., p.16

을 말해 준다.

개회 첫날 밤 7시 30분 한국최초의 목사 장립을 위한 순서가 엄숙하게 진행되었다. 회장 마포삼열 목사가 딤전 3:1-13과 딤후 4:11-15을 읽고, 시취에 합격한 신학사 7명을 호명하고 장립할 것을 선언한 후, "회장 마(포)삼열씨는 기도하시며, 노회휘원들은 일제히 신학사 서경조(徐景祚), 한석진(韓錫晉), 송린서(宋麟瑞), 양전백(梁甸伯), 방기창(邦基昌), 김선주(吉善宙) 이기풍(李基風) 칠인에게 안수한 후에 우수로 집수례를 행하야 목사로 장립"하게 되었다.[24] 한국 땅에 교회의 터가 놓이고, 처음으로 복음의 사자들이 장립을 받아 하나님의 부름을 공식적으로 확인하게된 장엄한 순간이었다. 기일(奇 一) 목사와 이눌서(李訥瑞) 목사의 권면이 있었다. 한국교회가 장립예식시에 빠짐없이 넣는 권면 순서는 이 첫번째 장립 시에 이미 있었던 것으로 그 전통이 한국교회생활에 정착되었다. 이 장립예식은 목사로 장립된 서경조의 축도로 마쳤다.

최초의 일곱목사(1907, 서경조, 한석진, 송린서, 양전백, 방기창, 길선주 이기풍)

이렇게 조직된 독노회는 몇 가지 중대한 결정을 했다. 먼저 대한 장로회 신경과 정치를 일년 채용하기로 하고 연구위원을 내어 내년 노회에 보고하기로 했다. 이 때 채용한 신경은 앞서 언급한 최근 인도에서 받은 소위 "12신조"였다. 이 때 장로교의 교리표준인 웨스트민스터 신앙고백과 대소요리문답을 교회의 신경으로 채용하지 않고 이 간단한 12신조를 채용하게 된 것은 한국교회가 아직 역사가 옅고, 그 내용을 다 감당하기 어렵다는 데 그 주된 이유가 있었던 것 같다.

---

23) Ibid., pp.21, 22 이 회록의 부록에 나타난 통계표는 1907년 6월 30일까지의 것인데 노회에 보고된 통계와는 상당한 차이를 보이고 있다; 세례교인 18,061명, 원입교인 19,791명, 출석 하는 전체의 수는 72,969명이다.

24) Ibid., pp.9,10

그러나 비록 이 12신조 속에 장로교 교리의 근본적인 것들이 다 포함되어 있다 하더라도 장로교회의 터를 놓으면서 이 고백문서 전체를 받아드리지 않았던 것은 개혁주의 고백교회로서의 정체성에 대한 관심이 미흡했던 것으로 보게 된다. 결과 한국 장로교회는 다른 교파와의 관계에 있어서 그 정체성이 뚜렷한 개혁주의 교회로 성장해 오지 못한 것이다. 한국 장로교회는 해방이 되기까지 12신조 외의 웨스트민스터 신앙고백은 하나의 교리참고서로 생각할 뿐이었고, 교회의 신앙고백으로 받아들여지지 않았다. 그런데 장로회 웨스트민스터 신조를 교회의 신조로 받아 들이지 않은 또 다른 이유를 생각하게 된다. 1905년에 장·감 양 선교회 선교사들로 이루어진 "선교회 총공의회"가 조선에 하나의 "그리스도교회"를 세우기로 합의한 가운데 있었기 때문에, 장로회 선교사들은 선택과 유기 교리를 분명하게 고백하므로 칼빈주의 정체성이 뚜렷한 웨스트민스터 신경이 아르미니안 주의 노선을 걷는 감리회 측에 거리낌으로 작용하여 교회일치에 장애요소가 될 것임을 염려하여 이를 교회의 신조로 받아들이는 데 부정적인 입장을 취했을 것으로 추단할 수 있다.

이 독노회가 조직되자 바로 결정 시행한 가장 중대한 일은 선교였다. 외국선교사들을 통한 복음전도로 교회가 설립되고 노회가 조직되었기 때문에, 영적으로 전도의 빚을 진 한국 교회가 제일먼저 착안한 것이 선교였다. 이로서 한국교회는 주께로부터 받은 대 사명을 수행하는 선교교회로서의 아름다운 출발을 하게 되었다. 이 노회는 전도위원회(뒤에는 전도국)를 설치하고,[25] 이 위원회의 보고와 청원에 의해 제주에 선교사를 보내기로 결의하고, 선교사는 이 노회에서 안수를 받은 일곱 목사들 가운에 한 분인 이기풍 목사로 결정했다.[26] 제주도가 한국 땅인데도 그 곳에 보내는 목사를 선교사라 부른 것은 당시의 상황으로 보아 제주도는 다른 나라처럼 외진 섬이요, 아직 복음이 전해지지 않은 곳이었기 때문이었던 것으로 생각된다. 모든 비용은 각 교회가 감사하므로 연보하여 부담하기로 했다. 자립, 자영, 자치의 교회의 모습을 보인 것이다. "한국교회 첫 모임

---

25) Ibid., p.14
26) Ibid., p.16

은 실로 외국선교회의였다."²⁷⁾ 제주도 선교에 후속조처가 따랐다. 전도인 한 두 사람과 동반하여 선교사를 파송하기로 함으로써 김흥렬, 김형재 등이 동행하여 봉사하게 되었다. 그리고 1908년 제2회 독노회시에는 방기창씨가 "제주 부인들의 정형이 위선 가석하오니 전도국으로 할수 있사오면 여전도인 한 사람만 택송케 하기로 동의 하여" 이것이 가결되었다.²⁸⁾ 그 결과 평양교회 자매들이 이선관(李善寬) 자매를 제주도에 여전도인으로 파송하게 되어, 1909년 독노회 시에 전도국은 그의 전도로 말미암아 "저간에 부인들 중에 열심히 주를 믿는 자매들이 생겼사오며"라는 보고를 하게 되었다.²⁹⁾

독노회는 계속 외지에 나가 있는 교포를 위한 선교를 위해 노력했다. 1909년 러시아령인 해삼위(海參威)에서 "고국 강산을 이별하고 의지할 곳 없이 외로운 나그네로 불쌍히 죽어 가는 생명이 오십만명"이 있으므로 그 곳에 최관흘(崔寬屹)목사를 선교사로 파송하기로 결정했다.³⁰⁾ 그리고 같은 해에 한석진 목사를 일년동안 일본 동경에 파송하여 유학생을 돌보게 하고, 1910년에는 김영제(金永濟)목사를 회령, 북간도에 보냈다.³¹⁾ 북 평안 대리회가 서간도에 전도목사 파송하기를 청원함으로써 노회는 이를 선천교회에 위임하여 김진근(金振根)목사를 서간도에 전도목사로 파송하게 되었다. 이렇게 한국장로교회는 독노회시대부터 선교에 최대의 관심을 기울였다. 독노회는 또한 1910년 제4회 노회에서 원입, 학습, 입교로 구분되는 교인되는 절차를 받아들이게 되었다. 이는 당시 장로, 감리 연합회의에서 합의된 것을 승인한 것이다. 이후 이 구분은 오늘날까지 그대로 교회에서 사용되어 오고 있다.³²⁾

---

27) William Blair & Bruce Hunt, op.cit., p.78
28) 예수교장로회대한로회 제이회회록, 1998, p.11
29) 대한예수교장로회독로회회록, 제3회, 1903, pp.12-13
30) Ibid., pp.13,23 최관흘은 제3회 독로회에서 안수를 받은 8명의 목사중 한 사람이었 다.
31) 대한예수교장로회독로회회록, 제4회, 1910, p.21
32) Ibid., p.23

4.3 장로회 총회(長老會 總會)의 조직

1911년 대구 남문안 교회에서 모인 제5회 독노회는 다음해 1912년에 총회를 조직하기로 하고 7 대리회(代理會)를 7 노회(老會)로 승격시켜 북평안, 남평안, 황해, 경기 충청, 남북전라, 남북경상, 남북함경 일곱 노회를 조직하기로 했다. 이 지역의 교회들은 1912년 3월 안에 모여 노회를 조직하여, 총회는 1912년 9월 첫 주에 모이기로 정했다.[33] 결과 1911년 10월 15일 전주 성밖교회에서는 목사 20명, 장로 25명으로 전라노회를, 같은 해 12월 4일 새문안교회에서는 목사 12명, 장로 21명으로 경충노회(京忠老會)를, 1912년 1월 6일 부산진교회에서는 목사 18명, 장로 18명이 경상노회를, 같은 해 1912년 1월 28일 평양 신학교에서는 목사 28명, 장로 96명으로 남평안노회를, 2월 15일 선천북교회에서는 목사 26명, 장로 15명으로 북평안노회를, 2월 20일 원산 상리교회에서는 목사 14명, 장로 16명으로 함경노회를 조직함으로써 7개 노회조직이 완료되었다.[34]

제1회 장로교 총회(1912)

---

33) 대한예수교장로회독로회 제5회 회록, 1911, pp.33, 44.
34) 金良善, 韓國基督敎史硏究, p.108

1912면 9월 1일 오전 10시 30분 평양 경창문(京昌門)안에 있는 여성경학원(女聖經學院)에서 역사적인 "예수교장로회 조선총회"가 제1회로 모이게 되었다. 당시 회원은 목사 96명(선교사 44명, 한국인 목사 52명), 장로 125명, 모두 221명이었다.[35] 지난 독노회 회장이었던 이눌서(李訥瑞, W.D. Reynolds)목사의 사회로, 히브리서 10장을 읽고, 장자회(長子會)라는 제목으로 설교하고, 마포삼열(馬布三悅)이 떡을, 언더우드(元杜尤))가 포도즙을 가지고 축사하므로 엄숙하고도 은혜로운 성찬식을 거행함으로써 개회를 하게되었다. 이튿날인 9월 2일에는 회의장소를 평양 서문 밖 신학교로 옮겨 회원의 천서를 검사하고, 새 임원을 선거한 결과 회장 언더우드, 부회장 길선주, 서기 한석직, 부서기 김필수, 회계는 방위량(邦偉良, W.N. Blair) 부회계는 김석창씨가 선임되었다. 언더우드가 첫 번째의 회장이 된 것은 매우 뜻 있는 일이었다. 그는 한국에 온 첫 복음선교사로서 그 동안 한국교회를 위해 해산의 수고를 해 왔기 때문이다.

  이 총회의 구성은 일반 한국역사의 관점에서도 중요한 뜻을 갖게 되었다. 전국을 포괄하는 일종의 대의적(代議的) 조직기관이 생기게 된 것은 한국역사상 처음 있는 일이었다. 이제 한국교회는 이 기관을 통해 전국의 얼을 잇게 되었고, 어느 조직도 따를 수 없는 민활한 기동력을 가진 교회로서의 조직망을 갖추게 된 것이다. 일제가 교회를 계속 두려워하고 경계한 이유가 바로 여기에 있었던 것이다.

  이 총회는 최초의 중요한 안건으로 외국선교를 하기로 결의함으로써 독노회 조직할 때와 같이 선교교회로서의 면모를 다시 타나내었다. 전도국은 "노회를 시작할 때에 제주에 선교사를 보내므로 신령한 교회를 세워 하나님께 영광을 돌리므로 우리에게 기쁨이 충만한 바이온즉, 지금 총회를 시작할 때에도 외국전도를 시작하되, 지나(支那)등지에 선교사를 파송하기를 청원"하게 되었다.[36] 이 청원은 제주도와는 달리 완전 외국 선교로서 "중화민국에 선교사를 보내어 교회를 세우는" 것이었다. 총회는 중화민국 내양현(山東省 萊陽縣)에 선교사를 파송

---

35) 예수교 장로회 조선총회 제일회 회록, pp.1-4
36) Ibid., p.21

하기로 하고, 매년 감사일은 외국전도를 위하여 예배하는 날로 정하고, 연보하여 선교비에 충당하기로 하였다.[37] 결과 박태로(朴泰魯), 사병순(史秉淳), 김영훈(金永勳) 세 목사를 선교사로 임명했다.[38] 오랫동안 대국(大國)인 중국의 그늘 아래서 그 문화적 영향을 받아 온 소국(小國) 한국이 이제 복음을 가지고 큰 덩이에 들어가 영적인 영향을 끼치는 누룩이 되기를 원한 것이다. 다음으로, 이 총회는 그 출발지점에서 세계교회와의 교제를 나눔으로 한국 교회가 하나의 보편교회(普遍敎會) 안에 있음을 의식하게 되었다. "만국장로회연합총회"와 미국 남장로교회총회에서 온 문안과 축사편지를 낭독했다. 중화민국 관동교회로부터도 문안편지를 받았다.[39] 총회는 "만국장로회연합총회"와 한국에 선교사들을 파송한 미 남, 북 장로회와 캐나다, 호주 장로교회총회에 감사편지를 내기로 했다. 개회벽두에는 일본교회의 비공식 대표로 105인 사건의 변론을 맡았던 변호사 우자와 장로가 문안과 축사를 했고, 일본장로교의 미와(三和)장로와 감리교 목사 시라도라(白虎)의 인사와 문안이 있었다. 또 일본 감리회 목사 모리시와 조합교회 다가하시(高橋)의 인사와 문안도 있었다.[40]

이 밖에도 총회는 교회의 사단법인 조직을 추진하는 일과,[41] "장로가 목사와 같이 강대에 앉는 것"을 당회의 작정에 맡기는 결의를 했다.[42] 총회 학무위원회(學務委員會)는 "각 학교에서 교육을 열심히하되, 성경과 기도를 특별히 가르칠 것"이라 하고, "각 과중에 국어를 또 힘쓸 것"이라 함으로써 학교에서 경건생활과 특별히 한글 교육에 힘쓸 것을 강조했다.[43]

각 노회가 총회에 보고한 내용은 각 지역에서 교회의 권징이 철저하게 시행되어 교회의 성결생활이 크게 강조되었음을 보게 된다. 예를들면 북평안노회는 "성경과 장로회정치를 의지하여 책벌한 것은 혼인규칙을 위반하며, 간음하며,

---

37) 大韓예수敎 長老會史記, 下卷, p.14
38) 예수교장로회 조선총회 제2회 회록, 1913, pp.8, 58
39) 예수교장로회 조선총회 제1회 회록, 1912, p.41
40) Ibid., 13
41) 예수교장로회 조선총회 제일회 회록, 1912, pp.26, 27
42) Ibid., p.32
43) Ibid., p.35

잡기하며, 모든 불법한 일에 책벌한 자가 303인, 해벌이 150인 출교한자 47인" 이라고 하고 하였다. 노회내 세례교인수가 11,072명이었음을 고려할 때 책벌 받은 자의 이 숫자는 적지 않았던 것이다.[44]

그런데 이 첫번째 총회는 교회적인 아름다운 결의만 하고, 한국 장로교에 밝은 미래를 보여 준 것만은 아니었다. 개혁주의 장로교 치리회로서는 석연치 않은 결의도 했다. 이 때는 한일 합병 후 2년째가 되는 해이므로 교회의 대일 감정이 예민한 때였다. 총회장으로 선임된 원더우드 목사는 그의 설교에서 총회로 출발하는 한국교회가 부닥쳐야 할 미래의 형극의 길을 예견하면서 "겟세마네 동산과 같은 곳"을 향해 나아가는 예수님을 생각하게 했다.[45] 이 총회에는 위에 언급한 대로 일본교회 대표들의 참석하고 있었다. 한국교회 총대들은 "성도의 교제"를 실감하면서도 백감이 오가는 표현키 어려운 심정을 갖고 있었다. 그런데 그 때 공교롭게도 명치천황(明治天皇)이 서거하여 국장이 준비되고 있었다. 총회가 이 일을 그대로 지나치지 않았다. 개회하자 원더우드씨는 국장요배식절차(國葬遙拜式節次)에 대하여 위원 택하기를 동의하여 가결하고 각 노회에 목사 일인 장로 일인씩 14명을 택하기로 가결하게 되었다.[46] 아무리 나라가 현재 일

---

44) Ibid., p.50 경상도 노회 보고서에도 "간음한자와 잡기하는 자, 혼인례를 거역하는자를 많이 책벌하였사오며"라고 한다. ibid., 55 1년전인 마지막 독로회 각대리회 보고에 서도 권징을 철저히 시행한 사실을 알려주고 있다. 남평안 대리회는 "책벌한자 일백팔십인이오, 출교당한자 삼십삼인이요 해벌한자 삼십팔인"이라고 하며, 남전라대리회의 보고에는 "용서할 것을 용서하고 책벌과 출교는 성경말씀과 정치를 의지하여 부득불 할 자에게 하였사오며, 출교자가 9인이요 책벌자가 19인이오며" 라고 하고 있다. 이는 당시 당회가 교회를 감독하고 성결을 유지하기위해 사명에 충실했음을 보여주고 있다. 예수교장로회 대한노회 제5회 회록, pp.52, 59참조.

45) 宣敎七十周年記念說敎集, 大韓예수敎長老會總會 宗敎敎育部 發行, 1955, 中卷, 歷代總 會長 說敎, pp.19,20,22 閔庚培, 韓國基督敎史, pp.310-320 참조

46) Ibid., pp.5-7 국장요배 위원은 원더우드, 김규식, 배위량, 김선두, 위대모, 윤희복, 사우엽, 윤문옥, 마노딕, 이승두, 부해리, 이윤팔, 엽아력, 김내범 14인으로 정했다. 한국 선교를 위한 첫 복음 선교사, 첫 총회장인 원더우드 목사가 이 일에 동의를 한 것은, 그의 한국교회를 위한 많은 공헌에도 불구하고, 일제에 대한 그의 지나치게 조심스러웠던 접근태도와 타협 양보의 정신을 보여 준 것으로 이해된다. 그는 일제가 1915년 3월 "개정사립학교규칙"을 제정 공포해서 기독교학교 교과 과정에서 예배의식과 성서교육의 철폐를 요구했지만, 같은 3월에 이 규칙을 수용하면서 연희전문학교(延禧專門學校)를 설립 문을 열었다.

제의 식민지가 된 처지에 있지만, 이 땅의 교회가 총회로 출발하면서 바로 2년 전 나라를 강탈한 일제 천황의 국장을 위해 공식위원을 선택했다는 사실은 이해하기 힘들다. 더욱 총회는 그 출발지점에서 정교분리의 원칙을 고수하는 개혁주의 교회다운 모습을 보여주지 못한 것이다. 이는 어쩌면 한국 장로교회의 미래의 역사를 가늠하게 하는 결정이기도 했다. 총회 폐회 직전 "회장과 서기로 총회 모인 것을 총독부에 통지케 하기를 동의하여 가결"했다.[47] 출발하는 총회가 일제의 정권 앞에 지나치게 조심스런 행보를 보였던 것이다. 그렇지만 한국의 장로교회는 십자가를 지는 험한 길을 피할 수 없었고, 그 길을 걸어가야만 했다.

4.4 교회일치운동(敎會一致運動)

한국선교를 위해 같은 날에 함께 이 땅에 발을 디딘 장로교, 감리교 선교사들은 처음부터 여러 면에서 연합하고, 협력을 하였다. 앞서 언급한 바와 같이 당시 미장로교 선교사들 대부분은 미국적인 복음주의자들로서 교회관에 있어서는 매우 상대주의적(相對主義的)인 견해를 가지고 있었고, 신학과 교리문제에 있어서 매우 포용주의적(包括主義的) 입장을 취했다. 이들의 대부분이 교파의 차이에 별 관심을 기울이지 않는 19세기 말 미주를 휩쓴 부흥운동 분위기 속에 조성된 미 복음주의와 장로교 자체 안에 자리 잡은 포용주의 영향을 받아 온 분들이었기 때문이었다. 선교 초기 장로교, 감리교선교사들은 잦은 모임을 같고 함께 기도회도 갖게 되었다.

1905년 여름 장·감 선교사들이 감리교 선교사 번커(D.A. Bunker)의 집에서 기도회로 모였을 때, 이들은 교파의 구별을 별 의식하지 않게 되고, 한국내 모든 기독교 세력의 일치에 대한 갈망을 갖게 되었다.[48] 당시 장로교 선교회는 이 일에 매우 적극적이었다. 9월에 재한 장로회선교 공의회가 모이게 되었을 때, "서울 장로회 일치위원회"(The Seoul Presbyterian Committee on Union)는 "대

---

47) Ibid., p.41
48) L.H. *Underwood of Korea*, p.237

한예수교회"(The Church of Jesus), 혹은 "대한 그리스도 교회" (the Church of Christ in Korea)를 설립할 때가 무르익었다 보고, 이 단일 교회 설립을 촉진하기 위한 제의를 하게 되었다.[49]

이어 9월 11일 장·감 선교사들 150여명이 서울에 있는 감리교 여학교에 성경 연구회로 모이게 되었을 때, 이들은 "대한 개신교 복음주의 선교 총공의회"(The General Council of Protestant Evnagelical Missions in Korea)를 조직하게 되었고, 이 총공의회는 장로회 선교공의회의 위 제안을 받아 들여, 그 목적을 "선교활동의 협력과 단 하나의 원주민 복음주의 교회의 조직"(Cooperation in missionary efforts and eventually the organization of one native evangelical Church)에 두었다.[50]

1906년 2월에 "총공의회"의 첫 번째 집행위원회가 언더우드 집에 모였는데 이 때에 위원회는 이미 캐나다에서 진행되고 있는 장로교회, 감리교회, 회중교회의 통합작업을 크게 참고 하고, 장·감 양 교회의 교리적인 문제를 검토한 후 양 교회의 교리를 조화시키는데 별 어려움을 발견하지 못한다고 하면서, 캐나다 세 교회가 마련한 교리를 이 나라 그리스도 교회의 교리로 삼는 것이 합당하다고 만장 일치로 결론지어 "총공의회"에 건의하기로 했던 것이다.[51]

선교회총공의회 후 곧 장로교의 공의회(영어를 사용하는)는 이 선교회총공의

---

49) F.S.Miller, *"Our Korean Friends"*, New York, Fleming H. RevIII. 1935
50) Ibid., p.228. S.F. Moore, An Epoch-Making Conference in Korea, The Movement for a United Christian Church, *The Missionary Review of the World*, 1905. 9月號, p.690
51) Minutes of 1st Meeting of Executive Committee of the General Council of Protestant Evangelical Missions in Korea. *The Korea Mission Field*, vol.2, No.6, Apr. 1906, p.111. F.S. Miller, op. cit. p.256
    캐나다 교회 통합은 1925년에 성취되었다. 캐나다 장로교회는 칼빈주의 신학과 신앙노선 을 포기하고 아르미니안 교리를 수용하게 된 것이다. 당시 캐나다 장로교회는 다수결에 의해 이 통합을 강행한 결과 자체의 분열을 가져왔다. 당시 감리교회와 회중교회는 교회 통합에 이의 가 없었지만 장로교회측에서는 대부분의 목사들은 찬동했으나, 평교인들 가운데서 강한 반대 가 있었다. The Korea Mission Field, ibid, p.121. 장로교인들 가운데 30퍼센트가 통합에 반대를 보였는데, 그 중에서 Ontario 지역에 있는 교회들은 766교회중 반이상인 467교회가 반대했다. Ibid., 252.

회의 결정을 좋게 받아들이면서, 단일 교회가 형성될 때까지 장로교회는 이미 수립한 계획에 따라 자주적 한국 장로회를 조직하기로 하였다.[52] 당시 대부분 장로교 선교사들은 현대주의를 거절하고, 보수적 근본주의 입장에는 굳게 서 있었다. 그러나 이들은 교파의 구별이나 장로교의 정체성에 관하여는 별 큰 관심을 갖지 않고, 폭 넓은 복음주의로 만족하였던 것이다.

이제 서울에 있는 장·감 양 선교회에 속한 교회들이 함께 모여 연합예배를 드리고, 양편 선교사들이 강단을 교류하였다.[53] 나아가 양 선교회는 이 선교회 총공의회를 통하여 1905년부터 선교지를 조정하고 분할하는 일을 착수하여 1909년에 이를 마무리 지었다.. 평양의 장·감 양측 두 남녀 학교가 연합하고 협력하게 되었다. 주일학교 공과를 함께 발행하고, 잡지도 함께 내기로 했다. 공과를 같이 낸다는 것은 개혁주의 신학과 교리에 관하여 별 관심을 기울이지 않았다는 사실을 말하고 있다. 선교지역 조정으로 어떤 지역에서는 하룻밤 사이에 장로교인들이 감리교인이 되고, 감리교인이 장로교인이 되었다. 이런 형편에서 장로교, 감리교라는 구별된 이름은 사실상 큰 의미가 없게 되었다. 그래서 어떤 선교사는 "한국의 신자가 장로교를 포기하고 감리교도가 되게 하는 것을 우리들이 옳고 안전하게 생각한다면 한국 교회 내에 참된 일치를 이루는 데 그 진행을 오랫동안 방해해 온 이 옛 종파주의의 밑바탕을 왜 없애버릴 수 없다는 말인가?"라고 했다.[54] 이 때, 선교사들은 대부분 교리의 차이를 보지 않았고, 교파의 필요성을 느끼지 않았다. 장로교회에서 신자가된 자들을 감리교회에 넘겨주고 억지로 감리교인이 되게 한 분들이 교파의 차이나 중요성을 말할 수 있는 입장에 있지 않은 것이다.

이들의 단일교회의 이상은 교회의 역사를 간과한 매우 감상적이었던 것이었다. 이는 지난날 개혁을 통해 수시로 교회의 교리와 생활을 순화하고 참 교회의 건설의 역사를 이끌어 오신 교회의 주 예수 그리스도의 섭리적 역사를 간과한

---

52) J. F. Moore, Step Toward Missionary Union in Korea, *The Missionary Review of the World*, 1905, 12月號, p.904
53) S.E. Moore, 〈The Revival in Seoul〉 *The Mission Field*, 115, 1906, p.115
54) 〈The United Church of Jesus〉 *The korea Mission Field*, 1910, p.45

일이었다. 대륙의 칼빈주의 개혁교회는 1618-19에 돌트(Dortrecht)에서 모인 국제적 회의에서 아르미니안 교리를 오류로 단정하고 지속적인 개혁을 해 왔다.[55] 1643년에 런던에서 모였던 웨스트민스터 신학자 대회(The Westminster Assembly of Divines)도 아르미니안 교리를 거절한 돌트 신경 내용을 웨스트민스터 신앙고백 속에서 포괄적으로 받아 들였다. 감리교회는 일반적으로 아르미니안 교리를 추종하여 왔다. 그러니 당시 장 · 감 양교회 통합의 무산은 미래의 개혁주의 한국장로 교회의 미래를 위해 다행한 일이었던 것이다.

본국 교회에서는 이런 정책이 받아들여지지 않았다. 특별히 북장로교회보다 더욱 보수적 경향이 있는 남장로교회는 이 단일교회운동에 대하여 매우 부정적이었다. 남장로교 선교본부는 다음과 같은 반응을 보였다; "이들이 하나의 교회를 이룩하겠다는 생각이 엉뚱한데 놀랐다. 그래 '대한 예수교회'의 정체는 무엇이 될 것이고, 그 새 교회의 신경, 예배규범은 어떤 것이 된다는 말인가? 여기(美國)에서 현재 가지고 있는 감리교회와 장로교의 차이는 어떻게 하고, 교리운운 한단 말인가?"[56] 그리고 광주에서 봉사하던 유진 벨(Eugene Bell) 목사는 "우리는 단일성을 원한다. 그러나 통일성이 없는 곳에 유기적인 단일성은 없다"고 하므로 교리의 일치가 없는 곳에 단일한 교회는 있을 수 없다고 보았다.[57] 본국 교회의 부정적인 입장에도 불구하고 한국 선교사들은 단일 교회를 이루기 위한 열정을 잃지 않았다.

그러나 차츰 한국에 단일교회를 세운다는 것이 쉽게 보이지 않게 되었다. 선교사들 가운데서도 강한 반대 의견이 차츰 나타나게 되었고, 한국교회 가운데서

---

55) Dort 회의에서 Arminian 주의자들이 주장하는 다섯가지 항목의 교리를 거절하고, 이 에 대한 다섯 항목의 칼빈주의 교리를 성경적으로 밝힌 것이 돌트신경(The Canons of Dort)이다. 구미의 개혁교회는 Dort 회의 이후 이 신경을 Belgic 신경, Heidelberg 교리문답과 함께 교회의 신경으로 받아 왔다. 소위 칼빈주의 五大敎理(혹은 TULIP)라 부르는 인간의 전적부패(Total Corruption), 무조건적 선택(Unconditional Election), 제한된 구속 (Limited Atonement), 유효한 은혜(Effective Grace), 성도의 견인(Perseverance of Saints)의 교리는 바로 돌트신경의 내용이다.

56) S.H. Chester, Church Union in Korea, *The Missionary*, 1906, 3月號, p.207

57) The Union of Presbyterians and One General Assemly in Korea. *The Korea Mission Field*, 1916, p.152 Ibid., 1919, p.119-121

도 반대하는 분들이 생겨나게 된 것이다. 결과 1911년에 "재한 개신교복음주의 선교회 총공의회"(The General Council of Protestant Evangelical Missions in Korea)는 그 명칭을 "재한 개신교 복음주의 선교회 연합 공의회"(The Federal Council of Protestant Evangelical Missions in Korea)로 고치게 되었다. 이제는 단일교회(Church Union)추구보다는 상호협력과 교제를 주로 추구하기로 한 것이다.[58] 이 선교회연합공의회에서는 한국에 있어서 단일교회 설립이상을 재확인하면서도, 이 일은 한국교회 자체에 맡기기로 했다.[59]

---

58) "Report of Committee of Harmony of Polity," Annual Report of the General Council of Protestant Evangelical Missions in Korea, Cot. 1909, p.21 Louise H. McCully, 〈History of the Progress of Union in Korea〉.,The Mission Field, 1919, pp.227-229. 한국에 단일교회설립운동의 간단한 역사를 위해서는 이 McCully의 저서를 참고할 것. 1919년 11월 호 The Korea Mission Field는 Church Union에 대한 특집으로 꾸며져 있다.
59) *The Korea Mission Field*, 1914, p.373 Ibid., 1937, p.116

제 2 편
교회의 수난과 시련

제5장 수난(受難) 길에 들어선 일제하의 교회

뒤늦게 출발한 신흥제국주의 국가 일본은 1876년 한일수호조약(韓日修好條約)을 맺은 후 한국을 발판으로 동양을 제패하려는 의욕을 가지고, 기회가 포착되는 대로 그 목적 달성에 나서게 되었다. 그런데 기독교인들은 교회를 통해 새 문화를 접하면서 새로운 인생관과 폭넓은 세계관을 갖게 되고, 남다른 투철한 민족의식도 갖게 되었다. 그래서 기독교인들은 먼저 누구보다 강한 충군애국(忠君愛國)의 정신을 보였었다. 이들은 밀려오는 외세로부터 나라를 지키는 길은 황실(皇室)의 안녕이라 생각하고, 왕과 황태자의 생일을 맞이해서는 각 교회가 연합축하 행사를 추진하고 기도회를 가졌었다. 그리고 이 날에는 교회에 태극기를 달기도 했었다.[1]

그런데 일제는 그들의 원대한 목적을 달성하기 위해서는 한국을 일본에 합병하는 것이었다. 이 계획은 일제가 1895년 청일전쟁에서 승리하고, 민비(閔妃)를 시해(弑害)했을 때부터 구체화되어 나타나기 시작했다. 일본은 1905년 을사조약(乙巳條約)을 체결함으로 외교권을 박탈하게 되었다. 교회는 기도회를 열어 민족의 비운을 하나님께 호소하는 길 외에 다른 길을 찾지 못했다. 1905년 장로회 공의회는 길선주 장로의 발의에 따라, 그 해 11월 감사절 다음 날부터 일주일 동안 각 교회가 구국 기도회를 갖기로 하고 이를 실행했다.

1907년에는 헤이그 밀사사건(密事事件)으로 말미암아 고종이 양위(讓位)하게 되었고, 을미조약(乙未條約)이 체결되었었다. 이 때 교회에 속한 학교들은 일제히 임시휴업을 하고, 교인들은 모여서 매일 기도회를 열고 통곡하며 기원하였

---

1) 〈독립신문〉 1896. 9. 3, 1897. 8.26

다.[2] 1910년 8월 22일 한국은 일본의 식민지로 합병되어 수탈되고 말았다. 그런데 이 합병을 전후로한 시기에 일제에게 가장 부담스러웠던것이 기독교인들이요 교회였다. 그래서 일제는 이 세력을 분산하고 파괴하기 위해 가진 방법으로 박해를 가하기 시작했다.

5.1 105인 사건 ; 소위 데라우찌 총독 모살미수사건 (寺內總督謀殺未遂事件)

일제는 한국을 강제 합병한 후 항일독립운동을 방지하고 제거하는 작업이 가장 큰 과제였다. 이 항일운동은 기독교계 인사들이 중추를 이루고 있었기 때문에 일제는 자연히 이들의 세력을 박멸하는데 먼저 힘을 쏟게 되었다. 당시 대부분이 기독교인으로 구성된 애국 단체인 신민회(新民會)가 비밀리에 조직되어 있었는데, 이것이 일제에게는 가장 긴급을 요하는 타도 대상이었다. 이를 위해 첫번째 시도된 것이 105인 사건이었다. 이 사건을 이렇게 부르는 것은 이 사건에 연루되어 갖은 고문 끝에 유죄선고를 받은 사람들이 105인이었기 때문이다. 일제는 당시 서북지방에 이 세력이 가장 강한 것을 잘 알고 있었기 때문에 이 세력을 일망타진하고 동시에 이들과 연루되어 있는 선교사들도 추방하려는 의도를 가졌었다. 이 사건은 당시 데라우찌(寺內) 총독 아래에서 식민지 조선의 치안유지 총책임자로 헌병과 경찰권을 한 손에 쥐고 있던 조선주차헌병사령관(朝鮮駐箚憲兵司令官)이요 경무총감(警務總監)이었던 아카시 겐지로(明石元二郎)의 날조된 것이었다.[3]

그 내용은 대강 이러했다. 초대 총독인 데라우찌가 1910년 12월 27일 압록강 철교의 낙성식에 참석하고자 신의주에 가게 될때 선천과 신의주에서 환영식을 거행하기로 하고, 선천역에서 이에 참여하기 위해 잠시 내려 그가 선교사 尹山溫(G.S. McCune)과 악수하게 되는데, 이를 암호로 기독교인들이 그를 암살하

---

2) 韓國獨立運動史, 1, p.1016
3) 鮮于燻,〈民族의 受難〉, 愛國同志會 서울支會, 1955, p.19

려 했다고 하는 것이었다. 그리고 배후에서 이 사건을 사주한 것이 기독교계의 교사, 학생 그리고 선교사 윤산온(尹山溫, G.S. McCune) 소안론(蘇安論, W.L. Swallen), 방위량(邦緯良, W.N. Blair)등이었다고 했었다. 나부열(羅富悅, S.L. Roberts)과 사락수(謝樂秀, A.M. Sharrocks)도 음모를 격려하고, 비밀의 장소를 제공해 주었다는 것이다. 이는 순전히 기독교 세력을 꺾고, 선교사들을 추방하려는 의도에서 조작된 것이었다. 이들은 1911년에 데라우찌 암살 음모에 대한 정보를 입수하고 조사하던 중 이 음모를 발견해 냈다고 했다. 1911년 10월부터 체포된 수가 약 600명에 이르렀다. 전덕기(全德基) 목사를 비롯하여 몇 사람은 체포되어 심문을 받던 중 심한 고문으로 세상을 떠나고, 1912년 6월 28일 서울지방법원에 123명이 기소되어 재판을 받게 되었는데, 이 중에서 유죄선고를 받은 사람이 모두 105명이었다. 이 가운데 92명이 기독교이었고, 그 중에서 장로교인이 82명이나 되었다. 연루된 장로교인들을 신급별로 구별하면 목사 5명, 장로 8명, 영수 10명, 세례교인 42명, 학습교인 13명이었다.[4] 이 중에서 평양, 정주, 선천 출신이 80명이었다. 이들 중에 이승훈(李昇薰), 양전백(梁甸伯), 안태국(安泰國), 양기택(梁起鐸), 선우훈(鮮于燻)등이 포함되어 있었다. 그런데 재판진행과정에서 이 사건이 날조임이 확연히 들어 났다. 한 예를 들면, 검사가 소송한 내용 가운데에는 60명의 암살 모살자들이 정주(定州)역에서 사건 전날 새벽기차편으로 선천(宣川)까지 왔다고 했는데, 안태국의 요청으로 다음 날 법원 서기가 정주 역에서 조회해 본 결과, 그 날 아침의 선천 행 차표는 다섯 장 밖에 팔리지 않았고, 하루 동안 11장만 팔린 사실이 들어 난 것이다. 더욱 1910년 12월 26일 안태국이 주모자로 선천에 들어왔다 했는데, 그 때에 그는 서울에서 유동렬, 양기택, 이승훈과 저녁을 함께 한 사실이 밝혀졌던 것이다.[5]

---

[4] 한국기독교의 역사, 1, pp.314-315 참조. Bruce Hunt는 125명이 재판을 받았고, 그 가운데 96명이 기독교인이었다고 한다. William Blair & Bruce Hunt, op. cit., p.84. 朝鮮예수敎長老會史記, 상 p.223에는 "1911年(壬子)에 警務總監部에 重獄事變이 忽起하야 宣川邑內 信聖學校 敎員 全部와 生 徒多數와 南北敎會職員과 定州, 鐵山, 義州, 龍川 等 郡 敎徒의 京城監獄에 芋被燭 囚者 百有餘人이라, 數年間에 平北 各會난 悲慘度 子러니, 越三年後에 終是 六人은 處役되고 九十九人은 放免되니라."고 했다.

[5] 鮮于燻, 民族의 受難, 1946, p.81

이 사건이 날조인데도 진행이 가능했던 것은 형언 못할 잔인한 고문으로 헛자백을 받아냈기 때문이었다. 당시 고문 방법은 무려 72종에 달했다고 한다. 무서운 고통을 주는 잔인무도한 고문도 참기 어려웠으나, 저들이 가장 참기 어려웠던 것은 여러 날을 굶긴 후 그 앞에서 맛있는 음식을 들며 이를 바라보게 하는 것이었다고 한다.[6] 이런 고문에 못 견디어 몇 사람을 제외하고는 일경이 허위로 작성한 조서에서 총독을 암살하려 했다는 것과 신민회 회원임을 사실과 관계없이 시인하게 되었다는 것이다.

서울 복심법원(覆審法院)에서 열린 제2심에서 105명 중 99명이 무죄로 석방되고 이승훈, 양기탁, 안태국, 유치호, 임치정(林蚩正) 5명이 6년형을, 옥관빈(玉觀彬)이 5년형 선고를 받았었다. 1913년 10월 9일 서울 고등법원에서 형이 최종 확정되었으나, 이 때 실형을 받은 6명도 1915년 2월 천황 대관식의 특사형식으로 다 풀려나게 되었다.[7]

그런데 이 사건은 그 동안 소원된 선교사들과 한국교회와의 관계를 가깝게 만들어 주는 계기가 되었다. 사실 1905년 을사조약 이후 선교사들은 일제와 한국교회 사이에서 일해야 하는 불편한 자리를 지켜야만 했었다. 선교사들 가운데 어떤 분들은 정교의 분리라는 선을 넘어 친일입장에 서게 됨으로 쌍방의 관계가 느슨해지게 되어질 수밖에 없었다. 그런데 일제가 선교사들과 한국 기독교 신자들을 한꺼번에 이 사건에 연루된 것으로 일을 꾸밈으로 양자가 서로를 이해하는 관계로 돌아서게 되었던 것이다. 먼저 윤산온 목사 부인이 1911년 11월 13일 본국 해외선교부 총무 브라운(A.J. Brown)에게 첫 보고서를 보냈었다.[8] 이어 라부열을 위시하여 여러 선교사들이 선교본부에 현지의 사실을 알리는 편지를 보냈었다. 이 내용은 한결같이 "현재 한국에서는 기독교인에 대한 검거 선풍이 대대적으로 일고 있는데… 끌려가는 사람들은 무슨 이유로 자신들이 체포되어야 하는지도 모르고 있다"고 하며 "체포된 사람들 가운데는 한국기독교의 지도급인

---

6) 鮮于燻, op.cit., p.117
7) 每日申報, 1915. 2.12
8) Mrs. George S. McCune's Letter to A.J.Brown, Nov. 23, 1911

사가 다수 포함되어 있다"는 내용이었다.[9] 윤산온과 라부열 선교사는 가택수사를 받고, 일경의 포위로 감금상태에 있음도 알리게 되었다.[10] 이 사실들이 마침내 미국을 비롯한 여러 언론에 알려지고 여러 신문에 실렸다. 1912년 2월에는 "뉴욕 헤럴드"(The New York Herald)"지에도 그 전모가 밝히 실려지자 미국 해외선교부는 당시 대통령 테프트(Taft)에게 탄원서를 내기도 했다.[11] 미선교부 측의 주선으로 105인 사건의 변호사로 일본인 10명과 한국인 4명이 임명되어 변호에 나서기도 했다. 미장로교 선교본부 총무 부라운(A.J. Brown)은 "한국의 음모사건"(The Korean Conspiracy Case)이란 글을 써서 1912년 11월 26일자로 미국과 극동 신문에 기고함으로써 그 사건의 전말을 세계에 공개했었다.

105인 사건은 한일합병 후 일제의 잔학성을 들어낸 최초의 사건이었다. 이 사건의 전모가 세계에 공개되므로 난처한 입장에 놓인 당시 일본 수상 오꾸마는 조선 총독 데라우찌에게 "금후부터는 조선에서 선한 목적과 적절하게 활동하는 한국에 있는 선교들에게 특별한 친절과 조력의 정치를 펼 것"을 지시하기도 했었다.[12] 이 사건은 민족사적 의의를 갖고 있지만, 교회사적인 의미도 적지 않았다. 어려운 시기에 선교사들과 한국교회 신자들간에 신앙적인 이해를 심화시키고, 결속을 가져오게 했던 것이다.

이 사건이 터지자 한일합병 전후에 시작된 "100만의 영혼을 그리스도에게로"의 운동이 영향을 받을 수 밖에 없었다. 일제는 이를 "100만 군의 십자군병" 운동으로 오해하여 의혹의 눈초리를 보냈고, 이 운동에 가담한 기독교계 학교의 교사와 학생들, 그리고 교계지도자들을 대거 검거하게 되었다. 그래서 이 운동은 이미 언급한 대로 소기의 목적을 달성하기가 어려웠다. 1911년도와 1912년도의 장로교회 통계를 비교하면, 1911년에 세례교인 46,934명이었던 것이 1912년에는 53,008명으로서 6,079명이 증가했는데 비해, 교인 총수는 1911년에

---

9) Idem.,
10) S.L.Robert's Letter to A.J. Brown, Dec., 14, 1911
11) Dr. Brown to tell President of "Complaint of Cruelty by Japanese", The New York Herald, Feb. 12, 13, 1912
12) A.M. Sharrocks, Extract from letter Mrs. A.M. Sharrocks, Nov., 6, 1914

144,261명이었던 것이 1912년에는 127,228명으로서 17,023명이 줄었음을 보게 된다.[13] 적극적인 전도활동이 있었지만 기독교 신자들에 대한 박해 때문에 교회를 새로 찾는 사람이 적었음을 보게 된다. 그러나 세례교인은 상당히 증가되었는데, 이는 이미 믿는 사람들의 신앙은 환난 중에 더욱 강화되어진 사실을 보여준 것이었다.

5.2 한일합병(韓日合倂)에 대한 일본교회의 입장

성경은 교회는 하나라고 가르치지만, 나라와 민족의 구별과 독립적 실존을 인정하고 있다.(행 17:26, 계 7:9) 그러기에 복음으로 사는 신자들은 교회의 보편성을 인정함과 동시에 다른 나라와 민족의 문화와 전통을 존중히 여길 줄 아는 것이다. 한국교회는 한국이 일본에 합병을 당하던 때, 적어도 일본교회 만큼은 침략주의 일본제국과는 다르지 않겠는가 기대했었다. 그러나 일본의 기독교는 이미 일제(日帝)를 위해 변조된 종교가 되어 침략자 일제와 같은 이념을 가지고 접근해 오므로 한국교회를 실망시키고 말았다. 당시 일본 교회 안에서의 한국합병에 대한 이의(異議)는 거의 제기되지 않았다.[14] 일본교회의 지도자 우에무라(上村正久)는 1910년 8월 27일 한일합병에 관하여 "한국, 마침내 제국의 판도에 합병되었다... 이것이 다 하나님에 의해서 작정되어 있음을 깨닫고..."라는 식으로 말했다. 당시 장로교회 장로로서 서울 고등법원 원장의 직책을 맡은 와다나베(渡邊暢)는 "두 민족의 조화는 기독교에 의해서 제래(齊來)되어져야한다. 나는 얼마 전 연동교회에 가서 설교하면서 에베소서 2장 16절을 읽고 두 민족 사이의 심각한 간격을 메우는데 기독교인의 책임이 얼마나 중차대 한가를 고조하였다"고 하였다.[15] 이들은 일본기독교회의 책임 있는 지도자들로서 한국민의 일본화

---

13) 대한예수교 장로회 총회록 1911, 1912 통계 참조.
14) The General Survey, The Christian Movement in Japan, Korea and Formosa, 1910, p.415
15) The Letter of Noboru Watanabe to H. Loomis, 1909. 1. 27 日字. The Japanese Chief Justice in Korea, *The Missionary Review of the world*, 1910, 3月號. p.232

(日本化)에만 관심을 가지고 있었음을 보여주고 있을 따름이었다.

당시 일본기독교회는 대회에서 한국장로교회에 한일합병 축하문을 보내고, 한국에 일본 선교사를 파송하기로 결의했었던 것이다.[16] 일본교회 가운데는 조합교회(組合敎會)가 가장 두드러진 어용(御用)종교단체로 등장했다. 이들은 한일합병을 "前古未曾有의 盛事"라고 하면서 "倂合의 大目的을 철저히 하고 我 帝國 永遠의 福利를 위해 韓國敎化에 나선다"고까지 했다.[17] 그리고 이들은 한국에서의 종교가는 이중의 책임이 있는데 하나는 "所謂 純宗敎的 立場"의 것이요, 다른 하나는 "이들 조선인을 同化해서 我 忠良한 臣民으로"만드는데 있다고 하였다.[18] 이 일본 조합교회는 당시 데라우찌(寺內) 총독으로부터 매년 수 천원의 보조금을 받아 한국에 친일 조합교회를 이식했다. 이런 불순한 일은 그 교회에 속한 유아사(湯治浪)가 조선인을 일본 국민화 시키려고 전도하는 것은 전도의 타락과 속화라고 비방하면서 "日本國民이 낸 稅金을 機密費로서 敎會가 使用하는 것은 不可"하다고 공격함으로 분명히 드러났다.[19] 조합교회는 1911년부터 1917년까지 한국전역에 145교회를 세우고 그 교인의 수는 12,670명에 이르렀다. 그 책임자는 와다세(渡瀨常吉)로서 그는 "한국이 일본의 영토가 된 이상 일본에 의해서 전도가 되어야 한다"고 하고,[20] 한국전도의 사명을 띠고 한국에 와서 데라우찌 총독을 위시한 요인을 방문하여 협조를 요청하고, 1911년 7월 6일에 서울에 한양교회를 세웠다. 한국인으로서는 차학연(車學淵)과 유일선(柳一宣)이 그와 밀착되어 있었다.[21]

조합교회의 팽창은 당시 호남지역에서 자유교회를 부르짖고 장로교회를 떠난

---

16) Japanese and Korean Churches, *The Missionary Review of the world*, 1911, 2月 號, p.82
17) 海老名彈正 發行의 1913年度 募金趣旨書, 同志社大學 所藏. 大韓예수敎長老會史, p.283
18) 大韓예수敎長老會 百年史, p.281
19) 所謂 鮮人日本國民化의 失敗,上毛敎界月報, 1925. 5. 25日字所謂 鮮人日本國民化의 失敗, 上毛敎界月報, 1925. 5. 25日字
20) 김수진, 한일교회의 역사, p.18,
21) 姜東鎭, 日帝의 韓國侵略政策史, 서울 한길社, 1980, pp.169-170, 193, 270 柳一宣은 賣國奴의 한 사람으로 指目되고 있음.

자들을 일부 포섭함으로써 이루어지기도 했다. 일제가 한국을 병합하고, 총독 모살 음모사건을 꾸며 한국교회 지도자들에게 잔혹한 박해를 가했을 때 오직 무교회주의자인 우찌무라(內村鑑三)만이 총독정치를 정면 공박했다는 사실은 일본에 참된 그리스도의 교회가 없었음을 의미하는 것이었다.

5.3 기독교학교와 교회에 대한 일제의 통제(統制)

일제는 1905년 을사조약을 맺음으로 한국의 외교, 재정, 군사 분야 등에 고문정치(顧問政治)를 강화하면서 식민지교육을 위한 기초 작업에 착수했다. 교육개혁안을 발표하여 소학교를 보통학교(普通學校)로, 중학교를 고등보통학교(高等普通學校)로 개편하고, 수학 연한을 단축함으로써 우민화(愚民化)정책을 쓰고, 일본어 교과서 편찬으로 "조선인의 동화(同化)" 정책에 주력을 하게 되었다.

1906년 2월 통감부(統監府)가 설치되어 이또우(伊藤)가 통감으로 부임하자 그는 "조선인의 일본화"라는 교육방침을 공식으로 선언했다.[22] 결과 당시 실추된 국권회복과 애국을 위한 계몽적 민족 교육을 하던 사립학교들을 "비문명적학교"(非文明的學校)라고 비하하였다.[23] 이와 같은 일제의 태도는 곧 사립학교에 대한 탄압으로 이어졌고, 기독교학교에 대한 탄압으로 연계되었다. 그런데도 일제는 아직 미국과의 우호적 관계를 고려하여 기독교학교에 대해서 직접적인 탄압은 잠시 유보했었다. 그래서 당시 전국에 있던 5,000여개 사립학교 가운데 1908년 8월 사립학교령이 공포된 후 대부분 학교가 문을 닫았으나 기독교 학교만은 존속될 수 있었다. 당시 남은 820여개 학교 중에 장로교계 학교가 501개교, 감리교계 학교가 158개교로서 존속된 학교 대부분이 기독교학교였다.[24]

그러나 1910년 "합방"이 되자 상황은 급변하게 되었다. 그동안 국제적인 이해 관계로 미일 관계에 틈이 생김으로 일제가 미선교사들과 교회를 대하는 입장이

---

22) 정재철, op.c. pp.220-240
23) 俵孫一, 韓國敎育 旣往及現在, p.165
24) 孫仁銖, 韓國近代敎育史, 1885-1945, 延世大學校出版社, 1971, p.63

달라지게 되었다. 나아가 초대 총독으로 부임한 데라우찌(寺內) 총독은 특별히 오만한 반 기독교적 인물로서 "무단통치"(武斷統治)를 강행하게 되었다. 그는 이제 선교사들에게 위압적인 태도로 나타났으며, 조선을 식민지로 통치하는데 서구세력의 지원을 받고 있는 기독교 세력을 가장 큰 장애물로 판단했다. 그래서 그는 민족교육뿐 아니라, 기독교 교육을 분쇄하기 위한 정책을 펴 나갔다.

1911년 8월 그는 "충량한 제국신민의 육성"을 교육지표로 교육법을 마련하고, "조선교육령"(朝鮮敎育令)을 공포하였다. 이로서 한국의 민족교육과 기독교 교육은 수난의 길에 들어서게 되었다.

이런 어려운 때에 교회는 그 미래가 교육에 있음을 알고 교육에 큰 관심을 기울였다. 장로교 총회는 그 창립시에 이미 학무위원회를 두었을 뿐 아니라[25] 선교사들은 1911년 선교교육연합회(Educational Federation of Missions in Korea)를 설립하여 교육과정의 일치를 도모하고 총독부와의 연락을 대행하였었다.[26] 당시 교인 약20만명 중 4만 여명이 학령기에 있었는데 그 가운데 약 2만 명이 1천여 기독교계 학교에서 교육을 받고 있었다. 1914년 총회는 기독교학교의 미래의 위기를 예견하고 "현금 교육정도가 비상히 진보되는 때에 우리 교회 학교도 특별히 주의하지 아니하면 안 될것"[27] 이라고 하였다.

총독부는 1915년 4월 1일 발효되는 "개정사립학교 규칙"(改訂私立學校規則)을 그 해 3월에 공포하여 사학의 통제와 감독을 강화하기 시작했다. 이 규칙에 나타난 교육설비, 교사의 보완, 수준의 향상 등 표면상의 규정은 이해될 수 있는 것들이었으나, 심각한 문제가 된 것은 교과과정에서 예배의식과 성경교육의 철폐를 요구한데 있었다. 이 요구는 기독교 학교의 정체를 말살하려는 의도에서였다. 총회는 "총독에게 상서하여 예배식과 성경교수는 불폐(不廢)하기를 허락하여 달라고 간청"하기로 하였고,[28] 선교사공의회도 1915년 9월 진정서를 제출했

---

25) 大韓 예수敎 長老會 總會 第1會 會錄, 1912, p.33
26) J.E. Adams, The Educational Federation of Protestant Evangelical Missions, The Christian Movement, 1913, p.52
27) 總會, 第三會 會錄, 1914, p.29
28) 總會, 第四회 會錄, 1915, p.40

으나 총독부의 입장은 강경하기만 했다.[29] 총독부는 선교사들에게 "지금까지 교육에 써 오던 돈과 노력을 종교적 포교에만 국한시킴으로서 교육사업은 완전히 총독부의 손에 맡기는 것이 좋다"고 하며 "교육은 절대적으로 신민적(臣民的)이어야 하고, 세계적인 정신과 통하는 종교와 혼동되어서는 안 된다"고 했다.[30]

이런 시련의 때에 한국 기독교계와 선교사들은 공동전선을 펴므로 적을 대항하여야 했으나 그렇지를 못했다. 장로교와 감리교의 길이 갈리게 된 것이다. 감리교의 해리스(M.C. Harris) 감독은 학교교육을 전폐하기 보다는 총독부의 시책에 순응하는 것이 낫다고 판단했다. 그래서 선교교육연합회를 탈퇴하고 가능한 빨리 총독부의 시책에 순종하기로 했다.[31] 물론 여기에는 사립학교 출신에 대한 차별대우 때문에 불만을 갖는 학생들의 불만을 해소 시키고자 하는 의도도 있었다. 감리교는 서울과 평양 등에 있는 학교들에 대한 인가신청을 제출하고, 학교 이름을 고등보통학교(高等普通學校)로 바꾸었다.[32]

이에 반해 장로교측에서는 예배의식과 성경교육 금지는 기독교교육 자체의 포기로 판단하고 학교인가 신청을 하지 않기로 결의했다.[33] 이로써 장로교 계통의 학교가 받아야 하는 피해는 컸다. 이 새규칙에는 신사(神社)가 종교가 아니고 국민적 의례(儀禮)라고 하여, 학교에서 신사참배를 준행 하도록 했었다. 소위 궁성요배(宮城遙拜, 혹은 皇居遙拜라고도 부름)에 대한 강요도 있었다.[34] 장로교회는 학교에서 이런 신사참배나 궁성요배를 받아드릴 수 없었다. 결과 장로교에 속한 학교들은 총독부의 인가를 받지 않음으로 잡종(雜種)학교로 머물게 된 것

---

29) Educational Commiittee, The Minutes, 1916, p.74, 당시 교섭위원은 A.F. Robb, S.A. Becker, J.E. Adams였다.
30) F.A. McKenzie, *Korea's Fight for Freedom*, p.214, Cf. A.J. Brown, op.cit., p.591 이 글은 1915년 4월 3일에 총독부의 外事局長 고마쯔(小松)가 京城日報에 실은 글의 내용이다.
31) Educational Committee, The Minutes, 1916, pp 75, 76
32) 朝鮮總督府學務局, 朝鮮諸學校一覽表, (1927, 5月), pp.337, 341-343 이 때 인가신청을 한 학교들은 서울의 培材, 梨花, 평양의 光成, 개성의 호수돈, 평양의 正義, 원산의 樓氏, 그리고 서울의 培花, 개성의 松都 등이었다.
33) The Minutes, 1916, p.76, C. H.H. Underwood, *Modern Education in Korea*, New York, International Press, 1926, p.203
34) 總會, 第四回 會錄, 1915, p.40

이다.

　일제는 공립학교의 시설을 점점 확충하여 사립학교와의 차별성을 나타내고, 사립학교 출신들의 자격을 인정하지 않는 방법으로, 기독교적 정체성을 지켜가려는 학교들을 차츰 고사(枯死)하게 하는 정책을 썼다. 이들은 개정사립학교 규칙을 발표하면서, 사립학교에게 시설확충을 위해 10년의 기간을 주었었다. 기독교 사립학교들이 이 기간 동안 시설확충을 하지못함으로 문을 닫을 것으로 내다보았던 것이다. 실제 기독교 학교는 총독부의 관립학교에 비해 재원이 미치지 못함으로 운영이 어려워 학교들끼리 폐합해야 하는 경우도 있었고, 하는 수 없이 폐교하는 사례도 나타나게 되었다.[35] 지난날 신문화 운동을 이끌고, 교육의 선구자 역할을 해 오던 기독교 학교들이 이제 일제의 반 기독교 정책으로 수난을 겪으면서 명맥을 유지해야 하는 처지가 되어버린 것이다.

　1915년 4월에 "개정사립학교규칙"을 공포함으로 기독교 학교에 대한 압력을 가한 총독부는, 같은 해 10월에 "포교규칙"(布敎規則)을 발포하여 교회도 정치적 통제 아래 두려 했다. 이 규칙의 핵심은 교회의 조직과 개인의 전도교역(傳道敎役) 자격을 관리하는 것이었다. 피상적으로는 보편적으로 인정된 세계적인 종교에 대한 통제보다는 종교의 이름을 빙자한 사이비 단체의 조직을 규제한다는 것이었으나, 실상은 교회를 통제하려는 것이 목적이었다. 예를들면 교회나 강설소(講說所)를 설립하게 될 때, 이를 위한 신청을 총독부에 하도록 규정했던 것이다. 이 해 모인 총회는 총독부 포교규칙에 "몇 조목이 신령한 뜻에 거리끼는듯하니" 교섭위원 3인을 내어, 총독부에 교섭하도록 하고, 그 위원으로 당시 총회장 김필수(金弼秀)와 서기 함태영(咸台永) 회원 홍승한(洪承漢)을 택하였다.

　일제는 이렇게 기독교 학교에 예배와 성경교육을 금함으로 기독교정신을 박탈하고, 교회를 통제하여 그 성장을 억제함으로써 교회의 세를 꺾고, 무너트리려 했다. 교회가 인간의 힘으로 유지되는 하나의 공동체라면, 이런 때에 힘을 잃

---

[35] 총회 제육회 회록. 1971. p.56 평남노회의 보고서에서 이런 사실을 읽게된다; "교육 형편은 재정이 곤란하야 기초가 공고치 못함으로 당국에서 병합 혹 폐지하라는 명령을 받아 병합하기로 진행하오며..."

고 좌초될 수 있었다. 그러나 교회는 하늘의 하나님 보좌 우편에서 하늘과 땅의 권세를 가지시고 계시는 그리스도에 의해 유지되는 공동체이기에 이런 시련의 시기에 소망을 잃지 않고 전진할 수 있었다.

제6장 교회와 삼일독립운동
(三一獨立運動, 1919)

6.1 삼일운동과 그리스도인들의 참여

한국 땅에 복음이 전해지고 터가 놓이던 19세기 말에 일본의 한국침략이 시작되었다. 복음을 통해 구원을 받고 참자유를 체험한 그리스도인들은 일제의 침략이 노골화되고 한국 땅이 강점당하게 되자 자연스럽게 애국충군(愛國忠君)의 모습을 보이게 되었고, 교회는 강력한 항일 세력으로 등장하게 되었다. 일제가 한국을 병합한지 9년이 되던 해, 1919년 3월 1일 거족적인 독립운동이 일어나게 되었다. 이 운동은 굴욕적인 식민 지배를 벗어나 나라를 찾으려는 운동이었기에 종교의 구별을 초월하여 모든 사람들이 참여하였었다. 그런데 이 거족적 운동에 불교나 천도교 같은 종교단체도 주도적 역할을 한 것은 사실이지만, 그 핵심 세력은 교회를 배경하고 있는 그리스도인들이었다. 이는 일제가 일찍부터 교회를 핵심적 저항세력으로 간주하여 경계하여 왔고, 근년에는 교회세력 근절정책의 일환으로 "개정 사립학교 규칙"(改正私立學校規則)을 공포하여(1915. 4) 기독교 학교 정체성을 부정하고, 이어 "포교규칙"(布教規則)을 발표함으로써(1915. 10) 교회를 총독의 통제하에 두게 되어, 교회가 미래의 성장뿐 아니라, 현재의 존립 자체에도 큰 위협을 받고 있었기 때문이었다.

그러나 그리스도인들이 이 운동을 최초로 모사(謀事)하거나 주도하지는 않았다. 이는 천도교계의 인사들과 그 주변의 사람들이었다. 이 운동의 윤곽이 분명하게 되었을 때에 이승훈(李昇薰)의 교섭으로 장로교 측의 길선주(吉善宙,

1869-1935), 양전백(梁甸伯, 1869-1933), 유여대(劉如大, 1878-1937)등을 위시한 감리교 측의 목사를 포함한 상당수의 교회 지도자들이 참여하기로 했던 것이다. 독립선언서에 민족대표로 서명한 33인 중 기독교인들이 16명으로 반을 차지했다.[1] 그런데 이 운동이 나라를 찾기 위한 거족적인 것이었지만, 기구로서의 교회가 공식적으로 가담하지는 않았다. 교회의 공식치리 기구인 당회나 노회, 총회가 직접 이에 대해 논의하지는 않았다. 교회공동체가 일찍부터 나라를 사랑하고 위해 기도하는 생활을 해 왔지만 세(勢)를 과시하는 정치적인 집단으로 나타나지는 않았던 것이다. 그러나 이 운동이 일어나자 누구보다 나라를 사랑해온 기독교 신자들은 자연스럽게 이에 앞장을 서게 되고, 전국적으로 형성된 유기적인 망(網)이 이 운동을 위한 민활한 맥망(脈網)이 되므로 핵심역할을 하게 된 것이다.

이 운동은 3월 1일 서울의 태화관에서 민족대표 29인이 모여 독립선언식을 갖고 독립선언서를 발표했으며, 같은 시간에 파고다 공원에서도 시민과 학생들이 모여 같은 독립선언식을 갖게 되었다. 33인 민족대표에 속했던 길선주 목사는 당시 황해도 장연교회의 사경회 인도 중에 있어 독립선언식에 참석을 못했다.[2] 유여대 목사는 서울 선언식에 참석하지 않고, 지방에서 시위를 주도했다. 그는 평북 의주 지역에서 김창건 목사, 김이순 전도사, 안석응, 김두철 등의 동지를 규합하여 3월 1일 의주 서부교회당 공터에서 7, 8백명을 모아 자신이 직접 독립선언서를 낭독하고 만세시위를 지휘하다 체포당했다.[3] 서울에서 시작된 이 독립운동 만세 시위는 곧 전국 각처에 요원의 불길처럼 퍼지게 되어 반년이 계속되었다.

교회가 공식적으로 이 운동에 가담하지는 않았으나 교회의 지도자들이 앞장

---

1) 獨立宣言書에 署名한 民族代表 33人中 基督教人이 16名이었는데 長老敎會에 속한 분들이 李承薰, 梁甸伯, 李明龍, 劉如大, 金秉祚, 吉善宙였고, 監理敎會에 屬한 분은 申洪植, 朴熙道, 吳華英, 鄭春洙, 李甲成, 崔聖謨, 金昌俊, 李弼柱, 朴東完, 申錫九였다.
    吳在植 編述 民族代表33人傳, 서울, 東方文化社, 1959 參考
2) 같은 民族代表 33人中에 속했던 金秉祚, 劉如大, 鄭春洙 牧師는 地方에 있어서 參席못했다.
3) 이병헌, "유여대 선생 취조서." 〈31 운동 비사〉, pp.275-277: "유여대, 안응석 등 판결문."(독립운동사 자료집), 5집, pp.875-877

을 서게 되고 어떤 때는 교회의 공터나 학교가 시위를 위한 장소가 되므로 교회는 이 운동의 핵심체로 간주되었다. 몇가지 예를들면 지난해 장로교회 총회장을 지낸 김선두 목사는 다른 동역자들과 함께 평양에 있는 6교회 연합으로 독립선언식과 시위를 하기로 계획하고, 3월 1일 숭덕학교 운동장에서 약 1천명을 모으고, 자신의 사회로 독립선언식을 거행했다. 그는 이 때문에 체포되어 그 해 10월 총회가 열릴 때 투옥되어 참석치 못하므로, 부회장이었던 선교사 마포삼열 목사가 사회를 했었다.[4] 평양북도 선천에서는 양전백, 김석창, 정상인, 홍성익이 주동되어 신성학교(信聖學校) 월례기도회 석상에서 독립선언과 독립에 대한 강연을 하고 만세를 부르며 시가를 행진하였고, 이들이 경찰서에 이르게 되었을 때 시위군중의 수는 수 천명에 이르게 되었다. 이 때 일경은 3·1운동이 일어난 후 처음으로 총을 발사하여 12명의 사상자를 냈었다. 경북에서는 당시 노회장이던 정재순 목사와 노회서기 이만집 목사가 중심이 되어 3월 8일 대구 장날을 기해 교인들과 계성학교 학생들을 동원, 시장에 모인 군중들에게 독립선언서와 태극기를 나누어 주고 7, 8백명의 군중과 함께 시위를 하다가 체포되었다.[5] 경남, 부산에서는 3월 11일 기독교인들과 일신(日新)여학교 학생들이 주동이 되어 시위를 하게 되었다. 3월 3일에 나붙은 글에는 이 운동에 임하는 자들의 비폭력적 참여와 그리스도인들에게는 매일 세 번 기도하고, 주일에는 금식하며, 매일 성경을 읽되 월요일에는 이사야 10장, 화요일에는 예레미야 12장, 수요일에는 신명기 28장, 목요일에는 아가서 5장, 금요일에는 이사야 59장, 토요일에는 로마서 8장을 돌려 가며 읽으라고 했다.[6] 당시 그리스도인들에게 일제의 압제로부터의 해방과 독립 운동은 기독교 신앙에 기반을 둔 것이었다.

---

4) 대한 예수교 장로회 제 8회 총회 회록, p.1
5) 〈독립운동사자료집〉, 5집, "이 만집, 김태련, 정재순 등 판결문," pp.1,264-1,274
6) 金秉祚, 韓國獨立運動史略, (1920原稿), 서울, 亞細亞文化史, 1977, 上, p.34
"我 可敬可貴한 獨立團 諸君이여, 何事이던지 日人을 侮辱하지말고, 石을 投하지 말며, 拳으로 打하지 말라. 是는 野蠻人의 하는 바니 獨立의 主義를 損害할 뿐인즉, 幸各注意할지며, 信徒는 每日 三時 祈禱하되 日曜日은 禁食하며 每日 聖經을 讀하되 月曜는 以사 亞 十章, 火曜는 耶利未 十二章, 水曜는 申命記 二十八章, 木曜는 雅客 五章, 金曜는 以사 亞五十九章, 土曜는 羅馬8章으로 循環讀可할 것이라."

6.2 삼일독립운동과 교회가 받은 피해

3.1 독립시위 운동에 일제는 비인도적인 잔학한 행위로 진압에 나섰다. 이로 말미암아 한민족이 받게 된 피해는 막대했다. 당시 총독부의 공식발표에도 사망자가 562명이고 상해자가 1,569명이라고 했으며, 체포하여 공소한 인원이 19,054명이라고 했다.[7] 그러나 목격자의 산정에 의하면 적어도 6천여명이 참살되고 43만 여명이 체포되었다는 것이다.[8]

그런데 교회가 가장 큰 피해를 입게 되었다. 이는 일제가 교회를 이 운동에 영감과 동력을 불어넣은 배후세력으로 보았기 때문이다. 일제가 교회에 가한 가장 비인도적 행위는 수원부근의 제암리 교회당을 불태운 사건에서 밝히 들어 났다. 독립만세 운동이 한창이던 1919년 4월 15일 낮 2시경 일본군 중위 아리다(有田俊夫)가 제암골에 나타나 교인들을 그곳 감리교회당에 다 모이게 한 뒤, 군인들이 총을 쏘고, 칼을 휘두르면서 불을 질렀던 것이다. 결과 그 안에 있던 30여명의 교인들이 모두 타서 죽고 교회당이 잿더미가 되어버렸다. 이 같은 만행은 그 부근 마을에서도 강행되어 교회당과 민가 34동이 소실 당했다.[9]

장로교회가 입은 피해가 1919년 10월 총회에 대략 노회 보고로 집계되었다.[10] 당시 이 운동에 참여하였다가 체포되어 복역 중에 있는 분이 830명, 사망자가 45명, 부상자 2,560명이었다. 총독부의 발표에 따르면 전국에서 피소된 자의 총 수가 6,147명이었는데 그 가운데 장로교인이 1,154명(감리교 290명)으로 전 피소자의 약 5분의 1(18%)을 차지했다. 장로교회가 받은 피해는 어느 다른 종교나 교파의 피해보다 컸다.[11] 이는 곧 장로교인들이 이 운동에 누구보다 적극적으로

---

7) The Annual Report on the Administration of Chosen, Government-General of Chosen, 1918-1920, pp.158, 195
8) N. Martin, Japan's Attempt to Exterminate Korean Christians, Milford, 1919, p.11
General Survey, The Christian Movement, 1919, p.200
9) 朴殷植, 韓國獨立運動之血史, 上, 112
10) 대한예수교장로회 총회 제8회 회록, 1919, pp.64-118에 의거 대략 집계한 것임.
11) 각노회 보고중 일부를 소개하면,
함북노회 ; 독립만세사건으로 교인 중에 별세한 자 9인, 이 중에 교사와 학생이 있음. 중상자

참여했었다는 것을 의미하는 것이었다. 신학생 다수도 체포되고 지방교회가 받은 손실이 컸기 때문에 그해 10월에 모인 총회는 신학교의 잠정 휴교에 대한 보고를 받게 되었고,[12] 전총회장 김선두 목사가 서대문 옥에서 복역 중에 있었기 때문에 부회장인 마포삼열(Mloffet)이 사회를 하고, 선교사인 그가 총회장으로 뽑혀 집무를 계속하게 되었다.[13] 이해에 교회는 큰피해를 입게 되었다. 10월 총회가 집계한 통계에 의하면 교회수가 전년의 4,081개소에서, 4,017개소로 64교회가 줄어들었고, 교인수가 160,909명에서 144,062명으로 16,849명이 줄어들었다. 주일학교학생수는 115,576명에서 90,504명으로 25,072명이 줄어든 것이다.[14] 1919년 10월에 모인 장로회 제8회 총회는 3.1 운동의 열기가 아직 식지 않은 가운데 모인 회의였다. 총회는 "경성 서대문 감옥에 수금된 전 회장 김선두씨와 증경 총회장 양전백씨와 증경 서기 함태영씨와 전도사무국장 길선주씨에게 본총회가 편지로 위문하기로 가결"했다.[15] 그리고 "환난중에 있는 형제자매 위해 1주일간 각 교회가 특별 기도회 하기로 동의 가결"했다.[16]

교회가 입은 피해와 참화는 국내 교회뿐 아니라, 만주지역으로 삶의 터전을

        10여인이요, 감옥에 있는자 30인.
    황해노회 ; 독립사건으로 태형 받은 자가 80인중 장로 3인, 6개월 이상 2년 처역된 자 85인, 이 중 장로 5인, 조사 5인, 몇 주일 예배 못 본 교회도 있음.
    평안노회 ; 모임을 금함으로 얼마동안 회집치 못한 교회도 있고,
    사천교회 ; 감옥에 가쳐 있는 교우가 208인, 감옥에서 90태형 맞은이 47인, 경찰서에서 29도 태형 맞은이 68인, 오충이나 매로 죽은이 12인.
    경남노회 ; 독립운동을 인하여 교인중에 총살자 1명 옥사자 1명 복역하는자 41명중 16세 된 여학생 1명도 있음.
12) Ibid. p.53; 신학부 보고중 "금 춘 신학생 85인이 회집 했으나, 그 중 5인은 독립운동 사건으로 인하여 태형29도씩 맞고, 그 외 80인은 이 지방 사세로 인하여 돌아감으로 개학치 못했으며…9월 17일 개학하였는데 학생은 1,4,5 등 합하여 40인이며…"라는 내용이 있다.
13) Ibid., p.1; "회장 김선두 목사가 3.1 독립만세운동건으로 경성서대문 감옥에 수금되어 있어 참석 못함으로 부회장 마포삼열 목사가 감옥으로부터 "문안함과 축복함과 회장직무를 부회장 마포삼열씨에게 위임한 말씀을 서기가 낭독하매 회중이 슬픈 마음으로 받고 부회장이 회장을 위하여 간절히 기도하다." p.5 참조
14) Ibid., pp.120-125 참조
15) 조선 예수교장로회 제 8회 회록, 1919, p.11
16) Ibid., 21 기도기간은 11월12일에서 18일까지로 했다.

옮겼던 이민교회에도 있었다. 이들이 먼 거친 땅에서 당한 참화는 국내교회가 당한 그것보다도 더 컸고 1920년까지 계속되었다. 당시 만주 간도교회가 겪은 참상을 사기는 이렇게 알려주고 있다;[17] "1919년(己未)에 三一事件으로 因하여 間島 敎會는 風雲이 霽收할 日이 無하였으니, 六芜 龍井市를 中心으로 하고, 數萬群衆이 熱狂으로 雲集하여 萬歲를 唱하는 中 中國陸軍에게 銃殺을 當한 자 17人이오, 拘留監禁된 敎人과 敎會의 困難은 不可形言이며 外地 各敎會도 困難의 波及을 當하였다...1920년(庚申)에 討伐隊가 間島에 入하여 ○○派를 討伐하는 中 靑山 白雲敎會는 村落이 全部 陷落되는 때에 禮拜堂과 學校는 燒失되고 慘殺을 當한자 9人이오, 家屋은 다 燒失되고, 間獐岩敎會는 洞民 33人이 慘殺을 當하였고, 5家 全燒時에 敎友 14人이 卽死하였으며, 禮拜堂과 學校는 全燒하고, 揚亭子敎會도 禮拜堂과 學校가 燒失되었다. 龍井에서 多年 勸書하던 李根과 .... 敎會長老 金文舜, 李明淳과 敎人50名이 慘殺되었고, 入監永眠者와 懲役宣告를 受한 者 多數를 遊離飄迫과 行方不明者가 不可勝數더라." 이외에도 남만노회, 산서노회 경내의 교회가 당한 참화는 국내의 그것에 비교할 수 없을 만큼 컸었다.[18] 국내외 전 한국인 교회는 대 수난을 겪은 것이다.

6.3 3·1 운동에 대한 선교사들의 반응

한국에서 복음을 전하고, 한국과 한국교회의 현실을 잘 알고 있는 대부분의 선교사들은 이 독립선언 운동에 대해 깊은 이해를 가지고 있었으며, 사태를 진압하기위해 나선 일제의 만행에 저항하면서 한국교회와 행동을 같이했다. 그런데 극소수의 선교사들은 이런 상황 속에서도 친일적인 입장을 부끄럼없이 보였다. 이런 입장을 나타낸 분들은 대부분 감리교 측의 선교사들이었다. 감리교는

---

17) 〈咸北老會 報告〉 大韓예수敎 長老會 史記 下卷, pp.354, 355
18) Ibid., p.393 參照. "1919년(己未) 3.1事件을 因하여 南滿 各 老會가 無理한 慘殺을 當한 者 不知其數인데 知名者는 如左하다. 三源浦 長老 安東植, 西堡敎會長老 李根眞......33人 이더라. ... 同年에 覇王禮拜堂은 衝火를 當하고, 華旬子禮拜堂은 馬廳로 使用하고, 敎人의 家屋, 書籍은 全部 消失되어 禮拜할 處所가 없음으로 山中에 避入하여 私家에서 主日마다 禮拜하니라...."

그 신학이 원래 인본주의적 경향을 띠고 있기 때문에 언제나 환경에 적응, 협상하는 모습을 보여 왔다. 감리교 감독의 친일적 입장은 일찍 해리스 감독(M.C. Harris, 1846-1921)에 의해 나타났었다. 그는 이또(伊藤)가 통감으로 부임했을 때 "통감전략의 가장 열심있는 지지자임"을 스스로 고백한 일이 있었다.[19] 그 뒤를 이어 웰치 감독(H. Welch)도 3·1운동 당시 친일적인 입장을 보인 것이다. 그는 "3·1운동 당시 어떤 곳에서는 독립선언서가 교회당에서 낭독되었는데 이것은 불행한 일이었으며, 태황제의 봉탁식 후에 교회건물에서 독립시위를 한 것은 잘못이었다"[20]고 한 일이 있다. 물론 당시 그가 순수 정치적인 행사를 교회당 안에서 한 것 자체에 대해서만 비판적인 자세를 취했다면 이해가 될 수 있다. 그러나 그는 친일적인 입장에서 이런 발언을 한 것이다. 한국에서 일본인을 위해 일하던 감리교선교사 스미스(F.H. Smith)는 3·1운동 당시의 기독교의 피해는 "자초한 것"[21]이라고 말하기까지 했다. 가장 친일적인 이는 미국 기독교연합회 동양문제위원회의 간사 굴리크(S.L. Gulick)였다. 그는 3·1운동에 대한 자료를 입수하고 있으면서도 이에 대한 공개를 지연시킴으로 일본 입장을 도왔었다.

이런 극소수의 친일적 입장을 가진 자들과는 달리 주한 선교사 거의 대부분은 이 거족적 독립운동에 놀라움을 느끼면서 이 소요에 대한 책임을 일본에 돌렸다. 독립시위운동이 전국에 한창일 때 총독부에서는 몇 차례 게일(J.S. Gale, 奇一), 애비슨(O.R. Avison) 등 여러 선교사들을 만나 한국교회의 시위 진압에 협력해 줄 것을 호소했다. 그러나 게일은 항일의 뜻을 담은 예리한 비판과 함께 소요의 책임이 일본에게 있다고 하면서, 선교사들이 중재에 나설 수 없다고 했다. 그 이유로 "첫째, 독립운동을 선교사들이 막을 수 없다는 것, 둘째, 그렇게 하면 한국교회의 원망과 불신을 사게 되어 교회문제에 대한 본질적 문제를 결정해 나

---

19) 日韓外交資料集成, 金正明編, 第8卷, pp.60-70
20) H. Welch, The Missionary Significance of the Last Ten Years-A Survey in Korea. *The International Review of Missions*, 1922, vol. XI, p.342
21) F.H. Smith, *The Other Side of the Korean Question; Fresh Lights on Some Important Facts*, Seoul Press, 1920, pp.3-5

갈 수 없다는 것, 셋째, 본국정부가 선교사들의 정치관여를 금지했다"[22]는 것을 들었다. 나아가 선교사들이 한국교회와 함께 항일의 입장에 서게 된 큰 이유는, 종교적 탄압이나, 비인도적 고문, 학대, 학살 등을 보아 왔기 때문이다. 그래서 캐나다 장로교회는 1919년 6월에 열린 총회에서 일제에 대해 "우리 총회는 일본의 경찰, 헌병, 군인들이 최근의 한국내 정치적 혼란기에 보인 잔인성과 포악성에 강경하게 항의하는 문구를 써야만 하게 되어 유감스럽게 여기는 바이다"[23] 라는 말을 서두로 하는 항의적 선언문을 채택했다. 그리고 평양에 있는 선교사들은 3·1 운동의 발단은 전적으로 일본의 전제정치와 총독의 독재적 폭군, 야수적 잔학, 차별대우 등에 기인했다는 것을 정리하여 중국 북경신문에 보내었다.[24] 1921년 6월에는 만주와 한국에서 봉사하는 100여명의 선교사들이 평양신학교에 은밀하게 모여 "일본 관헌의 선교사 압박에 대한 대책 강구", "일본 관헌이 간도 교회를 압박한데 대한 교권의 회복책"을 논한 적도 있었다.[25]

한국에 와서 한국인들의 복음화를 위해 일해온 선교사들 역시 한국의 그리스도인들이 수난을 당할 때 함께 당하게 되었던 것이다. 1919년에 평양 숭실학교에 봉사하고 있던 모우리(牟于理, E.M. Mowry)는 독립선언문을 영어로 번역하고, 피난해 온 학생들을 보호했다는 혐의로 재판에 회부되어 6개월간의 강제노동형(强制勞動刑)을 받았다.[26] 이때 마포삼열(馬布三悅, Moffet)도 함께 구류되었었다. 당시 일본 경찰은 선교사들의 집, 병원, 학교를 무단 수색하는 일도 있었다. 부산에서는 호주 장로교의 두 여자 선교사 데이비스 양(Miss Davies)과 호킹 양(Miss Hocking)이 시위를 선동했다는 구실로 구류 당하기도 했다.[27] 평

---

22) 한 委員의 報告, 三一運動秘史, 基督敎思想, 1966年 2月號, pp.122-123 閔庚培, 韓國基督敎會史(新改訂版), p.350 참조
23) Resolution adopted by the General Assembly of the Presbyterian Church in Canada, June 1919.
24) 朴殷植, 韓國獨立運動之血史, 上, 上海, 1920 참조
25) 東亞日報, 1921. 7. 14字
26) H. Chung, *The Case of Korea*, New York, Fleming H. Revill, 1920, p.183
27) H. Welch, The Korean Independent Movement of 1919, *The Christian Advocate*, 1919, 7, 31

양에서는 장로교 여선교사 트리쎌 양(Miss M. Triessel)과 감리교의 무어 부인(Mrs. J.Z. Moore)이 일본 병사에게 노상에서 구타당한 일도 있었다.

한국 신자들과 함께 이런 모멸과 수난을 당하던 선교사들은 한국인들과 동감을 느끼지 않을 수 없었다. 정치적으로는 중립을 지켜 가야할 입장에 있었던 이들이지만 인권(人權)이 무시되고, 정의(正義)가 짓밟히는 현실을 보고는 자신들이 할 수 있는 최선의 길을 찾아 도왔다. 한국에서 일어나는 정확한 정보를 미국, 캐나다, 호주 등에 전해 주므로 일제의 잔인성을 고발하였으며, 총독을 만나 교인들에 대한 무참한 학살 등을 항의하기도 했었다.

그런데 한국교회와 선교사들이 난국에서 같은 길을 걸었지만 궁극적인 목적을 추구하는 일에 있어서는 큰 차이가 있었다. 선교사들은 종교의 자유, 인도주의, 자유, 정의의 실현 등을 추구한 반면,[28] 한국교회는 일제로부터의 민족의 해방과 독립을 추구한 것이다. 독립의 확보 없이는 신앙의 자유도, 정의의 실현도 어떤 것도 기대할 수 없다고 보았기 때문이다. 바로 여기 양자 사이에 극복하기 어려운 명제의 차이가 실재하고 있었던 것이다.

6.4 총독부(總督府)의 정책변화

한국에서의 거족적인 3·1 독립운동으로 동경의 일제 정부는 큰 충격을 받았다.[29] 국제적으로 영, 미, 불 등의 나라로부터 강한 비판을 받게 되었다. 극소수이기는 하지만 일본 내의 지식인들 중에서는 한국인들에 대한 탄압을 비판하는 소리도 내게 되었다.[30] 이제 일제는 한국인들의 감정을 진정시키고, 국제적인 이해도 얻어낼 수 있는 새로운 정책을 고안 시행하지 않을 수 없게 된 것이다.

---

28) 3.1 運動秘史, 基督敎思想, 1966, 8-9月 號, p.74 參照. 민족 대표 34인째 인물이라고까 지 불려진 스코필드(F.W.Schofield, 1888-1970)까지도 3.1 운동후 일제의 文政으로의 전환에 〈반동적인 군사전제 정치에서 민주주의적인 관료정치로 옮겨 간 사실〉을 경하하였 다.
29) 3.1 運動의 衝擊으로 第1代 朝鮮 總督을 지난 데라우자(寺內)가 1919년 11월 3일에 急死하고, 저 악명 높은 아께시(明石元二郞)는 10월 24일에 이미 死亡했다고 한다. 大韓예수敎長老會 100年史, pp.337-338 參考
30) 朴慶植, 日本帝國主義의 朝鮮支配, 청아출판사, 1986, pp.188-189

결과 소위 문화정치(文化政治)라는 것이 도입되었다.

　1919년 8월 당시 총독이었던 하세가와(長谷好道)가 경질되고, 사이또(齊藤實)가 제3대 조선 총독으로 임명되었다. 문화정책 실시에 대한 사명을 받고 9월 2일 서울에 도착한 그는 "官制改革에 關한 高級官吏의 施政方針訓示"를 발표했다. 거기에는 헌병제의 폐지와 보통경찰제의 실시, 한국인 관리임명, 국문신문의 허가 등이 포함되어 있어 한국인에 대한 차별대우를 폐지하는 듯 한 인상을 보였다. 그러나 실제로 이 문화정책은 차원을 달리한 하나의 기만정책에 지나지 않았다. 어떤 경우에도 한국의 독립은 허용할 수 없다는 전제 아래에서 전략은 그대로 두고, 상황을 따라 잠시 동안 전술만 약간 바꾼 것 뿐이었다.[31]

　특별히 사이또는 선교사들과의 관계를 잘 가질 것에 대한 충고를 받고 총독으로 부임했다.[32] 그는 부임하자 1919년 9월 선교사들과의 회담을 주선하고 일본정부에 대한 의견과 제안을 요청했다. 이 때 "선교사연합공의회"는 일본 헌법이 언급한 종교의 자유보장을 요구하고 개혁건백서(改革建白書)를 제출하였다. 그 요지는 교회와 선교사에 대한 단속을 완화하고, 기독교계 학교의 성경교육과 종교의식을 허용하며, 기독교 문서에 대한 검열을 철폐하고, 교회 및 선교기관을 재단으로 인정하며, 기독교인으로 구금된 정치범에 대한 학대를 중지하고, 한국인의 감정과 관습을 무시하는 유곽(遊廓)제도를 없애며, 아편, 모르핀 장려 정책의 개정과 주류 제조 판매에 대한 비문화적 시책을 제한해 줄 것 등이었다.[33] 총독은 이런 건의를 어느 정도 받아들여 "포교규칙"을 개정하여 교회의 설립을 허가제에서 신고제로 바꾸고, "개정 사립학교규칙"을 다시 개정하여 기독교계 학교에 성경교육을 인정하였으며, 종교단체가 소유한 부동산을 내국인 법으로 허가하였다. 그는 수시로 선교사들과 대화할 기회를 마련하고 오찬회를 베풀기도 하여 이들을 친일방향으로 유도하는데 큰 노력을 기울였다. 이 회유정책의 결과

---

31) 朴慶植, op.cit. pp.193-220 參照
32) 〈齊藤實文書〉 1919.8.6日字 "齊藤實에게 보낸 阪谷 書翰; 姜東鎭, 日帝의 韓國侵略政策 史, 한길사, 1980, p.80
33) 友邦協會, 齊藤總督의 文化政治, 1970, pp.159-169 강동진, op.cit. pp.86-87 閔庚培, 基督敎會史, pp.354,355 參照

친일적 선교사들 뿐 아니라, 반일적 입장에 있던 선교사들 중에도 문화정치를 예찬하는 분들이 생기게 되었다.[34]

그러나 문화정치 아래서의 개선은 피상적인 것 뿐이었고, 교회에 대한 내적인 감시와 탄압은 계속되었다. 일제는 국제여론을 의식하여 선교사들의 마음을 사고, 이들을 통해 한국 기독교인들을 지배하고 조종해 나가려 했다. 선교사들이 교회에 대한 창구 역할을 함으로써, 한국교회의 기독교인들은 소외를 당하고, 계속 일제의 감시와 탄압의 대상으로 남게 되었던 것이다.

6.5 3·1 운동과 일본교회(日本敎會)

3·1 독립운동에 대한 일본 기독교의 반응은 바로 일본적이라 부를 수 있는 그것이었다. 일본의 한국식민정책에 비판적이었던 우찌무라(內村鑑三)까지도 "미국인이 문제삼고 있는 잔인한 사건의 대부분은 쓸데없는 날조(조작한 것이 신문기자인지 선교사인지 알 수 없으나)에 불과하다고 나는 확신한다"고 했다.[35] 과격한 반응은 역시 처음부터 한국의 일본화에 앞장서온 조합교회에서 나왔다. 와다세(渡瀨常吉, 1859-1939)는 한국교회가 3·1 운동에 가담한 것은 한국교회가 보수적이요, 구약십계에 치중하여 관용과 겸손의 결핍 때문이었다고 비난했다.[36] 제암리 교회 방화 학살사건에 대하여서도 "이번 소요가 없었던들 사관(士官)의 폭행도 있을리 없었다"고 하므로 모든 책임을 한국교회측에 돌렸다.[37] 일본연합교회(聯合敎會)의 입장도 기본적으로 다르지 않았다. 거물급에 속한 교회지도자 우에무라(上村)도 당국의 지나친 진압방법에는 비판적이었지만 "시정을 개선하고 국민성을 중시하며, 인격을 귀히 여겨 신앙의 자유를 유지케 하라"[38]고만 했다. 이들은 모두 식민지 통치 아래 교회의 정체성을 유린당하

---

34) 姜東鎭, op. cit., p.89
35) 內村鑑三日記, 1919年 7月 22日字. 佐藤全弘, "韓國問題와 內村鑑三"(完), 〈聖書信愛〉, 제215호(1976. 8), p.13
36) "朝鮮騷擾事件의 眞相과 其 善後策", 〈基督敎世界〉 東京: 1919年 4月 10日字
37) "朝鮮敎化와 組合敎會의 使命", 〈基督敎世界〉, 1919年 8月 28日字
38) 〈福音新報〉, 1919年 5月 1日字

고 있는 현실을 외면하고 있었다.

이런 가운데서도 교회의 속성과 사명을 바로 보고 외치는 양심의 소리가 한 두 사람으로부터 들려 왔다. 조합교회에 속해 있던 가시와키(栢木義圓)는 독립운동이 선교사들의 충동으로 일어난 것이 아니라, 자생적 민족의식과 민족자결의 사상에서 대두 된 것이라고 했다.[39] 그리고 조합교회 총회에 교회가 총독부의 기밀비를 받아쓰지 말것과, 와다세가 한국에서 사용하는 전도방법이 잘 못되었다는 것을 인정하라 하고, 그렇지 않을 경우 와다세와의 관계를 단절할 것을 촉구했다.[40] 루터 연구가인 사또(伊藤繁彦)도 우에무라가 전도를 어용화하는데 대하여 그 비리를 강하게 비판했다.[41] 그러나 이 비판적인 소리는 광야에서 들리는 가냘픈 음성에 불과했다. 한국교회가 가장 이해와 도움을 필요로 했을 때, 일본교회는 일반적으로 그들의 등을 돌려버리는 이상의 아픔을 주고 있었다.

6.6 3·1 운동 후의 교회의 부흥

3·1 운동으로 교회는 인명, 재산상의 큰 피해를 입었고, 그 성장도 일시 주춤했었다. 그러나 신자들은 낙망하지 않았다. 그리스도인들은 "환난은 인내를, 인내는 연단을 연단은 소망을 이루는 줄" 아는 자들이었다.[42] 교회는 환난 중 잠시 그 수가 줄어들었지만 환난을 겪은 후 그리스도안에만 참된 위로와 소망이 있음을 확신하고 교회건설에 더 큰 열정을 보이게 되었다. 1919년 10월 총회가 모이게 되었을 때, 총회는 〈우선 계획〉으로 영적 교육적 발전을 위한 진흥운동에 착수하게 되었다. 상당수의 교회지도자들이 투옥되어 있는 가운데 열린 총회이기에 총대들에게 특별한 느낌이 교차되었던 것이다. 〈각 교회를 전진케 하기 위하여 진흥위원 각 노회 3인씩 36인"[43]을 총회장이 자벽하여 선정했다. 이 진

---

39) "朝鮮虐殺의 眞相", 〈上毛敎界月報〉, 1919年 7月15日字
40) Ibid., 1919年 11月 15日字
41) 福音新報, 1919年 7月 17日字 卓正彦, "日本敎會의 韓國傳道", 金正俊博士華甲記念論, 韓國神學大學出版部, 1974, p.536 參照
42) 로마 5:3, 4

흥위원회의 회장직은 방위량(W.N. Blair) 목사가 맡았다.[44] 진흥위원회가 대체로 세운 사업계획은 진흥운동을 앞으로 3년간 계속하되, 1920년 5월까지 제 1차년에는 특별기도에 힘쓰고, 제2차년에는 특별히 부흥회를 경영하며, 각 노회는 1920년 총회 이전에 부흥 방침과 경로를 준비하게 하는 것이었다.[45]

이 진흥운동에 대한 전국교회의 반응은 놀라웠다. 열심의 파도가 일게 되고, 새 힘을 얻은 산 신앙이 온 반도를 휩쓸었었다.[46] 1920년 10월 서울에서 총회가 모였을 때 받은 보고는 감격적이었다. 942처의 교회가 예배, 기도회, 주일 학교 참석에 있어서 50퍼센트의 큰 발전과 성장을 보였을 뿐 아니라, 가정예배, 사경회, 교회신문 구독, 헌금 등에서도 평균 같은 성장을 나타내었다는 것이다.[47] 교인의 증가도 놀라웠다. 예를들면 평양 가까운 곳에 있는 남산마루 교회는 3·1운동 때 150명이 모이던 교회로 독립운동으로 목사도, 장로도 잃었으나, 총회가 기획한 진흥운동을 따라 남녀 교인들이 열심히 전도한 결과 400여 교인이 회집하는 큰 교회로의 성장을 보았다는 것이다.[48] 평양에서는 700여명의 새신자가 등록을 했었다.[49] 전에 등록학생이 100명을 넘어서 본 일이 없는 평양 성경학원에, 3·1 운동을 겪고 난 1919년 겨울학기에는 250명이 등록을 하게 되었다. 1907년의 대 부흥이 한국에 다시 찾아 온 듯 했다. 교회는 환난 중에 더욱 연단을 받고, 구원의 주 하나님께 모든 소망을 두고, 영적인 생활에 주력하며, 전도에 힘쓰게 되었던 것이다. 그리고 기독신자들의 생활에서 실망을 모르는 전진, 꺾이지 않는 용기와 힘을 보게된 주변의 동족들이 민족적 소망의 달성은 하나님과의 관계에서만 찾을 수 있다는 확신을 얻게 되어 교회를 찾게 되었던 것이다.

---

43) 大韓 예수敎 長老會 總會 第8回 會錄, 1919, p.9
44) Ibid., 1919, p.19
45) Ibid., 1919, pp.47, 48 Cf. W.N. Blair, The Prebyterian Forward Movement, *The Christian Movement*, 1921, p.344
46) W.A.Blair, The Forward Movement in Korea, *The Missionary Review of the World*, 1921, 7월호, p.529
47) 大韓 예수敎 長老會 總會 第9回 會錄, 1920, pp.16, 69-75
48) The Forward Movement in Korea, ibid, 1921, 7月號, pp.530-531
49) Christian Advance in Korea, *The Missionary Review of the World*, 1921, 5月號, p.346

3.1 독립운동이후 김익두(金益斗) 목사가 부흥사로 등장하게 되었다. 특별히 그를 통해 나타난 신유의 은사는[50] 하나님의 능력을 보여주게 되고, 이는 교회생활에 활력을 불어넣은 계기가 되었다.

교회만이 성장과 발전을 본 것은 아니다. 기독교 학교의 수적 증가도 놀라운 것이었다. 호남의 한 학교의 등록수가 300퍼센트를 넘어섰다.[51] 총독부 통계에 의하면 1920년에 비해 1921에는 45퍼센트의 학생수 증가율을 보였다.[52] 1921년에는 기독교계 학교의 학생수가 1920년보다 한 해 동안 87퍼센트 증가하여 53,821명이 되었다고 한다.[53] 1920년을 고비로 교육열이 급상승하게 되었다. 1920년에 모인 장로교회 총회는 총회 안에 "고등교육장려부"를 두어 "각 노회 내에 중등학력과 독실한 신앙이 있는 청년을 선택하여 외국으로 유학 보낼 일"을 결정하게 되어,[54] 교회안에 교육열은 더욱 높아지게 되었다. 이제 교회는 역사적 현실에 대한 인식을 새롭게 하고, 원대한 목적을 이루는 길은 실력을 갖추는 가운데서 열리게 된다는 사실을 알아 온 교회가 이에 대한 관심을 기울이게 되었다.[55]

---

50) 1920년 제9회 총회에 제출한 황해노회의 보고 중에 다음과 같은 내용이 있다: "하나님께서 김익두 목사를 기계로 쓰사 기도함으로 병 고치는 이적이 나타나는 바 본 지경에서 병고침을 받은자가 불가승수이 온 중, 특별한 것은 소경이 눈을 뜨며, 저는 자가 걸어다니며, 귀머거리가 들으며, 벙어리가 말을 배우며, 반수불수와 혈루증 같은 병이 성하여짐으로 하나님께서 우리 조선 교회에 큰 특은을 나리시는 줄 밋사오며....." p.57

51) Politics and Religion in Korea, The Missionary Review of the World, 1920, 10月號, p.862

52) A.W. Watson, the General Educational Situation and Work for 1921, The Christian Movement, 1922, p 377

53) Idem.

54) 大韓예수敎長老會 總會 第9會 會錄, 1920, pp.58, 68 大韓예수敎 長老會 史記 下, pp.28, 29

55) 1922년 總會는 "高等教育獎勵部를 高等教育後援會로 改定하고, 各 教會에 매년 3月 第1主日 捐補는 學務基本金으로 定하여 屬行하기로" 했다. 앞 史記 下, p.31

제7장 도전받는 전환기의 교회

7.1 지식인들로부터의 교회 비난

3·1운동 직후 장로교 총회가 고등교육을 장려하게된 것은 변화하는 환경에 대응하는 면도 있었다. 세계 1차대전이 끝나고 민족자결(民族自決)을 주장하는 민족주의가 세(勢)를 얻게 되었다. 한국의 지성인들은 한 민족으로 자기정체성을 찾고 살기 위해서는 세계의 흐름을 바로 볼 수 있는 지성과 통찰력이 필요함을 느끼게 되었다. 지난날 교회는 신문화의 선도자역할을 했으나 현재 교회는 변화하는 사회환경을 주도하고 있지 못함을 느끼게 되었다. 그래서 소수의 수였지만 지성인들로부터 교회에 대한 비판이 일게 되었다. 결과 1920년 장로교 총회가 "고등교육장려부"를 두어 교회지도자 양성에 관심을 기울이게 된 것이었다.

교회를 향한 가장 예리한 비판은 당시 그리스도인이 아니었던 이광수(李光洙)로부터 왔다. 그는 아직 기독교적 신앙고백이 담긴 문화를 생산하지 못한 교회를 공격하고,[1] "朝鮮耶蘇敎徒의 손으로 朝鮮耶蘇敎史一冊의 著述이 아직까지 없음이 이의 羞恥어든, 하물며 三十年, 三十萬의 長時日 多人數의 朝鮮耶蘇敎史의 史料가 될만한 形蹟조차 없다 함은 實로 不可使聞於他人"[2] 이라 쏘아댔다. 그는 특별히 교회의 지도자층인 목사 전도사들이 일반 학문에 무식한 데 대하여 예리한 비판을 가하여 "敎役者는 最低階級의 民衆과 接하는 同時에 最高階級의

---

1) 李光洙, 新生活論, 每日申報, 1918,9,6-10,11日 所載, 서울, 三中堂, 1962, 第十七卷, pp.544-548 參照.,
2) Ibid.,p.550

民衆과도 接하며, 接할 뿐더러 宗敎的 意味로 보아 指導하는 者요, 그리하려면 相當한 學識이 있어야 할 것은 勿論이이요, 新舊約 聖書만 一, 二차 盲讀하고 百頁가량되는 說敎學이나 배워가지고는 不足할 것이 分明하오. 적어도 基督敎의 代表的 數種의 神學書를 閱覽하고……心理, 倫理, 修辭學 知識의 必要함은 勿論이려니와……그런데 現今 敎役者는 어떠한가요"3) 라고하며 "그러나 吾人은 進步하였고, 多年間 新文明의 洗禮를 받았소"4) 라고 하였다. 그의 비판 속에는 교역자가 무식하므로 교인들을 미신과 기복신앙으로 인도하고 있다는 내용도 담고 있었다.

일반적으로 세계의 개신교 교파 중에 개혁주의 장로교회 목사들이 가장 지적 수준이 높은 것으로 인정되어 왔다.5) 그런데 한국 장로교회는 초창기부터 이런 전통을 세우지 못한 것은 사실이다. 대학교육을 받고 신학을 하여 목사가 된 자의 수가 매우 적었다. 세계로의 문이 열리고 교회 안팎에 지식인층이 늘어 갈 때에 교회는 이들에게 만족을 주지 못한 고로 교회지도자들이 무식한 것으로 비난을 받은 것이다. 이제 교회가 신학교육을 재검토해야 할 때를 맞은 것이다. 그런데 교회에 대한 비난은 이들 일부 지식인들로부터 만이 아니었다. 당시 기독교를 가장 강력히 비난하고 도전해 온 것은 사회주의 운동을 하는 자들로부터였다.

7.2 사회주의권(社會主義圈)의 반(反) 기독교 운동

1917년 볼세비키(Bolsheviki) 혁명 후, 세계 여러 나라에 널리 퍼진 사회주의 사상이 한국에도 소개되어 많은 젊은이들이 영향을 받게 되었다. 이는 일제의 식민지 수탈(收奪)이 가져온 한국 농촌의 궁핍과 질고가 젊은이들의 관심을 사회주의로 향하게 만든 것이다. 짧은시일 안에 전국에 있는 토지의 20퍼센트가 일본인의 소유가 되었으며, 어떤 비옥한 토지가 있는 지역에서는 그 토지 절반

---

3) 李光洙, 今日 朝鮮耶蘇敎會의 缺點, 靑春, 1917, 11月號, 李光洙全集, 第17卷 p.23
4) Ibid., p.25
5) 孔偉亮(W. Kerr), "牧師의 思想的 生活", 神學指南, Vol. 1, No. 4, 1918, p.83

이상이 일본인 소유가 되어 있었다.[6] 결과 1925년대에는 전 농촌인구의 76.85 퍼센트가 소작농이었다(자작을 겸한 농가도 포함).[7] 그런데 소작 농가는 그 수확의 반 이상의 쌀 수확을 지주에게 바쳐야했으며, 이에 세금, 비료값들을 다 제하고 나면 수확한 것의 3분의 1만을 차지하게 되는 형편이었다. 그러니 농촌수탈에 의한 농촌경제의 빈곤은 형언하기 어려웠다. 1925년 북장로교 한 선교사는 그 보고서에서 한국 백성의 "반 기아상태(半 饑餓狀態)"를 언급했을 정도였다.[8]

농촌이 이런 빈곤에 신음할 때, 산업화의 물결이 일어났다. 사람들은 수입은 없지만 현대적 공장이 생산해 내는 상품에 대한 매력을 느끼게 되고 "지게 수입에 포드(Ford) 욕망"[9]을 갖게 되는 기현상이 나타나게 되었다. 이런 때에 일제는 아편을 공급 판매하고, 유곽(遊廓)을 확산시키며, 주초 소비를 촉진시키는 등으로 도덕적 몰락을 통한 한국민족의 말살을 도모해 왔다.[10] 나아가 지주는 더 부자가 되고 소작인은 더 가난하게 되므로 빈부의 격차는 심해져가기만 했다. 사회주의가 빠르게 성장할 수 있는 비옥한 토양을 이 땅에서 발견하게 된 것이다. 거기에다 당시 사이또(齊藤實)의 소위 문화정치는 사회주의 사상의 유입을 쉽게 만들어 주었다. 만주 시베리아 등지로 이민한 한인들의 왕래와 일부 유학생들을 통해서도 쉽게 사회주의 사상이 국내로 들어오게 되었다. 이제 교회는 심각한 이데오르기의 도전에 직면하게 되었다.

이 때 한국교회는 이 이데오르기에 대한 바른 이해가 부족하여 밀려오는 사회주의 운동을 바르게 대처하지 못했다. 그 근본이 유물론, 무신론에 뿌리를 둔 반

---

6) J.D. Van Buskirk, *Korea, Land of the Dawn*, Toronto, Missionary Education Movement of the United States and Canada, 1931, pp.71,72 全羅道 盆山의 境遇 그 地域 田畓 68%가 日本人 所有로 登記되었다.
7) 申興雨, 物的生活에 우리 要求, 靑年, 1926, 10月號, pp.304.
8) Annual Report of the Board of Foreign Missions of the Presbyterian Church in the U.S.A. 1925, p.128
9) J.D. Van Buskirk, op.cit., p.67
10) 吳兢善의 照査에 依하면, 當時 서울의 韓國人 11個 國民學校의 豫算 支出이 807,964圓이었는데, 酒類消費額은 그 두 倍가 넘는 1,870,326圓이었다는 것이다. Oh Keung Sun, *Prohibition for Korea*, The Christian Movement, 1926, p.371

종교, 반기독교 운동이지만, 빈부의 격차와 계급타파라는 강력한 표어를 내 세울 뿐 아니라, 제국식민주의와 자본주의를 비판하고 나서는 이들의 강력한 저항운동은 기독교회 내에 이해의 혼란을 가져오게 되었다. 이 운동에 대하여 어떤 분들은 냉소적인 입장을 취하는가 하면, 지성인들 중에는 무산계급의 투쟁에 대해 매우 긍정적 입장을 취할 뿐 아니라, "사회주의와 기독교는 동류의 것"이라고 말하는 분들도 있었던 것이다.[11] 이런 이유로 강한 민족주의 의식과 정치적인 동기로 교회를 찾게 되었던 사람들 중에는 사회주의 운동에 가담하여 공산주의자가 되므로 교회를 떠나는 자들의 수가 상당히 있었다. 그런 분들 중에 이동휘(李東輝, 1873-1935),[12] 김규식(金奎植, 1881-1950),[13] 여운형(呂運亨, 1885-1947) 등을 들 수 있다. 특별히 여운형은[14] 1906년에 기독교 신자가 되어 신학을 하고, 장로교회에 속한 전도사로 봉사한 일까지 있으며, 중국 상해 한인 교회에서 전도인으로까지 봉사하면서 그 곳 한국 교민을 위해 목사 보내 줄 것을 한

---

11) 申興雨, "우리도 考慮中에 있읍니다."〈開闢〉. 63, 1925, pp.71-72 그는 "오늘날의 교회는 그저 민중을 위하여 있는 것이 아니라, 무산계급의 앞 운명을 개척키 위하여 있어야 하며 따라서 현대의 기독교회는 반성해야 한다."고 하여 매우 사회주의 운동에 동정적 반응을 나타내었다. 申興雨(1883-1959)는 1899년 培材學堂을 卒業하고, 美南加州 大學校(1903-1911)를 나와, 培材學堂長(1912-1920), YMCA 總務(1920-1935)를 지냈다. 1932에는 積極信仰團을 組織하여 西北長老敎 敎權에 挑戰한 監理敎 信者였다. 그리고 당시 李大偉도 "吾人이 이 不滿不平한 世界를 容認하고 吾人이 憧憬하는 무삼 新世界를 造成코자 함에는 基督敎 思想과 社會主義가 相同하다고 思惟된다"고 까지 말했다. 李大偉, "社會主義와 基督敎思想",〈靑年〉, 3卷 5號, 1923, p.9 또 "民衆化할 今日의 合作運動의 實現" ibid., 4卷 4號(1924), p.6 참조. 李大偉는 미 Columbia 大學校 出身이요, YMCA 幹事, 예 長勉厲陪總務를 歷任한바 있고, 해방후에는 建國大學校 副總長을 지냈다.
12) 李東輝는 江華의 參領을 지낸 분으로 1907年 "基督敎야말로 쓰러져 가는 나라와 民族을 구할 수 있다"고 생각하고 1907년에 入敎했었다. 洪相杓, 間島獨立運動史, 平澤, 韓光 中高等學校, p.11 參考
13) 金奎植은 한국 長老敎會중 最初의 組織敎會인 서울 새문안 敎會 長老였던 분으로, 1922년 모스코바에서 열린 제1차 극동피압박민족대회에 여운형과 함께 기독교도연맹 대표로 참석했었다. D.H. Suh, The Korean Communist Movement 1918-1945, p.73
14) 呂運亨은 그의 故鄕인 楊平郡 妙谷에서 1906년 福音을 듣고 入信한듯 하다. 朝鮮예수敎長老會史記 上 p.148에 이렇게 적혀있다; "楊平郡 妙谷敎會가 成立되다....呂運亨씨家에 傳道한 結果 呂氏의 門中이 相繼歸道하니 敎會設立되야 禮拜堂을 建築하며 學校를 設立하고 幷力傳道하니, 敎會가 漸進하더라." 그는 서울 勝洞敎會에서 郭安連(C.A. Clark)의 助事로 奉仕하고,

국 장로교 총회에 청원하고, 교인들의 상황보고까지 하는 등 교회를 위해 관심을 기울였으나, 사회주의 사상에 젖어 결국 공산주의자가 되고 말았었다. 교회가 제공한 근대 교육이 교회를 찾아 온 젊은이들에게 사회에 대한 문제의식을 높이고 진보적인 철학을 갖게 하였었다. 그런데 이들 가운데 상당수가 교회를 떠나 사회주의 운동의 지도자들이 되었던 것이다.[15] 이들은 실제 일종의 사회복음주의 입장에서 활동하다 신앙을 포기하고 완전한 사회주의자가 되어 버린 것이다.

사회주의에 심취한 공산주의자들은 1925년경부터 반 종교, 특히 반 기독교 운동에 나서게 되었는데, 이들은 일반적으로 기독교를 미국, 자본주의와 동일시하였다. 이들 공산주의자들은 1925년 10월 22일-28일 서울 기독교 청년회관에서 개최되는 제2회 전조선주일학교대회(全朝鮮主日學校大會)에 대항하려는 목적으로, 같은 달 25일-26일 한양청년연맹(漢陽靑年聯盟) 주최 반기독교대강연회를 개최하려했던 것이다. 그런데 당시 일본경찰은 집회를 허가한 주일학교 대회는 그대로 두고, 이들의 반기독교대회를 강제해산 시키고 또 검거하게 되었다. 이 때 공산주의자들은 "종교는 현대의 경찰과 동일한 처지에 있다"[16]는 비난을 쏟았다. 그런데 이런 때에도 기독교지도자 중 어떤 분들은 이들에게 기독교와 사회주의는 동류(同類)임을 언급함으로 이들을 달래려고 했다.[17]

平壤神學校에 入學하여 修學하고(1911-1913), 中國 南京 金陵大學 神學部에서 修學(1914)하였으며, 당시 한국 독립운동가들의 중심지인 中國 상해에 체류하면서 그 곳 한인 교회의 전도인이 되어 봉사하던 중 교인이 늘어나고 세례지원자들이 생겨났으나 목사가 없어 성례를 집행하지 못해, 1917년 韓國長老敎 제6회 총회에 목사 1인을 上海에 파송하여 달라는 청원을 내었고, 그 다음 1918년 제 7회 총회시에는 직접 참석하여 상해재류교인 상황을 보고하고 선교사 파송청원을 했다. 제6회 총회회록 p.25, 제7회회록 p.16 참조. 그리고 1919년 12월에 傳道師 자격으로 東京訪問도 한 일이 있다. 呂運弘, 夢陽 呂運亨, 서울 靑廈閣, 1967, pp.7, 8, 17, 19, 22, 25, 321, 322. 參照 한국기독교의 역사 II, pp.140,141

15) Report on Choen Mission, Annual Report of the Board of Foreign Missions of the Presbyterian Church U.S.A., 1927, pp.95-96
16) 기독교인(基督敎人) 급 반기독교인(反基督敎人)의 반기독교운동(反基督敎運動), 개벽(開闢), 1925, 11月號, p.72
17) 申興雨는 그의 글에서 공산주의의 기독교 공격이 반기독교운동은 아니라고 판단할 뿐 아니라 "기독교회는 정말로 民衆을 위하여 있을 敎會가 되지 않으면 안 될 것"이라고 하므로 교회의

그러나 이런 동류의식을 가지고 공산주의자들을 회유하려는 노력은 결실이 불가능했다. 기독교와 공산주의는 그 근본이 신본주의와 인본주의라는 근본적인 차이를 가지고 있기 때문이다. 공산주의 세계에는 하나님의 뜻이 부인 되고 인간의 의지가 지배를 하는 것이다. 공산주의자들에게 가장 강한 적은 교회이다. 그러기에 이들은 결국 반 기독교, 교회박멸 운동에 나섰다. 특별히 1920년 이후 장로교 총회는 만주와 시베리아에 있는 교회들로부터 공산주자들이 교회당을 빼앗고, 교인들이 박해를 당하고 있다는 보고를 계속 받게 되었다.[18]

이제 교회는 차츰 기독교와 사회주의 이념이 서로 근본적으로 다르며 공존할 수 없음을 알게 되었다. 성경이 가르치는 공유(公有) 공형(共亨)은 사회주의자들이 말하는 공산(共産)과 다르다는 것을 이론적으로 체계화하고[19], 반(反) 공산주의 입장에 서게 되었다. 그리고 경제, 독립 문제가 중요하지만 이를 위해서는 먼저 민족정신의 혁신, 민족 한 사람 한 사람의 영적 개조가 선행되어야 한다고 믿었다.[20] 그리고 공산주의의 위험을 보게 된 교회는 한 민족의 미래가 기독교에 달려 있음을 더욱 실감하게 되었다. 그래서 민족 사랑의 일환으로 금주, 금연 운동을 펴 사회개혁에 나섰다.[21]

사회주의 운동의 촉진을 주장하면서 "우리 敎會 안에는 사실 이 問題(敎會의 民衆化)를 위하야 苦心하는 동무가 적지 아니합니다"라고 까지 하므로 공산주의자와의 同類意識을 보였다. "事實인즉 우리도 考慮中에 있습니다" 開闢, 63, 1925, p.72

당시 YMCA의 金昶濟도 "基督敎는 本來 諸君의 宗敎였던 것을 記憶하라. 우리에게 固有한 宗敎는……諸君이 排斥하는 基督敎이다."라고 썼다. 民衆의 宗敎, 靑年, 1926, 2月號, pp.12, 13.

18) 1920년 제9회 총회에 낸 보고 중에 리칼납스카에서는 "빨치산 충돌에…인명 학살 당 할 시에 교인 86인도 부지사생"이란 내용이 있고 (총회 제9회 회록, pp.45, 46), 1924년 총회에는 시베리아 노회로부터 "종교상 박해가 심하여 예배당을 빼앗긴 곳이 6,7처 이오며, 김현정 목사는… 査經을 식히다가 교회 박해자들에게 중지를 당할 뿐 아니라 수감되어 15일 동안 고생하였고… 아이허 교회는 조직한 교회요 신실한자 170여명이 회집하는 교회인데 박해함이 하도 심하여 비참히 해산하였사오며…"(총회 제13회 회록 pp.110, 111)등의 내용을 접하게 된다.

19) 反 基督敎運動을 보고, (二), 社說, 基督申報, 1925. 12. 9日字

20) L.T. Newland, Is the Church Meeting Korea's Economic Problem, *Korea Mission Field*, 1929, 4月號, p.71

21) 당시 1년간 酒草代가 2억원에 이르렀는데, 敎育費는 겨우 1천만원에 불과했다. 그래서 당시 基督申報는 節制를 강조하며 "우리는 酒草를 子女보다 더 사랑한다. 信念이 此에 及 할 새 放聲

그런데 역사가 짧아 뿌리가 깊지 못하고, 신학이 옅은 한국 교회는 변화하는 환경 속에서 자기 정체성을 지키며 사회적 사명을 이행해 간다는 것은 쉽지 않았다. 교회 내 지성인들 중에는 사회복음주의적 입장을 취하는 분들이 생겨난 것이다. 1929년 교파를 망라하여 서울에서 조직된 "신우회"(信友會)는 민족을 비애 고통 불의의 세계로부터 구원하려는 고상한 목적을 표방했으나 "사회복음주의를 중흥"시키려 한데 교회 세속화의 위험을 안고 있었다.[22] 이런 사회복음주의의 흐름은 일본제국 교회와 의식을 같이하는 자리까지 나아가게 되었다. 1932년 9월 조선예수교 연합공의회가 김활란(감리교)이 위원장으로 있는 사회부가 제출한 "사회신조" 초안을 받아들였다.[23] 그런데 이 신조가 밝힌 사회운동의 방향이 반 유물, 인권존중, 합리적 노동 등 합리적인 노선을 지향하고 있었으나, 실상 내용 자체는 일본교회의 사회신조와 거의 같은 것이 드러 났다. 인본주의 운동은 언제나 인간의 지혜를 따라 환경에 적응하고 타협한다. 이를 간파한 장로교는 1937년 총회에서 사회운동의 일환으로 총회 안에 설치되어 왔던 농촌부[24]를 폐지하고 "연합공의회"도 해체함으로써 사회운동의 막을 내리게 했다. 교회는 변화하는 환경 속에서 진리를 파수하기 위한 노력을 지속했다. 그러나 교회 앞에는 더 큰 대적이 교회를 파멸하기 위해 기다리고 있었다. 교회는 앞으로 일제의 천황체제(天皇體制), 신사참배, 우상숭배 강요와 대결을 해야만 하게 된 것이다.

의 哭을 禁키 難하다"고 했다. "反基督敎運動을 보고"(一), 1925年 11月 11日

22) "우리는 贖罪救援을 高調하는 同時에 基督의 社會福音主義를 復興시키려 한다. 우리는 이 苦痛과 罪惡으로 包圍된 生을 他 世界에 轉去 시키려 함보다는 自由 平和 眞實의 天國을 人間社會에 臨하게 하여…"라고 한다. "基督信友會 宣言", 1929年 5月, 基督申報, 1929年 6月 12日 揭載.

23) 朝鮮예수敎 聯合公議會 第9會 會議錄, 1932, p.16
"社會信條"의 前文은 이렇게 始作된다; "우리 하나님을 父로 人類를 兄弟로 信하며, 基督을 通하여 啓示된 하나님의 愛와 正義와 平和가 社會의 基礎的 理想으로 思하는 同時에…"
Ibid., p.52

24) 1928년 總會(제17회)가 社會運動의 一環으로 農村部를 設置했었다. 이는 1928년 예루살렘에서 모인 國際宣敎大會에 단녀온 申興雨, 金活蘭의 刺戟으로 朝鮮예수敎 聯合公議會 大會가 모여 農村運動에 대한 깊은 論議를 한 後 監理敎 長老敎 兩 敎會가 農村部를 設置했다.

7.3 선교사들의 교권(敎權) 이전

1920년대는 사회적으로 교회적으로 큰 변화를 가져온 때였다. 이제 선교사와 한국교회와의 관계의 재정립도 고려할 시기가 된 것이었다. 선교가 시작된 후 30년을 지나오는 동안 한국 교회는 크게 성장하여 이제 조직교회수가 500을 넘고 세례교인수가 7만명에 육박했다.[25] 이 교회들의 대부분은 이미 경제적으로도 자립을 하게 되었다. 이만큼 성장한 한국 장로교회는 이제 행정, 경제 등 모든 면에 자립을 희구하게 되었다. 이만한 교회의 성장에도 불구하고 선교사들이 모든 영역에서 계속 주도권을 장악하고 있는데 대해 교회 일각에서는 강한 불만이 표출되기도 하고, 자존심에 손상을 느끼기도 했다. 특별히 선교사들이 본국 교회 치리회의 정 회원권을 가지면서, 선교지 한국교회에서도 정 회원권을 갖는 이중 회원권 문제에 대해 어떤 분들은 한국교회를 얕보는 일로 판단하고 공개적으로 불만을 표시하기까지 했다.[26] 이런 때에 선교회 측에서도 한국교회측의 불만을 의식하고 한국교회의 자립책을 고려하게 되고, 이제 선교사들이 한국교회를 다스려 가는데 주체가 되기보다는, 협조자가 되는 정책을 모색하게 되었다.[27] 결과 선교사가 이제 더 이상 동역목사(同役牧使, Co-pastor)로 한 교회에 매여 있거나, 직접 목회를 하지 않고, 한국 목사가 그 역할을 대체하도록 해 나

---

25) 1920년 총회(제9회)가 발표한 통계에 의하면, 한국인 목사 180, 장로 963, 조직교회 523, 미조직 교회 1398, 입교인 69,025, 학습교인 20,038, 전교인 153,915였다.

26) 當時(1923) 出刊된 史記에는 이런 不滿이 記錄되어 있다: "宣敎師의 形便"이란 題目아 래 "... 朝鮮耶蘇敎長老會總會가 組織된 後에는 獨立하여 何傳道局에도 屬하지 않은 것은 事實이며 宣敎師 諸君이 亦是 自證明하는 바인데 何故인지 宣敎師 諸君 自己 老會와 傳道局에서 移名하지 않고 奄然히 朝鮮老會와 總會의 會員이 되며 또 會員이 될 時에는 其會에 屬함이 分明한 것인데 何故인지 朝鮮老會와 總會가 治理할 權이 無하다 하므로 此로 由하여 矛盾이 甚하지 아니한가. 此는 無他가 宣敎師 諸君이 朝鮮敎會를 同人視하며 兄弟視하지 않고 野蠻視하며 奴隸視함이다……" 여기 나타난 表現은 선교사들의 지나친 교권에 대한 한국교회측의 불만이 한계에 이르렀음을 느끼게 한다. 그러면서 여기 나타 난 "野蠻視", "奴隸視"등의 표현은 공적으로 발표하는 사기에 개인적인 감정이 지나치게 표출된 것으로 보인다.

27) Report of "Findings" to the Conference on Mission Methods and Administration, Annual Meeting, June, 1921, Chosen Mission, Presbyterian Church, Minutes of Chosen Mission, 1921, pp.28-29

갔다. 나아가, 한국교회에 자주권을 주어 한국교회 스스로가 선교사들을 "외국인 협조자"로 초청하게 하는 법을 만들었다. 그리고 각종 교회 기관에도 한국교회지도자들을 참여하게 했다. 교육기관에서는 선교사와 한국교회 대표자로 이사회 구성을 하게 했고[28] "조선교회에서도 이사를 선택하여 경제에 보조까지도"하게 되었다.[29] 그리고 각 밋션 학교에 "조선인 협의의원" 3인씩을 두기로 가결도 했다.[30] 나아가 1924년에는 "교육협의회규칙"을 채용하여 학교관리운영을 노회와 선교회의 이사가 맡기로 하였다.[31] 의료선교 영역도 차츰 한국교회의 통제하에 운영되게 했다. 결과 1922년부터 선교회는 각 영역의 운영권을 한국교회에 차츰 이양하게 되어, 1929년에는 이에 대한 사실과 한국교회의 자립을 위한 조직을 선교본부에 보고하기에 이르렀다.[32] 한국교회의 성장과 그 잠재력을 고려할 때, 선교회측의 교권의 이양이 상당히 늦었다고 볼 수 있다. 그러나 이에 대해 한국 교회 일각에서 드러낸 지나친 불만은[33] 항상 지나치게 서두르는 한국 민족성에 기인한 것으로도 볼 수 있다. 하나님 나라 일은 혁명적인 방법에 의해 순간적으로 이루어갈 수 있는 것이 아니고, 시간을 요하는 것이다. 그러기에 하나님 나라 일꾼들에게는 깊은 이해와 인내를 요구하게 된다.

7.4 신학교육과 한국교회의 참여

장로교의 신학교육은 "平壤에 査經會를 開하고 聖經을 敎授하여 助事 數人을 養成하던바 時代의 趨勢에 鑑하여 福音傳播할 敎役者 養成의 必要를 感하고

---

28) The Report of Executive Committee, The Minutes of Chosen Mission, 1922, p.87.
29) 大韓예수敎 長老會 總會 第12會錄, 1923, p.30
30) Ibid., 總會 第11會錄, 1922, p.28
31) 교육협의 보고, Ibid., 總會 第13會 會錄, 1924, pp.43,54
32) Annual Report of the Board of Foreign Missions of the Presbyterian Church in the U.S.A. 1929, p.97
33) 朝鮮예수敎長老會史記 下卷, p.54 當時 史記 著述者는 宣敎師들이 二重 會員權을 行事한다고 하여 "此는 無他가 宣敎師 諸君이 朝鮮敎會를 同一視하며 兄弟視하가 않고 野蠻視하며 奴隷視함이다. 宣敎師 諸君이여 聖神으로 始作하여 肉體로 結局하려느냐. 速히 悔改할지어다"라고 責望 非難한 일은 지나쳤다고 보아야 할 것이다.

1901年에 牧師候補生 二人을 選擇하여 聖經問答으로 試取한 後 5年制로, 科目을 作定하여 宣敎師 馬布三悅, 李吉咸을 分擔敎授하게"³⁴⁾ 하므로 시작이 되었었다. 신학교가 문을 연후 20년 이상 모든 교수들이 선교사였다. 피선교지의 초기 신학교육이 지원자들의 자질 문제로 언제나 어려움을 겪게 되는 것은 한국만이 예외일 수는 없었다. 신학교육을 시작한지 20년이 지나도 이에 대한 큰 변동은 없었다. 예를들면 1924년도에 재학생 120명 중 대졸이 6명뿐이었고, 5명이 대학 1년 이상을 수학했고, 12명이 중졸, 5명이 성경학교 출신이었다.³⁵⁾ 이는 나머지 92명은 성경학원이나 중학교도 나오지 못한 분들이었음을 의미한다. 그러기에 이미 언급한 대로 교회일각 지성인들 중에서는 교회지도자의 무식에 대해 강한 비난이 쏟아져 나온 것이다. 물론 목회사역은 지식보다는 소명이 중요한 것이 사실이지만 지도자인 목회자로 등장하는데는 거기에 준한 지식이 필요한 것은 당연한 일이다. 당시 교수 중에서도 신학교육 수준 문제에 대하여 불평이 있었다. 기일(奇一, J.S. Gale)이 1916년 5월에 신학교 교육수준이 너무 낮고, 교수내용이 조잡하고, 등록된 학생 수는 너무 많은데 불만하여 당시 교장인 마포삼열에게 사직원을 제출한 일이 있었다.³⁶⁾ 당시 학생 수는 194명이었다.³⁷⁾ 남궁혁(南宮爀)도 "너무 많은 목사들을 양산하여 값싼 시장에 내 놓고 있다"고 불만을 나타냈었다.³⁸⁾ 목사후보생의 자질문제는 해방 후까지도 계속 문제가 되어 왔다. 그러면서도 한국에서의 복음사역의 결실은 세계 어느 나라에서도 그 유례를 볼 수 없을 만큼 큰 것은 역설적이기도 하다. 높은 학문이 유능한 목사의 절대적 요건은 아니라는 것이 한국 초대교회로부터 현재까지 교회사가 주는 교훈이기도하다.

---

34) 朝鮮예수敎長老會史記, 下卷, p.46 당시 牧師候補者 2人은 김종섭과 방기창이었다. 長老敎會史典彙集, 1卷, p.1902년에 양전백, 길선주, 이기풍, 송인석이 입학함.
35) 大韓 예수敎 長老會 總會 第13回 會錄, 1924, p.22
36) R. Rutt, *James Scarth Gale and his History of Korean People*, Seoul, Royal Asiatic Society, Korea Branch, 1972, p.60
37) 대한 예수교 장로회 總會 第4回 會錄, 1915, p.79 別紙
38) H. Namkung, Ministrial Training, *Korea Mission Field.*, 1919, 7月號, p.142

평양신학교 신축교사 / 평양신학교 학생들의 설교 연습(1930년대)

평양신학교는 1916년에 정교수 6인으로 교수회를 조직하여 학교의 상설기관이 되었다. 이들은 교장이면서 목회학, 선교사를 담임한 마포삼열(馬布三悅, S.A. Moffet), 도서관리 및 교회사, 희랍어를 담임한 왕길지(王吉志, G. Engel), 조직신학을 담임한 이눌서(李訥瑞, W.D. Rehynolds), 실천신학 및 종교교육을 담임한 곽안련(郭安連, C.A. Clark), 구약문학 및 주해를 담임한 어도만(魚塗萬, W.C. Eerdman), 신약문학 및 주해를 담임한 라부열(羅富悅, S.L. Roberts) 등이었다.[39] 한국인으로서는 남궁혁이 1925년에 처음으로 조교수 임명을 받았다.[40] 피선교지 교회에서 신학자를 얻는다는 것은 쉬운 일이 아니다. 한국교회는 선교가 시작 된지 35년, 신학교의 문을 연지 24년만에 한국인 신학자를 얻어 교수에 동참하게 된 것이다.

당시 장로교 선교회의 교회지도자 양성 정책은 감리교에 비해 상당히 소극적이었던 것으로 파단된다. 이것이 상당기간 신학교육면에서도 나타났었다. 일찌기 선교사들이 초점을 둔 장로교 목사상은 성경에 정통한 "영적인 사람"이었다. 그래서 성경에 대한 교육, 영적인 체험 등에 집중적인 교육 목표를 두었었다. 1920년도의 평양장로교 신학교의 교과과정을 보면[41] 성경 신학과 이론, 실천신

---

39) 朝鮮예수敎長老會 史記 下卷, p.47
40) 大韓예수敎 長老會 總會 第14回 會錄, 1925, p.46
　　南宮爀은 1922년 平壤神學校 第15回卒業生으로 美 Princeton, Richmond 神學校에서 修學하였다. 그는 進步的 思考를 가진 분으로 自由主義 神學者 蔡弼近과 同調한 분이며 解放 後에는 N.C.C. 總務, 赤十字 總裁等을 지냈고 6.25時 拉北되었다.
41) 한국기독교의 역사 II, pp.151-153 참조

학에 강조를 두고, 교양과목은 거의 포함되지 않았음을 보게 된다. 겨우 심리학상 교수법, 사회학이 들어 있을 뿐이고, 성경연구에 있어서 가장 본질적인 성경원어(히브리어, 헬라어)도 들어 있지 않았다. 그리고 외국 유학을 위해 필수적인 영어 등의 외국어 과목이 들어 있지 않았다. 이것은 당시 감리교의 협성신학교의 교과과정과 매우 대조되는 것이었다.[42] 장로교 신학교가 교양과목이 전 과목의 5.2%인데 비해, 감리고 신학교에서는 영어, 일어, 히브리어, 헬라어, 논리학 등을 포함하여 전교과목의 46.6%를 차지했었다.

장로교 신학교가 일반 교양과목 특히 영어, 성경원어 교육 등에 등한한 것은 1896년 이눌서가 한국의 장로교 목자 훈련 원칙 일곱 가지를 제시한 일이 있었는데[43] 이 원칙이 신학교육에 반영되었던 것으로 보인다. 그가 제시한 원칙 중 셋째의 내용을 요약하면, 목회자를 "미국같은 곳에 보내서 공부시킬 생각을 말아야 한다. 그가 함께 살아 나가야 하는 조선 민중들 속에서 출중(出衆)할 수준의 훈련을 시키지 말아야 한다. 이는 일반신도들과의 간격 형성이 위험하기 때문"이라고 하였다. 물론 목회자의 지적인 교만이 영성을 가리우고, 일반 교인과의

평양신학교 오락실(1930년대)

---

42) Ibid.,
43) W.D. Reynolds, The Native Ministry, *The Korean Repository*, 1896, 5월호, pp.199-202
44) 이눌서가 언급한 일곱 원칙중 마지막 일곱째는 셋째의 원칙과는 상반되는 듯한 내용을 말하고 있다. "한국인 기독자로서 그는 문화와 근대 문명에서 앞장서 있기 때문에, 이들 목사의 교육수준을 높여야 한다. 그의 교육을 그 회중의 일반 수준보다 훨씬 앞서도록 진력해야 한다. 그래야만 존경과 특권을 누릴 수 있다. 그렇지만 선망의 거리감이 생기도록 해서는 안되고, 이점

거리를 크게 만들 위험이 있다는 것을 경계한 것이었다.[44] 그러나 당시 장로교 신학교가 이 원칙에 지나치게 충실하여 교양과목과 성경원어 등을 등한시 함으로써 일찍이 한국인 신학자를 얻지 못한 것이다. 장로회 신학교는 1924년에야 신학교의 병설 교육기관으로 영어와 헬라어의 전문과 등을 두었다.[45] 감리교의 협성신학에서는 이미 1915년에 양주삼(梁柱三)이 미국 유학를 마치고 돌아와 신학 교수로 부임하게 되었었다. 그런데 장로회 신학교의 경우는 이보다 10년 후에야 한국인 교수를 맞게 된 것이다. 미국 유학을 마치고 돌아와 평양신학교의 조교수로 임용된 남궁혁이 몇 년이 지난 뒤 신학교육에 대한 개혁 방안을 제시하는 가운데, 신학교에 더 많은 한국인 교수를 채용해야하고, 유능한 학생들을 구미(歐美)제국에 유학시켜야 하는데, 이런 일을 "두려워해서는 안 된다"고 한 것은 시사하는 바가 큰 것이었다.[46]

신학의 보수는 깊은 역사신학, 성경신학에 대한 지식이 없이는 불가능한 일이다. 개혁주의 교회는 언제나 고전에 대한 지식, 원어를 통한 성경의 바른 이해를

평양신학교 학생들의 설교 연습(1930년대)

각별히 유의하여야 한다." Idem., 양자를 종합해서 이해할 때, 그는 목사의 지적 수준이 자기 민족 속에서 교만으로 비쳐 거리감으로 느끼게 하므로 복음 전도에 지장이 올 수 있음을 생각한 것으로 이해된다.
45) 大韓 예수敎長老會 總會 第13回 會錄, 1924, p.23
46) H. Namkung, op. cit., pp.237-239

귀중하게 여겨 왔다. 그러기에 전통적으로 개혁주의 신학교의 교육 수준은 매우 높았다. 이런 것을 고려할 때, 당시 한국의 장로교 선교사들이 신학교육에 있어서 외국어와 성경원어 등을 등한시한 것은 개혁주의 전통보다는, 이미 언급한 이유에 더하여, 미 복음주의적 신학, 부흥운동의 분위기에 젖어 왔었던 데도 원인이 있었던 것으로 보인다.

이 평양 장로교 신학교는 그 동안 선교회가 전적으로 운영해 왔으나 이제 약간의 변화가 일어났다. 1917년에 총회가 신학교당국의 청원을 받아 이사(理事) 삼인을 선정하여 보내게 됨으로(金善斗, 金昌鍵, 李明赫) 한국교회가 드디어 신학교 운영에도 참여하게 되었다. 그리고 같은 해에 왕길지를 주간으로 신학교 기관지 "신학지남"(神學指南)을 발행하게 되었었다. 이렇게 그 동안 완전히 선교사 주관으로 운영되고, 시행되어 온 신학교육이 이사회, 교수진에의 한국교회 동참으로 변화해 가는 모습을 보였다.

7.5 교회의 사회개선운동(社會改善運動)

1920년대에 한국은 산업문명을 통한 변화를 겪으면서 여러 가지 사회적인 문제를 당면하게 되었다. 이미 언급한대로 빈부의 격차로 생긴 가난, 병약, 도덕의 부패 등은 형언하기 어려웠다. 장노회 사기는 그 때의 시대적 특성을 "享樂과 道德의 腐敗와 倫理의 背逆과 經濟의 破滅과 思想의 墮落과 學術의 荒雜"이라고 했다.[47] 낭비, 무절제, 향락의 추구로 가정이 무너지고, 윤리가 실종되어 갔다. 이 때 교회는 당면한 사회적인 문제를 외면할 수 없었다. 그래서 교회는 금주(禁酒), 단연(斷煙), 금창(禁娼) 운동을 펴게 되었다. 이것은 나라와 백성을 진심으로 사랑하는데서 나온 "절제운동"이었다.[48] 당시 주초로 소비되는 연간 금액은 519,469명의 1년 생활비에 해당되며[49] 소학교 800교, 고등학교 600교의 교육

---

47) 大韓 예수敎 長老會 史記 下卷, p.53
48) 曺晩植, 基督敎人의 生活,(2), 基督申報, 1935. 9. 18日字.
49) J.D. Van Buskirk, op. cit., p.79 宋相錫, 酒草의 解毒을 알자, 新東亞, 1933, 1月號 參照.

비에 버금가는 것이었다. 주변의 민족이 반기아선상(半飢餓線上)에 살고 있는 것을 감안 할 때 이는 엄청난 낭비요 "반사회적 범죄"라고 볼 수 있었다. 이 주초의 문제가 구미 교회에서는 죄와 무관한 개인의 선택의 문제였지만, 한국적인 상황에서는 심각한 정신적, 윤리적 성격을 띠고 있었던 것이다. 특별히 일제의 주초 장려, 유곽(遊廓)공인은 한민족의 도덕 퇴폐를 위한 고의적 정책임이 분명했다. 일제의 이런 식민통치의 불의에 교회는 침묵할 수 없었다.

장로교회에서는 1921년 면려청년회(勉勵靑年會, Christian Endeavours)를 조직할 때, 계독부(戒毒部)를 조직함으로써 절제, 폐창(廢娼)운동에 일찍이 나서게 되고,[50] 1923년 9월 조선기독교여자절제회(朝鮮基督敎女子節制會)가 조직됨으로[51] 이 운동이 크게 촉진되었다. 1923년에 설립된 기독청년회(YMCA)는 이듬해 학생 하령회(夏令會)에서 금주(禁酒), 단연(斷煙), 공창폐지(公娼廢止), 축첩(蓄妾) 반대운동을 결의했다.[52] 1931년에 "조선예수교연합공의회"는 음력 대보름에 전국교회로 하여금 금주 시위행렬을 하도록 했고[53] 1932년을 금주년으로 정하였다.[54] 이 금주운동의 절정은 1927년 11월 3일 황해도 황주에서 가진 금주운동단의 주마정벌행군(酒魔征伐行軍)이었다. 송상석(宋相錫), 이학봉(李學鳳)

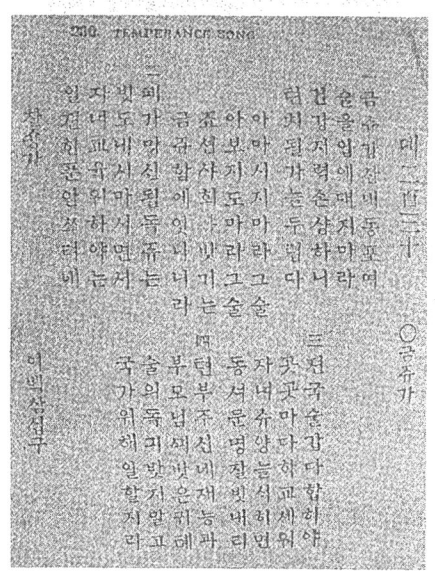

금주가

---

50) 大韓 예수敎 長老會 總會 第14回錄, 1921, p.22
51) Annual Report of the Board of Foreign Missions of the Presbyterian Church in the U.S.A. 1925, p.133
52) 우리 學生夏令會의 決議案, 靑年, 1924, 10月號, p.11
53) 朝鮮예수敎聯合公議會, 第9回會錄, 1932, p.51,
54) Ibid, 聯合公議會, 第19回會錄, 1933, p.48

목사 등 금주선전대원 1,200여명이 악대를 앞세우고, 금주삐라를 살포하며 시가를 행진하고[55] 밤에는 주마공판(酒魔公判)이라는 극적인 운동도 했다.

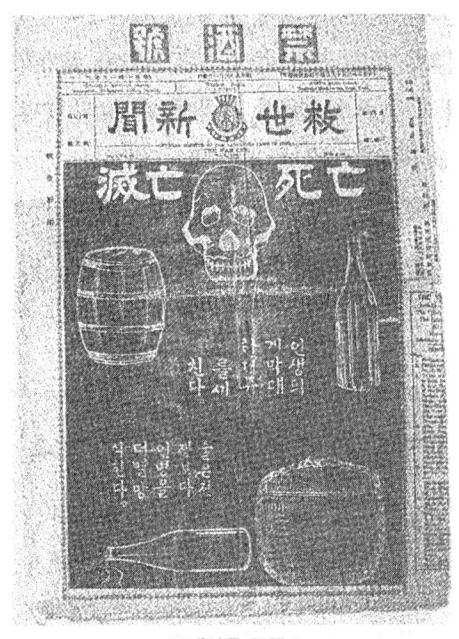

구세신문 금주호

그러나 이런 운동이 정말 한국사회를 개혁하고 갱신할 수 있는 것은 아니었다. 참된 개혁과 갱신은 성령과 말씀으로 사람이 거듭날 때에야 이루어 질 수 있는 것이기 때문이다. 교회 공동체를 이룬 신자 한 사람, 한 사람이 복음으로 변화된 삶의 모습을 보여주고, 복음을 전함으로 이에 공헌할 수 있는 것이다. 교회가 금주, 금연 등에 대한 유인물을 배포하고, 시위운동을 함으로써 불신 민족 앞에 사회적 관심을 보여준 것만은 사실이다. 이런 사회운동은 실상 복음전파를 통한 구원과 인간개조의 사명을 받은 교회가 직접 할 일은 아니다. 그러기에 장로교회는 총회 부서 속에 절제부를 두는 일을 주저했고, 2년 유안하고 끝내 1936년 이를 거부했던 것이다.[56] 교회는 농촌운동을 통해서 교회가 직접해야 할 일과 아니해야 할 일에 대한 교훈을 더 얻게 된다.

교회는 절제운동 뿐 아니라 농촌운동을 펴게되었다. 당시 한국의 농촌인구는 전 인구의 80%였고, 기독교 신자들의 73%가 농사에 종사하고 있었다.[57] 당시 일본의 수탈정책으로 농촌이 피폐해진 것은 이미 언급했다. 교회인구의 대부분을 농촌에 가지고 있는 교회는 농촌의 경제적 생활의 개선 없이는 그 부흥을 기

---

55) 宋相錫, op. cit., p.145,
56) 大韓 예수敎 長老會 總會 第25回會錄, 1936, p.69
57) E.W. Brunner, Rural Korea, pp.138-139

대하기 어려웠다. 결과 교회는 농촌에 관심을 가지고 농촌운동에 나서게 되었다. "조선예수교연합공의회"에서는 농업진흥책을 논의한 일이 있고,[58] YMCA 농촌부가 농업진흥을 위한 강연, 강습회를 개최하기도 하고,[59] 농업실습, 농민수양소들을[60] 개설하여 농촌지도자들을 양성함으로써 농촌을 도왔다. 교회는 이런 초교파적인 기관을 통해서 뿐 아니라, 각 교파에서도 이 운동을 추진해 나갔다.

장로교선교부는 일찍부터 농업선교에 관심을 가졌다. 1921년에 루쯔(劉韶, D.N. Lutz)가 농업선교사로 미 북장로교의 파송을 받아 왔다.[61] 그는 과수 재배의 개량[62] 산정의 개간, 콩류의 재배, 목축 등에 큰 공헌을 남겼다. 그는 "농촌사업이나 경제적 도움은 다만 그(기독교) 메시지의 표현 양식에 불과하다. 우리의 기본적 목표는 결국 아직 복음을 듣지 못한 수백만의 백성에게 복음을 전할 교회를 설립하는 것이다"[63] 라고 했다. 이렇게 초기 농업선교는 복음전파를 위한 하나의 간접수단이었다.

장로교 총회는 1928년에 농촌부를 신설하여, "농민생활" 잡지를 간행하고,[64] 농업학교를 설립하는 등 사업을 하기 시작했다.[65] 루쯔는 이 일에 산파역을 하고 공헌했다. 1930년에는 총회가 10월 셋째 주일을 "농촌주일"로 정하고, 이 날의 헌금은 농촌을 위해 쓰기로 했다.[66] 대부분이 소작인 농민들에게 토지를 회

---

58) 朝鮮耶蘇敎聯合公議會後報(一), 基督申報, 1929. 4. 20日字
59) 農事講習會 開催에 對하야, 靑年, 1929. 11月號, p.150
60) 農民修養所 開講, 靑年, 1932, 10-11月號, p.16
61) Annual Report of the Board of Foreign Missions of the Presbyterian Church in the U.S.A., 1921, p.199
62) 우리나라에 사과나무를 처음으로 들여온 이는 초기 선교사 소안론(蘇安論,W.L. Swallon)과 아담즈(J. Adams)였다. 이영헌 한국기독교사, p.174 참조.
63) K.L Butterfield, *The Rural Mission of the Church Eastern Asia*, New York, International Missionary Council, 1931, p.163
64) 이 雜誌는 農村發展에 相當한 도움을 주었다. 1928年부터 1933年까지 총 發行部數가 22萬 5千 여부였고, 全國에 35個支社를 두었다. 大韓예수敎長老會 第22回 總會錄, 1933년 p.24
65) 大韓예수敎長老會 總會 第17會錄, 1928, pp.39,41
66) Ibid., 第19會錄, 1930, p.40

수할 수 있는 길을 트고, 고리(高利)에 시달리는 이들을 돕기 위해 같은 해 총회는 신용조합(信用組合) 설치를 추진하기로 하고,[67] 1931년 총회 시에는 각 노회에도 그 설립을 위한 조처를 취했다.[68] 교회는 또한 농촌 지도자 양성의 필요를 감안 1932년에 교회내 청년 중 재능이 있고 조선 농촌갱생운동에 취미를 가진 사람들에게 국민, 고등학교와 같은 교양을 베풀어 교회내 농촌운동에 실제적 지도자가 되게 하기 위해 고등농사학원을 설치하기로 하고,[69] 다음 해에 이를 착수했다.[70] 총회는 농촌운동의 활성화를 위해 1933년에 상설 농촌부 사무소를 서울에 개설하고,[71] 총무에 배민수(裵敏洙)를 임명했다. 그런데 이 운동이 몇 년 동안 활성화되는 듯 했지만 곧 문제성이 드러나게 되었다.

가장 큰 문제는 이것이 조직체로서의 교회(靈的治理會)가 해야 하는 운동이냐 하는 의심이 교회 안에 일어나게 된 것이다. 이는 "국제선교협의회"의 위촉을 받아 1928년 예루살렘에서 개최된 이 협의회에 제출된 사회학자 부룬너(E.S. Brunner)의[72] "농업 한국"(Rural Korea)이라는 연구보고서가 하나의 큰 동기를 제공하게 되었다고 보게 된다. 그는 한국교회의 기적적 발전이 초기의 농촌사업에 있었다고 하면서,[73] 1920년대부터 정체된 원인이 변화하는 시대의 이념을 쫓지 못하고, 과학적 교육으로 대처하지 못한데 있다고 비판하고, 선교사들의 무능력을 지탄했었다.[74] 이 외인으로부터의 비판은 어려운 여건 속에서 복

---

67) Ibid., 1930, p.40 任員은 組合長 鄭仁果, 會計 및 幹事 李容高 이었음.
68) Ibid., 第20回 會錄, 1931, p.29
69) Ibid., 第21回 會錄, 1932, p.36
70) Ibid., 第22回 會錄, 1933, p.24 高等農事學院의 院長은 李勳求 博士, 崇實專門學校農科 內에 設置.
71) Ibid., 第22回 會錄, 1933, p.26
72) 사회경제학자인 미 콜롬비아 대학 교수인 Brunner는 1927년 9월15일에서 11월21일까 지 韓國에 滯在하면서 農村調査研究를 시행했다. 이 연구를 위해 15인 特別研究委員會가 構成되었는데 長老敎에서는 H.A. Rhodes가 任命되었다. 특별히 그는 滯韓 調査研究에 있어서 朝鮮總督府의 農業技士 미쯔이와 외사국(外事局) 오다와 共同作業形式을 취하였다. 그러나 日帝總督府의 農業政策의 觀點이 상당히 反影되었을 것임이 틀림없었다.
73) E.S. Brunner, *Rural Korea*, 1928, pp.139,147
74) Ibid., pp.147-149

음전파와 교회건설에 최선을 다해 온 선교사들에게는 이해하기 어려운 일이었고 큰 충격일 수 있었다. 그는 농촌을 봉사하기 위해서는 선교부에서 농업선교사를 파송할 것과, 소작인들의 지나친 피해를 막기 위해서 "연합공의회"안에 지주와 소작인의 협의를 위한 비상위원회를 설치할 것 등을 강력히 주장했다. 이 외에 산업교육의 체계적 발전, 농촌 실습장, 특수 농촌 훈련 센타, 현대산업 사회의 경향 연구 등 농촌문제 해결과 발전을 위한 적극적인 제시를 했었다. 그런데 그는 선교적 관점보다는 사회학적 관점에서 관찰 판단하여 개선을 제시한 면이 두드러졌다. 예를들면 설교내용의 사회학적 감각 도입과 구성, 성경학원에서의 농촌교육, 선교사들을 전문가들로 대체할 것 등이었다.[75] 그의 어떤 제안들은 보수적인 한국 교회와 선교사들로부터 심각한 도전을 받게 되었다. "성경도 가르친다"[76]고 한 말과, 기존 선교사들을 전문가들로 대체해야 한다고 빈번하게 말한 것[77] 등은 한국교회의 보수적 분위기로부터 저항을 받을 수 밖에 없었다. 지난날의 복음증거를 목적으로한 농업선교가 더 이상 그렇게 보여지지 않게 되었다.

이제 농촌운동은 보수와 진보, 개인 구원을 위한 복음과 사회 구원을 위한 복음, 양 진영간의 간격이 드러나게 되고, 보수진영은 진보주의 신학과 사회복음에 대한 경고를 받게 되었다. 나아가 보수적 입장을 견지하는 분들이 부룬너의 제안에 호응키 어려운 다른 이유들이 있었다. 그것은 그는 한국교회에 총독부 시설의 이용과 정책에 대한 협력을 여러 번 건의하고 있었던 것이다.[78] 물론 이는 사회 프로그램의 진행에 있어서 전체인구의 2%에 지나지 않는 교세로서 총독부와의 협력이 없이는 불가능하다는 현실적인 문제가 있었기 때문이었다. 그러나 교회가 추진하는 사업이 총독부의 간섭 아래 들어가게 된다는 것은 수용하기 어려운 일이었다. 이제 보수주의계에서 사회복음주의 이념의 침투를 우려하

---

75) Ibid., 156-170
76) Ibid., 158
77) Ibid., 149, 151, 164, 168
78) Ibid,pp.152, 155, 166-167

는 분들이 총회에서 농촌운동에 대해 반대를 제기하게 되었다. 농촌운동은 개인 신자로서 가담할 일이지 총회로서 관여할 일은 아니라는 것이었다. 김성택은 농촌사업은 "신령체인 교회를 이용할 필요 없이 독립기관으로 경영하되 각도 각 군에 지부를 두고"하면 교인으로는 돕지 않을 사람이 없다고 했다.[79] 어떤 분은 교회가 복음전도가 아닌 농촌사업에 힘을 기울이는 것은 "조선 교회를 파멸"의 와중으로 이끄는 것이라고까지 말하게 되었다.[80]

초기 한국 장로교 선교사들이나 한국교회 지도자 대부분이 신학적으로는 근본주의적 복음주의자들이었으나, 교회관에 있어서 영적 공동체인 교회가 해야 할 사명과, 신자 개인이 신자로서 세상 속에서 해야 할 사명에 대한 개혁주의적 분명한 견해를 갖지 못했던 것이 틀림없었다. 그래서 총회가 총회 안에 농촌부를 두어 농촌운동에 직접 가담하게 되었던 것이다. 그러나, 해가 지남에 따라 전과는 달리 농촌운동이 사회복음주의적 경향을 띠게 되고 교회 일각으로부터 비판이 일게 되었을 때, 선교사들 역시 이 운동의 비교회성(非敎會性)을 인정하고, 경계하며 나서게 되었다. 소열도(蘇悅道, T.C.Soltau)는 일찍 부룬너의 보고서에 실망하고 "사상의 혼란"을 가져왔다고 지적하였다.[81] 당시 진보주의 신학의 배경을 가지고 있었던 송창근(宋昌根)까지도 "敎會는 결코 社會問題 勞動問題, 平和問題, 國際問題를 말하는 곳이 아니외다. 福音이 우리 敎會의 中心이외다. 敎會가 超自然的 團體일진대 敎會는 超自然的 實在의 交通이 그 中에 큰 일이 될 것이외다"[82]라고 하며 "社會福音主義를 提唱하야 하나님과 예수보다도,

---

79) 金聖鐸, 總會農村部 存廢問題에 對하야, 信仰生活, 1936. 7月號, p.12
80) 崔赫甾, 李鐘範氏의 苦言을 듣고, (一), 基督申報, 1935. 11. 6日字
81) T.S. Soltau, *Korea the Hermit Nation; and Its Response to Christianity*, New York, World Dominion Press, 1932 p.101
82) 宋昌根, 오늘 朝鮮敎會의 使命, 神學指南, 1933. 11月號, pp.21-22
　　송창근은 咸興 出身으로, 일본 靑山學院 神學部를 卒業하고, 美國 Princeton으로 留學, 1929에는 Western Seminary로 轉學 修學하고, 1931년에 Denver 大學에서 神學博士學位를 받았다. 歸國과 함께 1931-36 平壤 산정현교회 목사로 시무한 일이 있고, 日帝末期에 는 慶尙北道의 囑託이 되어 非常時局講演을 했고, 敎團 總務로 活動하게 되어 解放과 함께 親日派로 인사로 지목되었다. 1945년에 서울 朝鮮神學校(現 韓國神學大學校의 前身)의 敎授, 1946년에

十字架보다도 사람과 사람사이에 倫理的 關係를 主張"하는 것을 비판했다. 이 농촌운동이 이상 복음전파를 통한 교회건설에 유익이 되지 못할 뿐 아니라, 이미 앞에 언급한대로 이 농촌운동이 당시 사회주의 운동과 연관되는 점도 나타나게 되자, 장로교회는 1937년 제26회 총회에서 농촌부를 폐지하게 되었다.[83]

는 校長으로 就任하여 活動하다 6.26事變 당시 拉北되었다.
83) 大韓예수敎 長老會 總會 제26回 會錄, 1937, p.42 農村部 報告. 當時 票決 結果 廢止 78票, 否 32票였다. 이는 會員 絕對多數가 反對立場에 서 있었음을 보여준다.

제8장 부흥회, 신비주의

8.1 길선주(吉善宙)와 김익두(金益斗)의 부흥회

한국 장로교회는 1907년의 부흥운동이래 부흥운동의 특성을 가진 교회로 성장을 해 오게되었다. 3·1 운동 이후 새로운 부흥사들의 등장은 독립을 얻는데 실패하고 가진 수난을 겪으며 패배감에 젖어 있는 자들에게 새로운 소망과 활력을 불어넣는 기회가 되었다. 세계 어느 곳에도 한국교회처럼 일주간 혹은 그 이상 부흥회를 열어 밤낮 모여 강사의 설교를 듣고 성경을 공부하는 교회는 찾아볼 수 없다. 이 부흥회가 한국교회에는 교회부흥의 큰 요인이 되었다. 그런데 부흥회는 신자들 개인 개인에게 영적인 체험을 갖게 하고 영적 활력을 얻게 하므로 교회에 부흥을 가져오는 긍정적인 면이 매우 크기도 하지만 객관적으로 계시된 말씀보다 주관적 체험을 중시하여 신비주의 방면으로 흐르게 할 위험을 언제나 내포하고 있다. 뿐만 아니라 부흥운동은 교회가 가진 신앙고백보다는 주관적 체험을 더 중하게 여김으로 개인주의적인 경향을 갖게 하여, 신앙고백을 통해 결속된 교회를 중하게 여기지 않는 위험도 따르게 된다.

1907년 이후 차례로 나타나 부흥회를 인도한 길선주와 김익두는 교회의 부흥에 큰 유익을 끼쳤다. 그 이유는 이들은 다 계시된 하나님의 말씀을 사랑하고 이를 능력 있게 전하였기 때문이다. 이들이 인도한 부흥회는 주관적 체험을 강조함으로 신비적 광신적 결과를 초래한 여타 부흥회와는 달랐던 것으로 알려져 있다. 그러나 김익두의 부흥집회에서 나타난 치유의 문제는 교회에 긍정적인 유익한 결과만을 남기지는 않았다.

1. 길선주(吉善宙, 1869-1935)

길선주는 1907년 대부흥시에 부흥사로 등장하기 시작했다. 그는 한국 교회에 새벽기도회, 통성기도 같은 독특한 유형의 신앙생활의 전통을 남겨준 분이다. 그는 성령의 내주에 대한 체험적 고백을 귀중하게 여기면서도 주관적 신비주의로 흐르지 않았다. 그는 계시된 하나님의 말씀에 사로잡힌 분이었기 때문이다. 그는 요한계시록만 1만 1백번을 읽음으로 거의 암기하였고, 신약 성경을 1백번, 구약성경은 30번 이상, 요한1서는 5백번이나 읽었다는 것이다.[1] 3·1 운동 후 민족대표 33인 중의 한 사람으로 관련되어 옥고를 치르면서 옥중에서도 계시록을 7백번 읽었다고 한다.[2] 그러기에 그의 설교는 영력과 함께 성경구절들을 구슬처럼 꿰어 맺는 성경해석으로 일관했다.

길선주는 특별히 종말론을 중심으로 그의 설교의 주제의 대부분은 말세와 재림이었다. 그는 주의 재림으로 나타날 천년왕국을 아름다운 지상의 낙원으로 보았다.[3] 그래서 그는 한국장로교회 초대 부흥 설교자로서 은둔(隱遁)과 피안성(彼岸性)을 한국인들의 신앙 속에 전통으로 남겨두지 않았다. 그는 하나님이 창조하신 이 땅과 하늘이 소멸되지 않고,[4] 새 하늘과 새 땅이 임

길선주 장로(1907)

하므로 낙원이 나타날 것을 믿음으로, 이 세상을 도피하려는 생각을 갖지 않았다. 이것이 역사적 전 천년설(前千年說)을 믿는 분으로서는 특이한 것이었다. 이런 그의 신앙이 3·1 운동의 33인 민족대표로도 참가하게도 했던것이다. 그는 성경을 그대로 하나님의 말씀으로 믿는 정통주의자였다. 그래서 그는 평양에서

---

1) 靈溪先生 小傳, 金麟瑞著作全集, V.p.67
2) 이덕주, "영계 길선주 목사의 말세신앙(II)", (살림), 4호, 한국신학연구소, 1989, 3, p.68
3) 金麟瑞, 韓國敎會殉敎史와 그 說敎集, 釜山 信仰生活社, 1962, pp.74, 75
4) Ibid., p.138

모였던 장로교 총회에서 아빙돈 단권주석(Avingdon 單卷註釋) 문제가 제기 되었을 때, 이를 이단이라 소리쳐 반대도 했던 것이다.[5]

류형기 단권주석

그런데 목회자로서의 그의 길은 언제나 평탄하지만 않았다. 그는 장대현교회의 목사로 시무하면서 교회 분립문제로 사임권고를 당해 원로직에 머문 적이 있었고,[6] 뒤에는 그의 보수신앙이 문제되어 이 원로직까지 사임하게 되었다.[7]

길선주와 마포삼열

길선주는 한국 초대교회 최초 목사 중 한 분이요, 첫 부흥회 인도자로 한국교회의 성격을 조형하는데 크게 봉사하였다. 35년동안 남북 만주와 이 강산 삼천리를 망라하여, 이수(里數)로 6천리를 다녔고,[8] 그의 영향으로 60여 교회가 섰으며, 설교는 13,360여 회를 돌파했다.[9] 그는 강서군(江西郡) 고창 이향리(履鄕里) 교회에서 열린 평서(平西)노회 사경회에서 설교하다 쓰러져 다음날 아침(1935. 11. 26) 별세하였다. 그는 한국 초대교회의 별이었다.[10] 그의 장례식에서 한 조객은 "先生이 基督敎에 改宗하심에 朝鮮敎會의 基礎가 서고, 先生

---

5) 靈溪 吉善宙 牧師 著作集, 第一卷, p.55
6) C.F. Bernheisel, Kil Sunju, *Korea Mission Field*, 1936, 2월호, p.30
7) 閔庚培, 韓國基督敎史, p.397
8) 朴亨龍, 故 吉善宙 牧師 記念說敎, 信仰生活, Vol, 5, No. 1(1936), p.24,
9) C.F.Bernheisel, p.cit., p.136
10) 朴亨龍, 故 吉善宙牧師記念說敎, p.24 박형룡이 "아! 朝鮮敎會의 별은 떨어지고, 기둥은 부러졌다"고 한 말은 그의 역사적 위치를 말해 주고 있다.

이 1906년에 새벽기도를 시작하심에 世界에 새벽 祈禱會가 始作되고, 先生이 1907년에 聖神의 불을 드심에 天下에 復興이 일어나고, 先生이 牧師되심에 朝鮮에 老會가 組織되고, 先生이 啓示錄을 萬讀하심에 無窮世界의 길이 萬人 앞에 밝아지도다… 선생의 손에 洗禮 받은 者 3千인 以上이요, 求道者 七萬人이라 하니, 其實 40萬 敎人中에 先生의 感化를 받지 아니한 者 적으리라"[11] 고 했다. 그는 분명히 한국 장로교회의 개척자였다.

2. 김익두(金益斗, 1874-1950)

김익두는 비상한 때에 비상한 하나님의 은혜와 능력을 입고 등장하게 된 종이었다. 3·1 독립운동 직후 한 민족이 좌절의 분위기 속에 있을 때, 하나님이 그를 불러 세워 그의 백성들에게 새로운 용기와 소망을 일깨워 주신 것이다. 3·1 운동이 일어난 당일도 부흥회를 인도했던 길선주 목사는 민족대표 33인 중 한 분이 되어 당시 감옥에 갇혀 있었다. 하나님은 그를 이어 새로운 종을 불러 세우신 것이다.

그는 황해도 안악(安岳)출신으로 27세 되던 1900년에 입신하여, 1902년 신앙고백을 하고 성례에 참여하기까지 신약 성경을 백번 통독한 열정의 사람이었다. 1906년에 평양신학교에 입학하여 1910년 졸업했다. 그는 "평범한 인간"으로 "소박한 복음"을[12] 성령의 불로 전하였는데, 신유의 은사가 나타난 것이다. 이 은사가 나타난 것이 3·1 운동이 일어난 바로 그해 12월 경북 달성(達城) 지역의 현풍(玄風)교회의 사경회를 인도할 때였다. 박수진(朴守鎭)이란 아랫 턱이 떨어져 늘어진 불구자가 기도로 고침을 받게 되었다.[13] 이 기사가 나타난 것은 3·1 운동 이후 민족이 좌절의 아픔 속에 있고, 반 기독교적 공산주의 무신론이 도전해 오며 "환난과 흉년으로 인하여 굶는 자도 많이 있는" 때에, 하나님께서 이를

---

11) 金麟瑞, 韓國敎會殉敎史와 그 說敎集, pp.74-75
12) J.N. Mills, The Cause of Changes of Korea, *Missionary Review of the World*, 1922, 2月號, p.118
13) 金麟瑞, 金益斗牧師小傳, 信仰生活, 1941, 1月號, 金麟瑞著作全集, V. p.109
14) 인도하는 말, 조선예수교장로회 이적명증, 林澤權 編, 서울, 朝鮮耶蘇敎書會, 1921, p.3

통해 "고난을 당한 너의 신자들아 나 하나님이 너희와 함께 하노라"[14] 하시며 위로와 격려를 해 주시는 것 같았다. 이적은 계속되어 여러 사람들이 풍증(風症), 혈루증(血漏症)으로부터 치유를 받게 되고, 반신불수가 건전하게 되고, 앉은뱅이가 일어서게 되고, 소경이 눈을 뜨게 되고, 귀머거리가 들으며, 벙어리가 말을 하게 된 것이다. 그런데 김익두 자신은 "기사" 표방을 내심 삼갔다. 그는 "병자들을 위한 기도의 성경적 방법을 따르고" 있을 뿐이라고 겸손히 물러서 있었다.[15]

신유는 초자연적 사건이기에 진위(眞僞)에 대한 논란은 필연적이었다. 재령(載寧)의 임택권(林澤權) 목사는 황해도의 교역자들 26명과 1919년 이적증명회(異蹟證明會)를 조직하고 3년 동안 조사하여 이적을 확신하고 1921년1월에 "이적증명서"를 발행했었다. 김익두가 속해 있던 황해노회는 김익두를 통해 나타난 신유를 의심하지 않았다.[16] 그래서 황해노회는 장로회 헌법 제3장 1조에 있는 "금일에는 이적 행하는 권능이 정지되었느니라"라는 조문의 수정의 필요성이 있는 줄 알아 1923년 총회에 이를 헌의(獻議)하게 되었고,[17] 총회는 이를 받아 들여 노회에 수의하기로 결의했다.[18] 그러나 비상한 때에 일시적으로 나타난 이적 때문에 교회의 기존 표준문서를 수정한다는 것은 옳은 일이 될 수 없었다. 어느 한 때에 하나님의 특별한 섭리로 이런 신유의 이적이 나타날 수 있다는 것을 믿을찌라도, 이것을 영구히 계속되는 은사로 믿고 교회표준문서를 수정할 수는 없는 일이었다.

신유에 대하여 다양한 반응이 나타났었다. 1921년에 어떤 한 선교사가 신유의 진위(眞僞)의 불확실성에 관하여 언급했는가 하면, 같은 해 경남노회는 "이적으로 병 고친다 하는 일로 인하여 교회에 손해되는 형편이 있는 고로 사경회 때나

---

15) H.A. Rhodes, & A. Campbell, *History of the Korean Mission Presbyterian Church in the U.S.A.* (1884-1934) Seoul, Chosen Mission Presbyterian Church, 1934, p.290. 金麟瑞, op. cit., p.108
16) 황해노회 상항보고, 大韓 예수敎 長老會 總會 第九回 會錄, 1920, p.87 參照.
"하나님께서 김익두 목사를 기계로 쓰사 기도함으로써 병고치는 이적이 나타나는 바 본 지경 내에서 병 고침을 받은 자가 불가승수 이온중 특별한 것은 소경이 눈을 뜨며...."
17) Ibid., 第十二回會錄, 1923, p.13
18) Ibid., 政治部報告, p.35, 朝鮮예수敎長老會 史記 下卷, p.39 參照

부흥회 시에 병 고치는 표방으로 하지 아니하기로" 결의하여 경계심을 나타내기도 했다.[19] 이는 사람들이 영적 구원의 복음보다 육적인 신유의 이적에 더 큰 관심을 갖게될 위험이 있었기 때문이었다. 총회 정치부도 1923년에 헌법수정을 각 노회에 하기로 할 것을 제의하면서도 수정문제에 있어서 부정적인 입장을 이미 밝혀 "신경과 성경진리에 위반되는 조건이 아닌즉, 개정할 필요가 없음"[20] 이라고 보고했다.

1924년 총회가 수의 결과를 보고 받은 결과는 개정에 부정적이었다. 개정을 찬성한 노회가 6노회(全北, 全南, 慶安, 平西, 安州, 南滿)였고, 반대한 노회가 10노회(京忠, 慶北, 慶南, 咸南, 咸北, 間島, 平壤, 平北, 義山, 山西)로서 부결이 선포되었다.[21] 신학적으로 보수성이 강한 지역의 교회들이 대부분 개정을 반대한 것으로 나타났다. 교회는 일시적으로 나타난 비상한 신유의 은사에 대한 문제를 매우 신중하게 취급했던 것이다.

그가 인도하는 부흥회는 도처에서 열광적으로 열리게 되었다. 그런데 1926년을 고비로 그에 대한 심각한 반발이 교회 안팎에서 일어났다. 1926년 3월에 간도 용정에서는 반 종교가들의 철근 공격을 받아 예배를 중단해야 했던 일이 있었으며,[22] 5월에는 이리교회(裡里敎會)에서 전북 민중운동자들의 연명으로 된 종교반걱 시위에 시달리기도 하였다.[23] 당시 반 기독운동을 하는 사회주의자들은 그를 "고등무당"이라고 비난하기도 했다.[24] 김익두는 그가 시무하던 남대문교회 안의 신진 지성인들로부터의 반발에 당면하기도 했었다. 이들은 신앙의 미신화를 공격하고, 치병한다하여 사람들을 모아 미혹하고 목사로서 위신 잃는 일을 하고 다닌다고 비난하며, 그가 사용하는 언어가 품위 없다고 하여 해직을 요

---

19) 특별사건, 慶南老會, 長老會 總會 第十回會錄, 1921, p.118
20) 政治部報告, ibid, 第十二回會錄, p.35
21) 憲法改正垂議否決, 總會, 第十三回會錄, 1924, pp.10-20
22) 東亞日報, 1926, 3,5日字
23) Ibid., 1926, 5, 21日字
24) 墨峯, "反宗敎運動과 이에 對한 基督敎會의 態度를 回顧하는 나의 所見," 〈靑年〉, 7,1927, p.55

구한 일이 일어났다.²⁵⁾ 그런데 당시 언론은 이런 물의를 일으킨 층이 반 기독교 운동의 일파라고 단정을 내리고 있었다.²⁶⁾

김익두는 교육적 배경을 별로 갖지 못한 소박한 시골 출신의 신앙인이었다. 그는 설교에서 소박한 언어로 영적 사랑과 육적 사랑을 함께 강조하였다. 기도를 배경한 성령의 능력으로 청중의 심령을 사로잡은 그의 소박한 메세지는 길선주와는 달리 내세지향적(來世指向的)이었고 고생(苦生) 후에 낙(樂)이라는 내용의 복음을 전했다. 그의 설교에 대한 청중의 반응에 관해서는 1920년 6월 30일 평양 대부흥집회에 나타난 놀라운 결과를 보아 짐작을 하게 된다. 이 부흥회 기간 중 사립숭덕학교(私立崇德學校) 건립을 위한 기금을 마련하기 위한 헌금을 했는데 그 때의 정황을 당시 일간지는 이렇게 적고 있다; "數千名 群衆은 미친 듯, 醉한 듯, 興奮한 神經을 걷잡지 못하여... 寄附하였는데 月子가 700餘쌍이요, 금반지가 50餘個요, 銀 장도가 20餘個, 其他 時計와 衣服과 鍮器 盤床 별 별 가지 寄附가 山 같이 쌓여 現金과 합하여 計算하니 거의 六萬圓에 달한지라. 實로 空前의 大 盛況을 이루었더라."²⁷⁾ 하나님은 비상한 시기에 김익두에게 비상한 은혜를 주어 사용하신 것이 분명했다. 그러나 비상한 은사는 언제나 지속되는 것은 아니다. 약 10년이 지나 1930년경에는 그의 부흥회도 멈칫해지게 되었다. 그리고 한국 교회는 여러 면으로 최대의 위기의 시대를 맞게 되었다.²⁸⁾

8.2 신비주의(神秘主義)

1. 이용도(李龍道, 1901-1933)의 신비주의

3·1 운동이후 나라를 찾는데 실패한 좌절감, 경제적인 궁핍, 도덕의 부패 등

---

25) 기독교 신구충돌, ibid., 1926. 5,15日字, 京畿老會, 第五回 會錄, (1926,23), p.5
26) 現代와 基督敎, 朝鮮日報, 1926, 5, 21日字
27) 東亞日報, 1920, 7, 3日字
28) 金益斗는 解放 後 越南하지 않고 北韓에 머물며 北韓 基督敎徒聯盟委員長으로 있다, 6.25전란 때 世上을 떠난 것으로 알려져 있다. 그의 生涯는 하나님이 恩惠로 주시는 能力과 이것을 받아 奉仕하는 使役者便의 責任을 記憶하게 한다.

으로 황야를 걸어가는 것과 같은 상황에서 교회 안에는 신앙의 내면화를 통해 신비적인 만족을 추구하는 경향이 생겨나게 되었다. 이런 때에 신비주의는 비옥한 토양을 발견하게 된다.

김익두의 부흥의 열이 멈칫하게 되던 1930년에 교회의 이목을 끈 새로운 운동이 주변에 일어나게 되었다. 이것이 신비주의자 감리교 목사 이용도가 일으킨 부흥운동이었다. 그는 황해도 금천 출신으로 감리교의 협성신학교를 나와 강원도 통천교회에 부임했다.

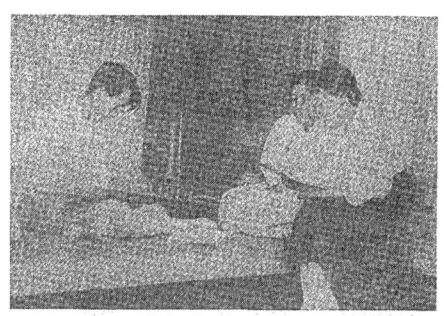
가야금을 타는 이용도

이용도는 환상을 보는 사람이었다. 환상 속에서 마귀와 싸워 그를 내쫓은 후 큰 영력을 받았다고 한다.[29] 그는 이 때부터(1928) 부흥사로 등장, 열정적으로 전국을 다니며 부흥회를 인도하였다. 당시 교회들은 교파의 구별 없이 그를 초청하여 부흥회를 열었다. 장로교회도 예외는 아니었다. 특별히 1931년 장로교회 제21회 총회는 교회진흥운동을 결정하여 이를 위해 기도하기로 하고, 1932년 총회는 "전국교회에서 1년간 1주일이상 부흥회"[30] 를 하도록 결의했다. 평양에 있는 장로교회중 대표적이라 할 수 있는 산정현 교회, 장대현 교회도 그를 청해 부흥회를 열었다.[31] 일찍부터 복음주의 라는 넓은 틀 속에서 감리교회와 교류해온 결과 이것은 자연스런 일이었다.

그는 설교를 총알같이 빠른 말로 10분에 끝내기도 하고, 어떤 때는 3시간, 4시간, 7시간 이상을 계속하고, 공중기도도 세 시간 네 시간 계속할 때가 있었다.[32] 일정한 규례없이 이른바 영감 받는대로 하는 것이었다. 그는 육감적 신비주의자였다. 신랑 되신 그리스도에 대한 몸부림치는 사랑과 그와의 합일(合一)이 그의

---

29) 邊宗浩, 李龍道牧師傳, p.5
30) 振興方針硏究委員報告, 朝鮮예수敎長老會 總會 第21回會錄, 1932, p.31
31) 李永獻, 韓國基督敎會史, pp.181, 185
32) 邊宗浩, 李龍道牧師傳, pp.33-34

중심 주제였다. 그는 "나는 주의 사랑에 삼킨바 되고, 주는 나의 신앙에 삼킨바 되는 이 합일의 원리여!"[33] 또 "주는 신랑 나는 신부, 주여 침방에서 사귀는 사랑의 사귐의 때를 허락하소서"[34] 라고 하며, 신자와 그리스도와의 관계를 부부의 성애(性愛)로 구사했다. 그에게 있어서 그리스도와의 합일(合一)은 무아(無我)의 경지를 의미하기도 했다. 진리는 말하는데 있지 않고 사는데 있다고 선언하고, "오 주여 나는 공(空)이요, 무(無)이로소이다"[35] 하므로 신비의 심연에 잠겼다. 이로서 그는 신과 인간의 본질적 차이를 잇는 신비적 합일의 열희(悅喜)을 추구하였다. 그의 그리스도와의 합일의 사랑은 사랑의 융합을 통해서 "주님과 血管的 연결"[36]을 이룬다고 믿었다. 그는 더 나아가 자신을 고난 당하시는 그리스도와 동일시하기까지 하였다.[37] 그리고 교리나 교직이란 형식을 무시할 뿐 아니라, 종국에는 계시된 성경의 완전성을 부인하고, 그리스도와 합일을 이룬 자기를 통한 새로운 계시를 주장하여 "내 말을 듣고 생명을 얻으라. 나의 말은 진리"[38] 라고까지 말했다. 그는 주께서 자기뿐 아니라 다른사람을 통해서도 직접 말씀하시는 것으로 믿었다. 1927년경 원산의 감리교회에 유명화(劉明花)라는 여인이 예수님이 자기에게 친림(親臨)[39] 했다고 하고 강신극(降神劇)을 벌였다. 여기 도취되었던 이호빈이 이용도 목사에게 "주(入流神)께서 우리 조선에 이렇게 친림하시니 이는 조선의 지대의 영광"이라고 하면서 원산에 와서 이를 체험해

---

33) 邊宗浩 編, "李龍道 牧師의 日記" 서울: 心友園, 1966, p.140
34) 邊宗浩, 李龍道牧師書簡集, 心友園, 1953, p.106
35) 邊宗浩, 李龍道 牧師의 書簡集, 서울: 心友園, 1958
36) Ibid., p.150 뒤에 나나탄 "피가름"이라는 異端 敎理의 根源을 여기서 찾게 된다.
37) Ibid., p.188 그런데 당시 이런 신비주의 운동의 영향으로, 신령파 운동이 일어나게 되었다. 원산의 유명화(劉明花)란 여인이 자기에게 예수가 친림(親臨)했다고 하고, 예수 모양을 내고 다른 사람에게 강신(降神)의 극(劇)을 벌였다. 그런데 당시 간도의 장로교 목사인 한준명과 원산의 백남주 목사 같은 분들이 이런 접신녀(接神女)들에게 동조하고 이용도 이호빈 등과 어울렸으며 마침내는 "예수교회"라는 새 교파를 세우기도 했다. 1932년 11월 28일의 평양노회는 원산에서 한준명이 강신극에 참여하고 있는 문제를 두고 장시간 논란한 후 이들을 이단으로 규정하였다. 平壤臨時老會 撮要(1932, 11.26), 基督申報, 1932年 12月 7日字 참조.
38) Ibid., p.230
39) 信仰生活, Vol.II, No., 11-12, (1933.11-12), p.39

보라고 했다.⁴⁰⁾ 원산에 온 이용도는 이 입신녀(入神女) 앞에서 무릎을 꿇고 "주여"했다는 것이다. 그는 주께서 그녀에게 친림하고 계심으로 그녀의 말이 곧 주의 말씀이라고 믿은 것이다.⁴¹⁾

거부감 없이 감리교 목사인 그를 부흥회 강사로 초청하여 온 장로교회는 드디어 그가 주장하는 몇 가지 내용을 의심하게 되었다. 결과 평양노회가 1932년 10월 4일 노회에서 그의 잘못된 교리를 들어 금족령을 내리고, 당시 노회장인 남궁 혁(南宮爀)은 각 교회에 이용도를 경계하라는 글을 보내면서 그 이유를 밝

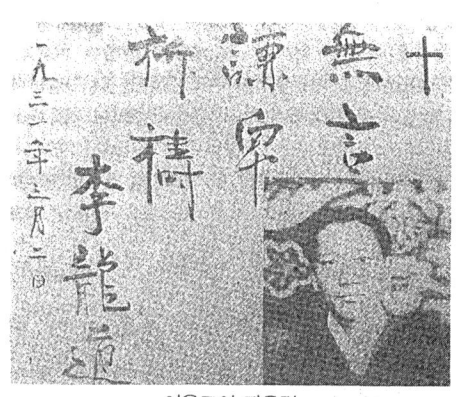

이용도의 좌우명

혀 "이 靈的 운동은 一種 신비주의로서 종교신앙의 주체적 체험 방면을 중시하는 것임으로... 종교생활의 객관적 규범 방면을 무시하며... 심지어 성서 밖의 別默示와 새 主義를 은연히 선전"⁴²⁾하기 때문이라고 했다. 이어 황해노회(1932. 12. 22), 평서노회(1932. 11. 29)가 그의 노회경 내 교회 출입을 막았고, 드디어 1933년 9월에 모인 장로교 총회(제22회)는 그를 이단으로 선언했다.⁴³⁾

그의 신비주의 활동은 짧았다. 그러나 그의 영향은 컸다. 1933년 7월 그는 그가 속했던 감리교로부터도 면직처분을 당하였다. 그는 원산으로 가서 그의 지병인 폐결핵으로 1933년 10월 2일 세상을 떠났는데, 이 때 그의 나이 서른 세 살이었다.

---

40) 金麟瑞著作集, II, p.135
41) 후에 李龍道는 崔錫柱 목사에게 "물론 明花라는 그 개인이 主도 아니요, 神도 아니다. 그를 통하여 나타나는 말씀은 곧 주시다. 그러므로 그 말씀 앞에 경배치 아니할 수 없었다"고 해명했다는 것이다. 基督申報, 1933年 3月 21日, 閔庚培 韓國基督敎史, p.443 참조
42) 基督申報, 1932年 5月 25日字
43) 朝鮮예수敎長老會 總會 第22回 會錄(1933,9), p.71

2. 황국주(黃國柱)의 완전주의(完全主義, Perfectionism)

황국주는 황해도 장연 출신으로 북간도로 이주하여 장로교 용정중앙교회(龍井中央敎會)에 다니던 청년이었다. 그는 용모가 단아하고 준수하여 장래가 촉망되었다. 1930년 총회의 총독부교섭위원이 노령 해삼위(海參威)지방 교인들의 핍박 소식을 듣고, 와사과에 교섭하여 그를 파송해서 교인들을 인도하려고까지 한 인물이었다.[44] 그런데 그는 만주에 거하던 중 백일 기도로 계시를 받았다 하면서, 머리를 길러 아래로 내리고, 수염을 길러 예수의 모습과 비슷하게 꾸민 후, 자신의 목이 잘리고, 예수의 목이 그 위에 붙었다고 황당한 말을 거침없이 쏟아냈다.[45] 나아가 그는 "머리도 예수의 머리, 피도 예수의 피, 마음도 예수의 마음… 전부가 예수화 하였다"고 했다.[46] 그의 아버지 황장로도 국주 앞에 엎으려 "주님"이라고 경건히 부르기까지 했다.

그는 새 예루살렘 도성을 찾아 순례의 길을 나섰는데 그의 일행 중에는 그의 아버지 황장로, 그의 누이 그리고 가정을 버리고 따르는 유 부녀자들과 처녀 등 60여명 일행이 있었다.[47] 그가 두만강을 건너고, 함경도, 강원도를 거쳐 서울을 향해 온다는 소식이 퍼지자 예수의 화신(化身)을 구경하기 위해 도처에 사람들이 모여 길을 메웠다. 그런데 서울을 향해 오는 순례의 길에는 해괴한 일이 일어나 말썽이 되었다. 60여 명의 남녀가 함께 숙식(宿食)을 하면서 여행하는 것이었다. 이를 목격한 한 목회자는 이들이 "일종(一種)의 난류(亂類)같이 보였다"[48]고 증언했다.

예수와의 합일로 자기를 예수와 동일시하는 이런 신비주의는 필연적으로 "죄를 범할 수 없다"는 완전주의(完全主義, Perfectionism)에 빠지기 마련이다. 황국주는 상경 도중에 그를 추종하는 젊은 남녀들과 동숙하면서, 이런 길이 "완전

---

44) 朝鮮예수敎長老會 總會 第19回會錄, 1930, p.46 大韓예수敎長老會 百年史, p.468
45) 閔庚培, 韓國基督敎史, p.445. "信仰生活", Vol. 114, No. 4, p.21
46) 閔庚培, Idem.,
47) "信仰生活", Vol.11, No.11-12,(1933. 11-12), p.39
48) 趙昇濟, 牧會餘話, 서울, 香隣社, 1965, p.109

에의 첩경"⁴⁹⁾이라 하였다. "이러한 완전주의는 대개의 경우 성적 착란에 연결되고 종교체험의 황홀감과 성적 황홀감과의 유형적 상사(類型的 相似)를 암시하게 된다."⁵⁰⁾ 이것이 그에게도 예외는 아니었다. 그는 곧 삼각산에 기도원을 세우고 목가름, 피가름의 교리를 실제로 가르쳤고, 이를 영체(靈體)의 교환이라고 했는데, 이것은 일종의 혼음(混淫)이었다. 안주노회의 조사단이 와서 혼음을 문책했을 때, "우리들은 요단강을 건너와서 남녀간의 성 문제를 초월했다"고 하였다.⁵¹⁾ 1933년 안주노회와 평양노회가 그를 "위험한 이단"⁵²⁾이라 정죄하여 부흥회 초빙을 금지하였고, 그해 가을 모인 총회도 그를 이단으로 단죄했다.⁵³⁾

황국주와 앞서 언급한 이용도는 다 같이 그리스도와의 본질적 합일을 주장함에 있어서 근본적으로 같은 신비주의의 길을 걸었던 것이다. 세상이 어지럽고, 교회의 영적 분위기가 침체되는 때에 이런 비정상적인 신비주의 운동이 일어나는 일은 역사적으로 가끔 있어 왔다. 그런데 이런 일이 장로교회 세계에서 일어났다는 것은 한국의 장로교회가 그 신앙생활면에서 자성을 해야 한다는 일종의 경고적 성격을 띠고 있었다. 교회는 뜨거운 영적인 체험이 중요하지만, 건전한 신앙생활을 위해서는 성경에 기반을 둔 건전한 신앙고백적 교리적 지식이 필요한 것이다. 한국 장로교회는 이 면에 있어서 처음부터 교육적 결함을 가지고 있었던 것이다.

---

49) 靈界, 1933, 11月號, p.4
50) 閔庚培, 韓國基督敎會史, p.446
51) 金景來 編著, 社會惡과 邪敎運動, p.165 參考
52) Korea Mission Field, 1933, 7月號, p.145
53) 朝鮮예수敎長老會 總會 第22回 會錄, 1933, p.71

제9장 분파, 자유주의 신학, 교회연합 운동

9.1. 분파주의자(分派主義者)

1930년대에 들어서면서 한국교회 안에는 초대교회의 단순성이 사라져 가고 선교사에 대한 반감, 교권에 대한 도전, 자유주의 신학의 침투 등으로 교회에 내분이 차츰 일고 분파운동의 조짐이 나타나게 되었다. 하나의 거룩한 보편적 사도적 교회(A holy, catholic and apostolic Church)에 대한 신앙고백적 교리적 바른 교육이 결핍될 때, 교회는 쉽게 분열운동에 말려들기 쉬운 것이다.

1910년대부터 장로교회 안에 분파를 만들고 분열을 일으키는 지도자들이 있었다. 한국장로교회가 아직 독노회(獨老會)로 있던 때, 장로회 전북 대리회(全北代理會)[1] 지역에서 최중진(崔重珍)목사가 자유교(自由敎)를 주장함으로, 태인, 부안, 정읍, 임실, 흥덕 각 군의 교회가 크게 동요하게 된 일이 있었다.[2] 그러나 전라 대리회는 1911년 독노회에 "자유회서 미혹되었던 형제들이 돌아온 자가 많고", "자유회는 자연히 없어진다"는 보고를 했다.[3] 1923년에는 전남 장성군 월평 교회의 백용기(白容基) 정선진(鄭善珍), 손동선(孫東鮮) 등이 자치교(自治敎)라고 이름 짓고 배교한 일이 있었으나, 후에 이들이 노회에 자복하고 해산하게 된 일도 있었다.[4] 이들의 분파운동은 지역교회에 어느 정도 혼란을 일으켰으나

---

1) 總會가 組織되기전 獨老會時代에 獨老會아래 獨老會를 代理하는 治理會로 全國에 8個 代理會가 있었다.
2) 朝鮮예수敎長老會史記, 上, pp.279-280 대한예수교장로회 독노회, 第3回會錄, 1910, p.19
3) 북전라대리회 보고서, 대한예수교독노회 第4回會錄, 1911, p.57 崔牧師는 1919年 總會에 自服書 提出.

전국적인 큰 파장을 가져오지는 않았다. 그런데 전국교회에 상당한 파장을 일으킨 분파운동도 있었다.

1. 김장호(金庄鎬)의 조선기독교회

김장호는 한국인으로서는 최초로 자유주의 신학을 도입하고 가르친 장로교 목사였다.[5] 그는 자유주의 신학을 좇는 북장로교 선교사 공위량(孔韋亮, William C. Kerr)의 영향을 받아 소위 과학적 성경해석을 도입하여 이적을 부인했다. 예를들면, 이스라엘 백성이 홍해가 갈라져 건넌 일을 간조(干潮)현상으로 해석하고, 예수님이 오병이어(五餅二魚)로 5천명을 먹이신 일을 그들 모두의 도시락으로 해석했던 것이다.[6] 이것이 문제가 되어 1916년 황해노회는 그의 비정통성을 이유로 그의 총대권을 박탈하였다.[7] 그리고 다음해인 1917년에 "老會를 不振한 事로 免職"을 하고 "當教會도 老會를 不服하므로 治理"하게 되었다.[8] 그러자 그는 1918년 7월 21일, "吾等은 西洋人의 勢力을 떠나 吾等의 손으로 吾等의 幸福을 爲하야 朝鮮 基督教會를 組織"한다고 선언하고, 장로교회를 떠나 교회 명칭을 "朝鮮基督教會新院教會"로 고쳐버렸다. 그는 장로교회에서 징계를 받지 않기 위해 장로교회를 스스로 떠나 버린 것이다. 그러나 노회는 그에 대한 권징을 계속하여 1918년 12월에 모인 노회는 그를 이단으로 정죄하고 6개월간 휴직 처분하였으며[9] 1923년 총회는 노회의 그에 대한 처리 보고를 그대로 수락하게 되었다.[10]

---

4) 朝鮮예수教長老會史記, 下, pp.326-327
5) 그는 韓國에 온 宣教師들 가운데 自由主義 神學者로 最初로 드러 나게 된, 載寧 駐在 宣教師 공위량(孔韋良, W.C. Kerr) 박사에게서 自由主義 神學을 紹介받았다. 김장호는 1909-1914까지 平壤神學校에서 修學하고, 牧師按手를 받아 鳳山 山水面 新院教會를 시무 했다.
6) 朴聖謙, 黃海老會 百年史, 黃海老會100回史編纂委員會, 1971, p.214
7) Idem.,
8) 朝鮮예수教長老會史記 下, p.160
9) Ibid., p.151; "別委員 報告에 依하여 金庄鎬는 聖經眞理를 違反하여 教人을 引導함으로 六個月間 休職하고 韓위렴 牧師를 別擇하여 該教會를 顧見하게 하다."
10) 朝鮮예수教長老會 總會 第12回會錄, 1923, pp.13, 35

김장호가 교회분열을 하여 새 교회를 세운 것은 자유주의 신학을 도입하여 종교는 "科學的이어야한다", "敎派敎閥의 抗爭을 버려야한다", "東洋人에게 適合한 宗敎여야한다", "國家를 사랑하고 國憲의 神聖을 지켜야 한다"는 것 등의 이유에서였다.[11] 여기서 가장 주목을 끄는 것은 과학적 신앙과 국헌의 신성을 지켜야 한다는 것이다. 여기서 자유주의와 배교의 연관성을 감지하게 된다. 하나님이 주신 계시의 말씀을 불신하게 될 때, 그 말씀을 주신 하나님에 대한 충성은 떠나게 되고, 세상과 협상하게 되는 것은 필연적이다. 한국 교회사에서 자유주의 신학과 세상과의 제휴의 역사의 효시를 여기서 보게 된다. "國憲의 神聖"을 말하게 된 그는 자연스럽게 일제 총독의 마음을 사고, 일제와 제휴하게 된 것이다.

1922년 4월 조선 총독 사이또(齊藤實)가 그의 경성교회에 "화복으로 와서 격려의 사"를 남기게 되었다. 그 후 1928년 12월에 김장호는 일제의 "어대전기념장"(御大典記念章)을 받았다.[12] 그의 신학적 자유주의는 반민족적 행위로 나타나게 된 것이다. 나아가 그는 3·1운동 당시 "西洋依存의 ○○運動의 矛盾을 喝破... 內鮮民族의 不可分을 主張"하기까지 하였다. 일제의 법원도 그의 편을 도와주었다.[13] 장로교 총회가 그의 교회당 불법강점에 대해 교회당 인도를 위한 소송을 했지만, 그의 편에 선 일제는 고등법원에서까지 총회의 청구를 기각 처분해버렸다.[14] 그는 일제의 총아(寵兒)였음이 틀림없다.

역사가 아직 옅고 교회와 교리를 잘 분별하지 못하는 한국교회 안에는 그의 노선을 쫓는 분들이 더러 있었다. 1936년에 조선기독교의 교세는 교회당 30여 처소, 교역자 41명, 교인 2,471명이었다.[15] 계시된 하나님의 말씀인 성경을 신앙과 생활의 절대표준으로 받지 아니하는 자는 교제에 한계를 느끼지 않는다.

---

11) 朝鮮基督敎會小史, 朝鮮基督敎會 傳道部 發行, 1941, P.48
12) 朝鮮基督敎會小史, P.60
13) Ibid., p.51
14) Ibid., p.56 1938年 刊行된 東京의 日曜世界社編 基督敎百科事典에 朝鮮敎會人物로 金庄鎬, 日本組合敎會界의 柳一宣 두 사람이 登載되어 있을 뿐 이었다.
敎會의 治理機關인 總會가 訴訟에 直接原告의 立場에서 告訴한 일은 이 金庄浩를 相對로 敎會引渡 訴訟을 한 것이 最初의 것이었다.
15) Ibid., p.69

김장호와 조선기독교회는 이용도의 예수교회와 교류를 가지게도 되고, 그외 분파주의 자들과도 제휴를 추구하게 되었다.16)

2. 이만집(李萬集)과 박영조(朴永祚)의 장로교 이탈

이만집은 평양신학교를 1917년에 졸업(제10회)하고 1918년 대구 남성교회(南城敎會) 목사로 부임했다. 그는 부임한지 반년도 못되어 한 교인의 징계가 문제되어 당회가 양분되는 현상이 나타나 난관에 봉착했으나, 3·1 독립운동 주동자로 형고를 치르게 되므로 그 난관을 피할 수 있었다. 그런데 3년의 징역을 치르고 1921년 출옥하게 된 후, 교회에서 지난날 징계를 받았던 한 교인과 남산교회(南山敎會) 박영조 목사의 충동을 받아서 몇 교인들에 대한 책벌을 강행하게 되었다. 이 때문에 그의 교회 교인들이 경북노회에 목사해직을 요구하는 진정서를 내었다.17) 경북노회는 1923년 3월 남성교회 당회(이만집 지지)가 낸 소장을 기각하고 교인들의 청원을 받아들이기로 결의했다.18) 이렇게 되어진 것은 이만집이 시무하는 남성교회와 박영조가 시무하는 남산교회가 그 공동치리회에서 경북노회를 탈퇴하고 지역적인 연고가 없는 경충노회(京忠老會)에 속한다는 결의를 하게 된 것이 큰 이유였다. 당시 논란 과정에서 노회장 방혜법(邦惠法, H.E. Blair)과 이만집의 열띤 쟁론이 있었고, 회장이 두 시간 동안 수라장이 되었을 뿐 아니라 폭행까지 있게 되었다. 이에 노회는 이만집과 박영조에게 책임을 물어 이들을 정직 시벌하고, 이들과 함께 행동한 장로들에게도 책벌을 가하여 면직하게 되었다.19) 시벌을 받은 이들이 1923년 3월 18일에 경북노회를 탈퇴하고 "자치선언"(自治宣言)을 하게 되자, 경북노회는 즉시 모여 이들을 제명처분하고,20) 같은해 9월 총회는 경북노회의 처리를 정당한 것으로 받아들였다.21)

---

16) 韓國基督敎100年史, pp.456-457 參考
17) 慶北老會錄(대한예수교장로회경북노회록 출판위원회, 影印本), 第十回會錄(1921. 6. 18) p.34
18) 경북노회, 1923년 3월 별노회록, pp.176-177 참조.
19) Ibid., pp.182-184
20) Ibid.,1923年 4월 別老會錄, p.190
21) 朝鮮예수敎長老會 總會 第12回會錄, 1923, pp.36-37

그런데 이들 자치파가 교회당을 점거하였다. 경북노회는 "향후 어떤 분파라도 분립 후 교회 재산을 이런 방식으로 획득할 수 있다는 선례를 절대로 남기지 못하게 하기 위한" 목적으로 지방법원에 고소를 하게 되었다. 지방법원에서 패소한 자치파는 대법원까지 갔으나 끝내 패소를 당하고 말았다.[22] 일제는, 이만집은 김장호와는 달리 독립운동에 가담하여 옥고를 치른 경력이 있었고, 친일의 입장에 있는 자로 보지 않았기 때문에 돕지 않았던 것이 분명했다. 그러나 이들의 반 선교사적 입장의 천명은 일제 총독부로 하여금 한국 교회가 미국인을 불신하고, 선교사들에 도전하고 있다는 판단을 하게 하므로 친일에로의 접근 가능성을 기대하게끔 했다. 1920년대 초반기는 김천, 영주, 경주 등지에서도 자치선언을 하는 유사한 사건들이 연이어 일어났다.[23] 이것이 아직 역사가 오래되지 않고, 교회의 본질에 대한 교육을 제대로 받지 못한 교회가 겪는 하나의 혼란상이었다.

9.2 적극신앙단(積極信仰團, Positive Faith Society) 사건

같은 장로교 공동체에 속해 있으면서도 서북계(평안도, 황해도)의 장로교회와 서울 경기 지방의 장로교회간에는 내적인 긴장이 있어 왔다. 일찍부터 교세가 확장되어 비중이 압도적으로 큰 서북지방의 세(勢)를 의식하는 서울의 장로교회는 감리교회와 늘 공동전선을 펴는 경향을 가져오게 되었다.[24] 이런 경향은 일찍 언더우드(元杜于, H.G. Underwood)시대부터 있어 왔다. 따라서 서울은 강력한 보수주의적인 서북교회와는 달리 일반적으로 진보주의적인 성향을 가지고 있었다. 이런 배경 아래에서 당시 YMCA의 총무였던 감리교인 신흥우(申興雨)가 장로교에 속한 전필순(全弼淳), 함태영(咸台永), 최석주(崔錫柱), 박용희(朴容

---

22) 慶北老會, 1924年 6月 老會錄, p.283. 1923年 5月 14日字 總督府 官報는 임중하 牧師를 南城 敎會 擔任牧師로 公告했다. 李相根, 大邱第一敎會 90年史, 1983, p.105
23) Ibid., 1923年 9月 老會錄(別老會), p.229, 1924年 9月老會錄, p.307, 1925年 1月 老會錄, p.317, 朝鮮예수敎長老會 第14回會錄, 1925, p.62 參照
24) 閔庚培, 韓國基督敎史, pp.420-421

義), 권영식(權瑛湜), 홍병덕(洪秉德) 등과 감리교에 속한 정춘수(鄭春洙), 유억겸(俞億兼), 신공숙(申公淑) 구자옥(具滋玉) 등 20여명과 함께 1932년 6월 "적극신앙단"을 조직하였다. 이 단체는 교파를 초월하여 장로교 감리교인들로 구성된 하나의 연합체로서, 그들의 이념이 다음과 같은 다섯 조목의 선언문에[25] 잘 나타나 있었다.

1. 나는 自然과 歷史와 예수의 經驗 속에 啓示된 하나님을 믿는다.
2. 나는 하나님과 하나가 되고, 惡과 더불어 싸워 이기는 것을 人生生活의 第一 原則으로 삼는다.
3. 나는 男女의 差別없이 人間의 權利 義務 行爲에 있어서 完全한 同等權이 保障되어야 하며, 他人의 權利를 侵害하지 않는 完全한 自由가 있어야 된다고 믿는다.
4. 나는 新 社會의 建設을 爲하여 個人的 取得慾이 人間的 貢獻慾으로 代置되어야 한다는 것을 믿는다.
5. 나는 社會가 많은 사람에게 經濟的 文化的 宗教的 生活에 있어서 昇登的 均衡과 安全이 保障되어야 한다는 것을 믿는다.

이 선언문은 21개 실천강령을 포함하고 있었다. "적극"이라는 말은 장로교의 전필순의 발의로 부쳐진 것이었다.[26] 이 선언문의 내용을 볼 때 신학적으로 진보주의적 색채가 강하게 부각되어 있음을 보게 된다. 먼저 첫 항목에서 "강열한 자연계시적 신비주의 사상"[27]이 나타나고 있음을 보게 된다. 이 선언문은 예수로 말미암아 나타난 계시와 자연, 역사, 경험을 통해서 나타나는 자연계시의 동질성을 말하고 있다. 그리고 "예수의 경험 속에 계시된 하나님"을 말하므로 예수를 완전한 신성을 가지신 메시야로 믿지 않고 있다. 이는 복음주의 한계를 넘어

---

25) 전택부, "人間 申興雨" 대한기독교서회, 1971, p.225
26) 金麟瑞, 積極團 問題를 推하야 黨問問題를 論함, 信仰生活, 1935, 4月號, p.9 全弼淳은 日本의 고베신학교(神戸神學校)에서 修學하고, 그 곳 出身 가가와도요히꼬(賀川豊彦)의 基督教 社會主義의 思想의 影響을 받은 進步的 人物이었으며, 出身 및 牧會背景도 非西北系인 京畿, 서울 地域이었음.
27) 大韓예수教長老會100年史, p.462

자연신학과 신비주의적 입장에 서 있음을 보이고 있다. 남녀의 동등권, 신사회 건설에 대한 언급은 사회복음주의 사상에 배어 있음을 보여 준다. 서울 중심의 장·감 연합으로 등장한 이 단체는 보수적인 서북지역과는 달리 사회구원을 주장하고 있다. 서울에 있는 소수 장로교 자유주의자들은 실질적으로 서북에 있는 같은 장로교회에 속한 보수주의자들보다 서울에 있는 감리교 자유주의자들에게 더 가까움을 느꼈다.[28]

이 적극신앙단은 곧 주변으로부터 의혹을 받게 되었다. 서울 지역의 교직자회가 먼저 "최근… 감리교와 장로교의 지도자들과 어떤 교단들의 지도자들로 구성된 파괴운동의 역사가 일어나고 있다"고 보고 각자의 교회에 경고하라고 하였다.[29] 경기노회도 벌써 이 문제를 논의하고 이 단체를 "異端의 秘密團體"로 단정 "그 團體에 參加한 사람을 斷乎한 治理를 하기로" 결정하여 1935년 총회에 보고했다.[30] 이 총회도 "재경기독교유지대회" 회원 11명이 경성노회를 경유하여 제출하게 된 적극신앙단 권징 요청의 헌의를 받고, 정치부에 그 심의를 회부한 결과 "적극신앙단의 신앙선언은… 우리 장로교회의 信經에 違反되는 것임으로 우리 장로교회에서 용납치 않기로 함이 가하다"[31]는 보고를 함으로써 그 요청을 수리했었다. 그런데 저들은 적극신앙단이란 교회 치리권의 영역밖에 있는 단체이기 때문에, 총회는 본회에 관해 아무런 치리권을 행사할 수 없다고 주장하고 총회의 요구를 순종하지 않았다.

총회에서 이런 결정이 있은 후 경성노회는 이들 5명을 소환했었다. 그러나 소환을 거절하므로 특별위원을 선정하여 1936년 5월 정기노회시까지 정직을 시켰다.[32] 그 후 이들에게 아무런 변화가 없음을 확인한 노회는 그 다음 정기 노회에서 면직이라는 중한 벌을 내리게 되었다.[33] 면직이라는 큰 벌을 받게 된 이들은,

---

28) 大韓예수敎長老會 100年史, p.463 비교.
29) B.F. Hunt, "Korea Letter", Christrianity Today, Vol.5. No. 12, May, 1935, p.299 간하배, 한국장로교 신학사상, p.82, 註 54 참고
30) 경성노회 상항보고, 總會 第24回會錄, 1935, p.64
31) 政治部報告, Ibid., p.53
32) 京城老會 第7回 定期會錄, 1935, 11月, p.18
33) Ibid., 第8回 定期會錄, 1936, 5月, p.30

1936년 6월 경중노회(京中老會)라는 별노회를 조직할 뿐 아니라,[34] 남선대회(南鮮大會)구성을 추진하면서, 교회 분열을 획책해 나갔다.

그러나 곧, 이들은 그 동안의 세력을 유지해 나가기 어려운 처지에 이르게 되었다. 이 단체의 핵심역을 맡았던 신흥우가 감리교 원로인 양주삼과 윤치호의 불신을 받아 YMCA 총무직을 사퇴하게 되므로 적극신앙단의 중추가 흔들리게 되고, 그 외에도 주변의 정치적 여건이 더 이상 그들의 이념을 밀고 나갈 수 없는 형편이 되어버린 것이다. 결과 이들은 총회에 화해의 제스처를 보내게 되어 1937년 총회는 이들을 위한 별위원(別委員)을 내게 되었다. 결과 총회는 함태영 일파에게 "적극신앙단이 이단임을 인증할 것"과 "경성노회를 탈퇴하고 경중노회를 조직한 것이 잘못 되었다는 것을 알 것"등 별 위원의 보고 육조(六條)[35]의 조건을 내어 제시하게 되었다. 이들은 총회 후에 열린 경성노회 계속회에 출석하여 함태영이 "제씨를 대표하여 총회 별위원 육조(六條)를 전부 승인하고 사과"하게 되었다. 그 결과로 노회는 "함태영… 제씨에게 처벌하였던 것을 전부 해제하고 복권하여 주기로 가결"했다.[36] 이 사건은 1930년대 중반에 이미 자유주의가 장로교회 안에 자리를 잡았고, 총회는 자유주의자들에 대한 단호한 교리적 권징을 하지 못할 만큼 약화되어 있었음을 보여 준 것이었다.

그런데 자유주의 신학을 품은 자들의 교회분파 분열의 행각은 이로서 끝나지 않았다. 자유주의 신학은 일반적으로 주관주의적, 합리주의적 성격을 띠고 있기 때문에 객관적인 하나님의 말씀에서 그의 뜻을 찾아 인내하고 순종하며 살도록 하기보다는, 인간의 주관적이고 합리적인 뜻을 찾고 이 뜻을 이루기 위해 혁명적인 길을 걷게 만드는 것이다. 수년 후 1942년 저들은 경기 호남중심의 이른바 "혁신교단"(革新敎團)을 조직함으로써 적극신앙단의 길을 실질적으로 연장해 나가게 되었고, 해방 후에는 이들 대부분이 자유주의 신학노선을 걷는 조선신학교 편에 서게 되므로 결국 자유주의 교회, 기장(基長)의 주도 세력으로 등장하게 되

---

34) 總會, 第25回會錄, 1936, p.70, 總會는 京中老會를 否認했다.
35) 總會 第26回會錄, 1937, pp.82-83
36) 京城老會, 臨時繼續會錄, 1937, 10, 29, pp.2-3

었다.

 그 동안의 한국 장로교사에서 앞서 언급한대로 지역적으로 교권이 문제가 되어 교회 분열이 일어난 일이 있었다. 그런데 김장호나 적극신앙단에 연루되어 교회의 분열을 주도했던자들은 특별히 신학면에서 자유주의자 집단이었다는 것이 주목을 끌게 된다. 기록된 계시의 말씀을 그대로 하나님의 말씀으로 수용하지 않는 자유주의자들은 주관적 사색을 앞세우므로 사도적인 말씀에 기반한 하나의 교회에 매이기를 원하지 않는 것이다. 그래서 이들은 교회의 일치를 말하지만 실상 교회를 분열하는 결과를 가져오게 된다.

9.3 자유주의 신학(自由主義 神學)

 초기 한국 선교사들은 대부분 보수적 복음주의자들이요 철저한 근본주의자들이었다. 그런데 초대 선교사들 중에 자유주의자들이 전혀 없었던 것은 아니었다. 이는 장로교 첫 복음선교사 언더우드 부인이 쓴 글 가운데 신신학자 한 사람에37) 대한 이야기가 나온다. 거기서 그녀는 "신신학자 중 한 사람이 나에게 걱정스럽게 묻기를 '우리가 곧 수정해야 할 신학을 한국인들에게 가르치고 있지나 않는지' 라고 하였다. 그러나 하나님께 감사한 것은 한국 사람들이 배우고 있는 신학은 인간이 조작하거나 인위적인 수정을 요하는 신학이 아니라는 것이다"38) 라고 썼다.

 이에 다른 증인이 있다. 1897년 10월에 미 북장로교 선교사로 한국에 도착했던 한위렴(韓偉廉, W.B. Hunt)도 "성경의 절대 무오설을 믿지 않던 선교사가 적어도 한 사람은 있었다."라고 했다.39) 이것은 놀랄만한 사실은 아니다. 앞서 언급한 대로(제2장, 2.3 미장로교 선교사들의 신학, 참조) 19세기 말, 이미 미국 장

---

37) 이 한사람의 신신학자는 당시 신신학을 유포한 것으로 밝히 드러난 북장로교 선교사 공위량 (William Kerr)을 가리키고 있는 것으로 짐작이 가게 된다.
38) L.L.Underwood, *Fifteen Years Among the Top-Knot*, p.333
39) John P. Galbaith, The Shadow and Sunlight of Korea," *Presbytrian Guardian*, Aug. 15, 1953 참조

로교회 안에는 교리적 포용주의가 자리를 잡았고 현대주의가 유입되고 있었기 때문이다. 1909년 한국에 봉사하던 40명의 선교사 중에 당시 자유주의 신학으로 유명했던 뉴욕의 유니온 신학교 출신이 3명이나 있었던 것이다. 밀알이 뿌려질 때 가라지도 함께 뿌려진 셈이다.

그런데 이들 자유주의자들은 선배 선교사들의 대세에 눌려 그들의 신학적인 활동을 자제하고 있을 뿐이었다. 그렇지만 1910년대에 이르러 이들의 신학적 활동이 차츰 부상하게 되었다. 1910년대에 "두 명의 선교사들이 자유주의 신학을 소유하고 가르쳤다는 이유로 한국교회에 의해 고소를 당했다."[40] 그 가운데 한 사람이 1908년에 미 북장로교 선교사로 입국하여 황해도 재령지역에서 일해 온 공위량(孔韋亮, William C. Kerr)이였다. 이미 언급한대로 그 지역 김장호 목사가 그에게서 자유주의 신학의 영향을 받아 그대로 가르치다 노회의 권징을 받게 되고 교회를 분열해 나갔었다. 공위량 목사는 한국 장로교 선교부로부터 강력한 요청을 받게 되어 1919년 11월 선교사직을 사직하게 되었다. 그러나 그는 곧 조선에 있는 일본인을 위한 선교사로 다시 파송되어 나왔다. 당시 미 북장로교 선교회 본부는 자유주의 신학에 대한 심각성을 별로 느끼지 않은 분위기 가운데 있었던 것으로 보인다.[41]

---

40) Bruce F. Hunt, "Trials Within and Without," *Presbyterian Guardian*, Feb. 1960, p.37
41) 당시 美 北長老敎 宣敎部안에는 自由主義 문제에 있어서 매우 유연한 분위기가 있었다. 宣敎部의 人事委員會에서는 傳道委員會가 Kerr를 宣川에 轉任시킨데 對하여, 〈載寧 스테이션에 付託하여 聖經院에서 가르치도록 다른 機會를 주자〉고 獻議했으나 結局 서울로 轉任시켰다가, 1919년 11월 스스로 辭任하였다. H.A. Rhodes & A. Campbell, op.cit., 1884-1934, p.625 그러나 그는 다시 韓國에 나와 韓國內 日本人을 爲한 宣敎師로 活動했다. 그리고 그는 後에 저 有名한 1923년에 發表된 自由主義 神學 宣言인 "Auburn Affirmation"에 美 長老敎 牧師 1300名이 署名했을 때 함께 署名했다.
당시 미 북장로교 선교부 본부도 자유주의 문제에 있어서 매우 유연한 입장을 취한 것으로 나타난다. 당시 선교부 총무였던 A.J. Brown의 다음과 같은 말이 이를 잘 시사해 주고 있다: "미국이나 영국의 대부분의 복음주의적인 교회들에서는 보수주의와 자유주의가 상호간에 평화스럽게 생활하며 사역하는 법을 배워 왔는데 한국에 있어서는 현대주의적 견해를 가진 소수의 사람들이 걸어가야 할 길은 험난하였다. 특히 장로교 선교부 선교사들이 그러했다."
A.J. Brown, *The Mastery of the Far East*, Scribners, 1919, p.540
이 말 속에는 소수의 현대주의 자들에 대한 동정심이 서려 있다.

그 후 자유주의 신학을 공개적으로 소개한 선교사는 캐나다 장로교 선교사 서고도(徐高道, William Scott)였다. 그는 1926년 봄 함흥에 개강된 성경학교 보습과 학생(주로 유급전도사들)들에게 성경에는 역사적, 과학적인 오류가 있다고 가르치므로 문제를 야기한 일이 있었다.[42] 자유주의 신학은 1930년대에 들어서면서 일본, 캐나다, 미국 등의 자유주의 신학교에서 수학하고 돌아오는 분들에 의해 차츰 한국에 뿌리를 내리게 되고, 그 모습을 대담하게 드러내게 된다. 1920년대에 외국으로 유학한 분들이 많았다. 그 가운데 가장 가까운 일본으로 가는 유학생이 제일 많았다. 일본은 한국과는 달리 일찍부터 자유주의 신학이 지배해 왔다.[43] 1920년대 이후 약 30년 동안 일본의 신학은 다른 세계와는 달리 바르트(Karl Barth, 1886-1968) 신학이 완전히 지배를 하고 있었다. "바르트가 금세기의 으뜸가는 신학자들 중 한 사람으로 간주되는 미국의 상황과는 달리 일본에서는 바르트가 오직 유일한 신학자"로 여겨졌다.[44]

이런 환경 가운데서 1918년 장로교 총회는 신학과 신앙의 정통을 유지하기 위해 미리 조치를 취하게 되었다. 장로교 평양신학 이외의 신학교에서 수학하고 "본 장로회에서 사역"하려는 자에 대하여 "먼저 그 지경 노회 관할과 인도함을 받아 별신학(別神學)에 참여하야 피차 상종도하며 신경(信經) 정치(政治)와 규칙(規則)을 강습한 후에 임사(任事)하는 것이 합당"하다는 결정을 하게 되었다.[45] 총회직영 외의 타신학교 출신에 대한 임용법칙은 오늘날까지 전통이 되어 내려오고 있다.[46] 1920년대에 일본에 유학을 갔던 분들이 1930년대에 돌아와 교회

---

42) 金良善, 韓國基督敎解放十年史, pp.186-188
43) Kun Sam Lee, *The Christian Confrontation with Shinto Nationalism*, Amsterdam, 1962, pp.114-147
44) Yasuo Furuya, The Influence of Barth on Present-Day, Theological Thought in Japan, *The Japan Christian Quarterly*, Oct. 1964, p.262
45) 神學敎育部 報告, 總會 第7回會錄, 1918, p.25 신학교육부보고, Ibid., 第15回會錄, 1936, p.22, Ibid., 第16回會錄, 1927, p.40, 정치부보고, Ibid., 第13回會錄, 1924, p.27 參 考.
46) 고신교단의 헌법 중, 헌법적 규칙, 제3장 교회직원, 제24조 참조; "다른 교단 목사의 가입자격과 절차는 대학과정과 신학대학원을 졸업한 자로서 본 교단 소속 목사 2명 이상의 추천을 받고, 관할 노회에서 준 회원의 자격을 얻은 후, 본 교단 직영 신학대학원에서 30점을 획득하여야 한다"

안에 활동을 하게 되었다. 이들의 영향이 도시 지역 교회에 크게 파급되었다. 이제 신학은 선교사들만의 것은 아니었다. 한국인 목사들이 자기들이 수학한 신학을 가지고 등장하게 된 것이다. 신학계의 중심이 선교사들로부터 한국인 학자들에게 차츰 이관되는 현상이 나타나게 된 것이다.

보수주의로 다져져 온 한국교회의 풍토에 자유주의의 대담한 등장은 그 충돌이 불가피했다. 당시 나타난 자유주의의 대표적 인물은 송창근과 김재준이었다. 송창근(宋昌根, 1898-1950)은 함흥 출신으로 일본, 미국 등[47]에서 신학을 수학하고 1931년 귀국과 함께 평양 산정현 교회에 목사로(1931-1936) 시무했으나 그의 자유주의 신학때문에 결국 사임하고 1936년 봄, 부산진으로 떠났다.[48]

그런데 한국인 신학자들끼리의 치열한 대결은 박형룡(朴亨龍)과 김재준(金在俊) 사이에서 나타났다. 김재준은 일본 청산학원(靑山學院)을 거쳐 주로 미국의 자유주의 신학교에서 수학하고 돌아 온 자유주의 신학자였다.[49] 자유주의 신학 때문에 그는 신학교 교수로 임명을 받지 못하고 숭인상업학교(崇仁商業學校)에 교사로 일을 하고 있었다. 그

박형룡

---

[47] 송창근은 일본 청산학원(靑山學院) 신학부를 졸업하고, 1926년에 미국 프린스톤으로 유학, 1929년에 자유주의 신학교인 Western 신학교로 전학, 거기서 신학석사 학위를 받고, 1931년에 Denver 대학에서 신학박사 학위를 받았다.

[48] 그가 神學指南에 마지막 寄稿한 글 가운데 다음의 內容은 당시 保守, 自由 兩陣營의 對立現狀을 잘 밝혀 주고 있다; "朝鮮敎會에 누구의 黨이 있다. 누구의 派가 있다 하야 서로 노려보고 못 믿어하는 터이요. 게다가 같은 朝鮮사람으로서 南놈, 北놈 하야 스스로 갈등을 일삼으니, 50禧年인가, 50噫年인가?" 宋昌根, 새 生命의 前提, 神學指南, 1935, 1月號, p.12

[49] 金在俊은 자신의 신학의 여정에 대하여 이렇게 썼다; "스물 다섯 살 때 일본으로 건너 갔다. 신학 공부하려는 것은 아니었다. 그러나 결국 나보다 강한 어떤 보이지 않는 손에 몰려서 신학을 시작했다... 그 때 일본 특히 아오야마학원(靑山學院은 거의 래디칼한 자유주의였고(조직신학 부분은 반드시 그런 것이 아니었지만), 그 당시 뉴욕 유니온의 출장소이었다. 그래서 그 방면에서는 어느 정도 식별을 습득한 셈이었다... 그러나 내가 어느 분의 무슨 책에 가장 많은 감화를 받았을까하고 생각해 봐도 도무지 석연치 않다.

물론 바르트에게, 브룬너에게 많은 감화를 받았다고 할 수 있을 것이다. 그러나 그들의 저서

는 1934년에 신학지남에 투고한 "이사야의 임마누엘 예언 연구"에서 성경의 축자영감설(逐字靈感說)을 대담하게 반박하고 나섰다.50) 뿐만 아니라 그는 한국교회의 주체의식을 방해한 선교사들을 공격하고, 한국의 신학교육이 고루한 정통신학을 주입식으로 가르치는데 그치고 있다고 신랄한 비판을 가했다. 그는 홀로 서 있지 않았다. 평양신학교에 한국 사람으로서는 첫 번째로 교수가 된 남궁혁(南宮爀)이 그를 은연중 도와주었다. 그의 글이 「신학지남」에 실린 것도 그의 배려 때문이었다. 또 그는 평양신학을 나오고 일본 동경에서 공부하면서 자유주의 신학의 영향을 받은 채필근(蔡弼近)의 지원을 받았다.51)

당시 평양신학교에 교수로 있던 보수주의 신학자 박형룡(朴亨龍)52)은 조용히 있지 않았다. 그는 한국교회가 일찍부터 받은 신학은 인간에 의해 창작된 것이 아니라, 사도적 정통신앙을 그대로 보수하는 신학이라고 믿고 있었다. 성경의 축자영감과 무오(無誤)를 굳게 믿고 있는 그

평양신학교 인장에 나타난 상징

를 읽었었다는데 있어서도 일종의 주마간산(走馬看山)격이었고, 파고 들어 연구한 것이 아니니 뭐라하기 죄송하다. 니버니, 틸리히니, 불트만이니 하는 분들의 저서에 있어서도 마찬가지 여행담 정도밖에 못되니 그렇다. 오히려 인간 심정을 산 채로 영사한 유명한 작품들에 마음이 끌리고 감격 비슷한 것을 느낀다... 요컨대 나는 무슨 책을 읽어도 참고로만 대하는 것이지 거기 깊이 시사(侍師)한 심경은 갖지 못하는 버릇이 있다."
"내가 영향을 받은 신학자와 그 저서" 기독교사상, 1964년 7월호. 그는 미국에서 프린스톤을 거쳐 Western Seminary로 옮겨가, 이 자유주의 신학교에서 자유주의에 특별히 심취하게 되었던 것으로 보인다.

50) 神學指南, 1934, 1月號. 김재준은 1930년대 초기에는 그의 자유주의 사상을 노골적으로 드러내거나, 정통주의를 비평하지 않았다. 그러나 1933년에 이르러 이제는 발표한 때가 이른 줄 알고 계속 그의 자유주의적 견해를 밝히기 시작했다. "욥기에 나타난 영혼불멸관" 신학지남, 1933년 3월호, "전기적으로 본 예레미야의 내면 생활" 1933년 9월호, "아모스의 생애와 그 예언" 1933년 11월호, "이사야의 임마누엘 예언 연구" 1934년 1월호, "실제의 탐구" 1934년 11월호.
51) 蔡弼近은 1932년에 이미 基督申報에 "辨證神學"을 4회 連載함으로 自由主義 神學의 물결을 일으켰다.
52) 박형룡은 다른 분과 달리 일본유학을 거치지 않았다. 그는 숭전을 졸업하고(1920), 중국 남경에 있는 금능대학을 졸업한 후(1923), 도미하여 1926년에 Princeton신학교를 졸업하고,

김재준의 성서해설

는 성경에 대한 비판적 해석을 단죄했다. 그는 김재준의 글을 1935년 5월 이후로 "신학지남"에 실을 수 없게 만들었다.

김재준이 이제 자유주의 신학의 전위 용사가 되어 신학교 기관지에 보수신학의 공격에 나서자, 그와 뜻을 같이하는 자유주의자들은 더 이상 수면 아래 잠잠히 움츠려 있을 필요가 없다고 보았다. 때가 이른 줄 안 이들은 자기 정체를 드러내며 교회의 반응을 시험해 보게 되었다. 그래서 1934년, 1935년에 자유주의 신학의 문제가 교회 안팎에 공개적으로 제기되고 총회가 이를 취급하게 되었다. 이는 이제 한국 교회 내에 이질적인 신학의 등장으로 분열현상이 일어났음을 의미했다. 사도적인 신학과 신앙의 노선을 떠난 자들은 언제나 교회에 분열을 일으키게 마련이다.

1934년 남대문 교회를 시무하는 김영주(金英珠, 1896-1950)[53]가 "모세 오경"의 모세 저작을 부인하여 이것이 총회에 문제가 되었다. 이와 함께 함북 성진(城津)의 김춘배(金春培) 목사가 자유주의적 성경해석을 통해 여권(女權)을 주장하게 되어 총회에 기소되었다. 그가 이 문제를 제기한 배경은 이러했다. 캐나다 연합교회 선교사들의[54] 지역인 함북노회(咸北老會)가 1929년에 총회에 여전도

Louisville의 남침례신학교에서 연구한 후 1928년에 귀국하여 1930년부터 평양 장로회신학교의 교의학 교수로 봉사했다. 1933년에 Louisville 신학교로부터 철학박사 학위를 취득했다.

53) 金英珠는 南大門敎會 牧師(1934-1943)로, 그 後에는 새문안 敎會(1943-1950) 牧師로 시무했다.

54) 韓國敎會의 女權運動은 1926년 캐나다 聯合敎會(1925년에 캐나다의 장로교회, 감리교회, 회중교회가 합동하여 이루어진 교회)의 宣敎師 맥도날드(D.A. MacDonald)의 主張에 刺戟을 받고 시작되었다 할 수 있다. 그는 "社會問題에 對한 基督敎의 態度를 再考함"이란 글에서 "女子

사에게 강도권을 허락할 것을 헌의했었다. 총회는 이 헌의를 거절했었다. 그 후 1932년 경안노회(慶安老會)가 총회에 미국 북장로교회에서 여장로 세우는 것이 "어느 성경에 근거하였으며 동일한 신조 아래 있는 우리는 왜 달리 해석하느냐?" 문의한 일이 있었다. 이 문의를 받은 총회는 정치부를 통해 "우리 조선 장로교는 본 정치에 의하여" 여장로를 세울 수 없다고 하는 보고를 받았다. 다음해 1933년에 함흥의 최영혜외 103명이 서명하여 "女子로서 敎會 治理하는 權限 附與"를 요청하는 청원서를 함남노회를 경유 9월 총회에 내었었다.[55] 당시 총회는 이를 부결시켰다. 이에 김춘배 목사는 1934년 총회 직전 "장로교총회에 올리는 말씀"[56] 이란 공개서한에서 바울이 가르친 "여자는 조용 하여라, 여자는 가르치지 말라"는 것은 "2천년 전의 한 지방의 교훈과 풍속"에 불과하고 만고불변의 진리가 아니라는 자유주의적, 상항적 성경해석을 하므로 총회의 여권 부결에 정면 도전했었다. 카다나 선교부의 영향을 받고 있는 함경도지역에는 자유주의 운동이 이렇게 강하였다.

  1934년 9월 총회는 자유주의자들의 등장에 당황했고 이에 대한 처리에 강경했다. 총회는, 라부열(羅富悅, S.L. Boberts), 부위렴, 박형룡(朴亨龍), 염봉남(廉鳳南), 윤하영(尹河英)을 연구위원으로 김영주의 창세기 저작권 문제와 김춘배의 여권에 관계된 신학적 입장을 조사 연구하게 하였다.[57] 1935년 총회는 연구위원의 보고를 받게 되었다. 위원회는 "창세기 모세 저작권의 부인은 곧 모세의 오경 저작을 부인하는 것"으로, 이는 "파괴적 비평학이니 이를 추종하는 사람은 본 장로회의 교역자됨을 거절함이 가하다"고 보고했다. 그리고 김춘배의 여권문제에 관해서는 "사도 바울이 고린도전서와 디모데전서에 여자의 교회교권을 불허한 말씀은 2천년전의 한 지방교회의 교훈과 풍습을 위한 것이 아니라, 만고 불변의 진리이웨다." "성경의 파괴적 비평이나, 자유주의 해석방법의 감화를 받은

  의 숨어있는 재질을 발달케 못한다면 이는 사회 자체가 그 위대하고 유용한 국민을 빼앗음이 된다"고 쓴 일이 있다. 基督申報, 1926, 1, 20日字.

55) 總會, 第22回會錄, 1933, pp.9, 65
56) 金春培, 長老敎總會에 올리는 말씀, 基督申報, 1934. 8. 22
57) 總會 第23回會錄, 1934, p.52

자는 임직을 거절하며, 임직을 이미 받은 자는 권징조례에 의해 처리할 것"이라고 했다.[58] 나아가 연구위원회는 자유주의의 교회 침투와 확산을 막기 위해 다음과 같은 단호한 조처를 총회에 제의하였다; "…총회는 각 노회에 명령하여 교역자의 시취문답을 행할 때에 성경비평과 성경해석방법에 관한 문답을 엄밀히 하여, 조금이라도 파괴적 비평이나 자유주의 해석방법의 감화를 받은 자에게 임직을 거절케 할 일이 오며, 이미 임명을 받았던 교역자가 그런 교훈을 하거든 노회는 그 교역자를…처리케 할 일이웨다"[59] 하였다.

그런데 총회는 벌써 이상 장로교가 아닌 캐나다 연합교회에 속한 자유주의 경향을 강하게 띄고 있는 선교사들을 수용하고, 교회연합운동의 일환으로 감리교와 함께 만국주일 공과를 사용하는 등으로 교회의 문을 넓게 열어 자유주의 사상이 쉽게 넘나들 수 있게 해 놓았다. 이제 한국 교회에 자유주의 사상이 확고히 자리를 잡는 것은 시간문제였다. 김영주가 제기했던 창세기 저자문제는 이미 주일학교에서 가르치는 만국 주일 공과에서 거의 같은 내용으로 언급되어 있었다. 그래서 1934년 총회는 그 문제를 언급하여: "1934년 만국주일 공과(장년부)에 5폐지 8행이하 기사 중에 히브리 오랜 신화를 근본 삼았다는 문구와 창세기 저자가 확실하지 못하다는 문구는 전선 교회에게 성경을 하나님의 말씀으로 신앙하는데 막대한 의아를 일으킴이오니… 주일학교연합회에 교섭하여 정정하기로 하다"[60] 라고 하고 있다.

또한 감리교와 맺어 온 밀접한 교류문제는 자유주위 입장의 주석을 공동번역 간행한 문제를 낳게 되어 총회가 나서게 되었다. 감리교회가 선교반세기 희년(1934) 기념으로 유형기(柳瀅基)목사 편집으로 아빙돈 주석(Abingdon Commentary)을 간행하는데 송창근, 채필근, 한경직이 번역진에 가담했었다. 이에 길선주 목사와 황해노회가 아빙돈 주석의 정통성에 이의를 제기하고 총회에 헌의하게 되었다. 박형룡은 이 책이 "성경을 파괴적인 고등비평의 원리에 의

---

58) 總會, 第24回會錄, 1935, pp.83-89
59) Ibid., p.89
60) 總會, 第23回會錄, 1934, p.45 성경영감교리문제

해서 해석하였으며 계시의 역사를 종교 진화론의 선입견을 가지고 고찰하였다."[61] 고 평하게 되었다. 이에 1935년 총회는 그것이 "장로교회의 도리에 불합한 고로 우리 장로교회에서는 구독하지 않고, 그 주석에 집필한 본 장로회 사역자에게는 소관된 각 교회에서 살핀 후에 그들로서 집필한 정신태도를 기관지를 통하여 표명케 함이 가하다[62]"는 결론을 내렸다.

1935년 아직 교세를 장악하고 있는 보수주의 세력 앞에 자유주의자들은 한 발짝 양보하고, 들었던 고개를 잠시 다시금 낮출 수 밖에 없었다. 창세기 저자문제를 일으킨 김영주와 여권 문제를 일으킨 김춘배는 "총회의 결정에 추종하고 자기들 견해를 취소한다는 성명으로 문제가 일단 끝나게 되었다. 그리고 아빙돈 주석 번역에 참여한 채필근은 "그 번역 사업에 가담함이 자신들의 잘못임을 인정 한다"함으로 총회에 순종의 모습을 보였다. 그러나 이로서 자유주의 자들은 그들의 자유주의 사상을 포기한 것은 아니다. 보수 정통주의 세력에 밀려 잠시 동안 다시 수면 아래로 자신의 참 모습을 감춘 것뿐이었다. 한국 장로교회 총회는 이들을 정죄함으로써 자유주의를 청산하게 된 것이 아니라, 자유주의를 잠시 억누른 것뿐이었다.[63] 이 자유주의자들이 득세하고 활개를 펼 때가 가까워 오고 있었다.

9.4 교회연합과 일치운동

앞서 이미 언급한대로, 1905년에 장·감 선교사들이 "재한 개신교복음주의선교총공의회"(The General Council of Protestant Evangelical Missions in Korea)를 조직하면서 한국에 단일한 "예수 교회"를 세우기로 합의를 했었다. 그러나 이들은 차츰 이 이상의 실현이 쉽게 이루어질 수 없음을 발견하고 1911년에는 재한 선교총공의회의 명칭을 "재한개신교복음주의선교연합공의회"(The

---

61) 박형룡, "한국 교회에 있어서의 자유주의," 神學指南, Vol. XXXI, No. 1(1964년 9월호) pp.9ff.
62) 總會, 第24回會錄, 1935, p.53
63) 간하배, op. cit., pp.82-83 비교

Federal Council of Protestant Evangelicla Mission in Korea)로 바꾸게 되었다. 총공의회(General Council)는 유기적인 통합의 뜻을 포함하고 있었으나, 연합공의회(Federal Council)란 단순히 교회의 교제와 상호 밀접한 관계를 의미하는 것이었다. 그리고 헌장에도 이상 교회일치(Church Union)라는 확실한 말을 제거하고 교제(fellowship)란 말로 대치하였다. [64]

그런데 1916년 8월 제45차 "재한 개신교복음주의 선교연합공의회"가 모였을 때에는 한국에 있는 선교단체들 사이에 한국에서의 단일교회의 가치문제에 관한 의견이 아주 첨예하게 나뉘어지게 되었다.[65] 1916년 10월 한국의 최초 복음 선교사이며, 단일 교회운동에 앞장 서 온 원더우드 선교사가 별세했다. 그러나 단일교회 설립에 대한 선교사들의 향수는 살아지지 않았다. "장로교선교사공의회"는 장로회 제5회 총회(1916. 9)에 조선장로교총회와 조선감리교연합연회가 "연합공의회"를 조직할 것을 제의해 오므로 총회는 이를 수락했다.[66]

1918년 5월 장·감 양 교파는 각기 20명으로 된 "조선예수교장감연합협의회"(朝鮮예수教長監聯合協議會)를 구성하여 공통관심사에 관하여 서로 협의하기로 했다.[67] 규칙에 나타난 목적을 보면 이제 "하나의 교회" 설립이념은 나타나 있지 않았다. "양 교회가 야소 기독교내에서 일치되는 정신을 증진케 하며, 친목하는 정의를 돈독케함"과 "양 교회가 단행하기 난(亂)한 사(事)가 유(有)한 경우에는 합력진행하기를 무도(務圖)함"이라 표현하고 있다. 협의회는 상대편의 성경, 예배모범 및 치리권에 관하여 간섭하지 않기로 규정했다.[68] "연합선교공의회"

---

64) *Korea Mission Filed*, 1919, pp.227-229 참조
65) 〈Annual Meeting of Federal Council〉, *The Korea Mission Field*, 1916, p.193
66) 예수교장로회총회 제5회 회록, pp.31, 44 당시 협의의원으로는 양전백, 함태영, 박예헌, 배유지, 방위량 다섯 분이 선출되었다.
67) 憲法에 밝힌 目的은;
  1.兩教會가 耶蘇基督內에서 一致되는 精神을 增進케 하며 親睦하는 情誼를 敦篤히 함.
  2.兩教會가 單行하기 難한 事가 있는 境遇에는 合力進行하기를 務圖함.
  3.兩教會가 教役上 經歷과 知識을 互相交換하야 基督의 事業을 擴張함에 有助케함.
  朝鮮耶蘇教長監聯合協議會 憲法, 第一章, 第二章, 同第一回會錄, 1918, p.7
68) Ibid., 第二章, 第二條, pp.7-8

는 장·감 양 교회가 이런 협의기관을 통해 서로 이해를 더 깊게 하고 관계가 가까워져 일찍부터 품어 온 교회일치의 꿈이 이루어지기를 바란 것이다. 그래서 "선교연합공의회"는 "朝鮮敎會가 組織上으로 聯合할 問題"라는 한 결의서(決議書)를 1919년 제3회로 평양에서 모인 "장감연합협의회"에 보냈었다. 이 결의서에 의하면, "우리가 提議할 것은 關係되는 各 敎會와 宣敎處들은 次 問題를 가지고 相議하되 朝鮮內에 基督敎會를 組織하는데 對하여 各 敎派대로 繼續하는 것과 聯合한 敎會를 組織하는 것에 어느 것이 勝할는지 聖神께서 우리로 하여금 一致되는 意見을 가지게 하시기를 希望 할 것...."이라고 했다.[69] "장감연합협의회"는 "一年間 祈禱하되... 上帝에 듣는 대로 施行키로 의결"했지만 이 일은 더 이상 진행이 되지 않았다.

1924년에는 이 "조선예수교장감연합협의회"가 "조선예수교연합공의회"(朝鮮예수敎聯合公議會, The Federal Council of the Christian Churches)[70]로 그 이름이 바뀌어지고 그 목적은 전과 거의 같은 선교와 사회문제에 있어서의 협동이었고, 서로 신경, 정치, 예배문제에 대해서는 간섭하지 않기로 했다.[71]

그런데 1920년대에 한국인 교회지도자들 가운데 교회일치를 원하는 분들의 소리가 상당히 높아갔다. 이들은 먼저 일본이나 구미의 자유주의 신학의 영향을 받은 분들이었으며, 그 다음으로는 민족주의적 경향의 사상을 가졌던 분들이었다. 이들은 교회문제에 있어서 "조선민족은 조선민족을 본위로 삼아 자각적"[72] 이어야 한다고 하며 "조선적 기독교"건설을 주장한 것이다.[73] 교파란 서양인들

---

69) 附錄, 朝鮮宣敎師聯合協議會 決議書, 長監聯合協議會, 第三回會錄, 1919, pp.7-8, 總會, 第八回會錄, 1919, pp.57-58
70) The Korea Mission field, 1925, p.21 참고
   協議會 構成 멤버는 敎會로서는 長老敎會, 美監理敎年會, 南監理敎年會, 宣敎部로는 北長 老敎宣敎會, 南長老敎宣敎會, 濠洲長老敎宣敎會, 캐나다 聯合敎會宣敎會, 美監理敎宣敎會, 南監理敎宣敎會였고, 非敎派團體로서는 英國聖書公會, YMCA, YWCA, 全國主日學校聯合會였다. 이 "The Federal Council of the Christian Churches"는 "The Korea National Christian Council"(KNCC 조선기독교협의회)로도 불렸다.
71) 附錄第二號, 朝鮮耶蘇敎聯合公議會規則, 第4條, 總會, 第24回會錄, 1923, p.69, 1929
72) 李大偉, 나의 理想하는 바 民族的敎會, 靑年, 1923, 6月號, pp.11,13
73) 朝鮮의 基督敎는 어디로, 基督申報, 1932, 10, 5日字 參考

세계에서 상호알력과 편견으로 생겨진 것으로 한국교회가 따를 필요가 없다고 했다.[74] 다양한 교파제도의 생활은 서양교회에 대한 "맹종"(盲從)[75] 이라고도 했다.

교파에 대한 이런 시각은 교회역사에 대한 지식의 결핍과 교회관의 정립이 바로 되지 못한데서 온 것이었다. 사도신경의 "거룩한 공교회"를 바로 이해했던들 교회문제를 민족주의적 사고를 가지고 접근할 수 없었을 것이다. 교회역사는 복음의 확장에 대한 선교사일 뿐 아니라, 성경의 진리수호를 위한 투쟁의 역사라는 것을 바로 이해하게 될 때, 교파가 단순한 상호 알력과 편견에서 일어났다고 말할 수 없을 것이다. 이런 오해에 대해서는 개혁주의 장로교 선교사들로서 일찍부터 역사적 신앙고백의 내용을 등한하고 일치운동을 전개해 온 결과로서 그들의 책임이 크다 할 수 있다.

1905년에 시작된 교회일치에 대한 열망은 30년대까지도 선교사들과 상당수 한국교회지도자들 마음속으로부터 사라지지 않았다. 캐나다에서 20여년 모색되었던 장로교회, 감리교회, 회중교회의 통합이 1925년에 성사되었다.[76] 이 소식이 전해 졌을 때, 저들과 거의 같은 때에 교회일치를 모색하기 시작했던 분들의 마음속에는 그 열의가 다시 살아 날수 밖에 없었다. 1929년에 "기독신보" (The Christian Messenger)가 교회 일치에 대하여 질문지를 내어 여론 조사를 한 결과 질문지에 응한 대다수가 이를 찬성했고, 소수가 반대였다. 신학적으로 자유주의 경향을 가지고 있던 분들이 교회일치에 적극적이었던 것이다. 예를 들면 평양신학교 첫번째 한인 교수였으나, 신학문제에 있어서 선명하지 못했던 남궁혁, 자유주의 경향을 가졌던 백낙준, 부산의 김길창등이 찬동했고, 보수적 목

---

74) 邊成玉, 南北監理敎合同全權委員 諸氏感想談, 靑年, 1930, 11月號, p.35
75) 韓錫晋, 新年所感, 靑年, 1931, 1月號, p.6
76) 캐나다에서는 통합문제에 있어서 감리교회와 회중교회에서는 아무런 이의가 없었다. 그러나 장로교회에서는 목사중 90퍼센트가 찬동했지만, 일반신자들 중에 강력한 반대가 있었다. 개교회들의 공동의회를 열어 찬반 투표를 했는데 장로교인 379,762명중에 30퍼센트가 통합에 반대했으며, Ontario주에서는 766교회 중에 467교회가 반대하여 캐나다 장로 교회의 역사를 이어갔다. 〈Church Union of Canadian Church〉, The Korea Mission Field, 19i25, pp.21, 252

사들인 선천의 양전백, 재령의 임택권등은 하나님의 절대주권을 믿는 장로교와 인간의 자유의지를 믿는 감리교가 그 교리의 차이 때문에 합할 수 없다고 했다.[77] 그런데 당시 평양신학교 교장이었던 라부열(羅富悅, S.L. Roberts)은 장·감 양 교회가 다 한국 교회이니 한국교회의 의견을 듣기 원한다는 중립태도를 밝혔다. 이것은 감리교와의 합동을 찬동한다는 뜻으로 이해가 된다. 이는 선교회를 주도한 원로 선교사들의 교회관이 어떠했음을 잘 보여주는 것이었다.

교회 내 장·감 교회일치를 바라는 일부 인사들의 열심은 1930년대 중반까지도 수그러 들지 않았다. 이들은 교회일치를 반대하는 자들을 "基督敎 根本敎義에의 背反"[78], "朝鮮的 基督敎의 魂의 不在"[79] 등의 말로 비난했다. 총회는 1932년에 장·감 진흥방침의 연구를 위해 위원 다섯 분을 선정하기까지 했다. 그러나 일치운동은 더 이상 진전이 없었다. 교회 저변에 흐르고 있는 교회에 대한 애착, 진리에 대한 사랑은 이 일치운동을 수용하지 않은 것이다. 여러 가지 경영은 사람이 할지라도 이를 이루시는 분은 교회의 주 예수 그리스도이시다. 1935년에 자유주의 신학을 정죄한 장로교 총회는 "조선예수교 연합공의회"에서 탈퇴를 하게 되었다.[80] 이제 장·감의 상호간의 관계가 멀어져 가기만 했다. 1936년에는 총회가 "조선 내에서 분계가 없이" 전도하기로 결정하게 되었다.[81] 사실 선교초기와는 달리 현재는 군소 교파들이 들어와 아무 분계 없이 전도하고 있는 형편이기 때문에 장·감의 분계는 이상 더 의미가 없었다.[82] 장로교총회는, 이미 언급한대로, 1934년 감리교와 함께 해 온 주일학교 만국 통일공과에 자유주의 신학입장이 반영되었음을 발견한 일이 있었다. 1936년 장로교 총회는 드디어 교리해석의 차이를 들어 통일공과의 철폐를 헌의하고, 감리교회와 함께 해온 "조선주일학교연합회" 해산안까지도 제출하게 되었다.[83]

---

77) *The Korea Mission Field*, 1929, pp.70-86
78) 金東鳴, 長監兩敎會合同問題에 對하야, 眞生, 1929, 5月號. pp.7-12
79) 白樂濬 博士論, 上海聖山(張德魯), 朝鮮敎會의 六大運動, 基督報, 1933, 3, 31日字
80) 總會, 第24回會錄, 1935, pp.13, 52
81) 獻議部報告, 總會 第25回會錄, 1936, p.10
82) 蔡廷敏, 長監兩敎會 傳道區域撤廢를 勸함, 信仰生活, 1936, 5月號, p.3

1905년에 초대 장로교 선교사들이 감리교 선교사들과 함께 하나의 "대한 예수교회"를 세우기로 하고 교회일치 운동을 펴 온 것은, 한국에 역사적 개혁주의 교회를 건설하려는 의지가 희박했음을 말해 주고 있다. 이는 모든 신학에 문호를 개방하는 아르미니안주의 감리교회를 품에 안으므로 막연한 복음주의 교회 건설을 원했던 것이다. 이는 역사적 개혁주의 교회의 신학과 신앙과 생활을 아는 사람들에게는 하나의 충격일 수 밖에 없다. 선교사들 다수가 원하고, 구미 진보주의 신학의 영향을 받은 소위 교회의 엘리트들이 30여년간 바래 온 장·감교회일치는 성사되지 않았다. 이제 부흥위주의 근본주의적 복음주의 노선을 걸어 온 한국 장로교회는 자유주의 신학의 도전을 받으면서 역사적인 개혁주의 교회로 새로워져야만 하게 되었다.

이런 때에 한국교회는 일제 신사참배 강요라는 시험대 앞에 서게 되었다. 이제 교회는 계시된 하나님의 말씀대로 순종하며 그의 주권에 모든 것을 맡기고 죽도록 충성할 것인가, 아니면 하나님의 말씀보다는 인간적인 슬기를 동원하여 협상하고 배교함으로써 굴욕을 씹으면서 살아갈 것인가 하는 기로에 서게 된다. 이제 일제의 신사참배의 강요로 오는 시험은 교회에 신학과 신앙을 시험하게 되는 것으로도 나타나게 되어진다.

---

83) 總會, 第25回會錄, 1936. pp.10, 70, 1937년에 長老敎는 主日 工課를 따로 내게 되었다. 主日學校聯合會는 1938년에 解散決議를 했다. 總會, 第27回會錄, 1938, p.10

제 3 편
일제하 배교교회(背敎敎會)와 전투교회(戰鬪敎會)

제10장 일제의 신사참배(神社參拜) 강요와 한국교회의 배교(背敎)

1930년대 한국에 자유주의 신학이 등장함으로 교회가 속화의 위험을 안고 있을 때, 일제는 공공연하게 교회에 신사참배를 강요하기 시작했다. 자유주의는 기록된 하나님의 말씀에 대한 절대신뢰를 하지 않기 때문에, 그 말씀을 순종하는 일에 있어서 약할 수 밖에 없다. 한국교회가 신사참배의 강요로 가장 큰 시련을 맞아 선한 싸움을 필요로 하게 되었을 때, 자유주의 신학의 교회 내 침투와 보급은 선한 싸움보다 협상과 전향의 분위기를 만들어 갔었다. 따라서 제도상의 한국교회는 일제의 태양신 앞에 무릎을 꿇게 되고 하나님보다 일본의 태양신(天祖大神)을 더 높이게 되었다. 물론 이런 배교의 원인이 자유주의 신학에만 있는 것은 아니나, 적어도 그런 양보와 배교의 정신을 쉽게 갖도록 한 것만은 사실이었다. 그러나 한국 교회의 역사는 이로써 단절되지 않았다. 아합의 박해시에 이스라엘 교회가 소멸된 듯 보였지만 바알 앞에 무릎을 꿇지 않은 7천명되는 이스라엘 교회가 보존되었음과 같이, 일제의 극한 박해 앞에서도 한국에는 태양신 앞에 무릎을 꿇지 않은 다수의 성도들이 보존되었고, 이로 인해 한국장로교회사는 지속되었던 것이다. 배교로 말미암아 외형적으로 단절된 한국장로교회의 역사는 해방 후 이들을 통해 다시 계승되어 가게 되었다. 여기서 일제의 신사참배 강요와 전향, 배교 및 저항과 투쟁의 역사를 간단히 살펴려 한다.

10.1 일제의 신도정책(神道政策)

일제는 1910년 한국을 강제병합하고 신도(神道)와 천황숭배(天皇崇拜)를 통해 한민족을 일본민족에 완전 동화(同化)시키기를 원했다. 신도는 원래 자연과 조상을 숭배하는 일본의 민간신앙(民間信仰)이었다. 그런데 일본의 천황권이 강화되자 신도는 천황의 조상신으로 여겨온 천조대신(天照大神, 즉 太陽神)을 중심한 신화적인 인물들과 영웅들을 신사에 봉제하여 숭배하는 신앙 양태로 굳어지게 되었다. 메이지(明治) 시대에 신도는 천황을 절대신으로 여기는 천황제 국가의 지도정신이 되고, 통치의 원리가 되었다. 이후 신도는 정부의 보호와 육성하에 국교의 지위를 확보하게 되었다.

한국을 병탄한 후 조선 총독부는 한민족의 동화를 위해 관립신사건립계획(官立神社建立計劃)을 추진하여 1925년에 조선신궁(朝鮮神宮)을 서울 남산에 완공하고, 거기에 국조신으로 받드는 천조대신과 명치천황을 봉제하였었다. 일제는 먼저 식민지 교육기관을 통해 천황숭배와 신도사상을 주입하기 원했다. 그래서 조선신궁을 완공한 후 소위 어령대를 일본에서 운송해 오는 철도 연변에 주민, 학생들을 동원 출영케 했다. 나아가, 1931년 만주를 침략하면서 사상통일을 위해 신사에 대한 정책을 강화하고 황민화정책(皇民化政策)을 펴 나갔다. 1937년 중일전쟁(中日戰爭)을 시작함으로 이 정책은 더욱 강화되었다.

1937년 12월 일본 각의(閣議)는 "학교교육의 쇄신에 의한 황민화(皇民化)"와 "신사숭경(神社崇敬)에 의한 염(念)의 함양(涵養)" 방침등을 결정했다.[1] 1838년에 중일전쟁을 기념하면서 결성된 "국민정신총동원연맹"(國民精神總動員聯盟)은 황민화의 중심 기구였다. 이 조직은 위로는 도 단위의 조직체로부터 아래로는 10호 단위로 애국반(愛國班)을 조직하게 함으로 온 민족의 생활을 통제하였다.[2] 이 연맹의 실천 요목으로는 매일 아침의 황거요배(皇居遙拜), 신사참배여행(神社參拜勵行), 황국신민서사낭독"(皇國臣民誓詞朗讀), 국어(日本語)생활의

---

1) 順崎愼一, 아시아가운데 파시즘국가, 講座日本史, 10, p.260
2) 朴慶植, 日本帝國主義의 朝鮮支配, pp.376-377

여행 등 21가지였다.[3]

1939년 제 74회 일본제국의회에서는 "종교단체법안"을 마련하여 통과시켰다. 일제는 이미 19세기말부터 신사를 국교화(國敎化)하기 위해 여러 번 국회에 상정했으나, 국제적인 여론과 반대에 부딪혀 통과를 보지 못했었다. 그런데 이제 "유신(惟神)의 도(道)는 절대(絶對)의 도로서 국민모두가 준수하지 않으면 안되고... 이(神社)는 종교가 아니고 오히려 종교를 초월하는 우리나라(日本)의 고유의 교와 일치하는 것"[4] 이란 입장을 확정했다.

이제 신사제도를 모든 종교를 초월하는 절대의 위치에 올려놓음으로서 모든 다른 종교단체와 그 활동을 정부의 엄중한 감독 하에 두게 되었다. 이 법의 통과로 기독교는 교회를 설립하기 위해서는 인가를 받아야 하고, 교역자의 자격까지도 총독부의 인정을 받아야만 되었다. 이 법의 목적은 종교를 완전히 정부에 예속시켜, 종교 활동을 "종교보국(宗敎報國)"의 표어 아래 하게하고, 교회를 전쟁협력의 도구로 만드는데 있었다.

10.2 기독교 학교에 대한 신사참배강요(神社參拜强要)

일제는 1931년 만주사변을 시작으로 대륙침략의 길에 들어서면서 이 전쟁을 뒷받침 할 사상적 통일을 위해 신사참배를 강요하게 되었다. 이 강요가 가장 먼저 가해진 곳이 교육계였다. 일제는 특별히 신사참배를 애국교육정책(愛國敎育政策)의 기초로 삼고 모든 학생들에게 이를 강요한 것이다. 일제는 신사참배를 기독교 학교에 강요하기 시작했다. 이렇게 한 것은, 첫째, 신사참배는 종교의식이 아니라 국민의례이며, 예배행위가 아니고, 조상에게 최대의 경의를 표하는 것일 뿐이며, 둘째로, 교육의 목적은 학생들의 지적인 육성에만 있는 것이 아니라, 학생들로 하여금 천황의 신민(臣民)이 되게 하는데 있으므로 교사와 학생들

---

3) 國民精神總動員朝鮮聯盟, 總動員, 創刊號, 1939. 6. p.40
4) 官報號外, 1939. 2. 24. 第七十四回 帝國議會 衆議院 議事速記錄, 第三十號, 宗敎團體法 外一件, 第一讀會, 續, 第二讀會(確定議)

신사 참배 장면

이 모두 함께 신사참배를 통하여 천황에 대한 경의를 표하여야 한다는 것이었다.[5]

1932년 1월 전남 광주지역에서 만주사변에 대한 기원제를 열고 모든 학교 학생들의 참석을 요구했으나 기독교 학교는 이를 거절했다.[6] 같은 해 9월 평남 도지사는 서기산(瑞氣山)에서 개최되는 "만주사변 1주년 기념 전몰자 위령제"에 기독교 학교에도 참석하기를 바라고 통첩을 보내었다. 그러나 숭실전문학교를 위시해서 10개 기독교 학교가 참석을 하지 않았다.[7] 이런 결과로 기독교 학교에 대한 사찰이 강화되고, 탄압이 더해 가게 되었다.

마침내 일제는 신사참배에 항거하는 기독교 학교를 직접 제재하는 일에 나서게 되었다. 그 첫 번째 사건이 "평양기독교계사립학교장 신사참배 거부사건" 이었다. 1935년 11월 14일 평남 도청에서 도내 공, 사립 중 고등학교 교장회의가 열렸는데, 도지사가 개회 벽두에 모두 평양신사에 가서 참배할 것을 요구했다. 이 때 숭실전문학교 교장 윤산온(尹山溫, G.S. McCune)과 숭의여학교 교장 선우리(鮮于梨, V.L. Snook)를 대리하여 참석한 정익성이 그리스도인으로서는 참석할 수 없다고 이를 거부하였다.[8] 이후 평남 도 당국과 총독부는 신사참배를 위한 강경책을 쓰기로 하고, 바로 같은 달에 윤산온, 선우리 양 교장에게 학교의 대표자로 신사에 참배할 것을 요청했다. 이들은 기독교 교리와 신앙양심을 들어 이를 거절했다. 평남 지사(安武直夫)는 60일간의 여유를 주면서 재고해 회답 해 줄 것을 요구하고, 만일 그 기간 후에도 신사참배를 거절하면 학교의 폐쇄와 강

---

5) *International Review of Missions*, No.114, April 1940, pp.182-183
6) 木浦新聞, 1932. 1, 14日字, "皇軍에 대한 祈願祭에 참가하지 않은 光州의 그리스도학교."
7) 每日申報, 1932. 11, 11日字, "평양부내 사립 10교 慰靈祭場에 불참."
8) 朝鮮總督府, 〈極秘, 평양에서의 외국인 사립중고등학교장의 신사불참배문제 경위개요.〉 1936

제추방도 불사할 것이라고 경고했다. 윤산온 교장은 시내 27개 교회 목사들과 협의한 결과 한 사람을 제외하고는 모두가 참배를 반대했다. 결국 신사참배를 거절하게 되자 지사는 이듬해 1월 두 분을 면직시키고,[9] 추방한 다음 전국적으로 대대적인 신사참배 강요에 나서게 되었다.

일제는 해마다 신사를 각지에 설립하여 그 수를 크게 늘리고 참배를 강요해 나갔다. 1930년에 조선 안에 있는 신사의 수가 231개였던 것이 1936년에는 347개에 이르렀다. 이 수는 만주사변 이후 전쟁이 태평양전쟁으로 확대되어지게 됨으로 더욱 급격히 늘어가게 된다.[10] 1936년 8월에는 신사 제도의 공적인 지원을 얻기 위해 "신사폐백료공진제도"(神社幣帛料供進制度)를 확립하였다. 그리고 서울의 경성신사(京城神社)와 부산 용두산의 신사를 국폐소사(國幣小社)로 승격시켰다. 나아가 "일면일신사정책"(一面一神社政策)을 세워 산간벽지까지 면 단위로 신사를 세우게 하고, 일반인들에게까지 참배를 강요하였다. 또한 모든 관공서나 학교뿐 아니라, 가정마다 신궁대마(神宮大麻)를 강매하고 가미다나(神殿)를 설치케 하여, 아침마다 참배하게 했다. 총독부는 같은 달에 국체명징(國體明徵)을 꾀하면서 신사규칙을 개정하여 기독교 학교에 타격을 가해 왔다.

신사참배(동방요배)

---

9) 尹山溫은 1936年 1月 18日, 鮮于梨는 1月 20日 各各 解職됨. 基督申報, 1936年 1月 22日字, 2月 26日字. 당시 安息敎 순안 이명학교 교장 이이명도 같은 조건으로 다 같이 협박을 받았는데 그는 60일 후에 신사참배하기로 하여 면직을 당하지 않았다.
10) 太平洋 戰爭이 始作되기 直前 1939年에는 한 해에 175개가 늘어 전체 558개 신사가 되었으며, 이후 매년 거의 백 개이상씩 늘어 1945년 終戰 直前에 1,141개의 신사가 설립되었다. 各年度〈朝鮮總督府 統計年譜〉,〈朝鮮事情〉,〈朝鮮年監〉한국기독교의 역사 p.291 참조.

선교사들은 이제 신사참배를 수용하지 않고는 기독교 학교를 운영할 수 없는 심각한 입장에 이르렀음을 알게 되었다. 그래서 1937년 초에 북장로교 선교실행위원회는 기독교학교의 폐쇄에 대한 원칙적인 합의를 보고, 그 해 10월의 회의에서 1938년까지 평양내외의 학교를 폐쇄할 것을 결의하고 말았다. 1938년 연차선교협의회에서는 연희전문과 세브란스 의전(醫專), 정신(貞信) 신성(信聖), 계성(啓聖), 보성(保聖), 신명(信明)을 폐쇄하기로 결의했다.[11] 당시 북장로교 해외선교부도 신사참배에 반대한다는 입장을 분명히 했다.

그런데 이 문제에 있어서 한국 북장로교 선교부에 속한 모든 선교사들의 의견이 같은 것은 아니었다. 윤산온(尹山溫, G.S. McCune)을 위시한 절대 다수의 선교사들이 신사참배에 절대 응할 수 없다는 강경한 태도를 취했지만은, 연희전문의 원한경(元漢慶, H.H. Underwood)[12]을 중심으로한 소수는 신사참배가 애국행위에 불과하다는 일제의 해명을 그대로 받아들여 신사참배에 응하면서 학교를 살리고 교육을 계속하자고 주장하여 선교사들 간에 내적인 갈등이 있었다. 그러나 기독교 학교는 1939년까지 거의 개인과 단체에 이양 되어졌다.

남장로교 선교부는 "어떠한 형태로든지 신사참배 문제는 반대한다"는 가장 강경한 입장을 취했다. 신사참배 문제가 대두되자 본국에 있는 해외선교부 실행위

---

11) The Minutes of the General Assembly of the Presbyterian Church, U.S.A., 1938, p.181
12) 당시 신사참배 문제를 둘러싼 양자간의 찬반 논의가 미국 교계 언론을 통해 논쟁으로 나타나게 되었다. 일제는 정보기관을 통해 수집한 논쟁기사를 "신사참배 문제에 대한 美誌의 논설"이란 제목으로 〈思想彙報〉 16호, 1938, 9, pp.307-318에 게재하였다. 이에 따르면 McCune은 "너는 내 앞에 다른 신을 경배하지 말라"는 제목으로 반대론을 펴고, Underwood는 "가이사의 것은 가이사에게 돌려주라"는 제목으로 타협적 찬성론을 폈다는 것이다. 한국기독교의 역사, II, p.296 註 39 參照. 선교사들 간의 이런 논쟁은 일제의 신사참배 강요정책에 도움을 주었을 것이 분명했다. Underwood는 第27回 總會에서 神社 參拜가 決議되자 平南警察部長에게 握手를 請하면서 同決議에 祝意를 表하였고, 延專事 業報告席上에서 "從來 神社不參拜를 固執하여 歷史있는 諸學校를 閉鎖한 것은 크게 유감 된 일입니다. 神社參拜는 宗敎信條上 別로 問題될 것이 없습니다. 오늘 總會가 神社參拜를 決議한 것은 正當한 일입니다"라고 發言했다고 한다. 朝鮮總督府警務局, 最近治安常項, 昭和 13年, pp.334-335. 그는 그의 고집으로 1941년까지 연전의 경영을 계속해 오다, 결국 그것이 적산으로 처리되어 1942년 8월 17일 총독부의 장중으로 넘어가자 떠나게 되었다.

원회 총무 풀톤(Dr. C. Darby Fulton)이 1937년 2월에 내한했다. 그는 일본에서 출생한 2세 선교사로서 미국에서 신학을 한 후 일본에서 수 년간 선교사로 봉사하다 본국 선교본부로 옮겨 봉사하는 학자형의 인물로 일본 신도의 실체에 대하여 잘 알고 있었다. 그는 전주에서 모인 남장로회 선교사 총회에서 "학생들과 교직원들에게 신사참배를 시키기 보다는 차라리 학교를 폐쇄"하는 것이 가하다는 신사참배에 대한 강한 반대를 역설했다.[13] 풀톤성명으로 알려진 〈한국학교에 대한 정책〉에는 "기독교 교리를 수정하지 않고는 우리 교육사업을 계속할 수 없을 것 같은 최근의 사태 발전을 고려하여, 이에 우리는 마지 못해 우리 한국 선교부에 적절한 절차로 우리 학교를 폐쇄할 적절한 조치를 취할 것을 지시한다"고 하였다.[14] 풀톤성명이 발표된지 얼마 안된 1937년 7월 중일전쟁이 일어나게 되고, 학교에 대한 신사참배 강요가 강화되었다. 남장로교 선교회가 경영하는 학교들은 신사참배를 완강히 거부해 오던 중에 광주의 숭일남중학교. 수피아여중학교, 목포 영흥남중학교, 정명여중학교등은 강제 폐교를 당하고, 순천의 매산, 전주의 신흥, 기전, 군산의 영명등은 폐교령이 내리기 전 모두 자진 폐교하였다.

부산과 경남지역에서 봉사하던 호주 장로교 선교부도 이미 1936년 2월에 "신사참배를 하거나 신사참배를 하도록 가르칠 수 없다"는 것을 선교부 방침으로 정했다.[15] 학교에 신사참배 강요가 계속되자 1939년 1월 신사참배 할 수 없음을 결의하고, 부산의 일신학교를 위시하여 마산에 있는 모든 학교들을 폐쇄하게 되었다.

이로써 거의 반세기 동안 한국 근대 문화의 보급에 선도역을 담당해 왔을 뿐 아니라, 복음전파의 매개체로 한국교회 건설에 크게 봉사해온 기독교 학교들이 문을 닫게 되었었다. 이 때 한국의 역사적 상황을 잘 아는 한 선교사는 "많은 사

---

13) 서명원, 한국교회성장사, p.82
14) D.M. MacRae's Collection 1993-40, "Policy regaarding Schools in Korea." 한국기독 교의 역사 II, pp.297-299 참조
15) E.A. Kerr, G. Anderson, *The Australian Presbyterian Mission in Korea 1889-1941*, p.57

람들은 조선 해방의 마지막 소망의 터전이 사라져 가는 듯한 눈으로 이 교육에서의 인퇴를 바라보고 있다"[16] 고 했다.

그런데 함경도 지역을 중심으로 선교해온 캐나다 연합교회 선교사들은 다른 장로교 선교부의 선교사들과 일찍부터 함께 일해 왔으나 신사참배문제에 있어서는 입장을 달리했었다. 이들은 신사참배를 국가의식으로 받아 드리고 신사참배를 해 가면서라도 학교를 계속하기로 결의하고,[17] 얼마동안 일제와 마찰 없이 학교를 경영해 나가다, 태평양전쟁이 시작된 후 결국은 강제퇴거를 당하고 말았다. 캐나다 연합교회에 속한 선교사들은 서고도(徐高道, W. Scott)를 위시한 대부분이 자유주의 신학의 경향을 가진 분들로 일제와의 관계에 있어서 매우 타협적인 성향을 가지고 있었다.

10.3 교회에 대한 신사참배 강요

교회가 치리회에서 신사참배를 처음 공적으로 다루게 된 것은 1915년 전주에서 모인 제4회 총회(서문밖 교회) 때였다. 총회는 일제가 기독교 학교 학생들에게 제일(祭日)에 참석할 것을 강요한 일을 다루고 교섭위원 3인(J.E. Adams, John V. N. Telmage, 李如漢 목사)을 선정하여 총독부와 교섭하게 한 일이 있었다.[18] 그러나 교회가 본격적으로 신사참배 문제를 다루게 된 것은 1931년 일제가 만주침략을 강행한 후 기독교학교에 대해서도 신사참배를 강요하게 된 때문이었다. 경남노회는 1931년 여름 노회에서 이미 신사참배 문제를 논의하고 반대를 결의하게 되어, 이것이 "부산일보"에 보도됨으로 세인들의 큰 주목을 끌었었다. 이 반대안을 제출하고 주도한 분이 누구였는지에 대해서는 자세히 알려진 바 없으나, 당시 부산 초량교회를 시무하고 있었던 주기철 목사였던 것으로 추단을 하게 된다. 이 후 그가 계속 신사참배 반대에 선도역을 해온 사실을 고려할

---

16) C.D. Fulton, *Star in the East*, p.195
17) *The United Church of Canada*, Year Book, 1940, p.114
18) 總會, 第4回會錄, pp.38-40

때, 그가 그 시대의 상황을 감안, 미래를 예견하고 반대안을 제출했을 것으로 여겨진다.[19]

1932년 9월 제21회 장로회 총회(평양 창동교회)는 "교회 학교의 학생이 신사 및 제제식(神社 及 諸祭式)에 참배하는 것과 일요일에 송영(送迎) 등에 관하여 할 수 없다"고 결의하였다. 그리고 이를 총독부와 교섭하기 위해 차재명(車載明), 유억겸(俞億兼), 마포삼열(馬布三悅, S.A. Moffett) 세 사람을 선출했다.[20]

이제 신사참배 강요 문제는 해마다 심각성을 더해 가게 되어 1932년 제21회 총회 이후에는 매년 이 문제를 취급하게 되어졌다. 1933년 제22회 총회에는 전북노회로부터[21] 1934년 제23회 총회에는 황해노회로부터[22] 신사참배 문제가 올라오게 되었다. 1934년 총회는 총회장이었던 이인식(李仁植)의 이름으로 10월과 12월 두 차례에 걸쳐 "기독교 신자의 자녀들이 신사에 참배하는 것은 종교성 위반이니 당국의 양해"를 바란다는 내용의 청원서를 총독에게 내려고 했지만, 총독부 종교과 주임의 만류로 내지 못했다.[23]

1935년 9월 제24회 총회에서는 충청노회의 헌의로 7인(정인과, 염봉남, 이인식, 곽진근, 이학봉, 오천영)의 연구위원을 선정하여 신사참배문제를 연구 보고하도록 했다.[24] 그런데 이 총회 후 두 달째 되는 11월에 이미 앞서 언급한 대로 숭실전문학교 교장 윤산온과 숭의여고 교장 선우리 여사에 대한 일제의 신사참배 강요와 그 거부사건이 터졌다. 당시 안주노회는 긴급히 임시노회를 소집하여 토의하고 "학교의 문을 닫을지라도 교리에 위반되는 참배를 할 수 없다" 결의하여, 저들의 항거를 뒷받침 해 주면서, 이를 총회 및 기독교계 학교에 알렸다.[25] 평양 노회도 그 해 12월 30일에 긴급 임시노회를 소집하여 같은 문제를 토의하

---

19) 민경배, 주기철, 동아일보, 1992, p.55 이상규, 주기철 목사의 신사참배 반대와 저항, 〈제2회 소양 주기철 목사 기념강좌〉 주기철 목사 기념 사업회, 1997, pp.58, 59 참조
20) 總會, 第21回 會錄, 1932, p.34
21) 總會, 第22回 會錄, 1933, p.9,
22) 總會 第23回 會錄, 1934, p.11
23) 總會 第24回 會錄, 1935, 附錄, pp.119-120
24) Ibid., p.53
25) 朝鮮日報, 1935, 12, 4日字, "安州老會에서도 拒否."

려 했지만 이를 알아 챈 경찰서의 회집 금지 명령으로 노회를 모이지 못했다.[26] 모든 교파 중에 장로교회가 가장 강경하게 신사참배 강요에 항거를 했다.

일제는 교활하게도 주변에 다루기 쉬운 교파부터 회유와 협박으로 굴복시키기를 시작했다. 안식교는 1935년 12월 신사참배를 가결하고[27] 평남 도지사를 방문 그 뜻을 전했다. 성결교회, 감리교회, 구세군, 성공회, 로마 천주교가 다 일제에 굴복하고 말았다. 로마 천주교는 1925년 조선신궁 진좌제 때만 해도 개신교와 함께 신사참배에 항거했었다. 그러나 1930년대에 들어서자 신사참배는 하나의 국가의식에 불과하다는 일제의 해명을 그대로 받아들여 참배에 응했던 것이다. 1936년 5월 26일 교황청은 일본의 로마 천주교회에 "신사에 있어서 국가적 의식이 행하여질 때에는 충성과 애국심의 표명을 목적으로 하는 것이기 때문에… 참열(參列)하도록 하라"[28] 는 교령을 보내 오므로 신사참배하는 것이 문제가 되지 않게 되었다. 감리교회도 일찌기 일제의 신사에 대한 해명을 수용하고 그대로 따르기로 했었다. 1936년 1월 당시 감리교 총리사 양주삼(梁柱三)이 윤치호등과 함께 총독부 학무국에 불려가 신사문제에 대한 해명을 들은 후, 그 해 4월 10일자 감리회보(監理會報)에 총독부 학무국에서 보내온 "신사문제에 대한 통첩"을 번역하여 실음으로 일제의 정책에 순응하는 태도를 이미 보였었다.

조선 총독부가 직접 한국교회에 일본적 기독교에로의 전향을 요구하고 신사참배를 강요하기 시작한 것은 1938년부터였다. 조선 총독부는 1938년 2월 "기독교에 대한 지도 대책"을 마련하여 일본적 기독교의 "야소교신건설운동(耶蘇敎新建設運動)"에 박차를 가했다. 그 대책 속에는 교역자 좌담회를 통해 계몽하고, 교회에 국기 계양탑을 세우며, 국가에 대한 경례, 동방요배, 국가봉창을 하고, 황국신민의 서사를 제창하며, 찬미가, 기도문, 설교 등 내용에 대한 출판물을 검

---

26) 京城日報, 1935. 12. 9日字, "신사불참배문제에 당국의 태도 강경 장로파 노회의 개최에 중지를 통첩."
27) 이영린, 한국재림교회사, p.61
28) "神社參拜問題에 關한 로마 敎皇廳의 通牒", 日本카토릭 新聞, 1936年 7月 26日字.
　　이태리 로마에 자리잡고 있는 敎皇廳은 당시 日,獨,伊 三國同盟關係에 있었기 때문에 伊의 뭇솔리니에게 政治的으로 協力하면서 日帝의 神社參拜를 수용하도록 敎令을 내렸던 것이다.

열하고, 국체에 적합한 야소교 신건설운동에 대한 적극적 원조를 하는 것 등이 포함되었었다.[29]

이제 감리교의 수장(首長)인 총리사 양주삼은 감리교회의 머리로서 교회에 신사참배를 권장하는 성명서를 발표하게 되었다. 그는 1938년 9월 3일 성명서에서 "연전(年前) 총독부 학무국에서 신사참배에 대하여 조회한 바를 인쇄 배부한 일이 있거니와, 신사참배는 국민이 반드시 봉행할 국가의식이요, 종교가 아니라고 한 것을 잘 인식하셨을 줄 압니다. 그런고로 어떤 종교를 신봉하든지 신사참배가 교리에 위반이나 구애됨이 추호도 없는 것은 확실히 알 수 있습니다"라고 함으로 감리교회의 수장으로서 이미 2년 전(1936)에 신사참배를 국민의식으로 간주하고 수용했음을 밝히고, 이제 권장하게 되었다. 결과적으로 감리교는 자진해서 신사참배를 하는 치욕적인 역사를 남기게 되었다. 중앙집권적 감독정치체제를 가진 감리교회는 교권을 가진 수장이 넘어질 때 온 교회가 소리 없이 함께 넘어지게 되어져 버린 것이다. 여기에서 중앙집권적 교권체제가 아닌 개 교회의 독립성과 노회(장로회)의 책임정치를 구현하는 개혁주의 장로교정치의 탁월성이 있다. 모든 교파 중에 장로교회가 신사참배 강요에 가장 강한 항거를 해 왔다. 일제는 회유와 협박으로 거의 모든 교파 교회의 일본적 기독교에로의 전향에 성공을 거둔 후 마지막 남아 있는 장로교회를 정복하기 위해 총력을 기울이게 되었다.

10.4 장로교 총회의 배교(背敎)

일제 당국은 1938년 9월 장로교 총회를 앞두고 신사참배를 가장 강하게 반대해 온 장로교회를 전적으로 굴복시킬 전략을 세우고, 온 힘을 쏟게 되었다. 1937년 중에 이미 장로교계 거의 모든 학교들에게 폐교령을 내려 문을 닫게 하거나, 자진 폐교하게 함으로 교회 주변 기관들의 세력을 꺾어 성공을 거두었다고 판단하게 된 일제 당국은, 이제 장로교회 자체를 굴복시키는 책략에 전적으로 힘을

---

[29] 金良善, 韓國基督敎史 硏究, p.186, 註 28, 한국기독교의 역사 II, pp.283-284 참조

기울였다. 실상 당시 장로교회 안에서는 신사참배를 반대하는 편이 대다수였지만은, 이미 언급한 대로 선교부 안에서나 한국 장로교 안에서 신사참배를 대처하는 데 있어서 의견이 나누어져 있었다. 이런 상황이 일제 당국에게는 그들의 뜻을 관철해 나가는데 큰 도움이 되었다.

교회의 여론을 주도하고 교회가 나가야 할 방향을 제시해야 할 장로교 기관지인 "기독교보"(基督敎報)가 이미 일제에 전향된 자세를 분명하게 보였었다. 1937년 10월 사설(社說)에서 "基督敎人은 餘力이 無하도록 皇室을 奉戴하며 萬分之一이라도 皇恩을 奉答하며 國運을 隆盛"하게 함이 의무라고 하면서 "銃後 萬全을 圖謀하여 皇運을 扶翼하라"고 하였다. 1936년 총회에서 보수주의 입장을 대변하기 위한 총회 기관지로 출발한 기독교보의 논조가 이렇게 속히 친일로 변질되고 만 것이다.[30]

평양서문밖교회(1938)

1938년 봄 전국의 노회가 모이기 시작하자 일제당국은 조직적인 전향 공작을 펴기 시작했었다. 반도 북단에 있는 전국에서 교세가 가장 강한 평북노회가 1938년 2월 9일에 신사참배를 국가의식으로 인정하고 신사참배를 하기로 가장 먼저 결정을 했다.[31] 이제 조직 공동체로서의 한국 장로교회가 영적으로 붕괴되기 시작하게 된 것이다. 같은 해 6월 3일에는 반도 남쪽에 있는 전남노회가 신사참배를 하기로 결정을 하였다.[32] 일제 당국은 친

---

30) 總會, 第25回 會錄, 1936, pp.21, 76 당시 基督申報가 전필순에 장악되어 자유주의 편에 서 있으므로 당시 총회는 기존 "종교시보"를 "基督敎報"로 고치고, 鄭仁果와 許大殿 (J.G. Holdcroft)을 편집인으로 하여 총회기관지로 삼았었다.
31) 金良善, 韓國基督敎史 硏究, p.187
32) 全北老會의 神社參拜決議, 每日新報, 1938. 6. 9日字, 老會長 金世烈牧師가 老會員을 引率하여 全州神社에 參拜했다.

일입장을 지키고 있는 목사들을 이용 교회지도자들을 포섭하는 일에 온 힘을 쏟았다. 친일 목사 오문환(吳文煥)을 통해 강력한 신사참배 반대자인 이승길(李承吉)을 포섭하고, 김응순(金應珣), 장운경(張雲景) 세 사람을 1938년 5월 24일에 일본에 함께 가게 하여, 일본교회를 순방하면서 회유하여 신사참배의 정당성을 강조하게 했다. 6월에는 오문환 주도하에 친일단체인 평양의 "기독교친목회"(基督敎親睦會)가 일본기독교대회 의장 도미다 목사(富田滿)를 초청하였다. 그는 부산, 대구를 거쳐 평양에 와서(29일) 신사참배의 종교성을 부인하고, 신사참배는 지고(至高)한 국민의례임을 역설했었다. 이때 더욱 힘을 얻은 당국은 비상시국을 구실로 신사참배의 거부는 바로 비 국민적 행동이라 규정하고 교회를 협박하였다. 주변에 변질된 자들로 구성된 친일 단체들이 속속 생겨났다. 이들 대부분은 지난날에 민족자주를 외쳐 오던 분들과 교권을 쥐고 늘 앞장서 오던 분들이었다. 서울지역에도 미나미 총독(南總督)이 참석한 가운데 1938년 7월 7일 "조선기독교연합회"(朝鮮基督敎聯合會)라는 평양의 "기독교친목회"와 같은 친일 단체가 조직되어 "朝鮮에 있는 基督敎信徒는 團結協力하여 同胞의 精神作興에 資하고 一層 傳道에 精進하여 皇國臣民으로 報國의 誠을 다하기"로 선언했다.[33]

이제 지방교회들 가운데 교회적으로 일제에 전향 배교하는 사례가 나타나기도 하고,[34] 어떤 지역에서는 "基督敎 敎義가 日本帝國의 皇道精神에 背馳되므로 此際에 耶蘇敎를 離脫"한다고 까지도 했었다.[35] 괴산지역에서는 각 교파를 망라한 "황도선양회연맹"(皇道宣揚會聯盟)이 나타나기도 했다. 총회를 한 달 앞둔 8월에는 평양노회가,[36] 9월에는 경안(慶安)노회가,[37] 신사참배를 가결하고 말았다. 결국 1938년 9월 9일 총회가 모일 때까지 전국 23개 노회 중 17개 노회

---

33) 每日申報, 1938. 7. 8日字
34) 皇國臣民의 本分自覺, 每日新報, 1938. 5. 8日字, 淸州郡의 80여에 달하는 여러 敎派敎會 가 轉向했다고 함.
35) 全南 道內 耶蘇敎徒脫敎者 續出, Ibid., 1938. 5. 10日字 寶城과 靈光地域의 몇 敎會의 境 遇.
36) 東亞日報, 1938. 8. 27日字,
37) Ibid., 1938. 9. 3日字

가 신사참배를 하기로 결의했었다. 일제 당국은 이로서 그들의 목적을 거의 이룬 셈이었다.

일제 당국은 최종으로 1938년 9월 9일 모이는 장로교 총회로 하여금 공식적인 신사참배 결정을 하도록 모든 가능한 수단을 동원했다. 먼저 신의주에서 갖기로 한 총회장소를 평양으로 변경하도록 압력을 가해 총회 장소를 평양 서문밖교회(西門外敎會)로 변경하게 하는데 성공했다. 그리고 신사참배에 적극 반대하는 주기철, 채정민, 이기선 목사 등을 예비 검속하였다. 총회를 앞두고 신사참배 반대 문제를 합법적으로 해결하기 위해 8월에 일본에 건너가 기독교계 정계요인들을 만난 후, 9월 총회에 참석하기 위해 평양으로 오던 김선두(金善斗) 목사도 경찰이 개성역에서 붙잡아 구속하고 말았다.[38] 당국은 친일 목사 이승길, 김일선 등을 통해서 가능한 분리 공작을 폈다. 봄 노회에서 선출된 총대들은 이미 신사참배를 지지하도록 일경의 협박을 받고 총회에 참석하게 되었다. 총대들은 지방에서 이미 경찰로부터 세 가지 길 중 하나를 선택하도록 강요를 받았다. 그것은 첫째, 총회에 가서 신사참배가 죄가 아니라는 것에 투표를 하든지, 둘째, 총회에 가지만 신사참배문제에 대해서는 침묵을 하든지, 셋째, 총회에 참석을 하지 말든지 하라는 것이었다.[39] 선교사들도 개인적으로, 또 총회 전날 전체적으로 경찰서에 불려가 신사참배 문제는 한국인들이 해결해야 할 문제이니, 총회에서 이 문제에 대하여 아무 말도 하지 않도록 경고를 받았다.[40] 또한 당국은 각 지역 경찰서에 총대들이 총회에 참석하기 위해 오는 길에 형사들로 하여금 평복을 입고 동행하도록 지시를 내렸다.

총회 개회 전일 평양 경찰서장은 평양, 평서(平西), 안주(安州) 세 노회의 대표들을 불러 평양 노회장 박응률(朴應律)은 신사참배는 종교의식이 아니고, 애국적 국가의식이므로 기독교인들은 이를 솔선 이행해야 한다는 것을 제안하고, 평서 노회장 박임현(朴臨鉉)은 이 안에 동의하고, 안주노회 총대 길인섭(吉仁燮)은

---

38) 金良善, 韓國基督敎史硏究, pp.193-194 W.N.Blair & B. Hunt, op. cit., p.92 參照
39) W.N. Blair & B. Hunt, op. cit., p.92
40) Idem.,

재청할 것을 제의하여 미리 내적으로 허락을 받았다.

1938년 9월 9일 제27회 총회는 삼엄한 분위기 속에 개회되었다. 폭동진압을 위해 나선 것처럼 보이는 무장경찰이 모든 출입문을 지키고 있었다. 평복을 입은 형사들과 총대 외에는 누구도 총회가 열리는 서문밖 교회에 들어오는 것이 허락되지 않았다. 총회 개회 전에 단체로 신사에 가서 참배하도록 총대들에게 명령했다. 총회의 개회가 고등경찰 간부들의 도착을 위해 지연이 되었다. 평남 경찰부장을 위시한 수 십 명의 고등경찰 간부들이 교회당 안에 들어와 긴 칼을 드리운 채 총회 앞 좌석에 회를 바라보고 자리를 잡고 앉아 공포의 분위기를 조성했다.[41] 경관 97명이 187명의 총대에 끼여 앉은 채 개회가 선언되었다.

첫날에 임원선거가 있었다. 총회장에 홍택기(洪澤麒),[42] 부회장에 김길창(金吉昌), 서기에 곽진근(郭　根), 회계에 고한규(高漢奎)가 당선되었다. 둘째 날인 9월 10일 오전 10시 50분 평양 경찰서장이 꾸민 각본대로 일이 진행되었다. 박응률이 일어나 신사참배는 국민의 당연한 의무라고 하면서 참배결의와 성명서 발표를 제안했다. 이 때 선교사들 중 몇 분이 발언권을 얻으려 일어났다. 방위량(W.N. Blair, 邦偉良)목사가 일어났고 이어 킨슬러(Kinsler)와 힐(Hill) 목사가 연달아 일어났다. 그러나 경찰 당국의 지시대로 행동하는 총회장은 제안을 찬성하는 사람들 외에는 발언의 기회를 주지 않았다. 한부선(B.F. Hunt, 韓富善) 목사는 총대로서 발언할 권리를 요구하다 교회 안에 주둔한 경찰에 의해 밖으로 끌려 나갔다가, 경찰부장의 지시로 풀려났었다.[43]

---

41) W.N. Blair & B. Hunt, op.cit., p.93
42) 洪澤麒는 總會長으로 選出된 後 總會長 就任說敎 格인 첫 說敎에서 로마서 1:16-17을 本文으로 읽고 "내가 복음을 부끄러워하지 아니하노니"라는 말씀을 요지로 설교했다. 그의 설교 가운데 "위대한 힘을 가진 복음에 우리가 잡힌 바 되면 어찌 우리를 하나님의 능력과 그의 영에서 끊을 자 있으랴"했다. 설교 후 곧 진행된 회의에서 신사참배 제안을 법을 범해가면서 전격 통과시킨 그의 행동과는 이 설교 내용이 너무 대조적이었다.
43) W.N. Blair & B. Hunt, op. cit., p.93 여기 記錄은 만주 奉川老會 總代로서 총회에 참석한 韓富善 선교사 자신의 생생한 기록이다. 한부선 선교사는 그의 부모와 그의 妻 부모가 다 한국의 초대선교사였다. 그의 아버지는 韓衛廉(William B. Hunt) 목사였고 그의 장인은 裵偉良(William M. Baird) 선교사였다. 그는 한국에서 태어나 본국에 가서 신학을 한 뒤 북장로 선교사로 한국에 파송을 받아와서 봉사하다 1935년 안식년을 당해 귀국 하여 체류하던 중 북장

총회장 홍택기는 "이 안건이 가하면 예 하십시요"라고 물었다. 이 때에 제안자, 동의자, 재청자를 포함한 10여명만이 "예"라고 대답했고, 나머지 전 회원은 침묵했다. 이 때 다수의 침묵이 반대를 의미하고 있음을 안 경찰들은 사태의 심각성을 느끼고 일제히 일어나 위협을 표시했다. 당황한 총회장은 가결을 목적으로 의식적으로 "부"(否)를 묻지 않고, 만장일치의 가결을 선언했다. 부를 묻지도 않고 가결 선언을 한 의사 진행에 대하여 방위량 목사를 위시한 선교사들은 항의를 했지만 이것이 받아들여지지 않았다. 이런 소란 속에 의사 진행이 강행되는 중 서기는 신사참배 지지를 내용으로 하는 다음과 같은 성명서를 낭독했다;

"我等은 神社는 宗敎가 아니오, 基督敎의 敎理에 違反하지 않는 本意를 理解하고 神社參拜가 愛國的 國家儀式임을 自覺하며 이에 神社參拜를 率先 勵行하고 追히 國民精神總動員에 參加하여 非常時局下에서 銃後皇國臣民으로서 赤誠을 다하기로 期함" 昭和 13年 9月 10日 朝鮮長老會 總會長 洪澤麒

평양신사 입구(1938)

신사참배결의가 마무리 되자마자 "평양기독교친목회" 회원 심익현(沈益鉉) 목사가 총회원 신사참배 즉시 실행을 특청하자, 총회는 이를 받아들이고, 같은 날 12시에 부회장 김길창(金吉昌) 목사의 인도로 전국 노회장 23명이 총회를 대표하여 평양신사에 가서 참배하였다. 이로서 전국 장로교회를 대표하는 최고 치리회가 일본의 조

로교회가 자유주의를 수용하는 교회로 변질된 것을 알고, 당시 正統信仰을 위해 싸우는 메첸(Gresham J. Machen)박사가 속한 아메리카 長老敎會(뒤에 正統長老敎會로 개칭)에 加入하여, 그 교회의 선교사로 선교지를 만주로 변경하여 나와 봉천에서 봉사했었다. 그의 부모와 처부모가 다 북장로교회에 그대로 머물러 있는 상황에서, 혼자 그 교회를 떠난다는 것은 신앙적인 용단으로 밖에는 할 수가 없는 일이었다. 그는 신사참배 문제로 만주에서 옥고를 치르기도 하고 평생 끝까지 진실하고 충성스럽게 봉사를 한 선교사였다.

상신인 태양신 앞에 참배함으로써 "너는 나 외에 다른 신들을 네게 있게 말찌니라"[44] 하신 하나님이 주신 계명을 공적으로 범하여 배교하고 말았다.

선교사 위원회는 같은 날 오후 1시 항의서를 작성하고, 모든 선교사 총대가 거기 서명하여 총회에 제출했지만, 항의에 대한 일반법이 뚜렷이 있음에도 불구하고 경찰은 이를 총회 회록에 기록하지 못하게 했다.[45] 이로써 조직체로서의 한국의 장로교회는 신사참배에 대한 일제 당국의 강요와 협박이 있었지만, 이에 못이겨 하는 수 없이 순응한 것이 아니라, 실상은 "神社參拜를 率先 勵行하고" "銃後 皇國臣民으로서 赤誠을 다하기로 한다"고 선언하고, 하나님 외에 다른 태양신을 섬기며, 그리스도 외에 현인신인 천황의 백성으로 충성을 다할 것을 서약함으로써 의식적으로 배교하게 된 것이다. 이제 보이는 공동체로서의 한국 장로교회는 웨스트민스터 신앙고백이 언급한 대로 "그리스도의 교회라 하기보다 사단의 회가 될 정도로 타락"[46] 해버리고 만 것이다 . 이제 제도상의 한국의 장로교회는 이상 그리스도의 교회는 아니었다. 사단의 지배를 받는 한 단체로 전락해 버리고 만 것이다. 이후 배교한 교회는 일제가 원하는 "순정 일본적 기독교" 수립과 일본신도에로의 전향의 급진전을 보게 되었다.

10.5 순정 일본적 기독교(純正 日本的 基督敎) 건설에 나선 배교한 총회(1938-1945)

1. 백귀난행(百鬼亂行)의 길에 들어선 배교총회

1938년 9월 10일 장로교회 총회가 "神社參拜를 率先 勵行"하기로 하고, "皇國臣民으로 赤誠을 다하기로" 내외에 선언한 이상, 제도상의 장로교회는 일제에 지사 충성하는 길 밖에 없었다. 배교한 교회는 이제 그리스도의 교회로서 성령의 인도를 받는 것이 아니라, 일제의 도구로 사단의 충복(忠僕)이 되어 그 지배를

---

44) 출 20:3
45) W.M. Blair & B. Hunt, op.cit., pp.93, 94 金良善, 韓國基督敎史硏究, p.189
46) 웨스트민스터 信仰告白 第25章 5節

신사참배(한국지도자들의 일본신궁 참배, 1943)

받게 되어버린 것이다. 총회가 신사참배를 결정한 후 석 달을 지나 그해 12월 12일 장로교 총회의 총회장 홍택기와 부총회장 김길창은 감리교의 양주삼, 김종우, 성결교의 이명직과 함께 이세신궁(伊勢神宮), 가시하라신궁(彊原神宮)에 참배하기 위해 일본여행의 길을 떠났다.

그 즈음 홍병선(洪秉璇) 같은 목사는 "황국신민으로 국가의 원조(元祖)를 숭배하고 신사참배 곧 예배하는 것은 당연한 일이라"하고,[47] 강남백(姜白南)이란 분은 "신사 참배하는 일을 우상숭배라 한다면 이는 불경죄(不敬罪))에 가깝다고 말해둡니다"[48] 라고 까지 했다.

신사참배를 하기로 결정한 다음 총회 부터는 회무를 진행하기 전 현인신인 일본 천황의 충성된 신민의 표증으로 국민의례부터 먼저 행하게 되었다. 1939년에 열린 제28회 총회의 첫째 날인 9월 9일의 회록은 "동 10시 40분에 회장의 인도로 국가의식을 거행하고 평안북도 西本計三지사의 축사가 있은 후 회장이 정회하다."라고 기록하고 있다. 국가의식은 서기 곽진근의 사회로, 궁성요배(宮城遙拜), 국가합창, 황국신민(皇國臣民)의 서사(誓詞)를 제창하고, 김길창이 "國民精神을 總動員하고, 內鮮一體 全力을 發揮하여 國策의 遂行에 協力할 것을 宣言"

---

47) 基督敎徒와 時局, 靑年, 1938. 7, p.7
48) 祖上崇拜는 偶像이 아님, 靑年, 1939. 3, p.8

한 후, 평북 도지사의 축사, 황군장병과 동양평화를 위한 묵도. 최지화의 축도로 마쳤다.[49] 이는 일제가 "不法的 非信仰的 强要에 應치 않음직한 人物은 投獄하거나 講壇에서 追放한 후 緘口令 又는 禁足令을 내려 實際의 活動을 抑制하였고, 다만 그들의 意思와 要求에 順應하는 人物들만으로 敎會의 指導에 당케 하는 奸惡한 手段을 使用"한 결과였지만 백귀난행이었음은 틀림없었다.[50] 이제 총회는 그리스도를 왕과 주로 모시고 그의 주권 아래 회무를 집무하는 회가 아니고, 현인신인 일제의 천황의 주권 아래 행동하는 회가 되어진 것이다. 총회는 11일 9시에 "國民精神 總動員 朝鮮 예수敎 長老會聯盟" 결성식을 거행하고, "國民精神을 總動員해서 國策遂行에 協力" 하기로 다짐하였다.[51] 그리고 이 연맹은 1939년 11월 20일부로 "神社參拜 勵行에 關한 警告文"을 각 노회에 발송하고, 이를 홍보하기 위해 "長老會報"도 발간했다. 이미 일본 신도로 전향한 "日本的 基督敎"가 되었으니 일제의 모든 국책에 충성을 다하게 되었다.

미 북장로교의 한 선교사는 1939년 7월 본국 선교 본부에 보낸 선교 보고서에서 "절대다수인 사람들, 아마도 90퍼센트, 어떤 한국인들이 추산하는 바에 의하면, 98 퍼센트나 되는 많은 분들이 그들의 양심을 누그러뜨려 정부의 요구에 순

평양 신사

---

49) 總會, 第28回會錄, 1939, p.16
50) 金良善, 韓國基督敎解放十年史, p.43
51) 總會, 第28回 會錄, pp.1939, pp.16-17

응하고 있습니다. 확실히 많은 분들에게 양심의 소리는 약한 것이었습니다"[52] 라고 했다. 소위 교회의 지도자, 양들을 인도하는 목자라는 분들이 신사참배를 앞서고 독려하니 어린양들이 가련하게도 뒤따라 하게 된 것이다.

1940년 9월 평양 창동교회에서 모인 제29회 총회는 9월 6일 회무 진행 전에 국가의식을 행하고, 그 다음날 9월 7일 오전 11시에 신사참배를 했다. 이제부터는 공식적인 회의가 모일 때마다 신사참배를 하는 것이 정례화 되었다.[53] 이 총회에서는 국책수행을 효과적으로 시행하기 위해 "총회상치위원회"(總會常置委員會)를 조직하고, 정인과(鄭仁果)를 총간사(總幹事)로 세웠다. 이 상치위원회가 1940년 11월에 성명과 함께 발표한 "長老會指導要綱"의 지도원리 부분에는 이런 내용이 담겨 있었다;

"國體의 本義에 基하야 當局의 指導를 遵守하고, 國策에 順應하야 過去의 歐美 依存의 邪念을 禁切하고 日本的 基督敎의 純化更正에 努力하는 同時에 敎徒로 하야금 그 職에서 滅私公의 誠을 奉하야 忠良한 帝國臣民으로서 協心戮力 東亞 新秩序의 길에 勇往邁進키로 期함."[54]

위에 언급한 "장로회 연맹"은 1940년 12월 6-7일에 경성 부민관에서 전선(全鮮) 장로회 신도대회를 개최하여, 다시 "國民總力聯盟"을 결성하였다.[55] 여기에는 800여명의 신도대표들이 참석하여 궁성요배와, 황국신민서사를 제창하는 등의 의식을 행하고, "我等 朝鮮耶蘇敎長老會 信徒 一同은 …歐美依存主義로부터 解脫하고 純正 日本的 基督敎에 革新을 期하는 同時에 福音傳道事業을 通하야 信愛協力 유유 團結을 鞏固히 하야 臣道 實踐 各各 職役에 奉公함으로서 東亞

---

52) Korean Mission Materials of the PCUSA(1911-1954), Reports, Filed Correspondance and Board Circular Letters(미 북장로교 한국선교 관련 문서), The Institute for Korean Church History(한국기독교 역사연구소), 1995, Vol, 26, Personal Report of Edward Adams. 이 문서는 앞으로 "Korean Mission"으로 표기한다. J.E. Adams(安斗華) 선교사는 대구에서 봉사한 미 북장로교 선교사였다.
53) Ibid., 第29回會錄, p.81
54) 每日新報, 1940, 11, 10日字, "일본적 기독교 발족 장로교 획기적 새 출발"
55) 總會, 第30回會錄, p.30 每日新報, 1940, 12, 6 "基督敎新體制運動" 12,7 "新體制 實踐에 정신 (挺身)"

新秩序建設의 國是에 挺身하야 써 聖廬를 奉安키로 盟誓함"이라는 결의문을 택했다.[56]

나아가, "총회상치위원회"는 국책을 쫓는 일본적 기독교로서의 실천방법으로 신사참배, 궁성요배, 황국신민의 서사 제창 등을 실천이행하고 교회법, 교리, 의식등을 재검토하여 순정 일본적 기독교(純正日本的基督敎)가 되도록 할 것과 찬미가 및 기독교 전 출판물에서 국체에 배치되는 자구(字句)를 개정할 것 등을 규정했었다. 이로서 총회는 교회적 치리회라기 보다 일제의 국책수행을 위한 한 공보기관으로 전락해 버린 것이었다. 장로교는 이제 "戰時體制實踐聲名書"를 내어야 했다. 1941년 8월 14일 제출한 그 성명서의 실천사항의 내용에는 "皇道精神의 體得" "內鮮一體의 完遂" "愛國機獻納" "日本的基督敎의 建設" "歐美依存 舊態殘影의 控除" "敎役者의 再研修" 등이 포함되어 있었다.[57]

1941년 제30회 총회부터는 더이상 서기(西紀) 연대를 쓰지 않고, "昭和 16年"이라고 쓰고 있다. 배교한 교회는 기독교적 구미세계의 연대도 버린 것이다. 첫날 개회 전 국가의식을 거행하고, 저녁에 개회를 하며, 이튿날 회무를 진행하기 전에 신사참배를 하는 일은 이제 정해진 순서였다. 교회의 기념식도 완전 신도식(神道式)으로 거행하게 된다. 총회 둘째 날의 회록에는 이렇게 적혀 있다; "동월 22일 오전 9시에 본 총회원 일동이 평양신사에 참배하고, 장대현 교회에 모여서 조선 예수교총회 창립 30회 기념식을 좌기와 여히 거행할 새… 국기경례, 궁성요배, 국가봉창, 서사제창을 하고, 평안남도 深井고등경찰과장의 "時局에

---

56) 每日新報, 1940.12.7日字

57) 朝鮮耶蘇教長老會總會戰時體制實踐聲明書, 長老會報, 1941年 8月 15日字. 閔庚培. 韓國 基督教會史, pp.497-498 참고

  監理教는 장로교보다 1년 앞서 1940년 10월 2일에 "改革案"을 이미 채택하고, "大東亞共 榮圈과 內鮮一體의 原則을 철저히 認識시킨다." 神學敎育에 있어서 "西歐化의 過程에서 混入된 유태인의 歷史나 異敎의인 思想과 慣例의 除去를 期한다. 哲學과 東洋의 聖賢의 傳統을 따라 福音을 解釋한다." "皇道 宣揚." "敎人은 될수록 報國隊에 志願하거나 志願 兵에 나간다." 등으로 일제에 충성을 다짐했다. 每日新報, 1940年 10月 4日字에 全載. 朝鮮監理教會報, 1940年 10月 1日字, p.2, 언제나 監理教는 長老教보다 日帝에 忠誠하는 面에서 한 발 자욱 앞섰다. 長老教보다는 훨씬 더 神學的으로 人本主義的, 開放主義의 立場을 取해 온 것이 原因이었다.

對한耶蘇敎關係에 對하여"라는 제목의 강의를 듣고, 결의문을 낭독 선언했다. 그 결의문이란 "東洋平和라는 大 理想을 顯現하는 것이 皇國不動의 國是인바… 長老派 36萬 信徒는 不退進의 決意로 國策에 順應하여 決戰態度로 臨할 것"이라는 내용이었다.[58] 포교관리자 윤하영씨가 장로교 혁신을 통한 순정일본적기독교 확립에 대한 진행에 관하여 다음과 같은 보고를 했다; "時局의 推移와 大勢의 推進됨을 따라 그의 對應을 必要하게 느낀 總會常置委員會의 決議에 依하야 昭和 15年 11月에 長老敎革新要綱과 新體制에 對한 聲明書를 發表하여 本 敎會의 歐美依存主義를 脫去하고, 純正 日本的基督敎로서 歸趣와 態度를 闡明하였사오며."[59] 당시 소위 장로교 총회는 신도에 전향함으로써 "순정 일본적 기독교" 확립에 혼신의 노력을 다 했다.

1942년 1월에는 순정 일본적 기독교를 위한 순화작업에 적극 나섰다. 결과 로 신편 찬송가중에 "國體에 不適한" 찬송가를 골라내어, "내주는 강한 성이요" "믿는 사람들아 군병 같으니" 등을 포함한 12장의 찬송가 전부를 삭제하고, 9장을 부분 삭제하며, 41장의 가사 수정 등 90개소를 각 교회에 시달하여 "철저"한 정정을 명했었다.[60] 후에는 또 사도신경 중에서 두 부분을 삭제하게 했다. "전능하사 천지를 만드신 하나님 아버지를 믿사오며"는 신도(神道)의 창조설화에 위반된다는 이유로, "저리로서 산 자와 죽은 자를 심판하러 오시리라"는 천황폐하의 영속성을 부인한다는 이유로 삭제하게 되었다.

1942년 10월 16일 평양 서문밖 교회에서 개최된 제31회 총회의 개회벽두의 순서는 형식면에서도 교회적인 치리회로서의 인상은 전혀 보이지 않았고, 일본 제국의 전승을 위해 모인 한 순수한 관련 단체라는 인상만을 남겨 주었다. 그 순서

---

58) 총회 제30회 회록
59) 總會, 第30回會錄, 1941, p.43
60) 緊急通告文, 長老會報, 1942年1月21日字 監理敎는 長老敎보다 純正日本的基督敎를 위한 純化作業에 훨씬 앞섰다. 1942년에 들면서 신정찬송가 중에 22장을 전부삭제, 10장을 부분삭제, 85장을 자구정정을 교회에 통보하였다.("讚頌歌 訂正에 對하여", 朝鮮監理會報, 1942年4月1日字) 1944년에 이르러서는 "유태사상배제", "순복음으로서의 교의 선포"를 표방하면서, 구약성경과 신약계시록의 사용 금지, 4복음서 중심 만의 교의 설교를 지시했던 것이다.("通報" 日本基督敎 朝鮮監理敎團, 基督敎新聞, 1944年5月1日字.)

는 다음과 같은 것이었다;

"1. 17일 오전 9시에 會員 一同 平壤神社 參拜

1. 同日 오전 10시30분에 會議場에 集合하여 國民儀禮를 행한 후, 禮拜順序, 그 후 平安 南道 高等警察課長 深井의 時局講演이 있었다.

1. 18일 오후 3시 30분, 朝鮮軍 報道部長 倉茂가 "日本人의 軍人"이라는 題目으로 特別 講演.

1. 18일 오후 7시 3분에 戰勝祈願禮拜를 열고, 國民儀禮後 村岸淸彦이 "大東亞戰爭과 우리의 態度"라는 講演이 있었다. 후 國防獻金을 하다."[61]

1938년 총회 이후, 신사참배는 총회 때마다 빠짐없이 행하는 일로 되어 있지만, 1942년도에는 17, 18 양일에 매일 국민의례를 행한 것이 주목을 끈다. 강요에 의해서 했던, 자의에 의해서 했던 이제 총회는 사단의 완전한 지배 아래 움직이는 배교의 집단이요, "사단의회"였음을 보여 주었다.

이런 "조선예수교 장로회"는 1943년 5월 5일에 일본교회에 예속되어 "일본기독교조선장로교단"으로 개칭되므로 제31회를 끝으로 그 역사의 막을 내렸다.

2. 부일협력(附日協力)

앞부분에서 이미 부분적으로 언급이 되었지만 일본의 태양신 앞에 무릎을 꾼 장로교 총회가 부일 협력에 있어서 어떤 길을 걸었는지 좀 더 살펴본다. 물론 이 모든 일의 대부분은 자진(自進)해서 했다고 하기보다는 강압에 의한 것이었다고 생각할 수 있다. 그러나 장로교 총회가 타 교파와 경쟁심을 발휘하여 지극한 충성을 나타낸 모습을 보여 주었다는 사실에 주목하게 된다. 부일 협력은 이미 1939년 제28회 총회에서 "국민정신 총동원 조선예수교 장로회 연맹"을 결성할 때부터 나타나게 되었다. 1940년 총회에 이 연맹 이사장 윤하영, 총 간사 정인과 명의로 보고된 다음과 같은 사업보고를 접하게 된다; "소화 14년 총회에서 본 연맹을 결성한 후 각 노회와 지방 교회에서 애국 운동에 총동원한 결과 단 기일에 놀랄만하게 그 결과가 되었습니다… 우리 장로교 교우들이 다른 종교 단체

---

61) 總會, 第31回會錄, p.8

보다 먼저 시국을 철저히 인식하고 성의껏 각자의 역량을 다하여 전승, 무운장구 기도, 전사병 위문금, 휼병금(恤兵金), 국방헌금, 전상자 위문, 유족위문 등을 사적으로 공동 단체적으로 활동한 공적은 이하에 숫자로 표시되었습니다. 소화 14년 9월 총회 이후로 소화 15년 10월까지 700여 애국반이 결성되어 각 애국반원들의 활동의 소식을 들을 때… '이만하면' 하는 기쁨을 가지게 되었읍니다… 소화 12, 13, 14년도 말까지 전승 축하한 수가 594회, 무운장구 기도회 수가 9,053회, 국방 헌금이 15,804.20전, 휼병금 1,726.46전이고, 유기헌납이 308점… 위문대수 1,850개의 전례 없는 결과를 내었습니다"[62]라고 한다. 이 보고는 다른 교파보다 더 충성하고 잘 한 것에 대해 큰 자부심과 자랑스러움을 나타내고 있다.

1941년 총회는 덕천인과(德川仁果=鄭仁果)를 "조선야소교장로교도 애국기헌납기성회" 회장으로 하고, 애국기 상당수를 헌납하기 위해 각 노회가 유아 세례수와 실종자수를 제한 교인수 비례로 한 사람당 일원씩 헌금하기로 결정을 했다. 당시 정인과의 보고는 전시하 비상시국에 일제와 동심일체가 되어 있는 모습을 역력하게 보여 준다. 보고서는 "객년 우리 총회상치위원회에서 혁신성명을 발표한 이래 시국은 더욱 심기화하고, 7, 8월간의 국제정세는 변전무쌍하여, 총회상치위원회에서는 교회의 임전태세의 강화를 감하고, 거 8월 14일에 전시체제를 설명하고, 시국봉사의 실천을 위하여 애국기 헌납을 결의하였사오며…"라고 한다.[63] 그래서 그 이듬해 2월 10일에 일본 육·해군에 비행기 한대와 기관총 7정 대금인 1만 5천 3백 17원 50전을 헌납하였다.[64] 또한 전쟁물자 공여를 위해 금속, 유기물, 심지어는 교회의 종, 철문까지 바치게 되었다.[65] "국민정신

---

[62] 總會, 濟29回會錄, p.87
[63] 總會, 第30回會錄, 1941, pp.30-40
[64] 總會, 第31回會錄, 1942, p.50
[65] 基督敎新聞, 1942, 4, 29日字, 長老會聯盟 理事長 崔志化가 各 老會 聯盟 理事長에게 보낸 24日字 公文 "獻鐘狀況 至急 調查件". 1942년 總會時에 朝鮮예수교 長老會精神總動員聯盟이 報告한 附日協力의 內容은 다음과 같다.
  1. 國民總力 耶蘇敎長老會總會聯盟(理事長 崔志化, 總幹事 鄭仁果)報告.
    (1) 1942년 2월 中 本部主催로 大東亞戰爭의 目的貫徹과 基督敎徒의 責務를 再三 激勵하기

총동원 총회연맹"은 1941년 총회에서 각 노회 연맹 대표 72명이 부여신궁(扶餘神宮)의 조영(造營) 근로 봉사를 10월 30일에 성황리에 행했다는 보고를 했다.66) 이런 봉사는 한번만이 아니라 그 해 여름과 가을, 그 후에도 여러 차례 하였던 것이다.67)

물론 이런 부일행각은 배교한 장로교만이 아니었다. 감리교를 위시한 군소 교단도 마찬가지였으며, 감리교는 언제나 이런 점에 있어서 장로교 보다 한 발 앞서 나아 갔다. 1939년 정춘수가 감독으로 취임하면서 부일활동이 더욱 뚜렷하게 나타났었다. 그 해 10월 발표한 혁신안과 함께 발표된 결의안은 "아 국체의 진정신(眞精神)과 내선일체(內鮮一體)의 원리를 실현하야 총 후 국민의 의무를 이행하고 신체제에 순응함은 아 기독교인의 당연한 급선무이다"라고 갈파했다.68) 결과 감리교는 장로교보다 한 층 더 일제에 진충(盡忠)하는 모습을 보였다.69) 한 번 신앙을 이탈한 교역자들은 신사참배를 함으로써 태양신을 숭배할

爲하여 다음과 같이 演士를 派遣해 地方時局講演會를 開催코자 함.
(2) 愛國機 獻納의 件, 陸海軍에 愛國機 一臺, 또는 陸戰機關銃 7挺 資金으로 150,317 圓50錢.
(3) 朝鮮軍 司令部 訪問, 陸軍患者用 自動車三臺 基金으로 23,221圓28錢
(4) 眞鍮器 獻納件은 合計 2,165點
(5) 獻納鐘數 1,540個(119,832圓)
(6) 日本語常用運動을 促進, 日本語의 聖書敎本을 出版印刷中.
(7) 徵兵令 實施를 徹底하게 促進. 總會, 第31回會錄, 1942, p.50

66) 總會, 第30回會錄, 1931
67) "扶餘新宮 御造營 勤勞奉仕에 關한 件", 〈長老會報〉, 1941年 6月 4日字, 雲塘 "扶餘行" ibid., 1941年 12月 10日字.
68) 每日新報, 1940, 10, 4日字, "사상선도에 주력 군사원호에 盡忠, 감리교 혁신안 發表."
69) 監理教는 1941年 3月 4日에는 國民總力朝鮮基督教監理會聯盟 주최로 시국대응신도대회를 열어 혁신요강실천과 고도국방국가(高度國防國家) 완성에 매진 할 것을 선언하고(朝鮮 監理會報, 1941, 4, 1日字; (시국대응신도대회성황. 이성삼, 한국감리교회사, pp.155-170)" 10月 10日에는 경성교구내 교역자와 신도대표 약50명이 扶餘神宮造營勤勞奉仕를 하였고 (朝鮮監理教會報, 1941, 10, 1일자), 1942年 2月 13日字 鄭春洙監督은 각 교구장에게 "皇軍慰問 급 鐵物獻納 件"이란 공문을 보내어 교회의 철문, 철책, 교회의 종 등을 聖戰完遂를 위해 獻納하라고 했다(朝鮮監理教會報, 1942, 3, 1日字). 그리고 1944年 3月 3日 정춘수는 교단상임위원회를 열어 "愛國機獻納 급 敎會倂合實施에 관한 件"이라는 결의를 통과시켰다. 이 결의는 "監理教團號" 愛國機 3臺를 헌납하고, 여러 교회가 같은 도시에 있을 때,하나로 倂合할 것을 포함했

뿐 아니라, 태양신을 섬기는 신궁건설(神宮建設) 공사에까지 나가 봉사함으로 정말 백귀난행(百鬼亂行)의 자태를 의연하게 들어냈었다. 물론 이런 일들이 총독부의 지시와 강요에 의한 것이었다 하더라도, 사단에게 마음을 내어준 자가 아니고는 할 수 없는 일들이었다.

3. 신사참배 항거자(抗拒者)의 축출(逐出)

1) 제명, 축출당하는 선교사들

1938년 신사참배를 가결할 때 이를 반대하고, 불법 가결선언에 항의한 선교사들은 반세기 동안 복음을 전하고 함께 가꾸어 온 교회에 머물기가 법적으로 어렵게 되었다. 비록 이들이 외국인 선교사들이기는 하지만 총회라는 한 치리회에 속해 있기 때문에 이들도 법적으로는 총회의 결정에 따라야만 하는 입장에 있었기 때문이다. 그렇지만 총회의 결정이라고 해서 신사참배를 따라 할 수는 없는 것이었다. 그래서 이들은 하는 수 없이 치리회를 떠나게 되었다. 그래서 이제는 장로교 총회와는 관계없이 개인 자격으로 지방을 다니며 복음을 전할 도리밖에 없었다. 지방교회들은 일제당국의 눈치를 살피느라 이들을 환영해 주지 않았다.[70] 선교회는 이미 언급한대로 신사참배를 하면서 기독교 학교를 경영할 수 없기 때문에 1939년까지 모든 학교를 폐교하거나 이양해버렸다. 친일교역자들은 이렇게 한 일을 환영할리 또한 없었다. 선교사들은 점점 한국 교회 안에서 고립되어 가기만 했다. 미영(美英) 양국을 적대하고 있는 시국의 심각성을 본 주경 미영사(駐京 美領事) 마쉬(G. Marsh)는 1940년 10월에 선교사 완전 철수를 명령하여, 주한 선교사 반 이상인 9분의 5에 해당하는 219명이 그해 11월 16일 한

다.(基督敎新聞, 1944, 4, 1日字. 이성삼, op.cit., p.314-315) 같은 해 5월 1일에는 예배시 구약성경과 신약의 계시록은 사용하지 말고, 4복음서만 사용하고, 주 1회만 집회하여 勤勞時間을 늘리도록 통고했다.(基督敎新聞, 1944, 5, 1日字.) 1944년 9월에는 京城의 상동교회 예배당에 "皇道文化館"이란 간판을 걸고, 교역자들을 불러모아 葛弘基 관장이 일본정신과 문화를 강의했다. 그리고 이들을 한강으로 데리고 가서 신도의 재계의식으로 기독교의 세례에 유사한 미소기바라이를 행하고, 일장기를 두르고 南山의 朝鮮神宮에 뛰어 올라가 神社參拜를 했다.
70) 西洋人의 個人說敎 朝鮮敎會에서 謝絶, 每日新報, 1938, 10, 7日字

국을 떠나게 되었다.[71]

이제 배교한 한국교회도 법적으로 선교사들에게 압력을 가했다. 경성노회는 "宣敎師가 總會常置委員會의 聲明과 京城 老會의 聲明에 順應하기로 期함. 坦, 此에 不應하는 時에는 自然 會員權이 喪失됨을 認함" 이라고 결의하였고, 1941년,

한국을 철수하는 선교사들(1940)

제30회 총회에 제출한 경성노회 보고에 의하면 실제 선교사들의 회원권을 부결 시켰다.[72] 평양 노회는 선교사들을 제명했다고 보고를 했다.[73] 1941년 총회창립 30주년 기념식사에서 서기 조승제는 "지난 삼십년간 적색사상 내지 유물주의를 방지하며 일편으로 선교사들의 불순한 탈선행위를 제승"하였다고 했다. 이런 표현은 고국을 멀리 두고 한국 땅에 여러 가지 어려움과 수모를 겪으며 복음을 전하기 위해 심혈을 쏟아 온 선교사들에 대한 배신이 얼마나 컸다는 사실을 보여주었다. 캐나다 연합교회에 속한 서고도(徐高道, W. Scott)를 위시한 자유주의 경향의 선교사들이 신사참배에 대한 태도를 총회와 함께 하여 총회에 남아 있었고,[74] 북장로교에 속한 연희전문학교의 원한경(元漢慶, H.H. Underwood, 1890-1951)도 같은 태도로 학교경영을 위해 버티어 보았지만 오히려 수욕을 당하고, 1942년 6월 마지막으로 한국을 떠날 수 밖에 없었다.[75]

---

71) "宣敎師引退", 朝鮮監理會報, 1940年 12月 1日字.
72) 京城老會報告, 總會, 第30回 會錄, 1940, p.82
73) 平壤老會報告, Ibid., p.85
74) 總會가 神社參拜를 決定한 後인 1938年 10月 21日 캐나다 聯合宣敎會 代表 맥길 宣敎師는 咸南警察部 高等課長을 訪問하고 神社參拜를 國家儀式으로 參拜할 것과 從前에 經營하던 敎育機關들을 繼續 運營할 것을 言明하였다. 金良善, 韓國基督敎史硏究, p.191 註 35
75) The Minutes of General Assembly, Presbyterian Church U.S.A. 1943, p.349. The Minutes of Chosne Mission, 1942, p.12 비교 朝鮮總督府警察局, 最近의 朝鮮治安常項, 昭和13年, pp.334-335 當時 延禧專門學校長 元漢京(H.H. Underwood)은 第27回總會에서 神

서울 새문안 교회 당회는 1942년 5월 그 교회당 안에 건립한 설립자 언더우드(元杜尤, H.G. Underwood)의 기념비석을 5월말 안으로 제거하여 가라고 총회에 통고하고, 그 기일이 경과하면 당회가 자유로 처분하겠다는 공문을 발송했다.[76] 이것이 일제 당국의 강요에 의한 것이었겠지만, 교회도 한국에 선교사의 흔적조차 없애버리는 데 협력한 셈이다. 복음의 불모지 한국에 와서 복음의 터전을 일구고 씨를 뿌려온 선교사들이 실상 한국교회에 의해 쫓겨나게 된 것이다.

2) 면직, 시무사면 강요 당하는 목사들

배교한 교회는 선교사들만을 교회에서 쫓아 낸 것이 아니다. 선교사들을 제명한 평양노회는 1939년 12월 18일 임시노회에서 산정현 교회 목사 주기철을 신사참배 항거한다는 이유로 면직처분했다.[77] 그리고 어떤 노회들은 신사참배를 항거하는 목사들의 시무사면을 강요했고, 시무교회로부터 축출하기도 했다. 사단의 조종 아래 움직이는 치리회는 하나님의 뜻을 도전하는 일에 두려움을 느끼지 않는 것이다.

4. 황국화(皇國化)를 위한 일본적 신학교(日本的 神學校) 설립

1907년 첫 졸업생을 내고 계속 한국교회를 위해 목자를 양성 배출해 오던 평양신학교가 신사참배항거 문제로 1939년 5월 무기휴학을 선언하게 되었다. 한국인 교수 남궁혁, 박형룡 박사가 신사참배의 강요 때문에 망명을 하게 되고, 신사참배를 항거하던 보수신학, 신앙을 가진 목사들이 검속, 투옥될 뿐 아니라, 선교사들도 인퇴를 하게되니 신학교의 개학이란 생각하기 어렵게 되었다. 평양신

神社參拜가 可決되자 平南警察部長에게 握手를 請하면서 同決議에 祝意를 表하였고 延專事業報告 席上에서 "從來 神社不參拜를 固執하여 歷史있는 諸學校를 閉鎖한 것은 크게 遺憾된 일입니다. 神社 參拜는 宗敎信條上 別로 問題될 것이 없습니다. 오늘 總會가 神社參拜를 決意한 것은 正當한 일입니다"라고 發言하였다.

76) 새문안敎會 堂會錄, 1942, 5, 17日字.
77) 노회가 주기철 목사를 면직할 당시의 교회 공보 소식은 이러했다; "敎役者로 國家儀式 不履行은 總會決議의 精神 違反, 平壤老會 遂(주기철 목사)免職 決議, 朱牧師에게 峻烈한 免職 處分의 決議" 長老會報, 1940, 1, 25

학교는 1938년 첫 학기를 겨우 마치고, 1938년 9월 제27회 총회가 신사참배를 결정한 후 부터는 실상 문을 닫았다.

평양신학교의 형편이 이렇게 되자 그 동안 보수진영의 대세에 밀려 활개를 접고 지나오던 자유주의자들이 뜻을 펼 기회를 포착하고 기민한 활동을 전개하기 시작했다. 일제시 신학적으로 자유주의 사상을 가진 자들이 신사참배를 반대하여 투옥 당하거나 순교한 예는 거의 찾아 볼 수 없다. 이들은 신본주의 입장에서 하나님의 말씀에 무조건 순종하고 충성하기 보다는 인본주의 입장에서 합리적인 사고를 가지고 세상과 협상하고 타협하며 살아가는 것이 상례이기 때문이다. 보수주의 지도자들이 투옥 혹은 망명하게 되므로 교회내에 공간이 생겨나게 되었을 때, 이들은 기회가 온 줄 알고 일제와 손을 잡고 기민하게 이 공간을 메우게 되었다.

채필근(蔡弼近) 목사의 제안으로 서울의 김영주, 차재명 목사와 김대현(金大鉉)장로가 1939년 3월 조선 신학교설립 기성회를 조직하고 그 해 신의주에서 모인 제28회 총회에 설립인준을 요청하여 허락을 받게 되었다. 그런데 그 진행은 평탄하지 않았다. 그 이유는 같은 때에 서울과 함께 평양에서 신학교 설립을 추진하고 있었기 때문이다. 같은 총회는 "장로회신학교 기성회" 채필근 위원장의 "선교회가 만 1년이나 자의로 개교하지 아니하고 또 연기이오니 본 총회직영으로 금후에는 당연히 개교"해야 한다고 하는 청원을 받아들여 이를 즉각 결의했던 것이다.

결과 총회가 평양, 서울 두 곳에 신학교를 허락함으로써 남북간에 긴장이 초래되었다. 이들이 다 같은 자유주의 신학의 경향을 가진 친일입장의 인물들이었지만, 서로 분열의 위기에 이를 만큼 대립관계를 보였다. 총회 후 서울 이남의 조선신학교 설립관계자들은 조선신학교가 총독부 인정을 받지 못하고 있는 것은 총회의 "방해적 언동"때문이라 판단하고, 1939년 12월 19일에 서북과 만주의 노회장들을 제외한, 경성 이남과 함경도의 노회장들을 초청하여 대회설치를 목표하고 그 취지서를 발표하기까지 했었다. 조선신학교 관할지역의 경성노회는 한 걸음 더 나아가 1940년 2월 19일 임시노회를 긴급 소집하여 "총회를 탈퇴하고 남선총회(南鮮總會)조직하는데 가입하여 내지(內地, 日本土) 교회와 협조"[78] 한다는 가결까지 하였다. 이는 모두 서북지역의 교권으로부터 벗어나기 위한 정치적인 책략에 의한 것이었다. 배교 공동체 안에서도 상호불신과 지역적인 정치적 대립, 분열 현상이 심각했던 것이다. 서북지역의 보수주의 지도자들이 모두 투옥되거나 은둔하게 되므로 그들 가운데서 살아진 때에, 이는 친일 배교자들 간의 이해관계(利害關係) 외에 어떤 다른 이유가 있을 수 없었다. 이미 남선 지역의 여러 노회들이 총회를 탈퇴하기로 결의했었다.[79] 긴급한 상황 속에서 분열문제를 논의하기 위해 1940년 4월 증경 총회장들이 모여 "여하한 관계로든지 총회를 이탈하기로 생각하는 노회는 금후 더욱 총회가 일치 단결하기를 성심으로 요망"[80] 한다는 결의를 하게 되었다. 이 결의가 있은 후 총회탈퇴와 남선총회 문제는 드러나게 거론되지 않았던 것 같다.

총회에서 평양신학교 재개허락을 받은 "장로회신학교 기성회"는 1940년 2월 9일 총독부로부터 평양신학교 설립인가를 받아,[81] 4월 11일에 채필근을 교장으로 개교를 하게 되었다.[82] 이사장은 김석창, 서기는 김관식이었다. 이 신학교는 처음에 전 동덕학교 교사를 사용하다, 후에는 마포기념관과 서문밖교회 하층을 임시교사로 사용하였다. 이사회는 1940년 총회에 전 평양신학교 교사급 기숙사를 사용하도록 선교부에 교섭하기로 한다는 보고서를 제출했다.

서울의 조선신학교 측에서는 지난 총회에서 설립인가는 받았으나, 평양신학교가 이미 총독의 지정인가를 받았기 때문에 경기도지사로부터 강습소 인가를

---

78) "南鮮一部의 總會脫退運動에 對하야, 總會事務局 發表", 基督敎報, 1940年 3月 13日字. 總會脫退決議老會: 京城, 京畿, 忠淸, 慶北, 全南, 慶東, 濟州, 各老會 "總會兩分하기로 京城老會에 今日 決定", 每日申報, 1940年 2月 20日字. 閔庚培, 韓國基督敎會史, pp.475-476 參考.
79) 閔庚培, 韓國基督敎會史, p.476, 註103 參照. 總會脫退決議老會: 京城, 忠淸, 慶北, 全南, 慶東, 濟州, 各老會.
80) "曾經總會長會議", 長老會報, 1940年 5月 8日字.
81) 總會. 第29回會錄, 1940, p.45
82) 평양신학교의 이사회 조직; 회장 김석창, 서기 김관식, 회계 김선환, 이사회 실행위원: 김석창, 이문규, 이인식, 이승길, 이영의, 김선환, 고환규, 김관식. 대표설립자; 이승길, 교직원: 교장: 채필근, 교수; 高麗偉, 田中理夫, 강사; 이승길, 제등우, 산본신, 김관식, 총회 제29회회록, p.21

받고, 1940년 4월 19일 서울 승동교회에서 원장 대리에 윤인구, 교수에 김재준을 세우고, 조선신학원(朝鮮神學院)이라는 교명으로 개학을 했다. 이사는 함태영, 김관식, 조희염, 김길창, 김영수, 김영철, 한경직, 윤인구였고,[83] 이사장은 일본인 마쓰모도(松本卓夫)였다.[84] 여기 나타난 인물들은 모두 신학적으로 자유주의 자들이거나, 아니면 자유주의 경향을 가진 자들로서 일제의 체제에 협력하는 친일 인사들이었다. 김관식은 평양, 서울 양학교의 이사가 된 정치적인 모사로서 1945년 "일본기독교 조선교단"의 통리로 총독의 임명을 받은 자였다.[85] 그런데 1940년 평양 창동교회에서 모인 제29회 총회에서도 평양신학교 측과 서울 조선신학교측의 상호 갈등이 다시 크게 나타났었다. 총회는 조선신학교의 보고 중 그 목적을 명시함에 있어서 "장로회 교역자 양성"으로 개정을 한 후에 받게 되었다. 이는 그 학교 출신자들에게는 목사 자격을 부여하지 않는 것으로 이해되었다.[86]

이제 이 양학교의 설립목적이 무엇이었는가가 관심을 끌게 된다. 조선신학원은 그 목적을 "福音的 信仰에 期하여 基督教 神學을 研究하고 忠良有爲한 皇國의 基督教 教役者를 養成"하는데 있다고 밝혔다.[87] 이 학교는 순정 일본적 기독교로 혁신된 교회 안에서 주의 나라가 아니고 천황의 나라에 충성하기를 원하였다. 당시 모든 총회록의 기록이 아직 국문(國文)이었는데, 조선신학원만은 일어

---

83) "朝鮮神學院 設立에 關한 報告". 總會, 第29回會錄, 1940, p.44
朝鮮神學校는 金大鉉 長老가 巨額의 喜捨金을 내어 期成會를 組織하게 되고 設立에 나서게 되었었다. 結果 學校設立時에 金大鉉 長老가 朝鮮神學院의 設立者와 臨時院長이 되고 尹仁駒가 院長代理가 되었다.

84) Ibid., 20

85) 金觀植은 解放後에도 여전히 長老教會 總會 안에서 教權을 維持했다. 그는 1948년 화란 Amsterdam에서 열리는 W.C.C. 창립총회에 한국의 장로교 대표로 참석했으며, 1948년 제34回總會에서는 政治部長이 되어 全南 順天老會로부터 高麗神學校에 學生을 推薦해도 좋으냐는 問議가 들어왔을 때, 그는 "高麗神學校는 우리 總會와 아무 關係가 없으니, 老會가 推薦書를 줄 必要가 없다"고 斷乎한 答辯을 하기도 했다.

86) "朝鮮神學院 設立에 關한 報告" 總會, 第29回會錄, 1940, p.42, "平壤長老會總會에서 京城神學院拒否, 每日申報, 1940, 914日字.

87) Ibid., 1940, p.43

(日語)로 그 보고서를 제출함으로써 일어상용운동을 남보다 앞서 펴 황국에 진충하는 모습을 다시 한번 더 보이기도 했다. 평양신학교의 설립 목적은 문서상으로는 확인할 수 없으나, 조선신학원의 그것과 다를 리가 없다. 이 학교가 신사참배 반대로 문을 닫은 평양신학교 당국에 대한 불만을 가지고 총독부의 인가를 받아 개교를 했기 때문에 조선신학교에 뒤지지 않는 황국에 대한 진충을 나타냈을 것이다. 그 학교 교장인 채필근이 1942년 총회시에 피력한 내용이 이를 충분히 짐작하게 한다. 그는 "我等 不知不識間에 美英人의 思想觀念 乃至 禮儀習慣에 感染되어서 此等 아직 殘存해 있는 바… 우리들은 깊이 反省하여 國家에 對해서 犯한 罪惡을 徹底히 悔改하고 싶다"[88]고 하였다. 그는 일어로 그 원문을 썼었다. 이 말 속에서 그는 지난날 일제에 충성 못한 것을 크게 "회개"하고 앞으로는 일황(日皇)의 신실한 신민(臣民)이 되어 진충하려는 모습을 보이고 있는 것이다. 객관적으로 표현된 문자들은 서울의 조선신학교나 평양의 신학교 양자가 다 주의 나라를 위하기보다 황국(皇國)을 위한 학교로 설립되었음을 보여주고 있다. 친일 입장의 이 양 신학교에 관련된 분들은 거의 모두가 신학적으로 자유주의 입장에 서 있었던 분들이었다.[89]

5. 순정 일본적 기독교의 완성; "일본기독교조선교단" (日本基督敎朝鮮敎團)

일제는 여러 교파가 존재하는 것이 효과적인 통제에 지장이 되므로, 모든 교파를 하나로 통합하여 황국(皇國)에 충성을 다할 수 있는 인물을 최고 지도자로 세워 명실공히 일본적 기독교로 만들기를 원했다. 그래서 1940년 9월 일본 기독

---

[88] Ibid., 第31回會錄, 1942, p.13 이 第31回 總會가 國民總力朝鮮耶蘇敎長老會 總會聯盟의 報告 中에 "日本語 常用運動을 促進"한다는 部分을 보게 된다.
[89] 閔庚培는 "일부에서 신사참배문제에 대하여, 자유주의자들은 친일(親日)했고, 보수주의 에서는 이를 끝끝내 반대했다고 해서 이를 양 신학의 대결로 연결시키려는 것은 터무니 없는 일이다"라고 말하다. 韓國基督敎會史, p.510. 모든 자유주의자들이 친일했고, 모든 보수주의자들이 반일했다는 선명한 공식 판단은 할수 없다. 그러나 신사참배와 친일, 순교적 신앙과 반일의 배후에는 자유주의 신학과 보수신학이 배경되어 있었음은 역사가 증거하고 있다. 성경관이 신앙과 생활을 좌우하기 때문이다.

교 연합회 회장인 일본 감리교 감독 아베(阿部義宗)가 나와 "기독교 신체제"라는 주제로 간담회를 개최하고 교파합동을 역설했다.[90] 이 결과 한국내 각 교파들은 일본 내 동일한 교파와의 합동을 추구하게 되고, 국내 교파간의 합동도 추진하게 되었다. 1942년 1월 "교파합동추진위원회"를 구성하고, 장로교, 감리교, 성결교, 일본 기독교구회, 구세군 등 다섯 교파 대표를 선정 "조선기독교합동준비위원회"도 조직했다. 그런데 이 준비위원회가 두 번째 모였을 때 감리교단 측이 소위 "혁신교단"(革新敎團)에 관한 12개조의 혁신안을 제출하여 이것이 그대로 통과되어지기를 원했다. 그러나 이것이 그대로 수용되어지지 않고, 수정안이 통과되자 감리교측이 준비위원회를 탈퇴해버리므로, 합동은 결렬되어져 버렸다.[91]

당시 감리교 안에는 일본의 동맹국인 독일에 나타난 반유대주의(Anti-semitism)에 유사한 사상이 자리를 잡고 있었다. 정치에 재빠른 이들은 구약은 민족주의 색채가 짙어 일제 당국이 꺼리는 눈치를 알고, 일본적 기독교 건설을 위해서는 구약을 버려야 한다고 생각한 것이다.[92] 실상 "혁신교단"을 원하는 이들은 신약성경을 기초로 하여 교의를 삼고, 구약성경에 나타난 유대사상을 모두 없애기 위해 구약성경에 대한 새로운 해석교본을 제정하자고 주장함으로써 구약성경을 폐기하기를 원했던 것이다.[93] 감리교 측에서는 준비위원회에서 혁신교단 설립의 뜻이 관철되어지지 않자, 장로교 경기노회 부회장으로 있던 전필순을 위시한 윤인구(尹仁駒), 최석주(崔錫柱)등을 포섭하여 경기노회와 함께 1943년 4월에 "혁신교단"을 조직하고 전필순을 통리(統理)로 추대했었다.[94] 사실 이들이 한 "혁신교단"이란 구약과 신약의 계시록을 완전히 버림으로 전통적 기독교가 아닌 완전 개조된 일본적 기독교를 의미하는 것이었다.[95] 그러나 이 교단

---

90) 每日新報, 1940, 9, 20日字, "주목되는 기독교계 新體制의 기운태동."
91) 每日新報, 1943, 3, 21日字, "기독교 각파의 합동 암초에 걸려 진행 불능."
92) 조향록, 牧師半生記, 크리스챤신문, 제509호, 1971, 3, 6日字
93) 每日新報, 1943, 3, 21日字, "논쟁의 중심이 된 구약성서의 해석"
94) 혁신교단의 간부들은 다음과 같았다: 교단통리: 전필순, 사무관장: 김영섭, 총무국장: 이동욱, 전도국장: 박연서, 교육국장: 윤인구, 재무국장: 최석주, 연성국장: 김수철. 全弼淳은 解放後 反民族法에 걸렸었다. 反民族行爲者特別調査委員被疑者訊問調書(全弼淳), 1949, 4, 1. 참조.
95) 이 革新敎團은 처음에는 聖經중에서 유태민족에 관계된 부분, 곧 출애굽기와 다니엘서를 비롯

이 출발한지 한 달이 못되어 경성노회의 김영주 목사가 행정적 절차없이 이런 혁신교단에 가입한 것에 대해 비판하고 제명을 거론하게 되었다. 이로 인해 압력을 받은 전필순을 위시한 가담자들은 결국 장로교회로 복귀하게 되고, 혁신교단은 감리교단으로 되돌아가 조직을 새롭게 하여 "조선감리교단"(朝鮮監理敎團)으로 환원하게 되었다.

모든 교파의 합동이 결렬되자 일제 당국은 한국교회를 일본교회와 관련을 갖게 함으로써 예속시켜 통제하는 길을 찾았다. 그래서 1943년 5월 5일에 한국장로교회는 "일본기독교조선장로교단"(日本基督敎朝鮮長老敎團)으로 개칭되었다.[96] 통리(統理)로 채필근(蔡弼近) 목사가, 연성국장 겸 경남교구장에는 김길창(金吉昌) 목사가 각각 임명되었다. 전국교회에 보내어진 "일본기독교조선장로교단 실천요목"을 살펴보면, 이 교단은 오직 황국(皇國)에 충성을 다하는 단체이었고, 이상 기독교는 아니었다. 예를 들면 "국가에의 봉공"이란 첫 항목 아래 "매월정액의 국방헌금", "신사참배 및 전승기원의 여행" 등이 있고, "황민(皇民)의 연성"이란 둘째 항목 아래에는, "각 신도의 가정마다 대마(大麻)를 봉재하고 황도정신을 철저히 할 것" 등이 있으며, "교회의 혁신"이란 셋째 항목 아래에는 목사라는 칭호는 버리게 되고, 교사로 부르면서, "기독교 교사(목사)로서의 교양을

한 대부분의 구약 성서와 신약의 요한 계시록 및 찬송가의 개편을 지시했고, 이상의 성경은 떼어버리든지 눈에 안보이게 먹으로 칠해 버리든지 하라고 지시했었다. 그런데 후에 와서는 구약성경 전부를 폐하게 하고, 신약성경도 4복음서 이외에는 전부 말살시켜 보지 못하게 하였다. G. Fitch, "What happen to the Korean Church", *The Christian Century*, Vol. 62, No. 39, p.1093 참조.

이 혁신교단은 극단적으로 혁명적이어서 정경을 폐기함에 있어서는 2세기 초에 구약의 신은 잔인하여 신약의 자비의 신과 다르다고 하여 구약을 폐기했던 마르시온(Marcion)파 이상이었다.

96) "日本基督敎朝鮮長老敎團"의 설립은 總會의 決議로 總會를 解散하고 設立된 것이 아니라, 總會 "常置委員會"가 1943년 5월 5일 總會를 無視하고, 總會를 解體함과 同時 單獨으로 設立한 것이다. 이에 平北老會는 反撥을 하고 호법파(護法派)를 만들어 約 1年동안 對立상을 보였으나 1944년 8월21일 日帝의 지시에 의해 無條件 統合되었다. 이 對立은 信仰的인 혹은 原理的인 問題때문이 아니었고 단지 主導權을 둘러싼 紛爭이었을 뿐 이다.

基督敎新聞, 1944, 8, 15日字 社說 "大和一致의 長老敎團. 김남식, "日帝의 思想統制와 韓國敎會의 變質", 神學指南, 1887, 여름호, p.195 참조.

높이고 솔선수범하여 사표가 되는 실을 거두기 위하여" "현 교사의 신학적 재교육운동", "교사양성기관의 정비"를 할 것, "말세 심판 재림 등은 세상일적 물질적 해석을 고쳐 그것을 종교적 심령적으로 해석할 것", "구약성서에 나타나는 비기독교적 유대사상을 시정하기 위하여 그 적당한 해석 교본을 편찬할 것", "예배 혹은 집회양식에 대하여는 연구를 진행하여 될 수 있는 한 일본적 풍습을 채용할 것" 등이었다.[97] "일본기독교조선장로교단"이 설립되었음으로 이제 조선예수교장로회는 형식상으로도 없어진 셈이다.[98]

그런데 이것으로 교파의 통일 정책은 끝나지 않았다. 1945년 8월 1일 조선에 있는 모든 교파들이 "일본기독교조선교단"(日本基督敎朝鮮敎團)으로 완전히 통합되어 일본기독교단에 예속하게 되었다.[99] 장로교 대표 27, 감리교 대표 21, 구세군 대표 6, 그리고 다섯 소 교파로 부터 각 1인씩 모여 이 교단의 성립이 선언되어진 것이다. 이것이 해방되기 보름 전 일이었다. 초대 통리(統理)에는 장로교의 김관식(金觀植), 부통리에 감리교의 김응태(金應泰), 총무에 장로교의 송창근(宋昌根)이 총독부의 임명을 받아 취임했다. 이제 일제 총독부는 스스로 임명한 통리를 통해 일본적 기독교로 변신된 단체를 완전히 통제할 수 있게 되었다. 일제는 황국에 전적인 충성을 기대할 수 있는 순정(純正) 일본적 기독교의 완성을 보게 된 것이다. 그런데 일제의 정책이 이렇게 성공을 거두는 날 제국의 몰락이 바로 눈앞에 다가오고 있었다. 두 주 후인 1945년 8월 15일 일제는 연합국 앞에 무조건 항복을 하므로 무너지고 만 것이다.

---

97) 基督敎新聞, 1943. 10. 6日字 "조선야소교장로회총회상치위원회의 전말." 한국기독교의 역사 II, pp.313-314 참조.
98) 監理敎도 1943年 8月 "日本基督敎 朝鮮監理敎團"으로 개칭되었고, 같은 해 군소교파들은 강제해산 명령을 받아 안식교는 12월 28일, 성결교는 12월 29일 성명서를 내고 자진 해산하는 것처럼 해산되고 말았다. 남은 다른 적은 교파들도 강제 폐쇄되거나, 통폐합되었다.
99) 金良善, 韓國基督敎10年史, p.43

제11장 신사참배에 항거한 전투적 교회
(戰鬪的 敎會)

한국의 장로교회는 1938년 9월 10일 신사참배를 결의하여 배교함으로 가시적 교회(可視的 敎會)인 조직체로서의 장로교회는 사실상 죽었고, 그 역사가 단절되어버렸다. 이제 체제상의 한국 장로교회는 해방이 되던 날까지 신도(神道)를 수단으로 주권을 행사하는 사탄의 완전한 지배 아래 들게 되었다. 그러나 이로서 그리스도의 교회의 역사가 한국에서 전적으로 단절된 것은 아니었다. 이는 "주의 교회는 세상 처음부터 있었고 세상 끝까지 존재하는 것이며, 그리스도는 영원한 왕이시니 그가 모든 사탄의 공격에도 불구하고 그의 교회를 보존하시기"[1] 때문이다. 아합의 위험한 통치기간에도 주께서는 바알에게 무릎을 꿇지 않는 칠천명을 보존하심으로 이스라엘 교회는 결코 소멸되지 않고 지속되었던 것이다.[2] 한국교회도 일제의 강압과 박해 중에 그 역사가 단절되지 않았다. 한국교회사의 지속은 결코 보이는 체제나 교권의 지속을 통해서가 아니고, 사도적인 신앙을 파수하기 위해 일경에 의해 끌려 감옥에 들어가고, 배교의 세력에 의해 추방을 당하고, 박해자들의 추격을 피해 산과 들과 바다 건너로 흩어져 수욕, 고난, 주림을 당하면서 멸절하지 않은 신실한 종들과 성도들에 의해서였다. 박해와 배교의 시대에 이런 사도적 신앙을 가진 자들에 의해 한국교회가 지속되어 온 흔적을 아래에 간략하게 살펴 보려한다.

---

1) 改革敎會信仰告白(Belgic Confession), 第27章.
2) 왕상 19:18

11.1 서북지방(平安, 黃海地方)에서의 신사참배 항거운동

한국 교회가 신사참배 강요를 당하고, 총회가 신사참배 결의를 강행하므로 허물어졌을 때에 끝까지 항거하고 신앙의 정절을 지킨 신앙 집단은 주로 반도의 서북지역인 평안도, 황해도와 남단지역인 경상도지방에 있었다. 이는 양 지역이 타 지역에 비해 신학적으로 보수성이 강했고, 이것이 강한 신앙생활의 동력이 되었던 것이다. 먼저 서북지방에서 활동했던 신앙투사들의 역사를 살펴본다.

1. 주기철(朱基徹, 1897-1944) 목사와 평양 산정현 교회(山亭峴敎會)

한국 장로교회가 총회적으로 배교했을 때 주기철 목사와 산정현 교회는 신앙의 정절을 지킨 아름다운 역사를 남겼다. 경남 진해에 가까운 웅천에 고향을 둔 주 목사는 1926년에 신학교를 졸업하고 목사 장립을 받아 경남노회에 속한 부산 초량교회를 시무하게 되었다.

1931년 이 노회에서는 신사참배 반대안이 제출되어 결의를 하게 되었다. 제안자가 누구였는지에 관하여는 정확하게 알려지지는 않았다. 그러나 당시 초량교회가 경남에서 가장 오랜 역사를 가진 교회 중 하나로 주도적 역할을 해왔고, 주기철 목사가 이 교회를 시무하고 있었다는 사실을 고려할 때, 그가 미구에 있을 신사참배 강요를 예견하고 그 안을 제출했을 것으로 추단하게 된다. 이 때 부산일보는 이 사실을 특보로 다루었고, 이 때부터 그는 일경의 시선을 끄는 인물이 되었다.

주기철 목사와 오정모 사모

1931년 6월 만주사변이 일어나자 일제는 정치적 차원에서 한국민족에게 신사참배를 강요하게 되었다. 초량교회에서 6년을 시무한 후, 1931년 9월 마산문창교회로 전임하여 목회하던 중, 그는 일제당국으로부터 전쟁을 위하여 기도한 후에 예배를 보라는 공문을 받게 되었다. 주 목사는 이 공문을 읽고 난 후 "불의한 자

는 망하게 하시고, 의로운 자는 흥하게 하소서"라고 기도했다고 한다.[3]

1936년 9월 1일 그는 평양 신학교에서 부흥회를 인도하면서 유명한 "일사각오"(一死覺悟)라는 제목의 설교를 했다. 당시 마산 문창교회를 시무하고 있던 그는, 바로 그 해 평양 산정현 교회로부터 청빙을 받게 되었다. 신사참배 문제로부터 한국교회를 지키려면 조선의 예루살렘인 평양에서 먼저 지켜야 한다는 비장한 각오를 가지고 그 청빙을 수락했었다.[4] 그가 부임하게 된 후 첫째로 한 일이 교회를 신축하는 것이었다. 그 때 평남(平南)에는 새로운 지사, 야스다께(安武)가 부임하여 기독교 학교에 신사참배를 강요함으로써 심각한 때를 맞고 있었다. 그래서 교회 안에는 심각한 시국을 고려하여 교회 신축에 대한 재고를 바라는 의견도 있었다. 그러나 그는 때가 심각한 만큼 교회를 신축해야 한다고 주장했었다. 교회는 그의 뜻을 받아 들여 800평의 대지에 7만원의 공사비를 드려 1938년 2월에 완공을 보았다. 그런데 그는 교회당을 완공하고 헌당식을 하는 날에 경찰에 구금이 되었다.[5] 그의 구금은 1938년 2월 9일 평북노회가 신사참배를 결정하자 분개한 그 노회 소속 신학생 장홍련(張弘璉)이 평양신학교 교정에 심어 놓은 그 노회 노회장 김일선의 기념 식수를 도끼로 찍은 사건이 있게 된 바로 뒤였다. 주 목사는 그 사건과 아무런 관계가 없었으나, 일제는 이를 계기로 신사참배 반대를 선도하는 그를 검속함으로써 그 세력을 척결한다는 의지를 보인 것이다.

1938년 2월은 한국 장로교회에 암운이 몰리기 시작한 달이었다. 2월 9일 평북노회가 첫번째로 신사참배를 국가의식으로 인정하고 참배를 결의했었다.[6] 그

---

3) 金麟瑞, 朱基徹 牧師의 殉敎史와 說敎集, pp.35-37
4) 朱 목사는 宋昌根 목사 후임으로 산정현 교회에 청빙을 받았다. 송창근 목사는 신학적으로 자유주의 경향을 가지고 있었던 분이었다. 주 목사를 청빙하기 위해 마산을 찾아 온 분들은 조만식 장로와 김동원 장로였다.
5) 大韓예수教長老會百年史, p.514 헌당식 날에 검속되었다고 하는 것은 민경배의 기록이고, 박용규는 1938년 "2월 18일로 예정된 헌당일을 앞두고" 구속되었다고 한다. 〈소양 주기철 목사의 생애, 제1회 소양 주기철 목사 기념강좌, 1996. 4. 22, 주기철 목사 기념 사업회.〉
6) 그 날 이 소식을 접한 평양 신학교의 교수들과 학생들은 크게 분개하였고, 평북노회 소속 학생 장홍련(張弘璉)이 신학교 교정에 있는 그 노회장 김일선(金一善)이 심어 놓은 기념식수를 도끼로 찍어 넘어뜨려 버렸다. 이를 계기로 학생들이 전국 노회에 신사 불참배 운동을 일으키려 계획하던 중, 이를 알아챈 경찰이 박형룡, 김인준 두 교수를 불구속 기소하고, 한 사무 직원과 10

해 6월 잠시 구금으로부터 풀려난 주 목사는 이유택(李裕澤), 김화식(金化湜) 두 목사와 함께 묘향산 등지에 가서 금식기도를 했었다. 그런데 마침 거기서 돌아오던 6월 30일, 일본 조합교회 목사이며, 일본기독교단 의장인 도미다(豊田滿, 1883-1961) 목사가 조선교회를 회유하기 위해 나와, 산정현 교회당에서 교인들과 유지들에게 신사참배가 죄가 되지 않는다며 "언제 日本 政府가 諸君에게 基督敎를 버리고 神道로 改宗하라 하던가. 國家는 國家의 祭祀를 諸君에게 要求하는데 不過하다"[7]고 역설했었다. 이 때 주 목사와 거기 함께 있었던 손양원(孫良源)은 그 괴변을 맹렬히 반박했었다.

산정현 교회

그는 같은 해 가을 9월 총회에서의 신사참배 결의를 앞두고 8월에 두 번째로 검속이 되었다. 이 때에도 그와는 직접 관련이 없었던 유재기(劉載奇) 목사의 농우회 사건으로 검속되었던 것이다. 일제는 신사참배를 반대하는 그를 총회와 격리시킴으로 신사참배 결정을 무난하게 하기 위해 예비 검속한 것이었다. 그는 경북 의성 경찰서에 7개월간 구금되었다가 이듬해 1939년 2월 대구경찰서로 옮겨진 후 석방되었었다. 이 때도 그는 신사참배 강요를 받았지만 끝까지 거부의사를 굽히지 않았었다. 주 목사가 석방되어 평양으로 돌아온 다음 날이 주일이었다. 반년만에 강단에 선 그는 마 5:18, 로 8:31-39을 읽고 "5중(五重)의 나의 기도"라는 설교를 했다. 이는 사실상 설교라기보다 다시 수감될 것을 내어다 보고 하게 된 그의 신앙고백이었고 거룩한 소원의 표명이었다.[8]

여명의 학생들을 검거 투옥하여, 이들이 고문을 당하다 풀려나게 되었던 것이다. 사무직원은 書記 韓昌善, 學生은 張弘璉, 金良善, 安光國, 張潤成, 池亨淳, 曺允承, 張允弘 等이었다.
7) 朝鮮續信, 福音新報, 東京, 1938, 7, 21日字.
8) 그의 "5중의 나의 기도"는 1. 죽음의 권세를 이기게 하옵소서, 2. 장기간 고난을 견디게 하여 주

경찰당국은 총회의 결정에도 불구하고 신사참배를 끝내 항쟁하는 주 목사를 그대로 보고만 있지 않았다. 주 목사는 1939년 9월 세 번째로 검속되었다. 그 해 3월 제74회 일본 제국의회가 종교법안을 통과시켜 조선 교회를 지배하기 위한 법적 장치를 마련하고, 신사참배를 반대하는 분들을 압박해 들어간 것이다. 주 목사가 구금된 지 한 달 후인 그 해 10월 22일 산정현 교회는 평양 경찰서로부터 다음과 같은 위협적인 명령을 받았다; "1. 교회직원 전원이 매주 일차씩 신사참배를 이행할 것, 2. 설교와 교회 사무는 본 교회 회원들만이 집행하고 선교사와 기타인은 관여치 말 것, 3. 금일 오후 3시까지 그 실행여부를 회답할 것, 단 불응시에 교회를 폐쇄한다"는 것이었다.[9] 그러나 산정현 교회는 이 위협에 굴복하지 않았다.

두 달 후인 12월에 평남 경찰부장은 평양노회 노회장 최지화(崔志化)를 불러 옥중에 있는 주 목사의 목사면직을 단행하도록 사주했다. 결국 평양노회는 1939년 12월 18일 임시노회를 소집하여 주 목사 면직처분을 결의하고, 장운경(張雲景)을 당회장으로 위촉했다.[10] 당시 평양노회는 그 회원중 대부분이 친일단체인 "평양기독교친목회"에 속해 있는 자들이었기 때문에 주 목사를 파면하는 일에 별 문제가 있을 리 없었다. 산정현교회 당회장으로 교회치리를 위임받은 장운경은 1940년 3월 24일 노회가 임명한 산정현교회 수습위원 7명을 대동하고 와서 산정현교회 교인들의 항거에도 불구하고 강압적으로 노회의 결정을 집행하려했

소서, 3. 노모와 처자를 주님께 부탁합니다, 4. 의에 살고 의에 죽게 하소서, 5. 내영혼을 주님께 부탁합니다 라는 내용이었다.
9) 基督申報, 1939年 第62號, 2面, 1939年 10月 21日字.
10) 당시 평양노회의 결정은 다음과 같았다;
　　1. 주기철은 그 목사직에서 파면. 2. 편하설(片夏薛) 목사가 산정현 강단에 서는 것을 금지함. 3. 張雲景을 산정현교회 당회장으로 택함. 4. 일곱 長老들을 休職함. 5.산정현 교회의 수습위원으로 張雲景, 朴應律, 沈益鉉, 金善漢, 李仁植 등 7人을 擇함. 안용준, 태양신과 싸운 이들, 서울: 세종문화사, 1972, pp.43,44
　　1939년 12월 20일자 東亞日報는 "問題中의 朱 牧師, 平壤老會서 사임결의"라고 보도했고, 朝鮮日報는 "朱牧師에 辭職勸告. 老會에서 總會決議와 總會長 警告無視理由로 平壤 山亭峴敎會 問題의 進展"이라고 알렸으며, 每日申報는 "問題의 牧師는 免職코 神社參拜를 實現키로, 平壤 山亭峴敎會事件段落"이라고 했다.

다. 이틀 후 부활주일이 되는 날인 1940년 3월 26일, 일경은 교인 13명을 검거하고, 교회입구의 대문에 횡십자(橫十字)로 못을 박아 교회당을 폐쇄해 버렸다.[11] 여기 배교한 교회와 사도적인 신앙을 파수하는 참교회의 구별이 가시화 된 것이다. 교회당은 폐쇄되었지만 신사참배 강요에 굴하지 않고 가정에 모여 예배를 드린 신실한 신자들에 의해 한국의 참된 장로교회는 존속되었다. 주 목사가 면직되고, 교회당이 폐쇄된 후, 주 목사 가족은 교회 사택에서 추방을 당하였다. 이제 그 사택은 일제와 야합하고 새로 세운 "평양신학교"의 교장 채필근(蔡弼近)이 차지하게 되었다. 주 목사는 1940년 4월 20일 잠시 가석방되어 집에 돌아 오자, 노회로부터 그의 목사직이 면직된 것을 비로소 알고 "사람에게 쓰러버리우는 예수님의 고독의 자취를 우리도 밟아야 한다"고 했다.[12]

1940년 4월 주 목사가 가석방되었던 당시, 조선 서북지방에는 이기선 목사가, 남단 지방인 경남에는 한상동 목사가 조직적인 신사참배 반대운동을 전개하고 있었다. 부산에서 주기철 목사의 가석방 소식을 들은 한상동 목사는 곧 이인재 전도사와 함께 평양으로 와서 주 목사를 만나 위로하고, 다른 신앙의 동지들과 함께 신사참배 반대운동에 대한 의견을 나누게 되었다. 이 때 한상동 목사는 총회가 신사참배할 것을 가결하여 우상숭배를 하니 이런 총회 아래 있는 교회나 노회는 이미 배교한 단체임으로 신사참배반대 운동을 조직적으로 전개할 것과 신사참배를 항거하는 자들만의 새로운 교회와 노회 조직을 할 것에 대한 의견을 제시했다. 이 때 주기철 목사는 신사참배에는 순교적 신앙으로 항거하되 조직적인 운동에 동조하지 않았고, 신사참배를 항거하는 자들만의 새 교회나 노회 조직 문제에 있어서는 아직 "시기상조"라는 의견을 피력하였다. 곧, 주 목사는 한 목사가 제시한 두 가지 문제에 대하여 이견(異見)을 보인 것이다. 하나는 조직적인 신상참배 반대운동이고, 다른 하나는 신사참배를 항거하는 자들만의 새로운 교회와 노회를 조직하는 문제였다.

---

11) 1940년 3월 26일자 東亞日報는 "산정현교회 문제 재연 교도13명 검거 당분간 집합을 금지"라는 기사를 내었다.
12) 주승중, 주기철 목사의 설교분석 연구, 장로회신학대학 신학대학원, 석사학위 논문, 1984, p.18

주 목사는 조직적인 신사참배 반대운동에는 동의하지 않았다. 그가 이런 의견을 가진데 대한 이유를 한 두 가지 생각해 보므로 그의 입장을 이해하게 된다. 이미 세 번이나 구금당해 경찰로부터 심한 고문을 당한 그로서 조직적인 운동을 함으로써 교회지도자들과 신자들이 더 많은 희생을 당하지 않을까 염려하게 되고,[13] 신사참배에 대한 조직적인 반대운동이 일제 당국에 혹 단순한 정치적 민족운동이라는 구실을 갖게 하여 전혀 다른 이유로 수난을 당할 수 도 있지 않을까 생각한데 있었던 것으로 보이는 것이다.[14]

그런데 주 목사는 신사참배를 항거하는 자들만의 새로운 교회와 노회 조직을 하자는 의견에 대하여는 원칙적으로 반대하지 않았다. 그는 "시기상조"(時機尙早)라고 한 것이다.[15] 이는 한 목사의 의견에 원칙적인 찬성을 표하면서 시기적으로 아직 이르다는 의견을 피력한 것으로 이해되어지는 것이다. 그러니 한상동과 주기철 사이에 교회관의 문제에 있어서 근본적인 차이가 없었다고 본다. 한상동 목사와 주기철 두 분은 모두 자기 개인의 신앙만을 지키기 위해 산 개인주의자가 아니었다. 이들은 교회의 공직을 가진 목사로서 한국 장로교회를 지극히 사랑했다. 한 목사가 신사참배를 하지 않는 자들만의 새로운 교회와 노회를 조

---

[13] 심군식, 세상끝날까지, 한국교회의 증인 한상동 목사의 생애, 소망사, 1977, pp.138-139
[14] 주기철 목사는 오산학교재학 시절 남강 이승훈 선생으로부터 민족주의에 대한 교육을 받았고 감화도 받았다. 그러나 그가 신학교에 지망한 때부터 그에게는 인간의 나라보다는 하나님의 나라를 위해 사는 것이 완전한 길임을 깨닫고 복음을 통한 영원한 하나님 나라를 위한 길에 전적으로 헌신했다. 그가 물론 나라를 사랑했음이 틀림없지만 여러 해동안의 옥중 수난 중에서 민족주의자라는 인상은 조금도 남기지 않았다. 그와 그의 아내 오정모 집사가 남긴 신앙생활의 흔적을 살펴 볼 때 그는 전적으로 하나님의 나라와 그의 영광을 위해 고난을 영광으로 삼으며 산 분들이었음을 알게 된다. 해방 후 산정현 교회에서 주 목사를 위한 기념비를 교회구내에 세우려 할 때, 오 정모 사모는 "그것은 산정현 교회의 손해일 뿐 아니라 전국교회의 손해입니다. 교회에 오는 사람들이 교회 문에 들어서면 먼저 하나님이 머리에 떠올라야 하는데 그 전에 비석을 보고 사람인 주 목사를 생각하면 큰 일이 아닙니까?"하고 반대했다. 1968년에 우리 정부는 주 목사를 애국 선열의 한사람으로 동작동 국군 묘지에 묘소를 다듬었다. 오정모 사모가 살아 있었다면 그의 무덤을 찾아 온 분들이 그를 애국선열의 한사람으로 보게 되는 이 일을 수용했을까 의문을 가지게 된다. 김충남, op. cit., pp.100-101, 李永獻, op.cit., p.217 참고
[15] 김충남, 순교자 주기철 목사의 생애, p.213. 南永煥 편저, 韓國敎會와 敎團, 소망사, 1988, p.257

직하기 원한 것은 "조선 예수교 장로교회"라는 주의 교회를 사랑하기 때문이었다. 총회가 우상에게 경배할 것을 결정하므로 배교하여 장로교회 역사를 이탈해 버리므로 변질된 단체가 되어버렸으니, 참 한국장로교회의 역사를 이어가는 새로운 신실한 장로교회, 노회를 세우기 원한 것이다. 이런 교회를 사랑하는 마음이 한 목사 못지 않게 주 목사에게도 있었음이 분명했을 것임을 능히 짐작할 수 있는 단서가 있다.

주 목사가 마산 문창교회를 시무하던 중 산정현 교회의 청빙을 수락하고 떠나게 된 가장 큰 이유 중 하나가 한국의 예루살렘인 평양에서 먼저 신사참배 문제로부터 한국 교회를 지키기 위해서였다는 것이었다. 이 사실은 그가 자기 개인적인 신앙만을 지키기 위해 사는 개인 주의자가 아니었고, 한국 교회를 사랑하고

평양형무소

지키는 것을 사명으로 알고 산 신실한 목자였음을 말해 주고 있다. 그는 변절하지 않는 순결한 한국 장로교회를 원했음이 틀림없다.

그렇다면 신사참배를 하기로 공식적으로 결정하여 배교하고, 자신의 목사직까지 면직시킴으로 "그리스도의 교회라기 보다 사단의 회가 될 정도로 타락"한[16] 조직체로서의 장로교 총회와 그 조직 속에 있는 교회를 그가 인정하고, 신사참배를 항거하는 자들만의 새로운 참된 한국 장로교회의 조직을 원리적으로 반대했을 리 없었던 것이다. "시기상조"라는 표현에서 주기철은 한국 장로교회의 역사적 계승을 위해 새로운 참 교회 조직의 원칙에는 동의하면서 적시(適時)에 대한 이견만을 보인 것 뿐 이었다.

당시 신사참배를 항거하는 자들만의 새 교회와 노회 조직을 제의한 한상동이

---

16) 웨스트민스터 신앙고백 25:5; "세상에 있는 가장 순수한 교회도 혼합과 잘못에서 벗어 날 수 없으며, 어떤 교회는 그리스도의 교회라 하기 보다 사단의 회가 될 정도로 타락했다. 그럼에도 불구하고 지상에는 하나님의 뜻을 따라 하나님께 예배하는 교회가 항상 있을 것이다."

결코 "분리주의적 입장"이나 "완전주의적 입장"을 취한 것이 아니다.[17] "시기상
조"라고 언급하므로 신사참배 항거하는 자들만의 교회조직에 대한 원칙적 동의
를 한 주기철도 "분리주의 입장"이나 "완전주의적 입장"을 옹호한 것이 아니다.
당시의 조직적인 신사참배 반대운동과 신사참배를 하지 않는 자들만의 새로운
교회, 노회 조직에 관해 보인 두 분의 의견차이에서 "분리주의적 입장"이나 "완

---

17) 이상규 교수는 "주기철 목사의 신사참배 반대와 저항"이란 논문 중 〈신사참배 반대와 분리주의〉라는 항목에서 신사참배 반대자들의 새로운 교회조직 문제를 두고, 주기철과 한상동의 입장이 달랐다는 사실을 두 분의 교회관의 차이에서 발견하고 있다. 그는 주기철은 교회를 완전주의적 측면에서 이해하지 않았을 뿐 아니라, 분리주의적 입장을 취하지 않았다고 하며, 한상동은 분리주의적 입장을 보여주었다고 하면서 독자로 하여금 한상동은 교회에 대한 완전주의 입장을 취한 분이었던 것처럼 생각을 갖게 한다. 그는 이렇게 쓰고 있다;
"주기철은 신사참배를 반대함으로써 교회의 순결과 순수성을 지키려고 노력했으나 분리주의적 입장을 취하지는 않았다. 그는 지상교회의 불완전성을 인정하고 있었으며, 신사참배 반대자들의 별도의 교회조직을 시도하지 않았다. 이 점에 있어서도 한상동과는 차이를 보이고 있다…
한상동 목사는… 일시 석방된 주목사를 만나 신사참배를 거부하는 이들만의 새노회 구성을 협의했으나 주기철은 이를 "시기상조"라는 이유로 반대하였다. 사실 이 문제와 관련하여 한상동과 주기철의 입장이 달랐다는 사실을 인정하는 것은 두 지도자간의 교회관을 이해하는데 중요하다… 한상동은 신상참배 반대운동을 전개하였고 반대운동자들을 규합함으로써 기존의 신사참배 교회와 지도자들을 무력화하는 분리 주의적 입장을 보여주고 있다. 이런 입장의 다른 인물로는 평북의 이기선(李基善), 평남의 채정민(蔡廷敏)을 들 수 있다. 그러나 주 목사는 이런 시도를 반대함으로써 교회의 거룩과 순결을 완전주의적 측면에서 이해하지 않았다는 사실을 보여주고 있다." 〈주기철 목사의 신사참배 반대와 저항〉 제2회 소양 주기철 목사 기념강좌, 1997. 4. 22. 주기철 목사 기념사업회 간, pp.78, 79
"주의"(主義)란 행동의 근저에 자리잡고 있는 그 행동을 지배하는 원리적 사고를 가리킨다. 한상동이 "분리주의적" 입장에서 행동하지 않은 것과 교회관에 있어서 완전주의자가 아니었음은 이후의 그의 생애가 말해 주고 있다. 해방 후 그는 교회의 개혁과 재건은 바른 개혁주의 신학이 터가 되어야 한다고 확신하고, 기존 경남노회를 배경하고 고려 신학교를 설립했고, 1951년 제36총회로부터 경남노회가 강제 축출을 당할 때까지 노회원으로, 기존 총회의 총대로도 활동했다. 그는 교회관에 있어서 완전주의적 입장을 취하거나, 분리주의적 입장을 취한 일이 없었다. 그는 대한 장로교회가 "한 거룩한 보편적 사도적 교회"(a holy catholic and apostolic Church)에 속한 참교회의 모습을 갖는 교회가 되기를 원하여 기구적인 교회가 배교했을 때, 새 교회조직을 바랐던 것이다. 한상동이 고신교회(高神敎會)의 터를 놓은 분 가운데 한 분이라는 것을 고려할 때 그의 교회관은 고신의 교회관과 불가분의 관계가 있는 것이다. 고신 교회가 역사상 분리주의적, 완전주의적 입장을 취한 일이 없다.

전주의"를 언급하므로 양자간의 교회관에 대한 근본적인 차이를 말하는 것은 역사적 현실을 바로 읽지 못한데서 나온 비약적 논리이다. 주기철이 "시기상조"를 말한 것이 새 교회 조직을 원리적으로 반대한 것이 아닌 이상, 그가 이 세상에 있는 교회는 "불완전"한 것이라는 생각을 가지고 배교한 교회를 인정하였다고 볼 수 없다. 한상동이 신사참배를 항거하는 자들만의 새로운 교회 조직을 주장했다고 하여, 그가 "불완전"한 교회는 교회가 아니라 판단하고, "완전한 교회"를 세우려 했다고도 생각할 수도 없다. 주기철과 한상동은 사단의 지배 아래 배교한 총회와 이 총회의 결정에 순응하여 우상 숭배하는 변질된 교회를 바라보고, 거룩한 보편적인 사도적 교회(A holy catholic and apostolic Church)에 속한 참 장로교회를 새로이 세워 한국 장로교회의 역사의 맥을 이어 가야 한다는 데 공감하면서 시기 문제만에 이견을 보였던 것으로 이해를 하게 된다.

주 목사가 한상동 목사와 신앙의 동지들을 만난 후 2개월이 지난 때인 1940년 7월에 모든 신사참배 반대 주도자에 대한 검거선풍이 전국적으로 일게 되었다. 그를 방문하고 경남으로 내려간 한상동이 7월에 부산에서 검속되고, 이어 8월에 주 목사 자신도 네 번째 마지막 검속을 당하게 되었다.[18] 이제 그의 마지막 옥중 생활이 시작되었고, 잔인한 고문이 계속되었다. 폐와 심장이 아주 좋지 않아 더욱 어려움이 심했으나 그는 지극히 평화로운 마음을 가졌었다. 그의 감옥에서의 경건하고 평화로운 생활의 모습은 같은 감방에 있던 이름난 공산주의자들이 큰 감화를 받기까지 했다. 그는 옥에서 신앙동지들을 만났을 때, 4, 5년 내에 일본은 망하고 만다고 귓속말로 일러주었다. 그는 약한 몸에 심한 고문을 계속 당함으로 극도로 약해졌다. 1944년 4월 21일 낮에 면회 온 그의 아내 오정모를 마지막으로 만나고, 그 날 밤에 옥중에서 부름을 받아 순교했다. 그의 나이 49세였다.

박해와 배교의 시기에 주 목사와 산정현 교회는 신앙의 정절을 지킨 그리스도

---

18) 주기철 목사의 마지막 검속 날자에 대해서는 6월설과 8월설이 있어 명확하지 않다.
　　朴龍奎 목사는 한상동 목사가 7월 3일에 먼저 구속되고, 주기철 목사가 8월에, 손양원 목사가 9월 29일에 구속되었다고 한다. "순교자, 주기철 목사 전기: 피를 바치련다" 서울 은성문화사, 1968. p.208 그러나 다른 朴容奎는 6월을 제시하고 있다. 소양 주기철 목사의생애, 제1회 소양 주기철 목사 기념 강좌, p.58

주기철 목사 장례식

의 신부 된 참 교회로서의 모습을 아름답게 드러냈었다. 교회당을 폐쇄 당하므로 함께 모이지 못한 때에도, 교인들은 흩어지지 아니하고, 서로 교제하고 결속을 다지며, 옥중에 있는 목사의 가족의 생활을 도왔던 것이다.[19] 선한 목자가 있었던 곳에 선한 양 무리가 있었다.

2. 이기선(李基宣, 1879-1950)[20] 목사를 중심한 서북지방의 항거운동

서북지역에서 신사참배 항거하는 일에 중심이 된 교회가 평양 산정현 교회였고, 그 핵심 인물이 주기철 목사였다. 주기철 목사는 1938년 2월 첫 번째 검속된 후 1940년 8월 마지막으로 검속 당 할 때까지 네 번이나 검속을 당해 감옥을 오가는 형편에 있었기 때문에 신사 불참배 주도인물이면서 이를 위한 큰 활동에

---

19) 처녀 전도사 백인숙(白仁淑)이 폐쇄된 산정현 교회가 흩어지지 않게 서로 연락하고, 투옥된 목사의 가족의 생활비를 모아 옥바라지를 하는데 크게 역할을 하였다. 주목사의 부인 오정모는 주 목사가 순교적 신앙생활을 하는데 큰 힘이 되어 주었던 것으로 알려져 있다. 행여나 약해 넘어질까 염려하면서 면회때 마다 "승리냐?" 묻고 격려했었다. 일찌기 高麗派 長老會 첫 總會長을 지난 李約信 목사는 이런 말을 남겼다; "세 '기에' 가 한국교회 신앙투쟁을 빛나게 했다. 주 기철 목사님이시기에, 산정현교회이기에, 오정모 사모님이시기에." 안용준, 태양신과 싸운 이들, 칼빈문화사, 1956, p.53
20) 이기선 목사는 평북 박천 출신으로 27세에 전도를 받아 입신하고, 33세시에 평양신학교를 입학하여 37세에 졸업했다. 졸업 후 평북 의주군내 영산교회에 시무하다 2년 후에 한반도 남단에 있는 경남 울산으로 전임하였다. 그 후 그는 다시 경남 김해 교회에 부임하여 10년간 봉사하다가 1930년 8월 다시 고향 지역인 평북 의주군 지역으로 돌아가 백마교회, 그 후에 북하동 교회를 시무했다.

관여할 여유나 시간이 없었다. 물론 그는 이미 언급한대로 조직적인 신사불참배 운동에 관하여는 조심스러운 태도를 가졌다.

그러나 어떤 종들은 개인적으로 신사참배 항거를 격려하는 것으로 만족하지 않고, 다가오는 주의 재림과 천년 왕국의 준비를 위해 현재의 신사참배 강요 같은 역경에 굴하지 않을뿐 아니라, 나아가 "신앙동지를 점차 획득하여 현재 세속화된 교회의 세력을 점차로 멸살시켜 신령한 교회 출현의 소지를 육성하고자" 조직적인 신사 불참배 운동을 전개하고,[21] 신사불참배 교회의 조직까지도 원했던 것이다.

이런 운동은 1939년 초부터 서북지방에서는 이기선 목사를 중심으로, 남단인 경남 부산지역에서는 한상동 목사를 중심으로 일어나게 되었다. 이 두 분은 신사참배를 하기로 결정함으로 변절 배교하고, 우상숭배를 강행해 가는 현실 총회 산하 교회를 더 이상 그리스도의 교회라 볼 수 없었다. 그래서 신사불참배운동을 조직적으로 전개함과 동시에 변절하지 않는 새로운 교회, 새로운 치리회를 조직하여 한국 장로교회 역사를 이어가기를 원하였던 것이다.

이기선 목사

이기선 목사는 총회가 신사참배를 결의한 한 후 곧, 8년 동안 시무해 오던 평북 의주 북하단동 교회를 사면하고 무임목사로 전국 순회 전도를 하고 부흥회를 인도하면서 신사참배 반대운동을 펴 나갔다. 1939년 4월 하순경 평양의 채정민(蔡廷敏) 목사와 만나 "악마가 조직한 현존 국가는 불원 그리스도의 재림과 함께 멸망할 것"을 확신하고, "신사참배 강요와 같은 진리에 위배되는 당국의 정책에는 죽음으로서 대항하여 순교하기로 하고, 이를 위하여 각지에 그리스도의 참 계명을 전도하여 동지를 획득할 것"에 합의했다.[22]

그 후 이 목사는 김의창(金義昌) 목사와 함께 남만주 황해도와 평안남북도 일대를 두루 순방하여 신사참배는 배교임을 역설하고, 새로운 교회건설의 필요성

---

21) 남영환 역, 일제수난성도의 발자취; 〈일본검사의 기소내용〉, 도서출판 영문, 1991, p.42
22) 민경배, "일제말 기독교인의 최후 저항", 한국기독교와 제3세계, 풀빛, 1981, p.115

을 강조하여 많은 동지를 얻었다.²³⁾ 이렇게 해서 규합된 신앙의 동지들인 김형락(金瑩樂), 박의흠(朴義欽), 계성수(桂成秀), 김성심(金聖心), 오영은(吳永恩), 김창인(金昌仁), 김화준(金化俊), 최동삼(崔童三), 심일철(沈一鐵)등과 함께 이기선 목사는 1940년 3월 중순경에 신사참배 항거 운동의 방향으로 1. 신사참배학교에 자녀를 입학시키지 말 것, 2. 신사불참배운동을 일으켜서 현실교회를 약체화 내지 해체시킬 것, 3. 신사 불참배 신도를 규합하여 가정예배를 가지며 그것을 육성하여 교회를 신설할 것,²⁴⁾ 등을 결의하였다. 이로서 만주와 한반도 서북지역에서의 그의 신사 불참배운동은 구체화되어 조직적으로 전개되었다. 이 방침이 전국으로 전해지자 만주와 한반도 서북지방, 경남에서 신사참배를 반대하는 신도들의 교회이탈과 신사 불참배 신자들끼리의 예배가 성행하게 되었다. 그는 지방을 순회하며 설교를 할 때 이렇게 말했다; "신사참배로 여러분을 오너라 가거라 간섭하기 시작하거든 관공서에서 전도하는 것으로 알고 전도할 기회를 삼으시오. 말 안 들으면 가두겠다 하거든 그 때부터는 실천신학교에 입학시켜 주겠다는 줄 알고 감사하게 생각하고 입학하시오. 잘 참고 상 받을 준비하고, 마지막으로 죽이겠다고 하면 천당에 보내겠다는 줄로 알고 기쁨으로 기다리시오."

일제의 검사는 이기선이 다니면서 신사참배를 우상숭배라고 하고, 예수의 재림으로 나타날 천년왕국에 예수가 왕이 될 것이라 하므로, 만세일계의 천황의 통치에 대해 불온한 사상을 전해 왔다는 이유로 "국체변혁"을 도모하고 "치안을 방해"하는 죄로 기소를 했었다.²⁵⁾ 이기선 목사는 7차례나 검속되어 모진 고문을 받으면서도 감사를 잊지 않았다. 그는 1940년 초여름에 구속되어²⁶⁾ 5년 동안 옥고를 치르다 해방이 되어 다른 신앙의 동지들과 함께 출옥했다. 이기선과 그와 함께 신앙의 정절을 지킨 성도들은 배교 시대에 참된 한국 장로교회 역사의

---

23) 李基宣豫審終結書, 第29條
24) 李基宣豫審終結書, 第15條,
25) 남영환 역, op. cit., p.49
26) 李基宣 牧師와 연루되어 동시에 구속된 신앙동지들이 있었는데 金麟熙 金瑩樂, 朴信根, 金化俊,金興鳳, 徐廷煥, 張斗熙, 楊大祿 等이었다. 이 가운데 金化俊, 徐廷煥 두 傳道師는 이기선 목사와 함께 獄苦를 치르다 解放되어 함께 出獄했다.

계승자들이었다.

3. 박관준(朴寬俊) 장로와 김선두(金善斗) 목사

박관준 장로와 김선두 목사는 일제당국에 신사참배의 부당성을 합법적으로 지적하고 반대운동을 전개한 것으로 잘 알려져 있다.

박관준 장로는 영변(寧邊)출신으로 1937년 평양의 기독교학교들이 신사참배 문제로 폐교위기를 맞고 있다는 소식을 듣자, 이 신사참배 문제가 결국은 한국 교회 전체에 큰 어려움을 몰고 올 것이란 것을 예상하고, 일제 정부당국과 합법적으로 싸워 문제해결을 할 결심을 하게 되었다. 특별히 그는 신사참배가 철두철미 종교행위인 것을 밝히고, 이에 대한 강요는 신교 자유를 인정한 일본헌법을 위반하는 것이며, 이것을 강행하는 것은 신의(神意)를 범하는 일임으로 신(神)의 축복을 받지 못할 뿐 아니라, 형벌을 받게 된다는 것을 정부요인들에게 인식시켜 신사참배 강요를 철회하게 하기를 원한 것이다. 그는 장문의 진정서[27]를 작성하여 이를 니시모도(西本) 평남지사를 위시하여 우가끼(宇垣)총독, 아라기(荒木) 문부장관등에게 보냈다. 그는 또한 우가끼 총독과 그 후임인 미나미(南次郎)총독에게 신사참배 강요를 포기하도록 13번이나 면담을 하기 위해 총독부를 방문했지만 뜻을 이루지 못했다.

그래도 박장로는 실망하지 않고 일본으로 가서 정부 요로에 진정하기를 원했다. 1939년 1월에 신사참배문제로 선천보성여학교(保聖女學校)의 교사직을 사퇴한 안이숙(安利淑)양을 찾아가 그의 안내를 받아 일본으로 건너갔다. 동경에 도착한 그는 그 곳에서 신학을 공부하고 있는 그의 아들 영창(永昌)군과 안양의

---

27) 陳情書의 重要한 內容은; 여호와 하나님만이 유일한 참신이시고, 창조주이시며, 역사의 지배자이시다. 그를 섬기는 나라는 복을 받고, 그렇지 않는 나라는 형벌을 받는다.
　신사참배 강요는 하나님을 거역하는 죄이니, 한국 신자들에게 이를 강요하지 말라. 무고히 검속된 신자들을 석방하라. 만일 신의 뜻을 순종하지 않으면 신은 불원간에 일본을 멸망케 할 것이다. 여호와 하나님이 참신이란 것이 믿기 어렵다면 하나님, 천조대신 둘중에 어느신이 참신인지 시험해 보자. 나무 백뭇을 쌓아 놓고 그 위해 나를 올려 앉게 하고 불을 질러 내가 타지 않으면 여호와 하나님이 참신이시라는 것을 믿어야 한다. 그 때는 일본이 여호와 하나님을 자기 신으로 섬겨야 한다 라는 요지였다.

도움으로 전 조선 총독 우가끼, 문부대신 아라기, 척무장관(拓務長官) 야다(八田) 등 일본 정부요인들을 방문하고 진정서를 제출했다. 그 때 마침 제국의회가 개회 중에 있었고 새 종교법안이 상정되어 전 종교계의 관심이 의회에 쏠려 있었다. 종교법안을 심의하는 날짜를 확인하고 방청자로 참석한 박장로는 2층 방청석에 앉아 기회를 노리다가 그 법안이 상정되어 심위위원이 설명을 하려는 순간 쏜살처럼 일어나 일어로 "에호바 가미사마노 다이시메이다"(여호와 하나님의 대사명이다)[28] 외치면서 경고가 담긴 진정서가 든 큰 봉투를 아래 층 회의장을 향해 던졌다. 회의장에는 큰 소란이 일어났다. 박장로는 바로 체포되어 32일 동안 일본 경시청에 갇혀 있다가 방면되어 귀국했다. 그는 귀국한 후에도 계속 신사불참배 운동을 전개하다 검속되어 6년간의 옥고를 치르던 중 순교했다. 그는 한국의 "엘리야"였고, "天上天下獨一無二大聖大權萬王之王基督耶蘇復活證人"이라는 명함을 가졌었다. 그는 실로 바알에게 무릎을 꿇지 않는 신실한 주의 백성으로 이루어진 참 교회에 속한 종이었다.

김선두 목사는 총회 제7회(1918) 총회장을 지낸 원로로서 만주에서 봉사하다 제27회 총회가 열리기 5개월 전에 평양에 와서 신사참배 문제에 대한 합법적인 해결을 해보려고 활동하던 중 검속되어 평양 경찰서에 구금되었었다. 마침 이 때 그는 하기 휴가로 귀국해 있던 동경 유학생 김두영(金斗英)군의 알선으로 구금에서 풀려나게 되었다. 그는 곧 그의 인도를 받아 일본 중앙정부 요인들을 만나 신사참배 부당성을 역설하기 위해서 일본으로 건너가게 되었다. 도중에 마침 평양여자신학교 교장 윤필성(尹弼聖) 목사와 평양신학교 교수 박형룡(朴亨龍) 박사를 만나 한국교회를 대표할 수 있는 강한 팀이 이루어져 함께 요인들을 방문하게 되었다.

8월 24일 동경에 도착한 일행은 일본 정우회(政宇會) 외무부장 중의원의원 마쯔야마(松山常次郞) 장로, 일본정계와 군부의 원로 닛비끼 장군(日疋信亮 將軍, 長老), 궁내대신 차관(宮內大臣次官)겸 조선협회 이사장인 세끼야(關屋貞三郞) 등을 만나 신사참배 문제로 한국교회가 당하고 있는 어려움을 알리고 설득한 결

---

28) 안이숙, 죽으면 죽으리라, 신망애, p.94

과, 이들로부터 서울에 와서 미나미 총독에게 신사참배 강요 철회를 요구하겠다는 약속을 받았다.

위 세 사람은 약속대로 총회가 모이기 전 9월 1일 서울에 와서 김선두 목사의 안내로 총회장 이문주(李文主)목사, 김익두(金益斗)목사, 장홍범(張弘範)목사, 강병주(姜炳周)목사 등 교회 지도급 목사들과 선교사 안대선, 로해리(魯解理, H.A. Rhodes) 등을 만나 신사참배 문제에 대한 의견을 들은 후, 일본을 시찰하고 돌아온 이승길(李承吉)[29] 을 만나기로 했다. 그런데 이승길이 서울에 도착하자 갑자기 검거선풍이 일게 되어 김선두, 이문주, 장홍범, 강병주 목사가 종로 경찰서에 구금 되었다. 그러나 곧 이들은 닛비귀 장군의 알선으로 석방되었다. 9월 4일 일본에서 온 세분의 고위인사와 미나미 총독, 오노(大野) 정무총감 등 5인이 만나 담화하던 중, 미나미 총독은 9월 9일에 모이는 제27회 장로회 총회에 신사참배를 결의하도록 경찰에 지시한 것은 잘 못되었음을 인정했으나, 철회하기를 회피했다. 그래서 닛비끼 장군 일행은 한국대표들에게 총회에서 신사참배를 부결하도록 하는 차선책을 말해 주었다. 부결이 됨으로 총회원 전원이 구속되면, 이는 조선 통치에 큰 차질을 가져오는 중대한 문제가 될 것이므로, 그 때에 동경 중앙 정부가 직접 간섭하여 바른 해결을 하도록 하고, 검속된 총회원은 10일 이내에 석방하도록 주선할 것이니 속히 평양으로 가서 총회원들을 설득하도록 하라는 것이었다.[30]

김선두 목사는 이를 위해 즉시 평양을 향하여 떠났다. 그러나 그는 도중 개성역에서 강제 하차되어 그 곳 경찰서에 구금되고 말았다. 한 친일 배교자 때문에 노구(老軀)를 끌고 목숨을 걸며 전개해 온 법적인 신사 불참배운동 관철의 꿈은 사라지고 만 것이다. 피상적으로 보아 사단이 승리한 듯 보였다. 그러나 음부의 권세가 그리스도의 교회를 결코 이길 수 없는 것이다.[31]

---

29) 李承吉은 105人 事件때 拘禁當해 苦生한 일도 있고, 처음에는 神社參拜 反對者였으나 親日團體인 平壤基督敎親睦會 주역인 吳文煥에게 說得 當해 親日로 돌아서서 日本 敎會를 訪問하고 돌아온 것이다.
30) 基督敎界, 創刊號, p.52
31) 마 16:18

11.2 남부지방의 신사참배 항거운동

남부지방의 신사참배 항거운동은 경남지역이 그 중심지역이었다. 이미 언급한대로 경남 노회는 주기철 목사가 초량교회 시무중이었던 1931년에 이미 신사참배 반대를 결의함으로써 신사참배 반대운동의 선두에 서게 되었다. 이 후 신사참배 강요가 있게 되자 한상동 목사를 중심한 강력한 항거 운동이 경남에서 일어나게 되었다.

1. 한상동(1900-1976) 목사의 반대운동

이기선 목사가 반도 서북지역에서 조직적인 신사불참배 및 교회재건 운동의 핵심인물이었던 것처럼, 반도 남단 경상도에서는 한상동 목사가 본질적으로 같은 운동의 핵심인물이었다. 한상동 목사는 경남, 김해 명지 출신으로, 1936년 아직 신학교를 졸업하기 전 초량교회의 임시 교역자로 청빙을 받아 봉사하던 중, 1937년 신학교를 졸업하고 곧 주기철 목사의 후임으로 마산 문창교회의 청빙을 받아, 1938년 3월 경남노회에서 목사 안수를 받고 시무를 하게 되었다. 한목사가 목사로 안수 받은 1938년은 일제의 신사참배 강요가 온 교회를 엄습해 오던 해요, 총회가 신사참배를 하기로 결정하므로 일제 경찰의 간교한 회유와 위협의 정책이 성공을 거두게 된 어두운 해였다. 그 해 벽두부터 전국의 노회들이 신사참배 결정에 대한 회유와 압력을 받고 있었다.

한상동 목사

그가 목사로 장립 받고 부임한지 며칠이 안되었을 때였다. 경찰은 마산시내 교역자들과 제직들과 학교 교장들을 소집하게 되어, 한 목사도 거기 장로들과 함께 참석하게 되었다. 그 소집은 신사참배의 필요성을 인식하게 하고, 강요하기 위한 것이었다. 연설이 있은 후에 서장이 시내에서 가장 큰 교회의 목사인 한목사에게 신사참배에 대한 그의 의견을 물었다. 그는 담대히 일어나 신사참배는 하나님이 주신 제1, 제2계명을 범하는 일이니 자기뿐 아니라 모든 기독교인들이 할 수 없다고 대답했다. 그 후 여러 번 불려가 강요를 받던 중 한번은 서장이 신사참배를 할 수 없는 합당한 이유를 밝히면 돌아 갈 수 있으나, 그렇지 않으면 집에 돌아갈 수 없다고 위협했다. 잠시 기도하던 중 바로 여섯 가지 이유가 마음에 떠올라 그는 이것을 다음과 같이 종이에 적었다;

1. 하나님의 계명을 어기게 되니 하나님이 노하실 것이므로 할 수 없습니다.
2. 인생의 본분이 하나님을 영화롭게 하는 일인데 그렇게 못하니 할 수 없습니다.
3. 결국 교회가 없어지게 될 것이니 할 수 없습니다.
4. 강요하는 개인도 망하니 남이 망하는 꼴을 볼 수 없으므로 할 수 없습니다.
5. 신사 참배하면 국가도 망할 것이므로 할 수 없습니다.
6. 자신이 지옥 갈까 두려워 할 수 없습니다.

이렇게 적어 서장 앞에 내어놓으니, 그는 "당신 같으면 신사 참배할 수 없지" 하면서 내어 보냈다.

같은 해 3월 하순 부산 해운대 교회당에서 봄 노회가 모였다. 이 때는 이미 평북노회가 신사참배를 하기로 결정했을 때였다. 한 목사는 노회원으로 그 곳에 가서 참석을 했다. 거기에 신사참배 문제가 크게 대두되었다. 노회 대표로 선정되어 경남도경에 갔던 세 김 목사(김길창, 김만일, 김석창)가 신사참배를 하겠다고 했다는 보고를 하게 되었다. 노회가 이 보고를 받으면 신사참배를 공식으로 받아들이는 일이 된다. 이 때 최상림, 한상동, 이약신, 주남선 목사 등이 반대를 했다. 이어 이약신 목사와 이제 막 목사로 장립 받은 한상동 목사가 쏜살같이 일어나 그 보고를 받아들일 수 없다고 동의와 재청을 하여 부결시키고 말았다. 경남도경이 계획했던 것이 실패로 돌아가 버린 것이다. 이로서 한상동 목사는 경찰이 가장 주목하는 인물이 되어버렸다.

9월 9일에 개회될 총회를 앞두고 경남노회가 밀양 교회당에서 모였다. 한목사는 거기 참석할 수 없었다. 그를 위시해서 신사참배를 반대하는 모든 목사들이 예비 검속 되어버렸기 때문이다. 이로서 총회에 가는 총대는 모두 시국을 인식

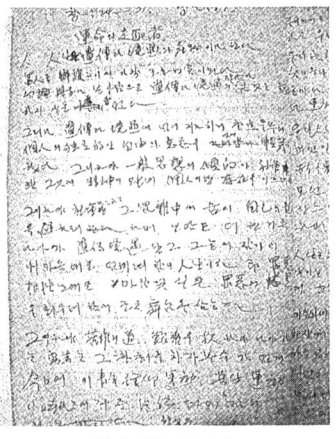

한상동(친필 설교)

하고 신사참배에 동의하는 자들만이 선택되어버렸다. 이렇게 되어 총회는 9월 10일 신사참배를 하기로 결정을 하게 된 것이다.

한목사는 총회 후인 10월 24일 주일 담대하게 "현정부는 정의(正義) 및 신의(神意)에 위반한 우상인 신사참배를 강요하니 오등(吾等)은 굴하지 말고 이것에 절대로 참배해서는 못 쓴다"고 설교했다.[32] 그 다음 해인 1939년 3월 마산 경찰서는 문창교회 장로들을 차례로 불러 한목사를 내어 보내도록 압력을 가하게 되고, 이를 거절하니 고문까지 가했다. 이를 알게된 한목사는 그들이 당하는 박해 고통을 고려하여 문창교회의 시무 사면을 하고 말았다. 그 교회에 담임 목사로 시무한지 겨우 일년이 넘어서였다.

그는 이제 갈 곳 없는 무임 목사가 되어버렸다. 그해 8월 부산 수영 해수욕장에서 윤술용(尹術龍)목사, 李仁宰(朱元)전도사[33] 등을 만나 기도회를 갖기로 하여 모였다. 이인재는 1938년 평양신학교에 입학했었으나, 겨우 한 학기를 마친 후 총회의 신사참배 결의와 함께 사실상 학교의 문이 닫혔기 때문에 공부를 계속 못하고 고향에 내려 왔었다. 그 후 그는 평양과 경남을 오가면서 신사참배 반대운동에 대한 동향을 전해주는 연락병역을 하게 되었었다. 세 분은 밤에는 기도하고 낮에는 해수욕을 하며 지내는데 신앙 동지 자매들인 조수옥, 김현숙, 이정자, 백영옥, 배학수 등이 찾아오게 되어 10여명이 모였다. 이 때 한목사가 이

---

32) 안용준, 태양신과 싸운 이들, 부록, "한상동 예심종결서", p.288
33) 李仁宰(李朱元이라고도 부름) 1906년 경남, 밀양 출신으로 17세에 개종을 하고, 13년간 공무원 생활을 하다 1838년에 평양신학교에 입학했다. 그 해 6월까지 한 학기를 마친 후 신사참배 문제로 학교가 문을 닫았기 때문에 다니지 못하고, 신사참배 운동에 가담하여 남북을 오가며 신사참배 정황을 알리며 활동하다 1940년 검속되어 한상동 목사와 함께 옥고를 겪고, 해방되어 그와 함께 출옥했다. 해방 후 그는 부산에 설립된 고려신학교에서 신학을 계속하여 1947년에 제1회로 졸업했다.

제 신사 불참배운동을 음성적으로 할 것이 아니라, 양성적이고 조직적으로 해야 한다고 주장하여 서로 합의를 보았다.

그 합의 내용은;

1, 신사참배하는 교회에는 출석하지 말 것,
2, 신사참배한 목사에게 성례를 받지 말 것,
3, 신사참배한 교회에 십일조 연보하지 말 것(대신 신사참배 반대 운동하는 일을 도울 것),
4, 신사참배하지 않는 교인들끼리 모여 예배할 것(특히 가정예배에 힘쓸 것).

이 때부터 한국의 장로교회 안에는 배교한 교회와 구별된 참된 교회재건을 위한 운동의 출발이 있었던 것이다. 이제 한목사는 신사참배 반대운동에 적극적으로 나서게 되었다. 부산에서 봉사하는 허대시(許大是)선교사를 찾아가 협력의 약속을 받았다. 이인재는 평양으로 돌아가 신학교 기숙사에 머물면서 그와 함께 신학교에 입학했던 김인희(金麟熙)와 박의흠(朴義欽)을 만나게 되어 경남에서 한상동 목사를 중심으로 신사 불참배운동이 대대적으로 일어나고 있다는 소식을 전하면서, 이 운동은 "경남 한 지방에 국한 될 것이 아니라 선이 닿는 데까지 전선적(全鮮的)으로 넓힐 필요가 있다는 의견을 진술"[34] 하여 이들의 공명을 얻었었다. 10월에 한 목사는 이인재 전도사가 시무하던 밀양 마산교회(密陽 馬山敎會)에서 봉사하게 되었다. 그런데 곧, 밀양경찰서장에게 불려가 신사참배 요청을 받게 되었다. 이를 거절하자 그는 2주간 구치되었다 풀려나게 되었다.

그해(1939년) 12월 평양에 갔던 이인재(李仁宰)가 돌아 왔다. 그는 북에서는 이기선목사와 채정민 목사를 중심으로 신사불참배 운동과 신사참배 반대자들의 교회설립운동이 일어나고 있다는 소식을 전해 주었다. 한목사는 이에 큰 격려를 받아 조직적인 신사불참배운동을 전개할 결심을 더욱 굳게 하고, 이인재와 함께 경남 각지를 돌면서 반대운동을 전개하고 지역적으로 책임자를 세워 서로 협력을 하게 했다. 부산지방은 한상동 목사, 조수옥(趙壽玉) 전도사, 손명복(孫明復)

---

34) 남영환 역, op. cit., p.51

전도사, 배학수(裵學守=후에 黃哲道 목사의 婦人이 됨) 선생, 마산지방은 최덕지(崔德支) 전도사, 태매시(太梅是, Miss. Mcphee) 선교사, 염애자(廉愛拿) 전도사, 이찬수(李贊秀) 전도사, 거창지방에는 주남선(朱南善) 목사, 함안지방에는 이현속(李鉉續) 전도사, 진주지방은 황철도(黃哲道) 전도사, 남해지방은 최상림(崔尙林) 목사 등이었다. 이렇게 조직을 갖게되므로 경남 전역의 신사불참배 운동은 더욱 활발하게 되고, 많은 분들이 이 운동에 가담하게 되었다. 1940년 1월 한상동 목사는 이인재, 최덕지 전도사와 함께 경남지방에서 더욱 강력하고 광범위한 신사불참배 운동을 위해 다음과 같은 사항들에 합의했다.[35]

1. 신사참배한 현 노회는 해체토록 한다.
2. 신사참배한 목사에게 세례받지 않는다.
3. 신사불참배주의 신도들만의 새 노회를 조직한다.
4. 신사불참배 동지의 상호원조를 도모한다.
5. 신사불참배 그룹예배의 여행과 동지 획득에 주력한다.

같은 해 3월 5일 김길창이 시무하는 부산 항서교회에서 경남 여전도회 연합회가 모이게 되었다. 이 때 신사불참배자들의 노력으로 최덕지가 회장으로 선출되고, 모든 임원이 신사불참배운동자들로 선임되었다. 이는 이 운동의 확산을 위해 매우 중요한 일이었다.

1940년 4월에 들어 주기철 목사가 세 번째 구속(1939. 9-1940. 4)에서 가석방되었다는 소식을 듣고, 한상동 목사는 그를 위로하고 협의도 하기 위해 평양을 향해 떠나 4월 20일 밤에 평양에 도착했다. 21일 오전에는 채정민 목사집에서 이인재, 오윤선, 박관준, 김선지, 김의창 등을 만나 "하나님을 신뢰하라"는 요지의 설교를 하고, 신사불참배 운동에 대한 의견을 교환했다. 그리고 오후에는 이인재의 숙소에서 김인희, 김형락, 박의흠과 함께 모여 신사불참배 교회 및 신사불참배 노회의 재건을 위하여 전선적으로 운동을 전개하자는데 합의를 보았다.[36] 그 다음 날 22일에는 채정민 목사집에서 주기철 목사와 오정모 사모를 위

---
35) 안용준, op. cit., 한상동豫審終結書, 第37條.
36) 안용준, 태양신과 싸운이들, pp.291-297, 김형낙에 대한 검찰의 기소문에는 만주도 방문하여

시하여, 이인재 전도사, 오윤선 장로, 김형락 전도사, 박의흠 전도사, 김의창 목사, 최봉석 목사, 안이숙 선생 등 약20여명이 모였다. 이 모임은 그 동안 옥고를 치르고 나온 주기철 목사를 위로하기 위한 것이었다. 이 때 한 상동 목사는 지난 날 신앙의 동지들끼리 합의한대로 조직적인 신사참배 반대운동과 신사참배 항거자들만의 교회 조직과 새 노회 구성 문제를 제기했다. 이 의견에 주기철 목사는 약간 이견(異見)을 보였다. 조직적인 신사참배 운동에는 동의를 하지 않았다. 이는 아마도 더 많은 희생자를 내지 않을까하는 목자적 염려에서 였던 것으로 이해가 된다. 그리고 신사참배 항거하는 자들만의 새 교회와 새 노회 조직에 관하여는 "시기상조(時機尙早)"라는 의견을 피력하였다.[37] 이 "시기상조"라는 말 속에는 새 노회 구성에 원칙적으로 동의를 하나, 때를 좀 기다리자는 뜻이 담겨 있었던 것이다. 여기서 한상동 목사가 신사참배 반대자들만으로 새로운 교회와 노회를 조직하자고 제의한 것을 두고, 그를 "분리주의적 입장"을 취했다거나 "완전주의" 교회관을 가졌다고 오해해서는 안 된다. 그는 공적인 결정을 통해 배교하고 우상을 섬기는 변질된 총회와 총회의 명에 순응하는 기존 한국 장로교회는 사도적인 교회의 역사적 맥에서 이미 이탈하여 배교 단체가 되었으므로 참된 한국 장로교회의 역사의 맥을 이어가기 위해 신사참배를 항거하는 자들만의 교회를 새로 조직하기 원한 것이다. 한상동과 주기철 두 분 사이에 교회관에 대한 원칙적인 차이가 없었다는 사실은 앞서 주기철 목사의 신사참배 항거역사를 언급할 때에 이미 밝힌 바 있다.

한목사는 4월 말에 경남으로 내려와 검속이 되기까지 두 달 동안 목적을 이루기 위해 부산, 마산, 진주, 거창 등에 있는 신앙의 동지들을 찾아 북쪽의 소식들을 전해 주면서 열심히 뛰었다. 일제는 1940년 여름에 들면서 신사참배 반대를

무순시 성남에서 김인희, 한상동, 박의흠과 함께 김인희에 대한 기소문에 나타난 제 2의 (12) 내용(곧, 신사불참배 교회와 노회 재건을 위한 전선적 운동)과 같은 합의를 보았다고 한다. 그런데 이것은 김인희에 대한 기소문에 나타난 대로 1940년 4월 21일 평양 신학교 기숙사 방인 이인재의 숙소에서 모여 합의한 일이 있는데, 같은 사건을 혼동해서 기록한 것이 아닌가 생각된다. 남영환 번역, op. cit., p.54와 p.56을 비교.

37) 남영환 번역, op. cit., p.54 참조.

하는 모든 목사를 구속하기 시작했다. 1940년 7월 3일 그는 마침내 경남도 경찰서에 검속되었다. 한 목사는 언제나 주께서 "내가 세상 끝날까지 너희와 함께 하리라"38) 하신 말씀을 굳게 믿고, 가진 고문으로 고통을 당하면서도 참고 감사했다. 경찰이 신문한 내용은 주로 1. 독립운동을 하였다는 것, 2. 외국 선교사들에게 돈을 받고 스파이 노릇을 했다는 것, 3. 예수재림 후 천년왕국을 건설한다는 것은 무슨 뜻이냐는 것이었다. 이 천년왕국 건설이란 천황제(天皇制)의 영원성을 부정하는 일이요, 국가 변란을 기도하는 일로 보았기 때문이었다.

한목사는 경남 도경 유치장에 구금되어 있은 지 1년 만인 1941년 7월 10일에 평양 형무소로 이감되었다. 그는 평양 형무소에서 주기철 목사를 만났다. 주 목사도 지난해 8월에 마지막 네 번째로 구금된 후 형무소 생활을 하고 있었던 것이다. 한 목사는 다음해 대동 경찰서로 옮겨졌다가 다시 평양 형무소로 이감되어 거기서 미결수로 해방이 되어 풀려날 때까지 있었다. 그는 옥고를 겪는 중 지난날 앓은 적이 있는 폐병이 재발하여 사경에 이른 때도 있었으나 생존했다.

1944년 11월경 일본의 동맹국인 독일이 망했다는 정보를 듣고, 일본도 곧 망하게 될것으로 확신했다. 그래서 그는 출옥의 날을 바라보고 한국교회 재건을 구상하며 기도했다. 그것은 1. 수도원을 설립하여 일본 정치하에 타락한 목사들을 수양케 할 것, 2. 신학교를 설립하여 진리를 위해서 조선교회와 운명을 같이 할 목사를 양성할 것, 3. 전도인을 길러서 교회를 설립할 것 등이었다.39) 그의 가슴속에는 지난날 신사불참배 노회조직을 통한 교회재건운동의 꿈이 되 살아났고, 해방과 함께 다른 방법으로 그 뜻을 이룰 수 있다는 큰 기대감으로 가득차게 되었다. 그는 일제가 연합국에 항복하고 손을 든 지 사흘째 되던 날 1945년

---

38) 마 28:20
39) 파수군, 29호, 한상동 목사 옥중기(4), 1953, 6월호, p.22; "1944년 11월경이었다. 독일이 망하였다는 정보를 듣고 이어 일본이 망할 것을 알게 되었다. 나는 출옥의 일자를 금일인가? 내일인가? 하여 매일 기대하게 되었다. 나는 금년에 출옥하면 수양원(수도원)을 만들어서 일본 정치 아래서 양심이 마비되어 타락한 목사들이 수양하여 조선교회에 앞날을 새롭게 출발하도록 하며, 또한 신학교를 설립하여 진리와 더불어 운명을 같이 할 전도인을 기르며, 전도하여 이 나라를 기독교국이 되도록 하겠다고 수개월 전부터 기도하였다."

8월 17일, 만 5년간의 옥중생활을 뒤로하고 함께 옥고를 치른 다른 신앙 동지, 동역자들과 함께 옥문을 벗어 나오게 되었다.

한상동 목사는 신학자가 아니었다. 그러나 그의 신앙생활은 하나님의 주권과 오직 은혜만을 믿고 산 개혁주의 신학과 신앙의 소유자였음을 보여 주었다. 출옥 후 그가 고백한 말이 이를 증거하고 있다; "과거 5년간의 옥중생활을 회고하여 볼 때, 그 생활 전부가 나 자신의 힘으로 된 것은 추호도 없었다. 진실로 주님이 살아 계셔서 나의 생활 전부를 주관하시고 계시는 능력의 주님이심을 나는 확실히 체험했다."[40] 그리고 그는 그리스도의 신부로서의 정절을 지키는 순결하고 참된 교회를 흠모하고, 이런 교회 건설을 위해 모든 것을 바치기 원했다.

2. 주남선(朱南善 혹은 朱南皐라고도 함, 1888-1951) 목사

주남선 목사는 경남 거창 출신으로, 1908년 입교한 후 1909년 거창교회 설립자 중 한사람이 되었다. 그는 1912년에 세례를 받고, 1913년에는 권서(勸書)로 봉사하기 시작하여 1916년까지 계속했다. 그는 1914년에 거창교회 첫 번째의 집사로 임명을 받았다. 그 후 그는 복음에 대한 더욱 깊은 지식을 얻기 위해 1917년 진주 성경학원에 입학하여 1919년에 졸업했다. 이 해 2월에 그는 오형선(吳亨善) 장로를 이어 거창교회 제 2대 장로로 장립을 받았다. 이 해는 3·1 독립운동이 있었던 해였다. 이 때 그는 그 교회 선배장로인 오형선 장로와 그의 형제들과 함께 독립운동 시위를 주도했었다. 당시 그는 또한 독립군 자금과 의용병 모집한 일에 관여한 혐의로[41] 체포되어 1921년 재판에서 "대정(大正) 8년 制슈(재령) 제 7호 위반"이라는 죄명으로 징역 1년의 선고를 받고 복역 중 부산감옥 진주분감(晉州分監)에서 가출옥하였다.[42]

그는 진주 성경학원을 졸업한 후 1920년 평양신학교에 입학하였다. 그러나 그는 계속 공부할 환경이 못되었다. 앞서 언급한대로 1919년의 독립운동 시위에

---

40) 안용준, 태양신과 싸운이들, p.143
41) 심군식, "해와 같이 빛나리", 〈資料編〉, p.241
42) 심군식, op. cit., p.244, 남영환 번역, op. cit., p.90

주남선 목사

가담한 후, 독립군 자금과 의용병 모집문제로 투옥되는 등 어려움을 겪었다. 평양이란 한국의 북단에 있고, 거창은 남단에 있으니 농촌에 살면서 공부를 계속하는 일은 경제적으로 쉽지 않았다. 그는 신학교에 입학한 후 거창교회 전도사로, 거창지방 권서인으로 활동도 했다. 그러다 신학교에 입학한지 10년이 지난 1930년 3월에야 평양 신학교를 제25회로 졸업할 수 있었다. 그는 졸업을 하자 곧 건강문제로 사임을 하게 되는 이홍식(李弘植) 목사의 후임으로 청빙을 받아, 1930년 10월에 경남노회에서 목사 안수를 받고, 1931년 2월 거창교회 위임목사로 취임했다. 그는 43살의 나이에 자신이 설립에 관련하고, 뒤에 집사와 장로로 봉사했던 고향교회인 거창교회의 목사가 된 것이다.

그가 거창교회 목사로 시무하기 시작한 후 얼마 안되어 일제의 신사참배 강요가 시작되었다. 그는 일찍 신앙의 이유로 일제와 싸우고 독립운동에 가담했었다. 그러니 신사참배를 처음부터 반대한 것은 당연한 일이었다. 그는 1938년 총회를 앞두고 3월에 모인 봄 노회에서 삼김(김길창, 김만일, 김석진)에 의해 제기된 신사참배안을 최상림, 이약신, 한상동 목사와 함께 강력하게 반대했다. 이로써 그는 일경에 의해 경남 서북지방의 강력한 신사참배 반대자로 지목이 되었다. 그는 그 해 4월 거창 경찰서에 불려간 후로 여러 번 위협을 받았다.

1938년 총회에서 신사참배가 결의된 후 그는 이 결의에 반대하고 강력한 반대운동을 전개했다. 일경은 경남노회에 그의 위임 목사직을 파면하도록 압력을 가하고, 본인에게도 사퇴 압력을 가하였다. 결과 그는 1938년 9월에 당회에 시무사면서를 제출했다. 1938년 9월 12일 모인 거창교회 당회는 "회장이 부득이한 사정에 의지하야 본 교회 시무 사면을 제출한고로 회중회의에서 처결 하는 대로 하기로 가결"하였다.[43] 거창교회는 일경의 협박에 마지못해 이런 결의를 했던 것이다. 같은 해 12월에 그는 위임 목사직에서 물러나고, 1939년 1월에 이운형

---

43) 대한 예수교 장로회 거창교회 제 223회 당회 회록 참고

(李運衡)목사가 부임을 했다.

그는 이제 거창지역 교회들을 순방하면서 신사참배 반대운동을 전개했다. 1940년 1월 그를 방문한 한상동 목사와 이인재 전도사로부터 평양지방의 신사불참배운동 소식을 듣고, 그는 경남 서북지방을 책임지고 거창, 합천, 함양, 산청 지역의 교회들과 지도자들을 방문하여 신사참배 반대운동을 적극적으로 전개하였다. 특별히 그는 함양군 함양읍 교회의 황보기(皇甫基)장로, 같은 군의 개평교회 정팔현(鄭八鉉) 장로, 안의 교회의 정은혁(鄭恩赫) 장로, 시목리 교회의 윤봉기(尹鳳基) 전도사등을 찾아 신사참배로 계명을 범하는 일이 없어야 한다고 강조하고 이들을 격려했다.44) 그러던 중 1940년 7월 16일 거창 경찰서에 구금되고 곧 진주경찰서로 압송되었다.

다음해 1941년 3월 13일 그는 부산에 있는 경남 도경찰부로 압송되어 부산 경찰서 유치장에서 4개월을 보내고, 그해 7월 10일에 한상동 목사, 최상림(崔尙林) 목사, 이현속(李鉉續) 장로, 조수옥(趙壽玉) 전도사등과 함께 평양으로 압송되어 해방이 되어 다른 신앙의 동역자들과 함께 출옥할 때까지 만 5년의 옥고를 치르게 되었다.

그런데 옥중에서 주 목사도 한상동 목사처럼 출옥 후에 한국교회 재건을 위한 일을 구상하고 기도했었다. 이 두 분은 옥중에서 서로 만나지도 못하고 의논한 일도 없었으나 본질적으로 같은 일을 구상하고 기도했던 것이다. 그는 우상제국(偶像帝國)이 파괴되고, 일본신사(日本神社)가 소멸되므로 신앙의 자유와 조선

---

44) 남영환 번역, op. cit., pp.91-93
주남선 목사는 1950년 6.25 사변 때에도 거창교회를 지키며 피난하지 않았다. 북한 인민군이 경남서북 전지역을 점령하게 되었을 때, 교회는 미국 자본주의 자들을 쫓는 집단으로 규정되어 박해를 받게 되었다. 이 때는 공산주의자들에 의한 위협과 위험이 있었을 뿐 아니라, 연합군 폭격기의 공습으로 외출하는 것이 매우 위험하였다. 그런데도 당시 주목사는 위험을 무릅쓰고 거창교회만을 돌볼 뿐 아니라, 경남 서북지방의 전 교회를 심방하며 위로하고 격려했다. 여기에서도 주의 교회만을 위해 사는 그의 순교자적 신앙 생활의 모습을 볼 수 있었다. 당시 필자가 사는 마을(咸陽郡 地谷面 德岩里)에 정팔현 장로가 살았는데 마침 그의 손자와 함께 그 집에서 노는 중에 주 목사가 방문을 왔다. 그가 간단히 말씀을 전하고 예배를 인도했는데, 이 예배가 끝난 후 바로 그를 뒤 딸아 온 공산주의 보안서원에 의해 그는 지곡면 보안소로 끌려가 심문을 받고 밤 늦게야 풀려 나오게 된 일이 있었다.

의 자주독립이 이루어지기를 기도했을 뿐 아니라, 해방후의 교회재건을 위해서는 조선교회지도자 교양을 위해 수도원을 설립하고, 자기 고향인 거창에 전도자 양성을 위한 성경학원이 설립되기를 기도했던 것이다.[45]

3. 이인재 (李仁宰, 1906-1997) 전도사

이인재 전도사는 경남 밀양 출신으로 17세에 입교하고 19세에 밀양, 마산리 교회의 집사로 교회를 봉사하기 시작했다. 1938년 면사무소의 서기직을 그만 두고 그 해 3월에 평양신학교에 입학했다. 그러나 한 학기를 마친 후 9월 총회에서 신사참배가 결의되므로 신학교는 사실상 문을 닫게 되어 더 이상 학업을 계속할 수 없었다. 그는 고향으로 내려 와서 1939년 5월부터 밀양 마산리 교회 전도사로 시무하다 그 해 9월에 평양으로 이사를 하여 신학교 기숙사를 숙소로 정해 있으면서 북쪽의 신사불참배 운동상황을 남쪽에 내려가 전해 주고, 또 한상동 목사중심으로 전개되고 있는 남쪽지역의 같은 운동의 상황을 북쪽에 전해주어 정보를 서로 교환하게 하면서 적극적인 신사불참배 운동을 펴게 되었다.

당시 그는 평양에서 봉사해온 신사참배 적극 반대 선교사들인 마두원 목사(馬斗元, D.R. Malsbury)와 함일톤 목사(咸日頓, F.C. Hamilton)로 부터 신사참배 반대운동을 위한 신앙적 격려뿐 아니라, 경제적 지원도 받아 경남지역의 운동을 위해 사용했다. 그는 남쪽에 내려 왔을 때는 한상동 목사와 함께 각 지역을 방문하여 신사불참배 운동을 펴고 격려했으며, 북으로 돌아왔을 때도 열심히 신사참배 반대자들인 채정민 목사, 오윤선 장로, 박의흠 전도사, 김의창 목사, 박관준 장로, 안이숙 선생등 20여명과 함께, 혹은 개인적으로 만나 협의할 뿐 아니라, 교회들을 심방하면서 설교를 통해 신사참배를 경고하고, 불참배운동을 적극적

---

45) 朱南善 목사는 그의 옥고기(獄苦記)에서 "특히 감사한 것은 구금 생활 중에 내가 올린 기도의 소원이 이루어진 것이다. 매일 특별히 기도한 것은 1. 말세에 바벨론 우상제국이 파괴되고, 2. 신앙의 자유를 허락하여 달라고 기도했으며, 3. 조선의 자주 독립을 이루어 달라고 했으며, 4. 일본신도는 소멸되고, 5. 조선교회 지도자 교양을 위하여 수도원을 설립 하도록 하여 주시기를 기도했으며, 6. 거창에 성경학원 하나 설립하도록 기도하였더니" 하면서 특별히 고려신학교 설립을 기도응답 중에 포함시키고 있다. 故 주남선 옥고기(獄苦記), 파수군 제 15호, p.27

으로 폈다. 예를들면 그는 1940년 정월 2월에 평남 여러 교회를 방문하면서 평남 대동군 가현교회에 가서는 "그리스도의 신부"라는 제목으로 설교하여 교회는 그리스도의 신부로서 정절을 지켜야 한다고 강조했고, 평양의 남신리 교회에서는 "아브라함의 신앙을 배우자"라는 제목으로 하나님의 말씀에 대한 절대순종을 강조했고, 평남 강서군의 이노리(伊老里) 교회에서는 "복종하는 자에게 하나님의 영광이 나타난다"는 요지로 설교를 했다.46) 그가 이노리 교회를 방문했던 날 (1940년 2월) 그 교회의 집사(西原一雄)집을 찾아갔을 때 거실에 황대신궁(皇垈神宮)의 대마(大麻)가 걸려 있는 것을 발견하고 신자가 다른 신을 섬기는 것은 죄악의 극에 달한다고 하면서 "속히 이를 제하여 버리라"고 호령하여 이것을 떼어내버리게 한 일도 있었다.47)

그는 1940년 3월에는 산정현 교회에서 "벧엘로 가지 말라"라는 제목으로 설교를 했는데 이것이 문제화되어 종로 경찰서에 구속 되었다. 그 후 그는 1941년 8월 25일에 평양 형무소로 이감되고 해방이 되어 한상동, 주남선과 함께 출옥하기까지 만 5년 이상의 옥고를 치르게 되었다.

4. 최덕지(崔德支, 1901-1956) 전도사

북에서는 여성신앙투사로서 안이숙(安利淑)이 있었다면, 남쪽에서는 최덕지, 조수옥 같은 여성 신앙투사들이 있었다.

최덕지는 경남 통영 출신으로 마산 의신여학교를 나와 결혼했으나 일찍이 남편과 사별을 하고 유치원 보모로 일했다. 철저한 신앙을 가진 그는 1932년(31세 시)에 평양 여자신학교에 입학하여 1935년에 졸업을 하고 마산지방의 호주선교회 마산지방 순회전도사로 부름을 받아 봉사했다. 그는 염애나, 박경애, 이술연

---

46) 남영환 번역, op. cit., pp.115-116 참조. 이인재는 평양신학교를 입학했으나 한학기를 마치고 학교가 문을 닫음으로 중단한 공부를 해방후 고려신학교에서 계속하여 1947년에 제1회로 졸업을 했다. 그는 출옥한 후 수 많은 사경회를 인도했다. 이 때 그의 설교는 "참나무 몽둥이"라는 평이 있었다. 그의 설교의 태도가 진지하고 그 내용이 청중의 마음을 힘있게 치는 능력이 있었기 때문이다.
47) 남영환 번역, op.cit., p.114

등의 여전도사들과 함께 선교회 관할아래에 있는 83개 교회를 봉사하면서, 경남 여자성경학교에서 가르치기도 했다.

1938년 9월 총회에서 신사참배가 결의되자 최덕지는 여러 지역을 순방하여 신사참배 반대운동을 전개하였고, 한상동 목사와 긴밀한 접촉을 가지고 마산지역의 신사불참배운동 책임자로 활동을 했다. 1940년 3월 5일 경남 전도부인회 총회를 앞두고, 한상동 목사와 협의하여 총회임원을 모두 신사불참배자들만으로 선출하여 이 운동의 확산에 노력하기로 하여, 결국 그가 회장으로 다른 모든 임원들이 신사 불참배자로 선출이 되는 결과를 가져오게 했다.

그 후 그는 여러 교회들과 경남성경학원에서 신사참배는 우상숭배라는 것을 강조하고, 당국의 어떤 강요와 탄압에도 굴하지 않고 싸워야한다고 강조했었다.

최덕지는 1940년 4월 9일 1차로 검속되어 혹독한 고문을 당했으나 굴하지 않고 견디다 그달 26일에 석방이 되었다. 석방이 되자 그 이튿날 그를 위로하기 위해 호주 선교사집에서 박경애(朴敬愛), 이복순(李福順), 이술연(李述蓮)등이 모였었다. 그는 이 자리에서 경찰에 검속되어 유치장에 들어가는 순간 지옥을 연상하게 되어 어떤 일이 있어도 범죄해서는 안된다는 결심을 하게 되고, 금식하며 투쟁한 결과 석방되었다고 간증했다.[48] 그 후 그는 통영, 고성, 진주, 창원, 마산 등지를 순회하면서 신사 불참배 운동을 계속했다.

그가 진주 지방에 와서 1940년 6월 23일 약 10명 정도의 성도들에게 신사참배의 부당성을 강조하고 설교하다 어떤 배교(背敎) 목사의 고발에 의해 체포를 당하게 되었다. 이것이 그의 두 번째 검속이었는데 이 때 그가 당한 고문은 그 후의 전 감옥생활 가운데서도 가장 혹독한 것이었다고 한다. 그러나 그는 그런 어려운 가운데서도 21일간의 금식기도로 싸웠고, 극히 쇠약한 몸으로 석방되었다가, 몸이 다시 회복되자 세 번째로 구속되었다. 1941년 4월 병으로 석방이 되었는데 그는 바로 부산에 가서 김차숙(한상동 목사 부인)에게 5일간 머물면서 찾아온 김묘년(김영숙), 김두석, 박인순, 이술연, 박열순 등에게 같은 운동의 필요성을 역설하고 천황폐하(天皇陛下)와 위정자(爲政者)들의 회개를 위해 기도하기

---

48) 예심종결문 제14, 남영환 번역, op.cit., p.98

로 마음을 모았다.⁴⁹⁾ 그는 그 때 부터 다음해(1942) 6월까지 통영을 중심으로 부산, 창원, 마산 등 각지를 뛰어다니며 신사 불참배 동지들을 만나고, 격려하였다. 특별히 부산에 왔을 때는 신앙의 동지들이 주로 배학수 집에 모여 함께 기도하고 협의했다.

그는 1942년 7월 마지막으로 "비밀결사죄"로 구속되어 수감되었다. 당시 함께 같은 죄로 구속된 신사참배 반대자들은 송복덕, 박인순, 배학수, 최달석, 강말식, 김영숙, 염애나, 이술연, 조복희, 강성화, 김야모, 김수영, 이약신 목사, 손명복 전도사 등이었다.⁵⁰⁾ 최덕지는 평양으로 이송된 후 주기철 목사를 위시한 안이숙, 조수옥 등과 같은 다른 신사참배 반대 동지들과 같은 감옥에서 지나면서 옥중에서도 하루 세 차례씩 시간을 맞추어 예배드리는 일을 해방되어 출옥할 때까지 계속했다.

5. 조수옥(趙壽玉, 1914-2002) 전도사

조수옥(趙壽玉)은 경남 하동 출신으로 어릴 때부터 교회에 나갔다. 그러나 이 때에 그에게 믿음이 있었던 것은 아니고, 조부가 그 교회의 설립자 중 한 분이었기에 나간 것 뿐이었다. 그가 믿음을 얻게 된 것은 결혼하고 상대방의 부정(不貞)으로 말미암아 파경을 겪고 나서 부터였다. 그는 1936년에 신앙고백을 하고 세례를 받은 후 마산 문창교회에 나가게 되었는데 당시 그 교회를 시무하던 주기철 목사의 설교에 큰 은혜를 받았다. 그는 성경을 더 알기 원하는 마음으로 진주 경남 성경학원에 입학하여 2년간 수학을 했다.

그 후에 전도부인으로 부름을 받아 삼천포교회를 봉사하게 되었다. 1938년 9월 장로회 총회가 신사참배를 결의한 후 각 지방의 일경(日警)은 모든 교회 직분자들에게 신사참배를 강요하게 되었다. 그 해 10월 삼천포 경찰서는 모든 교회 직분자들을 불러모으고 신사참배를 강요했다. 이 때 조수옥 전도사는 그 자리를

---

49) Ibid., pp.101-102
50) 최중규, "이 한 목숨 주를 위해," 도서출판 진서턴, 1981, p.86, 예심종결문,(일본검사의 기소 내용), 남영환 역, op.cit., pp.101-106 참조

박차고 일어나 교회로 향했다. 이로서 신사참배를 거부한다는 사실을 알게된 경찰 서장은 그를 불러 신사참배를 하기 원하지 않는다면 삼천포를 떠나라는 축출명령을 내렸다. 조전도사는 아무 계획 없이 삼천포를 떠나 부산으로 내려왔다.

조수옥 권사

이 소식을 들은 부산 초량 교회 당회는 그를 전도사로 불러주었다. 이때 그 교회에는 이약신 목사가 시무하는 중이었다. 그런데 그가 전도사로 봉사하던 중 1939년 7월 이약신 목사가 일경에 의해 끈질긴 신사참배 압력을 받아 사면하고 평양으로 떠나게 되었다. 결국 조수옥 전도사도 그 해 초량교회를 사면하고, 이어 호주선교부 순회 전도사로 부름을 받아 봉사하게 되었다.

1939년 8월 부산 수영 해수욕장에서 한상동, 윤술용 두 목사와 이인재 전도사가 모여 기도하며 쉬고 있다는 소식을 듣고 김현숙, 이정자, 백영옥, 배학수 등과 함께 방문하여 신사불참배 문제를 논의하게 되었다. 이 때 한상동 목사의 제의를 따라 앞으로 신사참배 반대운동을 양성적으로, 조직적으로 하기로 합의를 보고 반대운동에 적극 나서게 되었다. 1939년 12월 30일 한상동 목사와 이인재 전도사가 초읍에 있는 조전도사집을 찾아왔다. 서로 적극적인 신사참배 반대운동을 전개하기로 하고, 그는 밀양 동해 지방을 순회하면서 교인들에게 신사참배 불참을 독려했다. 당시 한상동 목사는 무임 목사요, 이인재 전도사도 무임전도사였기에 형편이 어려웠으나, 조전도사는 선교부에 속해 봉사를 하고있기 때문에 그래도 여유가 있는 형편이었다. 1940년 2월 어느날 한상동 목사와 이인재 목사가 다시 조전도사 집을 찾아왔다. 서로의 신사불참배 운동 정보를 나누었다. 이때 조전도사는 신사참배 반대운동을 위한 자금으로 24원을 한상동 목사에게 주었다.

1940년 여름에 들면서 신사참배 반대하는 종들이 줄줄이 구금되기 시작했다. 한상동 목사가 7월 3일에, 주남선 목사가 7월 16일 검속되었다. 조수옥 전도사는 언제나 구금당해 감옥에 들어갈 마음의 준비를 하고 있었다. 그는 유치장에서는 수감자들의 자살을 막기 위해 옷고름 대신 단추를 단다는 말을 들었기 때문에 그는 고름이 없는 단추 단 옷을 입고 지냈다. 1940년 9월 19일 울산 지방 전도 순회를 마치고 돌아왔다. 그 다음날 20일 새벽 4시경 두 형사가 들어 닥쳤다. 그러나 그는 여유로웠다. 이들에게 청원하여 교회에 가서 새벽기도를 마치고 돌아와, 홀로 계시는 할머니를 위해 아침밥을 지어 드렸다. 그리고 그는 북부산 경찰서로 연행되어 유치장에 구금되었다.

그는 가진 고문을 당하다 1941년 7월 11일 경남 도경찰부 유치장에 감금된 지 9개월 만에 평양으로 압송되어 가서 그 곳 형무소에 수감되었다. 1943년 1월 최덕지 전도사도 같은 형무소로 들어왔다. 거기는 안이숙 선생도 같이 수감되어 있었다. 조수옥 전도사는 다른 종들과 함께 만 5년간 옥고를 치르고 해방이 되어 한상동 목사, 주남선 목사, 최덕지 등 여러 충성된 신앙의 동지들과 함께 출옥했다.

한국 남단 경남의 한상동 목사를 중심으로 전개된 신사참배 반대운동은 평북의 이기선 목사를 중심한 운동과 성격을 같이 하고 있었으나, 그 조직과 활동면에 있어서는 경남의 운동이 평안의 그것보다 더 적극적이었다 할 수 있다. 순교한 주기철 목사가 경남에서 주로 목회를 했고, 오랜 역사를 가진 부산 초량 교회, 마산 문창교회를 시무했었기에 부지불식간 그가 끼친 영적 영향도 컸었다. 평양 감옥에서 순교한 최상림 목사, 이현속 전도사가 경남 출신이었다. 경남에도 예외 없이 총회 산하 교회들이 황국화 운동(皇國化 運動)으로 전향하고 신사참배를 한 배교자들이 대다수였기는 했으나, 경남전역에서 조직화된 신사불참배 운동은 어느 지역보다 강력히 진행되었다. 전남 지역에서 신사참배 반대운동을 하다 검속되었던 손양원(孫良源) 목사도 경남 함안 출신이기에 그의 영향도 컸었을 것은 자명한 일이었다. 신사불참배 운동 지도자들이 검속되어 투옥되었지만 옥 밖에 있는 많은 성도들이 저들과 함께 품었던 신앙의 열정을 버리지 않았다.

많은 분들이 옥중에 있는 분들의 가족 돕기에 나서고 기도하면서 역사를 이끄시는 하나님의 섭리의 때를 기다렸다. 여기에 해방 후에 회개운동과 교회재건 운동이 가장 강렬하게 일어날 수 있는 불씨가 숨겨져 있던 것이다. 해방 후에 경남에서 일어난 교회 재건운동은 이미 일제시대에 신사 불참배 교회와 노회설립 운동을 시작했던데 그 기원적 출발이 있었던 것이다.[51]

물론 일제의 신사참배라는 우상숭배 강요에 항거하다 순교한 성도들과, 이로 말미암아 말할 수 없는 고통과 수난을 당한 성도들이 위에 언급한 분들 외에도 전국에 상당수 있었다. 다만 그 가운데 가장 조직적으로 강하게 항거한 중심 인물들만을 언급했을 뿐이다. 1938년 9월 장로교 총회가 신사참배를 하기로 결의한 이후의 가시적 교회(可視的敎會)는 모두가 실질적으로 우상숭배를 함으로써 배교한 교권아래 "사단의 회"로 전락한 교회였다. 배교하지 않는 참 교회는 말할 수 없는 큰 박해를 받았다. 2천여 명이 투옥을 당하고, 200여 교회가 폐쇄 당했으며, 50여 명의 순교자를 냈다.[52] 일제는 이것으로도 부족하여 1945년 8월 18일에 투옥되어 수난 중에 있는 종들은 물론, 밖에서 자기들의 체제에 순응하여 신사참배를 하고, 신궁(神宮) 건축에 부역을 한 배교자들까지도 모두 살해할

---

51) 민경배는 일제말 한국교회가 신사참배의 강요를 받았을 때, 항거하다 순교하거나 투옥 되어 고생한 분들과, 일제의 체제에 전향하여 신사참배를 하며 지난 분들에 대한 역사의 기록을 마치면서, "교회는 훌륭하게 그 시대에 할 수 있었던 일을 최선을 다해서 했다고 보아야 옳다. 망명과 지하로 숨어 버린 교인의 경건이 찬양되면서 아울러, 그래도 모두 아픈 교회의 상처를 버리지 않고 한 세대가 허락할 수 있는 한도 내에서 교회를 맡아 나간 슬기를 시인하지 않으면 안 될 것이다."라고 한다. 韓國基督敎會史, p.510 민경배는 여기서 신사참배를 항거하다 검속되어 무서운 고문을 당하거나 순교한 분들은 세상 사는 "슬기"가 부족했던 사람들이란 인상을 남기고 신사참배, 동방요배, 황국신민의 서사를 외면서 교회안에 머문 분들을 세상에 사는 "슬기" 있는 분들로 말한다. 그리고 그가 쓴 "대한예수교 장로회백년사"에도 이렇게 결론을 짓고 있다. "이런 모든 일을 다 검토하고 나서 그래도 마지막 떠나지 않는 생각이 하나 있다. 이들이 저항으로 순교했든, 전향으로 모반했든 다들 우리교회의 "한 몸"이란 통절한 자각이다."라고 한다. 大韓예수敎長老會百年史, p.330 민경배는 "한 몸"이란 자각 속에서 신사참배를 항거했든지, 신사참배를 했든지 양자가 다 교회를 위했던 것으로 보고 있다. 이것은 개혁주의적인 교회관도 역사관도 아니다. 개혁주의 교회관은 보이는 교회의 참된 고백과 생활을 참 교회의 표지로 삼고 있다. 교회는 개인 신자가 불완전하여 실수를 하게 되는 것처럼 잘 못 될 수 있다. 그러나 그가 통절한 회개와 갱신을 통해 하나님 앞에 서게 되어지는 것과 마찬가지로, 공적으로 범죄한 교회 공동체도 공적인 진실한 고백과 개혁을 통해 하나님 앞과 역사 앞에 설 수 있다. 사도행전에서 보여주는 교회의 역사, 거기서 이어지는 오늘날까지의 교회의 참된 역사는 죄와 더불어 싸우는 역사였지 타협하고 양보하는 역사가 아니었다. 선한 싸움을 싸우는 교회 배후에 교회의 주요 왕이신 그리스도가 계시는 것이다.

52) S.A.Moffet, *The Christians of Korea*, New York, Friendship Press, 1962, p.75

악한 음모를 꾸미고 있었다.⁵³⁾ 역사의 주요, 교회의 왕이신 예수 그리스도는 이를 용인하지 않으셨다. 이런 비극이 일어나기 사흘 전에 해방이 주어졌다. 이제 흩어져 싸워오던 전투교회에 승리의 날을 허락해 주신 것이다.

---

53) Ibid., p.36 文定昌, 君國日本朝鮮强占三十六年史, 서울 栢文堂, 中卷, 1966, p.550

제 4 편
해방과 교회의 개혁재건운동(改革再建運動)

제12장 해방 후의 개혁과 재건운동

12.1 해방과 충복(忠僕)들의 출옥(出獄)

　1945년 8월 15일 현인신(現人神)으로 인정받아 일인(日人)들의 경배를 받았을 뿐 아니라, 일제 식민통치하에 살던 모든 백성으로부터 강요된 요배(遙拜)를 받아 오던 일본 천황이 연합국 앞에 무조건 항복을 하므로 5년 이상 끌어오던 제2차 세계 대전이 끝나게 되었다.

　아세아와 미국을 삼키려 하던 일제가 결국 치욕적인 패전을 하게 되어 한국 민족에게도 해방의 날이 오게 되었다. 이 날 한민족은 36년간의 식민 착취 노예 생활에서 해방을 얻게 되었으므로 그 기쁨은 다 표현할 길이 없었다. 그런데 그리스도인들에게는 이 날이 민족적인 해방일 뿐 아니라, 신앙의 자유를 얻게 된 날이된 고로 그 기쁨은 배나 더 한 것이었다. 감옥에서 5년 이상 고생하던 종들이 8월 17일 평양, 대구, 광주, 부산 등 여러 형무소에서 풀려나 돌아오게 되었다. 신사참배를 항거하다 투옥된 70여 명의 충복(忠僕)들 가운데 최봉석(崔鳳奭) 목사, 최상림(崔尙林) 목사, 박관준(朴寬俊) 장로, 김윤섭(金允燮)전도사, 주기철(朱基撤)목사, 박의흠(朴義欽)전도사 등 50여 명은 옥중에서 고난을 겪던 중 순교하고, 30여명의 남은 충복들이 돌아오게 되었다. 일제가 옥중에 갇혔던 충복(忠僕)들 뿐 아니라, 교회 지도자라 일컫는 모든 분들을 8월 18일에 몰살하려는 음모를 꾸몄었다는 사실이 뒤에 알려졌을 때, 그 3일전에 해방을 주신 역사의 주 하나님께 그리스도인들은 한번 더 감격하고 감사하게 되었다.

　당시 평양 형무소에 수감되어 있던 분들의 수가 가장 많았는데 8월 17일 그 곳으로부터 출옥된 분들은 고흥봉(高興鳳, 당 51세, 평북 강계 출신) 목사, 김린희(金麟熙, 38세, 평북 선천) 전도사, 김형락(金螢樂, 43세, 평북 정주)영수, 김화준(金化俊, 37세, 평북 의주)전도사, 박신근(朴信根, 37세, 평북 선천) 집사, 방계성(方啓聖, 당 58세, 부산)전도사, 서정환(徐廷煥, 40세, 평북 강계)전도사, 손명복(孫明復, 35세, 경남 창원)전도사, 안이숙(安利淑, 38세, 평남 박천) 선생, 양대록(楊大祿, 32세, 평북 의주)집사, 오윤선(吳潤善, 75세, 경남 함안)장로, 이광록(李光祿, 39세, 평북 의주)집사, 이기선(李基宣, 67세, 평북 의주)목사, 이인재(李仁宰, 朱元이라고도 부름, 40세, 경남 밀양)전도사, 이현속(李鉉續, 46세, 경남 함안) 전도사, 장두희(張斗熙, 35세, 평북 위원)집사, 조수옥(趙壽玉, 32세, 경남 하동) 전도사, 주남선(朱南善, 58세, 경남 거창) 목사, 최덕지(崔德支, 45세, 경남 고성) 전도사, 채정민(蔡廷敏, 74세, 평남 개천) 목사, 한상동(韓相東, 45세, 경남 김해) 목사 등이었다.[1] 이 출옥한 분들을 출신도 별로 살펴보면 평북이 9명, 평남이 2명, 경남이 10명이었다. 직분별로 보면 목사 5명, 장로 1명, 전도사 7명, 영수 1명, 여전도사 2명, 집사 4명, 여평교인 1명이었다. 그리고 같은 때, 대구, 광주, 부산, 청주 형무소 등으로부터 손양원, 김야모, 김두석, 김영숙, 염애나, 이술연 등이 출옥했는데 이들은 모두 경남 출신이었다. 평북에는 이기선 목사를 중심으로 조직적인 신사 불참배 운동이 있었고, 경남에는 한상동 목사를 중심해서 같은 운동이 있었으니 자연히 이 두 지역으로부터 많은 분들이 검속 당할 수밖에 없었기 때문에 해방 후 출옥한 충복들의 대부분도 평북(平北)과 경남(慶南) 출신들이었던 것이다.

　출옥한 충복들은 한국 장로교회를 진심으로 사랑했다. 반세기 역사를 가진 조직체로서의 한국장로교회는 1938년 제27회 총회가 일제의 태양신에게 참배를 결의함으로써 공적으로 배교해버린 것이다. 배교한 교회는 그 동안 기독교 장로교회가 아닌 순정일본적기독교회(純正日本的基督敎會)로 개종하고 가진 백귀난행(百鬼亂行)의 죄를 저질러 왔었다. 그러니 해방된 한국에 지난날의 장로교회는 실상 죽었고, 이상 존재하지 않은 상황이었다. 그러나 충복들은 어떤 새로운

---

1) 韓國長老敎會史(高神), p.195

교회를 세워 새로운 출발을 하려하지 않았다. 배교하여 전적으로 무너져 버린 한국의 장로교회를 재건하여, 지난날의 한국 장로교회 역사를 이어갈 길을 찾았다. 이 재건은 배교한 죄에 대한 지도자들의 공적인 참회와 권징으로 말미암은 정화를 통해 하나님의 자비를 기다림으로 가능할 것이라 생각했다. 그래서 주의 교회를 사랑하는 충복들은 이런 길을 통해 한국 장로교회의 재건이 성취되기를 진심으로 갈망하게 되었다.

12.2 충복들의 교회재건안(敎會再建案)과 배교자(背敎者)들의 반응

1945년 8월 17일 평양 형무소에서 풀려 나온 20여명의 충복들은 바로 흩어지지 않고 약 2개월간 순교자 주기철 목사가 시무했던 산정현 교회에서 함께 시간을 가지면서 먼저 약해진 건강을 회복하는데 힘썼다. 그리고 주의 교회를 진심으로 사랑한 이들은 한국 장로교회 재건에 관한 제반 문제를 깊이 논의하게 되었다. 이들은 한국 장로교회의 재건은 먼저 배교한 교회지도자들의 참회와 공적인 권징을 통한 교회의 정화 및 순수한 복음의 전파, 그리고 바른 신학에 의한 충성된 교역자 양성에 있다고 생각했다.

출옥성도들(1945. 8. 19. 평양산정현교회 목사관)
뒷줄 왼쪽부터 조수옥, 주남선, 한상동, 이인재, 뒷줄 오른쪽 끝 손명복

한국 장로교회는 전국교회를 대표하는 치리기관인 총회가 신사참배를 하기로 결정함으로써 공적으로 배교한 단체가 되어버렸었다. 공적으로 범한 죄는 공적인 참회와 권징을 통해서만이 치유가 가능한 것이다. "치리회가 회의적으로 실수하여 교회로 하여금 범죄케 한 일에 대하여는 역시 회의적으로 원통한 회개를 하여 법안적으로 그 회개를 결실시킬 책임을 가지고 있는 것이다."[2] 치리회를 구성한 지도자들이 공적인 권징과 정화의 과정을 밟는 것은 필연적인 일이었다. 이것은 성경적일 뿐 아니라, 교회헌법 속에 있는 권징조례를 따라 권징을 시행해 온 장로교회 지도자들에게는 당연한 일이기도 했다.

출옥한 충복들은 한국교회가 신사참배한 죄를 사적으로 뿐 아니라, 공적으로 회개하지 않는 한 한국 장로교회의 참된 재건은 불가능하고, 미래에 축복도 없을 것으로 내다보았다. 그래서 이들은 1945년 9월 20일 한국 장로교회 재건을 위한 다음과 같은 다섯 가지 기본원칙을 발표하여 배교하고 변질된 교회의 개혁과 재건을 위한 뜻을 밝혔던 것이다;

1. 교회의 지도자(목사 혹은 장로)들은 모두 신사에 참배하였으므로 권징(勸懲)의 길을 취하여 통회정화(痛悔淨化)한 후 교역에 나설 것.
2. 권징을 자책(自責) 혹은 자숙(自肅)의 방법으로 하되 목사는 최소한 2개월 간 휴직하고 통회자복(痛悔自服)할 것.
3. 목사와 장로의 휴직 중에는 집사나 혹은 평신도가 예배를 인도할 것.
4. 교회재건의 기본원칙을 전한(全韓) 각 노회 또는 지(支)교회에 전달하여 일제히 이것을 실행하게 할 것.
5. 교역자 양성을 위한 신학교를 복구할 것.[3]

이 다섯 가지 기본원칙은 크게 두 가지로 요약할 수 있다. 교회의 재건을 위해서는 첫째, 스스로 신사참배를 하고 교인들을 이끌어 죄를 범하게 한 목사와 장로들은 참회와 공적 권징의 길을 밟아서 재출발 하자는 것이었고, 둘째는, 정통 장로교 신학을 가르치는 신학교를 재건해야 한다는 것이었다. 이분들이 제시한

---

2) 박윤선, "대한 예수교 장로회는 어디로 가나?" 진리운동 No.2 고려신학교 학우회 출판부, p.2
3) 金良善, 韓國基督敎解放十年史, p.45

재건 원칙은 순교적 신앙으로 살아온 데 대한 고고(孤高)한 자만에서 나온 것이 결코 아니었고, 한국교회를 사랑하는 뜨거운 열정과, 배교한 교회의 재건을 바라는 진실한 열망과 바른 개혁주의 교회관에 근거한 것이었다. 교회의 지도자가 신사참배, 동방요배, 미소기 바라이 등의 배교의 죄를 공적으로 어엿이 범하고도 아무런 공적인 권징의 과정을 밟음이 없이 교회의 재건에 나설 수 없는 일이기 때문이었다. 개혁주의 신앙고백은 참 교회의 세 표지(標識)로 순수한 말씀의 전파, 성경이 가르친 대로의 성례시행 그리고 성실한 권징을 언급하고 있는 것이다.[4]

신사참배(신도침례, 미소기바라이가 행해지던 송도바닷가)

그러나 그동안 일제와 타협하고 무서운 죄를 공공연히 범하면서 교권을 행사해 온 자들은 남북을 가릴 것 없이 충복들의 진심을 이해하고 받아 들이기를 원하지 않았다. 배교한 현역 목사들은 저 충복들의 교회재건 기본 원칙을 독선적인 것이라 비난하게 되므로 한국교회 재건의 길은 어려움에 봉착하게 되었다. 이들은 출옥한 종들이 전에 외국 유학을 한 적이 있는 드러난 신학자들, 목사들이 아닐 뿐 아니라, 지난날 교회생활에서 권좌에 있었던 드러난 분들도 아닌, 단지 지방교회를 봉사하던 평범한 분들이었으므로, 저들이 제시한 재건원칙을 우습게 보는 교만이 작용했는지도 모른다.

1945년 11월 14일부터 일주 동안 평북노회가 주관하는 교역자퇴수회(敎役者退修會)가 선천, 월곡동(月哭洞)교회에서 열렸다. 이 모임은 해방을 맞고 처음 모이는 기념집회임과 동시에 38선으로 남북이 이미 분단되어 전국을 포괄하는 치

---

4) 벨직신앙고백(The Belgic Confession) 제 29장 참조; "참 교회는 다음 표지에 의해 알게 된다. 참교회는 복음을 순수히 전파를 한다. 참교회는 그리스도께서 설립하신 대로 순수한 성례집행을 한다. 참교회는 죄를 교정하고 시벌하기 위한 권징을 시행한다...."

리회의 모임이 사실상 불가능하게 된 상황에서 38선 이북 지역의 교회를 주관할 어떤 연합 기구의 필요성을 느껴 모이게 된것이었다. 이 집회에는 출옥한 이기선(李基善)목사와 만주 봉천 "동북신학교"에서 교수하던 박형룡(朴亨龍)박사가 강사로 초빙되어 왔었다. 이기선 목사의 신앙 간증이 있은 후 박형룡 박사가 출옥한 종들이 협의하여 발표한 교회재건 원칙을 발표하게 되었다. 이 때 제27회 총회(1938년 9월)의 총회장으로 신사참배 가결을 이끌어 내고 선언했던 홍택기(洪澤麒)를 위시한 일부 목사들이 강한 반발을 보였다. 홍택기는 "옥중에서 고생한 사람이나, 교회를 지키기 위하여 고생한 사람이나, 그 고생은 마찬가지였고, 교회를 버리고 해외로 피난생활을 했거나, 혹은 은퇴생활을 한 사람의 수고보다는 교회를 등에 지고 일제의 강제에 할 수 없이 굴한 사람의 수고가 더 높이 평가되어야 한다"고 주장하였다. 그리고 신사참배에 대한 회개와 책벌은 하나님과의 직접관계에서 해결될 성질의 것이라고 항변했다.5)

이런 논리의 항변은 장로교 헌법속에 있는 "권징"의 법을 전적으로 무시하고 개혁주의 교회관을 완전히 외면한 것이었다. 또한 이는 장로교회의 법을 집행해오던 지도자로서의 자신의 정체성을 스스로 부정하는 괴변이기도 했다. 그런데 이런 논리에 대하여 후일 어떤 교회 사학자는 "그의 말에는 반박 못할 정연한 논리와 신학이 있었다"6)고 과찬하였다. 이는 장로교 헌법도, 개혁주의 신앙고백도, 교회관도 전연 외면한 인본주의 신학자의 변임에 틀림없다. 개혁주의 교회 생활에는 일반 평신도에 대한 권징 이상으로 지도자에 대한 권징이 요구되는 것이다. 교회의 장로 목사가 자기들에게 적용하지 않는 권징을 일반교인들에게 적

---

5) 金良善, op.cit. p.46 여기 "교회를 버리고 해외에 피난생활을" 한 사람이란 당시 출옥한 충복들의 교회재건원칙을 발표했던 박형룡 박사를 가리킨 것이었다.
6) 閔庚培, 韓國基督敎會史, p.514 민교수는 이어 "교회는 오직 하나님만이 심판주시요, 그 분의 손만이 섭리 수행의 주권자라는 신앙을 망각할 때가 많다. 한국교회 해방 이후의 신앙은 은총의 신비를 근본적으로 결어하고 있다"라고 한다. Idem. 이 논리에서는 교회라는 공동체의 책임의식이란 찾을 수 없다. 여기 위험한 개인주의가 자리잡고 있다. 교회 공동체는 그리스도의 몸이기 때문에 몸으로서의 건전성을 유지하기 위해서는 몸의 지체를 위한 책임 있는 교회권징을 주님은 요구하셨다. 여기 범죄한 개인이 다시 갱신의 은혜를 누리게 되는 은총의 신비가 있다. 마 18:15-20, 고전 5:1-6

용할 수 없는 것이다. 신사참배 강요에 순응한 자들로서는 출옥한 몇 분들의 공적 참회와 권징의 요구에 인간적으로 자존심이 상할 수 있다. 그러나 강제에 굴하여 신사참배를 하면서 옥 밖에서 교회를 지킨 수고가 저들이 옥 안에서 겪은 수고와 마찬가지라고 변하는 논리는 신앙세계에서는 감히 펼 수 없는 것이다. 강제가 하나님 앞에서나 사람 앞에서 배도의 이유로 정당화 될 수 없다. 일제시대에 배교한 교권주의자들은 어떻게 해서라도 신사참배로 추락한 자기들의 입장을 극복하고, 그동안 다져온 교권을 놓치지 않고, 교회생활에서 주도적인 위치를 지켜 가기만을 원했다. 이 때 어떤 분들은 배교자들의 저런 파렴치한 모습을 바라보고 새로운 기치를 들자고 주장하기도 했었다. 교회의 개혁과 재건은 인간의 힘으로가 아니라, 하나님의 은혜로운 역사로만이 이룰 수 있는 일이었음이 나타났다. 당시 박형룡 박사는 그 현실을 비관하고 점진적개조론(漸進的改造論)을 주장하면서 실의를 품고 봉천으로 되돌아갔었다.

12.3 북한교회(北韓敎會)의 재건운동과 박해

1. 5도연합노회(五道聯合老會)의 소극적인 교회재건 결의

앞서 언급한 교역자퇴수회에는 평동(平東), 평북(平北), 용천(龍川), 의산(義山), 산서(山西), 삼산(三山) 노회대표자들이 참석하여 북한 "5도연합노회"(五道聯合老會) 조직에 관한 의견을 나누고, 잠정적인 치리회로서의 연합노회 조직에 합의를 보았었다. 그 결과 같은 해 12월초에 "5도연합노회"가 모였다. 이 연합노회는 김진수(金珍洙)목사를 회장으로 선출하고 출옥한 분들이 제시했던 재건원칙을 감안하여 교회재건을 위한 다음과 같은 여섯 가지 항목의 결의를 했다;

1. 이북 5도연합회는 남북통일이 완성될 때까지 총회를 대행할 수 있는 잠정적 협의기관으로 한다.
2. 총회의 헌법은 개정 이전의 헌법을 사용하되 남북 통일 총회가 열릴 때까지 그대로 둔다.
3. 전 교회는 신사참배의 죄과를 통회하고 교직자는 2개월간 근신할 것.

4, 신학교는 연합노회 직영으로 한다.

5, 조국의 기독교화를 목표로 독립기념 전도회를 조직하여 전도 교회운동을 대대적으로 전개한다.

6, 북한 교회를 대표한 사절단을 파송하여 연합국 사령관에게 감사의 뜻을 전하기로 한다.[7]

그런데 위 여섯 항목 가운데는 출옥한 분들이 기대한 교회재건을 위한 기반이 될 수 있는 공적인 참회, 권징 등이 밝히 드러나지 않고 있다. 제3항에 신사참배에 대한 통회문제가 언급되었으나 어떤 구속력도 갖추지 못한 막연한 내용이었다. 여섯 항목의 주된 내용이 다만 행정적이요 정치적인 것이었다.[8]

해방 후 한국 장로교회 대부분의 지도자들은 남과 북을 가릴 것 없이 철저한 참회를 통한 자기 정화, 하나님과 사람 앞에서 인정을 받을 만한 공적 권징의 과정을 거치지 않고, 슬그머니 해방된 새로운 교회 재건에 참여하기를 원했다. 교회지도자들의 교회재건에 대한 태도가 이러하니 국가지도자들의 국가 재건도 다를 리 없었다. 지난날의 친일 부역 인물들이 어떤 심판도 제재도 받지 않고, 국가재건을 외치며 활개를 펴고 활동했다. 이런 교회나 국가가 하나님의 축복을 기대할 수 없다.

2. 이기선(李基宣) 목사의 독자적 행보

교역자 퇴수회 때나 "5도연합노회"에서 교회의 참된 재건에 대한 관심이 없는 교회 지도자들의 태도에 실망을 한 이기선 목사는 출옥한 동역자들과 함께 일찍이 발표한 교회재건 원칙에 따른 교회재건 운동에 독자적으로 나서, 이 운동에 동조하는 새로운 교회 공동체를 형성하게 되었다. 그는 1949년에 30여 교회를 확보하고, 그해 5월경 기성 노회와는 별도로 "독노회"를 조직하게 되었다. "독노

---

[7] 金良善, op. cit., p.48
[8] 결의된 제5항에 따라 파송된 사절단원은 증경총회장 이인식(李仁植)목사와 평동 노회장 김양선(金良善)목사였다. 사절단 파송 목적이 표면적으로는 연합군 사령관에게 감사의 뜻을 전하는 것이었지만, 실제로는 남한교회와 연락을 취하고 남한 要路에 북한의 실정을 알리기 위해서였다.

회"라는 이름은 현재의 기성노회와는 아무 관련이 없는 독자적인 노회라는 의미에서 부쳐진 이름이다. 여기에 가담한 교회는 평양 산정현 교회를 위시하여 선천, 신의주, 강계 등 평안북도와 황해도 등지에 산재한 교회들이었다. 이 독노회를 "혁신복구파"(革新復舊派)라고도 부른다. 이 별명은 명실공히 한국장로교회의 직분자와 교인이 되기 위해서는 일본교단에 속하여 황민화운동(皇民化運動)에 참여했던 모든 과거로부터 혁신이 되고, 기본적인 교인권이 복구되어야 한다는 뜻에서 붙혀진 것이다. 그래서 이들은 6개월 동안의 혁신기간을 두고, 이 근신기간이 끝나게 될 때, 목사의 복구응답을 통해 정당한 교인이 되었다. 물론 직분자들도 일정기간의 근신과정을 거쳐 시무투표로 복구되었다. 이들 중 상당한 수가 6·25 사변이 일어난 후 1951년 1·4 후퇴 시에 월남하여 재건파 교회에 속하기도 하고, 어떤 분들은 고려파 교회에 속하기도 했다.

3. 교회의 정치참여(政治參與)와 그 결과

북한 교회에서는 해방 후 바로 정치에 참여하려는 운동이 일어나게 되었다. 이 운동은 종전 후 바로 38선 이북에 진주한 소련 공산군대와 함께 입국하여 공산주의 국가를 건설하려한 공산주의자들과의 정면 충돌이 불가피하게 되었다. 공산주의자들은 기독교에 대한 근원적인 적대감을 가지고 있음으로 어떤 구실이 생기게 될 때, 기독교인들에게 여지없는 박해를 가해 올 것은 필연적이었다. 해방이 되자 신의주 제일교회를 시무하던 윤하영(尹河英) 목사[9]와 제이교회를 시무하던 한경직(韓景職) 목사[10]가 주동이 되어 1945년 9월 "기독교사회민주

---

9) 尹河英 牧師는 1938년 제27회 총회가 신사참배하기로 결정한 후 이듬해인 1939년 제28회 총회에서 부일협력을 위해 조직된 "國民精神總動員朝鮮예수敎長老會聯盟" 이사장으로 취임하여 부일협력에 앞장섰던 친일 목사였다.

10) 韓景職 牧師는 보수정통주의자로 자처하면서도 자유주의 신학에 대하여는 매우 관대하고 개방적이었다. 그는 1940년도에 조선신학원의 설립이사이고, 이 학교에 교수도 했다.
그의 정치적 처세는 기독교 교리의 한계를 벗어나 행동할 때도 있었다. 그는 불신자인 고 박정희 대통령 부인의 장례식에서 그의 명복을 비는 기도를 하기도 한 것이다.
정규오, 신학적입장에서 본 교회사 (上), 한국복음문서협회, 1994(제4판), p.128 참고.
그는 뛰어난 현실주의자로 타협하고, 어려울 때 교묘히 빠져나가는 처세에 밝은 인물이었다.

당"(基督敎 社會民主黨, 뒤에 비기독교인도 가담하게 하기 위해 "社會民主黨"이라 부름)을 급속하게 창당하였다. 실상 이들은 1938년 제27총회가 신사참배를 하기로 결정한 후 일본의 시책에 전적으로 순응하고, 신사참배에 앞장서면서 순일본적 기독교 건설을 위한 장로교 혁신에 주력한 인물들이었다. 해방이 왔을 때 누구보다 먼저 지난 죄를 참회하고 교회재건에 나서야 마땅한 일이었지만, 정치에 눈을 먼저 돌린 것이다. 일제 말기 한경직은 신사참배를 성실하게 하고 순정 일본적 기독교 건설에 협력하면서 목사 일을 했고, 윤하영은 1939년 제28회 총회에서는 부일협력을 위해 조직된 "국민정신총동원조선예수교장로회연맹" 이사장으로 추대되었고, 1941년에는 총회에서 포교관리자의 직을 맡아 순정일본적기독교 확립에 공헌했었다.[11]

이러한 분들이 해방 후 한국에서 가장 먼저 정당을 조직하였던 것이다. 그리고 지방마다 교회를 중심으로 지구당을 결성하게 되었다. 그러나 창당된 지 석 달만에 교회는 큰 해를 입게 되었다. 1945년 11월 16일 용암포(龍岩浦)에서 기독교사회민주당 지부대회가 열렸을 때였다. 공산당이 그 곳에 있는 경금속공장 노동자들을 충동하여 대회장을 습격케 함으로써 쌍방간에 충돌이 일어나게 되었다. 이 충돌로 장로 한 분이 그 자리에서 죽임을 당했고, 많은 사람들이 상해를 입게 되었다. 교회당과 지구당 위원장과 임원들의 집이 파손을 당했다.

그는 왜정 때 신사참배를 성실히 하고, 순정 일본적기독교 건설에 봉사하며 목사직을 수행했다. 그런데 그는 해방이 된지 47년 후, 목사로 현직에서 은퇴한 후인 1992년 6월 18일에 이르러서야 그가 받은 템플턴상 수상 축하 석상에서 답사를 하면서 자신이 일제 때 신사참배를 했으나 여지껏 참회하지 않았다고 고백했다. 그는 외견상 목회에 성공한 인물이었음에 틀림없다. 그러나 그는 일제시대에 친일 우상숭배의 죄를 묻어두고 교권을 유지하기 위한 정치적 수완을 발휘함으로써 1950년을 전후하여 고려신학계의 경남노회를 축출하는 일에 있어서 배후에서 작용하였고, 승동과 연동의 분열에 있어서도 앞서 역할을 해 온 인물이었던 것이다. 해방 후에 목사로서 우상 숭배한 죄의 참회를 통한 교회재건을 우선하지 않고, 친일해 오던 尹河英 牧師와 함께 정당을 먼저 조직한 일에서도 그의 참 면모를 찾아보게 된다.
정규오, op.cit., pp.211,221 참조. 최덕성, 한국교회 친일파 전통, 본문과 현장사이, 2000, pp.37-48 참조.
11) 尹河英 목사는 1941년 총회에서 그는 布敎管理者로서 純正日本的基督敎 건설에 대한 보고를 했다. 總會, 第 30回 會錄, 1941, p.43

며칠 후 신의주 시내에 절대다수의 기독교인 학생들로 구성되어 있는 중, 고등학교의 학생들이 이 소식을 듣고 공산주의자들에 대항하여 일어나게 되었다. 11월 23일 정오에 약 5000여 명의 학생들이 공산당 본부와 인민위원회 본부와 보안서 앞에서 시위하고 "물러가라" 외치며 습격하게 되었다. 이 때 공산당원들은 학생들에게 기관총을 난사하였고 소련군들은 비행기를 이용, 공중으로부터 사격을 가하여 50여명의 학생들이 살상을 당했으며, 기독교 사회당 간부를 포함한 80여명이 투옥을 당하게 되었다.[12] 이것이 해방 후 북한교회가 공산주의자들로부터 받은 첫 번째 박해요 피해였다. 친일 목사들이 앞장서 조직한 정당활동이 이런 비참한 결과를 초래하게 된 것이다.

1947년 9월 23일 UN에서 한국문제에 대한 토의가 결정되자 평양에서 김화식(金化湜, 1894-1947)목사와 이유택(李裕澤)목사는 앞으로 미국이 제의한 한국독립 안이 받아드려지게 되면 남북통일정부가 수립될 것으로 기대하고, 그 해 11월에 뜻을 같이하는 여러분들과 함께 고한규(高漢奎)장로를 당수로 추대하고 "기독교 자유당"(基督敎 自由黨)을 창당하여 한국 통일의 문제에 영향을 미치므로 남북통일에 기선을 잡고자 했다. 그러나 이를 탐지한 내무서(內務署—경찰서)는 창당 전일인 1947년 11월 18일 김화식 목사 이하 40여명의 교회 지도자들을 검거하여 끌고 가게 되었는데, 그 후 이들에 대한 소식이 끊겼었다.[13] 황해도와 함경도에서도 교회가 한독당(韓獨黨)을 조직하여 같은 박해를 받게 되었다.

그런데 여기서 주목을 끄는 것은 해방직후 교회지도자들인 목사들이 제일 먼저 정치에 관심을 가졌던 일이다. 교회지도자들은 먼저 일제시대에 범한 배교와 우상숭배의 죄를 철저히 회개하고 교회재건에 나섰어야 했다. 이것이 목사들에게는 애국하는 길이요, 국가재건에도 도움을 줄 수 있는 길이었다. 그런데 이들은 먼저 정치에 눈을 돌림으로 먼저 해야 할 일을 등한히한 것이다. 당시 소수인 복구파 측에서는 이런 교회의 정치운동을 반대했고, 교회의 정치운동이 박해를

---

12) W.N. Blair & B. Hunt, op. cit., pp.133-134 金良善, 韓國基督敎解放十年史, pp.63, 64
13) 金良善, op. cit., p. 40

자초한 것으로 판단했었다.[14] 해방 후 북한에서나 남한에서나 일제시대에 신도(神道)를 수용하고, 순정 일본적기독교 건설에 협력하면서 교권을 유지해온 분들의 대부분이 해방 후 교회재건보다는 정치적인 영역에 훨씬 더 관심을 보였다.

4. 북한교회가 공산주의자들로부터 받은 박해

북한에서 통치권을 확보한 공산주의자들은 기독교회를 분쇄해야할 첫번째의 적으로 보게 되었다. 특별히 신의주 학생봉기 이후 이들은 교회의 세력을 유산계급(有産階級)의 잔재로 보고, 분쇄할 수 있는 구실만을 발견하기 원했다. 공산주의자들은 "김일성 강령"에서 신교의 자유를 표면적으로 내세웠기 때문에 다만 구실이 없어 주저하고 있을 뿐이었다. 곧 이들은 박해를 가할 수 있는 좋은 구실을 만들 수 있었다.

교회는 해방 후 첫 번째 맞는 3·1 운동 기념행사를 1946년 3월 1일 성대하게 거행하기를 원했다. 3·1 독립만세 사건의 핵심세력이 기독교인들이었기 때문에 해방된 후 첫번째 맞는 기념일은 큰 의의가 있었기 때문이다. 그런데 2월 7일 급히 조직된 북조선인민위원회(北朝鮮人民委員會)는 이 날 교회가 단독으로 가지려는 기념집회에 대한 금령(禁令)을 내리고 인민위원회가 주도하는 기념행사에 참석하라고 했다. 저들은 이로 말미암아 교회도 자기들의 세력권 안에 있다는 위세(威勢)를 내외에 보여 줄 수 있기 때문이었다. 그러나 평양의 교역자회(敎役者會)는 그들의 요구에 응하지 않았다. 이 때문에 2월 26일 새벽 60여 명이 검속되었다. 그럼에도 불구하고 교회의 3·1절 기념예배는 추진되어 3월 1일 오전 10시 장대현 교회에 1만 여명의 신자들이 모였다. 이 모임은 경비대의 삼엄한 포위 속에서 진행되었다.

이 때 예배의 사회를 맡은 김길수(金吉洙) 목사와 설교를 맡은 황은균(黃殷均)

---

14) W.M. Blair & B. Hunt, op. cit., 135 殉敎者 朱基徹 목사의 아들 주영진 전도사는 복구파에 속해 있으면서 그리스도인들이 반공산당을 조직하는 정치활동도 반대했었다. 그는 기독교연맹 가입에 대한 압력을 받고 이를 거절하다 1950년 8월 3일에 불려나간 후 소식이 끊겼다. Ibid., pp.138, 141

목사는 수많은 교회 청년들의 호위를 받았다. 예배를 마친 후 5천여 신자들은 그 자리에서 조국의 완전 독립을 위한 3일간의 금식기도를 시작했다. 그런데 설교를 한 황 목사가 그 자리에서 검속되어 실려가게 되자, 곧 5000여명의 신자들이 시가행진에 들어가게 되었고, 도중에 수많은 시민들도 이에 가담하게 되었다.

같은 3·1절 날 유여대(劉如大), 김병상(金炳祥), 양전백(梁甸伯)과 같은 3·1운동 민족대표를 배출한 의주에서도, 인민위원회의 금령에도 불구하고 수 천명의 신자들이 의주 동교회(東敎會)에 모여 기념집회를 가졌다. 이 때 공산주의자들이 수많은 무리들을 이끌고 교회에 침입하여, 강단을 파괴하고, 김석구(金錫九)목사를 끌어내어 "民族反逆者" "美國의 走狗" 등의 문구를 목에 걸어 소달구지에 태우고 시내를 돌며 모욕을 주었다.[15] 북한교회가 받은 이런 박해들은 정치적으로 연관되었던 것으로 지역적으로 받게된 것이라 볼 수 있다.

그런데 곧 신앙문제로 북한 전체교회가 박해를 받는 사건이 일어났다. 공산주의자들은 "조선민주주의인민공화국"(朝鮮民主主義人民共和國) 정부수립을 위한 총 선거를 1946년 11월 3일 주일에 하기로 결정을 했다. 공산당은 교회가 당연히 이를 반대할 것이므로 교회를 박해하여 세를 꺾을 수 있는 좋은 구실을 삼은 것이다. 이에 대한 "5도연합노회"(五道聯合老會)의 태도는 확고했다. 1946년 10월 22일 연합노회가 모여 다음과 같은 결의문을 작성하여 공산당 정부에 보냈다;

"북한의 2천 교회와 30만 기독교 신도들은 신앙의 수호와 교회의 발전을 위하여 다음 5조항의 교회행정의 원칙과 신앙생활의 규범을 결정, 실시 중에 있사온 바 자에 귀 위원회의 협조를 바라마지 않는 바입니다.

1. 성수주일을 생명으로 하는 교회는 주일에는 예배 이외의 여하한 행사에도 참가하지 않는다.
2. 정치와 종교는 이를 엄격히 구분한다.
3. 교회당의 신성을 확보하는 것은 교회의 당연한 의무요 권리이다. 예배당은

---

15) W.Blair & B. Hunt, op. cit., p.134 金良善, op.cit., 67

예배 이외는 어하한 경우에도 이를 사용함을 금지한다.
　4. 현직 교역자로서 정계에 종사할 경우에는 교직을 사면해야 한다.
　5. 교회는 신앙과 집회의 자유를 확보한다."16)

　교회의 주일 선거 불참 통고에 대한 공산주의자들의 반응은 지방에 따라 달랐다. 많은 지역에서는 교인들이 선거일인 주일, 선거가 시작되기 전 새벽에 교회에 가서 선거가 끝나는 밤중까지 기도하고 찬송을 부르며 종일 교회 안에서 지냈다. 어떤 지역에서는 공산주의자들이 교회의 선거불참을 무시하고 지나갔지만, 어떤 지역에서는 큰 박해를 가했다. 많은 목사, 장로, 집사들 그리고 평신도들이 잡혀가 한 두 달 수감되었다 풀려 나온 일이 있었고, 어떤 분들은 검속 당한 후 소식이 영영 없기도 했다.

5. 기독교도연맹(基督敎徒聯盟, Christian League)

　북한에서 실권을 쥔 공산당 정부는 근원적으로 대적(大敵)이 되는 기독교회의 세력을 억압과 박해로만 분쇄하기 보다는 가능한대로 교회지도자들을 회유하여 이들을 통해 분쇄하는 교활한 길을 택하게 되었다. 이는 주로 김일성의 비서인 전(前)목사 강양욱(康良煜)17) 을 통해서 하게 되었다. 처음에는 홍기주(洪箕疇)목사를 인민위원회 부수상으로, 강양욱 목사를 서기장으로 앉혀 놓고 신앙이 철저하지 못한 교역자들을 매수 지원하면서 이 일을 시작했다. 곽희정(郭熙貞), 이웅(李雄), 신영철(申英徹), 심익현(沈益鉉), 라시산(羅時山), 배덕영(裵德永), 김치근(金致根) 등을 중심으로 "기독교도연맹"을 결성했지만 평양 시내의 교역자는 별로 참가하지 않았다. 그래서 강양욱은 황해도 인민위원회의 중요간부로 있는 전 목사 김응순(金應珣)에게 응원을 요청하고, 부흥목사로 이름난 김익두(金益斗)와 중국 산동 선교사였던 박상순(朴尙純) 목사를 회유하여 가입시키려 노력했

---

16) Ibid., pp.136-136, 金良善, 韓國基督敎解放十年史, p.68
17) 康良煜은 1938년 평양 장로회신학교의 문이 닫힌 후, 1940년 평양에 채필근을 교장으로 하고 설립되었던 평양신학교에서 1943년에 졸업하고 목사가 된 자였다. 그러니 그는 신학교육도 순정일본기독교 이념아래 받았었다.

다.[18] 공산당에서는 영향력을 가진 김익두를 포섭하게 될 때, 북한 5도연합노회[19]가 기독교도연맹을 승인할 가능성이 클 것으로 보았던 것이다.

공산주의자들은 이 일을 이루기 위해 하나의 계책을 세웠다. 추운 겨울에 김익두를 구금 투옥하여 먹을 충분한 음식을 주지 않았고 심한 고생을 하게 했다. 그가 몇 주간 동안 옥중에서 고생하고 있던 중 돌연히 그 지역 기독교도연맹 회장 되는 자가 감방에 나타났다. 그는 이런 귀하신 어른을 이렇게 대우할 수 있는가 하면서 바로 출옥시켜 그의 집에 초대하고 융숭한 대접을 했다. 그리고 그는 공산당과 싸우기보다는 협력하는 편이 더욱 낫다고 회유하여 기독교연맹을 인정하는 동의를 받아 내었다. 박상순도 곧 가입하게 되어 연맹의 위원장으로 추대되었다. 그 후 김익두 목사는 5도연합노회에 기독교도연맹의 인정을 제의했으나 동의를 얻는데 실패했다. 후에 그는 한번 가입한 연맹에서 벗어날 용기를 갖지 못하고 계속 이용을 당하게 되었다.[20] 그 후 한독당(韓獨黨) 사건으로 신변의 위협을 느껴 온 황해도와 함경도의 상당수 교역자들이 기독교도연맹에 가담하게 되므로 동 연맹은 더욱 힘을 얻게 되었다.

이제 공산당은 5도연합노회에 대립되는 어용조직을 갖게 된 것이다. 이 기독교도연맹은 1946년 11월 3일 총선 직전에 "1. 우리는 金日成 政府를 絕對 支持한다. 2. 우리는 南韓政權을 認定치 않는다. 3. 敎會는 民衆의 指導者가 될 것을 公約한다. 4. 그러므로 敎會는 選擧에 率先 參加한다."라는 네가지 결의문을 발표하였다.[21] 이것은 위에 언급한 "5도연합노회"가 발표한 결의문과는 상반된 것으로 공산정권은 이를 통해 교회에 내적 분열을 일으키고 압력을 가하였다. 이들은 각 교회에 명하여 이 결의문을 회중 앞에 읽게 했다.

북한 공산당은 지난 날에 일제가 위협과 회유로 교회지도자들을 사로잡아 이용한 것처럼, 신앙이 약한 교역자들을 협박 회유, 유인하여 이용했던 것이다.

---

18) 李永獻, 韓國基督敎會史, p.232
19) Bruce Hunt(韓富善) 목사는 5노회(The Five Presbytries)라고 적고 있으나 이는 5도 연합노회를 가리키고 있는 것으로 생각된다. W. Blair & B. Hunt, op. cit., p.139
20) W.Blair & B. Hunt, op. cit., pp.138, 139 참조
21) 金良善, 韓國敎會解放十年史, p.69

1948년에는 일반신자들까지 가입을 강요하여 면, 군, 도 연맹을 조직하게 하고, 1949년에는 기독교도연맹총회(基督敎徒聯盟總會)를 조직하여 회장에 김익두(金益斗), 부회장에 김응순(金應珣), 서기 조택수(趙澤洙)를 세웠다. 일제 시에 순교적 신앙을 가지고 일제의 신사참배와 국체를 항거하고 투쟁한 분들이 거기 순응하고 협력한 자들 때문에 더 큰 고생을 한 것처럼, 당시 북한에서도 기독교도연맹에 가입한 배신자들 때문에 교회가 받은 박해는 더 컸다.

북한군에 의해 끌려가던 교회지도자들

이제 북한 교회지도자들이 줄줄이 검속되어 순교를 하게 되었다. 기독교 자유당 조직 활동으로 평양의 김화식(金化湜) 목사가 1947년 11월 체포당해 순교한 것을 비롯하여, 같은 해 평양신학교 교장이었던 김인준(金仁俊) 목사가 소련군에게 잡혀 순교했고, 그 후 5도연합노회장 김진수(金珍洙), 김철훈(金哲勳), 이유택(李裕澤), 허천기(許天機), 김길수 등이 구금되었다. 이후 공산당의 교회에 대한 탄압은 가중되었다. 6·25 사변을 앞두고는 교회세력을 철저히 소탕함으로써 전쟁준비를 했다. 1946년에 설립된 감리교의 성화신학교(聖化神學校)와 장로교의 평양신학교에는 각각 600여 명의 학생들이 등록하고 있었다. 그런데 김일성은 각 신학교 학생의 수를 60명씩으로 줄이게 하고, 1950년 3월에는 두 학교를 폐합하여 김응순(金應珣)을 교장으로 세우고, 정원 120명으로 하는 기독교도연맹 직영학교로 만들어 버렸다.

김응순은 시류를 가장 잘 탄 배도자(背道者)였음이 틀림없다. 그는 한국장로교회가 순정일본적 기독교로 변질 전향했던 일제 말의 장로교 최후 총회였던 제31회(1942) 총회의 총회장이기도 했다. 그는 일제시에는 일본에, 해방 후 북한 공산정권시에는 공산정권에 순응하고 타협하며 충성했던 것이다. 기독교도연맹 총회장이 된 김익두 목사는 1919년 이래 700회 이상의 부흥회를 인도하고 150여 교회를 세워 한국교회가 다 인정하는 목사로, 구미에서는 "Billy Sunday of

Korea"로 알려졌던 놀라운 분이었다. 그런데 그는 한번 회유를 당한 후 교회를 유지해 가기 위해서 라는 명목으로 기독교도연맹에 계속 머물러, 마지막 생애에서 한국 교회에 형언할 수 없는 손해를 끼치게 되었다. 과거에 교회를 위해 아무리 크게 쓰임을 받은 종이라 하더라도 끝까지 하나님의 은혜에 의존하고 살지 않을 때 오는 결과를 여기서 보게 된다. 그는 1950년도 6·25 사변 중 UN군이 북진했다가 후퇴하게 되었던 10월 14일, 새벽기도를 마치고 난 후 교회에 들어온 공산군에 의해 사살 당함으로 생을 마치게 되었다.[22]

12.4 남한교회(南韓敎會)의 재건운동

해방 후 남한 교회의 재건 운동은 서울 경기와 경남 두 지역을 중심으로 생각해 볼 수 있다. 서울 경기지역은 일찍부터 교회연합운동이 활발하고, 교권장악에 관심을 가진 분들이 많았으며, 자유주의 신학운동의 중심지가 되어 일제의 국책에 순응하고 협력하는 인물들이 주류를 이루고 있었다. 그렇기 때문에 일제에 의해 신사참배 문제가 일어나게 되었을 때, 여기 항거하는 일에 앞장선 분들이 거의 없었다. 특별히 1938년 장로교총회에서 신사참배하는 일이 가결되고 평양신학교가 문을 닫은 후에는 1940년에 설립된 조선신학교를 중심으로 일제의 "순정 일본적 기독교(純正 日本的 基督敎)" 건설에 동의 협력하는 자들이 모든 주도권을 가지고 있었던 것이다. 그러니 해방이 된 후 이들이 떳떳하게 교회의 개혁과 재건을 위해 나설 수 있는 형편이 못되었다.

그러나 경남은 형편이 매우 달랐다. 그 곳은 순교자 주기철 목사의 출신지역이요, 그가 오랫동안 목회한 곳일 뿐 아니라, 순교자 최상림(崔相林) 목사의 출신지요, 신사참배 항거로 5년 이상 옥고를 치르고 나온 한상동, 주남선, 손양원의 고향 지역이기도 하기 때문이다. 경남은 이런 배경 때문에 어느 곳보다 먼저 교회재건 운동이 시작되었다.

---

22) W. Blair & B. Hunt, op. cit., p.139

1. 서울, 경기 지역에서의 교단(敎團) 지속운동(持續運動)

서울, 경기 지역에서는 이미 언급한대로 신사참배 항거운동을 한 분들이 별로 없었고 일제에 충성을 해 온 자들이 일찍부터 교회의 정치적 주도권을 잡고 왔기 때문에, 해방이 되었을 때 이들은 당황할 뿐이었고, 교회재건에 대한 의지와 정열을 가지고 나올 수 있는 형편이 못되었다. 이들은 다만 어떻게 하면 현재 누리고 있는 교권의 주도권을 그대로 지키고 부끄러움을 면할 수 있을까 하고 그 길만을 추구하였던 것이다. 해방되기 15일전 "일본기독교조선교단"(日本基督敎朝鮮敎團) 통리(統理)로 임명을 받았던 김관식(金觀植) 목사와 간부직을 받았던 송창근(宋昌根), 김영주(金英珠)등은 해방 후 그 자리를 부끄럽게 여기고 고요히 물러나 자성하고 참회하며, 교회재건은 다른 분들에게 맡김이 마땅했다. 그러나 이들은 해방이 되자마자 하나같이 교권장악을 위한 민활한 활동에 나섰다. 일제가 만들어 준 "교단(敎團)"의 존속을 원했던 것이다.

이들은 앞으로 건국의 주도권을 행사할 이승만(李承萬), 김구(金九), 김규식(金奎植)등이 다 기독교인이니 모든 교파의 통합체인 교단이 그대로 존속되어 이들에게 건국이념을 제공하고 강력한 지원을 해야 한다는 것을 교단 존속을 위한 좋은 구실로 내세웠다.[23] 이는 어떤 시류 속에서도 생존의 길을 빨리 모색할 줄 아는 정치적 모사들의 합리적 변이었다. 이들은 감리교에 속한 간부들인 김인영(金仁泳), 박연서(朴淵瑞), 심명섭(沈明燮) 등과 함께 1945년 9월 8일 서둘러 새문안 장로교회당에 "남부대회"(南部大會)라는 이름으로 "일본기독교조선교단"의 대회를 소집했다.[24] 이는 남한만의 교단대회라는 뜻에서 부쳐진 이름이었다.

---

23) 金良善, op. cit, p.50 閔庚培, 韓國基督敎會史, p.517; 여기서 민경배는 "오래 전부터의 단일 한국교회의 원대한 희망이 이러한 형식으로나마 계승할 가능성을 주장한 것은 성찰과 비판을 거쳤다면 가창할 만한 일이었다"라고 하며, 일본이 전후에도 "교단"체제를 존속하고 있는 것을 부럽게 여기면서 "그러나 역사는 불원(不願)의 곳을 택하여 잡았다...이렇게 해서 교단계승을 전후까지 실현한 일본과는 달리, 교파의 난립이 불가피해졌다."라고 한다. 그는 교회의 기구적 일치만을 최선으로 보고 있다. 교회의 참된 일치는 기구적 일치에 있지 않고, 신학, 교리, 신앙의 일치에 있다는 사실을 간과하고 있다.

24) 金麟瑞 著作全集 5, pp.542

그런데 이 대회는 저들이 원하는 대로 진행되지 못했다. 먼저 거기 참석했던 감리교 목사들간에 뜻이 서로 달랐던 것이다. 그동안 교계의 주도권을 쥐고 교권을 행사해온 감리교측 간부들에 대해 불만을 품어 왔던 변홍규(邊鴻奎), 이규갑(李奎갑)목사 등을 중심으로 한 감리교 대표자들이 감리교를 재건할 것을 선언하고 퇴장을 해버린 것이다. 교단 관계자들은 건국과 교회와의 관계의 중요성을 역설하여 교단의 지속을 설득하려 했지만 이것이 모두에게 수용되지 않았다. 장로교 측에서도 장로교에로의 환원을 주장하는 분들이 적지 않아 결국 남부대회는 아무 결과 없이 끝나게 되었다.

그러나 부일단체였던 "조선교단"(朝鮮教團)은 1946년 5월까지 그 조직을 버티어 오다가 노회들이 재건되고 6월에 장로회 남부총회가 열리게 되자 자연히 해산되고 말았다.[25] 당시 교단지도자들은 친일 굴종의 불명예와 배도(背道)의 죄를 교권이란 겉옷으로 가리워 보자는 욕망이 있었을 뿐이고, 교회의 개혁과 재건에 대한 의욕은 전혀 없었던 것이다.

2. 장로교 총회의 기구적 재건(機構的 再建)

한국 장로교회는 1938년 제27회 총회에서 신사참배를 결정한 후 그 구성원들이 일제의 국책에 전적으로 순응하는 자들로 이루어졌기 때문에 황국화(皇國化)와 순정(純正) 일본적기독교 건설에 최선을 다하고, 전승(戰勝)을 위해 교회의 종을 바치며 헌금을 하는 등으로 배교 부일협력의 길을 최선을 다해 걸어 왔다. 그러나 이 배교한 장로교회가 일제에 진충(盡忠)을 해 왔음에도 불구하고, 1942년 제31회 총회를 끝으로 해체가 되고, 1943년 5월 5일에 "일본기독교조선장로교단(日本基督教朝鮮長老教團)"으로 개편되어 일본장로교회에 예속되었으며, 1945년 8월 1일에는 조선의 모든 교파가 통합되어 "일본기독교조선교단(日本基督教朝鮮教壇)"이 되고 말았다. 해방이 되자 이미 언급한 대로 일제가 만들고 임명한 교단의 간부들은 그대로의 체제를 유지하고 나아가기를 원했지만 교회는

---

25) Kwan Sik Kim, The Christian Church in Korea, *International Review of Missions*, Vol. 36, 1946, p.128

이를 원하지 않았다. 그래서 장로교회는 경남노회를 필두로 노회재건이 시작되어 1946년 봄까지 거의 모든 노회가 기구상으로 환원 복귀하게 되어, 1946년 6월 12일에 서울 승동교회에서 4일간 "대한 예수교 장노회 남부총회"가 모이게 되었다. 북한 교회를 포함하지 못한 남한교회들만의 총회였기 때문에 이렇게 불리워졌다.

이 총회는 단지 해체된 장로교회 기구(총회;치리회)를 재건하기 위해 모인 총회였고, 변질 배도한 교회의 정화와 재건을 위한 모임은 전혀 아니었다. 이 때 참된 교회의 개혁과 재건에 대한 강한 뜻을 가졌던 출옥한 충복들은 아직 한 분도 거기 참석하여 그들의 뜻을 밝힐 형편에 있지 못했다. 이기선(李基宣) 목사 등은 북한에 있어 참석할 수 없었고, 한상동 목사는 북한에서 4월에 남하했으나 아직 정착한 단계에 있지 못해 참석할 수 없었다. 이 남부총회는 재야(在野) 교역자인 배은희(裵恩希) 목사26)를 회장으로 함태영(咸台永) 목사27)를 부회장으로 추대했다. 이들은 정치적으로는 화려한 경력을 가진 분들이었으나 현직에 있는 목회자들은 아니었기 때문에 법적으로 노회에 의해 총대로는 선출될 수 있는 형편에 있지 않았다. 그러나 교권주의자들이 자기들의 권익을 확보하기 위해 정략적으로 이들을 회장으로 추대했던 것으로 보인다. 이분들이 총회의 전면에 나타나게 되어, 외견상 전날의 친일 교단지도자들은 교권영역으로부터 물러난 것처럼 보였지만, 실상 교권세계에 있어서 주도권의 변화는 조금도 없었던 것이다.28)

남부 총회는 다음 것들을 중요한 안건으로 결정했다.

1. 헌법은 남북이 통일될 때까지 개정하지 않고, 그대로 사용한다.

---

26) 裵恩希 牧師는 慶北 出身으로 平壤神學校를 졸업하고, 경주교회 목사, 전주 중학교 교장, 전주 고아원 원장, 해방 후에는 國民會全北支部長, 國民會中央最高委員, 初代 考試委 院長, 제2대 國會議員, 自由黨 中央委員 등을 역임한 在野 목사로서 政界에서 활동한 분이었다.

27) 咸台永 牧師(1873-1964)는 咸北 出身으로 大韓帝國 때에 法官養成所를 나와 檢事, 연이어 大審院, 覆審法院 判事가 되었다. 韓日合邦後 基督敎 信者가 되고, 3.1독립운동시 검속되어 3년간 옥고를 치루었고, 출옥후 평양신학교에 입학하여 졸업하고, 1921년 목사로 안수 받아 청주 등지에서 목회를 했다. 1949년 제2대 審計院長, 1952년에는 韓國神學大學 學長, 같은 해 12월에 第3代 副統領으로 당선되었다. 그는 在野 牧師였고 召命을 가진 牧會者가 아니었다.

28) 金良善, op.cit., p.52

2. 제27회 총회가 범과한 신사참배 결의는 이를 취소한다.

3. 조선신학교를 남부총회 직영신학으로 한다.

4. 여자 장로직의 설정문제는 남북통일 총회시까지 보류한다. [29]

이 총회가 헌법의 수정에 착수하지 않은 것은 북한교회가 참석 못한 반쪽 총회이니 당연한 일이었다. 그런데 이 총회가 1938년 제27총회에서 결정한 신사참배 결의를 취소한 것은 교회적인, 신앙 양심적인 결정이 전혀 아니었던 것이다. 총회가 결의한 것을 취소한다는 것은 행정적인 오류가 있을 때에 할 수 있는 일이다. 이런 결의에 대한 단순한 취소는 법적으로 잘 못 결의된 것을 정정한다는 것으로 이해하게 만든다.[30] 총회의 신사참배 결정이 회의 진행상 잘 못된 것은 사실이었다. 그러나 그 결정이 바로 법적인 효력을 백분 나타내어 그 결정에 불응한 많은 성도들이 옥고를 치르기도 하고, 교회로부터 쫓겨나기도 하며, 말할 수 없는 수난을 당하였던 것이다. 그리고 "과거의 이 결정을 취소한다고 해서 과거사에 대한 책임이 없어지는 것은 아니다."[31] 과거에 이미 이루어진 역사는 지울 수 없는 것이다. 총회가 과거 역사에 대한 교회적 신앙 양심적 접근을 원했다면, 과거 신사참배 결의의 사실을 취소할 것이 아니라, 그 역사는 미래를 위해 결코 잊을 수 없는 교훈으로 삼아 그대로 두고, 배교한 사실에 대하여 참회하고, 공적인 권징을 자취하므로 교회의 개혁과 재건에 임했어야 한다. 신사참배에 대한 단순한 결의의 취소는 한 무의미한 정치적 연극일 뿐이다. 이렇게 신사참배 결의에 대한 신앙적인 해결을 보지 못한 총회는 재차 신사참배 결의 취소를 하게 된다.

예장 총회는 고려신학측 경남노회를 축출한 후인 1954년 안동에서 모인 제39

---

29) Ibid.,

30) 金良善도 당시 총회가, 신사참배 결의시에 총회장이 "可"를 물었을 때 제안자, 동의자, 재청자 외에는 "可"라고 한자가 한사람도 없었고, "否"는 묻지도 않고 만장일치 가결을 선언한 사실과, 수십명의 선교사들이 불법선언을 항의했던 사실을 확인하고 총회가 이를 취소했다고 한다. 이 말은 총회의 신사참배 취소결정이 회의진행상 잘못된 것을 수정했던 것으로 이해하게 만든다. 金良善, op.cit. pp,53-54

31) 최덕성, 한국교회 친일과 전통, 본문과 현장 사이, 2000, p.345

회 총회에서 권연호 목사의 제의로 신사참배 결정을 다시 취소하게 된다.[32] 당시 발표한 성명서는 재차 취소한 이유로 "남부대회가 신사참배 회개운동을 결의 실행하였으되, 남북통일 총회가 아니었는 고로 금반 남북이 통일된 본 총회는 이를 취소하고 전국교회 앞에 성명함"이라고 한다. 여기 남북이 통일된 총회라는 것은 6·25 사변시 남한으로 피난 온 북한 교회들의 무지역 노회를 인정하게 되므로 한 말이다. 그런데 이렇게 재차 취소하게 된 참된 동기는 신사참배로 옥고를 치른 이원영 목사가 시무하는 안동에서 총회가 회집되고, 그가 총회장으로 피선된 데 있었던 것으로 여겨진다. 어쨌던 이런 반복된 취소는 진실한 참회를 위한 것이 아니었고, "일부의 교권주의자의 자기 명예를 위한 제스처에 불과한 것이었다"[33]고 보는 것이 옳다.

조선신학교를 남부 총회의 직영신학으로 결정하게 된 것은 시류를 재빨리 이해하고 손을 쓸 줄 아는 교권주의자들과 진보주의자들의 기민한 동작에 기인한 것이었다. 지난날 평양신학교를 지켜오던 분들은 해방 후 바로 집결하여 그 학

---

32) 金良善은 1948年 第34回 總會에서 다시 神社參拜決議를 再取消했다고 하나 그 事實이 總會錄에는 發見되지 않는다. 金良善, op.cit., p53 參照
1954년 총회 제34회 총회는 아래와 같은 취소성명을 냈다;

취 소 성 명 서

대한예수교장노회 제39회 총회는 1938년 9월 9일 평양 서문외 교회에서 회집한 제27회 총회 결의안인 "신사는 종교가 아니오 기독교의 교리에 위반하지 않는 본의를 이해하고 신사참배가 애국적 국가의식임을 자각하며 또 이에 신사참배를 솔선 이행하고 추히 국민정신 총동원에 참가하여 비상시국하에서 총 후 황국신민으로써 정성을 다하기로함"의 성명에 대하여 그 결의는 일제의 강압에 못 이긴 결정이었으나, 이것이 하나님 앞에 계명을 범한 것임을 자각하고 남부 대회가 신사참배 회개운동을 결의 실행하였으되 남북통일 총회가 아니었든 고로 금반 남북이 통일된 본 총회는 이를 취소하고 전국 교회 앞에 성명함.
1. 총회기간 중 성찬식 거행 전에 한시간을 정하여 통회 자복하며 사죄하심을 위하여 기도할 것.
2. 총회기간 중 일차 연보하고 다시 6월 제 1차 주일에 각 교회가 연보하여 신사 불참배로 인한 순교자 가족에게 위문금으로 보낼 것.
3. 27일(화) 아침 5시부터 8시까지를 통회 자복하며 사죄함 받기를 위하여 기도하는 시간으로 정하고 회장의 인도로 이를 시행할 것.
대한예수교 장로회 총회회의록 제11권, 제39회 회의록 pp.258, 263

33) 金良善, op.cit., p.53

조선신학교 교수, 학생(1942년경)

교의 신학적 전통을 이어갈 수 있는 준비를 갖출 형편에 있지 않았을 뿐 아니라, 보수계 지도자들도 남북으로 흩어져 힘을 모을 형편에 있지 않았으니, 조선 신학교 측은 절호의 기회를 맞은 것이다. 당시 남부총회의 주도 세력은 주로 경기 노회를 중심으로 해왔던 일제 시대의 친일 교단 주도세력 바로 그것이었다. 이 주도세력은 이미 조선신학교의 설립당시부터 이사 교수로 협력해 왔기 때문에[34] 보수계의 세력이 결집되기 전에 조선신학교를 총회직영으로 하여 신학의 주도권을 잡고 미래 한국교회를 진보주의 신학의 교회로 이끌어 가기 원한 것이다. 이들이 계획한 대로 자유주의 조선신학교의 남부총회 직영은 결정이 되었다. 그러나 이후 조선신학교를 둘러싼 자유, 보수의 충돌이 불가피하게 일어나게 되고, 교회의 분열도 뒤따르게 되었다.

그리고 이 남부총회는 교회여성지도층에 있는 유각경(兪珏卿), 김필례(金弼禮), 신애균(申愛均), 신의경(辛義卿)등에 의해 건의된 여장로 제도의 토의를 남북통일 후까지 미루었다. 여장로 제도가 총회에 의제에 오르게 된 것은 이것이

---

34) 朝鮮神學院의 初期 理事는 南部總會 副總會長으로 推戴된 咸兒永, 日本基督敎朝鮮敎團의 統理였던 金觀植, 제27회 총회에서 신사참배결의 당시 副總會長이었던 金吉昌, 그외에 韓景職, 尹仁駒, 오건영, 조희엽, 김영국 등이었고, 교수는 金在俊, 尹仁駒, 일인 야마구찌(山口太郞) 등이었다.

처음은 아니었다. 미 북장로교회가 신학적으로 좌경된 후 여장로제도를 도입하게 되어 북장로교회와 연관을 가져온 한국장로교회에서는 자연히 문제가 될 수밖에 없었다.

1947년 4월에 대구 제일교회에서 제2회 남부총회가 열렸다. 이 남부 총회는 1942년 이후 일제에 의해 해체된 대한 예수교장로회 제31회 총회를 계승하여 지난해의 제1회 남부총회를 제32회 총회로 하고, 1947년 현 총회를 제33회 총회로 하기로 결의했다. 이는 북한 교회가 공산치하에 있어 박해를 받고 수많은 교역자와 교인들이 남하하였고, 남북 통일의 희망은 요원해 보이므로 남한 교회만이라도 지난날의 장로회총회를 계승하는 것이 유익할 것으로 판단한 때문이었다. 이와 함께 "38 以北 牧師로 老會에 移名코져할 때에는 老會가 信任하는 38以北 出身 牧師의 證明으로 移名받기로"하였다.35) 나아가 이 총회에서는 1948년에 회집되는 세계교회협의회(The World Council of Churches)에 대표를 파송하기로 하고,36) 관계(官界)에 진출한 목사들에게는 당회장 임직을 금지하고, 중국 산동성의 선교를 계속하는 일등을 논의했다.

그런데 해방 후 총회로 모인 이 모임들은 일제하에서 해체된 총회의 치리회를 기구적으로 재건하는 것 이상의 다른 뜻을 갖지 못했다. 일제의 강압과 박해 때문이었든, 자의에 의해서였든 총회가 공적인 치리회로서 배도했던 것이 사실인데도, 총회는 이에 대해 철저한 참회, 권징의 과정을 밟지 않고, 단지 기구적인 회복만 하게 된 것이다. 참된 참회를 통한 내적인 정화가 없이 외적인 치리회만을 재건한 교회는, 마치 내적으로 심각하게 앓고 있는 병자의 병을 그대로 두고 외적으로만 수술하여 봉합해 놓은 것과 다름이 없다. 이렇게 기구적으로만 재건된 교회에 평안이 있을 수 없다. 이런 교회는 불안과 분열의 불씨를 자연히 안고 있었던 것이다. 병든 교회의 참된 치유는 참회와 공적 권징을 통한 정화로서만

---

35) 總會, 第33回會錄, 1947, p.7
36) 1948년 Amsterdam에서 모인 W.C.C. 창립총회의 "朝鮮예수敎長老會總會"의 代表로는 純正 日本的基督敎로 轉向하게 된 "日本基督敎朝鮮敎團"의 統理였던 金觀錫이 참석했다.
　　이는 解放 後 들어난 背敎 親日의 人物이 長老敎總會를 代表하여 敎會의 公金을 가지고 첫 번째 國際나들이를 하게 되었다는 事實을 말해 준다.

가능한 것이다. 교회의 공적 참회와 권징을 통한 정화운동과 교회의 참된 개혁, 재건운동은 경남 지역에서 일어나게 되었다. 이 역사를 다음 장에서 따로 살펴보기로 한다.

제13장 경남노회의 개혁과 재건운동
(1945-1951)

13.1 경남지방교회의 노회 재건운동(老會 再建運動)

해방 된 지 두 주간이 지난 후, 부산 지역내에 있는 교회들의 연합예배가 1945년 9월 2일 최재화(崔載華) 목사가 시무하는 부산진 교회에서 모였다. 거기에 모인 최재화, 권남선(權南善), 김길창(金吉昌), 노진현(盧震鉉), 심문태(沈文泰) 목사를 위시한 20여 명의 목사와 장로들[1]은 "신앙운동 준비위원회"를 조직하고 "과거의 불순한 요소를 청산 배제하고 순 복음적 입장에서... 경남노회를 재건하려는" 아래와 같은 선언문을 발표했다.

선　　언

과거 장구한 시일에 가혹한 위력 하에 교회는 그 정조를 잃고 복음은 악마의 유린을 당하고 신도는 가련한 곤경에 들어 있었다. 이를 저항 구호하기 위하여 일선에 선 우리 하나님의 성군(聖君)들은 순교의 제물이 되기도 하고, 혹은 옥중에서 최후까지 결사적 충의를 다하였던 것이다. 어시호(於是乎) 세계대전은 종국을 고하고 하나님의 성지(聖地)가 우주에 나타나며, 암흑의 세력은 물러가고, 정의의 은광(恩光)이 오인(吾人)을 맞이하자 어찌 이 기쁨을 다 말할 수 있으랴.

---

[1] 1945년 9월 2일 부산지역 교회연합예배로 모였을 때 참석한 목사 장로는 아래와 같음.
　　권남선, 김길창, 한익동, 최재화, 김만일, 김상순, 강성갑, 윤인구, 노진현, 김두만, 심문태, 한정동, 양성봉, 우덕준, 서명준, 김기현, 구영기, 백낙길, 김사선, 주영문 등.

오늘날까지 노예의 속박 하에 끌려오던 모든 제도 일절은 자연 해소(自然解消)의 운명에 이르고 말았다. 우리는 과거의 모든 불순한 요소를 청산배제하고 순복음적 입장에서 교회의 근본 사명을 이어가려는 의도에서 좌기(左記)에 의하여 조선 예수교 장로회 경남 노회를 재건하려는 것이다. 백만 신도는 이에 순응하심을 바란다.

1. 우리는 종교개혁의 정통신앙를 사수한다.
2. 우리는 조선 예수교 장로회 헌법을 전적으로 채용한다.

1945년 9월 일
신앙부흥운동 준비위원회
대표 최재화, 심문태

해방 후 한국에서 가장 먼저 노회가 재건이 되는 것이다. 여기 모인 분들 중 소수는 이 노회 재건을 위한 선언 내용에 양심적으로 동의하고 참여했음이 틀림없다. 그렇지만 대부분은 일제시대에 친일의 대열에서 신사참배에 앞장 서 왔던 분들이었고, 특별히 김길창을 위시한 몇 분은 이미 신학적으로도 자유주의 입장에 서 있었던 분들이었으니, 이들에게는 "과거의 모든 불순한 요소를 청산 배제하고"라는 말이나, "정통신앙을 사수한다"는 말이 매우 거리가 먼 것이었다.

그런데도 이들이 어떻게 한국에서 가장 먼저 노회 재건에 나서고, 이런 놀라운 내용의 선언문을 발표하는 일에 동참할 수 있었을까 하는 의문을 갖게 된다. 시류(時流)를 잘 살필 줄 아는 이들은 분명히 불원간 당면하게 될 자신들이 누리고 온 교권과 신변에 대한 위협을 느끼게 되었을 것이다. 순교자 주기철 목사, 최상림 목사, 출옥한 주남선, 한상동, 손양원 목사 등이 모두 경남 출신으로, 이분들이 투옥되기 전 다년간 성공적인 목회를 한 지역이 바로 경남이었으니 만큼, 교회 안에 그들의 영적 영향이 클 수 밖에 없었던 것이다. 옥중에서 순교하거나, 5, 6년간 옥에서 고생한 저 충복들을 존경하며 사모하는 평신도들의 분위기와 교회의 재건을 바라는 열망을 저들은 느낄 수 있었던 것이다. 이에 신변에 불안을 느낀 나머지 저들이 교회 현장으로 돌아오기 전 교회재건 운동에 앞장서므로 교회 앞에 체면을 세우고 교권을 유지하기를 바랐을 것임이 틀림없다. 선언문에서 저들은 출옥하는 저들을 "성군(聖君)"으로[2] 추겨 올리면서 교회재건을 선언함으로 저들의 그늘 아래서 자기들의 죄를 감추고 자리를 계속 유지하기를 바란 것이다.[3] 이들이 작성 선포한 선언문의 내용이 바른 신앙양심으로부터 나오지 않았다는 사실이 조만간 드러나게 되었다.

이들 대부분이 바란 노회 재건은 배도한 교회의 영적 재건보다는 서울 경기지역에서처럼 단순한 치리회의 재건이었다. 노회 재건을 선언한지 2주 후, 이들은 1945년 9월 18일 같은 부산진 교회에서 모여 경남노회를 재건하게 되었다. 이 노회는 1943년 5월 5일에 장로회 총회가 일제에 의해 해산되고 "일본기독교 조선장로교단"(日本基督敎朝鮮長老敎團)이 된 후, 20일 만인 5월 25일에 경남노회를 "發展的으로 解散한다"고 선언하고, "일본기독교 조선장로교단 경남교구회"로 개편되어 교구장 김길창의 교권 아래 해방될 때까지 지나왔다. 참석한 교역자들 가운데서 최재화 목사를 중심한 강주선, 김상순, 윤술용 목사 같은 신앙양심을 가진 몇 분들이 교회의 참된 재건을 위해서는 먼저 참된 회개와 징화가 우선되어야 한다고 느껴 자숙안을 제의하게 되므로, 노회는 일제시대에 범한 죄과에 대한 다음과 같은 자숙안을 결의하게 되었다.

1. 목사, 전도사, 장로는 일제히 자숙에 옮겨 일단 교회를 사직할 것.
2. 자숙기간이 종료되면 교회는 사직자에 대한 시무투표를 시행하여 그 진퇴

---

[2] 신사참배 항거로 투옥되어 5,6년 옥고를 치르고 출옥한 충복들을 종종 "出獄聖徒" 혹은 "出獄聖者"라 불러왔다. 출옥한 분들이 스스로 자신들을 이렇게 부른 일은 결코 없다. 獄苦를 치른 충복들은 하나님의 은혜로 옥고를 참아낸 분들이었기 때문에 오히려 자신을 향해서는 겸손했다. 그런데 민경배 교수는 "이들은 출옥성도(出獄聖徒)로 자처했다"고 한다. 韓國基督敎會史, p.512 참조. 이로써 그는 옥고를 겪은 충복들을 근거 없이 모욕하고 있다. 여기 경남의 신앙부흥운동 준비위원회가 발표한 선언문 속에도 출옥한 종들을 "성군(聖君)"이라 부르고 있다. 이는 곧 대면할 날을 생각하고 자신들의 체면을 위한 일종의 "아양"이었을 수 있다. 출옥한 저들을 이렇게 여러 가지로 부르게 된 것은 저들 밖에서 였다.

[3] 朴鐘七 목사는 그들이 한 일을 "신변 확보와 교권을 유지하려는 기만적인 책략"이라고 했고(박종칠, "한국교회사에 있어서 고려파의 위치" 고신대학 신학대학원 학우회, 1984, p.35), 김영재 교수는 "이 사람들은 한국 교회의 승리자들의 그늘 아래서 저들의 죄를 신속히 감추었던 것이다."라고 했다. (Young-Jae Kim, *Der Protestantismus in Korean und die Calvinistische Tradition*, p.139)

를 결정할 것.

교회지도자들이 교회재건에 나서기 전 일제시대에 범한 배교, 우상숭배의 죄를 참회하고 교회로부터 다시 인정을 받는 일은 당연하고 필요한 것이었다. 이 자숙에 대한 결의는 주남선 목사와 한상동 목사가 아직 평양에서 남하지 않았을 때 되어졌을 뿐 아니라, 출옥한 충복들이 산정현 교회에서 "재건기본원칙"(再建基本原則)을 발표(9월 20일)하기 이틀 전에 되어진 일이었다. 이는 경남노회가 결의한 자숙안이 출옥한 분들의 제의에서 나온 것이 아니란 것을 말해 주고 있다. 이 자숙안의 내용은 이틀 후에 평양에서 출옥한 충복들이 내 놓은 교회재건원칙의 일부와 본질적으로 같았다는 사실이 주목을 끌게 된다.

철저한 자숙은 배교하고 순정 일본적기독교로 전향했던 자들이 교회봉사에 나서기 전에 선행되어야 할 필연적인 것이었다. 그런데 김길창을 중심한 친일 배교자들은 이 안을 중심으로 받아 들이기를 원하지 않았다. 그러나 노회에서 이 안을 끝까지 반대하는 것이 자신들에게 이로울 것이 없으므로 더 큰 논란 없이 지나가게 한 것이다. 이들은 기회를 살피면서 잠시 침묵한 것이었다. 노회 후 곧, 이들은 교묘한 수단으로 노회의 영도권을 장악하고 암암리에 이 결의를 폐기시켜 버렸다.[4] 이로써 현직에 있는 교단시대의 교권주의자들에 의해서는 자숙도, 참된 의미에서의 교회 재건도 불가능한 사실이 드러나고 말았다. 이렇게 되자 경남노회 분위기는 동요되기 시작했다. 이제 근본적인 정화와 개혁을 통한 교회 재건운동이 필요하게 된 것이다. 이런 재건 운동이 출옥한 주남선 목사와 한상동 목사가 남하하므로 시작되었으나 그 길은 평탄할 수 없었다.

13.2 경남노회 제47회 정기노회의 자숙(自肅) 결정

1945년 9월 18일에 모인 "재건 노회"에서 결의한 "자숙안"이 실현을 보지 못한 채 1945년 12월 3일 마산 문창교회에서 경남노회 제47회 정기노회가 열렸다. 이 때 출옥 후 약 2개월간 평양 산정현교회에서 다른 출옥한 분들과 함께

---

[4] 金良善, op. cit., p.149

지내다 남하하여 거창교회에 다시 부임한 주남선 목사도 참석하게 되었다. 지난 재건노회에서 자숙안을 결의한 후 경남노회는 교단시대에 교권을 행사해 오던 김길창을 중심으로 한 인물들과 그 외의 분들 간의 갈등과 분규로 큰 어려움을 겪고 있었다. 노회원들은 재건 노회임원들에게 자숙안이 실현되지 않고 있는 현실에 대한 책임을 물어 총사퇴를 요구하고, 출옥한 주 목사와 다른 노회원들이 일을 맡아 새로운 출발을 할 것을 요구했다.

원래 주 목사는 교권에는 관심이 전혀 없는 분이었다. 그는 노회가 바른 치리회로서 재건이 되려면 먼저 영적인 재건이 선행되어야 할 것임을 확신하고, 손양원 목사를 청해 부흥집회를 갖고 난 후에 노회를 개회하자고 제의했다. 그래서 노회는 먼저 사경집회를 갖게 되었다. 그런데 교단시대의 주도 인물인 김길창, 배선근 같은 일부인사들은 그 집회가 자기들을 인위적으로 회개시키기 위한 것이라고 하면서 참석하지 않았다.

집회 후 주남선 목사가 노회장으로 추대되었다. 그러나 그는 회개와 정화의 과정을 거치지 않은 치리회의 회장직을 수락하기를 원하지 않았다. 평양에서 출옥 동역자들과 함께 선언한 교회 재건 원칙을 따라, 교회 지도자들이 회개하고 노회가 재건되기만을 바라고 교역자들의 회개안을 제시했다. 그가 남하하기 전, 또 평양에서 출옥 동역자들이 함께 제시한 자숙안이 발표되기전, 지난 노회에서 "자숙안"이 이미 결정 되어졌으니, 그 회개안의 제시가 본질적으로 새로운 것은 아니었다. 그리고 이제는 옥고를 겪고 나온 자신이 이 제시로 말미암아 "자만"하다는 오해를 받을 필요도 없었다. 이 제의에 대해 찬반 양론이 갈려 논쟁이 있었지만 그 안은 결국 통과를 보았다.

이 결정으로 지난 노회에서 자숙이 결정되었지만 이를 시행하지 않은 교역자들이 이를 시행하기 시작하게 되었다. 그렇지만 전술한 파렴치한 교권주의자들은 "신사참배는 우리가 양심적으로 이미 해결한 것인데 해방이 되었다 하여 죄로 운운함은 비양심적이다"[5] 라고 하면서 노회의 결의에 따르지 않고 여전히 교

---

5) 韓尙東, "現下 大韓 敎會에", 파수군 제2호, p.12

권장악을 위한 세(勢)몰이에만 몰두하였다. 결국 이들의 노회 주도권 장악활동이 경남노회를 계속 혼란으로 이끌어 가게 되고, 교회의 재건 운동은 장애에 부딪히게 되었다.

13.3 고려신학교(高麗神學校)의 설립

1. 신학교 설립기성회의 조직과 진해의 신학강좌

평양에서 출옥한 후 산정현 교회를 시무하던 한상동 목사는 1946년 4월에 남하하게 되었다.[6] 그는 출옥 후 2개월간 출옥 동역자들과 함께 지내면서 투옥 전에 경남에서 함께 신사참배 항거운동을 하여 서로를 잘 이해하는 주남선 목사와 신학교 설립에 대한 의견을 교환하고 이미 뜻을 같이했던 것이다.[7] 앞서 언급한 대로 옥중에서 두 분은 서로 만나거나 대화한 일은 없지만 옥중에서 해방을 예견하고 한국교회 재건을 위해 구상하고 기도한 것 가운데 두 가지가 본질적으로 같았다. 하나는, 수도원을 세워 타락한 목사가 회개하고 새롭게 되어 교회봉사에 나아갈 수 있게 하는 일이고, 다른 하나는 교역자 양성기관인 성경학교, 신학교를 세워 한국교회를 위해 생명을 바칠 수 있는 전도자, 목사를 양성하는 일이었다. 출옥 후 이 두 분은 잠시 남과 북에 서로 헤어져 있어 이 뜻을 함께 펴지 못했다.

한 목사는 남하하면서 이미 평양에서 주 목사와 뜻을 같이 했던 신학교 설립

---

6) 韓尙東 牧師가 출옥후 시무한지 반년밖에 되지 않는 산정현 교회를 떠나 남하하게 된데는 두가지 이유가 있었던 것으로 보인다. 하나는, 그의 모친 별세의 소식을 들은 것이고, 다른 하나는, 북한의 교회적 정치적 상황에 대한 판단이 아니었나 하는 것이다. 한 목사는 1945년 11월 6노회 敎役者 퇴수회에서 출옥한 동지들이 함께 초안하여 朴亨龍 博士를 통해 제시한 교회재건 원칙이 현직 교역자들에게 잘 수용되지 않는 사실을 보고 북한에서의 참된 교회재건 운동이 어렵다는 사실을 알았던 것이다. 그리고 1946년 3월 1일 첫번째 맞는 3.1절 기념행사를 공산당의 금령에도 불구하고 교회가 독자적으로 거행하다 겪은 박해를 보았던 것이다. 이로써 그는 북한에서는 그가 옥에서 구상하고 기도한 교회 봉사를 시행해가기 어려운 줄 알고 모친의 별세소식을 듣자 월남을 결심한 것으로 보인다. 金良善, 韓國基督敎解放十年史, p.148 참조.

7) 박윤선 편집, "주남선 목사 옥고기", 파수군, 15호, 1952.3, p.27

진해 신학강좌 기념사진

의 문제를 생각했음에 틀림없었다. 서울에 도착했을 때 지난날 평양신학교에서 교수한 일이 있고, 만주 봉천의 동북신학교에서 교수로 봉사했던 박윤선 목사[8]가 이미 남하하여 서울에 머물고 있다는 소식을 듣게 되어 그를 찾아갔다. 그는 옥에서 기도하고 주남선 목사와 뜻을 같이한 신학교 설립을 위해 그의 협력을 구하기 원했다. 이태원에 머물고 있는 박윤선 목사를 만나 그의 뜻을 밝히니, 그도 당시 남한에서 신학교육에 봉사할 기회를 기도하며 찾고 있는 중인지라, 출옥한 충복들이 원하는 신학교 설립에 동참하기를 원하고 쾌히 동의를 하게 되었다.[9]

한목사는 남하한 후 곧 마산에서 주남선 목사를 만나 지난해 평양에서 서로 합의한 신학교 설립을 구체적으로 의논하고 실천에 옮기기로 했다. 주님은 그의

---

[8] 朴允善 牧師는 평북 철산 출신으로 평양 崇實專門學校 英文科(1931)를 나와 평양 장로회 신학교(1934)를 졸업하고 1936년에 미국 Westminster 신학교의 Gresham Machen에게서 신약을 연구 신학석사 과정을 마치고 귀국하여, 평양 모교에서 성경원어 강사로 2년간 봉사한 후, 1938년 언어학과 변증학을 더 연구하기 위해 다시 도미하여 같은 학교에서 C. Van Till의 지도를 받고 1년여 변증학을 연구했다. 그는 Machen 아래서 미국전통의 개혁주의 신학, Van Till 아래서는 구라파 전통의 개혁주의 신학에 접하므로 개혁주의 신학 교육을 책임질 수 있는 훌륭한 신학자였다.

[9] 박윤선, "고신 초창기와 나", 월간고신, 1986년 9월 호, 韓國敎會史 雜錄, 第5卷, 高麗神學校 圖書館, p.115

교회 건설을 위해 사람들을 불러 세워 그들의 봉사를 사용하시기를 기뻐하신다.[10] 주님은 이 종들을 불러 세워 한국 남단으로부터 한국교회를 개혁하고 재건하시기를 기뻐하신 것이다.

남한에는 평양신학교가 신사참배 문제로 문을 닫은 후 1940년에 자유주의자들이 세운 조선신학교가 현재 서울에 있을 뿐이었다. 이 학교는 성경의 무오성(無誤性)을 부인하고, 성경에 대한 고등비평을 수용하는 자유주의신학을 가르치며, 일제시대에 신사참배와 부역을 해가며, 일제의 비위를 맞추어 "忠良有爲한 皇國의 基督敎敎役者를 養成한다"는 목표를 내세우고 운영되어 온 학교이다. 성경에 기록되어 있는 것을 그대로 하나님의 말씀으로 믿는 신앙에 터를 둔 신학을 떠나서는 교회가 순교적 신앙을 가진 충성된 목자를 얻을 수 없다.[11]

해방된 한국에는 지난날 신사참배 반대로 문을 닫게 된 평양의 "장로회신학교"의 보수적 개혁주의 신학의 전통을 잇는 학교가 세워져야 했다. 그리고 이 학교는 배교의 길을 걸어온 한국 교회의 개혁과 재건에 봉사를 하는 학교여야만 했다. 그런데 이런 학교설립을 위해서는 설립목적을 이루기에 합당한 교수가 있어야 하고, 뒷받침 해 줄 재원, 그리고 건물이 있어야 한다. 오랫동안 옥고만 치르고 나온 이들에게는 어느 것도 없었다. 그러나 이들은 하나님의 주권만 의지하고 살아온 종들이었기 때문에 믿음으로 일을 착수하기 원했다. 이런 종들에게 주님은 한 신실한 신학자를 준비하시고 허락해 주셨다. 박윤선(朴允善) 목사는 5월에 부산을 거쳐 진해[12]로 내려 왔다. 그는 거기에서 주남선 목사, 손양원 목사

---

10) 엡 4:11,12
11) 韓尙東 牧師는 南下한 후 가졌던 所感을 이렇게 표현했다; "출옥 이후 이북에서 교회를 섬기다가 남한에 와서 보니 신학교가 있기는 하였지만 모두가 일본시대 일본식 기독교를 만들려 했던 사람들이 주동이 되어 신학교를 하고 있었습니다. 그리고 가장 중요한 일은 성경이 살아 계신 하나님의 말씀임을 부정하는 사람들이 신학교의 주인이 되어 신학교육을 담당하고 있었습니다. 아무리 생각해도 한국교회를 저들의 손에 맡길 수 없다는 결론 뿐이었습니다."
12) 鎭海가 이 忠僕들의 모임의 중심이 되고 高麗神學校의 한 産室이 된 것은 당시 진해의 유지이며 이들을 接待할 수 있는 형편이 되는 朱尙洙 長老(고려신학교 교수로 봉사한 洪瀋植 博士의 장인이기도 함)가 그의 집을 모임의 장소로 제공하며 협력했기 때문이고, 일본인 해군 수양관을 강주선(姜周善) 목사가 빌려 진해교회로 사용하면서 협력했기 때문이다. 불행하게도 후에 주장로는 재건파로 가게 되고, 강주선 목사는 고려파와 멀어져 버렸다.

등 여러분과 함께 신학교 설립에 대해 의논하고 합의를 본 후 5월 20일에 신학교 설립기성회13)를 조직하였다.

손양원 목사

신학교 설립기성회는 설립 전지작업으로 1946년 6월 23일부터 8월 20일까지 약 2개월 동안 진해에 있는 지난 날 일제의 해군 수련원으로 사용했던 건물에서 박윤선 목사를 강사로 신학강좌를 열었다. 당시 이 건물은 강주선(姜周善) 목사가 시무하는 진해교회가 예배장소로 사용하는 건물이기도 했다. 수강생 수는 63명이었으며, 수강이 끝난 후 수강증서를 주었다.

이 강좌에 참석한 분들 중에 신설되는 고려신학교에 계속 수학한 분들은 손명복, 이인재, 황철도, 최성봉, 이경석, 홍반식 목사 등이었다. 그러니 진해강좌는 고려신학교의 신학교육과 연결된 셈이다.

손명옥 목사

황철도 목사

1946년 7월 9일 진해읍교회에서 경남노회 제47회 임시노회가 열렸다. 그러니 이 임시노회는 바로 진해에서 신학강좌가 계속되고 있는 기간에 열린 것이다. 이 임시노회에는 남하 하여 그동안 신학교 설립을 주도해 온 한상동 목사도 처음으로 참석하게 되었다. 지난 정기노회에서 노회장으로 추대되었지만 이를 수락하지 않았던 주남선 목사가 이제 이를 수락하고 사회를 했다. 이 때는 약 한달 전인 6월 12일에 남부총회가 서울 승동교회에서 열려 자유주의 신학의 조선신학교를 남부총회의 직영신학교로 결의를 한 후였다. 그러니 정통 개혁주의 신학교가 없는 공간 상태에서 과거 평양의 "장로회신학교"의 신학적인 전통을 계승해 갈 전통적 개혁주의 신학

---

13) 고려신학교 설립을 위한 의논은 여러분이 모여 했지만 설립자는 주남선, 한상동, 박윤선 세분이 모인 자리에서, 박윤선 목사의 제의로 주남선, 한상동으로 정했던 것이다. 그리고 자신은 박형룡 박사가 오실 때까지 교장서리로 봉사하기로 했다. 그런고로 실질적인 고려신학교 설립

을 가르치는 신학교의 설립은 시급했다. 신학교 설립기성회가 노회에 신학교 신설의 인허와 협조를 요청하였다. 경남노회는 이를 쾌히 받아들여 신학교 시설을 승인하고 학생 추천과 지원도 약속했다.[14] 결과 고려신학교가 형식상으로는 사립으로 출발하게 되었지만, 출발부터 교회와 유리된 학교가 아니었고, 경남노회의 공적 승인과 지원의 약속을 받고 설립된 것이었다.

이 때 "고려신학교 설립기성회"는 다음 내용과 같은 "고려신학교 설립취지서"를 작성하여 이를 내외에 공포하게 되었다. 여기에는 첫째, 일제의 박해 시에 "神學이 어리고 敬虔에 여무지 못한" 교회의 질이 드러나고, "信仰 思想上 混亂"이 오게 된 것을 언급하고 교회의 질을 높이기 위해서는 "正統神學運動" "眞理運動"이 긴급하게 요구된다고 하며, "聖經의 獨自的 信任性을 믿는 改革神學의 原則"에 따라 칼빈주의 신학을 수립함으로 "우리 敎界의 信仰思想 混亂을 矯正 또는 統一"하기를 원한다고 했다. 둘째로, 해방된 조선의 독립국가를 건설하는 일에 있어서 성경의 진리가 그 기초가 되어야 함을 언급함으로 정통신학운동의 긴급성을 언급하고 있다. 과거의 인류역사는 국가흥망 성쇠가 성경진리에 대한 순응여부에 달려 있었음을 밝히고, 진리운동이야 말로 보통은혜의 영역의 "健實하고 成果 있는 建國協力까지 되어진다"고 확신함으로 "聖經眞理를 그대로 바로 解明해 傳하는 正統神學運動을 急務"로 언급하고 있다. 셋째로, "神學運動이야말로 참된 文化運動"이라고 밝히고 있다. 현대문명은 성경이 가르치는 대로 인

자는 주남선, 한상동, 박윤선 세분이었다고 볼 수 있다. 박윤선, "고신 초창기와 나" op. cit., p.117

14) 慶南老會는 高麗神學校가 慶南老會의 認可를 받아 運營되고 있다는 事實을 證據하기 위해 1950년 6월 7日字로 다음과 같은 證明書를 발부했다.

　　高麗神學校認可證明書
　　檀紀 4279年(西紀1946年) 7月 9日 慶南老會 第四十七回에서 高麗神學校設立件 認可하기로 決議되었음을 이에 證明함.
　　4283年(1950) 6月 7日
　　大韓 예수敎 長老會
　　慶南老會長 李約信 (인)
　　同 書記 朴遜赫 (인)
　　宋相錫, 法廷訴訟과 宗敎裁判, 1976, 9 慶南法統老會, p.135 參照

간이 자연을 정복하는 데서 오게 되었는 바 문화의 산실이라 할 수 있는 대학제도도 역사적으로 보면 기독교회에서 기원하게 되었다고 밝히면서 건전한 문화운동도 정통신학운동에 수반되어야 참되게 이루어진다고 하면서 "正統神學運動"이 모든 고등교육에 우선됨을 강조하므로 신학교 설립취지를 밝히고 있다. 간단히 요약하면, 이 취지문의 핵심 내용은 정통신학운동이 교회재건뿐 아니라, 해방되어 국가건설의 호기를 맞은 조선의 복지국가 건설에도 견고한 초석이 될 것임으로 성경진리를 그대로 교수하는 칼빈주의 정통신학교의 설립이 급하고 중요하다는 사실을 강조하고 있다.

高麗神學校 設立趣旨書 [15]

1. 우리 朝鮮 敎會는 過去 60餘 星霜에 量的으로 長足進步를 하였다고 自他가 公認하는 바입니다. 그러나 質的으로 神學이 어리고 敬虔이 여무지지 못한 것은 유감으로 느껴지는 바입니다. 第 二次 戰爭이 있는 동안 日帝下의 暴虐한 逼迫은 우리 敎會의 品質을 드러낸 불시험이었습니다. 그 불시험의 結果에 대하여 그리스도의 神이 잇는 者로서 憤慨하여 反省코 正立하지 아니치 못합니다. 우리는 이로부터 敎會의 品質을 左右하는 正統神學運動 곳 明白한 正統體系에 있는 眞理運動을 急要하는 바입니다.

神學運動이라고 하여 吾人은 百科辭典式 宗敎的 知識을 敎授하는 것을 目標하지 않고 聖經의 獨自的 信任性을 믿는 改革敎神學의 原則에 確立하야 밝히고 正否와 是非를 斷하는 칼빈主義의 神學을 樹立하고자 하는 바입니다. 그리하여서 우리 敎界의 信仰思想上 混亂을 矯正 또는 統一하려고 懇願하여 마지않습니다.

2. 現下 워리 朝鮮民族은 獨立國家를 建設하여야 할 千載一遇의 好期에 處하였습니다. 우리의 建國은 眞理를 그 基礎로 하지 아니하면 안됩니다. 眞理는 곳 聖經眞理입니다. 過去의 人類歷史를 살피건대 國家興亡이

---

15) 이상규, 최수경 편집, 한상동 목사; 그의 생애와 신앙, 부산: 글마당, 2000, pp.311-313

眞理에 대한 順應與否에서 左右된 것입니다. 古代의 强國이였든 埃及, 아수리, 배벨론 등이 皆是 하나님의 眞理를 順從치 아니하였으므로 亡하였고, 現代에 獨逸과 日本도 亦是 그 壞滅된 理由가 하나님을 거스린데 있고 다른데 있지 않습니다. 獨逸民族은 科學的으로 尖端을 걸었고 그 學術上 頭腦가 憂愁하였으나 但只 聖經을 믿지 않고 도리어 聖經을 破壞的으로 批評하는데만 發達한 것입니다. 高等批評과 新 神學의 發源地는 獨逸이었습니다. 이런 不信仰神學이 極度로 發達하엿으니 科學發達이 어떻게 國家의 生命線이 될것입니까? 그와 反面에 美國은 人類役事가 있는 後에 地上에 唯一한 福祉國家로 自他가 認定합니다. 그 나라는 어찌하여 그렇게 唯一無二하게도 聖經眞理에 基한 까닭입니다. 美國의 國祖들이 歐洲에서 逼迫 받아 避하여간 基督信者들이었고 그 나라의 憲法의 基本은 聖經의 申命記였습니다. 獨特히 聖經眞理에 基礎한 國家이기 때문에 그런 獨特한 祝福을 받은 것입니다. 이것은 三尺童子라도 指摘할 수 있는 明若觀火의 事實입니다.

　우리 朝鮮은 聖經眞理에 基하야 建立되는 國家가 되어야 할 것은 너무도 急迫한 要求입니다. 그리하려면 聖經의 眞理가 眞理 그대로 이 江山에 높이 들리워야 할 것입니다. 우리는 勿論 하나님의 나라를 求하는 意味에서 正統眞理의 運動을 必要로 하는 바이지만 普通恩惠原理의 領域에서 祖國을 주님의 眞理대로 받들어야 합니다. 먼저 天國을 求하는 眞理運動이야 말로 참되고 健實하고 成果 있는 建國協力까지 되어진다고 吾人은 確信합니다. 吾人은 이 意味에서도 聖經眞理를 그대로 바로 解明해 傳하는 正統神學運動을 急務하려합니다.

　3. 또 한 가지 잊어서 안될 事實은 神學運動이야말로 참된 文化運動이라는 것입니다. 現代文明의 源泉을 聖經이라고 생각 아니치 못합니다. 創世記一章의 人生觀은 곳 人生을 自然征服者로 보는 것입니다.(창 1:28, 2:19). 그러므로 古來의 基督信者들은 自然을 崇拜하지 않고 그것을 接近하여 硏究한 것입니다. 그러나 異敎人은 그 眞理를 알지 못하고 自然을

崇拜하고 靈的으로 知的으로 暗黑世界에 빠지고 만 것입니다. 大學制度는 어디서 왔습니까? 그것은 歐洲에서 基督敎會가 創立한 것이 아닙니까? 歷史가 오랜 캠브리지, 옥스퍼드 대학 등이 皆是 敎會大學으로 出發한 것입니다.

그러므로 우리는 文化運動도 먼저 天國을 求하는 正統神學運動에 隨伴되어 가장 참되게 일구어진다고 믿는 바입니다.

주후 1946년 盛夏　起

그런데 이 신학교의 설립자들은 이 신학교가 평양신학교의 신학적인 전통을 이어가기를 원했지만, 어느 기간 동안 총회의 직영신학교가 되는 것은 원하지 않았다. 그 주된 이유는 지난날 배교한 친일 교권주의자들과 자유주의자들이 현재 총회의 주도권을 잡고 있기 때문에, 총회의 직영이 될 때 바라는 목적을 달성할 것으로 기대할 수 없었기 때문이었다.

신학교의 교회(총회)직영이 가장 바람직하지만 교회내외의 신학과 신앙의 특수한 기류를 고려하여 뜻을 같이 하는 분들이 바람직한 목회자 양성을 위해 사립 신학교를 세워 졸업생들을 내고, 교회(총회)는 그 학교를 인준하거나 혹은 그 학교의 졸업생을 심사하여 수용하는 경우는 여러 나라에 얼마든지 있다.[16]

---

[16] 당시에 미국에 있는 웨스트민스터 신학교(Westminster Theological Seminary)가 대표적 예였고 현재 미국 잭슨에 있는 개혁신학교(Reformed Seminary)를 위시하여 상당수 신학교들이 사립으로 교회의 지원을 받고 있다. 양낙흥은 2006년 10월 고려신학대학원 개교 60주년 기념학술 대회에서 발표한 "1951년 학국장로교분열의 진상재고"라는 논문에서 "총회로부터의 고신측의 분리는 총회와 무관한 신학교를 시도할 때에 이미 예정되었던 것이다" 하고 "신학교를 설립해서 목회자를 양성한다는 비전을 실현함에 있어 총회의 공조를 거부하고 독자 노선을 고집한 한상동의 태도가 온당한 것이었는가? 혹은 지혜롭고 현실적이었는가에 대해서는 논란의 여지가 있다"고 했다. 그의 이런 비판적 이론은 역사가로서 배교자들과 자유주의자들의 세력이 총회의 전권을 장악하고 있었던 당시의 교회적 현실을 전혀 살피지 않은데 서 나온 것이다. 그리고 사립신학교를 세운 것이 지혜롭고 현실적이었는가 묻는 것은 순교적 삶을 살아 온 분들을 전혀 이해 못하는 자신의 입장을 보여 주고 있다. 고려신학교 설립자들은 세상 지혜를 가지고 현실에 안주하는 분들이 아니었다.

처음부터 설립자들은 신설되는 신학교가 명실공히 평양 장로회신학교의 신학적인 전통을 이어가자면 한국장로교회 보수신학의 대변자라 할 수 있는 박형룡 박사를 모셔야 한다고 생각했었다. 그는 1930년에 평양신학교의 교수로 임용되어 교수로 재직하던 중, 1934년을 전후하여 자유주의 신학문제가 교회내에 대두되었을 때 이를 예리하게 비판하고 정통신학을 변증했었다. 그는 평양신학교가 신사참배 반대 문제로 문을 닫게 된 후 만주에 가서 봉천에 있는 동북신학교(東北神學校)에서 교수하고 있었다. 해방 후 평안지역 교역자 퇴수회에 강사로 와서 출옥 성도들이 제시한 교회재건 원칙을 발표했다가 친일 교역자들의 반대에 부딪혀, 현직 교역자들에 대한 실망을 하고 봉천으로 돌아가 있었다. 학교 설립자들은 그를 새 신학교의 교장으로 모시기로 결의하고, 그를 모셔오기 위해 7월 초 막 봉천에서 돌아온 남영환 전도사를 파송하였지만 3.8선의 경계가 심하여 뜻을 이룰 수 없었다.

2. 고려신학교의 개교

그런데 설립 기성회는 교회의 시급한 요청과 남부총회의 조선신학교 직영 결의 등을 고려할 때, 박 박사를 모셔올 때까지 신학교의 개교를 미룰 수 없었다. 그래서 1946년 9월 20일 박윤선 목사를 교장 서리(校長署理)로 하고 부산진에 있는 금성중학교(전 일신여학교) 교실 하나를 빌려 개교를 하게 되었다. 이 학교는 세상사람들의 이목을 끌만한 특별한 행사 없이 고요한 가운데 탄생하게 되었다. 개교예배에는 김치선(金致善)박사가[17] "신학과 신조"라는 주제로 설교했다. 미국 정통장로교회 소속 주한 종군목사 벳졸드(Betzold)가[18] 참석하여 축사를 했다. 10년이 지난 후 한상동 목사가 회고록에 밝힌 대로 "돈없이, 집없이, 인물

---

17) 設立開校禮拜時에 설교한 金致善 博士는 美國 Westminster 神學校에서 韓人으로서는 처음으로 修學한 분이었다. 그는 서울 南大門 敎會를 시무하면서 고려신학교를 서울로 유치하기 위한 노력을 했다.
18) J. Betzold 목사는 美 正統長老敎會(The Orthodox Presbyerian Church)에 속한 목사로 6.25 사변 당시 從軍 牧師로 와 있었다. 이 때는 아직 韓富善 牧師가 한국에 나오지 않았을 때이다.

없이" 신학교가 시작된 것이다.[19]

이 신학교의 이념은 "신구약 성경이 하나님의 말씀이니 신앙과 본분에 대하여 정확무오(正確無誤)한 유일의 법칙임을 믿고, 그대로 가르치며, 또 장로회 원본 신조인 웨스트민스터 신앙고백의 교리대로 교리와 신학을 가르치고 지키게 하여 생활의 순결과 순교적 이념을 가진 교역자 양성을 목적으로 한다."는 것이었다. 이 이념 속에는 성경을 하나님의 말씀으로 믿는 성경관, 장로교의 역사적 신앙고백을 귀중히 여기는 교리 및 신학의 입장, 이에 따라 사는 생활관이 잘 나타나 있다. 개교 당시 학제는 본과 3년, 예과 2년, 별과 3년, 여교역자 양성과 3년으로 평양 "장로회신학교"의 것을 거의 그대로 따랐다.

개교하던 첫해 입학한 53명의 학생들 중 여러분들이 일제시대에 신앙을 지키기 위해 신사참배를 반대하다 옥고를 치른 분들이었다. 그 가운데 이인재(李仁宰), 손명복(孫明腹)은 평양 감옥에서 이 학교의 설립자들과 함께 옥고를 치르고 출옥한 분이었다. 그 외에 황철도, 염애나, 김두석, 박인순 등도 모두 지난날에 한상동 목사와 함께 신사참배 반대운동을 펴다 검속되어 고문을 당하고 옥고를 겪은 분들이었다.

개교하자 박윤선 목사는 교장 서리직을 수행하면서 신학 대부분의 분야를 맡아 강의하게 되었다. 주경신학, 성경신학, 조직신학, 그 외에 성경원어까지 가르쳤다. 한상동 목사가 설립자로 학교총무를 겸해 뛰면서 가르쳤고, 한명동 목사도 가르치는 일을 도왔다. 개교한지 한달 후 한부선(Bruce F. Hunt)선교사가 내한하게 되어 즉시 교수에 협력하게 되었다. 그는 1938년 제27회 총회시 신사참배를 결의하게 되었을 때 불법적인 결정에 가장 강하게 항의하다가 경찰의 완력으로 제지를 당하기까지 했고, 만주 봉천에서 신사참배와 종교법안을 반대하다가 그가 속해 있던 만주 봉천 노회로부터 제명까지 당하였으며, 검속되어 만주 안동현과 할빈 감옥에서 옥고를 겪다가, 대동아 전쟁이 일어나자 일본인들에 의해 포로 교환 형식으로 강제 추방되어 미국에 돌아갔다. 해방 후 그는 가족을 두

---

19) 韓尙東, "파수군" 55호, 권두언, "神學十年을 回顧함", p.6

고 단신으로 한국을 찾아 나왔다. 그가 1946년 10월 28일에 배편으로 부산에 도착하여, 군종 목사 벳졸드 목사 거처에 함께 머물면서 한상동 목사와 접촉할 수 있게 되었다.[20] 그는 도착한지 2주 후인 1946년 11월 13일부터 신설 고려신학교에 나가 가르치기를 시작했다.[21]

박윤선 목사는 한부선 선교사를 동역자로 맞이하게 된 것을 매우 기쁘게 생각했다. 그는 웨스트민스터 신학교에서 함께 공부한 일이 있어(1935-36), 신앙과 신학이 같을 뿐 아니라, 만주에서도 같은 노회에 속해 있어 그의 신실성을 잘 알고 있기 때문이었다. 박목사는 그의 신앙인격에 대하여 "그 자신이 언제나 진실주의를 몸소 실행함으로써 가르친 사실"을 들고 있다.[22] 한부선 선교사는 고려신학교 초창기부터 학교의 터를 놓는 일에 큰 도움을 주었다. 그는 교수로 공

박윤선 박사

헌했을 뿐 아니라, 주말에 지방에 나가 전도하고 교회에서 설교하여 받은 사례금까지 모두 신학교에 입금시키므로 경제적으로도 큰 도움을 주었었다.

---

20) 韓富善 宣教師는 1946년 11월 1일자 그의 아내에게 보낸 편지에서 지난 편지에 한 목사를 만난 일까지 쓰게 되었다는 말을 한 것을 보면, 그는 도착 즉시 고려신학교 개교시에 축사를 했던 같은 교파소속인 군목 벳졸드 목사의 인도로 한 목사를 만난 것이 확실한 것으로 보인다. 그는 이렇게 쓰고 있다; "내가 지난번 어디에서 그쳤지요. 새 신학교의 현장 대표자인 한목사와 만난 일과 그의 훌륭한 정신에 관하여 쓴 것 같군요." 한부선 목사는 본국에 두고 온 그의 아내에게 거의 매일 편지를 써서 보냈다. 그가 단신으로 지내던 2년여동안(1946. 10. - 1948. 7.) 그의 아내(Mrs. Kathy B. Hunt)에게 거의 매일 개인적인 일들뿐 아니라, 고려신학교와 한국교회에 관한 당시의 사정을 자세하게 적어 알려주었다. 2년 동안 그가 쓴 약 1500 페이지에 달하는 편지는 해방 후 고려신학교를 중심으로 한국교회에서 일어난 여러 가지 귀중한 정보를 제공해 주고 있다. 그의 편지사본이 고려신학대학원 도서관에 보존되어 있다. 그는 1946년 9월 30일경 선편으로 미국을 떠나 일본을 거쳐 1946년 10월 28일에 한국 부산에 도착한 것으로 그의 10월 20일 편지와 10월 27일 편지를 통해 알 수 있다.
21) 한부선 선교사는 11월 14일자 그의 아내에게 보낸 편지에서 "어제는 편지를 쓰지 못했어요. 이 분들은 나를 뛰게 만들고 있지요. 어제 가르치기를 시작했는데, 오늘은 경건회와 함께 50분 수업 네 시간을 담당했지요."라고 쓰고 있다.
22) 정암 박윤선 자서전, "성경과 나의 생애", 영음사, p.98

고려신학교는 자체의 건물 없이 개교했다. 호주 선교부가 운영하던 전(前) 일신여학교의 교실을 빌려 개교했기 때문에 한 학기를 마친 후 호주 선교사들이 나오게 되자 이를 비워 주어야 했다. 그래서 1947년 3월 5일에는 한상동 목사가 시무하는 초량교회 별관 유치원으로 옮겨 수업을 하다, 4월 15일 광복동 1가 7번지에 있는, 일제시대 산업은행 직원들의 숙소로 쓰던 적산 건물을 빌리게 되어 그리로 옮기게 되었다.[23] 이 적산건물을 확보하는 데는 한부선 목사의 노력이 크게 작용했다. 당시 한국은 미군정 아래 있었고 그는 전승국인 미국의 선교사였기 때문에 적산청(敵産廳)과 효과 있게 접촉할 수 있었던 것이다. 고려신학교는 개교 반년 동안에 이사를 자주 했기 때문에 당시 "보따리 신학교"라는 별명이 붙기까지 했다.

평양신학교(1922)

1947년 6월 27일에 제1회 졸업생 3명을 내게 되었다. 이들은 평양 신학교에서 수학하던 중 신사참배문제로 문을 닫게 되자 수학을 중단했다가 고려신학교 개교와 함께 수학을 계속했던 분들이었다. 이 3명은 이인재, 조수완, 황철도 세 사람으로 모두 일제시대에 신사참배를 반대하다 무서운 고문을 당하기도 하고 옥고를 치렀던 분들이었다. 이미 언급한대로 이인재(李仁宰, 혹 李朱元)는 일찍이 한상동 목사와 함께 조직적인 신사참배항거운동을 하다 검속되어 평양 감옥에서 함께 옥고를 겪고 같은 날 출옥했다. 이 졸업식 역시 세상의 어떤 대학의 그것처럼 외부적으로 장엄하지는 못했다. 겨우 130여명이 모인 조촐한 식이었으나 그 분위기만큼은 다른데서 느낄 수 없는 감사와 감격으로 충만했다. 한부선 선교사는 그의 아내에게 보낸 편지에서 "그것은 참으로 순교자의 프로그램

---

23) 한부선 선교사가 그의 아내에게 보낸 1947년 4월 14일에 보낸 편지에서 광복동 새교사에 들어가 수업하는 날에 대하여 이렇게 쓰고 있다: "우리는 내일 새 학교 건물에서 수업을 시작합니다."

이었습니다"고 그 분위기를 알렸다.[24] 고려신학교는 첫 번 째로 신실한 목자들을 배출하여 할일 많은 목장에 내어 보냈던 것이다.

광복동에 학교가 자리를 잡은 후 한부선 선교사 외에 미국으로부터 최의손(C.H. Chisholm), 마두원(C. Malsbary), 함일톤(F. Hamilton)선교사가 나와서 가르치는 일을 돕게되고, 이상근(李相根) 목사가 조직신학을 가르치므로 교수진의 강화를 가져왔다.

3. 박형룡 박사의 취임과 이탈(離脫)

신학교 설립을 추진하던 때 만주에 거주하는 박형룡 박사를 모셔오기 위한 시도를 했지만 실패하고 계속 그 가능성을 찾고 있던 중 송상석(宋相錫)목사가 이 일을 자원하게 되었다. 이미 남북이 분단되어 육로로는 길이 막혀 있는 상태이기 때문에 만주까지 가서 모셔 온다는 것은 하나의 큰 모험이었다. 그는 1947년 5월 20일 부산을 떠나 동력선을 세내어 인천에서 해로로 서해를 따라 영구를 거쳐 봉천에 들어갈 수 있었다. 부산을 떠난 지 4개월 만인 그해 9월 20일에 박 박사의 가족을 동반하고 그는 무사히 귀국하게 되었다.

그런데 귀국한 박 박사는 부산에 바로 내려오지 않고, 서울에 10일 이상 머물면서 자유주의 조선신학교를 원하지 않지만 강력한 보수주의 신학의 부산 고려신학교도 원하지 않는 중도 복음주의자들에게 붙들려 서울에서 신학교를 하자는 설득을 받고 있었다. 그러나 그는

박형룡(고려신학교 교장 취임식, 1947)

---

24) 한부선 선교사가 그의 아내에게 보낸 1947년 6월 28일의 편지. 졸업식에 참석하고 그 광경을 스케치한 남영환(2회 졸업생)은 "강단을 바라보니 장엄할사 이 날이여! 꿈에서 깨어난 듯 옥중에 매였던 종들이 풀려 나와 다시 피골이 상접한 그 몸에 가운을 입고 우리 앞에 설 줄이야 그 누가 알았으리요"라고 썼다. "월간고신", 1992년 8월 호, pp.44-51, (1948년 9월에 발표된 것을 재 게재한 것임)

자기를 초청해주었을 뿐 아니라, 생명의 위험을 무릅쓰고 많은 경비를 들여 자기를 데려온 것을 무시할 수 없어 주저하는 마음으로 부산에 오게 되었다. 그는 와서 솔직하게 부산에 오기를 주저했지만 옥중에 계시던 분들이 초청하고, 고려신학교에 대한 욕을 함께 지기를 원해 왔다고 했다.[25]

10월 14일 부산 중앙교회당(당시 노진현 목사시무)에서 박형룡 박사 교장 취임식을 갖게 되고, 동시에 현재 교수중인 박윤선 목사와 한부선 목사도 공식적으로 교수로 취임을 하게 되었다. 박박사는 "사도적신학소론(使徒的神學小論)"이란 제목의 취임 강연을 통해 정통신학의 핵심을 밝히고 이 사도적 신학의 확립을 역설했다. 이제 평양신학교에서 교수하던 보수신학의 대변자 두 분이 교수로 부임했으니 고려신학교는 명실공히 지난날의 평양 장로회신학교의 신학의 전통을 이어가는 학교로서 견고한 터를 갖게 된 것으로 보였다. 이 때 더욱 고무적이었던 것은 서울 조선 신학교에서 공부하던 학생 34명이 박박사의 고려신학교 교장 취임을 계기로 부산에 내려와 고려신학교에 편입하게 된 것이다. 이들은 그 해(1947) 조선신학교의 김재준, 송창근, 정대위 교수의 자유주의 사상에 불만하여 4월 18일에 모인 제33회 총회에 진정서를 제출한 51명 중에 속한 학생들이었다.

그러나 취임한지 몇 달이 지나지 않아 처음에 느꼈던 불안은 현실이 되었다. 박 박사와 설립자들 간에 견해의 차이가 나타나게 되었다. 양편이 다 교회의 정화와 재건, 보수신학의 확립에 대해서는 같은 강한 의지를 가지고 있었다. 그런데 이를 성취하는 방법문제에 있어서 서로 큰 차이를 드러내게 된 것이다. 박 박사는 교장직을 수락하기 전에 이미 장차 신학교는 전국교회를 배경으로 하는 총회신학교가 되어야 한다는 조건을 제시했고, 한상동 목사도 이에 대한 원칙적인

---

25) 한부선 선교사는 10월 6일 편지에 다음과 같이 쓰고 있다; "한가지 내가 좋아한 것은 그가 부산에 오는 것을 주저했으나, 옥중에 계셨던 분들이 초청했기 때문에 왔다고 말한 것이지요. 또 그는 와서 고려신학교가 받고 있는 욕을 함께 받기 원하였다는 것입니다. 마음속에 있는 연약성을 다 털어놓고 그 연약성으로 인하여 물러가지 않기를 바랄 뿐입니다." 박박사가 부산에 오기는 했으나 주변에서는 처음부터 그의 거취에 대해 불안감과 의혹을 가지고 있었음을 알 수 있다.

동의를 했다.²⁶⁾ 총회를 배경으로 해 온 평양신학교 전성시에 교수로 봉직한 그로서 이런 이상을 갖는다는 것은 당연한 일이기도 했다. 한상동 목사도 단지 자유주의 신학을 가진 교권주의자들이 총회의 주도권을 쥐고 있는 것이 문제일 뿐이었고, "적당한 시기"에 총회신학교로 한다는데 대해서 원칙적으로 반대할 필요가 없었던 것이다.

그런데 얼마가지 않아 설립자들과 박박사 사이에는 현실을 보는 시각의 차이가 점점 넓게 나타나게 되었다. 이 시각의 차이는 교회관에 대한 차이가 저변에 자리잡고 있었던 것이다. 박박사가 신학적인 면에 있어서 철저한 보수주의자였지만 교회관에 있어서 만은 약했던 것이다. 철저한 개혁주의자는 교회의 교리와 신학 면에 있어서 순수성을 귀중하게 여길 뿐 아니라, 교회의 순결성도 함께 귀중하게 여기는 것이다. 교회의 순결성은 교회 내에서 교리 및 생활에 대한 공적 권징이 철저히 시행되므로 가능하게 되는 것이다.²⁷⁾ 박박사는 이 점에 있어서 분명히 약점을 가지고 있었다. 이는 그가 고려신학교를 떠날 때 행한 이별 설교 가운데 잘 나타났다. 그는 "시행도 안 되는 권징보다는 복음전파자 양성에 주력해야 한다"고 했던 것이다.²⁸⁾ 지난 날 평북 선천 월곡동교회에서 모였던 교역자 퇴수회에서 출옥한 종들이 제시한 "교회재건 원칙"을 스스로 발표한 일이 있었는데 그는 이제 이 원칙에서 이미 멀리 물러나 있었던 것이다.

고려신학교의 설립자인 주남선 목사와 한상동 목사는 신학자가 아닌 단순한 목회자들이었다. 그렇지만 교회관에 있어서 철두철미 개혁주의 입장을 지켰던 것이다. 한상동 목사는 투옥되기 전부터 교회는 순수해야 한다는 확신을 가지고 있었다. 그는 개인적인 신앙만을 지키고, 영적 열희를 홀로 즐기는 개인주의적 신비주의적 경건주의자가 아니었다. 주의 교회를 사랑했고 주의 교회를 지키기 위해 생명을 바치기를 아까워하지 않는 분이었다. 그에게는 의식적으로 우상숭

---

26) 南永煥 편저, 韓國教會와 敎壇, p.313
27) Belgic Confession Art.29에 언급된 참교회(True Church)의 표지 중 하나가 교회의 순결성 (혹은 거룩성)을 유지하기 위한 권징시행이다.
28) "한국장로교회사"(고신), p.221

배(신사참배)할 것을 결정하고 시행하는 배교 집단을 그리스도의 교회로 보기 원하지 않았다. 그는 신도들로 하여금 신사 참배하는 배교한 교회에 출석하지 않도록 지도하고, 신사참배하는 현 노회를 해체하고 신사참배를 반대하는 신도들만의 새 노회를 조직하기 위한 운동을 전개했다.[29] 이로써 그는 분열주의자나 완전주의자가 결코 아니었다. 사도적인 신앙과 생활을 고수하는 하나의 역사적 보편교회를 사랑했고 그 속에 살기를 원했던 것이다. 그는 교회는 언제나 교회의 성결을 도전해 오는 악의 세력과 싸워 교회의 순수성과 성결성을 지켜가야 한다고 보았다. 그러기에 해방 후 그리스도의 교회의 순결성을 회복하기 위해서는 신사참배를 하므로 우상을 섬긴 공적인 죄에 관하여는 참회와 공적인 권징이 있어야 한다고 주장한 것이다. 그런데 박형룡 박사는 이런 본질적인 교회관에 있어서 흐린 입장을 취함으로써 교회의 현실을 보고 접근하는 방법에 있어서 서로 같은 길을 걷기 어렵게 되어진 것이다. 양자간에 차이는 다음 세 가지로 드러나게 되었다.

첫째, 신학교의 총회승인을 얻는 문제에 대한 시각이 서로 달랐다. 설립자들과 박 박사는 앞으로 총회 승인을 받기로 원칙적인 합의를 봤지만 이 "시기"에 대한 이해가 서로 다르게 나타나게 되었다. 박박사는 즉시 총회의 승인을 받아 전국교회의 지원을 받고 전국으로부터 많은 학생들을 받아 양성하여 전국에 내어 보내야 한다는 것이었다.[30] 그는 알지 못하는 사이 한국교회 내에서의 자신의 위치를 과신했는지도 모른다. 총회신학교가 되므로 자신이 바라는 모든 뜻이 순탄하게 이루어져 갈 것으로 낙관한 것이다. 일제에 아부하고 살아오던 교권주의자들이 갖은 수단을 동원하여 교권을 장악하고, 그들이 범한 우상숭배의 죄악을 교권의 베일 속에 가리우면서, 공적회개를 통한 교회 재건을 요구하는 분들의 소리를 독선이라고 비난하며 도전해 오는 현실을 심각하게 생각하지 않은 것이다.

박박사는 교회의 참된 재건은 참된 회개가 전제되어야 한다는 사실에 대해 진

---

29) 金良善, 韓國基督敎史硏究, pp.196-197 한국장로교회사(고신), pp.181-183
30) "면려청년", 기독청년 면려회 경남연합회 간, 1947. 11. 15

지한 생각을 갖지 않았던 것으로 보인다. 범죄한 사람이 회개하지 않고는 영적인 활력을 얻을 수 없고, 참된 교회봉사를 할 수 없는 것과 마찬가지로, 공적으로 범죄한 한국 장로교회가 공적으로 회개하고 정화되지 않는 한 참된 교회재건에 나설 수 없는 것이다. 박박사는 이에 대해 매우 소극적인 태도를 처음부터 보여주었다. 한국 교회가 공적으로 범죄하므로 영적 활력을 잃었다는 말을 바로 하지 않았다. 그는 귀국 후 인사말에서 한국교회의 현실을 "피곤한 교회"로만 묘사하였다. 그는 "금일 전 세계의 기독교회는 전후 피곤으로 지리멸렬하여 일대 부흥을 요망하고 있습니다. 그 중에 우리 조선교회는 더욱 그렇습니다. 전후 피곤이 심한 우리 교회는 겸손과 자기 부족을 깊이 반성하는 통회로 부흥의 은혜를 고대해야겠습니다."라고 했다.31) 그의 말에 회개를 통한 교회재건의 의지가 강하게 나타나지 않았다. 그래서 한부선 선교사는 그의 인사말에 대하여 그의 아내에게 "그의 특성이 보이지 않는 산만한 것"이었다고 소감을 적어 보냈다.32) 그는 참된 교회 건설을 위해 선행되어야 할 공적인 회개와 권징을 간과하고, 단지 총회의 인준을 받아 총회의 신학교가 되어 전국 교회를 포괄하는 신학교를 만드는데만 관심을 가졌던 것이다. 그래서 고려신학교를 떠날 임시에는 총회의 승인을 아직 받지 않고 고려신학교를 운영하는 분들에 대하여 "새 교단을 형성하고자 교회 밖에서 싸우고 있는 것이다"라고 하므로 저들을 교회분열자로 몰기까지 한 것으로 알려져 있다.33)

---

31) "면려청년", 위에 인용된 기관지.
32) 한부선, 그의 아내에게 보낸 1947년 10월 6일자 편지
33) 간하배, "한국장로교신학사상", pp.168 재인용(1948년 6월 6일 해외선교위원회에 보낸 한부선 선교사의 편지), 당시 한부선 선교사가 선교부에 보고한 내용에 따르면 박박사가 고려신학교편을 향해 "새 교단을 형성하고자 교회 밖에서 싸우고 있다"고 불만을 토로 했던 것은 사실로 보인다. 그는 또 서울로 떠나기 전에 박윤선 목사에게 서울로 함께 가자고 권면하면서 "딴 집을 세우려 하는가?"라고도 했었다(박윤선, "고신 초창기와 나", 월간고신, 1986년 9월 호). 주변사정이 그런 방향으로 이끌고 가게 된 것은 사실이었으나 한상동 목사가 결코 총회신설론을 제기한 일은 없었다. 김양선 목사가 "최후에 신앙노선 전향(總會新設論)의 권고를 당한 박박사는 그 이상 의견의 대립을 계속하는 것은 도로(徒勞)에 불과한 것을 확인하고 1948년 4월 고려신학교를 떠나 서울로 올라왔다"고 말한 것도 증거가 없는 그의 단순한 추정에 불과하다(金良善, 韓國基督敎解放十年史, p.154). 민경배도 에큐메니칼 선교잡지(Survey-Korea, The

그러나 해방 후 한상동 목사가 새 교단을 형성하려는 뜻을 밝힌 일이 전혀 없었다. 아직 고려신학교를 총회직영으로 인정받기 원하지 않는 그의 강력한 의지를 의식하고, 교회분열이 올 것이라는 추정을 하고 성급하게 내린 그의 결론이었을 뿐이었다. 한상동 목사와 주남선 목사는 박박사와는 전혀 다른 견해를 가지고 있었다. 일제시대에 배교하고 계명을 공적으로 범한 자들이 공적인 회개와 권징을 멸시하고 총회에서 교권만을 쥐고 행사하려는 상황에서 학교를 총회에 맡긴다는 것은 신학교를 통한 참된 교회재건의 이상을 포기하는 것과 다름이 없다고 생각했다. 그래서 한 상동 목사는 "적당한 시기"가 올 때까지 총회의 인준을 즉시 받는 일에 동의할 수 없었던 것이다.

둘째로, 신학교의 위치문제에 대한 서로 다른 의견이었다. 박 박사는 신학교가 총회의 인준을 받아 총회적인 신학교로 전국교회의 지원을 받기 위해서는 한국의 중심인 서울로 옮겨야 한다고 주장했다. 이 주장은 어떤 면에서 상당히 현실적이고 합리적인 주장이었다고 볼 수 있다. 박윤선 목사도 초기에 이런 강한 뜻을 가지고 있었다. 그러나 한목사는 다른 견해를 가지고 있었다. 지난날 평양이 한국의 수도이거나, 중심이 아니었으나 장로교 신학교가 거기 있었을 뿐 아니라, 그 학교가 전국적인 영향을 미쳤으므로 장소가 문제가 아니라고 생각한 것이다. 사실 당시 교회의 정치적 상황으로 보아 신학교의 위치 문제는 현실적으로 매우 중요했다. 부산 경남은 수난을 겪은 충복들의 근거지요 이분들의 영향이 큰 곳이었다. 그러기에 고려신학교는 경남노회에 속한 대부분 교회의 사랑과 지원과 기도 속에 출발을 했다. 그러나 서울은 원래부터 자유주의자, 교권주의자들의 활동무대가 되어 왔기 때문에, 고려신학교 설립자들의 뜻을 이해하고 협력할 분들이 많지 않는 곳이었다. 그러니 현시점에서 고려신학교를 서울로 옮기자는 주장은 고려신학교 설립의 목적을 포기하라는 것과 다름이 없었다. 당시의 상황에서 신학교 설립자인 한상동, 주남선 어느 한 분도 신학교 서울 이전의

International Review of Missions, 1949, Vol. XXVIII, p.10)에 난 기사를 인용하여 "성자들만의 새 총회 설립"을 주장했다고 쓰므로 고려신학측을 뚜렷한 증거 없이 헐뜯는 저의를 보이고 있다. 韓國基督敎會史, p.522

주장에 동의를 할 수 없었던 것이다.

셋째로, 외국 선교부와 관계를 맺는데 대한 견해의 차이 문제였다. 박형룡 박사는 현재 고려신학교에서 함께 봉사하고 있는 한부선 선교사가 속한 정통장로교회(The Orthodox Presbyterian Church)외에, 해방 전에 관계를 가졌던 네 선교부 즉, 미 북장로교(The Presbyterian Church in the U.S.A.)를 비롯하여, 미 남장로교(The Presbyterian Church in the U.S.), 호주 장로교(The Presbyterian Church of Australia), 캐나다 연합교회(The United Church of Canada)의 선교부와도 공식적인 관계를 맺기를 원했다. 단순히 생각할 때 그의 입장을 이해하게 된다. 이 네 선교회 선교사들이 한국에 복음의 씨를 뿌렸고, 1938년 평양신학교가 문을 닫기까지 교수들 대부분이 이들 선교회에 속한 분들이었기 때문이다.

그런데 박박사는 해방되기 오래 전에 이 선교회들이 속했던 교단들의 신학적인 상황과 종전 후의 상황이 크게 변한 사실을 간과하고 있었던 것이다. 물론 30년대에도 이 선교회들이 속했던 교회에 신학적인 문제가 없었던 것은 아니었다. 캐나다 장로교회는 1925년에 이미 감리교, 회중교회와 합동을 하여 "캐나다 연합교회"를 형성하므로 개혁주의 노선을 떠났고,[34] 그 교회에 속한 서고도(W. Scott) 선교사는 일찍이 성경고등 비평을 수용하여 성경에 과학적 역사적 오류가 있다고 공적으로 가르쳤다. 당시 미 북장로교 선교사들 중에도 자유주의자들이 있었다. 미 프린스톤 신학교(Princeton Seminary)가 1929년에 자유주의 자들에 의해 개편되어졌기 때문에 그 이후 그 학교를 나와 선교지에 나온 젊은 선교사들 가운데 자유주의자들이 있었을 것이란 사실을 충분히 짐작할 수 있다. 이는 1934년에 마포삼열 (Samuel A. Moffet)박사가 "선교사들의 대부분이 성경은 하나님의 말씀이요 성령의 검이며, 구원은 예수 그리스도 외에 다른 그 누구에게도 얻을 수 없는 것"이라 믿었다고 한 말이나,[35] 곽안련(Chrlaes A.

---

34) A.van der Jagt, *Struggle and Triumph*, Canadian Reforme Pub. House, Canada, 1960, p.107 참조.

35) Samuel A. Moffet, Report of the 50th Anniversary Celebration of the Korea Mission of the U.S.A. Presbyterian Church, June 30-July 3, 1934, p.56. p.40 참조.

Clark)도 대부분의 선교사들이 신학사상에 있어서 현저하게 보수주의를 주장해왔다고 한 말[36] 이 증명을 해주고 있다.

세계 제2차대전이 끝난 1940년대 후반 미국 교회에는, 세계대전 전의 30년대 이전과는 너무 다른 신학적인 기류가 교회를 지배하고 있었던 것이다. 북장로교 교회 안에는 교리를 초월한 에큐메니칼 정신이 주류를 이루고 있었다. 그래서 이 교회는 1948년 창립된 세계 기독교 협의회(The World Council of Churches)의 창립회원 교회가 된 것이다. 해방 후에 한국에 다시 나온 선교사들이나 새로 임명받아 나온 선교사 거의 모두가 이런 에큐메니칼 정신에 젖어 나온 것이다.

그런데도 박 박사는 지난 30년대 이전 신학적으로 정통이 지배적이었던 평양신학교 시절의 분위기와 정서 속에서 이 선교부들과 공식적인 관계를 맺기를 원한 것이다. 그는 이들과의 교류뿐 아니라, 큰 교파를 배경한 이들로부터 전후 어려운 상황에서 경제적인 도움도 기대했을 수 있다. 그러나 저들 선교회 배후에 있는 교회들의 신학의 흐름과 상황을 알게 된 고려신학교 설립자들은 이런 선교회와 공식적인 관계를 갖기를 원하지 않았다. 비록 아직 건물뿐 아니라, 건물을 세울 땅 한 평도 갖지 못한 형편에 있지만 전능하신 주권자 하나님만 바라보고 신학, 교리, 생활이 건전한 학교와 교회를 건설해 가기를 원했던 것이다. 박 박사는 고신을 떠난 지 10년 후에 학교건축을 위해 저들 선교회로부터 받은 돈(소위 3천만원 사건)과 에큐메니칼 운동 때문에 큰 시련을 겪고 이 선교부들과 결별하게 되었다.

당시 큰 선교회에 기대를 걸었던 박박사는 메첸(Machen)파라 불리는 적은 교파, 정통장로교회(The Orthodoxn Presbyterian Church)에 속한 한부선(B. Hunt) 목사와 친분을 가지고 일하는데 부담감을 가졌을지 모른다. "만약 메첸파 선교사와 다른 선교단체 중에서 하나를 선택하라고 했다면 아마도 박 박사는 그 당시 상황으로 볼 때 후자 편에 서기를 더 원했을 것이다"라고 한 말은 바르게

---

36) Ibid., p.56

판단한 말이라고 보게 된다.[37] 박 박사는 그 때 북장로교 선교사들을 위시하여 거의 모든 선교사들이 교리를 초월한 현대 에큐메니칼 정신에 젖어 나온 사실에 주의를 기울이지 않고 이들과 제휴할 때 올 교회의 미래를 내다보지 못했다. 이를 애석하게 여긴 한부선 선교사는 그와 그를 따르는 학생들이 고려신학교를 떠난 후 선교회에 보낸 편지에서 "그러나 그들은 작금의 에큐메니칼(교회일치)운동의 위험들과 신사참배에 대한 기존 교회의 근본적인 결함을 간파하지 못한 것 같다"고 썼던 것이다.[38] 고려신학교 설립자들은 미래의 참된 한국 교회 건설을 위해서는 신학적 자유주의 노선을 가진 선교단체와의 제휴는 수용할 수 없었다.

박형룡 박사는 고려신학교의 설립자들이 자기와는 다른 시각에서 교회의 현실을 보고 접근하고 있음을 확인하고, 이 곳에서는 자기의 뜻을 펴 갈 수 없음을 의식하였다. 그래서 그는 1948년 4월 20일에 개회되는 총회를 앞두고 교장 사임서를 제출해 놓고 서울에 가 머물면서 거기 있는 중도 정통주의자들과 학교설립에 대한 의논을 하였으며, 총회를 마치고 돌아와 5월 27일 부산을 완전해 떠나게 되었다. 이것이 고려신학교 교장으로 취임한지 겨우 반년이 지난 때였다. 당시 고려신학교 측에서는 고려신학교를 떠나는 그를 한국교회의 개혁과 재건을 위해 싸우는 진리운동으로부터 이탈하는 것으로 밖에 볼 수 없었다.

4. 박윤선 교수의 교장 취임

한국의 대표적인 보수신학자 박형룡 박사가 고려신학교를 이탈한 후 한 때 고려신학교에는 공허감이 감돌았다. 그러나 고려신학교를 중심으로 일어났던 교회정화, 개혁, 재건 운동은 결코 인간에 의한, 인간을 위한, 인간의 운동이 아니었다. 이 운동은 주께서 한국교회를 위해 그의 종들을 통해 시작하신 하나의 개혁운동으로 그의 축복으로서만이 결실을 볼 수 있는 운동이었다. 고려신학교 설립자를 위시하여, 이 학교를 위해 기도하고 지원해온 교회들, 진리를 사랑하는 학생들은 주안에서 새 힘을 얻어 새로운 각오를 가지고 계속 전진하게 되었다.

---

37) 간하배, op. cit., p.170
38) 1948년 6월 6일 한부선 선교사가 보낸 편지. 간하배, "한국장로교의 신학사상", p.173

고려신학교(교수와 학생들, 1957)

고려신학교(옛 송도교정)

먼저 학교는 박윤선 교수를 강사로 "믿음 소망 사랑"이란 제목으로 집회를 가져 교수 학생 모두가 크게 위로를 받고 용기를 얻었다.

집회 후 바로 박윤선 교수가 제2대 교장으로 취임했다. 이 교장 취임식은 경건회 시간에 학교 2층 강당에서 행하게 된 조촐한 것이었다. 박윤선 교수는 그의 선임자인 박형룡 박사와는 인연이 매우 깊었다. 평양신학교 수학시절에 그의 스승이었고, 미국 웨스트민스터 신학교에 유학하도록 추천도 해 준 분이었으며, 일제 말기 만주 동북신학교에서 함께 교수로 봉사하기도 했었다. 그러기에 그는 초기에 고려신학교의 터를 다지고, 그를 기다리면서 교장 서리 위치에서 겸손하게 봉사하다, 도착 하자마자 그를 교장으로 모셨다. 두 분의 관계가 이렇게 가까웠지만 박박사가 고려신학교를 떠날 때 그는 움직이지 않았다. 그도 처음에는 신학교가 서울에 자리를 잡아야 한다고 강하게 주장을 했다.[39] 서울에서 박박사를 불러간 분들이 그도 함께 오기를 바랬을 뿐 아니라, 박박사가 동행을 요청했으나 그는 이를 거절했던 것이다. 그 중요한 이유는 두 분이 다 보수주의 신학자이면서도 교회 권징문제를 중심한 교회관에 있어서는 다른 입장을 취한데 있었

---

39) 한부선 선교사가 1947년 10월 2일과, 1949년 5월 1일에 그의 아내에게 보낸 편지 참조.
  박형룡 박사가 부산에 도착하기 직전인 1947년 9월 30일 편지에서 한부선 목사는 "박(윤선) 목사는 언제나 우리보다 더 신학교는 결국 서울로 옮겨져야 한다고 생각하고 있지요"라고 하고, 박 박사가 고신을 떠나게 되었던 때인 1948년 5월 1일 편지에는 "박박사와 서울에 있는 단체는 새 신학교를 시작하기로 결정했습니다. 이들은 박목사가 가담해 주기를 원하고 있지요. 그러나 이들은 신학교의 방향을 개혁운동과 분리하기를 원하고 있습니다"라고 했다.

던 것이다.

박윤선 교수는 회개가 있을 때 교회의 통일이 있고, 주의 축복이 따르는 것으로 믿었다. 1950년의 글에서 "해방 후 5년이 지나도록 우리가 철저히 통회 자복하지 않으므로 해서, 교회가 아직까지 통일을 이루지 못한 것이다"[40]라고 썼다. 죄는 언제나 분열의 원인이 되는 것이다. 그러나 박형룡 박사는 교회의 전도사역과 교회의 일치가 먼저요 회개는 다음이라는 견해를 가졌다. 이는 그가 고려신학교를 떠날 때 한 고별설교에서 "(시행 안되는) 권징보다는 복음전파자 양성에 주력해야 한다"고 한 말에서 잘 나타나고 있었다. 그리고 1951년 12월 25일에 쓴 일종의 호소문 속에 "출옥한 지도자들이여, 우리 교회 전체의 회개의 지연함에 불만하여 당파를 이루어 교회 밖으로 나아가는 것이 바른 일이겠습니까?… 그 보다도 그들 속에 남아 그들을 잘 권면하여 회개시키는 것이 출옥 성도 여러분들의 하실 일이 아니겠습니까?"[41] 라고 한 말에서도 잘 나타난다. 이렇게 서로 교회와 권징을 보는 시각이 매우 달랐던 것이다. 박윤선 교수는 권징과 교회문제에 있어서 고려신학교 설립자들과 같은 시각을 가졌던 것이다.

박윤선 목사의 취임과 함께 손양원(孫良源) 목사가 고려신학교 총무로 봉사를 시작했다. 그는 경남노회가 아닌 전남의 순천노회에 속한 애양원 교회를 시무하면서 학교의 총무직을 맡는다는 것은 쉬운 일이 아니었다. 비록 소속 노회는 다르지만 그는 신학교 기성회를 조직할 때부터 주남선, 한상동 목사와 뜻을 같이 했었다. 박 형룡 박사가 이탈해 나가고, 교권주의자들의 총공세로 신학교가 어려움에 들었을 때에, 그는 학교의 총무로 힘껏 도와 오던 중 6·26 동란 때 북한의 인민군에 의해 1950년 9월 28일 순교하였다.[42]

---

40) 박윤선, "대한예수교 장로회 어디로 가고 있나?" 고려신학교 학우회 출판부, 1950, pp.1,2
41) 金良善, 韓國基督敎解放十年史, p.139
42) 孫良源 목사는 慶南 咸安郡 칠원 출신으로, 그의 부친 손종일씨가 장로였고, 평양신학교를 1938년 3월에 졸업하고, 1939년 7월에 애양원 교회 목사로 취임했다. 그는 신사참배를 반대하다 1940년 9월 25일 검속되어 여수 경찰서에서 10개월, 광주 구치소에서 4개월, 광주형무소에서 1년 반, 그 후 청주 보호교도소에서 옥고를 겪다가 1945년 8월 15일 해방과 함께 출옥했다. 그의 두 아들 東印, 東信은 여순 반란 사건 중 1948년 10월 21일 공산주의자들에 의해 순교하게 되고, 자신도 6·25 전란시 인민군에 의해 1950년 9월 28일 순교하였다.

13.4 경남노회내 개혁진영과 교권주의자들간의 충돌(衝突)

　공적 참회와 권징을 통한 교회의 정화와 개혁, 재건을 부르짖는 출옥 충복들에 의해 고려신학교가 설립되고 경남노회가 이 학교를 인가하고 지원하기로 결정했을 때, 경남지역에 산재한 교권주의자들과 자유주의자들은 자신들의 입지가 어려워지게 되었다. 그래서 이들은 모든 수단을 동원해서 교권을 회복하고 노회를 주도해 나가기를 원했다. 1946년 7월 고려신학교를 인가한 임시노회(진해)가 지난 후 이들은 12월에 있을 정기노회를 앞두고 전세를 뒤집기 위해 선거운동에 들어갔다. 당시 대부분의 목사들은 지난날 신사참배를 했기 때문에 참회나 공적 권징을 통한 정화의 주장에 대하여는 부정적인 생각을 품고 있었다. 그렇기 때문에 정화운동에 반기를 드는 교권주의, 자유주의자들의 설득이 잘 먹혀들 수 있는 형편에 있었다.

　1946년 12월 3일 진주 봉래동 교회에서 경남노회 제48회 정기노회가 열렸다. 지난날 일제 교단시대(敎團時代)에 경남교구장이었을 뿐 아니라, 신사참배, 미소기바라이 모든 가증한 죄를 짓는 일에 선봉을 서온 김길창(金吉昌)[43]이 회장

---

43) 金吉昌은 神社參拜를 決議했던 第27回 總會(1938)의 副會長으로 神社參拜 決議가 되자 卽時 總會를 代表해서 老會長들을 引率하고 神社參拜를 決行하였고, 日本基督敎朝鮮長 老敎團의 慶南 敎區長이었을 뿐 아니라, 牧師들을 督勵하여 松島 앞 바다로 이끌고 가서 미소기바라이를 施行한 者로서 解放後 反民法에 걸려 反民族行爲特別調査委員會에 의해 起訴 被逮당한 人物이었다. 當 委員會의 意見書에 記錄된 그의 犯罪事實은 다음과 같다.

意 見 書

本籍 釜山府 芙蓉洞 二街 三十番地
現住所 釜山府 大廳洞 一街 十六番地
金 吉 昌 當 58歲

1. 犯罪事實.

被疑者 金吉昌은 牧師로서 敵治 昭和16年(1941) 投降 解放까지 內로는 港西敎會에서 神社參拜推進, 皇民化運動, 民族精神抹殺을 推進하고, 外로는 朝鮮 基督敎와 日本戰時 基督敎의 指導理念 合致에 中心의 役割을 했으며, 日人 牧師 賀川豊彦, 富田滿等의 案內役이 되어 韓國基督敎人의 皇民化運動의 推進團體의 首腦幹部로서 活躍하고, 所爲 神社參拜問題가 擡頭된 以後는 慶南敎區長으로서 積極的으로 神社參拜를 主唱하고 이에 反對하는 牧師 敎人을 或은 日本警察과 結託하여 强壓케 하였으며 그 罪狀을 列擧하면 如左함.

으로 당선된 것이다. 이는 경남노회의 수욕이요, 당시 대부분 목사들의 영적 상태가 어떠했음을 분명하게 보여주는 것이었다. 지난 6월에 서울에서 모인 남부총회에서도 친일 교권주의자들이 총회의 주도권을 장악했기 때문에, 경남의 이들도 자신감을 가지고 사전 선거운동을 해 이룩한 업적이었다. 그런데 이는 사단의 지배 아래 살고있는 자들이 만들어낸 일종의 혁명이었던 것이다. "그 때는 누구나 부인할 수 없이 신사참배는 죄가 아니다"라는 공기로 화하였던 것이다.[44] 이 때 한 회원이 회장에게 신사참배가 죄인지 아닌지를 물었다. 이 때 회장은 "마음에서부터가 아닌 강제에 못 이겨 어쩔 수 없이 저지른 것이 아니

가). 敎人의 皇民化運動推進團體의 首腦人物(證明 二號에서 確認)
나). 皇民化運動, 神社參拜運動, 民族精神抹殺運動이 顯著.(證 第一號, 說敎原稿로서 確認, 證人 金相順陳述로서 確認)
다). 神社參拜에 反對하는 牧師敎人을 日警과 結託하여 彈壓케 함.
右를 確認할 수 있고 被疑者가 昭和16年以降 每主日 港西敎會에서 說敎한 內容을 볼 때 親日的 言辭, 皇民化推進等의 無數한 句節을 發見하며...... 뿐만아니라, 己未年 3.1運動에 言及하여 3.1運動을 쓸데 없는 딴 作亂하다가 失敗했다고 하며, 33人中의 基督敎 代表者에 對하야 敎會를 私慾에 利用할랴다가 失敗하고 말았다 하였으니 이는 偉大한 先烈에 對한 큰 冒瀆일 것이다......

檀紀 4282年 五月 日
反民族行爲 特別調査委員會.
7人의 署名 捺印(약함)

金吉昌은 위와 같이 反民法에 걸려 마침내 逮捕되어 刑務所에 收監 當한 적이 있었다.

逮 捕 始 末 書

住所 위와 같음(약함)
金吉昌, 當58年

依命으로 檀紀 4282年 3月 14日 午前 九時 三十分 書記 金榮斗外 特警隊員 二名을 帶同 하고 左記 自宅을 搜索한 바 來客과 面會中인 被疑者를 同日 午前 十一時 連行하여 釜山 刑務所에 引致함.

檀紀4282年 3月 15日,
反民族行爲特別調査委員會.

朝鮮基督敎革新敎團의 議長을 지냈던 全弼淳, 監理敎의 梁柱三이 모두 反民法에 걸린 자들이었다. 위 公文書 寫本은 高麗神學大學院 圖書館에 所藏되어 있다.

44) 韓商東, "現下大韓敎會에" 上, 파수군 2호 p.5

요!"⁴⁵⁾ 라고 답하였다. 이 말은 마음으로 한 것이 아니니 죄가 되지 않는다는 말과 마찬가지였다. 이제 다수 회원을 확보하여 교권을 쥐었으니, 겨우 3개월 전에 설립된 고려신학교를 허무는 작업에 착수하게 되었다. 지난 7월 노회에서 결정한 고려신학교 인가를 취소하고, 신학생 추천하는 일도 취소해버렸다. 사단의 힘을 배경한 교권은 일시적으로 승리감에 도취 되었다. 교회사를 돌이켜 보면 사단의 세력을 배경한 교권주의는 언제나 그리스도의 교회에 큰 손해를 끼쳐 왔다. 그러나 음부의 권세가 주의 교회를 이길 수 없었다.

한상동 목사는 저런 오만한 교권의 횡포를 바라보고 조용히 있을 수 없었다. 그는 "불손한 태도를 고침이 없이 그대로 나아가는 경남노회가 바로 설 때까지 탈퇴한다"고 선언하고 퇴장을 해버렸다.⁴⁶⁾ 그런데 이 탈퇴선언은 "바로 설 때까지"라는 기한부의 탈퇴였으므로 경고의 의미가 담겨 있었으며,⁴⁷⁾ 불의한 교권은 오래가지 못한다고 보는 그의 확신의 표현이라고 볼 수 있다.

노회가 끝난 후 김길창의 교권장악과 한목사의 노회 탈퇴선언에 대한 소식은 경남지역 교계에 큰 반향을 불러 왔다. 1947년 1월 13일자로 경남지역 내의 주도 교회들인 진해, 부산 초량, 마산 문창, 부산진, 거창읍, 부산 영도, 남해읍 교회 등 6교회가, 노회를 바로 세우기 위해 투쟁하기로 하고, 몰염치한 교권을 규탄하는 성명서를 내었다. 이어 2월 14일에는 경남노회 소속 67교회가 제48회 노회의 결의에 항거하고 한상동 목사를 지지하는 성명서를 발표했다. 또 경남 면려청년회가 주동이 되어 초량교회에서 신도대회를 열어 진해의 주상수(朱尙洙) 장로를 회장으로 세우고 회개운동을 전개함으로 교회개혁의 봉화를 들었다.

그러나 교권주의 자유주의자들은 영적인 분별력을 잃은 가운데 더욱 완고해

---

45) 한상동, "소위 고려파가 생기기까지." 고려신학보 1, 1972, p.38 한상동 목사가 "회장, 신사참배가 죄입니까, 죄가 아닙니까?"라고 물었다.
46) 경남노회 제48회 정기노회 회록:
   "1. 신사참배와 미소기바라이 권장 책임자로서 노회결의의 참회주간 행사(통회자복기간)와 자숙행사에 불복한 김길창씨를 회장으로 선출된 일에 분개하여 경남노회가 바로 서기까지 탈퇴한다고 한상동 목사가 선언하다."
47) 金良善, 朝鮮基督敎解放十年史, p.152

지고 자만해졌다. 이들은 성명서에 나타난 자신들의 몰염치와 신사참배를 죄로 보지 않는데 대한 질타를 명예훼손으로 간주하고 성명서를 낸 사람들을 징계로 위협하면서 1947년 3월 10일 구포교회에 임시노회를 소집했다. 그러나 노회에서 이들은 자신들을 향한 교회의 역풍이 너무 거세다는 사실을 비로소 느끼게 되었다. 결과 그 자리에서 노회장 김길창을 위시한 전 임원이 총 사퇴를 하고, 그제서야 부득이 신사참배를 죄로 시인하였다.[48] 그리고 이들은 한상동 목사에게 전번 노회시에 행한 노회탈퇴 선언의 취소를 요구했다. 한목사는 뜻을 같이 해 온 분들의 뜻을 물은 결과, 저들이 신사참배를 죄로 시인한 것은 경남노회 소속 대부분의 교회들이 한목사를 지지하므로 입장이 난처해서 한 일이지 진심에서 한 것이 아니라는 견해를 듣고 그 요구에 응하지 않았다. 교권주의자들은 언제나 상대방이 약하다고 느낄 때면 매 발톱 같은 교권을 휘둘러 상처를 내고, 강하다고 여겨지면 그것을 빨리 깃 속에 감추어 버리게 된다. 사실 저들 노회 임원들의 총 사퇴는 교회 평신도들의 거센 항거에 밀려 잠시 후퇴를 한 것뿐이었다.

구포 임시노회의 소식이 경남전역에 알려지자 마산문창교회를 위시한 경남전역에 산재한 68개 교회 평신도 200여명이 3월 24일에 문창교회에 회집하여 황철도(黃哲道) 전도사를 회장으로 추대하고, 경남노회 교권주의자들의 부패성과 비양심적인 태도를 규탄하였다.

교회지도자들의 영안(靈眼)이 어두워지고 부패하여 진리에 침묵하게 될 때 하나님은 선지자적, 왕적, 제사장적 소명을 의식한 평신도들을 일으켜 진리의 음성을 들려주시는 것이다.

개혁주의 교회의 특성은 평신도가 수동적인 성격을 띠고 사는 것이 아니라, 진리가 문제될 때 노도(怒濤)같은 무서운 능동적 힘을 발휘하는 것이다. 당시 고려파의 진리운동은 몇 몇지도자들의 운동이 아니었고, 진리를 사랑하는 평신도들의 운동이었다.

---

48) 경남노회 제48회 노회 구포 임시노회(1947.3.10) 회록:
　"1) 경남노회 48회 노회를 부인한 67교회 신도대회의 항의적 성명을 해결키 위하여 노회임원 총사직을 단행하다.
　2) 신사참배, 분묘배례, 시체배례, 제사건, 국기건에 대한 죄관을 강조키로 함."

1946년 12월 3일에 모인 경남노회 제48회 노회 이후 이듬해 3월 10일의 구포 임시노회를 거치면서 경남 노회 안에는 고려신학교를 적극 지지하는 측과, 고려신학교 측을 강하게 반대하는 측과 중도(中道)의 길을 걷는 삼파(三派)가 생겨나게 되었다. 구포임시 노회가 모인 후 어떤 분들은 교권주의자들의 행태(行態)에 대하여 너무 실망하고 허탈감을 느낀 나머지 순교자 정신에 입각한 새로운 노회를 조직하여 교회재건에 나서자고도 주장하는 분들이 있었다. 그러나 한상동 목사는 이런 요구에 응하므로 노회가 분열되는 것을 원하지 않고 계속 경남노회에 참석하였다.[49] 이 후 배교자들인 교권주의자들에 대한 태도가 너무 소극적이라고 판단한 분들은 교회 재건 방법에 있어서 극단을 걷는 출옥 여성도 최덕지(崔德支)편의 재건파로 넘어가기도 했다.[50]

1847년 12월 9일 부산 광복교회에서 경남 제49회 정기 노회가 모였다. 이 때는 박형룡 박사가 귀국하여 고려신학교 교장으로 취임한지 두 달이 되던 때였다. 그는 이미 설립자들과 앞으로 적당한 시기에 신학교의 총회인준을 받기로 합의했기 때문에 노회 앞에 "신학교는 이사회와 후원회를 조직하여 전국교회의 원조를 얻는 동시에 적당한 시기에 총회에 청원하여 승인을 받기를 원한다"는 뜻을 밝혔다. 이로써 신학교와 교회(경남노회)의 관계는 회복이 되고, 신학교를 방해하던 교권주의자들의 소리도 잠시 가라앉게 되었다. 노회는 제47회 노회 시 결의한 자숙 안에 순응하지 않는 목사들에게 사과서를 내도록 결정도 하게 되고, 한상동 목사는 지난 노회 때에 선언했던 노회 탈퇴 선언을 취소하게 되었다.[51] 이제 고려신학교의 주변은 잠잠해졌다. 그러나 이것은 폭풍전의 고요와 같은 것이었다.

---

49) 한상동, "소위 고려파 생기기까지", 고신학보, 1, 1972, 3, p.39
50) 崔德支는 敎會再建에 있어서 極端의 길을 걸었다. 지난날 神社參拜로 犯罪했던 舊 禮 拜堂 建物은 하나님이 계시지 않는다고 해서 몇 敎會堂을 불태우고, 現實敎人과 人事를 나누는 것은 同參罪를 犯하는 것이라 하였다. 初期 高麗神學校 出發을 도왔던 朱尙洙 長老도 結局 崔德支便에 서게 되었다. 그런데 이들은 지나치게 極端의 길을 걸었을 뿐 아니라, 神學이 없었기 때문에 正常한 敎會生活의 定着이 어려웠다. 결국 崔德支 傳道師가 女 牧師로 將立을 받고, 敎會 內分이 이는 결과를 초래하게 되었다.
51) 경남노회 제49회 정기노회(1947.12.9) 회록:

그런데 1948년 5월 이미 언급한 대로 박형룡 박사가 고신을 이탈하여 서울로 가서 중도 복음주의자들의 주선으로 "장로회신학교"를 세웠다. 그가 고려신학교를 떠나게 되자 수개월 소리를 죽이고 지나온 경남의 교권주의자들과 자유주의자들이 고개를 다시들고 일어서게 되었다. 이들은 이제 고려신학교와 이 학교를 중심으로 하고 전개되어 온 교회재건 운동을 공격할 수 있는 좋은 구실을 얻게 된 것이다. 그의 이탈은 어떤 면에서 고려신학교를 중심으로 한 교회 재건 운동이란 몇몇 사람들의 개인적인 야심에서 나온 운동이라는 오해를 낳게 했다.

뿐만 아니라 고려신학교를 중심으로 한 운동은 박박사와 같은 한국의 보수신학의 대변자를 수용하지 못하는 소수 독선자들의 운동이라는 비난의 근거도 제공하게 되었다. 결과적으로 박 박사의 이탈은 고려신학교를 핵심으로 한 교회의 개혁과 재건운동에 큰 해를 초래하게 되었던 것이다. 그는 경남에서 김길창과 함께 하는 자유주의 교권집단과 노진현(盧震鉉)과 함께 하는 중도 교권집단이 서로 손을 잡아 대세를 이루어 고려신학교 측을 공격할 수 있는 좋은 기회를 마련해 주게 되었다. 나아가, 그는 서울에서 중도 보수주의자들과 손을 잡고, 잠시나마 조선신학교 계통의 자유주의 집단도 묵시적으로 수용함으로써 총회에서 총력을 결집해 고려신학교를 분쇄하고, 경남노회를 축출할 수 있는 계기를 마련해 주게 되었던 것이다. 그가 떠난 때부터 고려신학교는 그 존립을 위해 투쟁을 해야 했다.

그의 고신 이탈의 결심은 이미 1948년 5월에 서울에서 모인 제34회 총회가 고려신학교에 대해 일격(一擊)을 가하게 만들었다. 그는 4월에 강의를 벌써 그만두고, 장로회신학교를 세우기 위한 준비작업을 하기 위해 서울에 가서 머물고

---

1. 임사부보고; 47회 노회결의를 불복종한 목사들에게는 구포 임시노회시의 임원 총 사직으로 일단락을 지은 것 같으나, 기실은 불연한 느낌이 있을 뿐 아니라, 우리 노회의 권위를 세우기 위하여 사과서를 받는 것이 가할 줄 아오며,
2. 48회 노회를 부인한 67교회신도대회가 제출한 성명서를 정리하겠다는 서류는 수리하고, 노회의 질서를 세우기 위하여 노회장으로 하여금 주의를 시키는 것이 가한 줄 아오며,
3. 한상동 목사의 노회 탈퇴선언이 취소서 제출로 고려신학을 인정하기로 회중이 가결하다…

총회에 참석 했다. 그는 이미 마음을 정해 고려신학교에 사표를 제출해 놓고 서울에 체재하고 있었기 때문에, 주변에는 벌써 그가 고려신학교를 떠난 것으로 알려져 있었다. 마침 이 때 총회에 전남 순천 노회로부터 "고려신학교에 학생을 추천해도 좋으냐"는 문의가 들어왔다. 총회 차원에서 고려신학교 문제가 처음으로 제기된 것이다. 이 문의에 대하여 전 "일본기독교조선교단"의 통리였고, 현재 총회 정치부장이 된 김관식(金觀植)[52] 목사가 당돌하게도 나서서 "고려신학교는 우리 총회와 아무 관계가 없으니 노회가 천서를 줄 필요가 없다"라고 단안을 내려 답을 했다. 바로 3년전 순정일본적기독교의 "일본기독교조선교단" 통리(統理)였던 그는 신사참배 죄에 대한 참회와 공적 권징을 통한 교회정화와 재건을 부르짖는 고려신학교와 관련된 문제가 제기 될 때 기회를 만난 듯 칼로 자르듯 저런 단안을 내린 것이다. 박박사는 총회에 참석하여 이 정경을 지켜보았다. 그러나 그는 이제 교회정화를 통한 교회재건에는 관심이 없었고, 이런 교권 총회를 배경한 신학교육에만 관심이 있었던 것이다.

　총회를 지난 후 경남의 자유주의 교권주의자들은 이제 고려신학교를 분쇄하는 일에 크게 고무되었다. 그래서 1948년 7월 이들에 의해 작성된 "고려신학교와 소위신성파(所謂神聖派)에 대하여"라는 성명서가 교회에 뿌려졌다. 이들은 성명서에서 메첸파인 미 정통장로교 선교회(韓富善)와 관계를 가진 고려신학교는 타국에 예속하려는 공산주의자와 다름이 없다는 무서운 비난을 쏟아 놓았다.[53] 이들은 성명서를 뿌림과 동시에 이제까지 회개, 정화, 교회재건 운동을

---

[52] 金觀植은 神學的으로 自由主義者로 朝鮮神學校 設立理事였고, 日帝末 日本基督敎朝鮮 敎團 統理였지만 解放 後 거침없이 敎權의 核心에서 그대로 活動을 계속했다. 1948年에는 韓國長老敎會 總會 代表로 화란 Amsterdam에서 열린 W.C.C. 創立總會에도 參席했다. 이는 당시 總會의 雰圍氣와 性格이 어떠했음을 잘 말해 주고 있다.

[53] 그 宣言文은 金吉昌, 陳宗學, 金英煥, 裵聖根 외 7명의 합의로 발표된 것으로 그 선언문은 먼저 메첸의 신학노선과 함께하는 고려신학교를 다음과 같이 헐뜯고 있다; "…이제 우리는 생각하십시다. 미국의 남북 장로교회에서 작당분쟁을 일삼아 평화와 질서를 의식적으로 파괴하다가 반역자로 몰려 추방당한 극소수인 그들(메첸파)의 손에 우리 조선 장로교회를 맡긴다는 것은 조선 장로회를 전 세계적인 대 생명체에서 절단하는 것이며…또는 그들의 취하는 지도원칙인 사상에 절대 맹종하는 것은 조국을 잊어버리고 타국에 예속하려는 공산주의자와 무엇이 다

주장하므로 자기들의 기를 꺾어 왔다고 보는 고려신학교를 분쇄하기위해 서둘러 임시노회 소집을 요구했다.

1948년 9월 21일 김길창이 시무하는 항서교회(港西敎會)에서 경남노회 제49회 임시노회가 소집되었다. 이 임시노회가 첫날은 항서교회(金吉昌 視務)에서 모였으나, 둘째 날은 부산중앙교회(盧震鉉 視務)에서 모였다. 이 임시노회에서 취급할 14안건 중에는 (2)항에 고려신학교에 관한건(김길창측의 제안), (4)항에 경남노회 광정에 관한 건(같은 김길창 측의 제안), (8)항에 "고려신학교와 소위 신성파에 대하여"라는 선전문 발기인 정체와 선전문 정리의 건(경남법통노회측 제안)등이었다. 그런데 가장 중심이 되는 의제는 고려신학교 문제였다.

교권주의자들은 1. 박형룡 박사가 고려신학교를 떠난 이유, 2. 고려신학교가 장로교 총회의 승인을 청원하지 않는 이유, 3. 메첸파 선교사를 교수로 채용하는 이유 등을 따져 물었다. 이는 고려신학교의 인정을 취소하기 위해 구실을 찾기 위한 의도적인 물음이었다. 설립자 한상동 목사는 이에 대한 답변을 했지만 이들에게 이해될 리 없었다. 노회는 44대 21로 고려신학교 인정취소를 결정하고 말았다. 이것이 교권주의자들의 작전에 의해 결정된 두번째의 고려신학교 취소였다.(첫번째는 1946년 12월 3일 진주 봉래교회에서 모인 경남노회 제48회 정기노회). 이는 분명히 자유주의 교권주의자들(김길창 동조자들)과 중도 보수주의 교권주의자들(노진현 동조자들)의 합작품이었다. 이 때 송상석 목사와 장영실 장로는 지난 노회시 결의된 건을 재론 동의 과정을 거치지 않고 결의한 것은 불법이라는 이유로 즉석에서 소원장 낼 것을 선언했다. 진리를 따라 가는 길은 험로임에 틀림없다. 이 때 고려신학교 측을 동정하는 몇 분이 고려신학교 내용을 재조사하자는 안이 나와 이 안이 통과되었다.

르리오. 지난 서울 총회에서는 고려신학교를 총회와 절연하였고..." 나아가 이들은 그 선언문 속에 朝鮮神學報 第5號에 金在俊이 발표한 "便紙에 代身하 여"(1948. 4. 23)라는 글에 나타난 "聖經의 追字的 靈感" 등을 부인하는 내용을 거의 그대로 요약하여 실음으로 자신들의 신학적 입장을 밝혀 스스로 자유주의 신학의 추종자들임을 천명했다.

高神敎會史料集, 第1卷 參照, 高麗神學大學院 圖書館 所藏.

위에 든 (4)항의 "경남노회 광정에 관한 건"은 김길창, 배성근 등 12명[54]의 명의로 낸 청원이었다. 이 청원은 임시노회 제2일되는 날 중앙교회당에서 취급되었는데 지난 노회에서 "解放以後에 神社參拜가 罪된 것과 그 犯罪로 自肅週間을 지킨것과 自肅週間을 不守한 자의 謝過書 내기로 決議한 等事는 (老會召集請願者 裵聖根씨의 說明에 依하면 그 決議件 等은) 사탄의 作亂으로 된 것인즉 그 決議를 取消하자는 것"이었다.[55] 청원자들은 "神社參拜는 良心에 過責이 없는 우리에게 老會가 우리 良心을 强制로 定罪할 수 없다"[56]고 함으로 노회의 잘못된 결의를 바르게 고쳐달라(匡正)는 것이었다. 교권만을 장악하기에 혈안이 된 이들은 하나님을 두려워하지 않는 이상한 담력을 발휘한 것이다.

1948년 12월 7일에 마산 문창교회(별관)에서 경남노회 제50회 정기노회가 모였다. 노회신학부장이었던 심문태(沈文泰) 목사가 고려신학교 조사위원으로 고려신학교에 대한 긍정적인 보고를 했다. 그러나 이미 노회원 다수를 확보한 교권주의자들은 고려신하교에 대하여 재고할 필요가 없다고 단정하고, 지난번의 인정취소를 재확인하였다. 이제 교권주의자들과 신사참배문제를 언급하는데 대하여 혐오감을 느껴온 인사들이 노회의 주도권을 행사하게 되었다. 한상동 목사도 그 노회에 참석하여 회의진행을 지켜보았다. 저들은 승리를 얻은 분위기에 젖어 있었다. 노회 석상에서는 신사참배에 대하여 양심문제 운운하는 것은 신학박사라야 해결할 문제라는 말도 나왔다.[57]

그런데 노회 석상에서 어떤 목사가 돌연히 일제시대에 범한 자신의 죄를 고백하며 회개했다. 그가 "나는 '미소기바라이'를 한 사람입니다. '미소기바라이' 의식은 여러 노회원들도 아시는 바와 같이 '아마데라스오미가미'(天照大神) 외에는 다른 신을 신으로 섬기지 않을 것을 예식으로 행하는 것으로 부산 송도 앞 바

---

54) "慶南老會 匡正"을 要求한 12人은 金吉昌, 裵聖根 外에 陳宗學, 朴昌根, 金萬一, 金英煥, 金光秀, 朴君賢 牧師등과 長老에 李義錫, 金贊瑞, 金商旭, 裵倚敎 등 모두 朝神系統의 自由主義 神學支持者들로 三分老會側에 선 분들이었다.
55) 高神敎會史料, 第1卷, 페지 없음. 高麗神學大學院圖書館 所藏.
56) 韓尙東, "現下 大韓 敎會에", 파수군, 第2號, p.19
57) 韓尙東, "現下 大韓 敎會에!" 上, 把守軍, 2호, pp.19-20

다에서 추운 겨울, 옷 하나 걸치지 않은 나체로 바다 물에 머리까지 전신을 잠기도록 들어갔다 나오는 지독한 일을 7번이나 하면 신사의 제관이 된다하여 나는 이러한 죄를 지었습니다"고 하니 온 회중이 숙연해지고 통회를 하게 되었다. 그런데 이 때 한상동 목사 뒤에서 "'미소기바라이' 라는게 무언고? 그 난 들어보지도 못한 말인데"라는 말이 들렸다. 뒤돌아보니 그는 김길창이었다. 그가 바로 "일본기독교조선장로교단"시대의 연성국장이요, 경남교구장으로서 신사참배에 솔선수범하고, 목사들을 송도 앞 바다로 이끌고 가 '미소기바라이'를 강행한 장본인이었다. 한상동 목사는 그의 가증함에 참을 수 없어 바로 일어나 그의 목사직 제명을 동의했다. 재청도 뒤따랐다. 이때 김길창은 손살같이 회장을 빠져 나가버렸다. 노회장도 같은 류의 집단에 속해 있었기 때문에 본인이 현장에 없다는 이유를 들어 가부를 묻는 일을 다음 노회시까지 유보시켜버렸다.58) 그 후 한 목사는 몇 몇 노회원으로부터 "제명동의" 취소를 권유받았다. 그러나 그는 개인 감정의 문제가 아니고 하나님 앞에서 이를 해야할 사명으로 느꼈기 때문에 그 권유를 받아드릴 수 없었다.

한 목사의 부동한 결심을 알게 된 김길창과 그를 따르는 권남선 등 10여명의 목사들은 탈출구를 찾게 되었다. 다음 노회를 10여일 앞두고 이들은 함께 모여 자기들끼리 노회를 조직하기로 합의를 보고, 현재의 경남노회는 "신앙과 신조"가 다르고, 그 노회와 함께하는 것이 신앙양심에 구애가 된다는 것을 이유로 제시하면서, 별도 노회를 조직하기 위한 소집 통지서를 1949년 2월 19일자로 발송했다.59) 3월 8일, 김길창 자신이 시무하는 부산 항서교회에서 권남선 목사 등과

---

58) 한상동, "소위 고려파가 생기기까지" 고신대학교, 1972, 3. op. cit. ,pp.116-117
59) 不法老會 召集 發起人 代表 權南善의 이름으로 보낸 老會 召集通知文은 이런 內容을 담고 있었다;
"慶南老會는 解放 後 數箇年間 分爭中에서 지나왔을 뿐 外라 信不信間에 物議가 되였음은 全 會員의 公知하는 바로 團合을 爲하여 數年間 全 會員이 努力함도 事實이나 終是 解決이 보이지 않고 漸次 難關으로 기우러지니 차라리 信仰信條가 맞는 信仰同志가 모여 熱心 信主하여 傳道事業에 全力함이 信仰良心에 거리끼지 않고 하나님 앞과 混亂期에 있는 國民 앞에 基督敎의 取할 明朗한 路線으로 알아 前番에 開會場所로 作定됐던 馬山을 前二回 經驗으로 祥瑞롭지 못한 點이 많아 同日(三月八日 午前二時) 釜山 聖書學院으로 會集함이 조을 줄 아

함께 새 노회를 조직하였다. 이것이 한국장로교회 사상 교회분열의 시발이라고 할 수 있다. 이 집단은 분명히 "신앙과 신조"를 달리한 자유주의 신학을 추종하는 자들의 집단이었다. 그러니 해방 후 장로교회의 분열은 배교자요 자유주의 교권주의자인 김길창 집단에 의해서 시작된 것이다. 1949년 3월 8일에 마산 문창교회에서 경남노회 제51회 정기노회가 개최되었다. 이제 경남에는 법적으로 역사를 계승하는 노회와 "신앙과 신조"가 다르므로 분열해 나간 두 노회가 생기게 되었다. 이로써 경남에서는 신학적으로 보수, 전통을 지키는 법통노회 측과 "신앙과 신조"를 달리하므로 스스로 분열해 나간 자유주의 집단이 분명하게 나누어지게 되었다.

나이다."

1949年 2月 19日, 發起人代表 權南善
同意者 姓名

이들에게 맞는 信仰信條는 金在俊의 그것과 同一한 것이었다. 이들 不法老會 召集과 거 이 同時에 퍼뜨린 "高麗神學校와 所謂 神聖波派 對하여"란 글의 內容 大部分은 金在俊이 朝鮮新學報 第五號에 發表한 "便紙에 代身하여"(1948년 4월 23일)의 內容을 거이 그대로 옮겨 메첸파에 대하여 "그들의 基督敎는 人格의 宗敎가 아니라 觀念의 宗敎이며 聖神의 宗敎가 아니라 冊의 宗敎이였습니다"라고 非難한 것을 보아 알 수 있다. "冊의 宗敎"라고 非難하는 것은 聖經無誤說을 믿는 것을 非難 한 것이다.

제14장 경남(法統)노회에 대한 총회교권의 횡포(橫暴)(1949-1952)

14.1 제35회 총회 전권위원회(全權委員會)의 교권의 전횡(專橫)

1949년 4월 23일 서울 새문안 교회에서 제35회 총회가 모였다. 총회에는 경남의 기존노회와 분열해 나가 임의로 조직된 노회(김길창 측) 양측으로부터 총대가 파송 되어왔다. 총회는 경남노회 총대문제에 대하여 논의가 있었지만, 즉석에서 기존 경남노회 총대를 받기로 결의했다. 그러나 다음날 총회는 경남노회의 분규사건을 다루게 되면서, 이 사건이 끝날 때까지 경남노회 총대들에게 언권 정지를 명하게 되었다.[1] 그런데 이제 총회는 이 기회를 이용하여 노회분규 문제뿐 아니라, 노회분규와 직접 관련이 없는 고려신학교 문제도 함께 취급하게 되었다. 결과 경남의 고려신학교를 중심한 경남노회의 교회의 정화, 개혁, 재건 운동은 이제 총회 내 자유주의자들과 중도 보수주의자들 양편의 묵시적 연대로 이루어진 다수라는 교권에 의해 심한 박해를 받기 시작했다.

이 총회는 경남노회와 고려신학교에 관계된 정치부(부장 이자익)의 보고를 받았는데, 그 내용은 "경남노회 사건은 노회는 한부선파와 관계하지 말고, 고려신학교에도 거년 총회 결정대로 노회가 관계를 가지게 되는 일은 총회결의에 위반되는 일이매 삼가함이 마땅하오며, 기타의 모든 복잡한 문제만은 전권위원 5명을 선정하여 심사 처리케 함이 가하다"[2]고 하고, 김현정, 김세열, 김재석, 서정

---

1) 총회 제39회 총회록, 1949, pp.31,36
2) Ibid., p.58

대, 구연직 5인을 전권위원으로 추천하였다.

여기서 총회는 경남노회에 한부선과의 관계단절을 명함으로써 그와 한국교회와의 관계없음을 선언하게된 셈이었다.[3] 그리고 총회는 경남노회가 고려신학교와의 관계를 갖는 것은 지난 총회결의에 대해 위반된 것이라고 단정했던 것이다. 이는 사실상 고려신학교를 분쇄하려고 총력을 기울여 온 자유주의자요, 교회분열자인 김길창 편의 손을 들어준 것을 의미했다. 나아가, 총회는 이 보고를 받으므로 경남 노회 내에 전개되어 온 교회의 정화, 개혁, 재건운동을 분쇄하겠다는 석연치 않는 정치적 저의를 품고 있었음을 보여 주었다. 이는 총회가 전권위원들에게 선명한 일의 한계를 정하여 지시하지 않고 "기타 모든 복잡한 문제만은 전권위원 5명을 선정하여 심사 처리케 한다"는 불투명하고 포괄적인 내용의 지시를 내림으로 잘 드러내었다.

결과 전권위원들은 경남노회의 분규를 해결하기 보다는 분열을 더욱 조장하는 일을 하게 되었다. 이들은 "신앙과 신조"가 다르다는 이유를 분명하게 내세워 불법하게 경남노회 안에서 교회 분열을 일으킨 김길창과 그의 동조자들을 교회법의 상식을 따라 징계하고, 노회에 복귀하라는 명령을 내리므로 분규문제를 쉽게 해결할 수 있었다. 그러나 이와는 정 반대로 초점을 고려신학교 세력의 분쇄에 두고, 이 학교를 지지하는 세력을 약화 내지 거세하는 방향으로 정략을 세워 교권을 행사하였다. 전권위원들은 1949년 5월 27일자로 다음과 같이 결정하여 경남노회에 속한 각 교회에 시달했다;

"한부선 선교사 일파 및 고려 신학교와의 관계는 이미 총회로서 결정한 것이니, 노회는 순종하여 이를 실행할 것이며, 그들이 독선적 태도를 가지고 교회의

---

[3] 총회는 韓富善 선교사를 한국장로회 총회 안에서 봉사하는 회원권을 가진 분으로 이미 인정했었다. 1947년의 제2차 남부총회(총회 제33회)시에 회원으로 그의 이름을 불렀다.
이 때 한부선은 일제시 봉천노회에서 제명처분을 당한 후 그에게 어떤 조처를 했는지에 대해서 들은 일이 없기 때문에 "나는 이 총회의 회원이 아니오"했던 것이다. 총회가 그를 총회에 속한 회원으로 보았기 때문에 1950년 총회는 李大榮 목사를 위원장으로 하는 특별위원회를 통하여 한부선 선교사의 解罰에 대한 通文을 경남노회에 보냈다. 그러면서 경남노회에 그와의 관계를 단절하라는 것은 자가모순이었다.
金良善, 韓國基督敎解放十年史, pp.162-163 參照

분규와 소란을 일으키므로 이것을 방지하기 위하여 관계자들에게 강단을 허락하지 말것이며, 제35회 총회 이후로도 그 학교와 관계를 계속하며 지지하는 자는 총회를 거역하는 행위이니 노회가 철저히 처리할 일."

전권위원들은 노회분열을 일으킨 김길창측에게는 전혀 책임을 묻지 않고, 이상하게도 고려신학측을 "교회의 분규와 소란"의 책임자로 몰았다. 그리고 전권위원들은 경남노회에 한부선 선교사 일파와 고려신학교 관계자들과 관계를 단절할 것과 이들에게 강단을 허용하지 말것을 명령하였다. 목사들에게 강단을 허락하지 않는다는 것은 제일 무거운 징계 중 하나를 의미하는 것이다. 그런데 이들은 이 명령을 위반하는 자들에게는 노회가 처리(책벌)하도록까지 명령하면서 위협을 가하고 있는 것이다. 이는 교권의 횡포라고 밖에 달리 볼 수 없었다. 한마디로 전권위원들은 고려신학교 관계자들에 대해 완전한 거세조치를 단행하고 있는 것이었다. 이들은 총회가 위임한 교권을 마음대로 휘두른 것이었다.

이 때 고려신학교 설립자들은 분개하여 전권위원들이 행한 불법한 사실을 전국 교회 성도들에게 알리고 이해를 구했다. 이 글에서 설립자들은 "今番에 全權委員들이 高麗神學校에 一次 來訪하여서 着席 以後 言明하기를 '우리가 금일 온 것은 단지 人事次로 온 것 외에 아무 다른 目的이 없습니다' 하였으며 또한 우리 神學校에 對하여 法的 審査의 意味있는 質問은 一言도 없었습니다. 이렇게까지 하면서 高麗神學校를 破壞하려고 한 根本 意圖가 那邊에 있겠습니까? 설사 治理(懲戒-필자 주) 받을 條件이 確實하다 하여도 執法者는 반드시 法的으로 審問하고 證據를 執定한 後에 處理해야 되지 않겠습니까?"[4] 라고 전권위원들의 부당한 처사에 대하여 언급했다.

그리고 이 전권위원들은 경남노회를 삼분(三分)하여 경남노회(부산지방), 경중노회(마산, 통영지방), 경서노회(진주, 거창지방)로 할 것을 결의하고 각 노회 소집책을 임명했다. 그런데 이 소집 책임을 위임받은 세 분은 모두 김길창과 관계를 맺어 온 사람들이었다. 그러니 실상 전권위원들은 김길창에게 힘을 실어주어, 그의 세력이 경남에서 주도권을 갖게 하고 고려신학교를 지지하는 편을 거

---

4) "大韓예수敎 長老會 聖徒들 앞에 드림", 고려신학교 설립자, 주남선, 한상동.

세하려는 책략을 가졌던 것이다. 이로써 이들은 실상 분열을 수습하는 것이 아니라, 분열을 더욱 조장하게 되었다.

당시 부산의 고려신학교 측의 세(勢)를 무너뜨리려 한 총회의 교권은 조선신학 측의 자유주의자들과 고려신학교 교장이었던 박형룡을 서울로 불러와 "장로회신학교"를 세운 기회주의적 중도 보수주의자들 양 세력이 묵시적으로 합세한 것이었다. 1949년 4월의 제35회 총회(총회장 최재화)는 자유주의 신학의 "조선신학교"(金在俊 중심) 외에 중도 보수(朴亨龍 중심)계의 "장로회 신학교"의 직영을 결의했다.5) 이는 총회 안에서의 중도 보수주의자들의 승리였다. 이들 대부분은 자유주의 조신계(朝神系)와는 서로 한 총회 안에 동거할 수 없는 입장에 있음을 잘 알면서도 철저한 개혁주의 보수신학의 노선에 서 있는 고려신학교를 탄압하고 이 학교를 지원하는 경남 노회 주류세력을 분쇄하는 일에는 공동전선을 폈으니, 이는 실로 슬픈 일이었다. 그렇지만 경남노회는 한국 장로교 총회 안에 보수세력의 강화를 위해 제35회 총회시 "장로회신학교"의 총회직영을 건의함으로써 보수 편에 아낌없는 협력을 해 주었다.6) 이는 저 중도 보수주의자들이 고려신학교를 무너뜨리는 일에 자유주의자들과 묵시적으로 협력하고 있는 것과는 매우 대조적인 모습을 보여주는 것이었다.

당시 경남노회는 총회 전권위원들의 교권 남용에 그대로 순응할 수 없었다. 특별히 총회 전권위원들은 경남노회 제51회 노회(1949. 3. 8) 임, 부원을 모두 해체하고 제50회 노회(1948. 12. 7) 임, 부원에로 환원하라고 명령했다. 이들은 김길창이 자의로 조직한 노회만을 불법으로 규정하여 복귀를 명령하지 않고, 합법적으로 존재해 온 경남 노회도 그 불법노회와 함께 부정해 버리므로 그들의 체면과 입장을 세워주기 원했던 것이다. 이것은 전권위원들이 전적으로 김길창 편에 서서 일하고 있음을 보여 주는 것이었다. 그런데 이런 전권위원들의 명령은 법적으로나 현실적으로 시행이 불가능한 것이었다. 이미 이루어진 역사를 지우

---

5) 長老會神學校 總會直營承認에 관한 건은 51대 37로 결의되었다. 총회 총회록, 11권(제 35회 회록), p.58
6) Ibid., pp.58, 87

고 과거로 돌아갈 수 없는 일이었다. 제51회 노회가 선정한 총대가 이미 지난 제35회 총회에서 총대권 행사를 하였는데, 이를 무효화 시킬 수 없는 것이다. 전권위원들은 자신들이 받은 교권이 무소불위한 것인줄 착각하고 교권을 마음대로 휘둘렀던 것이다.

그런데 이들 교권주의자들의 무한한 교권 남용은 그동안 고려신학교에 미온적인 입장을 취하고 관망해 오던 보수주의자인 진해의 이약신(李約信)목사를 크게 자극함으로써 고려신학교측의 강한 지지자로 돌아서게 만드는 결과를 가져왔다. 그는 당시 경남노회 노회장으로 노회를 대표하여 무한한 교권을 휘두른 총회전권위원을 불신할 뿐 아니라, 노회 삼분(三分)에 반대하고, 1949년 6월 23일자로 다음과 같은 항의의 뜻이 담긴 선언문을 발표했다.

"1. 우리는 총회 전권위원회 위원을 불신함.
2. 우리는 적당한 시기가 오기까지 노회를 분립하지 않고, 종전대로 경남노회 51회 노회 (1949년 3월)를 계승한 경남노회 그대로 나아감.
3. 우리는 총회 전권위원회 결의 발표를 무조건 철회하기까지 불복종을 천명함."

이 후 경남노회는 1949년 제51회 노회를 계승하는 기존 노회를 김길창이 이탈하여 조직하였던 불법노회와 총회전권 위원이 조작한 삼분노회(三分老會)와 구별하여 "경남(법통)노회"(慶南法統老會)라고 부르게 되었다. 고려신학측을 무너뜨리기 위한 전권위원들의 무소불위(無所不爲)한 교권남용이 이제 고려신학측의 세를 강화시켜 주는 역효과를 가져왔다. 지난해 항서교회에 모인 경남노회 제49회 임시노회에서 고려신학교 인가 취소에 동조했던 분들 가운데서도 생각을 달리하게 되는 분들이 상당수 생겨나게 되었다. 당시 경남 노회 경내 170여 교회 중에서 부산 초량교회를 위시한 큰 교회를 포함한 111교회가 총회 전권위원들의 노회 삼분(三分) 결의의 철회를 요구하고 전통적인 경남노회 계승을 선언하였다. 전권위원회의 3분 분립노회에 가담한 교회수는 겨우 50여 교회에 불과했는데, 이 가운데 교회 회중의 동의를 얻어 가담한 교회는 극소수였다.

이어 총회의 교권 전횡에 대한 평신도들의 항거가 크게 일어났다. 1949년 8월

28일, 29일 양일간 마산 문창교회에서 일천 여명의 평신도들이 경남 신도대회를 열고 총회의 불법적인 처사에 항의하고 다음과 같은 선서문을 내었다.

"대한 예수교 장로회 경남노회 신도는 1949년 8월 28, 29일 양일간 마산 문창교회당에서 대회를 개최하여 좌기와 같이 결의하고, 이를 중외에 선포하는 동시에 대한 예수교 장노회 총회에 진언키로 함."

선 서 문(宣誓文)

1. 우리는 "진리에서 살고 진리에서 죽자"는 각성 하에 정통신앙을 필사적으로 보수하고 이단과 신신학을 적극 배격함.
2. 우리는 경남 노회와 고려신학과 한부선 선교사에 대한 총회 결의는 총회에 재심을 진정하며 그 전권위원의 결의는 단연 배격함.
3. 우리는 지난 3월 8일 마산에서 모인 경남 제51회 노회를 계승하는 경남 전체 노회를 끝까지 승복 지지하는 동시에 소위 3분 노회라는 것은 그 존재까지 부정함.
4. 우리는 "옳은 것은 옳다하고 아닌 것은 아니라만 하라 무엇이든 이에서 지나면 악으로 쫓아 나느니라" 하신 주님의 말씀에 의하여 진리는 유구하고 명료하며 회색적인 사이비한 평화, 합동, 공작을 표방하는 소위 중간파 운동을 배격함.
5. 자파의 세력을 부식할 목적으로 허구낭설을 조성유포하며 성직자를 중상 참소하는 자들을 철저히 처치하기를 요청할 것.
6. 우리는 대한 예수교 장로회 전국 교계 내에 일제의 잔재인 신사참배 찬성파, 권장파로 조성되어 있는 교권 블럭을 타파할 것을 요청할 것. 우 선서 함.

1949년 8월 29일,
대한 예수교 장로회
경남 신도대회원 일동."[7]

이 때 기독청년 면려회도 8월 25일부터 30일까지 경남 전역과 경북 대구 경산 등지로부터 같은 장소에 약 천 여명이 모여 "진리에서 죽고 진리에서 살자"는 표어 아래서 경상대회(慶尙大會)라는 이름으로 집회를 가졌으며, 주일날 오후에는 신도대회에 참석하고 위와 거의 같은 내용의 성명서를 내었다.[8] 개혁주의 교회 생활에는 교회가 위기를 맞게 될 때 일반 성도들이 관망하는 자세로 있지 않고, 교회를 위해 놀라운 힘을 발휘하는 것이다. 당시 경남노회 경내 교회의 성도들은 사람의 말보다 교회의 머리이신 그리스도의 말씀을 순종하여 부당한 교권을 항거함으로써 개혁주의 교회 신자들의 참 모습을 보여주었다.

당시 전권위원들이나 고려신학교 반대측에서는 고려신학교측이 메첸파에 속한 한부선과 함께 이교파(異敎派)를 형성하려 하고 있다고 선전하여 교회 안에 고려신학교에 대한 불신의 분위기를 조성하려 애썼다. 그래서 한부선 선교사는 1949년 9월에 "大韓基督敎會에 올리는 宣誓文"을 전국교회에 보내었다. 그는 그 속에서 "우리 선교사 일동은 고신(高神=高麗神學校 저자 주)과 고성(高聖=高麗高等聖經學校 저자 주) 협력과 전도와 정통신학사상 고조와 이단 방지에 주

---

7) 高神敎會史 史料集 第1卷 으로 부터, 高麗神學大學院 圖書館 所藏.
8) Ibid.,

성명서(聲明書)

이단과 적 그리스도가 발발하여 국가와 민족이 소란하며 그리스도의 몸된 교회가 어지러워 정통진리에 입각한 대한 예수교 장로회의 전통이 파괴되는 일대 위기를 직면한 이 때 "진리에서 살고 진리에서 죽기로" 맹약하는 십자가의 정병된 우리 기독청년 면려회원은 불타오르는 신앙의 정기에서 좌기 사항을 결의하고 이것을 중외에 성명함.

1. 우리는 장로교 신앙신조 제1조와 요리문답 제2,3,문답인 "신구약 성경은 하나님의 말씀이니 신앙과 본분에 대하여 정확 무오한 유일한 법칙이니라"함을 불긍하는 자는 이단자로 인정하고 투쟁의 대상으로 함.
2. 우리는 정통신앙신조를 옹호하고 이에 헌신하는 지도자, 공회 기관을 적극 지지하는 동시에 비정통인 신신학류를 배격하고 이를 지지하는 지도자 공회 기관 등의 반성을 촉구함.
3. 우리는 경남노회 제51노회(경남전체노회)를 법통노회로 받들어 충실히 지지하고 총회전권위원회의 결의는 단연코 배격함.

주후 1949년 8월 29일
대한 예수교 장로회 경남노회
기독청년 면려회 경상대회원 일동.

력, 협력하고 있으나 대한 예수교 장로회 안에 딴 이교파(異敎派)를 창설하던지 또한 그런 이교파 수립을 조장할 의사는 전무하고…"라고 밝혔다.[9] 이어 같은 달에 이약신 목사가 경남노회장 이름으로 '呼訴와 公約宣言, 大韓예수敎長老會 總會와 各 老會와 聖徒들에게 드리는 말씀"이라는 글을 전국교회 앞에 보내면서 "慶南老會가 高神을 中心하여 異敎派를 樹立한다는 臆說과 重傷적 虛僞宣傳에 속지 마시기 바랍니다. 慶南老會가 결코 異敎派 樹立을 計策한 일도 없고 또한 이런 일에는 同意하지 않습니다"[10] 라고 천명했다. 아울러 고신 당국자들도 "高神當局者의 宣誓文"이라는 글을 발표했다. 이들은 이 선서문에서 "1. 우리는 高麗神學校를 中心하여 결코 異敎派樹立을 計圖하지 않으며, 앞으로도 그런 野心은 全然 없음. 2. 正統長老會 宣敎師와 聖經長老會 宣敎師들은 高麗神學校와 高麗高等聖經學校에 講師로 協力者에 不過하고 理事가 아니므로 經營權은 全無함…"[11] 이라 밝혔다. 이 선서문을 낸 고신당국자들은 주남선, 한상동, 박윤선, 한명동, 손양원, 송상석 목사이었다.

손양원 목사는 고려신학교 설립 기성회조직을 할 때부터 함께 일했으나, 경남노회가 아닌 전남 순천노회에 속해 있었기 때문에 거명은 자주 되지 않았지만, 고려신학교를 계속지원하고 학교가 교권주의자들에 의해 어려움을 당하게 되었을 때 신학교 총무의 책임을 지고 학교를 적극 도와왔다.

경남 노회를 삼분(三分)하므로 고려신학교측의 세를 완전히 흩어지게 하려는 총회전권위원회의 책략은 경남노회를 삼분오열(三分五列) 분열시키는 결과만을 가져왔다. 당시 고려신학교편에 가담하기를 원하지 않고, 박형룡 박사와 밀접한 관련을 가지고 중립에 서 있던 노진현, 이수필, 김성여 등은 전권위원회에 삼분 노회 폐합을 재심 청원하였다. 결과 이들은 부산중앙교회에서 전권위원회 사회 하에 삼분파와 합석하여 토의했으나, 폐합이 이루어지지 못하게 되자 1949년 9월 27일 부산진 교회당에서 자기들끼리 따로 모여(九堂會) 노회를 조직하였다.

---

9) 高神敎會史料集, 제1권, 고려신학대학원 도서관 소장.
10) Ibid.,
11) Ibid.,

그리고 이들은 이 노회에서 목사를 장립하고, 장노를 허락하는 등 모든 노회 행세를 다하였다. 그런데 이들은 전권위원회가 결의한 것 가운데 삼분노회 조직만 반대하고, 고려신학교와 관계된 모든 결정은 그대로 인정한다고 하였다. 총회의 허락 없이 노회를 조직하고 불법하게 모든 일을 처리하는데도 전권위원들은 침묵하므로 이들을 도와주었다.

이제 경남에는 "법통"을 지켜오는 경남노회(당시 노회장; 이약신 목사)외에 전권위원이 임의로 삼분한 세 노회와 중립노회, 모두 다섯 노회가 존재하게 되어 삼분오열되는 결과를 가져오게 되었다.

14.2 제36회 총회 특별위원(特別委員)들의 교권의 전횡

이 후 자연히 경남 노회 문제는 총회에서 뜨거운 쟁점이 될 수 밖에 없었다. 1950년 4월 21일 제36회 총회(총회장 權連鎬)가 대구 제일 교회당에서 개회되었다. 총회는 개회벽두 총회 회원 점명으로부터 문제가 일어났다. 여기에는 두가지 문제가 관계되었다. 첫째는, 총회 전권위원회가 경남노회를 삼분오열시킨 결과로 일어나게된 문제였다. 총회가 전권위원회의 보고를 받으면 노회를 3분한 일이 확정되고 그 총대들이 회원으로 받아들여지는 것이다. 그러나 이것은 총회 내의 파별사이에 손익이 관련되어 있기 때문에 쉽게 수용될 수 없는 것이었다. 둘째는, 장로회신학교측과 조선신학교측 사이에 교권확보를 위한 계획된 투쟁이 벌어진 것이다. 선교사를 호명하는 중, 조신 측에서 남장로교 선교사들이 선교협의회에 아직 가입하지 않았다는 이유를 들어 총대자격문제를 제기했다. 이는 남장로교 선교사들이 보수적 입장에 서 있기 때문에 이들이 제외될 때 조신 측이 숫적으로 유익을 보게 되고 강한반대를 피할 수 있게 되기 때문이었다. 이틀만에 간신히 회의가 개회되었다. 경남노회 회원권 문제에 관하여는 "총회전권위원의 보고를 받을 때까지 경남 5노회 회원권을 보류하고 계속 회의하기로 가결"했다.[12]

---

12) 총회 회록 제11권(제36회 회록), p.99

총회 개회 후에 "경남전권위원 보고"[13] 문제로 5일간을 끌게 되었다. 전권위원회는 총회임원들과 미리 연석회의를 가지고, 경남에 전권위원이 만든 삼분노회(三分老會)와 다른 두 노회(慶南法統側과 中間側) 즉 다섯 노회를 다 받는다는 결의를 하고, 총회가 회집 되기 전 이미 공포를 했다. 각 노회에 목사 2인 장로 2인을 총대로 보내되 "高麗神學과 關係 없는 것을 聲明한 자"로 한정했다. 경남 제51회 노회를 지난 제35회 총회가 인정하였고, 이 노회가 엄존하고 있는데도 이 노회를 후에 조작된 다른 불법노회와 함께 다섯 노회 중 하나에 포함시킨 것은 엄연한 불법이었다. 그런데 총회에서 조선신학교 측은 경남 삼분노회를 받자고 주장한 반면, 장로회신학교측에선 경남 삼분노회의 총대 자격문제를 제기했다. 이는 교회법적인 문제보다는 양측 모두 자기편에 숫자를 더 확보하여 앞으로 조선신학교와 장로회신학교 문제가 나올 때에 승리를 얻자는 계책에 의해서였다. 경남(법통)노회 12명의 총대는 고요하게 회의진행만을 지켜보았다. 이 때 경남노회 문제에 관심을 가지고 기도해 오던 경남지역의 수백명의 교인들이 대구까지 와서 방청을 하게 되었다. 총회는 연일 욕설과 폭력으로 서로 맞섰다. 진리를 위한 선한 싸움이 아니고 교권 확보를 위한 투쟁일 뿐이었다.

총회를 개회한지 나흘째 되던 24일 오전 총회는 "경남노회 총회전권위원 위원장 김세열씨의 보고는 기각하고 특별위원 보내기로 가결"을 하여 회장이 이를

---

[13] "慶南老會全權委員會報告"는 다음과 같았다.
　　慶南老會問題에 對하여 總會任員과 本委員會가 連席會議한 結果 總會의 和平을 爲하여 左記와 如히 決議하였음을 通知함.
　　記.
　　1. 三分老會以外 二老會도 三分老會와 같이 老會로 認定함.
　　2. 二老會 名稱은 如左함.
　　　　1) 舊慶南老會는 馬山老會라 함. 2) 中間이란 老會는 釜山老會라 함.
　　3. 各老會 總代는 每老會에 牧師 長老 各 二人씩으로 함.
　　4. 모든 老會會員과 總會總代는 第34,35回 決議에 依하야 高麗神學과 關係없는 것을 聲明한 者로 함.
　　5. 以上 諸條項에 順從치 않는 老會는 自然 老會가 取消되는 것으로 認定함.
　　　　　　　　　　　　　　　　　　　　　　　1950年 4月 4日
　　　　　　　　　　　　　　　　　　　　　　　慶南老會全權委員
　　　　　　　　　　　　　　　　　　金世烈, 金在錫, 金顯晶, 徐廷泰, 宋熙用

선언하게 되었다. 이 때 장내에 소란이 일어나므로 회장은 비상정회를 선언하게 되었고, 같은날 밤에는 더 큰 소란이 일어나 진압을 위해 경찰이 출동해야만 하는 상황이 벌어지게 되어, 총회장은 다시 비상정회를 선언하게 되었다. 이로써 하루 두 번이나 비상정회를 선언해야 하는 상태가 일어났던 것이다.[14] "연일의 격론은 마침내 조선신학원측 회원의 망동으로 인하여 난투가 벌어져, 성회는 완전히 아가봇이 되었으며, 무장 경관의 출동제지로 해산된 총회는 전고 미증유의 대치욕을 한국교회사에 남겼다."[15] 신사참배를 결정하던 제27회 총회시에는 일제 경찰이 그 결정을 강행하도록 하기 위해 자진 출두하므로 교회를 더럽혔으나, 제36회 총회는 교회 안에서 일어난 교회지도자들의 폭력이 한국경찰을 불러들였던 것이다.

총회는 개회한지 5일째가 되었으나 의사 진행이 전혀 불가능하므로 "총회임원, 각 노회장, 증경총회장, 각 선교회 대표 1인씩과 이대영 목사에게 연석회의를 개최케하여 타개책을 강구하기로 가결"했다. 이들이 의논하여 총회에 제안해서 채용된 안 중에 경남 노회에 관한 것은 "특별위원 7인에게 노회 합병, 조직, 해벌하는 권한을 부여하여 파송처리케 할 것. 위원은 이대영, 이인식, 김광현, 조승제, 김상권, 박용희, 권세열"이었다.[16] 그리고 장로회신학교와 조선신학교

---

14) Ibid., p.102 24일 밤 회집에서는 "회무진행중 경남 3분노회 장로중 이홍필씨가 불법 등단하여 발언코저 하므로 소란이" 일어나게 되었다.
15) 金良善, 韓國敎會解放十年史, p.249
16) Ibid., pp.104, 105, 총회가 받은 연석회의의 안은 다음과 같았다;
   1. 금번 총회는 9월 첫주일 후 화요일(5일) 7시 30분까지 정회하되 장소는 대구에서 회원은 금번 총회원으로 비용은 각 노회 상납금 중에서 지출할 것.
   2. 경남지방 노회건은 특별위원 7인에게 노회 합병, 조직, 해벌하는 권한을 부여하여 파송처리케 할 것. 위원은 이대영, 이인식, 김광현, 조승제, 김상권, 박용희, 권세열
   3. 남장로교 선교회의 선교사업, 중앙선교협의회에 가입건은 호남구역 선교사업협의회에 위임하여 권유할 것.
   4. 신학교문제는 각 노회 대표 2인씩과 총회임원, 4선교회 대표 1인씩과 신학교 합동위원(언권만)이 7월 상순에 청주에서 연석회의를 열고 성안을 얻어 이를 각 노회에 수의하여 결정키로 함. 수의 표결수의 과반수로 함.
   5. 대한 예수교 장로회 신조 제1조를 위반하여 성경 유오설을 주장하거나, 선전하거나, 옹호하는 자를 각 노회에 명하여 권징조례 제6장 제42조 급 43조에 의하여 엄중 처리할 것.

건에 대하여는 위원들에게 맡겨 성안을 하여 노회에 수의하므로 결정하도록 했다. 총회는 이 안을 받은 후 1950년 9월 5일 오후 7시 30분까지 정회하였다.

총회가 정회한 다음 날인 4월 26일 오전 8시에 그 총회를 방청했던 500여명의 신도들이 총회 장소였던 제일교회당에서 신도대회를 열었다. 이들은 "성명서"[17]를 작성하여 발표함과 동시, 교회지도자의 반성을 촉구하고, 신성한 강단에서 폭행한 김갑철(전북노회 총대), 조수경(경기노회 총대), 이홍필(경남3분노회 비총대)등에 대해 각 치리회로 하여금 적당한 징계를 하도록 요구하였다. 장로교회의 최고치리회가 일반 신도들로부터 엄한 질책을 받은 셈이다. 이런 일이 일어난 후 두 달 만인 1950년 6월 25일 주일 새벽에 북한 공산군이 갑자기 남침함으로써 전국이 참화를 입게된 전쟁(6·25 전란)이 발발했고, 바로 그 교회당에서는 그 해 12월 24일 성탄 축하 예배시 불상사가 일어나 주일학교 학생 50여명이 압사(壓死)를 당하는 참사가 일어났었다. 역사세계에 일어나는 모든 사건들이 "우연"이 아님을 생각할 때, 그 책임의 소재가 일제시대에 범한 우상숭배의 죄에 대한 참회와 교회재건에는 관심을 기울이지 않고, 오로지 교권장악에만 집착해 온 한국장로교회 지도자들에게 있었다는 사실을 부인하기 어렵다.

---

17) "면려청년", 임시호, 1950, 5, 1일자 발행. 기독청년면려회, 경남연합회 발행, 전국신도대회가 낸 "성명서"는 다음과 같았다.

聲 明 書

1950年 4月 21日부터 25日까지 大邱에 開催된 大韓예수敎 長老會 第36回 總會를 傍聽한 信徒들은 그 無秩序하고 混亂한 狀態에 놀랬으며, 따라서 信仰과 神學에 暗流하던 二大 潮流가 表面化하게 된 것을 實感하게 되어 信徒들의 信仰은 岐路에서 울고 있게 되었다. 마침내 會議場所인 大邱第一禮拜堂의 講壇을 冒瀆하는 亂鬪劇까지 演出하게 됨을 본 우리 信徒들은 참다 못하여 이 事實을 敎界 當局者에게 反省을 要求코저 4月26日 上午 八時三十分 大邱第一禮拜堂에서 全國的으로 參集한 信徒 約五百名이 信徒大會를 열고 左記 事項을 決議하야 全國에 宣布함.

決 議 事 項

1950年4月24日 下午十時半傾 大韓예수敎長老會 第三十六回 席上에서 神聖한 講壇을 暴行으로서 冒瀆한 主動者 李甲喆(全北老會總代), 朱壽謙(京畿老會總代), 李洪弼(慶南三分老會 非總代)等에 對하야 各治理會로 하여금 適當한 治理있기를 바래서 總會와 該當老會와 堂會에 進言하기로 함.

1950年 4月 26日
大韓예수敎 長老會 全國信徒大會.

제36회 총회가 낸 7명의 특별위원(特別委員)들도 지난해의 전권위원들과 본질적으로 다름이 없었다. 1950년 5월 12일 마산에 온 이들은 경남노회 경내 교회대표자 170여명[18]을 모으고 이대영 목사의 설교로 예배를 드린 후, 그 날 오후에 경남(법통)노회, 중간파, 삼분파에 속했던 분들을 각기 세분씩 차례로 불러 의견을 청취하고, 그 날 밤 다시 개회하여 다음 세 가지 내용을 선언했다;

1. 고려신학교 관계자는 총회결의에 불복종한 자복서를 내고 고신 총회에 관계를 맺기까지 회원권을 중지함.
2. 경남 제51회 노회(1949. 3. 8) 이전으로 돌아가서 노회를 조직하기로 함.
3. 6월 7일 부산진 교회에서 노회를 소집함.

이 선언 내용을 보면 여전히 고려신학 붕괴와 경남(법통)노회 제거를 목적한 것 밖에는 없고, 교회를 바로 세우고자 하는 의도는 보이지 않는다. 역사적인 경남노회가 엄연하게 존재하고 있음에도 불구하고 특별위원들은 경남노회는 "진공(眞空)" "포화(泡化)"되고 말았다고 하면서 노회를 새로 조직한다는 것이었다. 저들은 역사적인 경남노회를 제35총회가 파송했던 전권위원이 자작한 삼분노회(三分 老會)와 뜻이 서로 통하는 몇 사람이 자의로 조직한 중간파 노회를 동일시하여, 지난 총회에서 전권위원회의 보고가 기각되었을 때 경남(법통)노회도 함께 포화(泡和)되었다는 교묘한 논리를 사용한 것이다. 경남(법통)노회 대표자들은 항의서를 냄과 아울러, 노회는 특별위원회와 총회에 진정서를 내기로 하였다. 주남수(朱南守)와 119명 교회대표자들은 5월 13일자로 항의서(抗議書)[19]를

---

18) 총회특별위원들은 경남지역에 있는 모든 교회에 소집통지서를 내어 조직교회는 목사와 장로 각 1명, 미조직교회는 대표 1명씩을 5월 12일 오후 2시에 마산문창교회로 모이도록 함.
19) "면려청년", 제 10호, 1950.5.20일자 제2면. 항의서 전문은 다음과 같다.

抗 議 書

別紙 署名捺印한 朱萬守와 一百十九名은 貴特別委員會에서 發送한 召集通知書에 依하여 五月十二日 馬山 集會에 參席하여 慶南地方老會에 關한 處事가 不法임을 認定하고 左記 各項 理由로 抗議하며, 來九月總會에 陳情키로하고, 慶南에 別老會組織與否를 不問에 부치고, 우리는 慶南 法統老會臨時老會 召集을 請願하야 對策을 講究키로 하고 玆에 抗議 하나이다.

1950年 5月 13日,
慶南老會教會代表者大會
右 代表者 (名略 別紙署名 捺印함)

제출했는데 거기에 다섯가지 항의 이유를 들었다. 그 중요한 것으로는;

1, 고려신학교 관계자들에게 총회에 자복서 제출을 요구하고 고신이 총회에 관계를 맺기까지 회원권을 중지한다 하므로 시벌을 한 것은 총회로 부터 받은 권한외의 권한을 행사한 월권이라는 것과

2, 경남노회를 제51노회(1949. 3.)이전으로 환원시킴은 제51노회에서 피선된 총대들이 제35총회에 참석하여 이미 임.부원으로 일했는데 이를 취소할 수 없다는 것과,

3, 경남 노회 분열 원인이 "신앙신조"가 맞지 않는다는 이유로 몇 사람이 따로 나가 불법노회를 조직한 사실에 있는 것이 분명하게 입증되었는데도 불구하고, 분열원인을 고려신학교 관계와 총회 불복종에 연결시키고 있는 것은 부당한 처사라는 것이었다.

경남노회는 같은 5월에 경남(법통)노회장 이약신과 교회대표 박손혁, 한상동, 권성문, 김을길, 송상석의 이름으로 총회장, 경남노회 특별위원회 위원장, 제36회 총회 총대 앞으로 "진정서"[20]를 제출했다. 이 진정서는 항의서에 언급된 항의 이유를 더욱 자세하게 설명하였다. 그리고 특별히 특별위원들의 공정하지 못

記
1. 5月12日에 馬山서 召集된 慶南地方敎會代表者會를 召集한 特別委員會는 總會決議를 無視한 處事임(卽 全權委員長 金世烈씨의 報告는 棄却하고 特別委員보내기로 可決된 일)
2. 特別委員이 받은 權限外에 越權的 干涉을 敢行한 일.
3. 慶南 51老會(1948年2月前)로 還元시킴은 1948年 12月에 被選된 總會總代들이 35總會에 任部員으로 일한 것을 取消할 수 없음.
4. 特別委員會를 設置한 目的中에 慶南老會件을 加入한 것은 總會決議된 것을 再論없이 破棄하지 못함.
5. 慶南老會 分裂原因이 信仰信條와 信仰良心問題임을 如實히 立證하였음에도 不拘하고 高麗神學關係와 總會不服從理由에 引結시킴은 慶南老會實情을 誤認한 處事임.
6. 慶南法統老會가 어떠한 論斷을 받을지라도 우리는 大韓예수敎長老會信者로서 慶南法統老會를 絶對支持키로 誓約한 敎人들임을 宣言함.

大韓예수敎長老會 總會
特別委員長 貴下.

20) 韓國敎會史雜錄, 第1卷 高麗神學大學院 圖書館 所藏. 이 陳情書는 4페이지 장문으로 되어 있다.

한 처사를 지적하고 항의했다. 경남노회를 이탈하여 불법노회를 조직한 자들이 "고려신학교와 소위 신성파에 대하여"라는 글 속에서 바로 김재준의 자유주의 논설을 전재인용하고, 이를 무기 삼아 고려신학을 공격했을 뿐 아니라, 현 경남노회와는 "신앙과 신조"가 맞지 않는다는 이유를 소집장에 밝혀 노회를 분열해 나갔음에도 불구하고, 이들에 대해서는 침묵하고 고려신학교 관계자들에게 "회원권 중지"라는 시벌을 가한 교회적이지 못한 처사를 예리하게 비판하고 항의한 것이다. 그리고 문서적 증거를 들어 "以上과 같은 主義思想으로 不法分離老會를 假設한 그 事實이 白日下에 證明되어 있음에도 不拘하고 그 非를 無關心主義에 돌려보내는 特別委員會의 그 處事에는 아무래도 잘 理解가 되지 않는다"[21]고 하였다.

특별위원들의 이 모든 처사는 바로 고려신학교와 이 학교를 지지하는 경남(법통)노회만을 제거하려는 계책에서 나온 것임을 누구나 직감할 수 있었다. 그러기에 무조건 교권만을 휘두르는 당시의 총회는 경남노회 대부분의 교회들로부터 불신임을 당하고 말았다. 교회는 인간의 방법과 수단으로 이끌어 갈 수 없는 성령이 내주하고 있는 살아 있는 공동체이다.

경남 178개 교회 중에 133개 교회가 경남(법통)노회를 지지했고, 삼분 분립노회를 지지하는 교회는 26개 교회에 지나지 않았으며, 19개 교회는 중립을 지키고 있었다.[22] 대부분의 교회가 진리가 어디에 있음을 잘 분별하고 있었다.

그런데 이 특별위원들은 기존의 경남노회를 무시하고 노회를 새로 조직하기 위해 6월 7일 부산진 교회당에 교회대표들을 소집하였다. 이날 중간측과 삼분측의 인사들은 대부분 참석했으나, 경남법통측은 아무도 참석하지 않았다. 삼분측에서는 당일 노회조직 강행을 주장했지만, 특별위원측은 어떤 방도를 써서라도 법통측을 끌어들이기를 원하여 1개월 후에 다시 모이기로 하고 마쳤다. 그런데 그 달에 6·25사변이 일어나므로 모이지 못하고, 다음해 3월에 제36회 총회 속회를 앞두고 모이게 되었다.

---

21) Ibid., p.3
22) 김주오, "고려파의 역사적 고찰", 〈월간고신〉, 1982, 8, p.57

특별위원들은 마침내 기존의 경남(법통)노회를 제쳐 두고 부산중앙교회에서 1951년 3월 14일 소위 통일노회를 조직하기 위해 소집장을 교회에 보냈다. 이 때 경남(법통)노회측은 1951년 3월 14일자로 특별위원회 위원장 앞으로 서한(진정서)을 보내어 경남에는 역사적인 경남(법통)노회 외에 다른 노회가 있을 수 없다는 사실을 밝혔다. 그리고 새 노회 조직의 불법성을 지적하면서, 특별위원들이 새 노회를 조직하고 이것을 총회가 승인하는 그 시간은 대한 예수교 장로회에 동란을 일으키는 일이 되는 것이고, 노회 분규를 영속시키는 일이 될 것이라고 경고했다. 나아가, 통일을 위한 최선의 방법은 무조건 경남노회를 원상 회복시킴에 있다고 밝히는 다음과 같은 내용이 포함된 진정서를 내었다.

"1. (법통)노회란 말은 분열되지 아니한 경남노회 원상 그대로를 말함인즉 불법으로 분열하여 나간 것이 모체인 (법통)노회에 들어오면 통일될 터인데 재조직할 하등의 이유가 없습니다.
2. 경남 51회 노회를 재조직하였다는 것은 장로회 정치 11장 2조에 위반된 처사인데 기어코 노회를 조직하려고 하면 경남(법통)노회에 속한 목사와 장로를 다 치리하든지 장로회 헌법을 고치지 않으면 안될 것입니다.
3. 마산에서 모인 51회 노회는 제35회 총회가 법통으로 공인하였고, 36회 총회가 전권위원회 보고를 기각하므로 법적으로 재 승인한 까닭입니다.
4. 우리는 언제든지 대한 예수교 장로회의 사람으로 지낼 것입니다 만은 장로회 신조와 헌법을 지키지 않는 사람들이 이교파(異敎派)를 이루고야 말 터인즉 총회는 특별 고려하여 만일의 불상사가 없도록 사전에 방비하심을 강요하나이다.
5. 제36회 총회시(대구)에 캐나다 선교회 수반 선교사가 성경 영감설을 부인한 일은 규명 하시고, 36총회가 장로회 신조 제1조를 강조하여 위반자를 엄정 처분하겠다는 결의는 꼭 실시하여야 총회의 권위가 설 것입니다.(註 불이행됨)
6. 대구 총회시에 총회장에게 폭행하고 총회를 수라장화 시켜 총회를 정회케 한 책임자를 규명하여야 후일의 폐를 근절케 할 것입니다.

7. 총회별위원 잘못 지도로 지난 3월 14일 부산 중앙 교회당에 회집하여 조직된 별노회를 총회가 승인하는 그 시간은 곧 대한예수교 장로회에 동란을 일으키는 선전포고인 줄로 알게 되겠사오니 파당을 만든 일, 교권과 자기 세력을 세우려고 하는 사람들의 잘못된 계책을 물리치시고 동란의 큰 책임을 총회가 지지 않으시기를 바랍니다. 생각컨대 총회가 고등정책을 쓴다는 것보다 관대한 처분이라는 미명 하에서 법통노회에 속한 교회 목사, 장로, 고신까지 잘라내지 않는다 하고 자유롭게 들어 올 수 있는 문을 열어두고 별위원 지도로 조직된 별노회를 인정한다는 것은 경남노회분규를 영속시킨다는 대명사가 되고 말 것입니다. 통일의 최선의 방법은 무조건으로 경남노회를 원상으로 회복시킴에 있을 뿐이며, 또한 노회 진행방법은 무조건으로 별위원을 부인한 행사를 인정하고 노회를 정돈케 함에 있는 줄 알고 삼가 그렇게 하여 주시기를 바라나이다."

그러나 특별위원들은 소위 통일노회 조직을 강행해 나가므로 경남(법통)노회 제거를 통한 교회분열의 길에 적극 들어서므로 정말 장로교회 안에 동란을 일으키는 작업을 강행하게 되었다.[23] 여기 참석한 교회들은 전 경남지방 교세의 3분의 1이 되지 못했다. 이들은 새로 조직된 그 노회의 회수를 제52회로 하고, 회장에는 김석찬, 부회장에는 양성봉을 선출했다. 그리고 특별위원회 서기 김상권

---

[23] 양낙흥은 앞서 인용한 논문인 "1951년 한국 장로교 분열의 진상재고"라는 논문에서 한국장로교 첫째 분열이 통일노회조직 소집에 응하지 않은 경남(법통)노회 측에 책임이 있는 것처럼 말하고 있다. 그는 경남에 노회가 엄연히 있음으로 노회재편이 부적절하여 새 노회조직에 불응한 사실을 잘 알면서도 "형식 논리의 정당성 보다는 교회의 하나 됨이 더 큰 대의라 할 때 '통일 노회' 조직을 위한 특위의 소집을 응하는 것이 더 나은 선택이 아니었을까"라고 말하며, 결론적으로 "어쨋던 경남의 교회 전체를 망라한 노회를 조직하겠다는 명분으로 이루어진 특위의 소집에 끝내 불응한 것은 교회 일치의 유지에 대한 법통측의 애착이 그다지 강하지 않았다는 증거가 될 수 있을 것이다"라고 말한다. 이런 논리와 결론은 교회일치를 위해서는 불법도 수용하고 진리도 양보해야 한다는 것으로 이해하게 된다. 고신의 선진들은 불법을 수용하고 비진리를 포용하는 분들이 아니었다. 양낙흥은 당시 총회나 특위의 대세가 이름난 배교자요 자유주의자이며 경남노회의 분열자였던 김길창에 동정적이었다는 사실을 외면하고 있다. 그가 통일노회에서 바로 총회총대로 선출된 사실이 잘 알려져 있다.

(金尙權)은 제51회 노회가 불법노회를 조직한 김길창을 위시한 10명의 목사[24]에 대해 시벌한 것을 "해벌을 명함"이라 선언했다. 노회가 시벌한 것을 총회특별위원이 스스로 해벌을 명하는 일도 교회법에는 없는 일이었다. 이들이 총회총대를 선출했는데 이 가운데는 노회의 분열의 주도자들인 김길창과 권남선도 포함되어 있었다.[25]

1951년 5월 25일 제36회 총회 속회가 모이게 되므로 경남노회 통일대책위원들은 이 날자로 총회장, 경남노회 별위원장, 총회 제36회 총대 앞으로 "慶南老會 眞狀報告 及 陳情書"[26]를 보냈다. 여기서 대책위원들은 경남노회가 엄연히 존재하고 있는데도 별위(特別委員會)가 별개의 경남노회를 조직한 것에 대한 비법성, 비합리성을 먼저 밝히고 別委가 "老會를 組織하여야 할 事情이라면 大韓 예수敎 慶南法統老會側 牧師 長老를 다 治理하지 않고는 안될 것"이라 지적하며, "總會時에 法統老會가 充分히 說明할 수 있는 時間的 餘裕를 許諾"해 달라는 부탁을 하고, "總結論은 慶南法統老會라는 말은 分裂하지 않고 統一이 되어 있던 그대로의 原狀을 말한 것인즉 이를 認定하여 주심을 敬要"한다는 말로 결론을 짓고 있다. 교회에서 바른 교권의 행사는 교회 건설에 유익하기 때문에 주께서는 교회 직분자들에게 교권을 맡기셨다.[27] 그런데 이 교권은 교회의 직분자들이 교회의 왕이신 그리스도의 주권 아래, 그의 말씀을 법으로 삼고, 그의 교회만

---

24) 이 10목사는 신앙신조가 다르다고 따로 나가 노회를 조직한 權南善, 金吉昌등의 목사를 가리킨다. 경남 제51회 노회가 이들의 불법분열에 대한 책임을 물어 시벌했던 것이다. 그런데 이때 김길창은 태연하게 "나는 어디서 시벌을 받았는지 누구가 시벌을 했는지 모른다"고 했다.

25) "면려청년", 1951, 6, 10 6월호, p.4. 총회록 제11권 (36회 회록,1951), p.137

26) 高神教會史料集, 第1卷, 高麗神學大學院 圖書館 所藏. 참조.
   "慶南老會 眞相報告 及 陳情書"는 1951년 5월 25일자로 慶南老會統一對策委員, 李約信, 韓尙東, 朴允善, 朴逐赫, 李順弼, 全性道, 嚴柱信, 沈相童, 宋相錫의 이름으로 總會長, 特別委員會 委員長, 第36總會 總代 앞으로 보내는 9페이지에 달하는 장문으로 되어 있다. 여기에는 그 동안의 慶南老會의 歷史를 槪觀하고 慶南老會의 問題가 어디 있음을 밝히고 特別 委員會의 잘못된 處理와 總會의 不法을 指摘하고 老會統一을 위한 老會의 要求條件을 明瞭하게 제시하고 있다.

27) 마 16:19; "내가 천국열쇠를 네게 주리니 네가 땅에서 무엇이든지 매면 하늘에서도 매일 것이요 네가 당에 무엇이든지 풀면 하늘에서도 풀리라." 마 18: 15-20 참조

을 위해 진실하게 행사하게 될 때 교회에 유익 되는 것이다. 그렇지 않고 개인의 명예나 어떤 집단의 유익을 위해 행사하게 될 때 교회에 말할 수 없는 손상을 초래하게 된다. 해방 후 여러 해 동안 한국교회 교권은 어떤 집단의 이권을 위해 자주 사용되어 지므로 일종의 횡포로 나타나기도 하고 교회에 분열을 초래하기도 했다.

14.3 경남(법통)노회의 축출(逐出) 및 관계 단절(斷切)

1. 축출 당하는 경남(법통)노회(1951)

대구 제일교회에서 모였던 1950년의 제36회 총회가 4월 25일에 정회를 하고, 같은해 1950년 9월 5일에 속회하기로 했으나, 바로 두 달 후에 6·25 사변이 일어나므로 정한 날에 속회하지 못하고, 그 이듬해인 1951년에 피난민으로 가득 찼던 도시 부산에 있는 중앙교회에서 5월 25일 속개하게 되었다. 그런데 이 총회는 개혁주의 교회 총회의 역사에서는 일찍이 볼 수 없었던 부끄러운 흔적을 남기게 되었다. 총회 개회전 입장권을 각 노회의 총대 수대로 배부해 줌으로 일반신자들의 총회 방청권이 허용되지 않은 것이다. 경남으로부터는 특별위원들이 새로 조직한 불법 노회의 총대들이 입장권을 미리 받아 들어가게 되고, 경남(법통)노회 총대 12명은 이를 받지 못했음으로 입장을 거절당하였다. 이로 말미암아 경남(법통)노회는 총회의 교권주의자들로 말미암아 "총회의 문외로 쫓겨나게된 것"이다.[28] 총회의 방청이 제한되어 고신측 인사로는 안용준, 황순득 두 분

---

28) 金良善, 韓國敎會解放十年史, p.158

閔庚培는 "한국장로교회는 1951년 5월 24일 속회된 총회에서 고려신학교파를 정식으로 정죄했으며, 이에 따라 고려파는 출옥성도를 중심으로 "경남법통노회"를 조직하고 깨끗이 갈라졌다"라고 한다. 韓國基督敎會史, p.528 閔敎授는 교회사가로서 史實을 제대로 살피지 않고 교권주의자들의 편에 서서 독자들을 誤導하고 있다. "경남법통노회"는 처음부터 있어 온 노회였고 다시 조직할 필요가 없는 노회였다.

李永獻 교수도 민교수와 비슷하게 "사실상 고신측은 총회 밖으로 몰려나가 소위 경남법통노회를 조직했다"라고 썼다. 한국기독교사, p.240

이 때의 史實을 記錄하는 일에는 金良善 敎授의 다음과 같은 글이 오히려 正直했다;

만이 입장이 허락되었다. 총회 교권주의자들은 경남지방 교회의 대세를 배경하고 있는 경남(법통)노회와 고려신학측의 세를 두려워하여 미리 예방책을 쓴 것이었다.

개혁주의 교회의 상회 치리회인 노회나 총회는 원리적으로 공개적이며 누구든지 자유롭게 참석하여 회의진행을 지켜볼 수 있다. 그런데 이 총회는 개회벽두부터 비공개로 회의를 진행함으로 개혁주의 치리회로서의 성격을 벌써 상실하고 만 것이다. 특별히 해방된 지 5년만에 북한 공산군의 침공을 받아 온 민족이 역사상 유례없는 시련을 겪고 있는 때에, 장로교 총회는 민족 앞에 책임있는 공동체로서 일제시대에 범한 우상숭배의 죄를 현재까지 공적으로 참회하지 못한 것을 슬퍼하고, 참회하며 새로운 각오로 교회재건에 나서야 했다. 그런데 지난날 친일 배교했던 교권주의자들이 주도권을 쥔 총회는 자신들의 죄를 교권의 그늘아래 감추고, 개혁주의 교회세계에서는 볼 수 없는 비공개회의를 열어 합법적인 노회를 제거 단절해 버리는 횡포를 자행한 것이다.

이 총회는 개회 첫날에 특별위원들의 "보고서"[29]를 받아드림으로 이들이 경남 삼분노회파와 중간파를 통합하여 조직한 별노회를 승인하고 거기서 선출한 총대를[30] 받아들였다. 이로써 총회는 법적으로나 신앙고백적으로나 장로교 표준(헌법)을 따라 살기를 노력하면서 당당하게 경남노회를 역사적으로 계승해오는 경남(법통)노회를 총회 밖으로 축출을 해버린 것이다. 그러나 이 비극적인 사

"總會의 主導權을 가진 數三의 敎權主義者들과 그 背後에서 暗躍하는 數三 機會主義者들 의 그리스도의 사랑과 精神을 沒却한 敎權的 行動때문에 出獄聖徒들을 中心한 高麗神學 校측의 除外된 慶南老會가 承認되어 마침내 高麗神學派는 總會의 門外로 쫓겨났다." 韓國 敎會解放十年史, pp.157-158

29) 총회 회록 제11권(제36회 회록, 1951), p.109-113
별위원들의 보고서 내용은 법에 어두운 자라도 불법하게 처사였다는 사실은 바로 알수 있게 한다. 지난 총회에서 전권위원회가 노회삼분한 사실에 대한 보고가 기절되었으면, 그 삼분노회는 이상 존재하지 않는 것이 상식이다. 그러나 별위원들은 그 불법노회들의 실체를 인정하고 일을 처리하여 통일노회를 만들었다고 하면서, "경남내 5노회 중 4노회는 병합되었사오나, 한 노회만은 통일하지 못하였습니다."라고 한다. Ibid., p.113

30) 별노회가 조직한 노회가 파송한 총대 목사는 김석진, 김몽수, 김길창, 권남선, 김운진. 김두선 6명으로 김길창을 추종하는 인물들이 중심이 되어 있다. Ibid., p.137

실을 신앙고백적인 차원에서 고려할 때에, 경남노회는 총회의 교권의 횡포에 의해 추방을 당함으로 오히려 여러 해 동안 박해를 받아 온 불법한 교권의 박해로부터 자유를 얻게 되었다고 볼 수 있다. 그럼에도 불구하고, 반세기 이상 함께 해온 대한예수교 장로회 총회가 교권의 노예가 되어, 참된 보수주의자들을 추방하고, 이교파적으로 흐르는 것을 보는 것은 슬픈 일이었다.

장로교회의 신앙고백은 교회의 모든 "치리회가 실수할 수 있다"고[31] 하고 있다. 그렇기 때문에 교회치리회는 언제나 사건처리에 있어서 실수하지 않도록 신중을 기해야 하는 것이다. 한국 장로교회 총회는 1938년에 이미 십계명중 제 1, 2계명을 엄연히 범하는 "신사참배"를 하기로도 결정하므로 지울 수 없는 실수를 저질렀다. 해방 후의 역사에서도 총회는 장로교회 신조와 법을 따라 살기를 원하는 자들을 교회제도권 밖으로 축출함으로 거듭 실수를 범하여 슬픈 역사를 남기게 되었다.

총회 문밖으로 추방당한 경남(법통)노회 총대 일동은 다음과 같이 "성명서"를 통해 입장을 밝혔다.[32]

聲 明 書

1. 大韓 예수敎 長老會 第36總會가 長老會信條에 違反된 神學思想과 憲法을 어긴 三分派, 中間派는 容納하고 長老會信條에 合한 慶南(法統)老會를 抑壓하는 處事는 크게 遺憾된 입니다.

2. 總會는 大邱 第36回總會時에 決議한 대로 長老會信條 第一條違反者들을 處理하지 않았고, 容共思想과 新神學思想을 獎勵하는 世界基督敎聯合會와 同 東亞大會에 連絡하고 있으니 그것은 하나님께 向하여 큰 罪요, 國家民族에 對한 反逆行爲입니다. 總會가 이 잘못은 고치지 않고 도리어 眞正한 長老會의 精神대로 나가는 慶南老會를 抑壓하는 일은 千萬不當한 일입니다.

---

31) 웨스트민스터 신앙고백, 제31장, 제4항.
32) "면려청년" 제14호, 6월호, 1951,6,10 p.2

3. 우리는 總會가 大韓 예수敎 長老會의 根本精神(信條와 政治)에 속히 還元確立되기를 바라는 意圖로서 正統神學과 純福音主義 信仰과 長老會憲法政治에 어그러진 處事에 抗議를 持續할 것이며 大韓예수敎 長老會 慶南(法統)老會로 나아갈 것입니다.

1951年 5月

大韓예수敎長老會 總會,

慶南老會總代一同

同 統一對策委員 一同.

이 선언문에서 경남(법통)노회 총대들은 축출한 총회에 대하여 단지 불법을 지적하고, "억압"이란 부드러운 말로서 총회의 처리에 대한 부당성만을 지적하였다. 총회가 지난 후 경남(법통)노회는 1951견 6월 12일에 마산 문창교회에서 제54회 임시노회를 열고(목사 36명, 장로 27명, 합 63명), 경남(경남)노회에 대한 불법처사에 대하여 논의하고, 제36회 총회이후의 총회와의 관계에 대하여 세 가지를 결의했다.

"1. 우리 법통노회는 언제나 대한 예수교 장노회 경남법통노회로서 현 총회에 비를 지적 시정키 위하야 항의를 지속함.

2. 우리 경남노회 경내에는 우리 경남법통노회 이외에 여하한 노회라도 우리는 인정치 않고 거부함.

3. 필요한 경우에는 우리 경남노회 경내에 각 교회는 공동의회를 열고 법통노회에 속한 것을 결정하고 태도를 천명 할 것"[33] 등 이었다.

총회 교권주의자들은 경남(경남)노회를 축출하므로, 이 노회가 스스로 해체되거나, 늘 비난해온 대로 이교파(異敎派)가 되어버리기를 바랐는지 모른다. 그렇지만 경남노회는 해체되지 않고, 다른 이교파가 되기도 원하지 않았으며, 오히려 이교파적으로 흐르는 총회가 바로 돌아오기를 바라면서, 그 총회 속에 계속

---

33) 대한예수교장로회 경남노회 제54회 임시노회(1951, 6,12). 촬요

머물러 개혁주의 신학을 파수하고, 교회의 개혁과 재건에 봉사하기를 원하였던 것이다. 그러나 교권주의자들의 계획된 정략에 따라 취해진 고신계 경남노회의 축출은 결국 한국장로교회의 제1차 분열이라는 비극적인 결과를 초래하고야 만다.

2. 단절 당하는 경남(법통)노회(1952)

1) 교회당 접수에 나선 총회교권

1951년 제36회 총회에서 경남노회를 축출한 총회는 이제 경남노회에 속한 교회당 접수를 행동으로 시작했다. 이로서 총회는 경남노회에 속한 교회들에게 교권의 위력을 보여 압력을 가하고, 불안한 환경을 조성하여 교회들을 총회 편으로 끌어들이기를 원한 것이다. 교회접수는 먼저 한상동 목사가 시무하는 초량교회부터 시작을 했다. 총회가 지난지 3개월 후인 9월 8일 주일 10시 40분에 아무런 사전 연락도 없이 총회의 지시를 받은 접수위원 노진현, 이수필, 강주선 목사 등과 우덕준, 양성봉 장로 등 9명이 초량 교회당에 들어와 강단을 점령했다. 이들은 혹 사고가 일어날까 해서 사복경찰들을 대동하고 오게 되어 위협적인 분위기가 조성되었다. 당회실에서 준비중에 있던 한상동 목사는 이 소식을 듣고, 자기가 강단에 오르면 분위기가 험악해질 것이 확실한 고로, 강단에 나아가지 않고 회중으로 하여금 12시까지 찬송만 부르게 했다. 그래서 접수위원들은 강단공간만 점령했지 예배는 인도할 수 없었다. 밤 예배 시간에도 이들은 왔다. 교회를 담임하고 있는 목사들이 주일날 자기들에게 맡겨진 강단은 지키지 않고 종일 교회당 접수를 위해서만 시간을 보낸 것이다. 그러나 교인들은 밤에도 낮과 마찬가지로 모여 찬송으로만 예배를 드리고 이들에게 기회를 허락하지 않았다. 한상동 목사는 이들을 만나 교회당을 조용히 비워줄 것이니 교인들을 자극하지 말아달라고 부탁을 했다. 그 후 이들은 다시 와서 시위하는 일은 없었다.

당시 총회와 소위 접수위원들이 강제로 강단을 점령한 것은 분명히 폭력이었다. 이런 교권의 폭력은 개혁주의 교회사에 유례가 없는 부끄러운 일이었다. 한 목사는 제직회를 모아 모든 것을 넘겨주고 떠날 결심을 밝혔다. 500여명의 교인

중 양성봉 가정을 중심으로 약 20여명 외에는 모두가 한목사 편에 서 있으므로 교회당의 소유권을 주장할 충분한 이유가 되었다. 그러나 이렇게 되는 때 교회에 불상사가 일어나 하나님의 영광이 훼손될 우려가 있으므로 이렇게 결심한 것이었다. 후에 교회 청년회가 주최하여 남영환 목사를 강사로 일주간 부흥집회를 가짐으로 미래의 진로를 위한 영적인 준비를 갖추었다. 접수위원이 다녀간지 약 한달 후인 10월 14일 주일 낮 예배를 송별 예배 겸 드리고 교회당과 모든 기물을 그대로 내어주고 나와, 그 날 밤 예배는 주영문 장로의 집 뒤뜰에서 드렸다. 비가 내려 모두 우산을 바쳐 든 채 예배를 드렸다. 이것이 교회의 개혁과 재건운동으로 첫번째 탄생하게 된 3·1교회의 설립예배였다.

2) 경남(법통)노회를 완전 단절하는 총회의 교권

1952년 4월 29일 대구 서문교회당에서 제37회 총회가 모였다. 경남(法統)노회는 할 수 있는데 까지 교회분열이라는 불행한 역사를 남기지 않기 위해 가진 수모를 당하면서도 가능한 노력을 다 하기로 했다. 그래서 경남노회는 제37회 총회에 총대를 파송하여 총회의 불법을 지적하고 시정을 요청함으로 총회와 정상한 관계를 회복하려 노력했다. 그런데 총회(총회장, 김재석)의 교권은 경남노회가 들어 올 수 있는 문을 완전히 닫아 버렸다. 총회는 경남노회의 총대권을 전혀 인정하지 않을 뿐 아니라, "고려신학과 그 관계 단체와 총회와는 하등의 관계가 없다"고 하므로 고려신학교를 지지하는 경남(법통)노회와의 관계 단절을 분명하게 선언하고 말았다. 교권주의자들이 경남노회를 중심한 고신측을 축출하고 단절한 1951년 1952년은 6·25 전란으로(북한 공산주의자들이 1950년 6월 25일 남한을 침공) 온 민족이 참화를 입고 고통을 당하고 있던 때였다. 역사세계에 일어나는 모든 사건들이 하나님의 통치 밖에서 일어나는 일이 없다는 것을 믿을 때, 교회의 지도자들은 일제시대에 범한 배교의 죄를 뒤돌아보고 참회의 모습을 보여야 했다. 그러나 저들은 오히려 일제시대에 범한 범죄에 대한 공적 참회와 정화를 부르짖어 온 고신측을 축출, 절단함으로 교권장악에만 혈안이 되어 있었던 것이다 총회 교권주의자들은 경남(법통)노회를 총회 밖으로 축출하고 그 관계를 단절해 버릴 때, 그 노회는 공중분해가 되어지고 고려신학교도 문을 닫게 될 줄 알았다. 그러나 모닥불은 치게되면 치는 만큼 더 힘있게 타오르는 것이다. 교권의 횡포가 교회의 정화 개혁을 위해 일어난 개혁자들의 마음속에 타오르는 불길을 끌 수 없었다. 축출 당한 경남(법통)노회는 이교파적(異敎派的)으로 나아가는 "가설 총회"로부터 벗어나 고려신학교를 중심으로 더욱 하나가 되어 한국교회의 개혁과 재건이라는 대 사명의 길로 전진하였다.[34]

3. 조선신학교측의 분열

1951년의 제36회 속회 총회는 첫날 고려신학측인 경남노회를 축출한 후, 그 다음날 "조선신학교"와 "장로회신학교" 양학교의 문제를 취급했다. 당시 양 신학교를 지원하는 양측 세력은 서로 예리한 대립을 보이고 있었다. 수적으로 어

---

[34] 사학자 이만열은 6·25 전란으로 민족이 상잔하는 시기에 나타난 "고신파의 분열"은 정당화 될 수 없다고 다음과 같이 말하고 있다: "'고신파의 분열'이 기장의 경우와 거의 마찬가지로 6·25의 동족상잔이 자행되고 있던 1951-52년에 이뤄졌다는 점이다. 동족끼리 피를 흘리고 있을 때, 민족적인 시련을 두고 마음을 합해야 할 시기에 '진리싸움'이라는 명분으로 교단분열을 결과했다는 것은 어떠한 이유로도 정당화될 수 없다." 한국교회연합의장은 열리는가 1, 목회와 신학, 1995, 3월 호, p.52 그는 고려신학대학원 50주년 희년 기념 집회에서 "한국 사회 속에서의 고신의 위치"라는 주제의 강연에서도 꼭 같은 내용의 말을 했다; "1950년에서 53년 은 우리 민족이 남북이 상잔하는 전란기였습니다. 이 때 필요한 것은 사랑과 평화 화해와 일치라고 이야기 할 수 있습니다. 그 전란기간 민족이 서로 싸우고 갈등하고 서로 싸우고 있을 때 그 때 필요한 사회사상, 추구해야 할 가장 중요한 가치는 화해요 일치요 평화요 사랑이라고 말할 수 있습니다. 그런데 불행히도 이 시기에 고신파는 소위 총회파에 의해서 제거되면서 새로운 분열운동에 휘말리게 되었습니다. 우리의 목표가 분명하고 또 우리의 주장이 정당했다 할 찌라도 이 때에 고신이 분리 당한 것이 정말 정당한 것으로 평가할 수 있겠는가 하는 것을 우리가 다시 한번 역사적으로 좀 더 객관적으로 상대화시켜서 볼 필요가 있다고 생각합니다. 저도 지금까지는 어쩔수 없으니까 그게 정당했지 않겠는가 그렇게 생각했는데..." 고려신학대학원 도서관 보관 테이프에서 녹취. 이 만열은 해방 후 친일, 반민족행위자들에 대한 청산이 없었음을 강하게 비판해 왔다.
그런데 그가 친일 배교자들이 교권을 완전 장악하고 회개를 부르짖는 고신측을 축출함으로 부득불 고신측이 전통적 장로교회의 역사의 맥을 잇기 위해 새 출발하게 된 사실을 두고 "정당화될 수 없다"고 하는 것은 그의 사고의 일관성이 결여되어 있음을 보여주고 있다. 그는 여기에서 신앙보다 민족을 진리보다 교회일치를 우위에 두고 있다.

느 정도 우세한 장로회신학교 측에서는 조선신학교측의 세를 꺾는 길은 두 학교의 총회직영을 취소하고 새로운 "총회직영신학교"를 세우는데 있다고 보았다. 그래서 이들은 총회에서 양 학교의 총회직영을 취소하고 새로운 총회직영 신학교를 대구에 설립한다는 결의를 이끌어 내는데 성공했다.[35] "장로회신학교" 측에 있어서 새로운 "총회직영 신학교"라는 것은 실상 대립된 조선신학교를 법적으로 문을 닫게 만들고, 장로회 신학교를 개편하는 것을 의미한 것이었다.

장로회 신학측은 먼저 조신측과 묵시적 공조를 함으로 고신측을 축출하고, 다음으로 조신측의 세를 꺾으려는 책략을 가졌던 것이다. 일찍부터 시류를 잘 타고 정략에 밝은 교권주의자들과 중도 보수주의자들은 그들의 계책을 따라 한 단계 한 단계 일을 처리해 나갔다. 그러나 조선신학교측은 총회의 직영 결정 취소로 학교의 문을 닫고 새로 세우는 총회직영 신학교에 들어 올 자세를 가질 그런 집단은 아니었다. 정세의 흐름을 상대편 못지 않게 판단할 줄 아는 저들은 양학교의 직영 취소와 새 총회 직영 신학교의 설립이란, 자기들이 그동안 다져 온 자유주의 조선신학의 맥을 끊고, 조선신학측의 핵심 인물인 김재준을 제거하기 위한 정략인 것을 너무도 잘 알고 있었던 것이다. 그래서 양신학교의 총회직영 취소와 새 총회직영 신학교 설립 결의는 오히려 자기들이 자유롭게 독자적인 길을 걸을 수 있는 기회를 제공하는 것으로 받아드릴 수 있었다. 1940년 신학교 설립 이래 경기노회를 기반으로 약 10년 동안 터를 다져온 저들은, 어떤 때에 독립할 수 있다는 자신감을 가지고 왔다. 이들은 신학교 문제에 대한 총회의 결정이 지난 1950년 4월 제36회 대구총회에서의 결정대로 노회 수의를 거치지 않은 것을 들어 불법이라고 주장하게 되었다. 그래서 조신측은 총회의 결정에 불복하고, 문교부의 대학인가를 받아 "한국신학대학"이란 이름으로 오히려 입지를 견고히 했다.[36]

---

35) Ibid., p.124 "조선신학교와 장노회신학교는 총회직영을 취소하고, 총회직영 신학교를 신설하기 위하여 과도 이사를 총회에서 선정하되 과도이사는 각 노회대표 2인과 각 선교회대표로 한 신학위원으로 하기로 가결하다."
36) 문교부로부터의 학교명칭 변경 허락은 1951년 3월에 이미 받았다.

조선신학교 교수, 학생(1942년경)

1952년 4월에 모인 제37회 총회는 이제 조선신학 측을 처리하는 데 나섰다. 총회는 성경유오설을 주장하고, 모세의 오경저작을 부인한다는 이유를 들어 김재준은 장로교회의 목사가 될 수 없다고 결론짓고,[37] 노회에 조선신학교 입학 추천을 불허할 뿐 아니라 그 학교 졸업생에게는 강도사나 목사의 장립을 불허한다는 결정을 내렸다. 그리고 일찍부터 자유주의 신학을 수용하고 가르쳐 온 캐나다 연합교회 선교회 소속 서고도(徐高道, W. Scott)를 소환해 가도록 본국에 요청하기로 결의했다.[38] 일년이 지난 후 1953년 대구 서문교회에서 모인 제38회 총회는 경기노회가 총회의 명에 불복하여 김재준에 대한 목사면직을 시행하지 않고 있음으로, 그의 면직을 직접 선언하게 되었다.[39] 이로써 양편의 분열은

---

[37] 金在俊의 聖經有誤說의 內容은 다음과 같은 것이었다:
  1. 金敎授는 聖經의 歷史的 有誤를 말하였다.
  2. 金敎授는 聖經의 科學的 誤謬를 말하였다.
  3. 金敎授는 聖經의 逐字的 靈感을 否認하였다.
  4. 金敎授는 五經의 모세 著作權을 否認하였다.(第24回 總會의 決議에 依하여 五經의 모세 著作 否認者는 長老敎會 牧師가될 수 없다.)
  金良善, 韓國敎會解放十年史, p.289 參照.
[38] 總會, 第37回 總會錄(1952), p.238. 정규오, 신학적입장에서 본 한국장로교 교회사 (上), 한국복음문서 협회, 1984, pp 71, 72. 참조
[39] 당시 총회장 명신홍 목사가 "목사 김재준씨는 제36회 총회결의를 무시하고 성경유오설을 계

불가피 해졌다.

　결국 조신측은 총회가 노회의 수의 없는 결정을 하여 양 신학교를 폐교하고, 새 신학교 설립을 강행해 나간 일을 불법으로 규정하고, 이를 좋은 구실로 삼아 1953년 6월 10일 서울 한국신학대학 강당에서 9개 노회 대표자 47명이 모여, 제38회 총회를 속회하면서 스스로를 "법통총회"(法統總會)라고 선언했다. 이로서 자유주의 조신측은 그들의 자유주의 진보신학을 자유롭게 주장하고 가르치는 개방적인 교회로서 "한국기독교장로회"(韓國基督敎長老會)라는 이름으로 새로운 출발을 하게되었다. 결과적으로 한국장로교회사에 있어서 제2차 분열이 고정화되어진 것이다.

　속 주장하였으므로 권징조례 제6장 42조에 의하여 목사직을 파면하고, 그 직분을 주 예수의 이름과 그의 직권으로 금하노라"고 선언했다. 총회 회록 제11권(제38회 회록, 1953), p.238

제 5 편
개혁해 가는 장로교회;
고신교회(高神敎會)의 출발

제15장 개혁하는 장로교회; 고신교회의 조직

15.1 개혁운동의 확산(擴散)

총회는 1951년의 제36회 총회에서 고신측 경남노회를 축출하고, 다음해인 1952년도 제37회 총회에서 관계 단절을 선언하여 그 교권의 위세를 나타내었다. 제36회 총회 후에 총회측은 경남(법통)노회는 더 이상 대한 예수교 장로회에 속하지 않는다는 것을 내외에 공적으로 알리기 위해 특별위원들이 조직한 노회의 목사들을 동원하여 첫번째로 초량교회당 접수에 나섰다. 총회는 경남에서만 교권을 시위한 것이 아니라, 경북노회 지역 안에서도 상당수가 고려신학교측을 지원하고 있다는 사실을 알고, 노회 내 고신 반대세력을 총동원하여 고신측을 향해 강경한 입장을 취하게 했다. 그 결과 1951년 7월 대구 제일교회당에서 모인 제48회 경북노회는 고려신학교 학생 추천을 금하였다. 그리고 고려신학교를 지지하거나 관련을 가진 자들에게는 8월 15일까지 귀환 명령을 내리고, 순응하지 않을 경우 제명하기로 결의하였다. 총회를 배경하고 특별위원들이 조직한 경남(별)노회도 경북노회와 꼭 같이 1951년 9월 4일 고신측 교역자들과 교인들의 귀환을 강요할 뿐 아니라, 심지어 메첸파 선교사(韓富善)의 소환 건의를 결정하기까지 했다.

이런 일들은 참으로 "대한 예수교 장로회 총회가 교회의 주권을 의식적으로 교권주의자에게 바친 때문에 일어난 일대 불상사들"이었으며 "한국교회 70년 사상에 있어 이 때처럼 교권이 행세된 때는 없었던" 것이다.[1] 교권이 교회를 위

---

1) 金良善, 韓國敎會解放十年史, p. =159

한 봉사가 아니라, 위협과 횡포로 등장한 것이다. 교회가 시행하는 제명, 출교 등의 권징은 범죄자가 끝까지 회개하지 않을 때 최후로 과하게 되는 영적 치유의 방편인 것이다. 교회의 정화, 개혁운동에 동참하는 자들에게 저런 극단의 징계로 위협하는 것은 교권의 남용이요, 일종의 횡포로 밖에 볼 수 없었다.

대구 서문교회(西門敎會)에서는 고신측의 신앙노선을 쫓는 김주오(金周悟) 장로를 포함한 6명이 귀환 명령의 불복종으로 제명을 당하게 되었다.[2] 이것은 치리회인 당회의 재판도 없이 시행한 교권의 폭력이었다. 이런 사실이 알려지자 이분들과 뜻을 같이하는 상당수의 성도들이 함께 서문교회를 떠나 1951년 8월 19일 "서문로교회"를 설립했다. 이것이 경남지방으로부터 확산된 개혁운동의 결과로 경북지방에서 탄생하게 된 최초의 교회였다.

이후 이 개혁운동에 동참하는 운동이 경북 여러 지역에 확산되어 갔다. 경주에서 윤봉기(尹鳳基) 전도사를 중심으로 경주교회가 설립되었다. 경북지역의 개혁을 위한 진리운동의 확산은 매우 빨랐다. 1952년 3월 31일에는 서문로교회에서 경북교직자회가 조직되었다. 이것은 개혁운동에 참여한 교회들간의 유대를 강화하고, 어떤 면에서 노회를 대신하는 대리회 역할을 하게 하기 위해서였다. 그래서 이 속에 전도부, 종교교육부, 재정부를 두고 대구, 경주, 안동 세 지방시찰부도 두었다.[3] 그해 6월 30일 모인 경북교직자회 제2회의 모임에서는 오종덕 목사를 중심으로 "대구고려성경학교"를 개강하기로 결정을 했다. 당시 경북에서 이 개혁운동에 가담한 교회가 23교회였고, 전도소 혹은 기도실이 7곳이 되었다.[4]

경남(법통)노회가 제37회 총회에서 완전 단절을 당한 후에는 박윤선 교장을 주 강사로 경북교회지도자대회를 1952년 12월 15일(월)부터 20일(토)까지 성남교회에서 개최하였으며, 노회 조직에 앞서 "대구지방회"를 조직하였다.[5] 1953

---

2) 6名은 金周悟 長老 外에 女信徒 朴福達, 申貞順, 徐玉蓮, 김계초, 서경애 이었다.
3) 대한예수교당로회 경북교역자회 제1회촬요, 高神敎會史料集 1, 고려신학대학원도서관 소장.
4) 대한예수교장로회경북교직자회 제2회 촬요 와 교회일람표 참조. Ibid.,
5) 慶北敎會指導者大會開催通知書, ibid., 參考. 指導者大會 講師는 朴允善 校長 外에 全永昌 先生, 金相道 牧師, 李相根 敎授 였다.

년 5월 19일에는 서문로 교회당에서 경북노회를 조직함으로써 치리회로서의 조직을 갖추게 되었다. 이 때 경북노회는 정식 교회치리회로 출발을 하면서 "일본 기독교단 시대에 안수 받은 목사, 장로와 시무하던 전도사는 40일간 일률적으로 자숙하기로 하고, 미시취 과목은 다시 시취한 후 시무를 계속하기로" 결정했다.[6] 결과적으로 경북지역은 경남지역에 다음가는 교회의 정화, 개혁, 재건 운동의 중심지가 되었으며, 이 교회 재건 운동은 경기, 호남지역에로 확산되어 나아갔다.

경남지역에서도 고려신학측을 지원하는 경남(법통)노회에 속한 교회들은 1951년 5월 제36회 총회에서 그 노회가 축출 당한 후에 동요되기보다는 오히려 더욱 결속을 다지며 굳건히 서게 되었다. 1951년 4월의 통계에 의하면 경남지역 344교회 중에 총회 특별위원들이 새로 조직한 별노회에 속한 교회가 58교회 내외였던 것으로 나타났다.[7] 경남지역의 교회 중 3분의 2 이상이 경남(법통)노회를 지지하고 있었던 것이다. 1951년 6월 12일의 경남노회 제54회 임시노회에서는 월남한 목사를 포함한 이학인(李學仁), 장석인(張錫仁), 강진선(康眞善), 조창식, 박선택 등의 목사가 노회에 가입함으로 더욱 개혁운동에 강화를 가져오게 되었다.[8] 1951년 말에도 그 수는 변함이 없었다. 1951년 12월 "면려청년"지는 "총회가 관계를 끊고 별노회와 전국 각 교회가 부인할지라도 경남법통노회는 하나님만 의지하고 튼튼히 서 있으며 소속된 300여 교회는 모두 다 동요되지 않고 만세반석 되신 그리스도의 터 위에서 튼튼히 서 있습니다."라고 알리고 있다.[9]

15.2 총노회(總老會)의 조직(1952)

1952년 4월 29일 대구 서문교회당에서 모인 제37회 총회시에 완전히 단절을

---

6) 대한예수교 장로회 경북노회 제1회 촬요, p.2
7) 기독청년 면려회 경남연합회, 1951년 4월에 발행한 "大韓예수敎長老會 慶南老會 敎會 及 敎役者 名簿. 참조.
8) 대한 예수교 장로회 경남노회 제54회 임시회(1951.6.12) 촬요.
9) "면려청년", 1951년 12월 12일자.

당한 경남(법통)노회는 이제 한국에 개혁운동을 뿌리내리고 전통적 개혁주의에 입각한 신학과 생활을 갖춘 교회 재건을 위해서는 교회의 조직을 새로이 정비하고 나아가지 않을 수 없게 되었다. 지난 몇 년 동안 총회의 교권의 전횡으로 박해를 받아 오던 경남(법통)노회는 그 교권의 횡포에 의해 단절을 당함으로 불의한 교권으로부터 오히려 해방을 얻게 된 것이다. 이제 경남(법통)노회는 진리 안에서 자유를 누리며 참된 대한 예수교 장로회를 계승하고 재건해 가야 할 사명을 갖게 된 것이다. 참 교회의 표지는 외적인 기구의 계승이나, 수의 많음에 있지 않고, 사도적인 진리를 파수하고 전하며 그 진리를 따라 살아가는데 있는 것이다. 이제 경남(법통)노회를 중심한 고려신학 측은 이교파적(異敎派的)으로 나아가는 총회의 교권에서 해방되어 진정한 대한예수교 장로회를 이어가는 개혁된 참 교회 건설을 목표하고, 치리회를 정비하게 되었다.

1952년 9월 11일 진주 성남교회에서 제57회 경남(법통)노회가 모여 총노회 조직을 결의했다. 당시 경북, 경기, 호남지역에 고려신학측을 지지하는 교회들이 상당수 있었지만 노회의 조직을 갖춘 곳은 경남(법통)노회 뿐이었기 때문에, 총회를 조직할 여건이 갖추어질 때까지 잠정적인 총회적 기구를 갖기 위해 경남(법통)노회를 중심으로 모든 지역의 고신 지지교회들을 포괄하는 총노회(總老會)를 조직하기로 한 것이다. 그 날 밤 11시 20분에 목사 50명, 장로 37명의 총대가 참석한 가운데 임시회장 이약신(李約信)목사의 사회로 먼저 예배를 드렸다. 이약신 목사는 이 예배에서 성경 계 2:8-12을 봉독하고 "죽도록 충성하라"는 제목으로 설교했다. 예배 후 곧 역사적인 "대한예수교 장로회 총노회" 조직에 들어갔다. 당시 임시 회장은 총노회 조직 취지를 "현 대한 예수교 장로회 가설 총회는 본 장로회 정신을 떠나서 이교파적으로 흐름으로 이를 바로 잡아 참된 예수교 장로회 총회로 계승하기 위함"이라고 하고, 그 목적은 "전통적인 대한 예수교 장로회 정신을 지지하는 전국교회를 규합하여 통활하며 개혁주의 신앙운동을 하여 (법통)총회를 장차 계승키로" 하는데 있다고 했다.[10]

다음으로 초안된 규칙을 받고 임원선거에 들어가 회장에 이약신, 부회장 한상

---

10) 대한예수교장로회 총로회 회록, 1952, p.3

동, 서기 홍순탁, 회록서기 오병세, 회록부서기 윤봉기, 회계 양진환, 부회계 김인식을 선출했다. 총노회는 교회내 외에 총노회 조직에 대한 선포문(宣布文)을 작성 발표하기로 하고 기초위원을 선정했다. 기초위원은 송상석, 이학인, 장석인, 전성도, 황철도 목사와 교수회원 일동으로 정했다. 총노회의 행정구역은 우선 경남노회, 대구지방(회), 경주지방(회), 전라지방(회)으로 구분하기로 했다. 이들 지방회는 아직 노회가 조직되지 않은 고로 노회의 기능을 잠정적으로 대행하기 위한 것으로 지방회 규칙은 노회 규칙에 준하기로 했다.

조직을 정비한 총노회는 지금까지 고려신학교 중심으로 해온 진리운동이 교회의 정화와 개혁을 가장 중요하게 여겨 왔기 때문에, 먼저 자숙문제를 논의하여 목사, 장로, 남녀 전도사는 9월 22일부터 10월 12일까지 3주간 공인죄(公認罪; 신사참배, 신도연맹가입, 미소기바라이)와 자인죄(自認罪)를 자복 회개함으로 자숙하되 이 기간동안 공예배 인도나 공중기도를 인도하지 않기로 했다.[11] 이 자숙을 마친 후에는 1952년 10월 14일부터 16일까지 3일간 고려신학교에서 부흥집회를 갖고, 그 후에 "총노회 발회식 선포문"(總老會發會式宣布文)을 발표하기로 했다. 결의한 대로 총노회는 자숙기간을 지키고 부흥회를 마친 후, 1952년 10월 16일 오후 7시 30분 삼일교회에 모여 총노회를 대표하여 회장 이약신 목사가 "대한예수교 장로회 총노회 발회식 선언문"을 낭독하였다. 이로서 예수교 장로회 신앙고백과 정치에 충실한 대한 예수교 장로회를 순수하게 이어가는 총노회의 출발이 내외에 선포되었다.

총노회는 이 선포문에서 먼저 회개가 교회 생활에서 가장 중요한 요소임을 강조하여, 회개가 없는 곳에 참다운 믿음, 소망, 사랑이 없음을 말했다. 그리고 칼빈으로 부터 내려온 장로교회의 진리노선 파수의 중요성과 진보주의 신신학의

---

11) Ibid., p.5
   1. 상 대 : 목사 장로, 남녀 전도사
   2. 기 간 : 3주간(9월 22일-10월 12일)
   3. 내 용 : 1) 공인죄(신사참배, 신도연맹가입, 미소기바라이) 2) 자인죄
   4. 방 법 : 공예배 인도와 성례 주례와 공중기도 인도 중지.
   5. 기 타 : 3주간 자숙한 후 10월 14일부터 16일까지 3일간 부산 고려신학교에서 부흥회를 개최하고 그 후 3.1 교회당에서 총노회 발회식을 거행하기로 함.

무용을 언급하고, "우리들은 해방 직후부터 대한예수교 장로회가 장로회 헌법정신으로 복귀하자는 운동을 시작하여 그 방법은 회개운동과 신학사상에 치중하였다"고 밝혔다.

다음으로, 변질된 총회가 진리 노선에로의 복귀운동을 하는 자들에게 행한 부당한 교권적 횡포를 언급하고 있다. "가설 총회는 교권주의에 취한 까닭인지... 반성과 시정요구에는 격분과 증오감으로 반답이 있을 뿐이며... 적반하장격으로 우리를 이교파적이라 하여 분리단안을 내렸다"고 한다. 그리고 저들의 변질된 모습을 구체적으로 들어 "불법과 비진리와 불신앙적인 무리들은 일(一)은 불법이 법화되었다는 것과, 이(二)는 교권 주의를 진리의 화신으로 여기며, 삼(三)은 하나님의 공의를 무시한 무조건적 사랑을 신앙의 법칙으로 삼고 있다"고 했다.

끝으로 총노회 결성의 불가피성과 그 조직의 목적을 언급하고 있다. 신학사상과 신앙노선에 따라 교회 행정이 갈라지게 되는 것은 불가피한 일이 되어버린 사실을 언급하고, 총노회를 조직하는 목적은 "대한 예수교 장로회 헌법대로 전통적인 장로회 총회를 계승하는 법통 총회를 준비하기 위하여"라고 공언했다.

줄여 말하면, 이 선언문은 변질되고 이질화된 한국 장로교계에서 일제시대에 범한 죄에 대한 참회를 통해 교회를 정화함으로 바른 개혁주의 교회의 신앙생활을 확립하고, 전통적인 개혁주의 보수신학을 회복 파수 전수함으로 순수한 역사적 대한예수교장로회의 전통을 이어 갈 것을 선언하고 있는 것이다. 그 선언문 전문은 아래와 같다.

총노회 발회식 선포문

大韓예수敎長老會總老會 發會式 宣言文[12]

人類를 通하여 이루어지는 歷史는 하나님의 經綸을 벗어난 것이 하나도 없다는 것을 새삼스럽게 다시금 느끼게 됩니다. 주검에 處한 人生을 死亡에서 生命의 世界로 옮기는 十字架의 道, 悔改와 믿음으로 救援을 얻게 하는 하늘의 福된 消息, 感激에서 넘쳐흐르는 悔改의 눈물은 우리들의 心靈 骨髓를 녹여내고 있습니다. 聖經에 信仰生活의 三大要素를 1, 믿음과 2, 所望과 3,사랑 이 세 가지는 항상 있을 것인데 그 중에 第一은 사랑이라고 하였습니다. 그러나 참 悔改가 없는 者에게 참 믿음이 있을 수 없고, 참 믿음이 없는 者에게 所望이 있을 수도 없고, 하늘에 所望을 두지 아니한 者에게 아버지의 사랑이 있을 수 없을 것입니다. 그런 까닭에 우리들의 믿음은 十字架의 勝利이며, 우리들의 所望은 하늘에서 빛나고, 우리들의 사랑은 그리스도의 心臟으로 불타고 있습니다. 그러나 참 悔改가 없는 자에게 십자가의 勝利가 있을 수 없고, 참 悔改가 없는 者에게 하늘의 所望이 있을 수 없고, 참 悔改가 없는 者에게 아버지의 사랑이 있을 수가 없을 것입니다.

創世 以來로 犯罪한 人生이 罪와 死亡에 빠져 있는 것을 그대로 두시지 않고, 그리스도의 十字架의 붉은 피를 비롯하여 時代 時代에 殉敎聖徒들의 피로서 眞理를 繼承시켜 주신 그 크신 사랑의 經綸이 繼承되고 있음을 우리는 잘 알고 있습니다. 하나님의 뜻하신 이 사랑의 큰 經綸을 이루시기 위한 하나님의 命令이 내릴 때마다 順從하지 아니한 자 한 사람도 없었던 것입니다. 모세가 그러하였고, 엘리야가 그러하였고, 요나가 그러하였고, 바울이 그러하였고, 칼빈이 그러하였은즉 오늘에 眞理의 종들과 믿음의 사람들에게도 이 至上 命令이 내리고 있음도 틀림이 없는 事實일 것입니다.

---

12) 대한예수교장로회 총로회 회록(제1회-10회), 1962, pp.11-14

中世紀 暗黑時代를 光明으로 變하게 하여 眞理를 埋沒하던 敎權主義者들을 물리치고, 腐敗하여 世俗的으로 흘러 나리고 있는 敎會를 바로 잡아 세우기 위하여 生命을 걸고 싸운 先知와 敎父들이며 無數한 聖徒의 흘린 피가 오늘의 眞理路線을 繼承하여 주신 것입니다. 우리의 先輩 칼빈先生께서도 그 時代의 暗黑面을 깨치고 眞理를 바르게 세우기 위하여 改革主義(福音化)運動을 始作한 것이 곧 우리 長老敎會派의 創始였습니다. 우리 大韓 예수敎 長老會는 칼빈 先生의 改革主義로 이루어진 敎派이니 만큼, 우리들은 이 改革主義 眞理路線을 떠나서는 長老派 敎會가 있을 수 없는 것이며, 우리들의 信仰에 滿足을 얻을 수가 없을 것입니다. 倭政 末期에 그 무서운 彈壓과 휘날리는 銃劍의 威脅이 많은 聖徒들의 가슴을 서늘하게 하여 信仰生命을 蹂躪하고 있었으나, 그래도 우리들 중에는 붉은 心臟에서 뛰노는 生命의 피가 眞理를 死守하기 위하여 或은 獄中에서 죽어나고, 或은 6,7個 星霜의 獄中生活을 甘受하였고, 或은 山과 굴속에서 흙투성이의 生活 或은 蹂躪 當한 信仰志操를 回復하기 爲하여 痛悔의 눈물 바다에 잠긴 者 그 數가 적지 않습니다.

人生이 弱한자라 犯罪하였다는 것은 오늘의 우리 뿐 이리요. 始祖 아담 때부터임을 우리는 잘 알고 있습니다. 그렇다고 해서 우리들의 犯罪를 祖先에게 轉嫁시키고 無責任하게 뻔뻔한 뱃심 좋은 生活을 願하지 않습니다. 널리 世界敎會를 말하기 前에 韓國의 基督敎會 全體를 말하기 前에 大韓 예수敎長老會는 어찌 되어 있는가? 前述한 神學 思想과 詭辯으로 因한 信仰路線의 曲路가 大韓 예수敎 長老會 憲法 精神을 떠나 異敎派的으로 흘러가고 있음을 垂手 傍觀할 수 없었다는 것은 이것이 信仰生命을 붙들어 주는 참된 사랑이며, 長老敎會 敎人된 우리들의 連帶責任感에서 나온 同情과 義奮心일 것입니다.

日政 末期에 떨어뜨린 여호와의 榮光, 蹂躪 當한 聖徒들의 信仰志操, 傷處받은 心靈에 自家辯護와 自慰的 論法으로 時代의 병의 인 所謂 進步主義라는 新神學 思想과 似而非한 福音主義, 허울 좋은 保守主義, 사랑을

要求하되 하나님의 미워하시는 것까지 사랑하여 달라는 和平論과 妥協은 俗化되어가는 敎權主義者들로 하여금 敎會를 現世生活處世의 道具로 삼기에는 便宜가 될지는 모르나, 주님의 몸된 敎會를 믿음의 盤石 위에 세우고, 生命의 燈臺로 세워 罪惡으로 因하여 暗黑에 빠져 있는 人生들에게 生命으로 引導하는 眞理의 횃불 노릇하기에는 合當치 못할 것입니다. 그래서 우리들은 解放 直後부터 大韓 예수敎 長老會가 長老會 憲法精神으로 復歸하자는 運動을 始作하여 그 方法은 悔改運動과 神學思想에 置重하였고, 따라서 韓國現實에 反映되는 思想問題 等이었습니다. 이 부르짖음에 呼應者도 적지 아니하였으나, 오히려 非難과 鼻笑로 이 運動을 毀謗하는 者의 數도 적지 아니하였습니다. 우리 韓國 長老敎會를 臨時로 代表하고 있다는 長老會 現 假設總會를 向하여 或은 忠告, 或은 警告, 或은 陳情, 或은 抗議와 異議 等으로 反省과 是正을 要求한 싸움은 결코 大韓 예수敎 長老會가 밉다든지 싫어서가 아니고, 掌中 寶玉같이 사랑함으로써 이었습니다. 그러나 이 臨時 假設 總會는 敎權主義에 取한 까닭인지, 難治의 病에 걸린 까닭인지 모르나, 反省과 是正要求에는 激憤과 憎惡感으로 反答이 있을 뿐이며, 主從의 順序를 알지 못하고, 玉石을 區分하지 못하는 그들은 賊反荷杖 格으로 우리를 異敎派的이라 하여 分離斷案을 내렸다는 것은 一笑에 부치고 말 것입니다.

  그래도 우리는 그리스도의 宇宙 統一 原則에 基準하여 韓國의 政治的 統一을 기다리며, 韓國長老會 宗派 單一性과 韓國長老會 臨時行政機關 單一化를 爲하여 最後까지 合同에 努力하여 보았으나, 眞理 안에서 하나이 되기에는 도저히 期待할 수 없게 되었습니다. 不法과 非眞理와 不信仰的인 무리들은 一은 不法이 法化되었다는 것과 二는 敎權主義를 眞理의 化身으로 여기며, 三은 하나님의 公義를 無視한 無條件的 사랑을 信仰의 法則으로 삼고 있어 그 尺度에 맞지 않는다는 理由로 우리들에게 對한 壓迫과 非難을 맞을 줄을 모르고, 날이 갈수록 氣勢를 뽑내고 있어 가인이 아벨을 對한 것과 에서가 야곱을 對한 것과, 하갈의 아들 이스마엘이 아브라함의 아들 이삭에 對하는 듯한 感이 없지 않습니다. 그러나 우리는 앞날의 曙光을 展望하고, 隱忍 自重하여 여호와의 지시를 待期 中 神學思想과 信仰路線에 따라 敎會行政이 갈라지게 된 것은 不可避한 現狀을 이루어 놓고야 만 것이었습니다. 그래도 미련이 있던 統一 期待는 接近될 餘地조차 없음이 看破됨으로 우리는 참다 못하여 열매 없는 無花果처럼 땅만 虛費하며 곁 가지로 뻗어나가는 所謂 現 臨時 假設總會를 아낌없이 베어 버리고, 大韓 예수敎 長老會 憲法대로의 傳統的인 長老會 總會를 繼承하는 (法統)總會를 準備하기 爲하여 今日 本 總老會 發會式 禮拜를 擧行하게 된 것입니다. 우리들의 口號는 眞理鬪爭은 最後 一刻까지며, 前進이 있을 것뿐이고, 後退없기를 바라면서, 오 할렐루야 아멘.

主後 1952年 10月 16日,

大韓 예수敎 長老會 總老會 宣布文 起草委員 一同.

主後 1952年 10月 16日 下午 9時 30分

本會를 代表하여 이를 中外에 宣布함.

大韓 예수敎 長老會 總老會長 李 約 信

경남(법통)노회를 중심한 고려신학측을 지원하는 여러 지방 교회들이 총노회를 조직한 것은, 대한 예수교 장로회를 떠나 이교파(異敎派)로 출발하려는 데 있지 않고, 이교파적으로 변질되어 "열매없는 무화과처럼 땅만 허비하며 곁가지로 뻗어나가는 소위 현 대한 예수교 장로회 임시 가설총회를 아낌없이 베어버리고 대한 예수교 장로회 헌법대로의 전통적인 장로회 총회를 계승하는 법통총회를 준비하기 위하여"라는 것이다

제16장 개혁의 지속과 교회의 발전

16.1 교세(敎勢)의 확장과 발전

총노회 조직 후 일제시대에 신사참배를 항거하며 죽도록 충성해온 충복(忠僕)들의 신앙을 흠모하고 이들과 함께 한국교회의 정화와 재건에 동참하기를 원하는 교회와 신자들이 경남, 경북뿐 아니라, 전라, 충청, 수도권지역에서까지 생겨나게 되어 진리운동은 전국적으로 급속하게 확산되어 갔다.

대구 지방 교회에서는 1952년 12월 18-19일에 서문로 교회에서 목사 4명, 장로 8명(전도사 11명, 교회대표 4명)이 모여 대구 지방회(大邱地方會)를 조직하였고, 시찰 구역을 대구, 김천, 달성으로 나누었다. 이 때 교회수 는 22교회(조직교회 4, 미조직 12, 기도소 6)이었고, 세례교인 수는 500여명이었으며, 학습, 원입 합하여 약 1,500명이 되었다. 경주, 안동 지방에서도 1952년 12월 19일에 운산교회당에서 목사 4명, 장로 2명(전도사 10명, 교회 대표 2명)이 회집하여 경안지방회(=慶安地方會)를 조직하게 되고, 시찰 구역으로 경주, 안동을 두었다. 이 지역은 윤봉기 목사가 시무하는 경주교회를 중심으로 어떤 교회는 전교회(안동 광명교회 등), 어떤 교회(안동 월곡교회 등)는 부분적으로 고려신학 측으로 돌아왔다. 특별히 안동 지역의 상당 수 교회들이 고려측 신앙노선을 사모하고 있어 그 지역에 미래가 밝았다.

1953년 5월 19일에는 대구 지방회와 경안 지방회가 함께 대구 서문로 교회에서 "경북노회"를 조직했다. 이 때 회원수는 목사 9명, 장로 11명, 합 20명이었다. 노회는 시찰구역을 대구, 김천, 경주, 안동 넷으로 나누었다. 당시 경북지역에 있는 교회수가 70이었고, 전도소가 6개 처였다. 그런데 1955년도에 모인 제4회 총노회시에 경북노회는 "노회 창립이래 하나님의 특별한 축복으로 각 교회가 장족의 진보로 부흥 될 뿐 아니라, 창립 초에 비하여 교회수가 배로 증가된 일이오며"라고 보고했다.[1] 이 보고 속에는 강원도 울진 지방에서 감리교회에 속했던 40여명 교인들이 장로교 고려측으로 돌아와 교회를 설립하는 중이라고 하고, 충청도 영월지방 탄광 지대에도 전도의 문이 열려 교회당 신축과 교역자를 구하고 있다는 내용이 들어 있었다. 이 때, 경북노회에 속한 교회 수가 108이었고, 목사 수가 21명, 입교인 수가 2,100명에 이르렀던 것이다.[2]

1956년 제5회 총노회에 제출된 보고에 의하면, "경북 경산군 하양면, 진량면 일대에 소위 "시온파"라는 단체에서 오랜 세월 미로에 방황하던 성도들이 금년 1월경부터 속속 우리 신앙 노선으로 귀의하여 은혜를 받아 자라나는 중이오며"라고 했다. 이 시온파는 일종 신비주의 종파로써 신자는 타락이전의 시온으로 복귀하게 된다는 신비주의적 완전주의 성격을 가진 집단이었다. 이들이 고려측으로 돌아옴으로 바른 신앙의 지도를 받게 되었던 것이다. 결과적으로 경북은 경남 다음으로 고려측 진리운동의 중심이 되었다.

고려신학교를 중심한 교회개혁운동은 경남, 경북 이외에도 넓게 확산되어 갔다. 특별히 6·25 사변은 고려신학측의 진리운동에 유리한 환경을 만들어 주었다. 이 운동이 수도권으로 확산될 수 있는 계기를 마련해 준 것이다. 전란 때문에 수도권 지역으로부터 남쪽 경상도 지방으로 피난 온 많은 성도들이 부산에 와 머물면서 고려신학교를 중심한 교회들의 진리운동에 접하게 되고, 강력한 성경적 증거에 영향을 받아 귀경하게 되었다.[3] 그리고 전란 중 북한으로부터 남하한 교역자들과 성도들도 큰 영향을 받게 되었다. 그래서 고려신학측으로서는 황무지와 같았던 수도권 경기 지역에도 고려측 교회들이 서게 되었다. 당시 서

---

1) 총회록,제1회-제10회(1952-1960), 대한예수교장로회 총회 출판부,p.50
2) Idem.,
3) 한부선 선교사가 1954. 1. 15일자로 미정통장로교의 월간지 "Presbyterian Guardian"에 보낸 편지 참조. 그는 당시 서울에 11교회가 생겼다고 보고했다.

울 경기 지역에는 주로 이학인(李學仁), 강진선(康眞善) 등 월남한 교역자들이 중심이 되어 있었다. 1954년 제3회 총노회는 경기 지방과 전라 지방에 노회를 조직하기로 결의를 했다.[4] 그해 11월 2일 경기 노회를 조직함으로 서울 경기 지역에 진리운동의 기지가 마련되었다. 이 때 교회 수는 조직교회가 4, 미조직교회가 21, 모두 25교회였다. 1955년 제4회 총노회에 제출된 보고서는 "노회 설립 후 천안과 화천에 교회가 신설된 일이오며 교회가 질적 양적으로 확충되어가는 중으로 목사 8명, 전도사가 15명"이라고 하였다.[5] 1956년 총회록에 나타난 통계표에 의하면 수도 지역의 교회 수가 47개로 급성장 되었음을 보게 된다.[6] 결과 고려신학교를 중심한 개혁운동은 전국을 포괄하는 운동이 되어 갔다.

16.2 총회 조직(總會 組織, 1956)

총회의 교권으로부터 축출, 단절을 당한 경남(법통)노회는 1952년 10월 16일 총노회 발회식 선언문에서 "현 임시가설총회를 아낌없이 베어버리고 대한 예수교 장로회 헌법대로의 전통적인 장로회 총회를 계승하는 법통 총회를 준비하기 위하여" 총노회 발회식을 거행한다고 밝혔다. 고려신학교를 중심으로 경남노회에서 시작된 교회개혁을 위한 진리운동은 지난 10년 동안 교권주의자들의 횡포와, 자유주의자들, 중도보수주의자들의 갖은 비난과 비소를 받으면서도 끊임없이 진행 확산되어 총노회가 조직되었고, 이제 총회로 개편을 할만큼 큰 성장을 보게 되었다. 이것이 인간에 의한, 인간을 위한 운동이었다면 그간에 쇠멸 될 수도 있었지만, 교회의 주 예수 그리스도에 의해 출발된 운동이요, 그의 교회를 위한 운동이었기 때문에 원수의 끝없는 공세 가운데서도 더욱 활력을 얻어 전진해 올 수 있었다. 이제 총회를 조직할 때가 다가온 것이다.

1956년 4월 17일에 모인 제5회 총노회는 총노회를 총회로 개편할 때가 이르

---

4) 총회 회록(1회-10회), p.29
5) Ibid., p.51
6) Ibid., p.119

렸다고 판단하게 되었다. 총노회로 출발한지 4년 동안 개혁운동은 큰 축복을 받아 전국적으로 교회수가 크게 증가했다. 당년 통계에 의하면, 경남노회에 387, 경북노회에 112, 경기노회에 42, 전라지방에 24, 합계 565교회에 이르고, 목사 111명, 장로 157명, 세례교인 15,350명이 되었다.[7] 이 총노회는 총회로 개편하기로 결의하고, 이를 같은 해(1956년) 9월 20일 부산 남교회당에 회집하여 하기로 했다. 교회의 명칭은 새로운 것을 택하지 않고, "대한 예수교장로회 총회" 그대로 하고, 회수는 총로회 회수를 그대로 계속하기로 했다.[8] 이 총노회가 교회의 명칭을 달리하지 않는 것은, 지난날의 가설총회가 신학, 신앙, 생활(정치)면에서 변질되어 장로회 헌법정신을 떠났기 때문에 "전통적인 장로회 총회를 계승하는 법통 총회"를 바로 이어가기 위해 총노회를 조직 출발했기 때문이다. 그리고 총회 회수를 가설총회의 그것을 잇지 않은 것은 회수에 의해 교회의 정체가 좌우되지 않는 것으로 보았기 때문이다.[9] 이제 총노회는 총회에로의 개편을 위한 준비로 경북노회, 경기노회, 전라노회 외에 경남노회를 부산, 경남, 진주 세 노회로 분립하기로 결의했다.[10] 그리고 1956년은 고려신학교를 설립함으로 시작된 개혁운동 10년을 맞는 해였다. 그렇기 때문에 총회로의 개편과 함께 "개혁운동 10주년"행사를 하기로 결정하고, 경남노회 임원, 경북, 경기 노회장, 고려신학교 교수 전원과 송상석 목사를 이 행사를 위한 준비위원으로 위촉했다.[11]

1956년 9월 20일 오후 8시에 부산 남교회에서 6개노회(경남, 부산, 진주, 경

---

7) Ibid., pp.77-80
8) Ibid., pp.64, 68
9) 自由主義 朝鮮神學側은 名稱은 "韓國基督敎 長老會"로 달리하면서 總會回數는 그들이 분열해 나온 總會의 回數를 따르고 있음을 보게 된다. "法統"이라고 하면서, 敎會名稱은 달리하고, 總會回數는 그대로 따르는 矛盾을 보게 된다. 實際로 當時 總會의 回數는 큰 意味가 없는 것이있다. 1938년 第27回 總會가 神社參拜를 결정하므로 背敎한 후부터 1942년 日本長老敎 朝鮮敎團이 됨으로 總會가 解體될 때까지의 總會는 "조선 예수교 장로회 총회"라 부를 수 없는 것이었기 때문이다. 이때 所爲 總會는 日本 神道의 完全한 支配아래 있었던 混合宗敎機構였고, 예수교 長老會가 아니었던 것이다. 그러니 回數를 가지고, "法統" 혹은 "歷史的 繼承"을 말할 수 없는 것이다.
10) 총회 회록 ((1회-10회) p.60
11) Ibid., p.67

북, 전라, 경기)의 총대 95명(목사 52명, 장로 43명)이 역사적인 총회로 모여 규칙을 통과하고 임원을 선정하였다. 회장에 이약신(李約信) 목사, 부회장에 한상동(韓相東) 목사가 선출되었다. 특별히 총회로 개편하면서 결의한 것 중 가장 특기할 만한 것은 외

고신 초창기의 지도자들

국선교를 하기로 결정한 것이었다. 총회는 이미 1955년 제4회 총노회시에 선교부를 조직하여 해외선교문제를 심의하도록 했다.[12] 이 선교부는 총회에로의 개편과 함께 선교 사업을 구체화하기로 하고, 제2영도교회를 시무하고 있던 김영진(金榮進) 목사를 선교사로 이미 선정하여 일년간 어학을 준비하게 했었다. 선교지는 미국 정통장로교회(正統長老敎會)가 이미 선교사를 파송하여 사역하고 있는 대만으로 정했다. 이는 그 교파에 속한 한부선(韓富善) 선교사가 고려신학교측과 이미 깊은 연관을 가지고 있으므로, 고려측 선교사가 거기 가게 될 때에 서로 협력할 수 있는 좋은 환경이 되기 때문이었다. 총회는 선교부의 보고를 받고 이를 허락했다. 한국장로회 독노회가 조직되던 1907년에 이기풍(李基豊) 목사를 제주도에, 총회로 개편되던 1912년에는 박태로, 사병순, 김영훈 세분을 중국 산동성 래양(萊陽)에 선교사를 파송했음과 같이, 한국 장로회 전통을 잇는 본 총회도 선교교회로서의 모습을 나타내었다.

1957년 9월 17일 부산 남교회에 회집된 제7회 총회 회기 중에 선교사 파송예배를 드리고, 1958년 5월 13일에 김영진 목사는 그의 부인 임옥희 여사와 딸 난나를 동반하고 임지 대만으로 떠났다. 대만에 도착한 김 선교사는 신죽(新竹)을 선교지로 사역을 전개했고, 신죽, 화원 등 산족을 위시하여 전국 각지에 개척교회를 설립함으로 활발한 선교 활동을 전개하여 대만에서 한국선교의 터를 닦고 넓혔다.

---

12) Ibid., p.44

16.3 정체성(正體性)을 가진 고신교회

해방 후 한국 장로교회는 일제 당시 범한 배교와 우상숭배의 죄에 대한 통절한 공적 고백과 참회없이 교권주의자들의 주도하에 기구적인 재건만을 했다. 당시 자유주의자들이나 중도 보수주의자들 모두 교권장악에만 주력하였지 회개와 정화를 통한 영적인 개혁을 통한 참된 교회 건설에는 별 관심을 보이지 않았다. 이런 교회지도자들이 교회생활에 소망과 활력을 불어넣어 줄 수 없었고, 교회를 바르게 이끌어 갈 수 없었다. 1950년 6월 25일 북한 공산군의 남침으로 전 민족이 무서운 전란의 참화를 입게 되었다. 전 국토가 피로 물들고, 가족, 가산을 일시에 잃은 수많은 성도들이 위로 받을 곳과 소망 둘 곳을 찾았다. 그러나 당시 교권 추구에만 열중했던 지도자들은 성도들의 이 요구를 채워 주지 못하고 방황하게 만들었다. 사탄은 이런 양 무리들을 자기편으로 이끌 수 있는 절호의 기회를 발견한 것이다. 종말론적 특성을 가진 광신적인 이단 종파들이 나타나 절망 중에 위로와 소망의 길을 찾는 무리들의 마음을 쉽게 사로잡게 되었다. 이단의 본질이 언제나 그러한 것처럼 이들 이단 종파들도 공통적인 특성을 가지고 있었다. 이들은 객관적 계시인 하나님의 말씀을 간과하고, 체험적이고, 감정적이며, 육감적인데서 열희(悅憙)를 추구하는 광신성(狂信性)을 보였다. 6·25 전후 혜성처럼 나타난 이단은 박태선(朴泰善), 나운몽(羅雲蒙), 문선명(文鮮明)등이었다.

박태선은 평북, 영변 출신으로 장로교 서울 남대문교회에서 집사가 되고 장로로 안수를 받았다.[13] 아무런 신학훈련도 받은 적이 없는 그가 은혜를 받았다고 하여 부흥사로 갑자기 등장하여 1955년 정월부터 서울 남산, 대구, 부산, 한강 백사장 등 각지를 돌아다니며 집회를 인도했다. 그런데 이 때 교회를 주도해 온 소위 유력한 목사들이 한국에 대선지자가 출현한 듯 그를 높이 받들어 유명하게 만들어 주었다.

---

13) 그는 金致善 博士가 南山敎會에 牧會할 때 長老 按手를 받았고, 그가 昌洞敎會로 옮기게 되었을 때, 그를 따라 敎會를 옮겼다고 한다. 그가 처음 登場할 때 金博士가 後見人이었고, 權連鎬 牧師 등 여러 분들이 그를 크게 만들어 주었다.

박태선
(천막집회)

1955년 3월 28일 남산공원 옛 일본 신궁(神宮)이 있었던 광장에서 열린 대집회는 "기독교부흥협회"가 주최하고, "대한 신학교"가 모든 설비책임을 져 주었다. 집회 사흘 째 되던 날 밤, 박장로는 "주최자인 목사님들의 은혜가 말라 은혜를 막고 있으니 협회에 계신 목사님들이 안찰 기도를 받고 죄를 소멸해야 큰 은혜가 임할 것이라"고 호령하자, 소위 장로교 총회장을 지낸 권연호(權連鎬) 목사를[14] 위시한 1백 여명의 목사들이 그로부터 안찰기도를 받았다.[15]

그가 인도하는 집회에는 하나님의 말씀을 선포하는 일은 거의 없고, 손뼉치고 찬송하며, 병 고치는 일을 연출하는 것이 주된 일이었다. 그는 집회를 인도하면서, 이슬 같은 것이 내린다(은혜가 내린다는 뜻임), 향취가 난다(성령의 역사를 뜻함)고도 하고, 불이 내린다고도 하며(성령의 은혜를 말함), 악취가 난다고(죄가 탐을 의미함) 떠들어댔다. 남산집회에서 성공을 거둔 후 약 2년 동안 전국을 누비며 위세를 떨치고 세력을 확장해 갔다. 1957년 6월 그를 추종하는 수가 10만이 된다고 했고, 일년 후인 1958년 6월에는 60만이 될 것이라 장담했다.[16] 그는 자신을 동방의 의인(사 41:2), 두 감람나무 중 하나(계 11:4, 슥 4)라고 하였으며, 1957년부터는 그의 추종자들이 많아 일일이 안수를 할 수 없게 되자 "내 손에 닿

---

14) 權連鎬 牧師는 日帝時代에는 "日本基督敎 朝鮮敎團"의 任員이었고, 解放後에는 1951년 慶南(法統)老會를 逐出했던 第36回 總會의 總會長이었다.
15) 李永獻, 韓國基督敎史, pp.301,302
16) 金景來 編, 社會惡과 邪敎運動, 基文社, 1957, p.12

은 모든 물체는 다 성결해진다"하면서 생(명)수 제조에 나서 이를 보급했다. 여러 지역에 소위 전도관을 짓고, 부흥회에서 거출한 거액의 돈으로 경기도 소사, 덕소, 부산의 기장 등에 넓은 땅을 마련하여 신앙촌을 세우고 추종자들을 모아 공동생활을 하게 함으로써 자신의 왕국을 건설했다. 박태선이 주장한 교리 중 가장 부도덕하고 위험한 것은 지난날 김백문의 교리에 뿌리를 둔 피가름 교리(混淫敎理)였다. 이로서 그는 수많은 가정을 파괴로 이끌고 순진한 신자들이 바치는 거액의 헌금으로 축재를 해 갔다.

용문산(龍門山)의 라운몽은 평북 박천 출신으로 처음에는 장로교회에 나가다가 뒤에는 서울 수표 감리교회에서 장로가 되었다. 장로가 된 후 1947년 그는 용문산에 들어가 일제시 세웠다가 문을 닫은 애향숙(愛鄕塾)을 재건하고 전도활동을 했다. 그런데 애향숙에서의 그의 수련 방법이 비성경적임으로 기성교회가 문호를 열어 주지 않았다. 그런데도 상당수 많은 사람들이 그가 세운 기드온 고등성경학교(1955), 기드온 신학교(1956), 기드온 수도원(1956)을 찾았고 "입신, 방언, 예언, 진동, 신유, 신비체험"을 했다고 하는 그를 따르게 되었다.[17] 그의 성경학교와 신학교에서는 "동양적 특수 신령신학"[18] 을 제창하여 주역(周易)으로 성경을 해석했다. 라운몽은 종교혼합주의자(宗敎混合主義者)였고 종교다원주의자(宗敎多元主義者)이기도 했다. 그는 공자, 석가도 신이 보내신 동방의 선지자요, 신의 뜻을 나타내었다고 했다. 그리고 그는 기독교나 불교가 진리를 나타내는 형(形)에 있어서는 다르나 질(質) 면에서는 동일하다고도 했다.[19]

통일교(統一敎) 교주 문선명은 평북 정주 출신으로 처음에는 신비주의자인 이용도(李龍道)계통의 교회에 나갔고, 해방 후에 평양에 광해교회(廣海敎會)라는 손뼉치고 찬미하는 요란스런 광신자들이 모인 독립교회에 나갔다. 그는 그 후 1946년에 월남하여 김백문(金百文)이 세운 파주의 이스라엘 수도원에서 약 4개월간 원리교리를 배웠다. 이 후 그는 다시 북한에 가서 본처가 있음에도 불구하

---

17) 김찬국, "용문산 기도원 운동의 진단", 현대와 신학, 제 6집, p.189
18) 크리스챤 신문, 1965, 6,26
19) 나운몽, 구국설교집 제 5집 참고.

고 피가름 교리를 실천하려 한 유부녀와 강제 혼례식을 거행하다[20] 그 남편의 고발로 북한 내무서(內務署=警察署)에 잡혀 5년 6개월 형을[21] 살던 중, 6.25 사변이 일어나 UN군 북진(北進)하던 때인 1950년 10월 14일 흥남교도소에서 석방되어 1·4 후퇴 때 남하했다. 이런 부도덕한 범죄자가 남하하여 부산에서부터 집회를 시작했다. 사단은 피가름의 교리라는 종교의식적 성(性)의 방편을 통해 그를 사로잡아 교회파괴를 기도한 것이다.

그는 곧 동향인인 유효원(劉孝元)을 설득 입교하게 하고, 그를 통해 통일교회의 교리인 원리강론(原理講論)을 체계화하게 했다. 그리고 1954년에는 "세계기독교통일신령협회"(世界基督敎統一神靈協會)를 설립 자신이 교주가 되고, 유(劉)를 협회장으로 세웠다. 원리강론의 기본교리는 창조론, 타락론, 복귀론으로, 이 교리를 해명하고 체계화하기 위해서는 성경의 교훈과 동양의 역철학(易哲學)의 음양설을 빌어왔다. 그래서 성(性)과 성적관계(性的關係)가 교리의 핵을 이루고 있다. 결과적으로 통일교의 교리도 원리적인 면에서는 라운몽의 그것처럼 혼합주의적, 다원주의적이다. 이단들의 공통적 특성은 성(性)에 종교 의식적인 신비한 뜻을 부여하고, 추종자들을 광신자로 만들어 헌금이란 이름으로 물질을 착취하게 되는 것이다. 위에 든 이단 집단의 교주들이 모두 거액을 거두어 드려 큰 사업을 운영하고 큰 기업체의 회장처럼 군림했다.

역사적으로 어느 시대 어느 지역을 막론하고 전란 혹은 천재로 인하여 사람들이 모든 것을 잃고 위로 받을 곳과 소망 둘 곳을 찾을 때, 광신적 이단 종파들이 종종 일어나 교회를 혼란하게 하며 사람들을 미혹해 왔다. 그러나 이단 종파들이 한국처럼 그렇게 많은 수의 추종자들을 갖게 되는 일은 희소했다. 한국에서는 등장하는 이단 종파들마다 수천, 수만의 추종자들을 얻게되었다. 위의 세 이단은 6·25 동란 직후 가공할 만한 추종자들을 얻었다. 여기에는 한국의 교회 지도자들의 책임이 컸다. 특히 보수주의자라 칭하는 교회지도자들까지 이단 운동의 후견인(後見人)들이 되어 집회를 주선해 줄 뿐 아니라, 스스로 참석하여 격

---

[20] 문상희, 통일교회의 배경, 제3회 서울노회세미나, 1971. 5. 11, p.4
[21] 김경래, op. cit., pp.38, 39

려해 줌으로 이단운동을 조장해 준 것은 비극이었다. 개혁주의 교회전통은 신학을 하고 공적으로 부름을 받지 않는 자에게 교회의 강단을 허용하지 않게 되어 있다.[22] 그런데도 특수한 은혜를 받았다고 했을 때 이들을 강단에 불러 세울 뿐 아니라, 이들로 말미암아 어떤 유익을 얻어 누리려는 우매한 모습을 보였다. 저들은 이들을 내세움으로 일제시대 범죄함으로 잃어버린 영권에 대한 체면유지를 해 보려 했는지 모른다. 저들은 이단들이 기성교회 지도자들의 도움을 입고, 수많은 순진한 양 무리들을 끌어가고, 전국에 뿌리를 내린 후에야 이단으로 정죄하는 촌극을 보였다. 한국 교회 안에 이런 이단들이 자리를 잡고, 정착하게 만든 것은 사이비 보수주의 지도자들의 과오 때문이었다고 할 수 있다. 당시 공적인 회개를 외면하고 개혁에 부정적인 입장을 취한 한국 장로 교회는 정체성을 잃었고, 키를 잃고 방향없이 표류하는 배와 같았다.

그런데 당시 고려신학교를 중심한 고신측 교회들은 처음부터 개혁주의 교회로서의 정체성을 지키고 저 광신적인 이단들에 대한 태도에 있어서 확실하고 단호했다. 라운몽의 신비주의적 혼합주의와 박태선의 체험적, 감각적인 광신주의를 일찍부터 경계했었다. 이는 고려측 교회들이 객관적으로 주어진 하나님의 말씀인 성경만을 사랑하고, 거기에만 절대적 순종을 강조하며 살았었던 때문이다. 당시 고려측 지도자나 교인들이 저 신비적 광신운동에 조금도 동요를 하지 않는 것은, 고신교회가 "오직 성경(Sola Scriptura)"이라는 개혁주의 생활원리를 따라 사는 교회인 것을 분명하게 보여준 것이었다.

16.4 거룩한 보편교회(A Holy Catholic Church)로서의 고신교회

고신 교회는 총회교권으로부터 축출 당함으로 고고히 홀로 서 있는 교회가 되어버린 것이 아니라, 성경적 진리와 사도적인 신앙을 가진 세계교회와 처음부터

---

22) 웨스트민스터 대교리문답 158 문답은 다음과 같이 가르치고 있다;
    문; 하나님의 말씀은 누가 설교할 수 있습니까?
    답; 하나님의 말씀은 충분한 은사를 받았을 뿐 아니라, 정식으로 인허되고 이 직분에 부르심을 받은 자만이 설교할 수 있습니다.

교류를 가진 "거룩한 보편교회"에 속한 교회로 출발했다. 고려신학교와 총노회는 선교사나 외국교회와의 교류를 자연스럽게 갖게 되었다. 이미 언급한대로 "미정통장로교회"(The Orthodox Presbyterian Church in the U.S.A.)에 속한 한부선 선교사가 1946년 10월말에 내한하여 고려신학교를 자연스럽게 돕게되었다. 그는 자신이 일제시대에 신사참배를 항거하다 옥고를 겪었기 때문에, 같은 옥고를 겪은 고려신학교 설립자들과는 자연스럽게 협력관계를 이룰 수 있었다.

그리고 1948년 3월에는 또한 "미성경장로교회"(The Bible Presbyterian Church in the U.S.A.)에 속한 마두원(馬斗元, D.R. Malsbury), 최의손(崔義孫, W.H. Choislm), 함일톤(咸日頓, F.E. Hamilton)등의 선교사들이 내한하여 자연스럽게 고려신학교의 설립자들과 신앙적 교류를 갖게 됨으로 교회의 정화와 재건을 위한 개혁운동에 찬동하고 협조하게 되었다. 이들도 일제 신사참배 항거투쟁을 할 당시 평양에 있으면서 경남지역에서 한상동 목사 중심으로 전개되는 조직적인 신사참배 항거투쟁 소식을 듣고 기도로 경제적으로 도우며 격려했던 분들이었다. 정통장로교회나 성경장로교회 양 교회가 다 자유주의에 대한 메첸의 투쟁에 동조해온 뿌리가 같은 정통 장로교회들이었다. 고려신학측은 이들의 배후 교회와 선교사 자신들의 신학과 신앙을 잘 알기 때문에 이들의 협조를 감사하게 받아들인 것이다. 또 이 모든 선교사들은 1938년 장로회 제27회 총회가 신사참배를 결정하기 이전 장로회 총회가 받아드린 선교사들이고, 총회 때마다 총대로도 활동했던 분들이었다. 그러니 지난 장로교회 헌법의 정신을 그대로 잇는 고려신학교와 총노회가 이들을 교회의 동역자로 받아드리는 것은 자연스런 일이었다.

그렇지만 이 선교사들은 총노회 조직 후 최초 몇 년 동안 측면에서 협력을 했고, 총노회에 들어와 교회적인 공적 활동을 하는 일을 자제했다. 1955년 제4회 총노회 시에 처음으로 한부선 선교사가 총노회의 시취부 부원으로 공식적인 관계를 보였다. 1956년 제5회 총노회가 구제부의 국제회계로 마두원 선교사, 고문으로 한부선 선교사를 추대하였다. 그런데 총노회는 이 선교사들을 개인적으로 받아 드린 것뿐이었고, 그들 배후의 교회와는 비공식적 친교관계만을 가졌다.

미정통장로교회와 성경장로교회 외에 "북미 기독개혁교회"(The Christian Reformed Church in North America)와도 비공식 교류를 갖게 된다. 1954년 3월 12일에 부산 남교회에서 회집된 제3회 총노회 시에 이 교회의 선교회에서 대표로 보로니카 목사가 와서 총회 개회설교를 하게 되고, 한부선 선교사가 통역을 했다.[23] 이로써 기독개혁교회와의 교류가 시작되었다. 이 때 총노회는 이 교회에 선교사 파송을 요청했다.[24] 그 후 이 교회가 선교사 파송은 하지 않았으나, 송도의 고려신학교 부지 마련과 건축을 위해 상당한 경제적인 지원을 해주었다. 제4회 총노회 시는 본국교회를 대표해서 일본주재 선교사로 있는 벤 바크와 써튼이,[25] 제5회 총노회 시에는 사이마가[26] 내한 참석하였다. 결과적으로 총노회가 비공식으로 밀접한 교류를 갖게 된 외국 교회는 미정통장로교회, 성경장로교회, 북미 기독개혁교회였다.

총노회가 국제적인 기독교 연합기구와 관계하는 데 있어서는 매우 조심스런 접근 태도를 보였다. 개혁주의 입장의 신학과 신앙이 확실하지 않은 기구와 관련을 지을 때 교회 정체성의 위기를 초래할 수 있기 때문이었다. 당시 "세계기독교협의회"(W.C.C.)에 대치되는 국제기구로 1948년에 조직된 보수적 국제기구인 "국제기독교협의회"(The International Council of Christian Churches)가 있었다. 이 기구가 1954년 총노회에 정식 초청장을 보내 왔다. 그러나 당시 총노회는 그 조직체의 회원교회로 가입하기를 원하지 않고, 대표를 파송하되 단지 참관인(업서버) 자격만을 주어 파송했다.[27] "국제기독교협의회"는 한국에 나와 고신을 돕고 있는 마두원 목사를 위시한 선교사들이 소속된 "성경장로교회"가 주도적 회원교회가 되어 있기 때문에, 고신측 장로교회가 그 조직의 회원 교회

---

23) Ibid., p.27
24) ibid., p.29
25) ibid., pp.37,38
26) Ibid., 56
27) 당시 업서버로는 韓尙東, 朴允善, 李約信, 朴遜赫 牧師였다. 이 때 聖經長老敎會의 神學校인 信仰神學校(Faith Seminary)가 韓尙東 牧師와 朴允善 校長에게 名譽神學博士 學位를 授與했다.

되기를 간절히 바랐지만, 고신교회는 관망하는 자세로 나아갔다. 그 기관의 회장인 맥인타이어(Carl MacIntire)를 위시한 대표들이 본 교회와 신학교를 종종 방문했지만, 총노회는 비공식적 친교만을 가졌지 공식적인 관계를 갖지 않았다.

16.5 고려신학교의 발전

1. 신학교 교수진

　박형룡 박사의 이탈 후 고려신학교는 박윤선 목사를 교장으로 안정을 되찾고 착실한 발전을 해 나갔다. 원래 "돈 없이 집 없이 인물 없이"[28] 믿음으로만 시작된 학교였기에 최초에는 박윤선 목사 한 분만이 생활비를 받고 봉사하는 전임교수였다. 그는 하루 평균 다섯 시간 이상의 강의를 했다. 주경신학, 성경신학뿐만 아니라 성경원어까지 가르쳤다. 설립자 한상동 목사가 목회학을 가르치기 시작하여, 은퇴할 때까지 같은 과목을 가르쳤다. 그는 충성스런 목회자로서 목사후보생들의 목회자 인격형성에 큰 영향을 미쳤다. 한명동(韓明東), 이상근(李相根), 박손혁(朴遜赫) 목사 세 분이 시간 강사로 도왔다. 1946년 10월말에 내한한 한부선(韓富善, Rev. Bruce H. Hunt) 선교사가 11월 중순부터 교수하기를 시작하였다.[29] 그는 스스로 교수하는 은사를 받지 않고 전도하는 은사를 받은 것으로 자인했다. 그러나 그는 최선을 다해 주중에는 교수하고, 주말에는 각 지방을 누비며 전도함으로 고신 교회 발전을 위해 놀라운 봉사를 하였다.

　2년 후에 이상근 목사와 김진홍(金鎭鴻) 목사가 교수로 취임하여, 이상근 교수가 조직신학을 담당하고, 김진홍 교수가 구약학과 히브리어를 담당했다. 1948년 3월에는 성경장로교회에 속한 마두원(D.R. Malsbury), 최의손(W.H. Choislm), 함일톤(F.E. Hamilton) 선교사가 내한하여 강사로 협력하기 시작했다. 이들은

---

28) 한상동, "신학 10년을 회고함, 〈파수군〉 55호, p.6
29) 한부선 선교사는 1946년 11월 교수로 인연을 맺은 후 1960년 박윤선 목사와 함께 교수를 그만두었을 때까지 봉사했다. 그 후에도 1976년 은퇴하여 영구 귀국할 때까지 그는 음으로 양으로 고려신학교를 돕는 일을 주저하지 않았다.

일제시대에 평양에서 봉사했던 선교사들로서 일제 말에 한상동 목사와 이인재 전도사가 평양을 드나들며 신사참배 반대운동을 할 때, 물심양면으로 도와주었던 신실한 분들이었다. 오종덕 목사가 대구에서 부산으로 내려와 고려고등성경학교를 세우고 교장으로 봉사하면서 신학교의 강사로 도왔다. 그리고 김철현(金鐵鉉) 선생이 주로 예과의 어학을 담당하고 가르쳤다. 1950년 후반부터는 평화중고등학교 교장으로 수고하던 안용준(安溶濬) 목사가 신학교에 부임하여 교회사를 가르쳤다. 1953년에 내한한 미 정통장로교회 소속 하도례(Rev. Thedore Hard) 선교사가 한국어를 익히며 가르치는 일에 협력을 하기 시작하여, 1987년 전통장로교 선교부가 한국으로부터 철수할 때까지 고려신학교를 위한 다양한 봉사를 했다. 특별히 그는 미국으로부터 다양한 서적을 기증 받을 뿐 아니라, 구입해 드림으로 신학교 도서관을 위해 큰 봉사를 했다.

고려신학교 초기의 교수들인 박윤선, 한부선, 이상근, 김진홍, 김철현, 안용준 목사와 선교사들의 대부분이 웨스트민스터 신학교(Westminster Theological Seminary)를 졸업했거나, 수학한 적이 있는 분들이었기 때문에, 초기 고려신학교는 "한국의 웨스트민스터 신학교" 같은 느낌을 갖게 했다. 이는 고려신학교의 신학 입장이 철저한 보수요 개혁주의 입장에 서 있었음을 보여 주는 것이었다.

2. 박윤선 박사와 그의 신학

박윤선 박사는 한국 교회 사상 참된 구미(歐美)의 개혁주의(칼빈주의)신학을 바로 이해하고 심어 준 첫 번째의 신학자라고 할 수 있다. 지난날의 평양 "장로회신학교"의 교수들이 보수주의 신학자들이었음은 틀림없으나, 장로교의 신학인 개혁주의 신학보다는 미 복음주의적, 근본주의적 신학을 소개하고 가르쳤다. 그들의 신학은 성경의 무오성(無誤性)을 강조하고 가르쳤지만 근본주의(根本主義) 차원을 넘어서지 못한 것이었다. 박윤선은 평양 장로회신학교 학생 시절 그 학교의 보수적 신학의 입장을 밝힌 후 이어 "그런데 이 신학교가 개혁주의(Reformed)신학을 제시하는데 있어서는 명확하지 못하였다. 나는 신학교 재학 중에 칼빈주의(Calvinism)라는 말을 들어 본적이 없으며, 교수들로부터 '성경신학'이란 말도 들어 본적이 없다. 성경신학이 없었던 그 시대에 교리들을 성경적으로 단 맛있게 가르쳤을 것이라고는 생각되지 않는다… 그 때의 신학생들이 교수들로부터 근본주의를 받으면서 그들이 칼빈주의 차원에서 신학을 해득하지는 못했다"라고 했다.[30]

그가 개혁주의 신학의 원리와 그 심오함을 깨닫게 된 것은 평양 장로회 신학교를 졸업하고 미국 웨스트민스터 신학교에서 공부했을 때였다. 그는 첫 번째 (1934-36) 유학 시에 그 학교의 교장이요 세계적 신약학자인 메첸(Gresham J. Machen)에게서 성경 해석 방법을 배웠다. 이 때 그는 성경을 바로 해석한다면 기독교는 어디까지나 초자연주의(超自然主義)라는 사실이 명백하다는 사실을 알게 되었다고 한다.[31] 그는 칼빈주의 삼대 신학자로 일컬어지는 분들 가운데 두 분[32]이 화란 신학자임으로, 이들의 신학세계를 파고들어 잘 알기 위해서는 화란어를 알아야 한다고 생각하고 이를 자습하여 그들의 신학저서들을 읽을 수 있게 되었다. 결과 그는 아브라함 카이퍼(A. Kuyper), 헤르만 바빙크(H. Bavcink), 크로솨이데(Grosheide), 크레이다너스(S. Greijdanus) 스킬더(K. Schilder)등의 저서를 애독함으로 성경을 바로 해석하는 기쁨을 맛보게 되었다고 한다.[33] 그는 귀국하여 2년을 지난 후 다시 도미하여(1938-1939) 같은 학교의 교수인 화란인 신학자 반틸(C. Van Til)박사에게서 변증학을 연구했다. 그는 1939년 미정통장로교 잡지에 기고한 글에서 "그의(반틸) 기독교 유신론에 대한 철저한 철학적 변증은, 모든 인간의 체계들이 가서 쉴만한 곳이 없음을 보여준다. 반틸 박사는 현대 신학자들의 놀이터에 폭탄을 터뜨린 사람이라고 해도 틀린 말은 아니다. 이 위대한 신학자는 우리에게 비기독교인들의 공격에 대항하여 참으로 어떻게 하나님의 말씀을 방어할 수 있을지 그 방법을 가르쳐 준 분이다.

---

30) 정암 박윤선 목사 자서전, "성경과 나의 생애", 영음사, 1982. pp.55-56.
31) Ibid., p.73
32) 칼빈주의 삼대신학자로 B.B. Warfield, A. Kuyper, H. Bavinck를 들게 된다. Warfield가 미국 Princeton 신학교 교수를 지난 분이었고, 다른 두분인 Kuyper와 Bavinck는 화란의 신학자들이었다.
33) 정암 박윤선 목사 자서전. opc. p.75

그의 사상 체계는 "단순한 인간의 이론이 아니라 성경이 친히 제공하는 체계이며, 더 나아가 하나님을 경외하는 방법이다"라고 했다.[34] 그는 오랜 후 그의 자서전을 쓰면서 "그 분의 변증학은 특징이 있으니, 하나님을 아는 길은 성경뿐이다. 자연계를 보고도 하나님을 알 수 있지만, 불신자는 자연계를 보고도 깨닫지 못한다. 불신자도 오직 성경으로만 하나님을 알게 된다. 그러므로 무조건 성경으로 하나님을 증거할 때에 성령께서 그 듣는 사람의 마음을 열어 주셔야만 그가 비로소 하나님을 알게 된다는 원리이다"라고 했다.[35]

결과적으로 박윤선 박사는 지난날의 위대한 칼빈주의 신학자들의 저서를 통해서 뿐아니라 생존해 있는 구미 양 세계에 속한 위대한 칼빈주의 신학자들을 통해서 개혁주의 신학을 배워 개혁주의 신앙과 신학의 첫 표지라 할 수 있는 "오직 성경(Sola Scrpiptura)"의 신념 속에서 신학교육에 봉사했다. 그래서 그는 언제나 자연주의(自然主義)에 대치되는 순초자연주의(純超自然主義), 자율주의(自律主義)에 대치되는 타율주의(他律主義), 인간의 주관적사색(主觀的思索)에 대치되는 계시의존사색(啓示依存思索)을 강조했다. 이런 그의 개혁주의 신학의 원리는 한국의 신학계에서 새롭고도 신선한 것이었다. 그의 이런 신학적 입장이 고려측 교회의 신앙생활에 바로 큰 영향을 미치게 되었다.

박윤선은 지난날의 평양신학이 근본주의적 입장에서 제한된 분야에만 집중하고, 일반 은총방면에 등한했던 것을 발견하고, 전통적인 평양 신학교의 보수신학을 계승해 가는 일 못지 않게 중요한 것이 칼빈주의 신학이라는 것을 깨닫게 되었다. 그래서 개혁주의(칼빈주의)는 지난날의 근본주의 신학이 제공해 온 것보다 광범하고 원시적(遠視的)임을 가르치려 애썼다. 곧 기독교의 문화 문제에도 큰 관심을 가진 것이다. 그래서 그는 1952년 4월부터 장편의 "칼빈주의 씨리즈"를 "파수군"지에 발표했다.[36] 1955년에 종합대학을 목표하고 고려신학교의 예과 과정을 4년제 대학과정으로 개편하여 칼빈학원을 설립하게 된 것도 분명

---

34) Yune Sun Park, The Korean Church and Westminster Seminary, *The Presbyterian Guardian, April*, 1939, p.72
35) 정암 박윤선 자서전, pp.87, 88

히 그의 칼빈주의 문화관의 영향이 컸음을 말해 주고 있다.

그가 반틸 박사를 통해 화란 개혁신학에 매료되어, 고려신학교의 교장으로 봉직하던 중인 1953년에 연구를 위해 화란 자유대학교(De Vrije Universiteit)로 가게 되었다. 이 때, 불의의 사고로 인한 그의 아내의 주검으로 반년밖에 머물지 못하고 귀국하고 말았다. 그러나 그는 후일 "나의 화란 유학 기간은 길지 못했고, 어려움이 많았지만 그 때의 연구결과는 매우 유익한 것이었다. 화란 유학이 아니었다면 신.구약 주석 저술에 있어서 진리를 깨닫는 데 부족한 점이 많았을 것이다"라고 했다.[37] 그는 이후 더욱 성숙한 개혁주의 신학자로 학교에 봉사하게 되었다.

그는 개혁주의 신학의 옹호와 자유주의를 비판하는 데 있어서도 매우 도전적이었다. 고려신학교의 이념이 "생활의 순결과 순교자적 교역자 양성을 하는 것을 목적으로 한다"는 것이었다. 그는 이 목적을 성취하기 위해서는 성경에 대한 바른 신앙이 없으면 불가능하다고 생각한 것이다. 조선신학교가 진보주의적 바르트 신학을 가르치고 있었으나, 당시 총회는 이에 대한 권징에는 주저하면서, 집단적 교권장악에만 혈안이 되어 있었다. 이 때, 그는 팜프렛을 통해 바르트의 위기신학(危機神學)을 예리하게 비판하고 탄핵했다.[38]

또 그는 신학을 하나의 학문으로만 보지 않았다. 그는 신학의 원천을 철두철미 계시된 하나님의 말씀으로만 보았기 때문에, 그의 신학은 산 신학이었다. 그는 주석을 쓸 때에도 말씀을 깨닫고 전하는 심정으로 썼다. 그러기에 그의 주석책은 목회자들에게 큰 공감을 갖게 했고, 큰 도움을 주었다. 그는 단순한 이론가

---

36) 이 쌔리즈는 1952년부터 1954년 10월에 이르기까지 '칼빈주의의 기본원리' "칼빈주의 세계-인생관". "칼빈주의 국가", "칼빈주의와 국가", "신자와 문화의 발달" 등의 글을 포함하고 있다.
37) 정암 박윤선 자서전, p.107
38) 박윤선, "정통신학과 바르트와 부룬너의 위기신학 비교", 고려신학교 학생회 발행, 1950. 1948년 조선신학교 학생 51명이 김재준의 자유주의 신학을 총회에 고발 진정하게 되어, 총회는 그의 신학의 오류를 확인했지만, 그를 권징하지 않고 시간만을 끌었다. 1950년 4월 제50회 총회가 대구 제일교회에서 열렸을 때, 고려신학교 학생들은 박윤선이 쓴 위 "팜프렛"을 총회원들 가운데 돌려 경각심을 갖게 했다. 그러나 총회의 주도권을 쥔 소위 지도자들은 교권의 장악에만 초점을 맞추었지, 자유주의자를 징계하는 데는 관심을 두지 않았다.

가 아니었고, 가슴에 불을 품은 신학자로서, 그의 강의는 언제나 확신에 찬 설교와 같았다. 그는 분명히 신학과 영력을 겸한 개혁주의 신학자요 설교자였다. 1946년 고려신학교 개교이래 약 15년 동안 고려신학교의 신학은 설립자 주남선, 한상동의 순교적 신앙의 틀안에서 박윤선이 미국과 화란의 개혁주의 신학을 배합 주조해 낸 경건과 신학이 겸전한 박윤선의 신학이었다고 할 수 있다. 박윤선 박사는 고려신학교에서 든든한 개혁주의 신학의 터를 놓으므로 고신측 교회에 건전한 신학의 길을 열어 준 분이었음에 틀림이 없다.

3. 신학교의 생활

고려신학교에는 설립자들이 옥고를 치른 충복(忠僕)들이었을 뿐 아니라, 첫 해에 등록한 학생들 가운데서도 이미 언급한대로 신사참배를 반대하다 함께 옥고를 겪은 분들이 여러분 있었다. 이인재, 손명복 같은 분들이 설립자들과 함께 평양 감옥으로부터 출옥한 분들이었고, 그 외에도 황철도가 있었으며, 또 옥문 밖에서 옥안에 있는 분들과 그들의 가족들을 도와 온 충성된 분들이 다수 있었다. 그렇기에 학교에는 설립자들과 학생들, 학생들 서로끼리 뜨거운 신앙의 교감이 오갔다. 학교 건물이 없어 첫 학기에 몇 번을 이사하고, 반년 후 광복동에 건물을 얻어 정착은 했지만 그 곳 시설도 학교다운 시설은 못되었다. 기숙사가 따로 없으니 교실이 밤에는 침실이 되었다. 의자도 없어 돗자리 혹은 마루바닥에 그대로 앉아 수업을 받았다. 학생들 상당수가 경제적으로 여유가 없어 학교 식당의 소박한 식사도 제대로 못하는 형편이었다. 그러나 학생 누구 한사람도 이에 대한 불만을 가진 분이 없었다. 모두가 학교의 일을 자기 일처럼 여기고 어떻게 하면 학교를 도울까하는 생각만 가졌다. 학교가 교회와 독지가들의 성금으로만 운영되었기 때문에 교수들이 한 달 혹은 두 달 월급을 받지 못하는 때가 있었다. 한부선 선교사는 그가 주말에 나가 교회를 봉사하거나, 혹은 집회를 인도하고 받은 사례금, 심지어 차비까지도 신학교에 헌금했다.[39] 교수들도 이런 어려운 가운데 있었으나 불평 없이 봉사했다.[40]

4. 회개운동

6.25 사변이 일어나기 약 2개월 전인 1950년 4월 어느 날이었다. 박윤선 교장이 경건회를 인도하던 중에 대 회개운동이 일어났다. 모든 학생들이 죄를 자복하고 통회하는 기도회가 일주일간이나 계속되었다. 박 교장은 그의 자서전에서 이 회개운동이 6·25가 일어나기 바로 전이었음을 상기하면서 "한국 땅에 환난이 이르기 전에 이처럼 회개운동이 일어난 것은 우연한 일이 아니라, 하나님께서 우리로 하여금 환난을 대비하도록 하신 귀한 섭리였음을 후에 알게 되었다"고 하면서 그 때의 일을 이렇게 기록하고 있다.

"이른 봄 어느 날 경건회 시간에 설교 담당이었던 나는 요한복음 21장 15-17절의 말씀을 읽고, 주님이 베드로에게 하신 말씀 "요한의 아들 시몬아 네가 이 사람들 보다 나를 더 사랑하느냐?"를 근거로 하여 설교한 후에 학생들 중에서 누구든지 한 사람 일어나 기도하라고 말하였다. 이 때에 어느 학생이 일어나서 기도하였다. 그의 기도는 참으로 눈물겹고 진실한 내용이었다. 그 기도가 끝나자마자 곧 이어 다른 학생이 간절한 마음으로 회개의 기도를 하였고, 또 그 뒤를 이어 많은 학생들이 연속해서 기도했으므로 그 장내 전체가 기도의 분위기로 꽉 찼다. 그런고로 학교측에서도 강의를 전폐하고 학생들의 기도가 중단되지 않도록 협력하였다. 학생들은 통회하는 마음으로 저마다 앞에 나아가 죄를 자복 했고, 상상도 못할 죄까지 숨김없이 모두 토해 냈다. 그것은 사람 앞에 죄를 고백

---

39) 한부선 선교사는 1947년 6월 2일 마산집회를 인도하고 돌아와 그의 아내에게 쓴 편지에서 "그들은 어제 신학교를 위해 연보 2천원을 주었으며, 여비조로 1천원을 주었는데, 이를 신학교에 들여놓았습니다."라고 한다. 이 외에도 그의 편지 여러 곳에 같은 내용을 발견하게 된다. 1947년 7월 11일의 편지에는 "신학교 회계가 여러 교회에서 나를 통해 준 헌금의 계산서를 내게 가지고 왔습니다. 그것은 2만 8천원이었습니다. 이는 1불을 200환으로 계산하면 140불이 되지요. 6개월 동안의 것이니 괜찮은 셈이지요"라고 했다. 당시 그 자신이 한 달 생활비로 45불을 썼다고 하니 이는 상당한 액수였다.

40) 필자는 1954년 고려신학교 예과에 입학하여 광복동의 학교 생활을 경험했다. 그리고 1956년부터 박윤선 교장이 고신을 떠나던 1960년까지 신학 공부를 하면서 그의 비서로 봉사를 했다. 이때까지도 박윤선 교장은 제때에 월급을 받지 못하고, 얼마 안 되는 월급조차도 한 달에 몇 번 나누어 받는 형편을 보았다. 그러나 필자는 그가 그것 때문에 불평하는 소리를 듣지 못했다.

함이 아니라, 하나님 앞에서의 자백이었다. 그 분위기는 눈물, 기쁨, 사랑으로 충만하였다. 학생들의 자복 기도는 종일 이어졌고, 그 기도회는 한 주간이나 계속되었다. 이 기도운동이 이어 고려성경학교(부민동 소재)에서도 일어났고, 점점 퍼져 고려측 전체에 큰 영향을 미쳤다고 생각한다."[41]

당시 고려신학교의 학생들 대부분은 주일에는 지방교회에서 봉사하는 전도사들이었다. 그러니 신학교에서 일어난 회개운동은 이들이 봉사하는 교회에도 큰 영향을 미치게 되었다. 이 회개 운동이 있은 지 두 달 후에 6·25 사변이 일어났다. 서울을 위시한 남한 각지에서 피난민들이 부산으로 밀려와 광복동의 학교는 피난민 수용소처럼 되었고, 한상동 목사가 시무하는 초량교회에도 피난민 교역자들이 수용되었다. 이 때 고려신학교 교수들과 이사들은 부산을 위시하여, 여러 지방을 순회하면서 그 곳 교회에서 회개의 집회를 인도했다. 고려신학교에서 일어났던 회개운동의 범위가 넓혀져갔던 것이다.

1950년 9월 28일 수복이 있기 바로 전, 부산에서 큰 회개운동이 일어났다. 한상동 목사가 시무하는 초량교회에서 박윤선, 한상동 그리고 2년 전 고신을 이탈하여 서울에 갔다 피난 온 박형룡, 김치선이 강사가 되어 피난온 전국 교역자를 상대로 부흥회를 열었다. 고려신학교에 대한 거부감을 가져온 목사들 중에는 이 집회가 자기들을 회개로 이끌기 위한 것인 줄 알고 참석하기를 원하지 않는 분들도 있었다. 그러나 점차 많은 분들이 참석했다. 부흥회 셋째날 새벽 박윤선 교장이 집회를 인도하는 중 큰 회개가 일어났다. 박윤선 교장은 그 때의 일을 이렇게 기록하고 있다.

"이 날, 새벽 기도회 담당이었던 나는 설교 도중, 한부선 선교사의 신사참배 반대투쟁에 대해, 즉 그가 총회 석상에서, 만주에서, 옥중에서, 목숨을 아끼지 않고 싸운 사실을 증거하였다. 그 시간에 나는 한부선 선교사에게 직접 들었던 말을 거의 그대로 소개하였는데... 이 사실을 듣고 그 자리에 참석하였던 교역자들이 한 사람씩 회개하는 기도로 이어져서 그 집회분위기는 더욱 뜨거워졌다.

---

41) 정암 박윤선 목사 자서전, p.100

이 때에 성령의 도우심으로 설교하는 나 자신부터 내 죄를 회개하면서 증거하게 되었으니, 감사한 일이었다. 즉, 나도 단 한번이지만 신사참배를 한 범과가 있으므로 나는 언제나 그 일로 인하여 원통함을 금할 수 없었는데, 이 때에 그 죄를 회중 앞에 고백하였던 것이다. 그 집회의 끝날이 다가올 때 거기에 참석했던 교역자 일동이 한 주간 더 연장하기를 원했으므로 이번에는 울산과 온산지방에 머물러 있던 교역자들을 모셔와 그들도 함께 참석한 가운데 집회를 계속하니, 시간 시간 은혜가 더욱 풍성하였다"고 했다.[42]

그 후에 울산 온산에 가서도 집회를 열게 되었는데 그 곳에서도 큰 회개운동이 일어났다. 이어 제주도로 가서 제주 서부교회에서 피난민 교역자들을 위해 집회를 가졌다. 거기에서도 같은 회개의 역사가 있었다. 하나님은 6·25 전란을 통해 전국의 교역자들을 남단 부산 지역으로 밀려오게 하셔서 고려신학측의 회개운동에 접하게 하심으로 한국과 교회를 축복해 주신 것이다. 박윤선 목사는 당시의 교역자들의 통회 자복과 그 해 9월 28일의 U.N.군의 승리로 말미암은 수복이 관계가 있음을 믿고, "우리 하나님께 감사의 찬송을 드리는 것은 이처럼 교역자들의 통회, 자복의 회개가 있은 후에 유엔군이 승리하고, 공산군은 삼팔선 이북으로 물러가게 된 사실이다. 회개의 사건에 뒤이어서 승전한 것은 참으로 우연한 일이 아니라, 하나님께서 그의 능력으로 도와주신 결과이다"[43] 라고 했다.

하나님께서 한국의 최남단 부산에 고려신학교를 세우시어 회개운동을 통한 교회재건에 착수하게 하시고, 6·25 사변 중 밀려온 수백 명의 목사들로 하여금 잠시동안이라도 이 회개운동에 접할 수 있는 기회를 주심으로, 지난날의 배교의

---

42) 정암 박윤선 자서전, pp.102-106
43) Ibid., p.107 당시 부산 광복교회를 시무하면서 고려신학교와는 아무 관련이 없던 金麟瑞 목사도 교역자들의 회개운동과 유엔의 승리로 얻은 수복을 연관시켜 "목사들이 고래배(高麗派) 속에 들어갔다 나왔다"고 박윤선, 김진홍 목사를 만나 말했다고 한다. 이는 전국 목사들이 부산에 피난 와서 고려파 속에 들어가 회개하게 되어 하나님의 구원이 한국에 임하고, 유엔군이 공산군을 북쪽으로 추방했다는 의미의 말이었다. 박윤선, "우리가 서 있는 역사적 입장", 파수군, 55호(1956. 9), p.15

죄를 회개하게 하시고, 이로 말미암아 적에 의해 짓밟힌 땅이 수복되게 하신 것은 그의 신비로운 섭리였던 것이다.

5. 월간지 "파수군"의 발행

고려신학교는 한국교회에 개혁주의 진리를 전하고 파수하는 사명을 다하기 위하여 1948년 12월에 "파수군" 창간호를 내게 되었다. 국판 50페이지 안팎의 작은 잡지였지만 그 내용은 매우 알찼다. 내용의 대부분이 박윤선 교장의 논설, 자유주의 신학에 대한 비판, 설교 등으로 엮어져 있었다. 특별히 1952년 4월부터 실리기 시작한 칼빈주의와 관련된 연이은 글은 칼빈주의가 무엇인가를 처음으로 한국교계에 구체적으로 소개하는 것이었다. 그 주제들 가운데 "칼빈주의의 기본원리", "칼빈주의의 세계-인생관", "칼빈주의의 국가관" "신자와 문화의 발달" 등을 들 수 있다.

파수군

해방 후 약 10년 동안 교회가 신학과 신앙생활의 혼란기를 맞았으나, 교역자들은 참고할 만한 자료를 찾기 어려웠다. 이런 때에 파수군은 자유주의 신학을 비판하고, 칼빈주의 개혁신학의 본질을 소개함으로 교회의 나아갈 길을 밝혀주는 역할을 했다. 전국의 목회자들뿐 아니라, 일반 신자들까지도 매월 이 잡지가 도착하기를 기다렸다. 당시 "파수군"은 고려측 교회의 한계를 넘어 전국교회에 영향을 미쳤다.

이 월간지는 창간 후 어려운 여건 속에서도 꾸준히 발행되어 오다 1960년 장신계 승동측과 합동한 후, 고려신학교가 총회신학교에 폐합 됨으로 총신의 기관지가 되었다가 1963년 6월 통권 129호를 끝으로 그 역사가 끝나고 말았다.[44] 결

---

44) 도서출판 "목양"이 1990년에 "파수군"을 합본하여 전 20권으로 출판했다.

과 이 잡지는 10여 년 동안의 고려측 장로교회의 회개, 정화, 개혁을 위한 교회 재건 운동의 아름다운 역사를 증언하는 값진 고전 문서로 남게 되었다.

6. 학생신앙운동(Student For Christ)의 조직과 지도

고려신학교를 중심한 정화, 개혁, 교회재건을 위한 진리운동은 교회 내 어느 특수층만의 운동이 아니었다. 평신도 모두가 적극 가담하고 특별히 청년들이 이 운동에 놀라운 힘을 실어주었다. 장년, 청년, 소년 모두가 제각기 사명감을 가지고 서로 격려하며 참여했다. 일찌기 부산에는 몇 몇 젊은 학생들이 매주 토요일 제1영도교회를 시무하던 한명동 목사 사택에서 기도하는 모임을 가졌다. 그리고 1946년 말에 내한한 한부선 목사를 중심으로 부산중앙교회에서도 기도회로 기독청년회(YFC)가 모였다. 이 두 모임이 조만간 합류되어 기독 학생으로서의 사명과 복음증거에 대한 책임 의식을 갖게 하고 선배들의 지도를 추구하게 되었다. 고려신학교 교수들은 이들의 지도 요청을 기쁨으로 받아드렸고, 매년 "기독교소년 하기수양회"를 주관하여 학생들에게 성경을 가르치고, 학원에서 배우며 전도하는 생활하는 그리스도인이 되도록 지도하였다.

1948년 8월 2일부터는 이 모임을 "학생신앙운동(Students For Christ)"이라 칭하고 일주일간 수양회를 개최했다. 그 후 매년 하기 수양회를 갖게 되었는데,

학생신앙운동 수양회(고려신학교, 1953년)

제1회 수양회에는 155명이 참석하였고, 회수가 더 할 수록 참석자는 수백 명으로 늘어가게 되었다. 이 수양회는 처음 부산지역 학생을 중심으로 했으나, 차츰 전국적인 규모로 확대되어 갔다. 이 학생신앙운동의 지도는 계속 고려신학교 교수들이 담당하였다. 조직 면에는 고려신학교 강사로 봉사하는 한명동 목사가 주도하였고, 신학적인 훈련에는 박윤선 교장, 전도에는 선교사 한부선 교수, 협동총무로는 전영창(全永昌) 선생이 봉사하였다.

이 학생신앙운동의 특성은 어떤 국제적인 학생조직과 연관되어 출발한 것이 아니라, 고려신학측 장로교 안의 회개, 정화, 교회재건 운동의 뜨거운 열기 속에서 자생한 운동이었다. 이 학생신앙운동 수양회는 모일 때마다 철저한 회개, 새로운 사명의 자각 등으로 갱신의 은혜를 체험하는 하나의 용광로 같았다. 언제나 참여하고 돌아오는 학생들 대부분이 가정, 교회, 학교 생활에서 변화된 모습을 역력하게 보여줌으로 교회와 부모들은 힘써 수양회에 보내려 했다. 이 초기 수양회의 뜨거운 분위기를 거쳐온 분들 중 상당수가 후일 교회 안팎에서 개혁주의 교회 건설과 하나님의 나라 확장에 크게 봉사하게 되었다.

이 운동이 성장하고 정착되어 가는 과정 속에서 학생신앙운동의 강령이 작성되고, 이 강령을 통해 학생신앙운동의 기본 신조, 목적, 회원들의 사명, 생활원리를 선포하게 되었다.[45] 이 강령을 기초한 분은 박윤선 교수였다. 이 속에는 하나님의 주권을 배경하고 복음으로 세계를 정복하며, 개혁주의 세계교회를 건설하려는 개혁주의 기독 청소년들의 사명이 잘 나타나 있다.

고려신학측 경남(법통)노회가 총회측으로부터 축출 단절을 당하여 총노회를

---

45) 학생신앙운동(Students For Christ) 강령:
   1. 우리는 전통적 웨스트민스터 신앙고백서 및 대소 교리문답을 우리의 신조로 한다.
   2. 우리는 개혁주의 신앙과 생활을 확립하여 세상의 빛과 소금이 됨을 우리의 목적으로 한다.
   3. 우리의 사명은 다음과 같다:
     가. 개혁주의 신앙의 대한 교회 건설과 국가와 학원의 복음화
     나. 개혁주의 신앙의 세계 교회 건설과 세계의 복음화
   4. 우리의 생활 원리는 다음과 같다.
     가. 하나님 중심. 나. 성경 중심. 다. 교회 중심.

조직하게 된 후 첫 번째 모이게 된 1953년 1월의 제7회 수양회시에 이 수양회를 "전국학생 신앙운동 동기 수양회"라 부르기 시작하고, 1월 11일 "제1회 전국학생 대회"를 갖고, 전국적인 조직을 갖추게 되었다.[46] 당시 참가한 지방 학신은 부산을 위시한 11개 학신이었다. 이 때부터 이 학생운동 조직체가 스스로 수양회를 주최하게 되었고, 고려신학교는 후견인의 자리에 서게 되었다. 1954년부터는 이 학생운동이 총(노)회에 지도를 공식 요청하고, 총회는 이를 수용하여 학생 지도위원이란 특별한 부서를 신설하고 지도해 나가기 시작했다. 이 학생신앙운동은 장로교 고신교회 내에 청소년들의 신앙훈련 및 개혁주의생활의 활성화와 중·고등학교와 대학의 학원 복음화를 위해 적극적인 활동을 하게 되었다. 이 학생신앙운동은 한국 기독교 학생 단체들 중에서 교회의 공식적인 지도를 받고 개혁주의 신앙 입장에서 활동하는 유일한 단체가 되었다.

7. 고려신학교 송도 새 교정(校庭)의 확보

고려신학교는 1947년 봄, 광복동 1가 7번지에 자리를 잡은 후, 그 좁은 건물에서 만 9년을 지나게 되었다. 이 건물은 일제시 일본 척식은행(拓植銀行) 사원 기숙사로 사용되었던 건물로써 학교 교사로는 전혀 합당하지 않았다. 학교가 합당한 건물의 필요성을 느껴오던 중 1954년에 부산시 암남동 산 34번지의 1만 3천여평의 땅(신학교용 8,000평, 복음병원용 5,000평으로 분할)을 확보하게 되었다. 6·25 직후 초토화 되어버린 시대의 한국의 경제여건 아래 이를 확보하고 건축하는 데는 큰 힘이 들었다. 이 땅을 확보하는데는 기성회 회원들인 박봉화(朴奉化), 주태화(朱泰和), 주영문(朱永文) 세 장로와 이성태, 김선애(金善愛) 집사 등 여러분들의 상당한 헌금과 수고가 뒷받침이 되었다. 신축을 위해서는 당시 남교회 소속 교인이었던 건축가 이종석(李鐘錫) 집사의 수고가 따랐다. 당시 이 땅은 산이었기에 교사 3동 단층 연 건평 594평을 지어내는 데는 많은 힘이 들었다.

---

46) 선출된 임원은 위원장 조용석, 부위원장 이영일, 이봉림, 총무 손영준 이었으며, 위원으로는 황창호, 이원홍, 홍치모, 한동희, 박성금, 이한식, 정형성 등이었다.

고려신학교(송도) 건립 장면

건축을 위해서는 국내외 여러 방면으로부터 많은 분들의 도움과 협조가 있었다. 마침 전쟁으로 인해 파괴된 한국의 재건을 돕기 위해 있었던 "주한 미국군사원조단"이 건축 자재 지원을 전적으로 해 주었고, "미 기독개혁교회"(The Christian Reformed Church in the North America)[47] 와 국내외의 여러 뜻 있는 분들이 헌금으로 도와주어 건물의 완성을 보게 되었다. 당시 전국 교회성도들의 관심과 협력도 놀라울 정도였다. 부산 지역 교회의 성도들 뿐 아니라, 먼 서부 경남이나 경북에 있는 성도들까지 직접 와서 땅을 파고, 벽돌을 나르는 등 노동으로도 협력을 했으며, 신학교 학생들도 상당한 시간을 내어 도왔다. 결과 건물이 완공되어 1956년 3월 새 학년도에 새 건물로 옮겨 들어가게 되었다. 이제 교수들의 연구실이 따로 생기게 되고, 교실과 기숙사도 분리되었다. 기숙사라고 하지만 실상 아직 침대와 책상이 갖추어져 있는 것은 아니었다. 교실과 침실이 구별되어 같은 자리에서 자고 강의를 받지 않는 것이 지난날과 다른 것이었다. 그러나 새 건물을 얻은 신학교와 전국 교회는 감사와 기쁨에 넘쳤다.

16.6 고려고등성경학교(高麗高等聖經學校)의 설립

1952년 8월 아직 경북노회가 조직되기 전 경북지방에서 고려신학측을 찬동하는 교회 교역자들이 오종덕 목사를 중심으로 고려성경학교를 세웠다.[48] 오종덕 목사는 신학자는 아니었으나, 성경 본문을 독특하게 분해 조직 해석하는 은사를 가졌고, 성경에 대한 해박한 지식을 가진 분이었다. 그리고 그는 누구도 따르

---

47) 1956년 제5회 총노회는 미국 기독개혁교회에 원조를 청하기로 결정하고 교섭위원을 냈다. 대한예수교장로회총회 총회록(고신), 제1회-제10회, p.61
48) 대한예수교장로회 경북교직자회 제2회(1952. 6. 30-7.1), 촬요 참고. 대구고려성경학교 보통과(주간부)로 8월 16일 개강했다. 강사는 오종덕, 전칠홍, 이인재, 윤봉기, 오병세, 이종대, 성경환, 박복달, 서옥련 등이었다.

기 어려운 절제 생활을 하면서, 주의 교회를 위해서
라면 절제를 통해 저축한 것을 아낌없이 바치는 분이
었다. 그는 대구에서 목회를 하고 성경학교를 운영해
오던 중 부산의 고려신학교를 대구로 옮기는 것이 더
욱 영향을 넓힐 수 있는 길임을 확신하고 교섭차 부
산에 내려와 한상동 목사를 만났다. 그러나 오히려
부산에 내려와 성경학교를 개설하는 것이 더욱 유익
하다는 의견에 설득을 당해 그가 부산으로 오게 되었
다. 그는 부민동(현재 부민교회 맞은편 경사진 지역

오종덕 목사

의 넓은 땅이었음)의 적산(敵産) 땅을 마두원 선교사의 주선으로 불하를 받아 고
려고등성경학교를 설립하고 교장으로 봉사하게 되었다. 그는 누구의 원조도 받
지 않고 대지를 다듬고 거기 철판, 판자 등으로 집을 지어 학생들을 모집하고 학
교를 건설해 나갔다. 거기에는 거창, 진주 등 지방 성경학교를 나온 학생들이 많
이 입학하여 공부를 계속하고, 이 학교를 졸업하고는 고려신학교 별과에 진학하
게 되었다. 그래서 당시 고려신학교의 별과생은 대부분 고려고등 성경학교 출신
들이었다. 당시 고려신학교와 고려고등성경학교는 신앙의 뜨거운 불을 지피고
신실한 전도자를 양성해내는 요람이었다. 그런데 1955년에 대학 수준의 신학교
진학 예비 기관인 칼빈학원(대학)이 설립되자, 고려고등성경학교는 신학 예비
교육을 위한 사명을 이 기관에 넘겨주고 점차 문을 닫게 되었다.

16.7 칼빈(대학)학원의 설립과 기독교 일반 교육

고려신학교는 개교할 때부터 신학 예비 과정으로 예과 2년 과정을 두어 인문
학(주로 어학, 철학 중심) 교육으로 신학 연구를 위한 준비를 하게 했고, 이 과정
을 마친 후에 신학 본과에 들어가 3년 동안 신학을 수학하게 했다. 그러나 곧, 충
분한 인문 교육의 기반을 갖춘 국제 수준의 신학 교육을 하기 위해서는 2년 예과
과정으로서는 부족하다고 판단하여 4년제 대학 과정으로의 개편을 고려하게 되

었다. 동시에 교회에서 성장하는 청소년들이 세계 속에서 기독교적 문화 사명을 다하도록 하게 하기 위해서는 개혁주의 문화관과 세계관에 입각한 고등교육을 받을 기회를 주어야 한다는 확신도 갖게 되었다. 결과 기독교 개혁주의 대학 설립을 기도하게 되었던 것이다. 이는 당시 한국의 어느 교파나 신학교육 기관이 꿈꾸지 못했던 놀라운 착상이었다.

고려신학교 교수회는 이 일을 한명동(韓明東) 목사에게 위임했다. 그는 당시 남교회를 개척하고 고려신학교 강사로 봉사하면서, 학생신앙운동의 조직과 지도에도 깊은 관련을 해 왔다. 결과 그는 교회의 청소년 교육에 큰 관심을 가지게 되어 강한 신념과 확신을 가지고 이 일을 추진했다. 그는 제네바에서 칼빈이 주의 교회와 나라 건설을 위한 역사적 사명을 다하기 위해서는 개혁신앙의 세계관에 기반을 둔 고등 교육 기관이 꼭 있어야 함을 확신하고 1559년에 세운 "제네바 아카데미"를 세우게 된 것을 마음에 그리고 교명도 칼빈학원이라 부쳤다. 이 4년제 대학 과정은 이미 1953년도부터 시작이 되어 예과 2학년에 있던 분들이 예과를 수료하지 않고 그대로 공부를 계속했다. 1955년 4월에 모인 제4회 총노회는 수요일 밤 기도회시에 칼빈대학을 위해 헌금을 함으로 대학 설립에 전 교회적인 관심을 보였다.[49]

1955년 9월 신학년도(당시는 신학년도가 3월이 아니고 9월이었음)의 시작과 함께 부산 감천 해변 가까이 있는 지난날 영국 부대가 사용했던 건물을 인수하여 "칼빈학원"이라는 이름으로 신학교에서 독립된 대학 과정의 학교를 개교하게 되었다. 감천으로 옮길 때 신입생이 들어오게 되어 4년제를 갖춘 완전한 대학 과정의 학교가 이루어졌다. 개교 시 한명동 목사가 원장, 김진홍(金鎭鴻), 장석인(張錫仁) 두 목사가 전임교수로 봉사를 하기 시작했다. 이듬해 잇따라 조용석(趙墉錫 A), 김도환(金道換, 당시 부산대 교수), 이정복(李貞馥), 조용석(趙墉碩 B) 등이 교수진에 가담하였으며, 한부선, 마두원 선교사 부부가 강사로 봉사를 했다.

당시 이 학교는 아직 문교부로부터 대학 인가를 받지 못하고 운영되는 하나의 사설학교였으나 처음부터 다른 대학이 갖지 못하는 특성을 가지고 있었다. 6·

---

49) 대한예수교 장로회 총회 총회록(고신) 제1회-제10회, pp.41,42

25 사변 후 50년대의 대학들은 일반적으로 면학분위기가 조성되지 않아 교육이 제대로 되지 않고, 상당수 대학이 유명무실하였다. 그러나 이 학교의 분위기는 고려신학교 예과 전통을 이어 받아 학생들이 어떤 형식에 구애를 받지 않고 공부에 열중하게 되어, 그 면학열이 어느 학교도 뒤따를 수 없을 정도였다. 특별히 영어 독일어 헬라어 등의 훈련은 이 학교의 강점이었다. 비록 법적으로 인정된 학위를 수여할 수 없는 학교였지만 다른 대학으로부터 전학해 오는 학생들도 상당 수 있었다. 1955년 10월 제1회 교수회 회록에 숭대를 위시한 세 대학으로부터 학생의 전입을 허락한 기록을 보게 된다. 평균성적 80점 미만의 학생은 교회를 담임하거나 고학(苦學)을 불허한다는 교수회의 결정이 있는 것도 보게 된다. 이는 학교당국이 학생들의 면학에 얼마나 관심을 기울였는지를 보여주는 증거이다. 학교의 규율과 권징은 매우 엄격했다. 1956년의 한 교수회록에서 시험 부정을 한 학생 2명에게 1년 정학과 동시에 그 학기 모든 시험 성적의 무효를 결정한 사실도 발견하게 된다. 1956년에 제1회로 6명이 졸업하게 되었다. 3회 졸업생까지는(2회 7명, 3회 13명) 고려신학교 예과생으로 입학했던 분들이었다. 칼빈학원 초창기에 수학하고 나간 분들 중 여러분들이 국내 유수한 신학교 혹은 대학교들에서 교수로, 목회 현장에서 목사로 탁월한 봉사를 하게 되었다.

  이 학원의 설립 목적이 신학 연구를 위한 준비 교육뿐 아니라, 개혁주의 문화와 세계관에 입각한 기독교 교육을 위한 것이었기 때문에 1956년 4월 교수회에서는 신학과 외에 영문학과, 철학과 등을 증과하기로 결정했다. 이렇게 다른 학과를 증과한 것은 기독교종합대학을 세우기 위한 목적에서였다. 그러나 50년대 말 신학교와, 교회 내외의 사정이 변화되고, 감천동 학교 부지의 소유권에 대한 법적인 문제가 제기되는 등 어려움에 부닥쳐 의도해 온 대학 설립의 꿈을 당장 이루기 어렵게되었다. 결과, 설립 후 10여년 동안 어려운 가운데서 독자적으로 운영되어 오던 이 학원은 1964년에 고려신학교 대학부란 이름으로 흡수되어 기독교대학 설립의 다른 때를 기다려야만 했다. 이 칼빈학원이 오늘의 고신대학교의 효시가 된다.

16.8 복음병원(福音病院)의 설립과 구호사업

1950년 6.25 동란은 해방 후 아직 정치적으로나, 경제적으로 안정을 이루지 못한 한국 민족에게 무서운 참화를 가져왔다. 온 땅이 피로 물들고 수많은 사람들이 가족과 가산을 잃고 부산으로 몰려들었다. 많은 부녀들이 남편을 잃었고, 수많은 어린이들이 부모를 잃고 고아가 되었으며, 온 민족이 당한 고난은 형언키 어려운 형편이었다. 이런 때에 미국에서 유학 중에 있던 전영창(全永昌) 선생이 공부를 중단하고 친구들이 모아준 의연금 5,000불을 가지고 1951년 1월에 귀국했다. 이를 기금으로하여 경남노회 안에 "대한 기독교 경남 구제회"가 조직되었다. 이 구제회는 전쟁으로 말미암아 생긴 환자와 극빈자, 난민을 구호하는데 목적을 두었다. 이 때 구제회는 부산에 있던 유엔(UN) 민간원호처로부터 본회가 의원(醫院)을 개설할 수 있다면 매일 50인분의 구호약품을 제공해 주겠다는 약속을 받게 되었다. 그 때 마침 한상동 목사가 출옥 후 시무 했던 평양 산정현 교회의 장로 장기려(張起呂)박사50) 가 유엔군 후퇴시 월남하여 부산의 제3육군 병원에서 봉사하고 있었다. 전영창 선생과 한상동 목사가 그를 방문하여 구호의원 설립의 뜻을 밝히고 협조를 요구했다. 그는 이 요구에 선뜻 동의하게 되어 1951년 6월 21일 영도 제3교회 부속 창고를 빌려 "복음진료소"를 열게 되었는데 이 것이 복음병원의 시작이었다.

이 복음병원의 설립 이념은 구호와 복음 증거였다. 1951년 7월 1일에는 복음진료소를 "복음의원"이라 개칭하고 장기려 박사가 초대원장으로 취임을 했다. 같은 해 12월 20일에는 영선초등학교 옆 공지에 군용 천막 3동을 세워 옮기고

---

50) 張起呂 博士는 平北 용천 출신으로 京城醫專을 졸업하고 일본 나고야 대학에서 의학박사 학위를 취득했다. 평양에서 기독교병원 원장을 지냈고, 김일성대학 외과과장으로 초빙을 받았을 때, 처음에는 이를 거절했지만 그의 신앙생활과 종교적 신념을 보장해 준다는 확약을 받고 그 청빙을 수락했었다. 그러나 곧 6.25 사변이 일어나 북진했던 UN군이 후퇴할 때 함께 남하하여 제3육군 병원에서 봉사를 하던 중에 있었던 것이다. 남하하여 있는 가족은 현재 서울대 의대 교수로 있는 그의 장남뿐이다. 그의 아내는 아직 북한에 생존해 있어 2000년 남북이산가족 교환방문시 그의 장남이 가서 만났다. 그러나 그는 그의 아내를 만날 기회를 얻지 못하고 일찍이 별세했다. 남영환, 한국교회와 교단, p.364 참조.

복음병원의 초기 천막병원(영도, 1951)

복음의원 개설 인가를 받았다. 당시 의사로는 장기려 박사(외과)외에 전종휘 선생(내과, 소아과)이 있었고, 수명의 간호사들이 도왔으며, 총무로 전영창 선생, 원목으로 김상도(金相道) 목사가 봉사했다. 당시 하루 150명에서 200명 정도의 환자를 진찰하고 치료했지만 초기 3년간은 무료로 치료해 주었다. 차츰 찾아오는 환자는 급증하는데 비해 재정은 어려워지게 되었다. 그래서 다음으로는 환자들의 자원 헌금을 위해 "감사함"을 설치해 보았다가, 종래에는 일백원씩 접수비를 내게 함으로 환자들로 하여금 어느 정도 책임의식을 갖게도 했다.

이 복음병원은 그 동안 거의 독립적으로 운영되어 오다 1956년 4월 총노회가 병원 운영을 위한 이사 9명을 선정하여 파송하게 됨으로 법적으로 교회적인 기관의 성격을 갖추게 되었다.[51] 경제적으로 운영하기 어려웠으나 신앙적으로 봉사해 오던 이 복음의원은 고려신학교와 함께 성도들의 헌금과 외국 교회의 도움으로 송도에 대지를 구입하여(고려신학교 8,000평, 복음병원 5,000평) 총건평 268평의 건물을 완공 1957년 5월 28일에 새 건물로 들어오게 되었다. 송도로 옮긴 이후 병원의 시설이 갖추어졌을 뿐 아니라, 한국의 경제적인 형편도 개선되

---

51) 대한예수교장로회 총회 회록 제1회-제10회, Ibid., p.71 초대 이사는 한명동, 박손혁, 박봉화, 송상석, 이인재, 황철도, 한상동, 윤봉기, 주영문이었으며 이사장은 박손혁, 서기 윤봉기, 회계 박봉화였다.

어져 감으로 형편이 허락되는 분들에게는 치료비를 요구하고, 빈민들에게는 무료로 치료해 주었다. 복음병원은 1965년 대한 예수교 장로회 총회유지재단에 편입될 때까지는 고려측 교회에 속해 있었으면서도 법적으로는 독립적으로 운영되어 왔다.

장기려 박사

당시 복음병원을 복음병원답게 만든 것은 장기려 박사의 신앙인격 때문이었다. 가족을 이북에 두고 남하한 그는 자신을 위해 땅 한 평, 집 한 칸 마련하는 일이 없이 전적으로 치료를 통한 구호 사역에 헌신 봉사하였다. 그의 이런 봉사생활은 전 기독교계와 정부에서도 인정을 했다. 원장으로 취임한 1951년 7월 1일부터 퇴임한 1976년 6월 25일까지 25년 동안 그는 누구도 본받기 어려운 봉사 생활을 보였다.

제17장 시련(試鍊); 소송 문제와 주일성수 문제

17.1 예배당 확보를 위한 법정소송 문제(法廷訴訟 問題)

1956년 9월의 "개혁운동 10주년 기념 집회"와 총회로 개편하는 회집은 지난 날 진리운동을 이끄시고 축복해 주신 주님께 감사할 뿐 아니라, 현재의 입장을 점검하고, 밝은 미래를 기획하는 모임들이어야 했다. 그런데 불행하게도 그렇지만은 않았다. 총회 직전에 있었던 기념부흥집회에서 이미 이런 분위기를 느끼게 했다. 부흥집회 강사였던 박윤선 교장이 "우리 진영에 교정하여야 할 몇 가지 과오"를 지적하면서 예배당 확보를 위한 법정소송문제의 부당성을 지적했던 것이다.[1]

실은 개혁운동 10년이 가까워 올 무렵부터 신학교와 교회 안에는 이 문제 때문에 강한 이상기류가 저변에 흐르고 있었다. 지난 거의 5년 동안 계속되어 온 교회당 확보를 위한 법정소송문제에 대해 의견이 예리하게 갈려 있어, 이것이 교회의 화합과 발전에 큰 저해 요인이 되어 왔다. 총회에로의 개편을 위해 모일 즈음에는 양측간의 대립이 상당히 심각한 단계에 이르렀다. 이는 박윤선 목사가 부흥회 후 바로 모인 총회 개회 벽두에서 총대 탈퇴 선언을 함으로 그의 불만을 토로하게되어 문제의 심각성이 더 크게 드러 나게 된 것이다.[2] 노회의 총대가 법적으로 총회에서 사퇴할 수 없는 일이기 때문에 그는 곧 이 선언을 취소하게 되었다. 그러나 그는 총회석상에서 "우리 총회가 개혁운동 10주년을 맞아 총회

---

1) 박윤선, "나의 걸어가는 길", 〈파수군〉, 제61호, 1957, 3, p.15 참조.
2) Ibid., p.88

로 출발함에 있어서 과거 10년을 회고하면서 잘못된 것을 시정하자"고 하면서 네 가지를³⁾ 든 가운데, "예배당 쟁탈 문제"를 첫 번째로 들었다.

예배당의 확보를 위한 법적 투쟁문제는 1951년 제36회 총회가 경남노회를 축출한 후 곧 총회측에 의해 시작되었던 것이다. 당시 소위 예장 총회측(파)은 총회로부터 단절된 교회는 교회 재산에 대한 소유권이 없다고 주장하고, 경남(법통)노회에 속한 교회들에게 명도를 요구하게 된 것이다.⁴⁾ 당시 유지재단 이사장이 고려신학 측을 가장 적대 해온 김길창이었으니, 교회당 점거를 위한 저런 민활한 행동에 나선 것에 대해 이해가 가게 된다. 총회측이 제일 먼저 명도를 요구한 것이 앞서 언급했던 대로 초량교회였다. 그 후에 부산 영도교회, 마산의 문창교회, 진주교회, 거창교회 등 비교적 큰 대표적인 교회를 골라 명도를 요구해 왔다. 당시 한상동 목사는 초량교회를 쉽게 내어주고 나왔으나 다른 교회들은 그렇지 않았다. 장로교회는 중앙집권체제를 가진 성공회나 감리교와는 달리 개 교회 재산이 중앙의 교권에 속해 있지 않고, 원칙적으로 개 교회 교인들의 총유(總

---

3) 총회록(제1회-10회), p.90 네가지는 1. 예배당 쟁탈 문제, 2. 교회 질서에 대한 문제, 3. 기독교보에 대한 문제, 4, 신학교에 대한 재정 문제 였다.
4) 宋相錫, 法廷訴訟과 宗敎裁判, 1979, 慶南法統老會, p.44 참조.
  總會長 權連鎬 牧師 名義로 發表된 "所有權에 對한 明示 送達書"는 아래와 같았다.
  乙 第11號證 第 號
  主後 1951年 10月 日
  大韓 예수敎 長老會 總會長
  權 連 鎬 印
  慶南老會 所屬 各 敎會 貴下
  慶南老會 所屬 敎會의 禮拜主導權과 治理權 及 財産 所有權에 關한 明示書 送付의 件
  首題의 件에 關하여 左와 如히 明示함.
  慶南老會問題에 對하여 1951年 5月 25日 第36回 總會는 總會別委員의 報告를 採擇하였다. 이 決定에 衣하여 總會別委員指導下에 組織된(金錫珍 牧師와 梁聖奉長老를 會長으로 한) 老會를 本總會에 屬한 慶南老會로 認定하고 本總會를 否認 又는 不服從하면서 메켄 敎派에 合流하는 高麗神學側 老會는 取消되었다. 同時에 異敎派行動을 하는 高麗神學側團體는 大韓예수敎長老會 總會에서 離脫되었다. 그러므로 本總會管下의 慶南地域內 長老敎派 모든 敎會의 禮拜主導權과 治理權과 全財産의 所有權은 本總會에 直屬된 慶南老會에 있음을 明示함.
  辯護士 金 章 鎬 印

有)로 되어 있기 때문이다. 그러기 때문에 총회에 의해 법적 명도를 요구받은 교회들은 그 교회의 재산을 보호하기 위해 응소를 하게 되었다. 교회 교인들의 신앙이 일치되어 있는 교회에서는 법적 명도의 요구가 아무런 실효를 얻을 수 없었다. 예를 들면 영도교회의 경우가 특별히 그러했다. 그런데 마산 문창교회의 형편은 다른 곳과 달랐다.

1. 마산 문창교회의 문제

문창교회도 처음에는 대부분의 교인들이 고려신학 측의 개혁 운동을 지지했었다. 그런데 교회 재산 문제가 대두되던 때에 개혁 운동을 반대하는 목사가 부임했다. 그가 여러 해 머물지 못하고 떠났지만, 이미 교회 분열의 씨를 뿌려놓게 되었다. 이런 상황 속에서 송상석(宋相錫) 목사가 교회 수습을 목적하고 부임했으나, 수습은 불가능한 형편이었다. 드디어 교회가 고려신학측의 개혁운동을 지지하는 편과 반대편으로 나뉘어 함께 예배를 드릴 수 없는 상황이 이루어져, 부득불 양편이 시간을 달리하여 예배를 드리게 되었다. 이로 말미암아 문창교회는 전국 교회의 주목을 끌게 되고, 별 좋은 이름을 얻지 못하게 되었다. 상대편 총회측에는 담임 목사로 김석찬 목사가 부임했다.

송상석 목사

송상석 목사는 교회 재산 문제를 해결하기 위해 법정에 호소를 했지만 쉽게 해결되지 않았다. 실상 그는 교회의 법 행정에는 밝았지만, 영권을 갖춘 목회자는 아니었다. 결국 오래 동안의 법정 투쟁에 피곤을 느끼게 된 교인들 가운데 중추적 인물들이 차츰 그 교회를 떠나 흩어져 나가기 시작했다. 일부는 떠나가 제2문창교회를[5], 그 후 다른 일부는 오동동교회(현재의 동광교회)를 세웠다. 처음에 김석찬 목사편의 소위 총회파 측이 매우

---

[5] 조수옥 권사와 주경순 권사를 중심으로 상당수 교인들이 나가 제2문창교회를 세웠다.

약세였으나 차츰 교세가 증가되어갔고, 송상석 목사 측은 오히려 차츰 약화되는 기현상이 나타나게 되었다.

여러 해 동안의 법정 투쟁 끝에 "교회 재산은 교인들의 총유"라는 판정이 내려졌다. 법정은 교회 재산 처리는 공동의회에서 3분의 2 이상이라야 한다는 교회의 법을 수용하고, 한편이 3분의 2를 확보하지 못하는 경우에는 교인 수에 비례하여 배분할 것을 지시했다. 송 목사 측은 분립 당시의 교인수 비율로 안분 하기를 주장했으나, 그 동안 큰 교세를 확보한 상대방이 이를 수용할 리 없었다. 결국 여러 해 법정 투쟁으로 엄청난 비용을 들이고 영적 생활의 피해를 본 후에 교회당과 사택을 내어주고, 교회 별관만을 차지하게 되는 굴욕을 겪게 되었다. 그런데 이 수모는 송 목사 측 문창교회 만의 문제가 아니고 개혁 운동을 해 온 고려신학교와 고려 측 전 교회와도 연관된 것이었다.

2. 법정 소송 문제에 대한 이견(異見)

교회당 확보를 위한 법적 대응에 대한 의견은 처음부터 나뉘어 있었다. 총회 측에서 교회 건물의 법적 명도를 요구해 오자 경남(법통)노회는 1951년 11월 16일, 제 55회 임시노회에서 "그 교회의 형편대로 처사 할 것"이라고 결론을 지었다.[6] 1952년, 1953년 계속 각 교회 수습 문제가 노회에 제기 되었다. 제59회 (1953. 9. 8-11) 정기노회에서도 예배당 건은 "전 노회에서 결의한 개 교회 형편에 따라 적당히 처리하기로 결의한 것을 재확인하고 차 건에 대하여 비난, 공격, 분열 선동을 엄금키로 함"이라는 신학부, 학무부와 마산 시찰부 임사부 연석회의의 보고를 받았다.[7] 이를 보면 처음부터 예배당 확보를 위한 법정소송문제에 관하여 의견이 매우 예리하게 갈려 있었던 것이다.

박윤선 목사는 처음부터 교회 건물 문제로 타파 신자들을 걸어 소송하는 것을 반대했다. 그는 1953년 영도교회에서 모인 노회 임사부에서 신자가 부득이한 경우에 불신자를 걸어 소송을 제기할 수 있으나, "신자가 신자를 걸어 소송하는 것

---

6) 송상석, 교회 소송 문제 재검토(1), 파수군, 제63호, 1957, 6 p.64
7) Ibid., pp.64,65

은 부당하다"고 주장했다.[8] 박 교장은 마산 문창교회의 법정 판결이 쉽게 나지 않고 여러 해 끌어, 교인들이 흩어지는 결과를 가져오게 되어 교계와 사회에 덕이 되지 않자 비판의 소리를 더욱 높이게 되었다. 그의 주장에 한상동 목사를 위시한 대부분의 교회 지도자들이 원칙적으로 공감했으나, 교리적으로 정죄할 수 없는 것을 포기하도록 강요하는 것을 어렵게 여겼다.

3. 박윤선 교장의 강력한 도전(挑戰); 그의 사면과 복귀

박윤선은 총노회가 개혁 운동 10주년을 축하하는 부흥회를 갖고 총회로 개편하려 할 때, 교회의 새 도약을 위해서는 잘못된 점을 시정해야 한다는 확신을 가지고 자기의 뜻을 강하게 드러내었다. 그가 당시 지적한 잘못된 점 가운데는 법정 투쟁 외에 다른 문제들도 포함되어 있었다.

그는 교회 조직과 질서에 합리성이 결여되어 있다는 것을 들었다. 신학교가 교회 직영은 아니었지만 정신적으로는 직영에 유사했다. 모든 고신측 교회가 고려신학교를 "우리 학교"로 알고 기도하며 도와왔기 때문이다. 그렇다면 이 학교가 어느 정도 교회의 원리와 질서를 따라 운영이 되어야 했지만, 실상은 그렇지 못하다는 것이었다. 그는 실제적 예로 이사회원의 태반이 교수로 봉사하면서 교수회에 참석해 오고 있다는 것이었다. 이에 대하여 그는 "이사진은 학교 교육의 주체이고, 교수는 그 객체인데 주객이 겸전하여 앉는 교수진의 교육은 감시 기관을 가지지 못한 교육"이라고 했다.[9] 학교 설립자요 이사장이 되어 있는 분도 교수로서 교수회에 참석한 것이 당시의 형편이었다.

그는 또 신학교의 재정 문제를 들었다. 학교의 재정이 어려워 교수 가족이 한 달에 몇 번 용돈을 타가듯 신학교 사무실에 나와 생활비를 받아 가는 형편이었다. 학교 설립 초기 진리 운동의 뜨거운 열기 속에서는 모든 어려움을 참고 봉사할 수가 있었다. 교회와 학교 생활이 어느 정도 안정을 찾게 되었을 때, 학교의

---

8) 송상석 목사의 "교회 소송 문제 재검토"(파수군 63,64호)에 대한 박윤선 목사의 답 파수군 65호 p.31 참조.
9) 박윤선, "나의 걸어가는 길", op.cit., p.16

재정적 운영이 어느 정도 합리적으로 조정되기를 기대했지만 그렇지 못했다. 그러니 박 교장은 이제 그 문제를 공적으로 거론하게 된 것이다. 이런 문제들이 복합적으로 얽혀 있었지만, 그가 시정을 위해 제기한 문제 중에 가장 중요한 문제는 법정 소송이었다.

총노회를 총회로 개편한 이듬해인 1957년 2월 중순에 박 교장은 이사회에 교장 사표를 제출하고 말았다. 그는 3월 "파수군"지에 "우리의 갈 길"이라는 글과 "나의 갈 길"이라는 두 글을 동시에 발표했다.[10] 그는 첫 번째 글에서 진리를 위해 선한 싸움을 싸워오는 우리가 예배당을 안내어 주겠다고 소송까지 하는 것은 "신덕(信德)을 잃으며" 성경 고전 6:1-7을 어긴 것이라고 하고, "하나님께 영광이 되지 못한다"고 했다. 그는 이 문제 때문에 고심하는 중 화란 개혁교회의 신학자인 카이퍼(H. Kuiper)와 개혁주의 철학자 도이베르드(H. Dooyeweerd)에게도 문의하여 답을 얻어 서양에도 이런 소송 건이 있었으나 극력 이런 일을 피해야 한다는 답을 받고 이를 언급하기도 했다.[11]

그는 성경 말씀대로(고전 6:7) "차라리 불의를 당하는 것이 낫다"고 하였다. 둘째 글, "나의 갈 길"에서는 신학교 교장직을 사면하는 이유와 경위를 밝혔다. 가장 중요한 이유로 그가 지난 총회시 말한 대로 시정해야 할 예배당 쟁탈전을 하는 과오를 그냥 가지고 있는 한 중대한 지도자의 책임을 지고 있을 수 없다는 것이었다.

박 교장의 글이 나가자 그 동안 문창교회의 소송 문제를 책임지고 온 송상석 목사는 교회당의 법적 양도 요구를 받고 응소하여 교회 재산을 보호하려는 것은 성경적으로나, 교리적으로나, 역사적으로 잘못됨이 없다는 장문의 글을 파수군에 네 번에 걸쳐 실어 변호했다.[12]

---

10) 파수군, 제51호, 1957, 3, pp.8-18
11) Ibid.,14
12) 송상석 목사의 글은 파수군 1957년도 6월부터 9월까지의 제 63, 64 ,65, 66호에 실려있다. 박윤선 목사와 송상석 목사는 평양신학교 제29회(1934) 졸업생으로 동기생이었다. 물론 송목사의 논리에 긍정적인 면도 상당히 있으나, "하나님의 영광"이라는 개혁주의 생활 원리를 고려할 때 호소력을 크게 잃고 있다. 그리고 정확성이 결여된 역사적 논증(칼빈에 연관된)은 그의 논리전개에 있어서 신뢰성을 잃게 했다.

박 교장의 사면의 이면에는 법정소송 이외에도 공개적으로 들어내기 어려운 요인들이 있었다는 사실을 그의 글을 읽은 분들은 잘 짐작할 수 있다. 내적으로 쌓여온 갈등과 불만이 공개적인 사면으로 나타나게 되어, 이제 이를 취하하기 매우 어려운 단계에 이르게 된 것이다. 그의 사면 소식은 곧 교계 신문 뿐 아니라 일반 일간지에도 실리게 되어 온 교계가 큰 충격을 받게 되었다. 고려신학교는 출옥한 충복들이 아름다운 신앙의 터전을 놓았고, 그 터 위에 박윤선이 개혁주의 신학으로 지난 10년 동안 건설해 온 학교였다. 그래서 고려신학교는 한국에서 신앙과 신학의 정체성이 뚜렷한 개혁주의 신학교로 인정을 받아 온 것이다. 당시 박윤선과 고려신학은 거의 동일시되었다. 당시 고신계 교회 목사 120명 중 백 명이상이 그의 제자였다.

그는 그해 4월에 서울로 옮겨가서 "개혁신학원"을 세웠다. 이렇게 되었을 때 교회는 더욱 충격을 받고 그를 다시 모셔와야 한다는 여론이 팽배하게 되었다. 1957년 3월 고려신학교가 개학되었으나 학교를 찾아온 학생들은 빈 집 같은 느낌을 갖게 되었다. 박윤선 교장의 사면 후 1957년 4월에 모인 교수회는 교장제를 폐지하고 "교수회장제"를 도입하여 한부선 선교사를 회장으로 추대했다. 이 해 첫 학기에 수업이 제대로 진행될 수 없었다. 조직 신학을 교수하던 이상근(李相根) 교수도 박 교장과 행동을 같이 했기 때문이다. 그리고 한 달 후인 5월에는 교수회장인 한부선 목사도 안식년을 맞아 귀국하게 되었다. 고려신학교 초창기 교수 세분이 다 떠났으니 학교 수업이 제대로될 리 없었다.

이제 이사회는 교회 앞에 큰 책임을 추궁당할 수 밖에 없었다. 이사회가 그를 모셔오는 길은 그의 뜻을 이해하고 이를 수용하는 길 밖에 없기 때문에 박윤선 목사를 만나 서로 협상을 했다. 이사회와 교수회는 1957년 9월 13일 소송을 하지 않기로 하는 교육 이념을 따라 교육한다는 요지의 결의서를 작성하고 서명을 하게 되었다.[13] 동시에 고려신학교 대표 한상동 목사와 개혁신학원의 대표 박윤

---

13) 그 결의서의 내용은 다음과 같다;

決議書

"우리 고려신학교 당국은 "파수군" 제 65호에 박윤선 목사가 발표한 "교회 소송 문제 재검토

선 목사가 양 교 합동에 대한 성명서를 냄으로 일단 큰 어려움을 넘길 수 있었다. 이로써 박윤선 교장은 이상근 교수와 함께 9월 하순에 고려신학교에 다시 돌아오게 되어, 학교를 떠난지 8개월만에 다시 교장직에 복귀하였다.

그러나 그가 복귀함과 더불어 그 동안 자신이 제기했던 문제가 만족하게 해결된 것은 아니었다. 교회당 확보를 위한 법정 투쟁은 아직도 해결되지 않았다. 그 동안 교회 재산 문제에 관하여 "교인들의 총유"라는 판결은 났지만, 교인 비례 문제에 따른 재산 분할 문제가 해결되지 않아 법정투쟁은 여전히 계속되고 있었다. 고려신학교의 운영 체제 문제도 개선은 되었으나 본질적으로 변화되거나 해결되지는 않았다. 학교의 재정 문제도 여전히 해결되지 않고 교수의 월급이 제대로 지급되지 않았다. 총회가 자리를 잡고, 교회 생활도 어느 정도 정착되었으나 학교 운영은 옛날과 별 다름이 없었다. 그러니 자연히 내적인 불만이 다시 쌓여갈 수 밖에 없었다.

이런 형편에 있을 때 경남노회는 1958년 제8회 총회에 고려신학교를 총회 직영으로 하여 달라는 헌의를 하고, 총회는 이를 위해 교섭위원을 내었다.[14] 경남(법통)노회장이었던 송상석 목사는 이렇게 함으로 법정소송에 대한 의견 차이로 서로 소원해진 박 교장과의 거리를 좁혀보려고 했었는지 모른다. 교섭 결과가

에 대한 대답"이라는 글에 말한 대로 현하 "한국교계의 여러 교파에서 우리 믿는 형제끼리 예배당 쟁탈전을 위하여 혈투전의 추태를 연발할 뿐 아니라, 세상 법정에서 소송하는 불상사들을 나타내는 것은 하나님께 영광이 안 되는 일대 유감스러운 일임으로 차제 우리 신학교는 이것을 불가히 여겨서 이런 쟁탈전과 소송은 하지 않기로 하는 교육이념을 세우고 해 이념하에서 우리 노선 교회의 교역자들을 육성하여 한국교계에 솔선수범해야 하겠다는 그 의견에 찬동하여 玆에 此를 결의 서명함.

고려신학교 이사회
교 수 회 일동
우 결의에 동의함.

고려신학교 이사: 박윤선, 한상동, 이인재, 윤봉기, 황철도, 손명복, 박상순, 최일영, 최준호, 전성도.
고려신학교 교수겸 강사: 박손혁, 김진홍, 안용준, 이상근, 하도례, 오종덕.
14) 총회(고신) 회록(제1회-제10회), pp.170, 171, 178. 교섭 위원은 박손혁, 한부선, 송상석, 김주연, 이종기 였다.

나타나지 않자, 계속해서 제10회 총회까지 3년 동안 같은 문제를 총회에 헌의했지만 이 일은 이루어지지 않았다. 제 10회 총회도 교섭위원을 냈으나, 당시 장신계의 승동측(勝洞側)과 합동 문제가 대두되어 이 문제는 뒷전이 되어버렸다.

박 교장은 1957년 10월 복귀한 후 2년을 봉사하다 1959년 12월 화란 자유대학(De Vrije Universiteit)으로 연구의 길을 떠나게 되었다. 그는 지난 1953년에 화란에 가서 그 대학교에서 연구하던 중 이듬해 4월 부인의 갑작스런 별세의 비보를 받고 즉시 귀국하게 되어 유학의 뜻을 이루지 못했다. 1959년 12월 11일 신학교에서 있었던 환송 예배에서 "먼저 귀국할 때에 기회를 보아서 다시 와서 이 일(신학박사 학위)을 마치겠다고 했는데" 이 약속을 지키기 위해 떠난다고 하면서 12월 26일에 화란에서의 연구를 목적하고 한국을 떠나게 되었다.

4. 경기노회의 행정보류(行政保留)

1956년 9월, 총회로 개편된 회에서는 박윤선 교장이 법정소송에 대한 시정을 제기한데 이어, 그 동안 법정소송에 대한 그의 반대 의견을 지지해 왔던 경기노회가 회기중에 전원 조퇴하여 돌아감으로 행동으로 항의를 표시했었다.[15] 이는 총대로서 책임 있는 행위가 아님으로 총회는 회장이 서면으로 책망하도록 결의했다.

그런데 1957년 9월 제7회 총회에 경기노회 총대가 참석을 했다. 그리고 이 총회에는 예배당 소유권 소송 문제에 대한 건이 부산노회와 경기노회로부터 올라오게 되었다.[16] 총회는 이 문제를 즉석 토의하다 정치부로 넘겨 정치부에서 나온 안에 대하여 언론을 중지하고 표결하기로 하여 원안대로 받게 되었다. 정치부 안은 "현하 예배당 소송 문제는 지금까지 되어진 결과를 보아 피차 덕이 되지 아니함으로 이 문제를 믿는 형제끼리 적극 해결하기 위한 5인을 공천부에 맡겨 선정"한다는 것이었다.[17] 그리고 경기노회 내에 홍천교회와 중앙교회에 문제가

---

15) 총회(고신) 총회록(제1회-제10회), pp.95, 118
16) Ibid., pp.128, 129
17) Ibid., p.194

있어 총회는 지방위원을 보내어 협조하기로 하고, 10월 15일에 홍천교회당에서 임시 노회를 모이도록 했다.

그런데 1957년 10월 3일 지방위원들은 경기노회가 총회가 정한 10월 15일보다 앞서 10월 7일에 "총회 총대 보고와 이에 대한 대책"이란 항목으로 임시노회를 소집한다는 소식을 접하고 임시노회에 참석하였다. 임시노회는 충현교회에서 모였는데 노회장 전칠홍 목사의 사회로 진행된 이 노회는 지방위원들에게 언권을 허락하지 않고, 총회가 예배당 소송을 그만 둘 때까지 총회와의 행정관계를 보류한다는 결정을 하게 되었다. 이유는 노회가 지난 총회에 "예배당 쟁탈전은 비성경적임으로 중지시켜 달라"는 헌의를 했으나 이를 그대로 받아 주지 않았기 때문이라는 것이었다.

1958년 9월 제8회 총회가 모였다. 이 때 경기지방으로부터는 기존 경기노회가 행정보류를 하게 됨으로 총대들이 참석하지 않게 되었다. 총회에는 행정보류를 반대한 교회들을 중심으로 1957년 10월 15일에 총회 지방위원들의 협조를 얻어 새로 설립된 노회로부터 파송된 총대들이 참석했다.[18] 경기노회로부터는 행정보류를 위한 헌의서가 들어왔다.[19] 이 서류에 대하여 총회는 "본 서류는 본

---

18) 총회(고신) 총회록(제1회-제10회), pp.167-170.
　　지방위원 보고, 1. 경기노회 수습에 관한 건 참조.
　　　지방위원은 지난 해 10월 7일 경기임시노회에 참석했지만 그 노회가 언권을 허락지 않고, 일방적으로 행정보류를 결의해버린 과정을 설명하고, "이 같은 불법한 노회의 처사에 전적 반대하는 노회원이 세 사람이이 있고, 각 교회 제직층에서는 분개하는 분들이 다수이고, 이러한 불법한 노회를 따라 갈 수 없다고 반대하는 교회가 8, 9처가 보임으로 만 부득이 별지와 같은 결정을 지어 각 노회와 각 지교회에 통지하고 다시 10월 15일 총회가 명령한 경기 임시 노회에 모이기로 하고... 본 위원들은 이 날 임시 노회에 참석하여 노회를 협조하는 한편 보류측 포섭을 위하여 적극 노력하였사오며..."라고 보고한다.
19) Ibid., p.166 경기노회가 제출한 행정보류헌의서는 아래와 같다.
헌　의　서
우리 주 예수 그리스도의 은혜와 평강이 총회 위에 항재하시기를 앙축하나이다 현하 각 교파 간에 행하고 있는 예배당 소송 문제로 인하여 하나님의 영광이 떨어지고 기독교가 매몰 당하는 일에 대하여 본 노회에서는 소송이 비 성격적인 줄 알아서(고전 6:1-7) 작년 총회에 건의하였던 바 이에 대한 선한 해결을 보지 못하였습니다. 이제 이것이 계속되는 한 우리의 진리 운동은 저해됨으로 작년 10월 임시노회로 모여 본 노회는 총회가 소송을 그만 둘 때까지 총

총회와 행정을 보류한 노회임으로 기각"하기로 결정하고, 보류측 경기 노회의 행정 보류는 불법임을 지적하고 보류측 형제에게 총회에 들어와 일하도록 권면할 위원 5명(지방위원 아닌 분으로)을 선정하여 보내기로 하여, 송명규, 임성은, 정순국, 김의창, 손명복 목사를 임명했다.[20] 그런데 당시 이인재, 박윤선, 정찬준 세 목사가 지방위원들이 행한 일에 대해 항의를 했다. 항의의 주된 내용은 총회가 지방위원들을 파송한 목적이 경기노회를 협조하도록 한 것이었는데 총회가 맡기지 않은 노회 설립을 함으로 월권을 했다는 것이었다. 그러나 총회는 지방위원에게 특별위원 자격을 부여한 것이기 때문에 돌발적으로 생긴 비상사태(불법적인 행정보류 결정)에서 응급조치를 취한 것은 월권이 아니라고 답을 했다.[21]

총회가 선정한 5인 위원들이 1년동안 보류측 노회를 방문하고 총회에로의 복귀를 권면하고 노력했지만 성공을 거두지 못했다.[22] 1959년 총회는 교섭을 계속하기 위해 다시 세분(송명규 목사, 정순국 목사, 김해룡 장로)의 위원을 세웠다. 이 위원들은 교섭을 계속했으나 경기노회측과 보류측 노회의 합류가 불가능하여, 1960년 9월 제10회 총회에 이 사실을 보고하게 되었다.[23] 이 후 고신 총회가 장신계 승동측과 합동하게 됨으로 이 문제는 더 이상 총회 문제로 거론되지 않았다.

결국 예배당 확보를 위한 법정 소송 문제가 장기간 계속되는 동안 고신측 교회 안에는 내분, 분열이 일어나고, 고려신학교도 이에 대한 박 교장의 항거로 큰

회와의 행정관계를 보류하기로 결의하였습니다. 이는 끊어지는 것도 아니요 이탈하는 것도 아닙니다. 하나님이 우리 마음을 증거하시는 줄 압니다. 오직 조속한 시일 내에 예배당 소송을 그만두게 되기를 충심으로 바라는 데서의 결의입니다. 현명하신 총회원 제위께서는 본 노회의 주장을 혜량하시와 진리를 밝히고 소송을 그만 두기를 주안에서 비는 바입니다.

1958년 9월 10일
경기노회장 전칠홍

20) Ibid., p.173
21) Ibid., pp.187-197 항의서에 대한 답변서 참조.
22) Ibid., pp.213, 214
23) Ibid., 274

타격을 입게 되어 고신측 교회는 큰 침체기를 맞게 되었다. 장기간 계속된 교회 소송 문제로 고신파 교회는 실상 아무런 소득을 얻지 못했다. 역사에서 "차라리 불의를 당하는 것이 낫지 아니하며 속는 것이 낫지 아니하냐"(고전 6:7)는 성경의 교훈을 역사와 현실을 통해서 배우게 된 것이다.

17.2 주일성수(主日聖守) 문제와 박윤선 교장의 해임

화란에서 그의 연구를 끝내기 위해 1959년 12월 한국을 떠난 박윤선 교장은 그의 논문을 준비하기 위해 먼저 미국 "웨스트민스터 신학교"에 들려 수개월 동안 머물렀다. 그러나 그의 계획이 뜻대로 진행되지 않아 한국을 떠난지 5개월 후인, 1960년 5월 29일 미국으로부터 바로 귀국하고 말았다.[24] 누구도 그에게 학위 문제를 그렇게 큰 것으로 여기지는 않았다. 그는 이미 어디에서나 인정을 받고 있는 신학자였기 때문이다. 그렇지만 그는 이 일로 상당한 충격을 받게 되었고 실망도 하게 되었다. 그런데 그는 귀국한지 두 달만에 다른 시험을 맞게 되었다. 그것은 안식일 성수(聖守)에 관련된 것이었다.

1960년 7월 어느 주일 날, 한 선교사가 안식년을 맞아 미국으로 가기 위해 탄배가 갑자기 떠나게 된다는 소식을 들었다. 그는 택시를 타고나가 선교사를 전송한 후 시간이 늦어 예배 시간을 놓쳐 주일 예배에 참석을 못했다. 박윤선 교장은 그 경위를 이렇게 밝혔다: "나는 지난 여름(1960)에 주일 아침 돌연히 스푸너(Rev. A.B. Spooner) 선교사가 방금 배를 타고 귀국한다는 보도를 들었다. 그리하여 나는 생각하기를 택시를 타고 부두에 들려 그 선교사에게 전송 인사를 빨리 한 후에 그 근소(近所) 예배당에서 예배를 보려고 계획을 세웠다. 이렇게 하기

---

24) 그는 1954년 화란 유학 중 그의 아내의 서거로 갑자기 돌아오게 되었을 때 그의 주임 교수로부터 논문 제목을 협의, 확정하고 왔다. 그런데 그는 논문을 쓰는 과정에서 주임 교수와의 의논과 자문이 없이 혼자 써서 그 개요를 미국에서 보낸 결과 그 논문의 방향이 주임 교수가 원하는 방향과는 다르다는 사실을 통보 받았다. 이 때 그는 이상 더 학위논문에 대한 새 작업을 시작하여 시간을 보내기를 원하지 않고, 앞으로 교수와 주석 집필에 전념하기를 바라면서 바로 귀국했다.

위해서는 송도서 택시를 타지 않을 수 없었다. 그래서 택시를 타고 부두에 가니, 군인들이 나를 부두 안으로 금방 들여 주지 않다가 나중에야 들여 보내주니 시간이 많이 지났다. 할 수 없이 배에 올라가서 그 선교사 부부를 모시고 간단한 전송 예배를 드리고 집으로 돌아왔다"라고 했다.[25] 그가 주일 낮 예배에 참석하지 않은 것이 주변에 알려져 문제가 되었다.

이 일이 있은 지 한 달이 지난 8월, 이사회가 모일 기회가 있었다. 이 때 이사회는 "이 문제를 교회에도 덕이 되도록, 교장에게도 큰 상처가 없도록 해결할 수 있는 방도를 강구하자"는 뜻에서 이 문제가 교계에 문제가 되어 있음을 그에게 알렸다고 한다. 이 때 박 교장은 이 문제가 이사회 공석 상에서 갑자기 제기 된 데 대하여 큰 충격을 받고, 즉시 구두로 교장직을 사면하고 그 자리를 떠나게 되었다. 이사 중에는 학교에서 매일 같이 만나는 교수로 동역하는 분들이 있음에도 불구하고, 이 문제에 대한 사적인 어떤 대화나 문의의 과정을 거치는 일도 없이 단번에 공적으로 문제화하고 있는 일에 대해 그는 충격을 받은 것이다. 이사회는 위원을 내어 본인에게 사면 취소를 권면하고, 문제 해결을 위해 노력하게 했다. 위원들은 그를 만나, "소극적으로 교장직을 사면하고 물러서는 것보다 적극적으로 관계 노회에 이 사실을 진상 그대로 경위를 밝히고 자진하여 어떠한 선(線)을 그어 책임 표시를 하면 문제는 일단락 될 것"이라고 했다.[26]

그 동안 부산 노회 시찰회에서도 사람을 보내어서 본인이 이 사실을 노회에 나가 밝히도록 권고했다. 그는 양편으로부터 노회에서 밝히도록 권고와 압력을 받게 되었다. 그래서 그는 9월 노회에 나가 그 때에 되어진 사실을 부득이한 일로 설명했다. 그는 "주일에 사세 부득이 한 일이나 자비를 베푸는 일 혹은 선한 일은 할 수 있다는 것이 성경의 교훈(마 12:11, 12, 특별히 12절 하반절)"이라고 했다. 노회는 상당한 토론이 있은 후 이를 광고 보고로 받고 지나가면서 예배 모범에 "주일날 부득이한 일에 대하여 할 수 있다는 일은 어느 한계에 속하는지"

---

25) 박윤선, 〈파수군〉, 104호, (1960.11), p.14
26) 〈파수군〉, 107호, "주일 지키는 일에 대하여란 박윤선 목사의 논문에 답변함" 전고려신학교 이사 일동, (1961,2), p.46

총회에 문의하기로 했다.

그 후 곧 열린 제10회 총회(1960년 9월 20일)는 이 문의에 대하여 "실례를 들어 말하기 전에는 답하기 어려운 줄 아나이다.(본인이 자기 양심에 거리낌이 없다고 하여도 남에게 부덕이 되어 건덕상 문제화 될 때는 도의적 책임을 지도록 가결)"[27] 라고 했다. 괄호 속의 결의 내용은 바로 박 교장을 지목한 것이었음을 직감하게 된다.

이 총회 폐회직후 9월 23일 밤, 이사회가 모여 박 교장을 불러 자진 어떤 선을 정해 도의적 책임을 지라는 교섭위원들의 요청을 받아드리도록 권고했다. 그는 "주일에 부득이하여, 또는 자비 혹은 선을 위하여 전송하고 예배당에 가려고 택시를 탔고, 또 거기 가서 예배 드린 것 뿐인즉, 내게 잘못이 없으니 도의적 책임을 질 수 없습니다"[28] 라고 답을 하게 되었다. 다음 날인 9월 24일 그는 이사회로부터 통고문을 받았다. 통고문의 내용은 첫째, 교장제를 폐하고, 교수회장제를 도입한다는 것이고, 둘째, 박윤선 교장은 교수회장제가 도입됨으로 교장직은 자연 해임되고, 교수직은 도의적 책임을 지는 표시가 있을 때까지 중지한다는 것이었다.[29] 이는 박 교장에게 있어서는 파문장과 마찬가지의 것이었다. 주일 성수 문제에 대한 견해 차이로 이사회로부터 무거운 징계가 내려진 셈이었다. 이것이 총회가 예장 승동측과의 합동을 위해 "합동추진 위원"을 낸 바로 뒤에 되어진 일이어서 이해를 더욱 어렵게 만들었다. 박 교장은 이 통고문을 받은 후 교수회와 학생들 앞에서 자기는 교장직이 기구 변경에 의해 해임되고, 교수직은 중지된 것을 알리고 고려신학교를 떠나게 되었다. 후일 그는 그의 자서전에서

---

27) 총회(고신) 총회회록(제1회-제10회), p.265
28) 박윤선, 〈파수군〉 104호. "주일 지키는 법에 대하여", (1960,11), p.16
29) 〈파수군〉 104호, 1960년 11월호, p.16 이사회가 보낸 통고문의 내용은 다음과 같다;
    1. 본 신학교는 교장제를 없이하고(단 대외관계는 교장의 명의만을 쓸 수 있음), 교수 회장제로 하되, 1년 윤번제로 하고, 계속 연임을 하지 않도록 하되, 윤번 순서는 교수 회에서 작정하고, 이사회에 보고하여 승인을 얻도록 하다.
    2. 박윤선 교장은 기구 변경에 의하여 교장직은 자연 해임되고, 교수 시무는 전국 교회에 주일 성수에 부덕됨을 자인하고, 총회의 결정대로 도의적 책임을 지는 표시가 있을 때까지 중지하고 이후는 표시에 따라 다시 결정하기로 가결다.

"1960년 성수주일에 대한 의견차이로 말미암아 나는 그 당시 이사회의 요구를 응할 수 없으므로 그 해 가을에 학교를 떠날 수 밖에 없었다"고 했다.[30] 그가 교수회를 마지막으로 주재한 것이 1960년 9월 13일(제152회)이었다.[31] 이로써 15년 동안 고려신학교의 신학의 터를 놓고, 고려신학을 주조하고, 교역자를 양성해 온 박윤선 박사는 1960년 9월 말 고려신학교를 영구히 떠나가고 말았다.[32]

고신교회사에 나타난 이 슬픈 역사를 되돌아보면서 당시 고려신학측의 교회들이 가졌던 엄격한 주일성수 생활을 아는 것이 이 역사를 이해하는데 도움이 될 것이다. 오늘(2002)의 시각으로 그 사건을 이해하기란 어렵다. 당시 고려측 교회의 주일 성수 생활은 외부로부터 율법주의라 불릴 만큼 엄격했다. 당시 교회는 개혁주의 주일 성수관이라기 보다는 엄격한 청교도주의적 주일 성수 관념을 가졌었다. 6·25 사변 당시 거창 지역의 배추달 집사는 주일에 인민군이 주일날에 마당을 쓸라고 했을 때, 이것이 주일날 닥친 시험인 줄 알고 주일 성수를 위해 거절하다 순교한 일이 있었다. 6·25 사변 후 어려운 시절에 거창교회를 시무하던 남영환 목사가 부산에서 구제품을 트럭에 싣고 거창으로 돌아오다 화물차 고장 때문에 주일날 오후 1시 반에야 거창에 도착하게 된 일이 있었다. 그는 이것으로 주일을 범한 줄로 알고 노회에 조처를 자원하여 6개월간 근신하게 된 일도 있었다.[33] 이와 같은 엄한 주일 성수의 생활은 10계명 중 1, 2계명을 범하지 않기 위해 일제에 항거하다 오랜 옥고를 치른 충복들의 계명 준수의 생활이 4계명을 지키는 데도 철저하게 반영되었던 것이라고 볼 수 있다. 이는 당시

---

30) 정암 박윤선 목사 자서전, "성경과 나의 생애" p.108
31) 그 때 참석한 교수는 박윤선, 안용준, 한부선, 김진홍, 박손혁, 이상근 교수였다. 고려신학교 교수회 제152회 교수회 회록 참조.
32) Ibid., p.16
   고려신학교를 떠난 박윤선 목사는 부산 장전동으로 옮겨 한 오두막 집에서 수개월 동안 주석 저술에 전념하다가, 1961년 2월에 서울 동산교회 목사로 부임하여 1964년까지 목회를 했고, 1963년-1974년까지 총회신학교(총신대)에서 교수로 봉사한 후, 5년간 성경 주석 저술에 전념하여 1979년에 신구약 주석을 완간하고, 그 해 총신대신대원 원장으로 취임하여 봉사하던 중, 총신대의 어려운 사정으로 1980년 11월 대학원장직을 사임하고, 합동신학원을 세워(수원) 1985년까지 원장으로 봉사하다, 1988년 6월 30일에 별세했다.
33) 남영환, 한국교회와 교단, p.470

교회 생활 환경으로 보아 건덕에 도움은 될 수 있었으나, 건전한 개혁주의 교회 생활 건설을 해 가는데 유익은 되지 못했다. 주일 성수 문제의 박윤선 교장의 해임을 생각할 때 다음 두 가지 역사적 교훈을 얻게 한다.

첫째는, 당시 이사회는 성경적 진리 문제가 아닌 교회의 건덕 문제를 가지고 학자의 양심을 지나치게 강요했다고 볼 수 있다. 그는 "주일에 사세 부득이한 일이나 자비를 베푸는 일, 혹은 선한 일은 할 수 있다는 것이 성경의 교훈이고(마 12:11, 12), 우리 장로교 교리이다(요리문답 제 60)"[34] 라고 하고 도의적 책임을 질 수 없다고 했다. 우리 생활의 절대 표준은 전통도, 시대의 특수적인 환경이 만들어난 생활습관도 아니고, 성경과 장로교 신앙 고백 내용이다. 15년 동안 고려신학을 가꾸면서 진리를 외쳐 온 신학자가 자신이 한 일에 대하여 성경적으로나 교리적으로 잘못됨이 없음을 해명하고 주장했을 때 그 양심을 강요하는 것은 무리였다. 더욱 "진실주의"로 살아온 한부선 선교사도 박윤선의 주장을 옳게 여겼다. 그런데도 이사회는 박 교장에게 "도의적 책임"을 물어, 교장직 해임과 교수 중지 처분을 내렸다. 한부선 선교사도 박교장과 유사한 조처를 당했다. 이후 차츰 고려파는 인물을 아낄 줄 모르는 교단이라는 평판을 듣게 되어졌다.

둘째는, 이 사건은 지난 여러 해 동안 누적되어 온 인간적인 오해와 감정을 서로 극복하지 못한 결과로 온 것임을 이해하게 된다. 박 교장은 오랫동안 예배당 확보를 위한 법정 소송을 반대해 왔고, 근년에 이에 대한 비판의 소리를 더욱 높였다. 그리고 제8회 총회에서는 소송 반대를 이유로 행정 보류한 경기노회에 대한 지방위원의 처리를 두고 총회에 항의서를 제출하기도 했다. 그의 주장에 대하여 한상동 목사를 위시하여 대 다수가 원리적으로 찬동은 해왔지만 정황을 이해 해 주지 못하는 그에 대하여 거부감 같은 것을 가질 수 있었다. 또 그는 제10회 총회 시에 신학교의 체제와 재정에 대한 시정을 촉구함으로 학교설립자와 이사들의 감정을 건드렸을 수 있었다. 그래서 그는 인간적인 면에서 잃은 것이 많았다고 보게 된다. 이런 것을 고려할 때 이사회의 당시 처사는 학자로서의 그의 직선적 사행(思行)과 단순성을 고만(高慢)으로 보고, 이를 꺾어 보려고만 한 것으

---

34) 박윤선, "주일지키는 법에 대하여", 파수군, 104호(1960,11). p.14

로 비춰지게 된다. 이사회가 이 문제를 먼저 개인적으로 접촉하지 않고 단번에 공적으로 취급하게 된 일이나, 그 취급한 동기에 대한 설명이나,[35] 교장 해임 후 박 목사가 교수직 중지는 자기에게 큰 치명상을 입힌 것이라고 항의한 데 대해 이사회가 해명을 위해 낸 글에서 "전국 교회에 미치게 될 주일 성수 문제에 좋지 못한 영향을 막기 위한 정신에서 신학교를 운영하는 본 이사회의 책임상 부득이 한 행정적 조치로 교장직 사면을 수리한 것 뿐이다."[36] 라고 한 것 모두가 저변에 석연치 않는 어떤 인간적 요인이 깔려 있었음을 느끼게 하고 있다. 교회도 아직 부패한 인간성을 가진 인간 공동체이기 때문에 모든 면에 완전성을 기대할 수는 없다. 그러나 적어도 교회 지도자들에게는 공 교회의 유익을 위해 상당한 수준의 인간성의 극복을 기대하게 된다. 교회 공동체 생활을 함에 있어서 성경적, 신앙고백적 진리가 관계되지 않은 어떤 문제에 있어서는 상호간의 이해, 포용, 양보의 덕이 교회건설을 위해 필수적이다. 주일 성수 문제에 대한 의견차이와 박윤선 교장의 해임은 후대 교회 지도자들에게 큰 역사적 교훈을 남겨 주었다.

해임된 박윤선 교장은 고려신학교를 떠났다. 그와 견해를 같이 해온 한부선 선교사도 학교를 떠났다. 이를 알게 된 부산노회 상당수의 회원들은 이사회의 처사에 대해 유감을 갖게 되었다. 1960년 12월 5일 합동 총회를 앞두고 합동문제 수의를 위해 부산임시노회가 모였다. 이 때 부산노회는 "한부선 목사와 박윤선 목사에 대하여 신학교 이사회가 처사한 것은 교섭위원을 선정하여 이사회와 양인이 백지로 돌아가도록 권면하기로 가결"하고, 한대식, 김갑석, 안용준, 김상도, 주영문 다섯분을 교섭위원으로 선정했다.[37] 그러나 때는 이미 늦었다. 그 후 노회가 기대한 어떤 결과도 나타나지 않았고, 이제 모든 관심은 장신계 승동측

---

35) 이사회 일동 이름으로 낸 "〈주일 지키는 일에 대하여〉란 박윤선 목사의 논문에 답함"이라는 글에서 …이 사실을 목격한 어떤 타 교파 교인들이 보고 고려파 신학교 교장도 주일 날 돈주고 택시 타고 돌아 다니드라 고려파도 별수 없네 하여 이것이 말썽이 되고 이 문제가 부산, 대구, 기타 지방에 여론으로 떠돌게 되어 본 신학교 이사들도 이 사실을 알게 되어졌다"고 했다. 파수군, 제107호(1961.1), p.45
36) 파수군 제107호(1961.2), p.50
37) 부산노회 제10회 제3차 임시노회 회의록 참조.

과의 합동에만 쏠렸다. 박윤선 목사와 한부선 목사는 고려신학교의 신학의 터를 놓고 15년간 외부로부터 오는 갖은 욕과 비난을 영광으로 여기며, 교회의 개혁과 재건을 위해 사랑과 정력과 시간을 쏟아 온 분들이었다. 이들의 헌신적인 봉사와 협력없이 설립자들이 품은 이상을 이룰 수 없었다. 그러나 이제 이 고려신학교와 깊이 맺어 온 관계를 단절해야만 했다. 박윤선 교장이 고려신학교를 영구히 떠나게 되었고, 한부선 목사도 고려신학교 교수로 다시 돌아오지 못했다.[38] 고신 교회는 역사 10년의 고비에 가장 큰 시련을 맞은 것이다.

---

38) 한부선(韓富善) 선교사는 박윤선 교장이 화란을 가기 위해 도미한 동안 1959년 11월에서 1960년 6월까지 8개월 동안 부교장으로 교수회를 주재했다. 그러니 고려신학교는 단번에 교장, 부교장을 한꺼번에 잃게 된 것이다. 교수회 회록 135회(1959. 11. 26)부터 147회(1960. 6. 22)까지의 교수회 회록 참조.

한부선 선교사는 해방이 되자 1946년 10월 말에 내한, 그 해 11월부터 고려신학교와 인연을 맺고, 교수로, 부 교장으로 봉사를 했으며, 신학교뿐 아니라 고려측 교회의 터를 놓는 일에 함께 협력하고, 한국 교회의 재건과 발전을 위해 값진 봉사를 했다. 그러나 그는 주일 성수 문제에 있어서 박윤선 교장과 같은 의견을 갖게 된 이유로, 그와 함께 거의 같은 조처를 당하여 고려신학교와 공식적인 관계가 단절된 이후 전과 같은 관계의 회복을 보지 못했다. 그러나 그는 필요할 때면 언제나 고신 교회와 신학교를 끝까지 지원하고 협력하는 넓은 사랑과 아량을 보였다. 그는 1976년 은퇴하고, 본국에 돌아가 1979년에 미국 웨스트민스터 신학교(Westminster Seminary) 설립50주년 축제에 즈음하여 명예신학박사(D.D.) 학위를 받았다. 1992년 7월 26일 별세했다. 이 때 그의 나이 89세였다.

제18장 합동과 환원(還元)(1960-1963)

18.1 난국(難局) 타개의 길을 찾는 고신측(高神側)과 장신 승동측(長神 勝洞側)

　1950년대 말에 이르러 고신측과 장신 양측이 다 내적인 어려움을 겪게 되었다. 고신측은 예배당 확보를 위한 법정 소송 문제에 대한 견해차이 때문에 내적으로 여러 해 마찰이 있어 오던 중, 박윤선 목사가 주일 성수 문제로 고려신학교 교장직에서 해임됨으로 난국에 직면하게 되었다. 장신은 세계기독교협의회(W.C.C.) 지지자들과 복음주의연합회(N.A.E.) 가담자들 간에 내적인 마찰이 있어 오던 중, 총회신학교 교장 박형룡 박사의 재정 관리의 실수가 큰 요인이 되어 결국 분열로 치달아 난국을 맞게 되었다. 그러니 고신측은 소송 문제, 예장측은 국제적 기구와의 관계 문제에 대한 입장 차이 문제로 여러 해 내분을 겪어 왔으나, 마침내는 양 교회가 다 신학교를 중심으로 하여 일어난 문제로 최종 난국을 맞게 되었다.

1. 고신 교회가 당면한 난국(難局)

　고신 교회는 1956년 9월 개혁 운동 10주년을 기념하고 총노회를 총회로 개편하였다. 이 기회에 교회는 지난날을 감사하고 미래를 향한 새로운 청사진을 만들어 힘있는 전진을 기약해야 했다. 그러나 기대와는 달리 이 때부터 내부의 갈등이 밖으로 표출되고 전열이 흩어지기 시작하였다. 당시 박윤선 교장이 제기한 법정 소송 문제와 체제상의 불합리성에 대한 불만은 차츰 신학교를 중심으로 한 공동체 생활에 갈등의 심화를 초래했고, 교회 내에도 분열의 조짐이 나타났다. 1957년에 경기노회가 행정보류를 하게 되고, 이런 가운데 1960년 9월에 박윤선 교장이 해임을 당하여 고려신학교를 떠나게 되었다. 박윤선이 떠난 후 1960년 11월 3일 제123회 교수회가 모였다. 그런데 이 교수회는 이사들이 동석한 회의였고, 이사장 한상동 목사가 사회를 하게 되었다. 당시 교수회 회록에는 "한부선, 박윤선 결석"이라고 적혀 있다. 매우 부자연한 분위기의 교수회였음이 틀림없었다.

1960년 9월 고려신학교 둘째 학기가 시작되었다. 그러나 박윤선없는 학교의 수업이 제대로 될 리 없었다. 학교는 빈 집 같이만 여겨졌다. 고신 교회 전체의 분위기도 가라앉아 있었고, 허탈감에 휩싸였다. 고신 교회라는 교회 공동체의 형성은 고려신학교를 중심한 개혁운동의 결과였다. 비록 고려신학교가 표면적으로는 사설 기관이었으나, 실질적으로는 총회 직영 이상으로 전국 교회의 기도와 관심의 대상이었고, 교회 생활에 영적 활력을 공급해 주는 심장부 역할을 해왔던 것이다. 이제 심장에 고장이 생긴 고신 교회는 최선의 치유 방법을 추구해야만 했다.

2. 장신 승동측이 당면한 난국

1951년 고신을 축출하고, 1953년 한신측이 독립해 나간 후 장신측은 잠시동안 별고 없이 지났다. 그런데 장신측에서 교회 정치를 주도하는 분들의 대부분은 시류(時流)를 잘 타면서 처세를 하는 중도보수주의 교권주의자들이었다. 해방 후 친일 반역자로 반민법(反民法)에 걸렸던 김길창(金吉昌), 전필순(全弼淳) 같은 분도 활개를 펴고 교권 전면에 나설 수 있는 단체였다. 김길창은 신사참배를 결정한 제27총회(1938)의 부회장이었으며, 해방 후 고신측의 경남노회와는 "신앙과 신조"가 다르다는 이유를 내세워, 분열해 나가 다른 노회까지 조직한 일이 있었지만, 장신의 분위기 속에서는 계속 경남 노회 총대로 선출되어, 총회에 나아가 상비부 부장 등으로 활동할 수 있었다. 그리고 전필순은 일찍부터 자유주의 신학의 추종자로 1932년에 사회복음주의 운동인 "적극신앙단"(積極信仰團)에 가담했을 뿐 아니라, 1943년에는 대부분의 구약 성경과 신약의 계시록을 버린 "조선혁신교단"(朝鮮革新敎團)을 조직하여, 자신이 통리로 등장하기까지 하고, 배교한 총회에서 연이어 두 번이나 부총회장(1941, 1942)을 지난 순정 일본기독교로 전향했던 친일 거물이었다. 이런 분이 해방 후 고신측이 추방당한 후 그 총회에서 교권의 권좌를 차지할 수 있었다. 1955년, 1956년 연이어 두 번이나 총회 부회장으로 당선되었고, 이어 1957년(42회)에는 총회장으로 선출되어 교권을 행사할 수 있었다. 전필순이 총회장으로 당선되었을 때 경남에서 언제나 중도를 걸어 온 노진현(盧震鉉)이 부회장으로 당선되고, 이듬해(1958) 그를 이어 총회장으로 뽑혔다. 이 모든 것은 당시 예장 총회의 실상이 어떠했음을 보여주었다.

그런데 이 교회 공동체는 그 속에 자리잡고 있던 박형룡(朴亨龍)을 중심한 보수계와 한경직(韓景職)을 중심한 한 중도보수계 사이의 알력이 차츰 전면으로 드러 나게 되었다. 박형룡은 신앙과 신학의 보수를 강하게 주장하는 입장에 있었지만 한경직의 기본 태도는 언제나 신앙은 보수, 신학은 자유라는 태도로 자유주의자들과 거리감 없이 생활해 왔다. 이런 서로 다른 입장은 국제적 기구와의 관계문제에서 크게 드러나게 되었다. 한경직은 처음부터 "세계기독교협의회"(The World Council of Churches, W.C.C.로 略함)를 적극 지지 옹호하는 편이었고, 박형룡은 일찍부터 한국의 "복음주의 연합회"(The National Association of Evangelicals, N.A.E.로 略함)[1] 와 연관을 가지고 오면서 세계기독교협의회에는 부정적이었다.

한국 장로교회는 해방 후 회개, 정화, 교회의 재건 운동이 일어나기 전, 시류(時流)에 편승하는데 언제나 익숙한 분들의 정략에 의해 내용도 제대로 알지 못하고 "세계기독교협의회"(W.C.C.)의 창립회원 교회가 되었다. 1947년 총회가

---

[1] N.A.E.는 1942년에 미국에서 조직된 단체로 교회(교파)들의 모임이 아니었고, 복음주의 입장을 지키는 개인과 단체들의 모임이었는데 이것이 차츰 국제적인 조직을 갖추게 되었다. 한국에서는 1947년 조선신학교 재학 시절 교수들의 자유주의 신학에 반기를 들고 총회에 진정서를 제출했던 51명이 중심이 되어 1953년에 "한국복음주의협의회"를 조직하고 국제적인 조직과 연관을 갖게 되었는데 당시 회장은 정규오 목사였고, 고문은 박형룡 박사였다.

1948년 화란 암스텔담에서 창립될 "세계기독교협의회에" 대표를 파견하기로 가결하고[2], 1948년 4월 총회에서 "김관식 목사의 세계 기독교 연합회 출석을 위하여 매삭 여비로 백불씩을 보조하기로"[3] 결의했던 것이다. 이로써 장로교 총회는 바로 2년 전에 "일본기독교 조선교단"(日本基督敎朝鮮敎團) 통리였던 친일 배교 인사로 하여금, 해방 후 제일 먼저 한국 교회의 대표자로 국제무대에 활개를 펴고 나가게 했었던 것이다. 결과 한국 장로교회는 W.C.C.의 창립 회원 교회가 되고, 이후 1954년 에반스톤 회의에 대표를 파송함으로 계속 회원 교회로서의 활동을 하게 된 것이다.

그런데 차츰 장신 교회내에 W.C.C.에 대한 찬반 양론이 생겨 1956년 9월 제41회 총회에서는 에큐메니칼 연구위원 8명을 내었다.[4] 이 위원회는 1957년 제42회 총회에 간단한 보고서를 제출했다. 당시 이 위원회는 "친선과 협조만을 위한 에큐메니칼 운동은… 앞으로도 계속 참가하기로 하오며, 단일 교회를 지향하는 운동에 대하여는 반대하고 태도를 결정하였사오며"[5] 라고 했다. 그러니 이 위원회의 연구 결론은 교회 연합체로서의 W.C.C.에 가입하고 활동하는 것은 반대할 필요가 없다는 것이었다. 박형룡 박사도 이 위원회의 위원이었으나 W.C.C.에 대한 공개적인 비판은 그로부터 들을 수 없었다.

그런데 양측의 첨예한 대립은 1957년 말, 신학교 교장인 박형룡 박사가 건축비 약 3천 만원을 사기 당함으로 어려움에 빠지게 되어진 때부터였다.[6] 이 사건이 알려지자 박 박사는 1957년 12월에 이사회에 구두사면을 하였다. 이사회는

---

2) 총회회록(합동), 제11권, p.9
3) ibid., 23
4) 총회 제41회 회의록(1946), p.49
    에큐메니칼 연구위원중 지지 편에 선 분들은 한경직, 전필순, 유호준, 안광국이었고, 반대편에 서 있는 분들은 박형룡, 박병훈, 황은균, 정규오였으며, 위원장엔 한경직, 서기는 정규오였다. 정규오, 신학적입장에서 본 한국교회 장로교회사 上, pp.128,129 참조.
5) 대한예수교 장로회 총회 제42회 회록(1957), pp.65,66
6) 남산 소재 옛 일제의 신궁이 있던 터에 있는 건물을 총회신학교가 사용해 왔는데 이 땅을 불하해 주겠다는 분에게 학교 부지 확보를 위해 온 돈 1만불, 북장로교 선교부에서 온 5천불, 1957,8년도 경상비를 위한 돈 등을 합해 약 3천만환의 돈을 이사회와 의논 없이 넘겨 주었는데 완전히 사기를 당한 것이었다.

1958년 3월 7일 그의 사표를 수리하고, 그를 명예 교장 겸 교수로 추대할 것을 결의하였다.[7] 그리고 교장대리는 당시 부총회장인 노진현 목사가 맡았다. 이 소식이 알려지자 소위 N.A.E. 집단을 중심한 박 박사 주변에 있는 분들은 박 박사의 퇴진이란 보수진영의 몰락을 의미하는 것이라 판단하고 강력한 구명운동에 나서게 되었다. 결과 1958년의 제43회 총회(노진현 총회장)에는 경남노회 노회장 외 9개 노회장으로부터 박형룡 박사 교장 유임청원이 들어오게 되었다. 총회는 이 문제를 당석에서 다루었지만 부결되고 말았다.[8] 에큐메니칼 연구 위원회의 연구도 이제는 제대로 진전되지 못했다. 이 위원회가 지난해 총회에 매우 유연한 보고를 한 후, 1년 동안 단 한번 밖에 위원회를 모이지 못했다. 그런데 이 모임에서 마저도 양측이 첨예하게 대립되어 대화가 불가능함으로 정회를 하게 되었고, 총회 제43회 보고에는 "에큐메니칼 운동에 관한 연구와 책자 발행에 관하여는 형편상 실행치 못하였음을 자에 보고하나이다"라고 할뿐이었다.[9] 소위 보수측인 N.A.E. 측에서는 제43회 총회 신사건 처리의 방법으로 총대회원들의 연서를 받아 "에큐메니칼운동 반대 W.C.C. 탈퇴건의서"를 제출하였지만 이것이 총회에서 취급되지 않았다.[10]

총회 후 1959년 초에는 W.C.C. 찬반 양편이 극단적으로 맞서 "에큐메니칼 운동 반대에 대한 답변서"가 遇齊(유호준을 가리킴)라는 익명으로, "사실음폐 부당하다─遇齊의 답변에 답함"이 正齊(조동진을 가리킴)라는 익명으로 발표되었다. 그런데 당시 에큐메니칼 운동에 전투적 자세로 나온 분들(조동진, 정규오 등)이 있는가 하면, 이에 동조하면서도 중립태도(노진현, 김상권 등)를 취한 지도자들도 있었다. 1959년 4월에 총회장 노진현, 총무 김상권, 증경총회장 몇 분들의 발의로 이들이 승동교회당에 모여 4월 11일자로 합의 내용을 해명서 형식으로 발표하였다. 여기에서 이들은 "우리는 대한 예수교 장로회 제42회(1957) 총회결의

---

7) 대한예수교 장로회 총회 제43회(1958) 회록, pp.180, 181
8) Ibid., p.128
9) Ibid., pp.213,214 정규오, op.cit., p.132 참조
10) 이 건의서는 서기부에 접수 되었지만 서기였던 김상권 목사가 회의석상에 제안을 하지 않으므로 아무런 효과가 없었다.

대로 에큐메니칼운동은 교파간의 친선과 사업에 한하고 단일교회운동을 하지 않는다"고 하고, "W.C.C.나 기타 기관이 우리 총회의 순수한 신앙과 행위의 지향하는 바에 저해 될 때는 이에 대하여 관계를 끊을 것을 주장한다" 하므로 매우 중립적인 정치 색깔을 내어 보였다.[11]

이로 보건대 W.C.C.를 반대하는 측도 신앙고백적인 토대 위에 확신 있게 서 있는 순수하고 단합된 집단은 아니었다. 박형룡 박사 역시 지난날에 자유주의 신학을 대적하는데는 전투적이었지만, W.C.C.적 에큐메니칼 운동을 비판하는 데는 매우 소극적이었다. W.C.C. 회원 교회의 선교회들과 밀접한 관계를 가지고, 그들의 재정적 원조를 받아 학교를 운영하며, 선교사인 인 톤, 안두화씨 등이 그 학교 이사회의 이사장직을 역임하기도 했으니 W.C.C.를 반대하고 비판할 입장에 있지 못했던 것은 이해할 만하다. 그러나 그가 총회 에큐메니칼 연구위원이면서 이에 대한 어떤 반론도 제기하지 않고 지난 가장 큰 이유는, 앞서 언급했던 대로 교회관에 대한 그의 신학적이고 신앙 고백적인 확신이 결핍한데 있었다고 볼 수밖에 없다. 어쨌든 W.C.C. 문제와 박 박사가 연관된 3천만 환 문제는 대전에서 모인 장신측의 분열을 가져오게 된 가장 큰 내적 요인이 되었던 것이다.

대전중앙교회 44회 총회(1959)

1959년 9월 24일 대전 중앙교회에서 제44회 총회가 열렸다. 이 회는 개회벽두부터 경기노회의 회원권 문제로 난관에 직면하게 되었다. 경기노회는 정기 노회에서 총대를 선출했는데 계표(計票)의 잘못이 드러나, 임시 노회가 모여 다시 총대를 선

---

11) 정규오, op.cit., pp.148-149 서명한 분들의 이름은 총회장 노진현을 위시하여, 총무 김상권, 증경총회장, 이인식, 이대영, 전필순, 한경직, 명신홍, 이 외에 유호준, 이환수, 강신명, 배명준, 김윤찬, 안광국, 박찬목, 김성준, 채기은 이었다.

출했다. 정기노회에서는 N.A.E. 측 인물들이 주로 선출되었었으나, 임시노회에서는 이들이 참석을 대거 거부하게 되어, 거의 W.C.C.측 인사 일색으로 선출되었다. 총회 서기부에 양편으로부터 총대 명단이 올라오게 되었다. 총회가 격논 끝에 이 문제를 투표에 부친 결과 임시노회에서 선출된 총대들(W.C.C.측)이 받아드려지게 되었다. 그러나 이 문제가 쉽게 넘어 갈리 없었다. 결국 총회는 사흘 동안 제대로 회무를 집행하지 못한 채 혼란에 빠지게 되어, 증경총회장들로 하여금 사무 진행에 대한 대책을 강구하게 했다. 이들은 "현 총회의 정세 하에서는 회무를 원만히 진행하기 곤란함으로 금년(1959) 11월 24일 화요일 오후 7시까지 정회하고, 그 전으로 경기노회는 총대를 개선하여 오도록 할 것"[12] 이란 건의를 하게 되어 총회는 이를 받아들이고 정회를 하게 되었다.

그러나 총회 정회 선언이 있자 마자, W.C.C. 측 한 회원인 안광국(安光國) 목사가 등장, 임원 불신임 안을 읽고 가부를 물어 일방적인 결의를 하게 되어 회의장은 수라장이 되어버렸다. 이 때 그 교회 담임 목사인 양화석(梁華錫)은 W.C.C.측 총대들에게 회의장을 더 이상 빌려 줄 수 없다고 하였다. 그래서 W.C.C.측의 총대들과 선교사들은 그날 밤 서울로 자리를 옮겨, 다음 날인 29일에 연동교회(蓮洞敎會)에서 증경총회장 전필순의 사회로 회를 계속하여 임원을 선출하고 회무를 진행했다. 그리고 N.A.E. 측은 총회의 결의대로 그 해 11월 24일 서울 승동교회(勝洞敎會)에서 속회를 하여 임원을 선출하고 회무를 진행했다. 결과 여러 해 동안 잠재해 있던 상호 알력은 교회 분열로 막을 내리게 된 것이다. 이후 양측은 연동측, 승동측이라 불려지게 되었다.

승동측은 속회에서 "W.C.C를 영구히 탈퇴하고 소위 W.C.C.적인 에큐메니칼 운동을 반대하기로 가결" 했다.[13] 그리고 N.A.E.와의 관계에 있어서도 "개인적으로 가입된 N.A.E. 회원은 총회와는 직접적으로 관계가 없으나 총회를 어지럽게 하는 요인이 된다는 평이 있으니 교직자(목사, 전도사)는 탈퇴하기로 가결"하

---

12) 대한 예수교 장로회 총회 제44회 회록(1959), p.16
13) Ibid., p.27

였다.[14] 신학교 문제와 연관해서 총회는 신학교 재정 조사위원장으로부터 "당시 학교장 박형룡 목사는 재정 문제에 직접 책임이 없음"[15] 을 보고 받았다. 이어 박형룡, 김치선, 김홍전씨를 교수로 임명했다.[16]

그런데 W.C.C.적 에큐메니칼 운동 관계에 있어서는 실질적으로 선명한 입장을 보이지 않았다. N.C.C.와의 관계에 있어서 한 노회로부터 탈퇴하자는 청원이 있었으나 총회는 "이미 총회가 참석위원을 택하였으므로 당분간 그대로 두는 것이 가"하다고 결의했다.[17] 그리고 총회 신학교 실행이사에 권세열, 재단이사에 인 돈 두 선교사의 이름을 얹어 놓음으로 선교회와의 관계에 대한 어떤 미련을 남겼다. 총회는 "우리 교회와 70여 년간 고락을 같이하여 온 선교회들과 그 선교사들의 수고와 노력을 높이 칭송하고 감사한다. 우리는 이 선교사들과의 우애를 앞으로 더욱 계속하기를 간절히 바란다"라고 했다.[18] 승동측 총회가 대체적으로 W.C.C.를 반대하는 편이었으나, 오랫동안 관계를 맺어 왔다는 이유로 W.C.C. 회원 교회에 속한 3 선교회와 가능한 한 관계를 유지하기 원하는 모습을 보였던 것이다. 여기서 교회관에 있어서 선명성을 결한 실질적 모습을 보게 된다.

승동측의 총회(제45회)가 1960년 9월 22일 서울 승동교회에서 회집되었다. 그 동안 승동측이 보수라는 기치아래 교회의 수는 다수 확보했으나 잃은 것이 많았다. 연동측은 승동측보다 정략에 밝았다. 승동측에 가담했던 몇 분을 영입하여, 1960년 2월 17일 소위 "통합총회"(統合總會)를 가짐으로 교회 일치를 위해 최선을 다했다는 체면을 세웠다("통합측"이란 별명의 기원). 승동측은 여기서 손해를 본다. 총회에서 총회 총무가 3 선교부와의 관계를 확실히 지시하여 달라고 요청하게 되자, '이제야 총회는 "해 3 선교부는 이미 우리 총회를 이탈하여 2,17 불법집단에 합작하였으므로 본 총회와는 관계가 전혀 없다"고 선언하게 되었다. 승동측은 선교회와의 관계가 단절됨으로 재정적으로 큰 어려움에 부딪히

---

14) Idem.
15) Ibid., p.128
16) Ibid., p.117
17) Ibid., p.79
18) Ibid., 120

게 되었다. 그래서 "국제기독교협의회"(The International Council of Christian Churches, I.C.C.C.로 略함)로부터 조건 없는 원조라는 명목으로 10만 불을 얻어 쓰기까지 했다.[19] 경남 노회장 양성봉씨로부터 대한 예수교 장로회는 자주 독립하자는 헌의안이[20] 나오게 되어 경제 자립 방안을 세우기도 하였다.[21] 그러나 승동측은 여러 가지 면으로 난국을 헤쳐나가기 어려운 입장에 있었다.

먼저, 외국 3 선교부와의 관계가 끊어지자 국제적 교회 관계가 완전 단절되어 버린 것이다. 한국 경제가 아직 매우 어려운 당시로써는 선교회의 재정적 원조가 신학교 운영에 큰 도움을 주었는데 이것을 다 잃은 것이다. 승동측의 주도 인물들로 이루어진 한국 N.A.E.가 그동안 국제적인 복음주의 기구인 N.A.E.와 관계를 가져 왔다. 물론 이 기구는 교회적인 기구가 아니기 때문에 이들의 교회적인 운동에 도움이 될 수는 없었다. 그런데 분열 총회직전에 방한했던 그 기구의 총무 포드(G.L. Ford)씨가 한국 사정을 살피고 간 후, 한국교회의 분열문제에 N.A.E.의 이름이 이용당할 수 없다는 이유를 들어 한국 N.A.E.와의 관계를 끊는다는 소식을 미연합장로교 선교부에 알린 사실이 드러나게 되었다.[22] 이로 말미암아 승동측은 NAE와의 관계도 단절 당함으로 국제적으로는 완전히 고립 상태에 빠지게 되어버렸다.

그래서 총회는 신앙 노선이 같은 외국 선교단체와의 교섭위원을 내었다.[23] 이 때 승동측이 신앙면에서 관계를 가질 수 있는 선교회들은 저들이 고신측을 축출하기 전, 메첸파 혹은 분열주의자라고 격렬하게 비난하고 멸시했던 정통장로회 선교회(당시 한부선, 하도례 선교사 등)와 성경장로교 선교회(현요한, 신내리 선교사 등) 밖에는 없었다. 10년 전 저들은 고려신학측을 향하여 이들 메첸파 선교사들과의 관계를 단절하라고 강요하며, 징계로 위협까지 했었던 것이다.

다음으로, 당시 승동측은 신학의 보수를 주장하면서도 대내외적으로 이 기치

---

19) 정규오, op.cit., p.260
20) 총회 제45회(1960) 회록, p.11
21) Ibid., p.34
22) 이영헌, op.cit., pp.326,327
23) Ibid., p.29 총회임원과 박형룡, 김홍전, 조동진이었다.

를 들고 떳떳하게 나갈 형편이 못되었다. 3천만 환 사건이 박형룡에게는 직접 책임이 없는 일이라 아무리 선언을 해도 학교 행정 책임자로서 이에 대한 책임은 면할 수 없게 되어 있었기 때문이다. 그래서 승동측은 기독교계로부터 보수라는 이름으로 박형룡의 구명 운동을 하는 정치 집단으로 의혹을 받고 있는 현실이었다. 그래서 승동측은 이런 난국으로부터 벗어나 보수로 인정받을 수 있는 길을 모색하는 길에 나서야만 했다.

18.2 장신 승동측과의 합동(合同)

1. 고신, 승동측의 합동위원회(合同委員會)의 활동

1960년 고신, 승동 양측이 각기 당면한 난국을 타개하기 위해 고심하게 되었다. 그런데 승동측이 먼저 고신과의 합동을 통한 난국 극복의 길을 추구했다. 이들은 현재 자신들이 보수라는 선명한 기치를 들고 나서기에는 너무도 큰 의혹을 교계로부터 받고 있기에 이 의혹을 벗어나는 최선의 길은 역사적으로 보수로 인정받고 있는 고신측과 합동하는 것이라고 생각하게 된 것이다. 물론 이들은 이 기회에 한국장로교회 보수세력의 결집도 바랐다. 그래서 승동측은 고신측과의 "개별 접촉을 통해서 합동할 것을 요청했다." [24] "1960년 8월 서울에서 박형룡 박사를 중심한 승동측 목사들이 고신측 목사들을 만나자고 제의해 옴으로" [25] 양측 교회 지도자들은 전격적으로 서로 만나게 되었다. 이 한번의 만남에서 양측 지도자들은 서로를 필요로 여겨 이의 없이 합동하기로 뜻을 모았던 것이다. 이 회동을 마치고 나온 고신측 8명의 목사들이 서울 중앙교회에 나와 다시 모임을 갖게 되었을 때, 합동에 대하여 "한 사람도 이의가 없었다"고 한다. [26] 당시

---

24) 정규오, op. cit., p.262
25) 남영환, 한국교회와 교단, pp.470, 471
26) 거기 참석했던 8명중의 한분이었던 남영환 목사는 다음과 같이 그 때의 정황에 대하여 말하고 있다; "그 자리에서 박형룡 박사가 눈물을 흘리면서 48년도에 한 목사와 헤어진 것은 자신이 크게 잘못 생각하였던 것이라며 우리와 같이 개혁주의 보수신학을 위해 새로이 출발하자고 간곡히 제의해 왔던 것이다. 거기서 헤어져 중앙교회에 다시 모여서 오늘 우리가 처한 이 상황이 그들보다 무엇이 낫다고 하겠느냐는 소리에 모두가 다 동감하였던 것이다"라고 하고, 또 다른

고신측 지도자들은 상대방이 "눈물로 호소"하는데 모든 과거를 순간적으로 다 잊어버리게 되고 현재 당면한 고신의 상황을 부끄럽게 여기면서 교회 합동을 하기로 마음을 모았다는 것이다.

교파 합동이란 실상 쉬운 일이 아니다. 특별히 양 교회는 10년 전 축출하고 축출 당한 분열의 역사를 가지고 있다. 당시 축출을 주도한 정치적 인물들의 상당수가 아직 그 교회에 주도권을 쥐고 있음을 고려 할 때, 합동을 위한 접근에 신중을 기했어야 했다. 그리고 지난날의 분열의 원인이 단순한 인간적 감정이 아니라 진리 파수에 있었고, 회개와 정화를 통한 교회 재건에 대한 입장의 차이에 있었다. 거기에는 또한 중대한 교회관의 차이가 있었다. 그런데 저들이 보수를 주장하고 W.C.C.측과 분열되어 갈리기는 했지만, 언제나 중도를 걸어 온 본래의 생태가 변했다는 증거는 보여주지 않았다. 소위 승동측으로 갈린 후에도 이미 언급한대로 세 선교회와의 관계에 대한 미련을 가지고 있었으며, NCC와의 관계도 가능하면 유지하려는 모습을 보였다. 그러니 지난날 축출 당한 아픈 역사를 겪은 고신측은 승동측의 합동의 요청에 상당 기간 신중한 연구와 검토를 거쳐야 했다. 특별히 그들의 교회관에 대한 입장을 신중하게 시험해 보고, 과거의 역사를 분명하게 책임지는 분명한 태도를 확인했어야 했다. 그런데 고신 총회는 단 1년의 연구나 검토, 거기에 대한 보고나 토론도 거치는 일이 없이 신속하게 합동을 추진해 나가게 되었다. 논리적이고 합리적인 사고 없이 정서의 지배를 받으며 합동을 추진해 간 것이다.

1960년 9월 20일 고신 제10회 총회는 승동측과의 합동추진 헌의건이 올라왔을 때, 단번에 합동연구위원이 아닌 "합동추진위원" 9명을 선정하기로 결의하였다.[27] 합동추진연구위원은 황철도(위원장), 윤봉기(서기), 한상동, 박손혁, 송상

곳에서 "우리의 본래 목표가 교단 형성이 아니라, 개혁주의 보수 신학을 이 땅에 확립하자는 데 있었던 만큼, 박형룡 박사를 비롯한 여타 지도자들이 과거를 회상하면서 눈물로 호소하는 것을 보고 나와서 따로 앉았던 고신측 8명의 목사도 이 때는 한 사람도 이의가 없었다."고 했다. 남영환, op. cit., pp.471, 476

27) 총회(고신), 총회회록(제1회-제10회), p.264

석, 추국원, 전성도, 조수완, 남영환이었다.[28] 합동추진연구위원 보고에 따라 총회는 "특별한 이유가 없는 한 합동을 전제로 하고 추진하기로 한다", "합동 추진 연구와 상대측과의 연락 교섭을 위하여 본 총회를 정회하였다가 합동추진 위원의 요청이 있을 때 총회장이 계속회를 소집하기로 한다"고 결의했다.[29] 이는 교회사에서 예를 찾을 수 없는 졸속한 합동 추진이었고, 개혁주의교회생활의 원리인 개교회의 권이 무시된 교권 중심의 합동 추진이었다고 볼 수 밖에 없었다. 지난날 교권의 전횡에 의해 큰 피해를 본 고신 교회 지도자들이 역사가 준 교훈을 너무 쉽게 잊어버린 것이다.

승동측은 고신측 이상의 속도를 내었다. 1960년 9월 22일 승동교회에서 모인 제45회 총회는 순천, 전남, 경북 노회장으로 부터 "고려파 교회와 합동하자"는 헌의를 받고, 위원 9인을 내기로 하여,[30] "신앙노선이 같은 고려파와의 합동에 관한 건은 합동하기로 가결하고, 합동위원 9인을 임원회에 맡겨 선임보고 하도록 수정 가결"했다. "합동위원 9인은 고성모, 노진현, 정일영, 양화석(위원장), 이환수, 김윤찬, 배태준, 심 천, 정규오(서기)"였다.[31] 동월 22일에 고신 총회가 합동을 목표하고 정회했다는 소식을 듣고, 승동측도 26일 합동 위원장의 청원을 받아드려 같은 목적으로 무기 정회하였다.[32]

1960년 10월 25일 오후 2시, 대전 중앙교회당에서 승동측과 고신측 합동위원회가 모여 합동에 대한 협의를 했다. 이 모임은 합동에 대한 가능성을 연구하기 위한 모임이 아니었고 속히 합동을 추진하기 위한 모임이었다. 양측 합동위원회

---

28) Ibid., p.267
29) Ibid., p.273
30) 총회(합동) 제45회(1960)회록, pp.9, 10
31) Ibid., 29
32) Ibid.,36,37 승동측 합동위원장의 청원은 다음과 같았다.
　"1. 고신측에서는 9인 합동 위원을 선정하고 조속한 시일 내에 합동을 실현코자 하여 금번에 모이는 총회를 정회하였다 함으로 우리 총회에서도 그 의도하는 바를 찬성하고 회무를 마친 후에 일단 무기 정회토록 하여 주심 바라오며 단, 합동 총회가 명년 제46회 9월 총회까지 모이지 못할 때는 자동 폐회 될 것을 허락하여 주심 바라오며.
　2. 제반 사정을 고려하여 합동위원으로 양성봉 장로 1인을 보충하여 주심 바라나이다."

회록을 보면, 개회 즉시 "한상동, 노진현, 고성모 목사와 양성봉 장로로부터 과거는 일소하고 백지로 환원하여 합동을 하도록 하자는 감격한 인사의 말씀이 있었다"라고 적고 있다.[33] 여기에도 교회와 역사에 책임을 지는 합리적 사고보다는 쉽게 난국을 풀어가려는 옅은 정서가 지배하고 있음을 보게 된다. 이 회는 10월 25일 오후 2시에 개회하여 그 이튿날 26일 오전 9시에 폐회함으로써 합동을 위한 협의를 다 끝내게 되었다. 두 교회의 합동에 대한 다양한 항목들이 11시간 (오후 2-4:30, 밤 7-11:30, 아침(새벽기도회) 5-오전 9)안에 완전한 합의에 이르고 완결된 것이다.[34] 개회예배, 새벽기도회 등의 시간을 빼면 토의를 위한 시간은 10시간에 미치지 못했다고 볼 수 있다.

이 양측 합동위원회가 합의해 총회에 내어놓아 채택된 보고는 다음과 같았다.[35]

고신측, 예장측 합동 위원 보고 채택

1. 조직

예장측 위원장 : 양화석 서기: 정규오

위 원 : 고성모 노진현 김윤찬 이환수 정일영 심 천 배태준 양성봉

고신측 위원장 : 황철도 서기: 윤봉기

위 원: 한상동 박손혁 송상석 전성도 추국원 남영환 조수완

2. 결의사항

1) 합동안

---

33) 정규오, op. cit., p.263

10년전 양성봉 장로는 한상동 목사가 초량교회를 시무했을 때 그 교회 장로였고, 노진현 등과 함께 주일 예배 시간에 와서 강단을 점령하고 교회 명도를 요구한 위원이었다. 한상동 목사가 스스로 그 교회를 넘겨 주고 나왔으나, 실상 이들에게 당시 추방을 당한 셈이었다. 그러니 서로 과거를 잊고 합동하자는 인사는 감격적일 수 있었다.

34) Idem.,

35) 총회(고신) 회록(제11회-제20회) 1961-1970, pp.13,14

(1) 합동원칙
　① 신조 : 우리는 웨스트민스터 신앙고백에 의하여 대한 예수교장로회 헌법에 명시한 12신조와
　② 신학 : 우리는 칼빈주의 개혁신학에 의하여 합동할 것을 원칙으로 한다.
(2) 합동방안
　① 합동총회는 대한예수교장로회 제45회 계속총회로 한다.
　② 헌법수정: 헌법수정위원을 양측 각 5인씩 선출하여 헌법수정위원회를 구성하고 합동에 필요한 최소한도의 헌법수정과 규칙을 작성하여 총회에 제안토록 한다.
　헌법수정위원 예장측 : 김윤찬 고성모 정일영, 정규오 심 천
　　　　　　　고신측 : 황철도 한상동 송상석 박손혁 전성도
(3) 교리, 정치, 생활면 등은 헌법과 예배모범 권징조례를 엄수키로 한다.
(4) 신학교 일원화: 신학교는 총회직영의 일원적인 신학교로 하고 양측 동수의 이사를 선출하여 이사회를 구성하여 경영케한다. 이사의 선출은 이사회에서 선임하여 총회의 인준을 얻는다. 이사의 수는 양측 12명으로 하며 예장측은 현 실행이사로 하고, 고신측은 현이사 9명과 보선한 3명의 이사로 한다.
(5) 사업은 양측 현상대로 수락한다.
(6) 외국 선교사의 관계는 양측 현상대로 수락한다.
(7) 합동 방식: 금년내로 합동총회로 모이고, 동 총회에 헌법 수정위원회가 제안한 헌법 수정안을 통과하여, 각 노회(합동된 노회)에 수의하여 통과된 결과를 총회 서기에게 보고하여 공포함으로써 효력을 발생하도록 한다.
(8) 합동총회의 일자는 1960년 12월 13일 하오 6시 반으로 한다.
(9) 합동총회의 장소는 서울 승동 교회당으로 한다.
(10) 합동총회 절차위원은 양측 총회장, 서기와 양측 합동위원장, 서기 8

명으로 한다.(송상석 전성도 고성모 박찬묵 황철도 윤봉기 양화석 정규오)

3. 기타
1) 합동절차위원에게 일임하여 취지 및 선서문을 초안하여 총회에 보고 채용키로 한다.
2) 합동 기념 사업으로 찬송가를 편찬 발행키로 한다.

양측 합동위원들이 합동을 위해 합의한 모든 항목들이 중요한 것들이었지만, 그 가운데 특별히 몇 항목은 구체성과 정확성을 어느 다른 것보다 필요로 하는 중요한 것들이었다. 합동 원칙에 있어서 신조와 신학이 중요할 뿐 아니라, 신학교, 신학교의 이사 문제는 언제나 교회 정치와 생활에 밀접하게 관련되어 있는 것이다. 그런데 양측 합동위원이 보고서에 나타낸 이들 항목들에 대한 합의 내용이 무엇을 의미하고 있는지 뚜렷하지 않음을 보여주고 있다.

예를 들면, (1) "합동원칙"-"신조"와 "신학"에 대한 진술은 선명하지도 않고, 구체성도 없는 막연한 것이다. "웨스트민스터 신앙고백에 의하여"란 말이 무엇을 의미하는지 분명하지 않고, "칼빈주의 개혁신학"이란 말도 매우 막연한 표현이다. (4) "신학교" 문제에 있어서도 "총회 직영의 일원적인 신학교로"한다고 하면서, 부산의 "고려신학교"와 서울의 "총회신학교"를 일원화 체제 아래 어떻게 운영할 것인지 설명을 해 주지 않고 있다. 양측 동수의 이사, 이사회에서의 이사 선임 등의 합의가 한시적인 것인지, 그렇다면 몇 년 동안 이런 제도로 계속할 것인지 설명이 없다. 구체적인 시행세칙을 결한 막연한 진술이다. 모두 속히 합동하는 일에 마음이 사로잡혔지 합동 후의 안전장치에는 별 관심을 기울이지 않았다는 인상을 주고 있다. 당시 지도자들은 분명히 이성보다는 정서의 지배를 받고 있었다. 합동하게 되면 "양측"이란 말이 없어지는 것이다. 문제의 씨를 가득히 안고 합동에 임했음을 보여 주고 있다. 합동은 초 급행으로 진행이 되었다. 합동에 대한 의견을 비공식으로 교환하기 시작 한지 4개월만에 합동에 진입하게 된 것이다. "금년 내로 합동총회로 모이고" 합동총회의 일자는 1960년 12월

13일 하오 6시 반으로 한다"고 확정했다. 양측 합동위원회는 합동절차위원을 내고 이들에게 합동 성명서를 작성하여 총회에 보고 채용키로 했다.

2. 합동총회(合同總會)

고신 총회는 1960년 11월 22일에 속회로 모여 합동 추진 위원들의 보고를 받고, "승동측과의 합동 문제를 각 노회에 수의하기로 가결"[36]하였다. 그리고 다음 속회를 합동 총회로 모이게 될 바로 그날인, 1960년 12월 13일 오후 3시 30분 서울 흥천교회당에서 모이기로 하고 정회했다. 1960년 12월 13일 오후 3시 30분 총회 제10회 제2회 속회가 서울 흥천교회에서 회집되어 노회수의 결과를 보고 받은 결과 6노회, 총 투표수 188표중 가표 178표, 부표 8표, 기권 2표로 승동측과의 합동을 하는 것으로 결정되었다.[37] 이렇게 절대 다수가 가표을 던진 것은 고신 교회가 일반적으로 지도자들을 크게 신뢰해 온 결과였다.

고신 총회는 이 때 합동 취지 및 선언문에 "신학교는 총회 직영의 단일 신학교로 하고"를 "신학교는 총회 직영으로 일원화하고"로 수정하였다. 특별히 고신측이 신학교의 "일원화"에 관심을 가지고 강조했던 것은 고려신학교를 부산에 계속 유지할 뜻을 가졌기 때문이었다. 특히 "일원화"란 이상은 총회장이었던 송상석 목사의 기지에서 나온 것이었으나, 당시 고신 총대원들 중 상당수가 이에 대한 정의를 분명히 이해하지 못했다. 앞으로 시험을 유발할 수 있는 불분명한 표현이었다.

그런데 합동의 과정에 있어서 고신측은 형식적으로나마 어느 정도 교회적인 법적 수준을 밟았다. 제10회 총회 1차 속회를 모여 합동위원들의 보고를 받고,

---

36) 총회(고신) 회록(제1회-제10회), p.290
　　총회임원회는 총회가 1. 한국주재 외국 선교단에 합동에 대한 동의 여하를 문의하고 본국 선교부에도 문의할 것과, 2. 고려신학교 교수들에게 단일화되는 신학교에 협력할 용의를 이 사회를 통해 문의할 것과, 3. 합동 문제와 이 후의 관계에 대하여 미국 개혁교회에 문의해 줄 것을 요청했다. 합동을 기정사실화하고 추진하면서 이에 대한 동의 여하를 묻는 것이 매우 부자연하다. 단지 예를 갖추기 위해 이를 제의한 것으로 보인다.

37) Ibid., 293

노회의 수의를 하기로 하여 제2차 속회시에 노회의 수의 결과를 보고 받고 합동총회에 나아갔다. 그러나 승동측은 노회의 수의 과정을 생략하고 바로 합동총회하는 12월 13일 오후 2시 합동 총회가 모일 승동교회에서 제45회 총회 속회로 모여 합동위원들의 보고

합동(승동측과 고려파, 1960, 승동교회)

를 받고 그대로 합동 총회에 나왔다. 고신측은 처음부터 각 노회에 수의하여 노회의 동의를 얻어 합동하자고 제안했으나, 승동측은 난색을 표하면서, 총회가 먼저 합동을 한 후에 노회를 설득하고 함께 밀어 부치자고 했다는 것이다. 저들은 합동의 성취를 교권의 힘으로 성취하려 한 것이다. 그런데 이 때 고신측 지도자들이 이러한 저들의 교권주의적 책략에도 반대를 하지 않고 동의를 해 주었다는 것이다.[38] 지난날에 저들이 주도한 전제적 교권행사로 총회로부터 축출을 당한 쓰디쓴 경험을 가진 고신 지도자들이 같은 교권의 위력을 가지고 목적을 성취해가려는 저들의 의도에 동의를 한 것은 이해하기 어려운 일이다. 합동이 최선이라는 생각에만 사로잡혀 있었던 것으로 보인다.

양측이 각각 12월 13일 오후에 속회를 모인 후, 같은 날 오후 6시 30분 서울 승동교회당에서 합동총회로 모이게 되었다. 고신측 총회장 송상석 목사 사회 하에 고성모(승동측 총회장)의 기도, 황철도 목사의 성경 봉독, 박형룡 박사의 엡 4:12-14을 본문으로 "믿는 일과 아는 일에 하나가 되어"라는 제목의 설교가 있은 후 사회자의 축도로 개회예배를 마쳤다. 그리고 이어 승동측 총회장 고성모 목사의 사회로 사무 처리에 들어갔다. 고신측 회원이 140명 중 130명이 출석했고, 승동측 회원이 242명 중 233명이 출석, 합 363명으로 대한 예수교 장로회 예장측 고신측 합동 총회가 개회되었다.

합동총회는 합동위원장(양측)의 보고와, "취지와 선언문"[39]을 단숨에 받고,

---

38) 남영환, 한국교회와 교권, p.484
39) 별지 2 "합동 취지 및 선언문"을 참조.

양측 총회장이 이에 조인함으로 합동이 이루어졌다. 총회 이틀째 되는 날, 임원 선거에 들어가 회장에 한상동(韓相東; 고신), 부회장에 김윤찬(金允燦;승동)을 선출했다. 그리고 남은 임원에 대하여는 원(元)은 승동측, 부(副)는 고신측 임원을 추대하기로 하여, 서기 박찬목, 부서기 전성도, 회록서기 정규오, 회록 부서기 서완선, 회계 곽현보, 부회계 주영문이 추대되었다.

이 때 고신파와 협력해 오던 선교부인 정통장로교회 선교부의 한부선 목사(Rev. B. Hunt), 성경장로회 세계장로 선교부의 현요한 목사(Rev. J. Hunt)가 각기 선교부를 대표하여 인사를 하였고, 미국 독립장로교 선교부 마두원 목사(Rev. D. R. Malbury)의 인사도 있었다. 총회는 한부선 선교사를 학생지도부 위원장으로 선임했다.[40] 그리고 하도래(정통장로교), 현요한, 신내리(성경장로교 선교부), 마두원을 언권회원으로 받았다.

신학교 이사회 이사장은 노진현, 부이사장은 한상동이 선출되고, 양측 각각 12명의 이사를 인준하게 되었다.[41] 복음병원을 위해서는 이사장에 박손혁, 서기에는 주영문이 되었다.[42]

이 총회는 합동총회로 모여 합동위원들의 보고를 받고, 합동에 대한 "취지와 성명서"를 대내 대외적으로 공포함으로 이 역사적 사실을 대내 대외에 알리는데 큰 의의가 있었을 따름이었고, 다른 안건들은 별로 없었다. 임원진은 양측에 자연스럽게 안배되어 합동 총회는 잠시나마 서로 양보하고 이해하는 화목한 분위기를 보였다.

합동총회가 채택한 합동에 대한 "취지 및 선언문"은 다음과 같다.[43]

---

40) 총회(합동), 제45회(합동) 속회록, pp.56,65
41) 각 측의 12명 이사는 다음과 같았다.
　　고신측 : 한상동, 황철도, 손명복, 박손혁, 송상석, 한명동, 최일영, 이성옥, 이인재, 남영환, 윤봉기, 전성도
　　승동측 : 노진현, 양화석, 송암석, 오근목, 이환수, 이승길, 정규오, 김윤찬, 고성모, 이수현, 권연호, 정일영, 직무이사 박형룡
42) Ibid., p.62
　　복음병원 실행위원은 양성봉, 박봉수, 김용수, 주영문, 백남조, 한상동, 박손혁, 한명동, 박봉화, 감사는 전성도, 이기진이었다.
43) 총회(고신), 총회 회록(제11회-제20회), pp.17-21

취지 및 선언문

　진리는 영원히 살아 있어 필요가 있을 때마다 생명의 새 역사를 창조하시다. 이와 같은 창조의 역사는 근원 되시는 여호와 하나님의 예정의 테두리 안에 들어 있는 한 토막 한 토막의 변혁을 위한 성령의 역사를 점쳐 놓은 사실을 말 한 것이다. 하나님의 창세사(創世史)와 예수 그리스도의 부활사(復活史)를 비롯한 성령의 역사는 역대의 기독교회가 이를 밝히 증명해 주고 있다. 그러므로 금일 두 총회 합동도 이 역사의 한 토막일 것만은 사실이다. 백년이 채 못되는 한국 기독교 특히 장로교회 역사 페이지는 기독교 본연적인 순색으로 수록된 면이 없는 바 아니다. 그러나 혹은 검게 혹은 붉게 물들인 비장(秘藏)된 사실도 적지 않다. 더럽혀 놓은 교회사 페이지를 그 누구의 힘으로나 현재 과학적 기술로는 씻어 낼 자 없다. 다만 기도의 제단 밑에 성스럽게 엎디어 흐느껴 우는 성도들의 심령 골수에서 녹아 내리는 통회(痛悔)의 눈물만이 가능할 것이다.

　우리는 얼마나 울어 보았는가. 에스라는 수염을 뜯어가며 울었고, 예레미야는 눈물로 밥을 삼았지만 우리는 얼마나 울었는가. 요엘의 말씀대로 우리는 옷을 찢지 말고, 마음을 찢고 통회해야 할 것이다. 진리가 모독을 당할 때, 불신앙의 무리가 교회를 퇴속화(退俗化)시킬 때, 불법의 무리에게 교회 질서가 교란을 당할 때, 교권주의자(敎權主義者)들에게 순진한 양떼들이 당한 유린은 너무도 참혹하였다. 사이비한 진리의 간판을 내 걸고 회색적(灰色的)인 복음주의자 혹은 자칭 보수라는 미명하에 위선자가 횡행하고 있는 난세(亂世)에 처한 성도들의 심령은 여지없이 더럽혀졌고 어두워져서 심령의 마비상태는 아무리 매를 맞아도 아픈 줄도 모를 만큼 되었다. 한국 교계에 저질러 놓은 책임소재를 찾아보자.

　한국 교회는 알아야 하겠다. 너 나 할 것 없이 책임을 남에게 전가하지 말자. 이 심정을 여실히 나타낸 것이 오늘 우리의 교회 합동이다. 그러나 웃음으로 합했다가 울음으로 헤어지는 것보다, 감격의 눈물로 합하여 웃음의 열매를 맺어야 할 것이다. 좁고도 험한 골짝 길에서 고독에서 애 태운 그 설움도 적지 않았다. 우리는 과거를 회상한다. 배고파 창자를 움켜쥐고도 물질의 유혹을 받지 않고, 신앙을 팔지 아니하였고, 헐벗고 떨면서도 고맙게 주는 미국 형제의 옷을 탐내지 아니한 것이 우리의 실정이었다. 때가 되매 친구는 찾아온다. 신앙의 동지 보수사상(保守思想)의 뜻 깊은 일꾼들 우리는 큰 힘을 얻었고, 큰 기쁨과 큰 위로의 선물을 담뿍 받게 되었다. 질(質)이 같으면 서로 합하고, 성(性)이 같으면 서로 응하는 것이 물리학의 원리라면, 신앙이 같고 신학체계가 같은 교리를 주장하는 똑 같은 두 총회가 함께 뭉치지 못할 하등의 이유는 없다.

합동 시의 교수들(고신, 합동, 1962. 12)

보수주의 수호자와 진리 투쟁에 불타는 동지들의 규합으로 보수보루(保守堡壘)와 진리전선(眞理戰線)의 진지가 강화되는 것이다. 자유주의 대 보수주의의 대결이다. 이제는 전진이 있을 뿐이고 후퇴는 없을 것이다. 이 싸움을 위한 희생의 대가를 더 많이 지불해야할 것을 우리는 각오한 바 있어, 제3자의 구구한 억측도 비난도 공격도 다 불문에 부치고 우리는 비장한 결심을 하였다. "여릅바알"이라는 "기드온"의 병기와 전법을 생각하였다. 항아리는 깨어졌다 할지라도, 승리의 횃불은 높이 들어 올렸다. 그래서 우리는 진리는 최후 승리라는 깃발을 높이 달고 그 아래로 모였다. 이 일은 하나님의 최종적인 우주 통일 원칙 하에 사는 그리스도인의 단체생활의 참답고 향기로운 전형(典型)일 것이다. 그래서 우리는 우리 겨레 앞에서도 솔선 시범코자 주(主)안에서 진리로 하나되는 두 총회 합동 운동을 시작한 것이다. 우리는 세간 여론에 구애를 받지 않고, 만난(萬難)을 배제하고, 통일 총회의 막을 올리고, 거보를 내디디며, 앞날의 목적을 달성키 위하여 다음 조항의 선서를 중외에 선포(宣布)한다.

1. 전통 계승

1) 대한 예수교 장로회 제45회 총회는 1912년 1월 평양에서 제1회 총회로 창립한 총회로 부터 일본 교단과 신사 참배를 제외한 동일성을 유지하고, 전통을 계승한 유일한 대한 예수교장로회 법통 총회임을 선언한다.

2) 고신측 총회의 10회 총회 기간사는 대한 예수교장로회 2원적(二元的)인 사실(事實)로 수록한다.

3) 고신 총회는 1949년이래 경건 생활에 치중하여 정통신학교육에 힘쓴 것과 예장측 총회가 자유주의 신학과 세속주의를 배격하기 위하여 W.C.C.를 탈퇴하고, W.C.C.노선의 에큐메니칼 운동을 반대한 결의를 재확인한다.

4) 1951년 5월 25일 제 36회 총회에서 경남법통노회 제51회 노회에 대한 결의와 총회장의 포고문은 이를 취소한다.

5) 단일 총회의 헌법은 1934년 개정판인 대한예수교장로회 헌법을 총회합동에 구애되는 점만을 수정하여 잠정적으로 사용한다.

2. 합동 원칙

1) 신 조: 웨스트민스터 신도계요에 의하여 대한 예수교장로회 헌법에 명시한 12신조와

2) 신 학: 칼빈주의 신학에 의하여 합동을 원칙으로 하며,

3) 신학교: 신학교는 총회 직영의 신학교로 일원화하고 양보다 질에 중점을 두며, 이사회의 이사신임제청제(理事新任提請制)를 폐하지 않기로 한다.

4) 규칙에 대한 특수 규정: 장로회 규칙에 특수 규정을 첨가하여 이를 잠정적으로 통용한다.

가, 일반 교회 행정을 과반수로 가결하고,

나, 재정 특히 부동산 처리에 대한 공동의회 정족수는 3분지 2이상으로 가결하고,

다, 교리, 신학, 신앙문제는 전원의 3분지 1의 거부권 행사를 실시키로 한다.

3. 지도 원리

1) 교리: 칼빈 선생의 가르친 장로회의 교리를 그대로 고수할 것이며, 비성경적인 단일교회 운동을 반대한다.

2) 정치: 성경에 기준한 대한 예수교 장로회 헌법(신조, 정치, 권징조례, 예배모범)과 규칙에 의하여 교회를 처리하며, 총회와 노회의 기구는 간소화함을 원칙으로 한다.

3) 권징: 성경과 헌법과 예배 모범과 권징 조례를 엄수하며 목사로서 교리와 정치와 생활면에 비위(非違)는 물론이요, 개별적으로 순 복음주의 교회와 기독자의 생활행동 원리에 위반되는 행위와 사상은 엄중 처리한다.

4. 생활 원리

(정경과 신도계요서에 준하여)

1) 하나님께 영광을 돌리는 생활

2) 교회를 봉사하는 생활

3) 사회 생활에 모본을 보임으로써 그리스도인 된 본분을 다하도록 한다.

5. 우리의 진로

1) 신앙 노선: 자유주의적이며 용공적이며 비성경적인 W.C.C.노선의 에큐메니칼 운동을 반대하며, 그러한 사상적인 단체와의 제휴를 하지 않는다.

2) 경제 자립: 성경원리에 의거하여 교회 경제적 자립체제를 확립하기 위하여 십일조를 권장한다.

3) 복음 전파: 복음전파는 교인의 의무임으로 개인전도와 국내전도에

힘쓰며 외국 선교사업을 계속한다.

6. 대외관계

1) 국내교파와의 관계: 신앙 사상이 같은 보수주의의 국내 교단과의 친선을 도모하며 성도의 교제와 협조를 아끼지 않는다.
2) 선교사와의 관계: 과거 복음을 전해준 초대 선교사들의 수고와 노력을 높이 칭송하고 감사하며, 지금도 우리와 신앙 노선이 같은 선교회들이나 선교사들이 우리 대한 예수교 장 로회에 사랑과 봉사의 협조를 제시 공여할 때에 우리의 주권과 신앙에 침해가 없는 한 이를 가납한다.

7. 우리의 결의와 권고

1) 우리는 대한 예수교 장로회 제45회 총회에서 선포하는 선서문에 의하여 교회의 화평과 발전을 도모하며, 70여 년의 보수 신앙을 순교 정신으로 고수할 것을 굳게 결의한다.
2) 우리는 복음 진리에 배치되며 70여 년의 전통적 질서를 문란케 하면서 본 총회에서 이탈 혹은 중립상태에 있는 교회 및 노회에 대하여 조속히 본 총회에 귀의할 것을 권고한다.
3) 우리 총회 관하에서 봉직하는 교직자들은 혼미 중에 있는 교회와 교우들을 사랑과 성실로 권면하여 지교회와 노회, 총회의 단결을 공고히 함에 힘써 기도하며, 우리 초대교회와 같이 성경 공부와 복음 전파에 전력을 기울이며 경건 생활에 힘쓰므로써 민족과 세계 교회에 영원한 구원에 기여함이 있기를 바란다.

주후 1960년 12월 13일
대한예수교 장로회 총회(예장측) 총회장 고성모
총회원 일동
대한예수교장로회 총회(고신측) 총회장 송상석
총회원 일동

3. 합동 후의 혼란과 불신의 2년

승동측과의 합동은 견고한 기반도 미래의 안정적 발전을 위한 제도적인 준비도 갖추지 않고 조급하게 이룬 것이었기 때문에 일년이 못 가서 그 터가 흔들리기 시작했다. 합동 후 첫번째로 모인 제46회 총회가 1961년 9월 21일 부산 남교회당에서 모였다.

이 총회는 개회벽두부터 경북노회의 분규 문제로 난관에 직면했다. 분규의 요인(要因)은 모두 승동측으로부터 왔다. 승동측은 연동측과 분열된 1959년 11월의 제44속회 총회에서 W.C.C.를 탈퇴하고, 1960년 9월의 제45총회에서는 ICCC에 회원교회로 가입은 하지 않고, 우호관계만을 갖기로 했었다.[44] 그런데 평양노회에 속한 김윤찬(金允燦) 목사와 경북노회의 박병훈(朴炳勳) 목사가 개인적으로 이 기구와 밀접한 관계를 가지고 도움을 받아오게 되어 교회 내에 시험이 일어나게 되었다.

경북에는 이 문제로 인하여 노회가 분열되는 불행을 가져오기까지 했다. 총회는 임원선거전에 이미 ICCC와의 관계에 대한 총회의 정책과 신앙노선에 대한 논란이 일어나 장내가 소란하게 되었다. 마침내 언론을 중지하고 임원선거를 하게 된 결과 다시 한상동 목사가 회장으로 선출되었다. 그런데 나머지 임원으로는 고신측으로부터 전성도 목사 한 분만이 회록 서기로 선출되었다.[45] 승동측 총대의 수가 고신측의 3분의 2도 더 되니 어쩌면 이는 당연한 결과였다. 그런데 임원을 선택하고도 장내의 혼란 때문에 임원 취임을 하지 못하고 지내다, 개회 후 닷새만인 9월 25일 오전에야 회장이 임원이 취임 된 것을 선언하게 되고, 정식 취임은 다음 날인 26일에야 할 수 있었다.

이 총회는 먼저 경북 노회에 분규를 불러오고 총회에 혼란의 원인을 제공한 ICCC와의 우호관계를 단절하기로 결의하였다.[46] 이 때 장내는 폭언과 인신 공격으로 더욱 혼란하게 되었고, 박병훈 목사는 이 결정에 대한 항의서를 제출했

---

44) 총회(합동) 제45회(1960) 회록, p.11
45) 회장 한상동, 부회장 이환수, 서기 박찬목, 부서기 정규오, 회록서기 전성도, 부회록서기 장승찬, 회계 곽현보, 부회계 백남조였다.
46) 총회 제47회(1961) 회록, pp.8,9

다. 경북노회에서 야기된 분열은 박병훈을 중심한 ICCC그룹과 고신계를 중심한 반 ICCC 그룹의 충돌로 말미암은 것이었다. 합동 후 첫 번째 모인 총회의 분위기는 참으로 진리를 사랑하고 참된 개혁주의 교회 건설을 위해 봉사하는 교회 지도자들의 모임인 최고 치리회와는 거리가 먼 것이었다.

이 합동 후 첫 번째 총회가 취급하고 결정한 몇몇 중요한 사항들은 합동의 지속에 적신호를 주는 것들이었다. 총회는 호남 지방 70명 총대들의 청원을 그대로 받아드려 "신학교를 연내로 단일화"하기로 전격적인 결의를 했다.[47] 경남(법통)노회는 승동측이 신학교 일원화라는 공약을 깨뜨리고, 단일화하기 위해 고려신학교를 총회신학교에 폐합 하려하고 있음을 일찍 감지하고, "고려신학교를 부산에 존속케하여 달라"는 청원서를 내었다.[48] 그러나 총회는 이 청원을 다루기 전에 신학교 단일화를 결정해버렸다. 결과 경남노회 총대들은 세가지 항목이 담긴 긴급건의서를 제출하였다. 세 항목 중 하나가 신학교와 관련된 것으로 "신학교를 단일화하여 고신을 서울 총회 신학교에 폐합을 결의한 처사의 불법은 경남노회의 고신 존속 건의가 있음에도 불구하고 일고의 가치를 인정하지 아니한 회의법이오며…"라는 것이었다.[49] 경남노회 총대들은 이 긴급 건의서에서 "납득할 수 있는 해명이 있을 때까지 경남노회 총대는 총퇴장을 단행"한다고 했다. 그

---

47) Ibid., pp.11, 12
    호남총대 일동으로 다음과 같은 청원이 들어왔다. "총회 신학교의 정상화를 조속히 실현하기 위하여 직영 신학교의 단일화를 연내로 단행하여 전국교회가 혼연 일체되어 정상적인 신학교의 발전과 육성을 위하여 물심양면의 후원과 협조에 총력을 집중케 하되 신학교의 소재를 서울에다 하여 주시기를 바랍니다."

48) Ibid., p.23

49) ibid., pp.45,46,48 당시 경남노회가 지적한 세가지 불법성은 신학교 단일화 외에
  1. 본 총회는 헌법 규정 정신을 무시한 일례를 들면 합동 총회를 대행케한 전국 노회 지도위원의 보고를 받지 않고 합법노회로 인정한 처사,
  2. 합동총회가 중외에 선서한 기본 원칙을 위반한 일을 보고 시정하지 아니한 사실의 일례를 들면, 종전 예장측 경남 노회와 고신측 부산 노회가 합동하여 경남노회 명칭을 사용코 있음은 불법을 공인한 처사이며 또 동일한 총회 산하에 경남 노회가 둘이라 할 수 없는 일이오며," 하는 것이다.
  합동시에 총회가 "구역 및 명칭, 경상남도는 고신측 노회 구역과 명칭에 의하여 합동하고 그 외는 예장측 노회 구역과 명칭에 의하여 합동한다"라고 했는데 부산 지역의 노회가 이 원

런데 신학교 단일화에 의한 고려신학교 폐합에 대한 문제는 전 고신측에서는 경남노회가 강하게 제기했을 뿐이었다. 부산노회는 오히려 "총회 산하 각 신학교를 단일화하여 달라"는 헌의를 했던 것이다.[50] 총회는 "고려신학교를 서울로 합하는 시일에 대하여는 이사회에 맡기기로 가결했다."[51] 총회는 신학교의 단일화 결의로 바로 10개월 전 합동 총회시에 대 내외에 선포한 선서 가운데 한 중요한 항목인 "신학교는 총회 직영의 신학교로 일원화하고"라는 원칙을 폐기해 버린 것이다. 합동당시 교회 지도자들이 일년 앞을 내다 보지 못하고 정략적으로 만들어낸 원칙이 얼마나 졸속한 산물이었는가 하는 것을 보게 된다.

고려신학교를 연내로 총회신학교에 폐합한다는 총회의 결정 소식이 알려지자 고려신학교 재학생들은 즉시 반대 성명서를 작성하여 총회가 모이고 있는 부산 남교회당 입구에 부치고 반대 시위를 했다. 이 때 신학교 이사는 승동측이 10명, 고신측이 6명이었고, 이 16명 이사들을 4년조와 2년조로 나누게 되었는데, 고신측은 4년조 8명중에서 2명뿐이었고, 2년조에 4명이 들어 있었다. 그러니 1년 후에는 이사 16명 가운데 고신측이 몇분이 남게 될지 모르는 상황이었다.[52] 이 이사의 구성 비율은 양측 합동위원들이 합의했던 원칙과는 다른 것이었다. 1960년 12월에 양측 합동추진위원들은 "신학교는 총회 직영의 단일 신학교로 하고 동수

    칙을 따라 부산노회라 하지 않고, 경남노회라고 했기 때문이다. 총회 제45회(1960) 회록, p.133

    그런데 이 노회 명칭 문제에 대하여 고신측 부산노회에서는 경남노회처럼 심각하게 생각지 않았던 것으로 보인다. 당시 부산 경남노회장 박손혁 목사는 "경상남도 일대를 경남노회로 일원화시켜 달라"고 헌의했다. 총회, 제46회(1961) 회록, p.20

50) Ibid., pp.20, 48 헌의와 정치부 보고 참조. 당시 부산노회에서 신학교 단일화 청원이 총회에 올라온 것을 보면, 그 노회에 영향을 미칠 수 있는 한상동 목사도 신학교 단일화를 선호했던 것으로 보인다. 그러니 합동 후에도 한상동의 영향권인 부산노회 지역과 송상석의 영향권인 경남노회 지역간에는 불협화음이 있던 것이다.

51) Ibid., 64

52) 이사회 조직; 이사장 노진현, 부이사장 한상동, 서기 전성도, 회계 곽현보,
    이사 연조조직; 4년조, 노진현, 한상동(고신), 이수현, 이환수, 양화석, 박손혁(고신), 김윤찬, 정규오.
    2년조, 윤봉기(고신), 황철도(고신), 전성도(고신), 곽현보, 백남조, 현호택(고신), 양재열 박기동.

의 이사로 선출"한다고 합의했다.[53] 합동 후 일년도 채 되지 않은 때에 양측이 합의했던 양측 "동수의 이사" 원칙이 폐기 되어버린 것이다. 다수의 총대를 가진 승동측에 의해 합동약속은 하나 하나 폐기되고, 합동원칙은 흔들리거나 무시되고 있었다. 이것은 말과 행실에 진실을 요구한 제 9계명과 관련된 일이었다. 이미 양측이 법적으로 하나가 된 이상 지난날 양측이라는 개념아래 세운 원칙을 지키기로 기대하는 것이 어리석었는지도 모른다. 그러나 양측이 합의하고 대내 대외적으로 공포한 사항은 공약(公約)이니 적어도 수년은 서로 지켜가야 했던 것이다.

합동 원칙이 무시됨으로 불안을 이미 느낀 측에서는 "합동 원칙에 대한 재천명"을 요구하여 "합동위원으로 하여금 합동 원칙을 재천명하기로 가결"까지 하였다.[54] 합동 후 모인 첫째 번 총회가 화기가 넘치고 미래의 도약을 위한 건설적인 회가 되지 못했다. ICCC 지지 세력 때문에 큰 혼란이 야기되었을 뿐 아니라, 처음부터 합동 원칙을 무시하고 폐기하게 됨으로 승동, 고신 양측간에 불신의 골이 깊이 생겨버린 것이다.

합동 후, 두 번째 총회인 제47회 총회가 1962년 9월 20일 서울 승동 교회당에서 개회되었다. 임원 선거 결과 이환수(李煥秀) 목사가 회장으로 당선되었고, 고신측은 전성도(全性道) 목사 한 분만이 회록 서기로 선출되었을 뿐, 나머지 임원들은 모두 승동측이 차지했다. 개회벽두에 경북노회의 ICCC계 박병훈(朴炳勳), 정일형(鄭一亨) 두 목사가 언권을 얻으려 일어나 소란을 피우기 시작했고, 이튿날 밤에는 박병훈이 행정 정지를 한다는 통고서를 내고 성명서를 뿌리며 퇴장하게 되어, 회장은 태풍이 휩쓸고 가는 느낌을 갖게 했다.[55] 1962년은 총회창립 50주년이 되는 해로 22일 오후에는 기념대회, 밤에는 기념음악예배를 드림으로 피상적으로 축제적인 모임 같이 보였지만, 고신측 회원들의 마음의 저변에는 불

---

53) 총회 제45회(1960) 속회 회록, p.43
54) Ibid., p.62
55) ICCC를 지지하는 박병훈 추종자들은 함께 퇴장하여 바로 저들끼리 소위 "호헌총회"를 조직함으로 분열을 야기했다.(목사 36명, 장로 63명 합 99명)

안과 허탈감이 서려 있었다. 승동측이 총회 임원진을 거의 다 장악하게 되고, 신학교 이사진도 균형을 완전히 잃게 되었으며,[56] 고신측의 정신이 어려있는 고려신학교가 신학교 단일화 정책에 의해 폐교되고, 총회신학교 분교가 되어버렸으며, 1962년도부터는 부산에서 신입생을 받지 않기로 했으니 사실상 부산에는 신학교가 사라지는 형편이 되었기 때문이다.[57] 이제 옛 고신측 총대들 대부분은 합동한 일에 대한 회의를 느끼게 되고, 10년 이상 걸어온 진리 운동이 여지없이 분쇄되는 위기감을 느끼게 되었다.

4. 경남노회의 항쟁(抗爭)

총회에서 수적인 우세를 이용하여 공약을 유린하며 나가는 총회를 지켜 본 경남노회가 제46총회에서 퇴장으로 항의를 보인 것은 이해할 만한 일이었다. 경남노회는 제46회 총회 폐회 후 1961년 10월 10일 임시노회로 모여 합동총회 행정 비위를 지적하고, 시정을 촉구하는 "大韓예수教 長老會 合同總會에 對한 慶南(法統)老會 對策 決議案"을 10월 20일자로 발표했다. 이 결의안에서 제시한 7가지 시정 대책 중 특별히 "高神廢合은 合同原則에 違反되는" 非違事임을 指摘하고 "이것은 不法決議인즉 取消"할 것을 주장했다. 특별히 합동선서 2의 (4)항을 들고 "以上에 摘示한 諸條項에 對한 是正이 第47回 總會時까지 具顯되지 아니

---

56) 고신측이 환원(1963, 9,17)한 후, 승동측 총회(1963, 9, 19)는 진주노회, 부산노회, 경남노회로부터 신학교를 위한 합동원칙(일원화와 이사동수)을 이행해 달라는 헌의를 받고(총회, 제48회 회록 p.30) 이를 이행하기 위해 환원하지 않은 고신측 회원들 가운데서 동수의 이사를 세웠다. (ibid., p.40) 소 잃고 외양간 고치는 격이었다.

57) Ibid., p.35 이사회 보고서
　 1. 교수회에서 추천한 차남진 박사를 전임강사로 1962년 8월 21일자로 임명하기로 가결 하였사오며,
　 2. 부산 고려신학교는 총회 신학교의 분교로 하되 본별과 3학년은 신학기부터 서울 본교에 와서 공부하기로 하고, 그 외의 재학생은 부산 분교에서 공부하되 신입생은 받지 않고 교수는 교류교수를 하고 예산은 단일화하기로 1961년 12월 14일에 가결하여 실시중이옵니다.
　 3. 이근삼 박사를 신학교 전임강사로 청빙하기로 교수회에서 제의한 것을 임명하기로 1962년 9월 21일자로 가결하였습니다.

할 때는 合同誓約 調印이 自動的으로 解消됨으로 合同總會破裂된 것이 中外에 宣布될 것이다"[58] 라고까지 했다. 이것은 합동서약의 파기는 고려파의 환원을 초래할 것이라는 분명한 경고였다.

"대책결의안"이 나간 후 이어 10월 25일에는 장문의 "慶南老會決議文 解明書"가 발표되었다. 여기에서는 지난 제46회 총회에서 경남노회 총대가 퇴장한 원인을 해명하고 있다. 경남노회가 고려신학교를 부산에 존속하게 해 달라고 한 "緊急建議案"이 "不問曲直하고 無慈悲하게 拒否를 當하게 되고 보니 最終的으로 남은 呼訴의 길은 行動으로 意思를 反影시키는 退場뿐이었다"는 것이다.[59] 그리고 이 "결의안 해명"에서 "總會 合同原則과 宣誓文을 破棄한 것은 곧 合同總會를 破綻한 것이다"라고 하여, 합동총회가 채택한 양측 합동위원회 보고 가운데 "神學校는 總會直營의 二元的인 神學校로 하고 理事는 兩側 同數로 하기로"했는데도 불구하고 신학교 단일화를 결의하고, 고려측 이사수를 3분의 1로 한 것은 "高神側 精神을 抹殺코저"함에 있고, 理事同數에 合意함으로 "地位를 先約한 것은 合同을 誘致하기 위한 欺瞞精神이 暴露된 細音"[60] 이라고 지적했다.

경남노회는 특별히 노회 명칭에 자부심을 가지고 큰 관심을 기울였다. 합동원칙에서 경상남도는 고신측 구역과 명칭에 의하여 합동하고, 그 외는 예장측 노회 구역과 명칭에 의해 합동하기로 한 것이다. 고신측 경남에는 이미 경남, 부산, 진주 세 노회가 있었다. 그러니 이 세 노회 구역을 따라 합동하고 명칭도 그대로 사용하여야 했으나, 부산 지역의 노회가 합동 후 부산노회의 이름을 따르지 않고, 경남노회라는 이름을 가지고 총회에 온 것이다. 이것은 합동총회에서 약속한 원칙을 범한 일일뿐 아니라, 지난날 진리 투쟁을 해오면서 지켜온 경남(법통)노회라는 이름을 가지고 있는 경남노회에 대한 자부심을 상하게 한 일이었다. 경남노회는 이를 "勝洞側 예장이 高神側에 編入되는 形式은 體面과 位相에 損傷이 되는 故로 高神側老會에 들어갈 수 없다는 優越感인듯 한데 沈히 遺

---

58) 宋相錫, 法廷訴訟과 宗敎裁判, pp.238, 239
59) Ibid., p.241
60) Ibid., p.244

憾된 일"⁶¹⁾이라고 함으로 승동측의 기본 자세에 회의를 보이고 있다.

경남노회는 승동측이 고신정신을 말살하고, 승동측 예장 속에 용해시키기 위해 여러 가지 정치적 수단을 쓰고 있다고 보았다. "高神側 사람을 年마다 要職에 세워줄 뿐 아니라, 또한 큰 禮拜堂을 받드는 榮譽스러운 雰圍氣에 陶醉시킨 代價로 高神派 精神을 뽑아내고 勝洞側 예장化를 圖謀함인 듯 한데, 教權主義를 活用키 위하여 植民 政策을 본 받는 듯하다"⁶²⁾고 했다.

이상과 같은 경남노회의 예리한 비판과 항거는 승동측에 대한 불신이 얼마나 컸음을 보여 주는 것이었다. 합동 후 만 1년도 되지 않았는데도 다수의 힘으로 합동원칙을 파기해 가는 승동측의 면모를 보게 되었을 때, 합동 교회의 미래를 비관적으로 볼 수 밖에 없었다. 그래서 경남노회는 고신정신을 말살 당하면서도 합동한 상태로 나아가야 할 것인지, 옛날의 고신교회의 자리로 돌아가야 할 것인지 진퇴양란의 기로에 서게 되었다고 볼 수 있다. 경남노회가 여러 노회들 가운데 이렇게 강력하게 항거하며 소리를 높일 수 있었던 것은 고신의 정치적 맥을 이어온 노회로써 고신측 교회가 대세를 이루고 있었을 뿐 아니라, 교회정치에 밝은 송상석 목사가 주도하고 있었기 때문이기도 했다.

5. 고려신학교의 폐합(廢合)과 학생들의 항의(抗議)

제46총회가 신학교 단일화를 결의한 후 이사회는 1961년 12월 14일 "부산 고려신학교는 총회 신학교의 분교로 하되 본별과 3학년은 신학기부터 서울 본교에 와서 공부하기로 하고 그 외의 재학생은 부산 분교에서 공부하되 신입생은 받지 않도록" 결의하여 지시를 내렸다.⁶³⁾ 그래서 1961년 12월 28일 고려신학교

---

61) Ibid., 245
62) Idem. 이는 合同總會가 韓相東 牧師를 1960, 1961년 連이어 總會長으로 세우고, 高神側 合同推進委員長이었던 黃哲道 牧師를 대구에 있는 勝洞側 西峴教會(石造禮拜堂으로 當時 大邱에서 가장 큰 教會堂 建物을 가졌음)의 牧師로 청빙하게 한 일을 言及한 것으로 보인다. 黃 牧師는 그 곳으로 옮겼으나 곧 高神側이 환원하자 그 곳에서 2년을 채우지 못하고 高神側인 大邱 西門路教會로 옮길 수 밖에 없었다.
63) 총회 제47회(1962) 회록, p.35

와 총회 신학교의 교수들은 서울에서 합동교수회를 갖고 다음과 같은 몇 가지 중대한 결정을 했다.

첫째, 학교의 교장제를 교수회장제로 바꾸기로 하고, 교수회장은 윤번제로 하기로 했다. 이에 따라 박형룡 박사가 1년간 교수회장의 자리를 맡고, 부산 분교장에는 박손혁(朴損嚇) 목사가 담당하게 되었다.

둘째, 두 학교를 단일화하여 서울 총회신학교를 본교로, 부산의 고려신학교를 분교로 하기로 했다. 이에 따라 신년도부터 안용준, 오병세 교수는 서울 본교에 와서 교수하고, 한상동 목사는 서울과 부산을 왕래하며 교수하기로 하고, 이상근, 홍반식 교수는 부산에서 교수하기로 하였다.

셋째, 부산의 3학년 학생들은 1962년 첫 학기부터 서울에서 강의를 받게 하며,

넷째, 신입생은 서울에서만 모집하고, 부산 분교에서는 모집하지 않기로 하고,

다섯째, 부산에 남은 본별과 1, 2학년은 총회신학교 부산 분교에서 수업을 하기로 한 것이다.

이런 결정은 고려신학교를 총회신학교에 폐합시키므로 고려신학교 역사의 막을 내림을 의미하였으며, 2년 후에는 부산 분교마저 없어지므로 부산에는 고려신학교의 흔적까지도 사라지게 됨을 가리키는 것이었다.

이상과 같은 고려신학교 폐합에 대한 소식을 들은 부산 고려신학교 재학생들은 교회 지도자들의 처사에 실망하고, 폐합을 반대하기 위해 일어났다. 이들은 학우회를 열고 학우회의 총의로 합동원칙에 명시된 "일원화 원칙"에 따라 고려신학교를 존속시켜 달라고 진정을 했다. 1962년 3월 14일 새 학년도를 맞아 등교한 이들은 고려신학교의 간판이 제거되고 "총회신학교 부산분교"(總會神學校 釜山分校)라는 새 간판이 걸려 있는 것을 발견하고 허탈감을 갖게 되었다. 당시 이사장 노진현 목사에게와 분교장인 박손혁 목사에게 폐합의 부당성을 역설했지만 이미 결정 시행된 일을 돌이킬 수 없었다. 학생들은 특별히 고려신학교의 설립자요 이사장이었던 한상동 목사에게 큰 불만을 토로했다. 그는 1961년도 총회 제46회 회장으로 또 신학교 이사회 부(副)이사장으로 "신학교 일원화 원칙"을 고수하지 않고, 신학교 단일화 정책을 추진해 나갔을 뿐 아니라, 학생들의 간

절한 호소와 반대에도 불구하고 고려신학교 폐합을 강하게 추진해 왔기 때문이었다.

1962년 4월 11일, 제17회 학우회 총회에서 이들은 교명이 "총회신학교 부산분교"로 바뀌었지만, "고려신학교 학우회"라는 명칭을 그대로 고수하기로 하고, 1962년 5월 7일부터 1주 동안 박윤선 전(前) 교장을 강사로 부흥회를 갖기로 하여 교수회 허락을 받고, 강사로부터 승낙까지도 받았다. 이들이 박윤선 목사를 강사로 초청한 것은 1960년도에 주일 성수 문제의 견해 차이로 이사회가 그를 해임하게 된 결과 신학교와 교회가 난국에 빠져들게 되고, 교회지도자들은 그 탈출구를 승동측과의 합동에서 찾게 되어, 현재의 고려신학교 폐합이라는 결과를 낳게 되었다고 보고 이에 대한 하나의 항의 표시로 한 일이었다. 그러나 이 일은 몇 분 이사들의 만류로 종내 실현되지 못했다.[64]

18.3 고신측 교회의 환원(還元)

1. 고려신학교의 복교(復校)

부산의 학생들은 고려신학교가 총회신학교에 폐합된 후, 1962년 첫 학기를 지나고 둘째 학기를 맞았으나, 옛 고려신학교의 역사를 지키려는 뜻을 버리지 않았다. 제47회 총회가 끝난 후 1962년 10월 11일 학생들은 총회로 모여 한번 더 고려신학교 존속을 위한 진정을 하기로 하고 진정서 작성위원을 내어 초안작성에 들어갔다.[65] 그런데 1962년 10월 17일, 지난날 고려신학교 설립자였던 한상동 목사가 총회신학교 부산 분교 경건회를 마친 직후 학생들 앞에서 돌발적으로 "고려신학교 복교 선언"을 하게 되었다. 그가 사전에 이에 대하여 누구와도 의논한 적이 없었기 때문에 이는 하나의 폭탄선언이었다.[66]

---

64) Ibid., pp.5, 11
65) 고려신학교 학우회가 1962년 10월 31일자로 발표한 "성명서", p.8
66) 이상규는 지난날 "주기철 목사의 신사참배 반대와 저항"이란 논문(1997. 4)에서 주기철과 한상동의 교회관이 서로 다름을 언급하면서 한상동을 분리주의적이라고 한 일이 있었다. 그가 한상동을 이렇게 보는 시각은 2006년 10월 고려신학교 개교 60주년 기념 학술대회에서 발표

경남노회의 입장과 정서와는 달리 신학교 단일화를 강력하게 추진해 왔던 한상동 목사가 이렇게 갑자기 복교 선언을 한데는 그만한 이유가 있었을 것임이 틀림없다. 경남노회가 고려신학교 폐합을 그렇게 강력하게 반대했고, 고려신학교 재학생들도 이를 격렬하게 반대했었지만, 그는 책임있는 위치(총회장, 부 이사장)에서 이를 강행해 나왔었다. 이것이 일년이 아직 못되었는데도 누구도 기대하지 않았던 폭탄 선언을 갑자기 한 것이다. 지난날 순교적 삶을 살며 모험적 신앙의 길을 걸어 온 그였기에, 그에게는 이렇게 모험적인 결단을 해야했던 심각한 이유가 분명히 있었을 것이다. 그가 사전에 전 고려신학교의 이사들과 의논한 일이 없고 이유를 밝히는 어떤 선언문도 발표한 일도 없었기 때문에, 사람들은 제각기 그 이유를 추측하게 되었다.[67] 합동에 앞장섰고, 총회에서 총회장을 계속 두 번이나 지나고 학교 폐합을 강행했고, 현재 총회신학교 부 이사장의 입장에 있는 그로서 그 이유가 아무리 심각한 것이었다 하더라도, 이를 밝히는

한 "고려파 설립이후부터 승동 측과의 합동과 환원까지"라는 논문에서 그대로 이어졌다. 그는 '고려신학교 복교 선언'에 대하여 "장로교회에 속한 목사로서 그가 치리회의 결정사항을 위반하며 고려신학교의 복교를 선언한 근거는 무엇인가?" 묻고, "한상동의 복교선언은 또 다른 분열을 야기했다"고 비판했다. 한상동의 "복교선언"이 합리적 과정을 거친 것이 아니었고, 이것이 고신교회의 환원에 단서를 제공하게 되었다고 보는 것은 사실이다. 그러나 이 사건을 법리적 합리적 사고만을 가지고 접근하여 한상동을 분리주의자로 단정하고 비판해서는 안 될 것이다. 그는 고려신학교의 설립자요, 고신교회의 지도자로 합동을 주도함으로 교회를 잘 못 인도했음을 늦게 깨달았음이 틀림없다. 합동 후 두 번의 총회를 겪는 동안 승도측(오늘의 합동측)에 속한 회원들이 보여준 난동과 다수에 의한 교권적 횡포를 보면서 합동한데 대한 불만의 분위기가 고신교회에 편만했음을 그 시대를 살아 온 분들은 다 알고 있다. 승동측의 지도자들 대다수가 진리가 아닌 교권 장악에 집착해 온 사실은 고신이 환원한 후인 70년대 말에 소위 합동측(옛 승동측)이 수십개 집단의 장로교회로 핵 분열화된 사실에서 잘 보게 된다. 해방 후 은혜로 구축해온 진리운동이 저들의 교권적 야욕에 의해 전적으로 무산되고 있는 것을 늦게야 의식한 "인간 한상동"은 이제 자신이 설립자인 신학교라도 되찾아 진리운동을 이어가야 겠다는 소명감을 갖게 되어 순교적 신앙의 용기를 다시 얻어 "고려신학교 복교 선언"을 한 것으로 이해를 하게 된다. 고려신학교가 합동시에 교회직영이 아닌 사립신학교였기에 설립자의 입장에서 이 길만이 홀로 취할 수 있는 유일한 길로 여긴 것으로 본다. 이 복교선언을 두고 그에게 "또 다른 분열을 야기 했다"고 함으로 정죄하듯 공격적인 비판을 가하는 것은 교회일치를 최고의 이상으로 하는 시각에서만 역사를 보고 판단하는 것이라 생각하게 된다.

67) 허순길. 고려신학대학원 50년사, 영문, 1996. pp.159-163 참조.

것은 부담스러운 일이고 침묵이 유익할 것으로 여겼던 것으로 보인다.

　중생한 성도요 그리스도와 그의 교회를 위해 죽도록 충성해 온 충복이라도 땅 위에 사는 동안은 부패한 인간성을 완전히 벗어날 수 없는 것이다. 한 목사는 두 번이나 이어 총회장으로 세움을 받아 대우를 받는 상황 속에서 저들의 숨은 뜻을 알아채지 못하고 자신의 위치와 영향을 과신하고 지냈을 수 있다. 그러나 그 자리에서 내려와 정신을 차리고 주변 현실을 바로 보게 되었을 때, 이와는 전혀 다른 환상 속에 살아왔음을 깨닫게 되고, 자신의 과오로 지난날 주의 은혜로 이루어 놓은 신학교, 교회 모든 것이 한꺼번에 무너지고 짓밟히고 있다는 심각한 위기감에 사로 잡혔을 수 있다. 그는 일제시대부터 자신 보다 교회를 더 사랑했다. 그래서 장로교회 총회가 신사참배를 하기로 결정하고 배교 했을 때, 자신의 신앙만을 지키는 개인주의 차원에 머물지 않고 신사참배를 반대하는 자들만의 새 교회와 노회를 세워 한국 장로교회의 참된 역사를 이어가기 원하였다. 그래서 그는 이를 위해 활동하다가 검속 당해 옥살이를 하게 된 것이다. 그런데 이제 지난 17년 동안 진리운동을 통해 가꾸어 온 신학교와 교회를 지난날 이 운동을 박해했던 그 동일한 교권주의자들의 품에 안겨주어 교회를 허문데 대한 자책과 무서운 책임감을 느끼게 된 것으로 보인다. 그는 현실이 아닌 어떤 환상 속에서 자신을 너무 과신하고 지나 왔음을 후회하고 자신을 미워했을 수 있다. 그러니 그에게는 사실 할 말이 있을 수 없었고, 어떤 성명서도 낼 형편이 되지 못한 것으로 보인다. 그가 현재 할 수 있는 선택은 많지 않았다. 자기 개인의 힘으로 합동을 무효화시킬 수 없는 일이었다. 신학교는 그가 설립자의 형편에 있었고 합동할 당시까지도 사립이었으니, 모험을 감행하여 복교선언의 길을 택함으로 하나라도 되찾아야 한다고 판단한 것으로 보인다. 이런 방법으로 신학교만이라도 찾아 지난날의 역사를 이어간다면, 자신은 욕을 먹고 사라져도 좋다는 하나님 앞에서 사명 의식을 가졌던 것이 아닌가 생각하는 것이다. 이는 복교선언 직후 학생들이 학교 폐합에 대한 책임을 묻고 은퇴를 요구했을 때 주저하지 않고 이를 확약했고,[68] 환원 총회 시에 합동을 주도한 일에 대하여 겸허하게 사과했을

---

68) 고려신학교 학우회가 1962년 10월 31일자로 발표한 "성명서" p.8 참조

뿐 아니라, 사죄하는 의미에서 은퇴 의사를 표시한 데서도 잘 드러 나고 있기 때문이다. 물론 그가 아무리 설립자의 입장에 있을 찌라도 지난날 이사회가 있었고 학교가 교회를 위한 한 공기관 이었던 이상, 그는 전 이사회 뿐 아니라 전 교회의 대표자들과의 협의와 동의의 과정을 거쳤어야 했다. 그러나 그는 이것이 현실적으로 불가능하다고 판단했기에 홀로 "복교선언"이라는 중대한 모험을 감행했던 것으로 보인다. 객관적으로 보아 이런 불합리한 방법의 복교 문제가 큰 논란과 반발을 가져오게 된 것은 이해가 되는 것이다.

고려신학교의 복교 소식이 전해지자 상당수 고신인들이 이를 내심 환영하면서도 그 방법에 있어서는 수용하기 어려워했다. 구 고려신학교 이사들이 10월 22일 모였고, 이들이 주최하는 부산 교역자들의 모임이 10월 23일 삼일교회당에 있었지만 의견 일치는 보기 어려웠다. 학생들 간에도 분열이 생겼다. 대부분의 학생들이 복교를 지지했으나, 소수가 반대를 했다.[69] 고려신학교 학우회는 10월 31일 5개항의 결의문이 담긴 전 14페이지에 이르는 성명서를 발표했다. 학생들은 이 속에서 이제 합동원칙을 따라 양측 동수로 구성된 이사회를 통한 신학교 일원화에 철저를 기해줄 것과, 고신 폐합 조치에 선봉이 되어 오늘의 결과를 초래케 한 구 고신 이사들에게 책임을 강하게 물으면서, 박윤선 목사를 다시 교수로 채용해 달라는 청원을 하였다.

그런데, 복교 선언 후 교수들[70], 학생들이 찬반(贊反) 두 갈래로 나누어지고, 한 건물 안에서 학교가 서로 나누어져 수업이 제대로 진행 될 수 없었다. 복교 선언 후 삼 주간이 지난 후인 11월 6일에야 복교 찬성측에서는 한상동 목사 사회로 복교 예배를 갖게 되고, 11월 20일부터 수업을 한다고 공고하게 되었다. 건물 소유권 문제에 있어서도 논란이 일어났다. 총회 신학교측은 학교가 폐합된 이

당시 학생들이 한상동 목사에게 대해 가진 불만은 그가 그해 10월 17일 복교 선언을 한 후에 바로 대표들이 찾아가 "이제 목사님은 은퇴하십시요"라고 충간한데서 잘 나타나고 있다.
69) 학생들이 낸 성명서 끝에 재학생 65명중 복교 찬성자 53명, 반대자 6명, 중립 6명임을 알리고 그 명단을 공개했다.
70) 당시 부산에 이상근, 홍반식 교수가 있었으나, 복교의 방법을 불법으로 인정하고 복교된 고려신학교에 강의를 하지 않고, 총회분교측에 강의를 했다.

상, 구 고려신학교 건물은 총회 신학교에 속한 것이라 주장하게 되고, 복교측은 고려신학교가 복교되었으니 고려신학교의 소유라고 주장함으로 맞서게 된 것이다. 그러나 총신 이사회 측이 토지 소유 등기를 하기 바로 전에 한상동 목사 개인명의로 등기가 완료되어 소유권에 대한 충돌은 다행이 피할 수 있었다. 결과 총신 분교측은 11월 22일부터 송도 고려신학교 캠퍼스를 떠나 다른 곳으로 옮겨 수업을 하게 되었다.[71]

    복교 선언 후 약 두 달 동안 고려신학교는 교수들을 잃고 표류하였다. 1962년 12월 17일에야 박손혁, 오병세, 이근삼 세 교수가 복교에 합류하여 교수로 취임을 하게 되고, 다음 날에는 고신 폐합 조처에 따라 서울 총신 본교에 갔던 졸업반 학생 5명이 부산에 내려와 수업에 참여함으로 어느 정도 안정을 찾게 되었다. 3개월 후인 1953년 2월 25일에는 그동안 복교 방법에 불만하여 주저해 오던 홍반식 교수가 돌아오게 되어, 홍반식, 이근삼, 오병세 세 교수가 고려신학교를 위해 함께 일하기로 하고 성명서를 발표함으로 교수진영이 어느정도 갖추어지게 되었다. 이 세분은 고려신학교 제5회 동기생으로 거의 같은 때(1954)에 미국 유학 길에 올라 당시 고신 교회에서는 이 분들을 차세대의 고신을 이끌어 갈 지도자로 생각하고 기도해왔던 것이다. 이 세분이 승동측과 이미 합동을 했을 때 연구를 마치고 박사 학위를 받아 돌아오게 되었다. 홍반식은 칼빈 신학교를 거쳐 드랍시 대학교에서 1961년에 철학박사 학위를 받고 그 해 9월에 귀국하여 부산 고려신학교 전임 강사로 임용이 되었고, 오병세는 카버난트 신학교를 거쳐, 컨콜디아 신학교에서 구약을 연구하여 1961년에 신학박사 학위를 받고 9월에 귀국, 같은 모교 부산 고려신학교의 전임강사로 임용이 되었다. 이 때는 합동 후였고, 고려신학교가 폐합되기 얼마 전이었다. 이근삼은 미국 골든대학과 카바난트, 웨스트민스터 신학교를 거쳐, 화란 자유대학교에서 선교학을 연구 1962년에 신학박사 학위를 받고 귀국하여 칼빈학원 원장으로 취임하여 봉사해 왔다. 이 분들은 "고려신학교 복구의 방법은 가하지 않았다고 여겼으나 그 동기는 순수하

---

71) 총회 제47회(1962) 회록, p.64

고 그 정신이 한국교회를 사랑하는데 있는 것을 인정"하고, 모교를 복구 재건하는 데 뜻을 모음으로 동역하기로 한 것이다.[72] 이제 고신 제 2세대인 이분들이 박윤선, 한부선, 이상근 등 첫 세대가 다져 놓은 터 위에서 그 동안 폐교의 위기를 넘긴 학교를 새로 정비하고 건설하는 사역을 맡게 되었다. 이들은 이 때부터 60년대를 거쳐 80년대에 이르기까지 동역하여 왔고, 그동안 일어난 여러 시험과 시련이 있었지만 개혁주의 고신 교회 건설이라는 하나의 목적을 위해 서로를 이해하며 협력 봉사하여 왔다.

고려신학교 복교 후 경남 지역 뿐 아니라, 전국 교회가 큰 파장을 겪게 되었다. 어떤 분들은 고려신학교의 복교는 합동원칙인 일원화 원칙을 어긴 결과니 지금이라도 일원화 원칙대로 돌아가야 한다고 주장을 하고, 다른 분들은 부산의 신학교를 영구한 분교로 해야 한다고 했다. 그런데 승동측 대부분의 목사들은 일단 폐합한 이상 일원화도 영구 분교도 있을 수 없다는 강경론을 폈다.[73] 이제 복교한 고려신학교는 옛 사립신학교로서의 독자성을 지켜가게 되었다. 1963년 2월 5일 대전 중앙교회에서 전국 노회장, 증경 총회장 및 총회 임원 연석회의가 모여 고신 복교에 대한 대책을 논하게 되었다. 이 때 경남노회를 중심으로 일찍부터 고신 폐합을 반대해 오던 송상석 목사는 모든 원인이 합동원칙을 외면한 총회에 그 원인이 있음을 밝히고 고신 복교를 지지한다고 선언했다.[74] 시간이 감에 따라 고려신학교는 안정되어 갔다. 구 고신 이사들이 차츰 의견 통일을 보고, 일단 고려신학교가 복교된 이상 신학교 일원화 제의에 응하지 않기로 의견을 모았다. 이들은 늦게나마 고려신학교의 정체성 유지의 필요성을 느끼고, 지난날 다져 놓은 터전 위에 고신의 전통과 역사를 주의 축복 속에 다시 만들어 갈 결의를 하게 된 것이다.

---

72) 1963년 2월 25일자로 발표한 "성명서" 참조. 韓國長老敎史(高神), pp.291,192
73) 김상도, "고려신학교 복교운동의 전망", 파수군, 129호, pp.17-19, "대한예수교 장로회제48회 총회전망", 파수군, 130호, pp.38-59와 131호, pp.33-43 참조.
74) 송상석, op.cit., pp.74-76

2. 고신교회의 환원(還元)

고신 복교 후 옛 고신측 교회 안에는 신학교의 복교는 지지하되, 이로 인해 합동된 교회가 분열되어서는 안된다고 하는 분들이 있는가 하면, 합동 후 합동측의 다수에 의한 교권전제에 실증을 느끼고 고려파의 뿌리를 찾아 옛날로 돌아가야 한다는 분들이 있었다. 그런데 복교 후의 정황이 차츰 고신측 교회의 환언을 불가피하게 만드는 방향으로 기울게 되었다. 복교를 반대하는 목사들의 지도를 받고 전도사로 봉사하는 학생들이 점차 복교된 고려신학교로부터 총신부산 분교로 옮기도록 압력을 받아 어려움을 당하게 되었다. 그런 가운데 옛 고신 교회에 환원의 길을 재촉하는 한 사건이 발생하게 되었다.

1963년 6월 총회 고시부가 주관하는 강도사 고시가 있었다. 이 때 고시부는 고려신학교가 총회신학교에 폐합 됨으로 부산에서 서울로 가서 공부를 하던 중, 고려신학교 복교 선언이 있은 후 부산 고려신학교로 다시 내려와 고려신학교 제17회로 졸업하게 된 남영희, 이지영, 진학일, 최만술, 최진교 5명에게 강도사 고시 자격을 허락하지 않았다. 고시부는 복교한 "고려신학교"로부터의 졸업을 전혀 인정하지 않은 것이다. 이를 지켜본 전 고신계 지도자들은 9월에 있을 제48회 총회에서도 이들에 대한 구제는 기대할 수 없다는 확신을 갖게 되었다. 합동하자마자 다수라는 세력의 무기를 가지고 전제해 온 승동측의 정치적 습성으로 보아 총회가 "일원화 원칙"으로 다시 돌아가 고려신학교를 인정하고 고신 졸업생들에게 강도사 고시를 허락 할 것으로 기대하기는 어려웠기 때문이다. 그래서 전(前) 고신교회 지도자들은 고신교회의 환원 운동을 펴기 시작하게 되었다. 이 강도사 고시 불허 문제가 고신교회 환원운동의 결정적인 동기를 제공한 셈이다.

부산 시내의 고신측 출신 교역자들은 1963년 7월 29일 환원 발기회를 조직하고, 고신교회환원운동의 시동을 걸었다. 이 환원 발기위원회가 발표한 "노회환원 취지문"에서 발기위원들은 승동측이 합동원칙에 명기된 공약을 파기함으로 합동으로부터의 환원을 불가피하게 만들었다고 했다. 합동선서에 기록된 "신학교 일원화를 1년이 못 가서 단일화시키고" "이사회 구성에 있어서 양방 동일수제를 폐지"하였으며, "노회명칭과 회수를 수로써 결정함으로써 합동 정신과 이념을 무참하게 짓밟았다"고 했다. 그리고 "만일 이대로 지속한다면 우리의 장래는 심히 암담하고 비참할 것은 명약관화의 사실"이므로 "우리 교회를 이 암흑으로부터 구출해 내고 한국교회의 정통 신학교육과 경건 생활의 재건설"을 하기 원한다고 밝히면서, "합동시의 고신측 총회장에게 환원 총회 소집과 환원 선언과 재조직을 요청한다"고 했다. 부산노회 환원 취지문은 다음과 같았다.

釜山老會 還元 趣旨文[75]

우리 大韓 예수敎長老會 高神側 總會는 解放 後 韓國敎會의 信仰復興과 淨化運動에 힘써 오든 中 1952年 9月에 第1回 總會를 組織하고 하나님의 恩惠와 祝福으로 正統神學敎育과 敬虔生活과 福音傳道에 힘써 오다가 大韓예수敎長老會 勝洞側敎會가 이를 公認하고 過去 高神側에 對한 自身들의 잘못된 決議를 取消함으로서 兩敎派는 正統保守와 敎會淨化의 崇高한 理念아래 1960年 12月 13日에 合同하게 되었든 것입니다. 그러나 合同 後 總會는 여지없이 合同誓約을 違反하고 合同精神과 理念을 無慘하게 짓밟고 있으며, 萬一 이 狀態가 이대로 持續한다면 우리의 將來는 심히 暗澹하고 悲慘할 것은 明若觀火의 事實입니다. 이제 와서는 우리의 合同理念 達成은 絶望的이요, 解放 後 우리들이 가져오던 信仰路線은 여지없이 蹂躪當하고 있으니, 우리는 敎會를 이 暗黑으로부터 救出해 내고 韓國敎會의 正統神學敎育과 敬虔生活의 再建設을 위하여 合同 前으로 돌아 가서 우리 陳容을 再整備하고, 眞正한 칼빈主義敎會 建設을 爲하여 邁進코자 하는 바입니다. 이에 共鳴하는 信仰同志들의 全國的인 蜂起에 呼應하여 우리의 進路를 韓國敎會에 널리 宣言하는 바입니다.

一. 合同宣誓의 違反
  1. 神學校 問題
    1) 一元化를 2年이 못 가서 單一化시켰음.

---
[75] 송상석, op.cit. 페이지 메기지 않음. 기독공보, 1963. 8. 19일자 참고

2) 理事會 構成에 있어서 兩方 同一數制를 廢止함.
　　3) 神學敎育에 있어서 質的 敎育보다 量的 敎育에 기울어졌음.
2. 政治問題
　　1) 多數에 依해 不法을 敢行하고 있음.
　　　(1) 釜山老會는 合同原理를 어기고 老會名稱과 回數를 數로서 決定함.
　　　(2) 高麗神學校 復校를 不法 定罪하고,
　　2) 高神을 協助하는 敎會와 敎役者를 彈壓함.
　　　(1) 東一敎會 敎役者 招聘하는 일을 妨害하고 있음.
　　　(2) 第2影島敎會에 全權委員을 보내어 高神 支持하는 敎役者와 敎人을 彈壓하였음.
　　　(3) 高神 敎授들을 講師로 넣었다하여 學生信仰運動 全國大會를 하지 못하는 結果에 이르게 하였음.
　　3) 信仰路線 問題
　　　(1) 敬虔하고 純粹한 칼빈主義 信仰路線을 버리고 世俗主義 妥協主義로 나가며, 不純한 信仰運動과 團體에 加入하는 것을 容認하고 있음.

二. 合同釜山老會와 總會의 現在의 動向
1. 高神側 指導者들을 除去함으로써 完全히 敎權을 掌握하려 함.
2. 分裂을 前提로 하고, 高神側 敎人을 煽動하고, 敎會와 敎會堂 爭奪이 露骨的으로 나타 나고 있음.
3. 高神側의 그림자까지라도 韓國敎會에서 지워 버리려고 하고 있음.

三 우리의 進路
1. 우리는 合同前 老會와 總會로 돌아간다.
2. 우리는 칼빈主義 神學을 固守한다.
3. 우리는 웨스트민스터 信仰告白을 繼承한다.
4. 우리는 合同前 高神側 憲法과 規則을 採用한다.

5. 우리는 칼빈主義 生活理念에 立脚한 敬虔生活에 힘쓴다.

6. 우리는 福音傳播事業에 힘쓴다.

7. 우리는 全國的인 信仰同志를 糾合하여 總會를 構成하고 合同前 總會를 繼承한다.

四. 對策

1. 還元 發起會에서 還元趣旨文을 舊高神 全體敎會에 發送한다.

2. 本 老會內 高神側 敎會에 通知文을 發送하고, 左記에 依하여 還元老會를 組織한다.

   1) 時日 1963年 8月 8日(木) 下午 2 時

   2) 場所 釜山市 東光洞 南敎會堂

   3) 會員 本 趣旨를 贊同하는 本老會 內 牧師와 總代 長老

   4) 案件 老會還元에 對한 一切

3. 合同前의 高神 總會長에게 還元總會 召集과 還元宣言과 再組織을 要請한다.

主後 1963年 8月

大韓예수敎長老會(高神側) 釜山老會

還 元 發 起 會

이 환원 취지문에 나타난 환원에 대한 중요한 이유는 이미 전술한 경남(법통) 노회가 1961년 9월 총회를 마친 후 결의하여 발표한 "大韓 예수敎 長老會 合同 總會에 對한 慶南(法統)老會 對策 決議案"(1961年 10月 25日)[76], "慶南老會 決議文 解明書"(1961年 11月)[77] 등에 나타나 있는 것들이다. 실상 경남노회는 승동측이 다수의 교권으로 공적으로 선서한 모든 것을 폐기하고 나아가는 모습을 보고, 합동이 지속될 수 없음을 일찍이 피부로 느끼고 있었던 것이다.

결국 부산을 중심으로 환원 운동이 일어나 전국적으로 확산되어 갔지만, 한

---

76) 송상석, op. cit., pp.237-239

77) Ibid., pp.239-248

교파 교회가 합동하였다 환원한다는 것은 쉬운 일이 아니었다. 가장 큰 문제는 전 고신계 지도자들간에 환원의 필연성에 대한 공감대가 형성되어 있지 않았던 것이다. 그러기 때문에 전(前) 고신측 진용 안에서도 환원에 대해 상당히 강한 저항 세력이 나타날 수 밖에 없었다. 이 "노회 환원 취지문" 발표가 있자, 부산노회에 속한 23명의 전 고신 목사들이 8월 5일자로 "노회 환원 취지문에 대한 해명서"라는 환원을 반대하는 장문의 글을 내었다.[78] 이어 1963년 8월 9일 전 고신 목사들 가운데 전국에 산재해 있는 49명이 환원을 반대하는 공동 "성명서"를 발표하였다. 그러나 이런 반대측의 저항에도 불구하고 1963년 8월 8일 부산 남교회에서 환원을 지지하는 분들이 모여, 부산노회의 환원을 결의하게 되었다. 이어 경남노회가 8월 26일, 전라노회가 8월 12일, 경북노회가 9월 3일, 경기노회가 9월 4일, 경동노회가 9월 12일에 환원하게 되었다. 노회들이 환원하게 되고, 조직이 정비되자 1963년 9월 17일에 부산 남교회에서 목사 36명, 장로 36명, 총대 72명으로 "대한 예수교 장로회 제13회 환원총회"를 갖게 되었다. 이로서 합동한지 34개월만에 고신 총회는 환원을 하게 된 것이다. 진주노회는 환원 총회 후인 1963년 10월 10일에 환원을 했다.

환원 총회가 개회된 다음 날 오전 회무를 진행하기 전에, 지난 날 합동을 주도한 분들의 사과가 있었다. "그 당시 합동위원 대표로 선정된 회장 송상석 목사와 부회장 황철도 목사와 한상동 목사가 각각 하나님 앞과 교회 앞에서 뼈아프게 사과"함으로 회중이 함께 회개와 감사의 마음으로 이 사과를 받고, 회무를 진행하기로 가결"했다.[79] 그리고 총회는 "합동에 대한 모든 잘못되게 지도한 일을 심각하게 느껴 주 앞에서 깊이 회개하는 마음으로 목사와 장로는 1963년 9월 23

---

[78] 반대성명에 가담한 부산노회에 속한 목사: 이장수, 황보연준, 최대연, 이재만, 김경원, 차문제, 최천구, 한대식, 김덕곤, 최진수, 이상근, 김원주, 최종린, 김을길, 김성환, 황종은. 박유생, 정해동, 이갑득, 김상도, 우하섭, 김갑석 등 23명이었다. 월남한 분들의 대부분이 여기 가담했다. 환원총회에 보고된 통계에 의하면 부산노회에서 환원에 가담한 목사수는 32명이었다. 고향을 북한에 둔 월남한 교역자들 대부분이 환원에 가담하지 않았다. 결과적으로 약40%의 목사들이 승동측에 남게 된 셈이다.
[79] 대한예수교장로회 총회(환원) 제13회 회록, p.3

일부터 29일까지 자숙하기로 가결"했다.[80]

  고신교회는 합동으로 많은 것을 잃었다. 합동 당시 590교회였던 교회의 수가 환원 시에 445교회로 줄어들었다. 교회를 가장 많이 잃은 노회가 부산, 경북, 진주 노회였다. 부산노회는 131교회 중 69교회만이 환원함으로 거의 반수를 잃은 셈이고, 경북노회도 183교회 중(경동 포함) 70교회만이 환원하게 되어 반수 이상을 잃은 것이다. 진주노회는 148교회 중 반수가 약간 넘는 85교회가 환원하였으나, 진주 시내에 있는 노회의 중추적 교회들은 거의 다 환원하지 않았다. 그런데 경남노회는 175교회 중 163교회가 환원함으로 거의 모든 교회가 환원한 셈이다. 여기에는 경남(법통)노회가 일찍부터 고신역사의 주역을 담당해 온 것과 송상석 목사의 행정력이 크게 작용한 결과라고 볼 수 있다. 그는 교회당 확보를 위한 오랜 소송의 결과로 부정적 인상을 심어준 면이 크지만 정치적 예지를 가지고 고신 교회를 위해 봉사한 긍정적인 면은 간과하기 어렵다. 합동과 환원의 와중에서 고신은 지난날 고신 교회 중 거의 3분의 1을 잃었다. 그런데 합동, 복교, 환원의 과정을 통하여 고신교회가 받은 손상은 그 수보다는 교회의 위상이었다고 볼 수 있다. 졸속한 합동, 공감을 얻기 어려웠던 고려신학교 복교 방법, 부자연한 환원의 과정 등으로 고신은 진리를 사랑하고, 실천하는 바른 면모를 한국 교계에 밝게 보여주지 못한 것이다. 지난날 고신의 강점은 신학, 신앙, 생활의 조화를 보이는데 있었으나, 이제 그 모습을 보이기 어렵게 된 것이다.

  합동과 환원을 전후하여 고신 교회 지도자들은 당면한 시험과 난국을 믿음으로 인내하면서 합리적으로 극복하는 역사를 남기지 못했다. 역사에서 보기 드문 졸속한 합동의 흔적을 남겼고, 신학교 복교의 방법 문제나, 환원 문제에 있어서도 역시 본질적으로 같은 모습을 보였던 것이다. 환원 전 주변 교회 사정이 환원을 재촉하는 분위기를 만들어가고 있었음은 확실하였다. 그러나 고신 지도자들이 승동측이 다수를 무기로 합동공약을 여지없이 파괴하는 일들을 자행하고 있음을 총회라는 치리회에서 공개적으로 항의하고, 수정을 위한 노력의 과정을 밟

---

80) Idem.

지 않고 환원해 버린 것은 질서있고 합리적인 방법이었다고 볼 수 없다. 물론 경남노회가 승동측에서 다수를 무기로 합동선서를 짓밟고 나가는 데 대하여 제46회 총회에서 퇴장을 하면서 까지 항의를 보이고, 그 후에도 "대책 결의안"을 발표하는 등 정정을 위한 노력을 한 일은 있으나 고신측 지도자들이 공감을 가지고 합력하여 노력한 일은 없었던 것이다. 어쨋던 환원의 과정에 객관적으로 정당성을 인정받을 수 있는 법리성과 합리성이 결여되었다. 지도자들이 이런 방법으로 교회를 이끌어 갈 때, 이것도 또 다른 류(類)의 교권이나 전횡으로 지탄을 받을 수 있다. 합동과 환원의 역사는 귀중한 교훈을 다음 세대에 남겨준 것이다.

　인간은 자신의 부족과 실수로 많은 것을 잃어도 교회의 주가 되신 주님은 잃는 일이 없다. 인간이 저지른 많은 과실과 실패에도 불구하고, 주님은 한국에서의 개혁주의 신학의 파수와 전수를 위해 한 동안 폐교된 고려신학교의 문을 다시 열게 하시고, 한국에서의 개혁주의 교회 건설의 미래를 위해 단절된 고신교회의 역사를 다시 잇게 하여 진리운동의 그루터기를 남겨 두시기를 원한 것이다. 인간은 실수를 저질렀지만 교회의 주 그리스도는 이 가운데서도 그의 뜻을 이루어 가시는 신비를 보여 주셨다. "오직 하나님께 영광(Soli Dei Gloria)"을 돌릴 뿐이다.

제19장 교회생활의 재정착(再定着)과 발전 (1964-1971)

고신 교회는 환원 이후 교회의 제도와 생활을 새로이 정비하고, 한국 장로교회의 신학과 신앙, 고신의 표지라 할 수 있는 순교적 신앙과 교회의 정화를 위한 터를 다시 찾아 다지는 작업을 하게 되었다.

19.1 고려신학교의 재정착(再定着)

1. 고려신학교의 총회직영(總會直營) 결정

고려신학교의 총회 직영문제는 학교설립 2년이 되는 해 이미 대두되었다. 고려신학교는 해방 후 친일의 길을 걸어온 자유주의자들의 세력이 한국교회를 주도하고 있던 비상한 때에 개혁주의 보수 신학의 파수와 순교적 신앙을 소유한 교역자 양성을 위해 출옥한 충복들에 의해 사립학교로 세워졌었다. 그런데 1947년 박형룡 박사가 고려신학교 제1대 교장으로 부임하면서 총회직영을 주장했다. 당시 설립자 측에서는 이에 원칙적인 동의를 하면서도 적기를 기다려야 한다고 했다. 박 박사는 이 적기를 기다릴 수 없어 이듬해 고려신학교를 이탈하여 서울로 가서 총회 직영신학교를 목표하고 "장로회신학교"를 세웠다.

그런데 고려신학교 설립자인 한상동 목사는 학교의 총회직영에 원칙적으로 동의하면서도 실상은 사립운영을 선호했다. 그 가장 큰 이유는 총회직영이 될 때, 학교가 정치하는 분들의 교권에 의해 좌우되기 쉽다는 것이었다. 그래서 고신교회가 정착하여 안정이 되고, 1956년 총노회를 총회로 개편하게 되던 때에도 총회직영에 대해서는 부정적인 입장을 취하였다. 물론 학교의 총회직영과 사립 운영은 각기 장단점이 있을 수 있다. 그렇지만 개혁주의 전통에 의하면 신학교는 교회의 목회자 양성이 목적이기 때문에, 교회의 감독과 지원을 받는 교회직영을 마땅하게 보아왔다. 학교가 총회직영이 아닌 이상 교회가 신학과 운영에 대한 감독권을 행사할 수 없기 때문이다.

당시 교장으로 봉사하던 박윤선 교장은 간접적인 방법으로 총회직영의 필요성을 언급하게 되었다. 그는 1956년 9월, 총회로 개편되어 모이는 그 자리에서 지난 10년을 회고하면서 시정에 대한 몇 가지를 제언하는 가운데 "교회질서에 대한 문제"와 "신학교에 대한 재정문제"를 제기하였다.[1] 당시 이사 중에서 이사 겸 교수로 봉사하는 분이 태반이었던 것이다. 그러니 교수들이 교수회에서 처신하기가 매우 부자연스러웠을 것이란 사실을 이해할 수 있다.(제17장 1. 참조)

경남(법통)노회가 드디어 1958년 제8회 총회에 "고려신학교를 총회직영으로 하여 달라"는 건의를 하게 되었다.[2] 총회는 교섭위원을 내어 노력했지만 교섭이 잘 진행되지 않아 1959년에 같은 노회가 다시 건의를 하여 교섭위원을 확대하기까지 했었다. 그러나 총회직영은 이루어지지 않았다. 1960년 제10회 총회에는 경남(법통)노회와 진주노회가 다시 "고려신학교를 총회가 직영하도록 하여 달라"고 건의를 하게 되었다.[3] 총회는 다시 5명의 교섭위원까지 냈었다. 그러나 이 때 예장 "승동측"과의 합동문제가 대두되어 총회는 "교섭위원장 보고와 이사장 한상동 목사의 보류하여 달라는 이유설명을 듣고 보류하도록 가결"하게 되었다.[4] 뒷날 합동 후의 복교선언과 환원 등의 역사를 회고할 때, 이 때에 총회직영이 취급되어 결의되지 않았던 것이 다행이었다. 이미 언급한대로 예장 "승동"측과 1960년 12월 합동을 하고, 그 이듬해 12월에 고려신학교는 총회신학교에 폐합(廢合)되어 그 분교가 되어버렸다. 학교가 폐합된지 1년이 못된 1962년 10월 17일 한상동 목사가 고려신학교 복교선언을 하게 되었다. 합동 전에 고려신

---

1) 총회(고신) 총회록(1952-1960), p.90
2) Ibid., pp.170, 171
3) Ibid., pp.256, 257
4) Ibid., pp.267, 281

학교가 총회직영이 되어버렸더라면, 법적으로 한상동 목사가 복교선언을 할 수 있는 입장에 있지 못했을 것이고, 그 재산을 찾기란 어려웠을 것이다. 그러나 그 학교가 사립학교로 있을 때 폐합 되었기 때문에, 그는 그 학교의 설립자요, 이사장이었다는 입장에서 복교를 선언할 수 있는 용기를 가질 수 있었을 뿐 아니라, 학교건물과 대지를 자기 이름으로 등기하게 되어 모든 재산도 확보할 수 있었던 것이다. 어떤 때 인간이 아집과 자만 등으로 실수를 하지만 하나님은 그 속에서도 손해를 보시지 않고 그의 뜻을 이루어 가시는 신비를 보여 주신다.

환원 총회가 있은 다음 해인 1964년 제14회 총회가 부산 삼일 교회당에서 모였다. 이 때 경기노회로부터 "고려신학교를 총회직영으로 하고 신학교 운영비를 각 노회로 할당하게 해달라"는 건의와 경남(법통)노회로 부터도 "고려신학교를 본 교단과 유기적 관계를 맺게 해 달라"는 건의가 들어 왔다. 동시에 고려학원 이사장인 황철도 목사가 "고려신학교와 고신대학 및 고려고등 성경학교와 복음병원을 본 총회가 맡아 달라"는 건의안을 내었다.[5] 이제 역사적 환경의 변화는 고려신학교 총회직영 문제를 더 이상 미룰 수 없는 시점에 이르게 만들었던 것이다. 설립자 한상동 목사가 신학교 재산 일체를 총회에 기부한다는 각서를 내게 되었다. 고려고등성경학교를 운영해 오던 오종덕 목사도 학교의 재산 일체를 총회에 기부한다는 같은 각서를 내었다.[6] 이로써 학교설립 18년만에 사립 고려신학교는 고신 총회 직영의 교회의 신학교가 되었다. 이 때 총회는 사상 처음으로 신학교의 운영비를 노회에 할당하기로 결정했다.[7] 각 노회가 파송하는 이사

---

5) Ibid., p.55
6) 총회(고신) 회록(제11회 –제20회) 회록 p.64

각 서

금반 고려학원을 총회에 직영으로 청원함에 있어서 본인의 명의로 되어 있는 부산시 암남동 산의 34번지 고려신학교 대지 및 교사 삼동과 기타 재산 일체를 귀 총회에 기부해 드릴것을 서약하고 자에 각서 하나이다.

1964년 9월 2일
목사 한 상 동.
대한예수교장로회 총회장 귀하

7) Ibid., p.67 당시 7노회에 할당된 신학교운영 부담금이 매월 148,000환이었다.

로서 이사회를 조직하기로 하고, 각 노회 총대회에서 이사를 선택하여 보내므로 총회직영 첫 이사회를 구성하게 되었다.[8]

이로써 교회가 바라던 신학교의 교회직영 체제가 드디어 이루어졌다. 교회가 신학교를 직영하는 것은 일찍부터 개혁주의 교회생활의 원리였다. 유럽 대륙의 화란 개혁교회는 이미 17세기초에 개최된 도르트 총회(The General Synod of Dordrect)에서 교회정치 항목 속에 교회의 신학교 직영 의무 조항을 넣었다. 이 교회 생활의 전통은 오늘까지 그대로 이어져 오고 있다.[9] 스콧틀란드 장로교회와 미국의 장로교회도 일반적으로 교회가 신학교를 직영하여 왔다.[10] 교회는 교회가 원하는 참된 목자를 필요로 하고, 신학교는 교회가 필요로 하는 목자를 배출해야 하기 때문에 양자는 서로 책임 있는 관계를 가져야만 하는 것이다. 교회는 신학교를 기도와 물질로 지원할 뿐 아니라 신학과 교리 면에 있어서 감독해야 한다. 그리고 신학교는 그 자체가 하나의 단순한 학문연구 기관이 아니고, 교회를 위한 봉사기관이기 때문에 교회의 지원과 감독을 감사히 받을 의무가 있

---

8) Ibid., pp.70,71 고려학원 초대 이사의 조직은 다음과 같았다;
　　초대 이사장 한상동, 서기 박손혁,
　　4년조 : 송상석, 김희도, 손명복, 유윤욱, 박강수, 김은도
　　2년조 : 한상동, 박손혁, 권성문, 지득용, 손만윤,
　　후에 전라노회로부터 남영환, 현호택, 경기노회로부터 윤봉기, 유선호가 추가되어 15 명의 이사가 선출되었다.

9) 북미 개혁교회(The Christian Reformed Church of North America)의 교회법(Church Order) 제19조 와 캐나다 개혁교회(The Canadian Reformed Church) 정치 제19조 등을 참조 바람. 캐나다 개혁교회 정치(Church Order) 제19조의 내용; "The Churches shall maintain an institution for the training for the ministry. The task of the professors of theology is to instruct the students of theology in those disciplines which have been entrusted to them, so that the Churches may be provided with ministers of the Word who are able to fulfil the duties of their office as these have been described above."

10) 현재 Edinburg에 있는 "자유교회 신학교"(The Free Church College)가 "스콧틀란드 자유교회"(The Free Church of Scotland)"의 직영이고, 미국의 프린스톤 신학교(The Princeton Theological Seminary, 1812년 설립), McCormic 신학교(1830년 설립)등이 미 북장로교회의 직영신학교로 운영되어 왔으며, Richmond의 유니온 신학교(The Union Theological Semianry, 1924년 설립)나 South Carolina의 콜럼비아 신학교(The Columbia Theological Seminary, 1931년 설립))등이 일찍부터 남 장로교회의 직영하는 신학교들이었다.

다. 이렇게 해서 교회와 신학교가 상호 유기적 관계를 유지하고 나아갈 때 교회의 미래가 보장되는 것이다.

2. 칼빈학원의 폐합(廢合)

1964년은 신학교를 총회직영으로 만든 해일 뿐 아니라, 칼빈학원을 신학교에 폐합함으로 교육기관을 제도적으로 재정리한 해이기도 했다. 1955년에 고려신학교 예과 2년제가 4년제로 개편되어 대학인가를 목표하고 칼빈대학(학원)이란 이름으로 독립해 나갔다. 원장직을 맡은 한명동(韓命東) 목사는 10년 동안 어려운 여건 속에서 대학설립의 꿈을 실현하기 위해서 노력했으나, 칼빈 학원이 사용해 왔던 감천의 학교 부지 소유권 문제가 해결되지 않아 그 꿈을 잠시 접을 수 밖에 없었다. 그래서 1963년 12월 칼빈학원 교수들과 고려신학교 교수들이 합석하여 칼빈학원을 고려신학교에 폐합하여, 앞으로 총회를 통해 대학설립의 목적을 이루기로 합의하였다.[11] 그 결과 칼빈학원은 1964년 1월 8일 칼빈학원 제52회 교수회를 끝으로 고려신학교 4년제 예과 대학부 과정으로 폐합이 되었다. 1964년 1월 9일 제2차 교수연석회의는 신년도에 칼빈학원이 아닌 "고신대학(고려신학교 부속기관)"이란 명칭으로 신입생을 모집하기로 결정했다. 이로서 약 10년 동안 원장 한명동 목사의 주도아래 독립적으로 운영되어 오던 칼빈학원은 고려신학교 대학부 4년제 예과로 다시 들어오게 된 것이다. 1965년도부터 대학부 학생들은 감천을 떠나 송도 고려신학교 캠퍼스로 완전히 옮겨오게 되었다.

19.2 고려신학대학 설립과 시련(試鍊)

1964년 고려신학교가 총회 직영 신학교가 된 후, 총회적으로 구성된 새 이사회는 1965년 총회 유지재단을 구성했다. 그래서 총회가 이사회를 통해 신학교를 운영해 나가고, 고려신학교는 총회의 보호와 감독을 받게 되었다. 이제 신학교

---

11) 칼빈학원 교회수 회의록, 제1회 연석교수회의록, p.83

측에서는 대학부 4년 예과를 대학으로 승인 받는 일을 추진하기 원했다. 당시 예과 학생들은 정부의 인가가 없는 학교에 적을 두고 있기 때문에 병역소집 연기를 받을 수 없는 등 불이익과 제약을 받고 있었기 때문에 이는 매우 필요한 일이었다.

그래서 당시 총회 유지재단 이사장인 한상동 목사는 1966년 제16총회에 고려신학교(대학부 예과)가 대학령에 의한 대학인가를 받기 위해 총회 유지재단을 교육재단으로 명의 변경하게 해 달라고 청원했다. 총회는 이 청원을 이사회에 맡겨 처리하도록 결의했다. 그런데 이 총회에서 이사들이 대폭 교체되고, 이사회가 개편되어 송상석 목사가 유지재단 이사장이 되었다.[12] 송이사장은 유지재단을 학교재단으로 변경하는데 적극성을 보여주지 않아 법인 설립 추진이 진행되지 못했다.

당시 학교당국은 학교재단 설립인가를 얻을 수 있는 가능한 길이 있음을 확인하고 기회를 잃지 않기 위해 가능한 방법을 강구하기에 이르렀다. 결과 현 이사장(송상석)과 이사회의 동의를 얻지 않고 가(假)이사회를 조직하여 학교재단 설립인가를 받고 "인가가 나는 대로 본 이사회에 넘긴다"는 각서[13] 를 쓰고 이 일을 추진하게 된 것이다. 이렇게 비정상적인 방법으로 일을 진행하게 된 것이 곧 문제가 되었다.

"학교법인 고려학원" 인가가 1967년 5월 1일부로 나게 되고, 이것이 일간신문에 공표되었다. 이 때에야 비로소 유지재단 이사장 송상석 목사는 사실을 알게 되었다. 그는 즉시 긴급 이사회를 소집하고 이사회 밖에서 가이사회를 조직하여

---

12) Ibid., pp.137, 154, 155
　　이사회 조직은 이사장 송상석, 서기 남영환, 회계 지득용
　　이사 4년조 : 윤봉기, 박손혁, 유윤욱, 장정실, 이귀술
　　2년조 : 손명복, 한학수, 유선호, 김은도, 박갑수, 박승문
13) 이 가(假)이사회는 이사장 한상동, 이사 홍반식, 도군삼(당시 학교 총무), 주경효, 김진경,
　　감사 ; 오병세, 이근삼 으로 되어 있었다.
　　이 각서를 당시 이사회 서기인 남영환 목사에게 등기로 보냈으나, 그는 이미 여수 충무동 교회에서 거창교회로 이동했기 때문에 받을 수 없었고 이것이 분실되었다고 한다.
　　南永煥, 韓國敎會와 敎團, p.507

학교재단 설립인가를 추진한 일에 대한 책임을 묻게 되었다. 송 목사는 "사조이사회"(私造理事會)를 구성한 것은 사설학교 설립을 위한 것이라 비난하고 나서므로 지난날 여러 번 상반된 이해와 관계 속에 지나오던 한상동 목사와 송상석 목사 사이에는 지난 어느 때보다 훨씬 더 심각한 긴장관계가 생겨지게 되었다.

이 모든 불행한 결과들은 솔직하고 깊은 상호간의 대화가 없고, 상호 이해가 부족한 데서 온 것들이었다. 이 사건으로 결국 한상동 목사는 이사직에서, 송상석 목사는 이사장직에서 물러나게 됨으로 일시적 해결을 보게 되었다. 1967년 7월에 모인 이사회는 새 이사장으로 윤봉기 목사를 선출하고, 신학교 교장이 제출한 가 이사회에 관련된 사과서, 사퇴서, 각서를 받고, 인가가 난 법인서류는 받아서 "총회학교법인"으로 정관을 수정하도록 결의했다.[14] 이로써 "가 이사회 조직사건"은 형식상 마무리되었다.

그러나 이 사건으로 말미암아 양측간의 불신의 골은 더욱 깊어져 그 후 끊임없는 내분, 상처를 가져오게 되고, 신학교의 존폐의 위기까지 몰고 오는 불행을 초래하기도 했다. 이 모든 일이 교회와 기관의 발전을 위한 하나의 몸부림이라고 볼 수 있으나, 교회 생활의 정화를 외쳐온 고신 교회로서는 그 정체성에 큰 손해를 가져온 것이다. 1960년 하반기로부터 1970년대 중반에 이르기까지 고신교회 내에 계속 일어난 불행한 사건들과 정치적인 대립 상은 지난날과 다른 "고신성"(高神性)의 변화를 보여주는 일들이었다.[15]

가(假) 이사회 사건의 후유증은 여러 해 송상석 목사를 중심한 경남노회측과 한상동 목사를 중심한 신학교측 간의 오해와 대립으로 나타나게 되었다. 그래서 1968년에는 소위 대학부 교수들의 "음주사건"이[16] 경남노회에 의해 총회 문제

---

14) 이사회 제18회 회의록 참조. 송상석, op.cit., p.88 참조. 이 때 학교법인 수속을 위해 선임한 5명의 이사는 이사장 윤봉기, 이사: 송상석, 박손혁, 남영환, 김은도였고 감사는 현호택, 김서곤이었다.
15) 이상규, "고신대학 40년(1946-1986) 약사", 논문집, 제14집, 고신대학, 1986, p.14 참조
16) 1967년 대학부 교수들이 한 동료교수의 유럽여행을 앞두고 친교회식을 하는 자리에서 맥주를 한 컵씩 든 일이 있었는데, 이것이 밖으로 알려져 경남노회가 진상을 조사함으로써 문제화되었다.

가 되어지고, 학교가 큰 소용돌이 속에 말려 1968년 첫 학기말의 수업이 마비되는 결과를 가져오기도 했다.

　1969년 1월에는 대학부 학우회가 교수들에 대한 이사회의 처리에 불만하여, 이사장 불신임 결의문을 발송하고, 전국교회에 호소문을 보냈다. 이런 일들로 오히려 교수들이 신분에 위협을 받게 되자, 교수회는 같은 해 2월 문교부장관 앞으로 이사장 송상석 목사의 퇴임 요구서와 탄원서를 보내고, 일간지인 국제신보에 총 사퇴 결의문을 발표하기까지 했다. 새 학년도에 신입생을 받는 등 학교의 학사행정이 가장 바쁜 2월에 교수들이 총 사퇴 결의문을 발표했으니 학교의 역사가 벽에 부딪히게 되었다. 이대로 일이 진행되어 갈 때, 학교와 교회의 분열의 위험도 있게 되었다. 이 모든 위기를 몰고 온 근본 원인은 누구나 한상동 목사와 송상석 목사간의 내적 대립에 있다고 이해를 했다. 그래서 이 모든 위기를 극복하는 길은 두 분 사이에 양보와 협상이 이루어질 때만이 가능한 것으로 생각되었다. 교계의 몇분이 부산과 마산을 드나들며 두분 사이에 가교를 하는 일에 힘을 기울였다. 이 분들은 이사장인 송상석 목사가 한상동 목사를 교장으로 영입할 때 문제해결이 있게 될 줄 믿고 교섭한 결과 송 목사가 이에 동의를 표했다.

　이사회는 1969년 3월 12일 먼저 이사회를 열어 총 사퇴서를 앞에 두고 선별적으로 처리를 했다. 신학부 교수들인 홍반식, 이근삼 교수의 사퇴는 반려했다. 당시 오병세 교수는 홀로 총 사퇴에 가담하지 않았기 때문에 취급될 대상이 아니

고려신학교(초창기 송도교정)

었다. 그런데 대학부의 5명 교수들(김진경, 김영재, 강기범, 정총해, 김성린)의 사표는 수리를 해버렸다. 이들만이 희생양이 된 셈이었다, 한상동 목사가 어렵게 교장취임 교섭을 수락하였다. 결과 학교의 문제가 일단 수습이 되어 평시보다 한 달이 늦었지만 4월 8일에 신학년도 첫 학기 개학을 할 수 있었다.

학교법인 고려학원의 인가가 난 후, 뒤이어 1968년 2월 28일 대학에 준한 각종 인가가 나고, 1969년 9월에는 대학 동등학력 인정 지정학교로 인정이 되었다. 1년 후인 1970년 12월 22일에 "고려신학대학" 설립인가가 나왔다. 결과 1955년에 대학 설립을 목적하고, 예과 2년제를 4년제로 개편하여 칼빈학원(대학)을 세운지 15년만에 그 목적이 이루어진 것이다.

그런데 "고려신학교 부설기관"인 예과가 정식 대학이 되어지므로, 교회와 신학교 중심을 말해 오던 개혁주의 생활에 굴절이 생기고, 학교의 행정 면에도 이변이 생기게 되었다. 원래 칼빈학원을 세울 때의 목적이 신학교와는 독립된 기독교 인문대학의 설립에 있었다. 인가를 받은 현재의 "고려신학대학"이 신학과 중심이기는 하지만 그 목적은 기독교 인문대학이었다. 그렇다면 개혁주의 영역주권(領域主權)의 원리에 따라 이 대학은 교회가 직영하는 것은 바람직하지 않았다. 그러나 당시 총회는 개혁주의 생활원리 문제에는 관심을 기울이지 않았다. 체제의 재정비에 대한 아무 대책 없이 대학인가를 진행했기 때문에, 부속기관이었던 예과가 대학인가를 받게 되자 지난날에 주체였던 신학교는 지난날의 부속기관에 종속되는 이변이 일어나게 된 것이다. 그래서 잠정적으로 "고려신학대학"이란 틀 속에서 신학교를 "신학본과"라 부르고, 대학과정을 "대학부"라 불렀다. 당시 신학교(신학본과) 교수들이 모두 대학의 교수로 등록은 하고, 강의는 "신학본과"에만 하게 되는 모순도 있게 되었다. 당시 신학본과 교수는 홍반식, 이근삼, 오병세, 허순길[17] 이었고, 대학부에는 교수 총사퇴 파동을 겪고 난 후 김용섭, 김성린, 정홍권이 새로 임용되어 봉사했으며, 나머지는 시간강사들의 도

---

17) 허순길(許淳吉) 박사는 1966년에 화란에 유학하여 Kampen의 Theologiche Universiteit에서 1969년에 Drs. 학위를 받고 일시 귀국하여 교수로 임용되어 교수하다가, 1970년 초에 다시 화란에 돌아가 1972년 8월에 신학박사 학위를 받고 귀국하여 교수로 봉사하기를 계속했다.

움을 받았다.

"고려신학대학" 설립 과정에서 고려신학교는 큰 위기를 맞았다. 고려신학교가 인간이 지배하는 인간의 기관이었다면 저런 계속된 파란 속에서 역사의 현장으로부터 사라졌을 수도 있었다. 그러나 인간의 과오로 점철된 역사 속에서도 주께서 친히 그의 교회와 학교를 보존하시고 지켜 주신 은혜가 나타났다. 사탄이 사역자들 사이에 분열을 일으켜 교회를 파괴하려 했지만 주께서 "악한 자"의 권세가 이기지 못하게 하시고 교회를 지켜 주신 것이다.

19.3 장로교 교리표준문서(敎理標準文書=信仰告白文書)의 수용

한국장로교회는 독 노회(獨 老會)로 출발할 때부터 웨스트민스터 신앙고백을 교회의 고백으로 채용하지 않았다. 한국 교회가 어려 아직 감당하기 어렵다는 이유로 웨스트민스터 신앙고백을 교회의 신경으로 채용하지 않고, 1904년 인도의 장로교회가 제정 수용한 "12신조"를 교회의 신경으로 받았다. 독 노회는 출발할 때 받은 "대한 장로 교회 신경 서문"에서, "대한 장로교회에서 이 아래 기록한 몇가지 조목으로 신경을 삼아 목사와 및 인허 강도인과 장로와 집사로 하여금 청종케하는 것"이라고 하고, "웨스트민스터 신경과 성경요리문답 대소 책자는 성경을 밝히 해석한 책인즉 우리 교회와 신학 학교에서 마땅히 가르칠 것으로 알며 그 중에 성경요리문답 적은 책을 더욱 교회문답으로 삼느니라"고만 했다.[18] 한국 장로교회는 그 터를 놓던 역사적인 순간에 장로교의 기반이요 교리적 표준인 웨스트민스터 신경에 마땅한 관심을 기울이지 않았다.

그런데 당시 한국교회는 웨스트민스터 신앙고백 내용을 소화하기에는 너무 어린 교회였다고 생각할 수 없다. 선교사들이 복음을 전한지 "이십 삼년 동안에 회개하고 주께로 돌아온 자가 근지 십 여만 명"[19]이고, 신학교가 설립되어 목사를 배출하는 단계에 있었던 것이다. 더욱 당시 신경수용이 일반 신자들을 위한

---

18) 대한예수교장로회 독노회 회록, p.24
19) Ibid., p.2

것이 아니고, 교회지도자인 직분자들을 위한 것이었다. 그렇다면, 더욱 웨스트민스터 신앙고백과 대 소 요리문답 전체를 수용했어야 마땅하다. 이는 초기 선교사들이 장로교 정체성을 드러내는 장로교신경(신앙고백)에 큰 관심을 갖지 않았음을 보인 것이었다고 볼 수밖에 없다. 이 사실은 이들이 장로교 독 노회를 조직하기 전에 이미 감리교회와 함께 하나의 "예수 교회"를 세우는데 의견을 같이 했었던 데서 잘 짐작이 된다. 이렇게 한국장로교회는 미국적 복음주의 경향을 가진 선교사들에 의해 개혁주의 장로교 교리에 강조를 두지 않는 교회생활이 정착되고 말았다. 이런 교회생활의 전통을 이어 온 한국장로교회는 장성한 교회가 되어서도 장로교 신경문제에는 별로 관심을 갖지 않고, 장로교 신경을 참고서 정도로 알고 지내왔다. 장로교의 근원지인 스코틀랜드 장로교회는 웨스트민스터 신앙고백을 직분자들 뿐 아니라, 일반 교인들도 입교시 받아들이게 되어 있다. 한국교회는 직분자들만 장로교 신앙고백을 받아들이므로 실상 직분자들만이 장로교인이고, 일반신자는 장로교회 교적부에 이름이 기록된 때문에 장로교인이 되어 있는 것이다. 어쨌든 한국 장로교회는 오랫동안 장로교 신경을 등한함으로 장로교의 정체성을 그대로 확보하고, 드러내지 못한 교회가 되었다.

그런데 늦게나마 고신 교회가 1966년 제16회 총회에서 교단 표준문서 연구위원을 내고 신경문제를 재정리하기 시작한 것은 다행이었다.[20] 위원으로 선임된 이근삼, 오병세, 홍반식, 박손혁, 한학수, 한명동, 서완선은 웨스트민스터 신앙고백, 대소요리문답, 정치, 권징조례, 예배모범을 각기 분담하여 작업하게 되었다. 그래서 3년 후인 1969년 총회가 "웨스트민스터 신앙고백과 대소요리문답"을 본 장로회 신조로 채용하기로 결의하였다.[21] 이는 장로교 한국선교가 시작된 지 85년째 되는 해였다. 고신교회가 이 신조를 장로회 신조로 채용했지만 여전히 이 신조는 직분자들의 것이고, 일반신자들의 것으로 채용되지는 않았다. 교회의 순수성의 보존과 참된 일치는 직분자들 뿐 아니라, 온 회중이 함께 같은 교리를 수용하고, 신앙고백을 할 때 가능한 것이다.

---

20) 총회 회록(제10호-20회), pp.151, 154
21) Ibid., 271

19.4 세계 개혁주의 교회와의 친교(親交)

고신교회는 1952년 독노회를 조직할 때부터 한국에 정착한 W.C.C.회원교회인 기존 네 외국 교회 선교부(미 북장로교, 남장로교, 호주장로교, 캐나다 연합교회)와는 관계를 갖지 않고, 고려신학교를 도와온 선교사들과 관계를 갖게 되었고, 이들을 통해 자연스럽게 이들이 속한 본국 교회와 친교관계를 가지게 되었다. 당시 고려신학교를 도운 선교사들은 미 정통장로교회(The Orthodox Presbyterian Church)의 한부선(B.F. Hunt) 목사, 성경장로교회(The Bible Presbyterian Church)의 마두원(C. Malsbary), 최의손(C.H. Chisholm), 함일톤(F. Hamilton) 등이었다. 한부선 선교사는 고려신학교 설립 직후인 1946년 11월부터 교수를 시작했고, 1947년에는 교수로 취임했기 때문에, 1955년 총노회(제4회)는 그를 정회원으로 받아들여 시취부원[22], 구제부 자문위원[23]으로 봉사를 맡겼고, 마두원 선교사 역시 회원으로 수용하여 구제부 국제회계로[24] 봉사하게 했다. 그러나 고신 교회가 이들의 본국교회와 공식적인 우호관계나 자매관계를 맺은 일은 없었다. 같은 신학과 신앙을 가져 서로를 인정하므로 서로 비공식적인 교회적 우호관계를 갖게 된 것뿐이다. 총회 시에는 위에 언급한 교회들로부터 친절 사절들이 파송되어 와서 참관하였고, 고신 교회에서도 주로 미국에 유학중인 목사들을 고신 교회 대표로 파송하여 그들 교회의 총회에 참석하게 했다. 위에 언급한 선교사들을 뒤이어 정통장로교회로부터 하도래(T. Hard)를 위시하여 여러 선교사들이 왔고, 개혁장로교 복음주의 총회(The Reformed Presbyterian Church-Evangelical Synod,-뒤에 The Presbyterian Church in America=PCA 에 병합됨)로부터 현요한(Rev. John Hunt) 신내리(Rev. A.R. Sneller)등이 와서 협력하였다. 뿐만 아니라 북미 개혁교회(The Christian Reformed Church in the North America)는 정식 선교사는 파송하지 않았지

---

22) 총회(고신) 회록(제1회-제10회), pp.38,48
23) Ibid., pp.56,60
24) Ibid., pp.56,60

만 총노회 제3회(1954)부터 거의 매년 일본에 있는 선교사를 대표로 파송하여 교회적인 친교를 보였고, 그 후 재정적으로 신학교를 상당히 돕기도 했다. 예장 "승동측"과 합동하기 전까지는 정통장로교회의 선교사인 한부선 목사는 고려신학교의 부교장으로까지 봉사하고, 같은 교회 소속 하도래와 미 장로교회(PCA)의 현요한 신내리 등은 고려신학교의 교수로 다양한 봉사를 함으로써 이들이 속한 양 교회와 고신은 자매교회 관계를 맺고 있는 것이나 별 다름 없는 관계를 유지했다.

그런데 합동과 환원의 과정을 겪는 동안 이들 선교사들은 매우 처신하기 어려운 자리에 들게 되었다. 지난날 예장 측은 경남(법통)노회를 축출하기 전 고려신학교에 협력하는 한부선을 위시한 모든 선교사들을 메첸파, 독선주의자들, 분리주의자들이라고 비난하고 노회를 향하여 관계 단절을 강요했다. 그렇지만 고신이 예장 "승동측"과 합동하게 되었을 때, 이들 선교사들도 함께 합동된 총회로 들어가 협력하게 되었던 것이다. 그런데 고신측은 이들과 아무 의논 없이 갑자기 환원을 해버렸다. 이 때 이들은 고신측과 함께 합동된 총회로부터 떠날 수 있는 어떤 정당한 이유를 찾을 수 없었기 때문에, 엉거주춤한 상태에서 "합동" 총회측에 남을 수밖에 없었다. 그러니 고신 환원 총회 시에 지난날의 고신의 동역자였던 선교사들은 한분도 참석하지 못했다. 그러나 다음 해인 1964년 제14회 총회시에는 한부선 목사가 정통장로교 친절 사절의 자격으로 참석하여 고신과 "우호관계를 더욱 굳게하자"는 인사를 건네게 됨으로 교회상호간의 관계의 회복을 보였다.[25] 그렇지만 형식상 한부선 선교사는 "합동"측에 속해 있는 선교사였다. 그렇기 때문에 같은 총회는 "미국정통장로교회에 본 교단에 선교사 파송해 주도록 요청하기로 가결을 했다.[26] 환원 후 정통장로교회(OPC)와 미장로교회(PCA) 선교사들은 "고신측"과 "합동측"의 중간에서 양 교회를 넘나들며 봉사를 해 오다 1980년대 말에 이상 더 한국은 선교지가 아니기 때문에 한국으로부터 완전히 철수하게 되었다. 이들 본국 교회들은 오랫동안 맺어온 교회적 관계를

---

25) Ibid., p.52
26) Idem.,

고려, 그들이 소유해온 모든 재산을 고신 교회에 희사하였다. 서울에 소재한 총회회관의 건축을 위해서는 미 정통장로교회(OPC) 선교회가 헌납한 재산의 도움이 컸다. 미장로교회(PCA) 선교회는 대전에 있는 부동산 모두를 고신교회 선교부에 희사함으로 현재 선교훈련원으로 사용되고 있다.

고신 교회가 외국교회들과의 공식적인 자매관계를 맺게 된 것은 1960년대부터였다. 첫 번째로 자매관계를 맺게된 교회는 "화란 개혁교회(자유)"(De Gereformeerde Kerken in Nederland, Vrijgemaakt, Art.31) 이다.[27] 제15회(1965) 총회는 이 교회와 우호친선 관계를 맺을 것을 결의하고,[28] 제16회(1967) 총회 시에 이를 재확인하였다.[29] 화란 개혁교회는 일반적으로 외국교회와의 관계를 맺을 때에 단순한 친선관계가 아닌 강단교류, 목사 청빙, 상호 자문까지도 서로 하게 되는 깊은 관계를 고려하게 되므로 대상교회가 가진 신앙고백과 정치내용을 다 살펴 결정을 하게 되기 때문에 시간을 요하게 된다. 화란개혁교회 총회는 1967년 11월 한국 고신교회와 자매결연을 공식적으로 결정했다.[30] 당시 화란에는 고신교회의 차영배, 허순길, 양승달 세 목사가 캄펀(Kampen)에 있는 그 교회의 직영신학대학교에 유학 중이어서 이들이 교회 상호간의 매체역할을 함으로써 교회간의 내적인 교류가 이미 이루어지고 있었던 것이다. 이 교회는 1944년 이미 신학과 교리적인 면에서 탈선한 총회에서 분열되어 새 교회공동체를 정비한 후, 외국교회와의 관계는 고신이 처음이어서 큰 관심을 보였다. 당시 고신 교회와 자매관계를 맺은 화란 개혁교회는 아직 저개발국가 처지를 벗어나지 못해 경제적으로 어려움에 처해 있었던 60, 70년대의 고신 교회의 신학교, 문

---

27) 이 교회는 31조파(Art.31) 개혁교회, 혹은 자유(Vrijgemaakt) 개혁교회라는 별명을 갖는다. 화란 개혁교회는 교회치리회가 잘못된 결정을 했을 때, 교회는 이 잘못된 결의를 한 치리회로부터 자유할수 있다는 규정을 교회법 제31조에 가지고 있다. 1944년 화란개혁교회 총회가 신앙고백내용과 교회법에 탈선된 결정을 하게 되어, 상당수 교회들이 그 31조를 따라 그 총회를 벗어나(자유하게 되어) 교회 공동체를 이루게 된데서 그 별명이 온 것이다.
28) 총회(고신) 회록(제10회-제20회), p.99
29) ibid., 153
30) *Acta van de Generale Syode van de Gerereformeeder Kerken in Nederland*, 1966-1967, pp.329-331

서사업, 개척전도를 위해서 여러 해 상당한 원조를 해 주게 되어 큰 힘이 되었다.

고신교회는 국제적 교회기구와의 관계에 있어서 매우 신중했다. 그 이유는 기존의 국제기구들이 거의 모두 신학면에 있어서 자유주의적 혼합주의 성격을 띠고 있었기 때문이다. 고신교회는 신학, 교리, 신앙, 생활에 있어서 순수한 개혁주의 교회를 지향하고 있기 때문에 처음부터 "세계교회협의회"(The World Council of Churches, 약칭 WCC)나 "개혁교회연맹"(The Alliance of Reformed Churches, 약칭 ARC)에는 가담하지 않았다. "세계기독교협의회"에 반대하는 국제기구로 조직된 "국제기독교협의회"(The International Council of Christian Churches, 약칭 ICCC)에도 가입하지 않았다. 1954년 고신 총회는 "국제기독교협의회"로부터 초청장을 받았지만, 총회는 단지 업서버 자격으로만 대표를 파송 했다.[31] 고신은 당시 ICCC의 회장 맥인타이어(Carl McIntire)가 속해 있는 성경장로교회로부터 파송된 마두원 목사가 고려신학교에 협력을 해 왔기 때문에 그 기구의 회원교회로 가입할 것에 대한 직 간접 요청을 받았다. 그러나 고신 교회는 그 조직체의 강조점이나 정책 운영면을 고려 계속 우호관계만을 가졌지 회원교회로 가입은 하지 않았다.[32] 그러다 1971년 총회는 한국에서 ICCC운동을 하고 있는 성경장로교 소속 선교사의 활동이 한국교회에 분열을 조장하고, 덕이 되지 못하는 일(불법 목사 안수등)을 하게 되어 ICCC와의 우호관계도 단절하게 되었다.[33]

고신 총회는 다른 국제교회조직인 개혁주의 에큐메니칼 대회(The Reformed Ecumenical Synod, 현재는 Synod 대신 Council을 붙힘,약칭 REC)와도 관계를 맺는 일에 신중했다. 1965년 총회가 RES의 가입건을 1년 보류했다가 다음 해인 1966년 총회에서는 그 기구로부터 초청을 받고 가입하기로 결정을 했다. 그러나 고신 총회는 가입결정만 했지 이 기구의 회원교회로 활동하지는 않았다. 당시 고신교회와 자매관계를 고려하고 있는 화란 개혁교회로부터 고신교회가

---

31) 총회(고신) 회록(제1회-제10회), p.29
32) 총회(고신) 회록(제10회-제20회), p.152 참조
33) 총회(고신) 제21회 회록(1971), p.21

이 국제기구에 가입하고, 대표를 파송하는 일에 우려를 표시해 왔기 때문이다. 원래 RES는 "개혁교회연맹"(ARC)이 신학적으로 개혁주의 보수 노선을 떠나 WCC의 한 산하 단체로 변질되어 버렸기 때문에 보수적인 개혁교회, 장로교회들이 새로운 출발을 위해 조직하게 된 국제기구였다. 그러나 출발부터 이 기구는 순수성을 상실했던 것이다. 그 기구의 주도적인 회원교회들 가운데는 WCC 회원 교회이면서 이 기구의 회원교회가 된 이중회원 교회들이 있었다(예, 화란의 소위 총회파 개혁교회와 인도네시아 개혁교회). 이는 이미 신학적으로 상대주의적 노선을 택하고 있음을 의미했다. 이런 사실을 알게 된 고신교회는 1968년에 화란 암스텔담에서 모이는 RES대회에 대표를 파송하지 않기로 하고 단지 형식적인 우호관계만 유지해 오다, 1971년 총회는 ICCC와의 관계를 단절함과 동시에 이 REC와의 관계도 완전히 단절하게 되었다.[34] 신학과 교리의 순수성을 파수하고 사는 길이란 외로운 길이었다. 1967년 화란 개혁교회(31조)와 자매결연을 맺으므로 양 교회는 개혁주의 신학, 신앙을 파수하고 촉진하는 일에 서로 협력을 두텁게 해가게 되었다. 70년대 이후 고신은 차츰 세계에 산재한 신실한 개혁주의 교회들과 교류를 넓혀가며 개혁교회들의 국제적인 기구조직에도 참여하게 되었다.

---

34) 총회(고신) 제 21회(1971) 회록, p.21

제20장 전진(前進) 속에 맞는 시련(1972-1980)

20.1 고려신학교 교사의 신축과 발전

1969년 9월 고려신학교 대학부에 대학 동등학력 인가가 난 후, 1970년 9월의 제20회 총회는 대학인가를 목표하고 거기 합당한 시설을 갖추기 위해 총 3천만원이 소요되는 3층 교사 610평을 신축하기로 결정했다.[1] 총회는 이를 위해 전국교회가 일차 헌금하기로 하고 이사, 교수가 지방유지를 방문하여 모금하기로 했다. 그런데 당시 한국의 경제 사정으로는 이 일을 진행한다는 것이 쉽지 않아 외부로부터의 도움이 절실히 요구되었다.

고려신학대학교의 교수들과 화란 캄파이어스 교수

1971년 말 자매교회인 화란 개혁교회(31조)의 직영 신학교인 캄펜 신학대학교(Theologische Universiteit in Kampen)는 학교 상호간의 이해와 교류 협력을 위해 당시 고려신학대학의 학장인 한상동 목사를 초청하게 되었다. 한상동 목사는 이 기회에 학교건물 신축을 위해 화란교회에 어떤 면으로든지 도움을 요청할 뜻을 가지고 1972년 3월초에 화란에 갔다. 당시 화란은 이미 세계 2차대전후 재건을 끝내고 경제적으로 상당히 부요한 나라가 되어 있었고, 그 곳 개혁교회는 어려운 한국 자매교회를 충분히 도울 수 있는 처지에 있었다. 그래서 그 곳에 유

---

1) 총회(고신) 회록(제11회-제20회), p.315 韓國長老敎(高神) 敎會略史, p.45

학중인 학생들과 의견을 나누고[2], 신학생 150명을 수용할 수 있는 교사와 기숙사 신축을 위해 25만 달러의 원조를 요청하기로 했다. 이 때 캄펜 신학대학교 교수들이 한국 교회와 신학교의 형편을 이해하고 이 일에 적극 지원을 해 주었다. 때 마침 5월에 이 교회의 총회가 열리게 되어 있어 한 목사는 총회 때까지 머물면서 이 교회의 외국위원회와 접촉하고, 총회에 참석하여 한국교회와 신학교의 사정을 설명하고 도움을 호소하기로 했다.

이 교회는 1944년 화란 개혁교회 총회의 교리적 탈선 때문에 분열되어 새로운 교회 공동체로 출발한 후, 외국 교회들과의 관계에 있어서는 처음으로 한국교회와 자매결연을 갖게 되어 관심이 컸다. 총회는 한국교회와 신학교의 사정을 듣고 신학교 교사 신축을 위해 적극 돕기로 결의하고, 모금하는 일에 적극 협조하도록 교회에 호소했다. 곧 모금위원회가 조직되고, 1972년 말까지 목표한 거의 전액이 약속되었다.

고려신학교(옛 송도교정)

한상동 목사는 화란교회 총회의 결정을 본 후 바로 귀국하여 교수회, 이사회를 중심으로 교사 신축 위원회를 조직하고 국내에서도 모금운동을 전개했다. 결과 화란교회가 모금해 보내준 것과 국내에서 모금된 약 1억 2천 만 원으로 지하 1층, 지상 3층 연건평 1,700평의 교사를 완공하여 1975년 8월 15일 준공을 보게 되었다. 이 때 고려신학교는 한국에서 신학교들 가운데 가장 훌륭한 건물을 갖게 되는 기쁨을 누렸다. 이제 고려신학교는 아름답고 넓은 학교건물을 소유하게 되어 내실을 갖추는 데 전념할 수 있게 되었다.

---

2) 1966년 8월에 화란에 유학 온 허순길 목사는 당시 Kampen 신학대학교에서 학위논문을 끝내고 그 해 6월에 신학박사 학위를 취득할 단계에 있었다. 그리고 박성복 전도사도 그 곳 학교에 와서 연구 중이었다. 당시 이 신학대학교와 화란교회는 이 곳에 유학하고 있는 학생들이 곧 돌아가 일하게 될 학교라는 데 큰 관심을 가졌다.

20.2 "법적 이사장"(法的 理事長)의 문제로 겪는 시련

교회의 성장과 부흥의 길에는 언제나 장애물이 생기기 마련이다. 화란 자매교회의 협력을 얻어 학교의 건물을 지을 수 있는 계기가 마련되고, 온 교회가 일심단합하여 모금에 동참함으로써 역사적인 과업을 수행해 나가야 할 때에 큰 시험이 오게 되었다. 사탄은 교회발전에 있어서 가장 중요한 시점을 포착하고 방해하기를 좋아한다. 이사회에 내분을 일으키고 교회에 분열을 초래한 것이다. 이 시험은 송상석 목사의 소위 "법적 이사장직" 주장으로 오게 되었다.

송상석 목사는 1972년 9월 제22회 총회에서 그의 4년 이사임기가 만료됨으로, 문교부에서 승인한 이사장 임기는 3년이 아직 남아 있지만 총회의 내규를 따라 이사직과 이사장직에서 물러나게 되고, 새 이사장으로 김희도(金熙道) 목사가 선임되었다. 그러나 총회 후 송 목사는 사무인계를 하지 않고, "임기전 해임" 문제에 대하여 문교부 장관에게 질의하여 문교부로부터 이사장으로 승인한 임기가 1971. 9. 30 - 1975. 9. 29라는 확인을 받았다. 문교부는 교회의 내규를 모르니 이사장의 임기는 4년이라고 규정되어 있는 정관에 따라 승인한 대로 알려줄 뿐이었고, 문의 자체에 대하여 "귀 질의의 내용을 이해하기 곤란하여 반려하오니 양지하시기 바랍니다"라고 까지 말했다.[3] 문교부의 답을 받은 송 목사는 이를 근거로 당시 총회장을 통하여 "비상 이사회"를 1972년 12월 29일에 소집 "법적 이사장"으로 재등장하는 계기를 마련하게 되었다.[4] 1973년 1월 2일 재단법인 산하 모든 기관은 송 목사로부터 그의 이사장직이 지속된다는 통고를 받게 되었다. 이 때 신학대학에서는 총회 직영학교로서 총회의 법과 약속(내규)을 부정하고, 정관을 빙자하여 이사장직의 지속을 주장하는 송 목사의 입장을 지지할

---

3) 송상석, op. cit., 문교부의 답은 다음과 같았다.
    2. 대학 1040, 32-2705, (71, 10, 13)로 "귀 법인 이사장의 임기를 71. 9. 30-75. 9. 29까지로 결정하고, 취임을 승인한 바 있으므로 동 이사장의 임기에 대한 의문이 있을 수 없으며, 따라서 귀 질의 내용을 이해하기 곤란하여 반려하오니 양지하시기 바랍니다. 끝"
4) 당시 총회장 손명복 목사는 송상석 목사와 같은 경남노회에 속해 있었다. 송상석, op. cit., pp.111, 112

수 없었다.

이러는 동안 신학교 주변의 상황은 심각한 국면으로 치닫고 있었다. 송 목사가 총회가 승인한 이사장에게 사무 인계를 하지 않으므로 학교법인 사무가 마비 상태에 들게 된 것이다. 이 때 학교측에서는 교사 신축을 위해 화란 자매 교회로부터 거액의 도움을 받고, 전국 교회가 하나가 되어 협력해야 할 시점에 이런 일이 일어나게 된 것을 안타깝게 여겨, 지방이사들을 방문하여 문제해결을 호소하기도 했다. 그러나 문제는 쉽게 해결되지 않았다. 그 동안 송 목사는 자기편의 학교법인 이사를 확보하기 위해 자기 뜻을 수용하는 분과 단 둘이서 이사회를 열고, 다른 두분 이사를 선임하여 이사회 회록을 만들어 당국에 이사신청서를 제출하게 되었다.[5]

총회가 승인한 김희도 이사회측에서는 이 사실을 발견하고 법정에 호소할 것을 고려하였다. 그런데 법정에 소송을 제기하는 문제는 매우 예민하고 심각한 문제이기 때문에 교수회에 소송문제에 대한 자문을 요구하였다. 이 때 교수회는 성경적 신앙고백적 차원에서 하나님께서 국가로 하여금 사법기관을 세워 사법권을 행사하게 하신 고로 교회가 해결할 수 없는 어떤 사건의 문제해결을 위해서는 사법권에 호소할 수 있다는 긍정적인 자문을 하게 되었다.[6] 이사회는 이 자문을 받자 곧 "이사장 직권정지 가처분" 신청을 법원에 냄과 동시에 형사 및 민사소송을 제기하게 되었다.[7] 교회의 사건을 바로 법정에 호소함으로써 해결을 받는다는 것은 불행한 일이었다. 마침내 법원에서 그의 유죄가 인정되고 이사장 직무 정지령이 내려졌다. 그렇지만 송 목사는 사무인계를 거부하고 직무대리 이기진(李起珍) 목사에게 이사장 직인을 맡겼다. 결과 김희도 이사장이 이끄는 이사회의 법인사무는 계속 제대로 집행이 될 수 없었다. 제23회 총회시 이사

---

5) 이사회로 모인 두분은 송목사와 이기진 목사였고, 참석하지 않았지만 참석한 것으로 기록된 두분은 류윤욱 목사와 지득용 장로였다. 그러니 실제로 두분이 모였지만 네분이 모인 것으로 회록을 남겼다. 당시 이사로 선임된 두 분은 최영구 목사와 김해룡 장로였다. 송상석 목사는 이런 사실에 관하여서는 그의 책 "法廷訴訟와 宗敎裁判"에서 언급하지 않고 있다.
6) 고려신학교 교수회: "신학적으로 본 법의 적용 문제"
7) 당시 소청 위원으로는 이사장 김희도 목사와 윤은조 장로였다.

가 개편되어 이경석(李敬錫) 목사가 이사장이 된 후에야 이사장 직인을 찾게 되고 법인 사무가 차츰 정상화되어 갔다.[8] 그런데 그 때의 심각했던 주변 상황에도 불구하고, 이사회가 교회 치리회인 총회에서의 교회적인 해결을 먼저 시도하지 않고 세상 법정에 호소했다는 사실에 주목을 하게 된다. 이사회는 다음 제23총회 때까지를 기다리지 못했다. 교회가 해결할 수 없는 법적인 어떤 문제해결을 사법권에 호소할 수 있으나, 이사회는 교회치리회(총회)에서 이 문제의 해결을 위한 시도를 아직 한번도 해 보지 않았던 것이다. 이 모든 것은 문제해결을 위해 인내로서 사무적이고 합리적인 길을 밟아 가기보다는 당면한 문제를 빨리 해결하려는 조급성을 보였다는 사실을 보여준다. 한국 교회의 역사를 회고해 볼 때, 교회에 어려운 문제가 대두 될 때마다 나타난 조급한 해결이 오히려 미래에 더 큰 어려움을 초래했음을 보게 된다.

그런데 법리에 밝은 송 목사가 왜 총회의 법에 도전하여 저런 태도를 취하게 되었는지 그 이유를 찾기가 힘든다. 그러나 오랫동안 교회 안에 지속되어 온 일종의 교권 대결 구도에서 어느 정도 추단을 하게 된다. 한상동 목사를 중심한 부산의 고려신학교 주변과 송상석 목사를 중심한 경남노회 사이에는 늘 긴장이 조성되어 왔었다. 이것이 교권장악을 위한 긴장으로도 비쳐져 왔다. 그런데 이제 두 분이 다 노년에 들어 봉사생활의 종점에 이르고 있었다. 이 때 한상동 목사는 출옥 성도요, 고려신학교 설립자로 인정과 존경을 받아 왔고, 현재에도 학장의 자리에 있는 형편이었다. 그런데 송상석 목사는 훌륭한 목회자로 인정을 받지는 못했으나, 그동안 교회의 정치영역에서 고신을 변호하여 왔고, 어떤 때는 한 목사에게 방패막이 되어 주기도 했던 것이다. 그러니 자신도 남은 생애에 한 목사와 대등한 대우와 존경을 받기 원한 것으로 보이는 것이다. 송 목사도 그의 이사장 재임 시(1968-72) 이루어진 일에 대해 상당한 자부심을 가질 수도 있었다. 그동안 고신대학 설립인가가 났고(1970. 12. 22.) 화란의 교회기관이 중재하는 화란정부의 원조를 얻어 간호학교 건물을 신축 완공할 수 있었다.(1971. 8. 30) 그가 이에 대한 상당한 자부심을 느끼고 있는 동안, 한 목사의 화란 방문으로 자매

---

8) 총회 제23회 회록 Ibid., p.27 이사장 이경석, 부이사장 김경래, 서기 이선, 회계 주영문

교회의 원조가 결정되어 학교의 건물을 신축할 수 있는 기회가 마련되었다 (1972. 5.) 그는 이사장으로 재임하는 동안 학교 건물을 신축함으로써 학장인 한 목사와 거의 같은 공로를 인정받고, 대우를 받기 원한 것으로 여겨지는 것이다. 송 목사 스스로가 "이사장 쟁탈전"을 화란 원조금 관리에 대한 주도권싸움으로 보았던 것이 이를 더욱 짐작하게 한다.[9]

이런 동참욕에 대한 증거는 그가 아직 이사장이었던 때인 1972년 3월 작성했던 "학교법인 대한 예수교장로회 총회 고려학원 정관 시행세칙"에서도 나타났다. 그 부칙 제5조에 "정년 퇴직한 이사장, 학장 및 병원장의 대우"가 언급되었는데, 시행세칙 제정당시의 이사장, 학장, 병원장에게는 은퇴 후 생활비를 지급하도록 규정되어 있었던 것이다.[10] 현직 목사로 교회를 봉사하는 분이 몇 년 동안 학교 법인 이사장으로 봉사했다 하여 은퇴 후 교회가 아닌 법인으로부터 생활비를 지급 받도록 규정한 것은 이해하기 어려운 일이다. 이런 규정은 교회봉사라는 차원을 벗어난 교권차원의 관점에서 나온 착상이었다고 이해 할 수밖에

---

9) 송상석, op.cit. p.106 이사장 문제가 법정 문제가 되어 온 교계가 혼란 속에 있을 때, 고려신학대학 본 전수과 2학년생 일동은 "화란 31조파 교인들의 헌금을 욕되게 할 수 없다"는 "취지문"을 만들어 교회에 발송했다. Ibid., pp.120-122 참조. 당시 필자는 화란 유학 중에 있으면서 화란을 방문한 한상동 목사와 고려신학대학 신축 자금 보조 청원에 직접관계하고 그해 학위를 받고 돌아와 학교 교수로 봉직하면서 화란교회와 연락을 계속하는 역할을 했기 때문에 그 당시의 형편을 잘 살펴 볼 수 있었다.

10) 송상석, op.cit., pp.223-224 附則
第5條 停年 退職한 理事長, 學長 및 病院長의 待遇는 다음과 같다.
1. 본 시행세칙 제정 당시의 고려학원 및 재단이사장은 정년은퇴하면 명예이사장으로 추대하고 생활비를 지급한다.(註 총회결의 정신은 이사장의 대우를 학장과 같이하기로 되었음)
2. 본 시행세칙 제정당시의 고려신학대학장은 정년이 되었을지라도 기득 발령연한까지 지속한 후 명예 학장으로 추대하고 생활비를 지급한다.
3. 본 시행세칙 제정당시의 복음병원장은 정년은퇴와 동시에 명예원장으로 추대하고 그 생활비를 지급한다.(제5조 3항 참조)
4. 위의 각 항을 실행하기 위한 방안을 세우기 위하여 이사장은 이사회에서 고려신학대학은 교무위원회에 이사장 합석으로, 복음병원은 간부회의에 이사장 임석으로 의결하여 총회 승인을 받아 실행한다.
1972.3.16에 기초된 이 시행세칙 기초위원은, 위원장에 송상석, 위원에 한상동, 유윤욱, 장기려, 남영환이었다. 그런데 이 시행세칙이 통과되어 시행되어지지는 않았다.

없다. 이는 지난날 총회 교권에 의해 심각한 피해를 받고, 교권을 경계해 오던 고신 교회 안에 차츰 비정상적인 교권의식이 자리잡게 되었음을 보여주는 것이었다.

20.3 법정소송문제에 대한 공방(攻防)

"소위 법적 이사장"문제는 법정에서 해결이 되었지만 그것으로 문제가 해결된 것은 아니다. 송 목사의 법적 이사장 주장과 그의 불법한 처사에 대한 이사회의 법정을 통한 사법적인 대응은 교회 안에 큰 파장을 몰고 왔다.

1973년 9월 20일 마산 제1문창교회 예배당에서 제23회 총회가 모였다. 이 총회는 개회 벽두부터 "형제가 형제를 상대로 형사소송"을 한 일이 가하냐에 대한 논란이 크게 일어 비상정회를 해야 했고, 총회를 계속할 형편이 못되어 교섭위원을 낸 후 정회를 하게 되고, 그 해 12월 17일에 다시 속회로 모이게 되었다. 속회된 총회는 이제 임원선거를 하여 회장에 강용한 목사, 부회장에 권성문 목사, 서기에 이기진 목사가 당선되므로 송 목사와 경남노회를 동정하고 지원하는 분들이 거의 당선된 셈이다.

그런데 경남노회 안에는 이미 분열이 일어나고 있었다. 송상석 목사를 지원하는 대세와 이에 반대하는 소수간에 알력이 생겨 소수편이 노회로부터 상회권과 당회장권을 박탈 당하게 되어 총회에 소원을 하였다.[11] 총회는 재판회를 열어 경남노회에 "제23총회가 필한 후 10일 이내에 경남노회를 소집하여 소원인들을 원상 복구시키도록 지시"를 했다.[12]

송상석 목사를 상대로 형사 소송을 한 문제에 대해서는, 소송을 한 당사자들인 이사장 김희도 목사와 윤은조장로가 "교단의 평화와 단결과 건덕을 위해" 총

---

11) 경남(법통)노회는 심상동, 정주성, 전재린 목사에게는 총대권, 노회원, 지교회 당회장권 박탈, 신태은, 박찬규, 권오정 목사 등에게는 노회권, 지교회 당회장권 박탈이란 징계를 했다. 이유는 정화노회라는 명목으로 노회를 분열하는 일을 계획했다는 것이었다. 제23회 총회록, pp.59-65 참조.
12) 제23회 총회록(1973), p.21

회 앞에 사과를 하였다.[13] 그리고 총회는 소송문제에 대하여 "성도와 성도간의 소송문제에 있어 이의 신학적 해석이나, 성경적이냐, 아니냐에 대한 주장을 투표로 결정짓는 일은 신중을 기해야 하는 성질이므로 하지 않기로 한다. 그러나 성도간의 소송행위가 결과적으로 그 원인여하에 고사하고 신앙적이 아니며 건덕상 소망스럽지 못하다는 사실에 유의하여 아니하는 것이 총회의 입장이다"는 결의문을 채택했다.[14]

또 제22 총회 이후 쌍방 이사회에서 처리한 건은 무효로 돌리고 원점으로 돌아가 15인 이사회가 재출발한다는 것을 재확인하고, 재편된 이사회의 이사장은 이경석 목사가 되었다.[15] 이 총회 중에 송상석 목사와 한상동 목사가 각각 신상발언을 했다.[16] 이로써 불행했던 송목사의 법적 이사장 문제와 소송문제등은 피상적으로 볼 때 일단 해결된 것처럼 보였다. 그러나 문제는 이것으로 끝나지 않았다.

1974년 9월 19일 제24회 총회가 부산남교회에서 모였다. 총회임원을 선거하기 전 개회벽두부터 전 총회장 강용한 목사가 긴급안건을 발표하므로 혼란이 일어나 회의가 정상적으로 진행되지 못했다.[17] 전 총회장이 하단하게 되고, 증경 총회장인 손명복 목사가 등단하여 사회를 했다. 회는 임시의장을 노회장 회의에서 선출하기로 결의하여 김종만 목사가 임시의장으로 선출되어 임원선거를 진행했다. 임원에는 회장 윤봉기(尹鳳基), 부회장 김주오(金周悟), 서기 한학수(韓學洙) 등으로 지난해와는 전혀 달리 송목사측에 대해 부정적인 입장을 취하고 있는 분들이 선출되었다. 언제나 한국교회의 역사는 임원진의 선출에 따라 총회

---

13) Ibid., pp.29, 31
14) Ibid., p.31
15) Ibid., pp.27, 32
16) Ibid., p.23 총회장 강용환 목사는 폐회시 송상석 목사에게 축도를 부탁했다.
17) Ibid., pp.5, 19, 20 강용한 목사는 총회장으로 총회벽두에 긴급제안건을 내어 놓음으로 총회를 소란하게 한 일에 대하여 총회는 총회앞에 공적으로 사과하도록 결의했으나 이를 불복했기 때문에 특별재판국에서 처리하기로 결의했다. 특별재판국은 1974년 10월 17일 "3년간 자격정지(총회 총대 및 노회투표권 및 피선거권 정지: 1974. 10. 17-1977. 10. 16)" 처분을 내렸다. 제25회 총회록(1975), pp.67-69

의 향방이 가늠되어 왔다. 이것이 이 총회에서도 확연히 드러 나게 되었다.

이제 총회는 지난 총회(제23총회)가 결정하여 경남노회에 지시한 것(소원한 분들의 원상복귀)을 이행하지 않은 것을 엄하게 다루게 되었다. 총회는 재판회를 열어 총회가 지시한데 대하여 불복을 건의한 분들과 노회임원들에게 3년간의 총회 총대권, 노회 임원 피선거권을 박탈하는 징계를 내렸다.[18] 또한 총회는 경북노회로부터 "송상석 목사 비행에 대한 처리 건의건"을 받아들여 특별재판국을 설치하여 처리하기로 하고, "소송에 대한 결의 수정 건의건"도 받아들여 처리하기로 결의했다.[19] 결과, 총회는 소송에 대한 지난 총회의 결정을 "사회법정에서의 성도간의 소송행위가 결과적으로 부덕스러울 수 있으므로 소송을 남용하지 않도록 하는 것이 총회의 입장이다"로 수정 가결하였다.[20] 당시 투표 결과는 찬성 72, 부 7, 기권 1이었다. 이 때 경남노회 총대는 이 결의를 거부, 항의서를 제출하고 총퇴장했다. 교회의 치리회가 어떤 중대한 문제에 관하여 신학적, 교리적, 역사적 관점에서 충분한 연구, 토론의 과정을 거치지 않고 정치적인 결정을 하게 될 때, 미구에 큰 시험을 교회에 초래하게 되는 것이다. "소송을 남용하지 않도록 하는 것이 총회의 입장이다"라고 한 수정결의는 지난총회에서 결의한 건덕에 유의하여 소송을 "아니하는 것이 총회의 입장"이라고 한 결의와는 전적으로 상반되는 결의로서 소송 가능한 한계가 전혀 명시되지 않아 오히려 소송이 남용되기 쉬운 결의였다. 정치적 차원에서의 결의는 언제나 교회에 손해를 가져오기 마련이다. 이제 총회와 경남노회는 극단적으로 대립하게 되어 분열의 위기로 치닫게 되었다.

제24회 총회가 송 목사 건을 취급하기 위해 설립한 특별재판국은 세 번 개정

---

18) 제24회(1974) 총회록, p.61 벌을 받은 분들은 이기진, 권성문, 송상석, 박장실, 김해룡, 송명규, 정판술, 서봉덕, 현기택, 박기창 이었다. 이 분들은 경남노회에서 원로 중진에 속한 분들이기 때문에 노회 자체가 벌을 받은 것이나 다름이 없었다.
19) Ibid., pp.12, 20, 24 공천된 특별재판부원은 목사: 강호준, 신현국, 심군식, 민영완, 박은팔 장로: 김수복, 변종수, 손기홍, 조인태였다. 그리고 기소위원은 한학수 목사와 전성도 목사였다. 특별재판국 조직: 재판국장 민영완, 서기 신현국, 이하 국원은 위에 언급된 분들이었다.
20) Ibid., pp.12, 23

을 하게 되었다. 그러나 송 목사는 경남노회 소속 목사에 대한 소안건을 경북노회가 직접 총회에 제소할 수 없다는 이유로 총회와 재판국의 불법성을 지적하면서, 재판에 협력하지 않았다. 결국 재판국은 그의 비행 사실을 근거로 1974년 12월 4일 그에 대해 면직(免職) 선고를 내렸다.[21] 목사에게 면직이란 사형선고나 다름이 없는 것이다. 그에게 불법행위가 있었던 것은 사실로 나타났다. 참교회의 표지 중 하나가 교회의 바른 권징임을 고려할 때 교회지도자가 범죄했을 때는 평신도에게보다 더욱 엄한 권징이 가해져야만 하는 것은 당연하다. 특별재판국은 교회 내에 자리 잡은 "속화된 교권과 부패의 요소"를 제거하려는 개혁의 의지를 가지고 그에게 엄한 권징을 가했다고 한다.[22] 그러나 교회도 아직은 부패한 인간성을 가진 불완전한 인간들의 공동체요, 교회 안에는 인간 관계가 서로 복잡하게 얽혀 있기 때문에 한 지도자에 대한 극단적인 권징은 교회생활에 심각한 후유증을 가져올 수 있다. 그리고 권징시행의 목적 중 하나가 치유(治癒)라고 생각할 때, 극단의 권징은 오히려 치유하기 어려운 결과를 가져올 수 있다.

송목사는 고신교회 역사의 시초부터 정치적으로 매우 중요한 역할을 해 왔다. 일찌기 총회가 고려신학교의 노선을 옹호하는 경남노회의 해체를 강행하려 했을 때, 그는 총회의 교권에 대항하여 경남노회의 법통성과 고신의 정통성을 확보하는 일에 주도적 역할을 했다. 그러니 특별히 그와 경남(법통)노회는 역사적으로 불가분의 관계에 있었던 것이다. 그래서 경남노회는 그가 은퇴할 때 공로목사로 추대했고, 25년간(1948-1974) 담임목사로 시무해 온 제일 문창교회는 그를 원로목사로 추대했다. 이런 그가 면직을 당하게 되었으니, 그의 범한 비행에도 불구하고, 경남노회 안에는 큰 파장이 일게 된 것이다.

송 목사의 면직에 대한 "총회재판국 지시에 대한 결의"의 통고를 받은 경남노

---

21) 제25회 총회록, pp.70-74 송상석 목사의 죄는 총회 불복종, 문서위조, 거짓증거, 공금유용 등이었다. 특별재판국(9명)은 먼저 시벌 종류에 대한 투표를 했는데 제명출교, 1, 면직 3, 정직 2, 자진근신 1, 권계 1, 기권 1 이었다. 득표 순위에 따라 투표하여 "면직"이 6대3으로 가결되었다. 재판국원 가운데 3명은 피고인 송상석 목사를 지원하는 편에 서 있었지만 이 재판국에 끝까지 동참했었다.
22) Ibid., pp.66,87 총회 특별재판국 보고 서론 참조.

회는 1974년 12월 16일에 임시노회를 열고 그 통고서를 거부 반려하였다.[23] 이후 1975년 한 해 동안 기독교계 신문들(크리스찬 신문, 연합신문, 기독신보)은 고신교회 안에 일어난 이 사건들을 거의 매주 다루게 되었고, 경남노회에서 나온 성명서, 호소문, 총회 특별 재판국의 재판전말서 등이 신문 하단을 메우게 되었다. 이것은 신앙의 정통과 생활의 순결을 부르짖어 온 고신교회의 변색된 당시의 모습을 보여주는 것만 같았다.

20.4 경남노회의 행정보류와 이탈(離脫)

제25회 총회가 1975년 9월 25일 부산 남교회당에서 모였다. 이 총회에는 지난번 총회 특별재판국 국장이었던 민영완 목사가 회장으로 선임되고, 부총회장에 최만술 목사, 서기에 한학수 목사가 선임되었다. 이 선임된 임원진의 면모는 지난 제24총회에 이어 이 총회도 송 목사와 경남노회에 대한 단호한 입장의 계속을 시사하는 것이었다. 총회 이후 경남노회에 대한 총회 대책위원회는 경남노회가 총회 사무부의 지시를 거부함으로 1975년 5월에 총회 지시를 순종하는 노회원을 중심으로 경남노회를 계승하는 노회를 조직했다. 그러니 기존 경남(법통)노회 총대들이 총회에 왔으나 호명이 되지 않았고, 곧 총회 대책위원회의 경남(계승)노회 조직에 대한 보고가 있자 총회는 이 계승노회의 총대를 받아들이게 되었다. 이렇게 되자 기존 경남노회 총대들은 9월 26일 "총회가 정상화하기까지 행정 보류"하기로 결의하여, 그 결의문을 내고 총회를 떠나게 되었다.[24] 총회는 이 행정보류를 "본 교단을 이탈한 행동"으로 규정하였다.[25]

총회를 이탈한 경남노회는 1975년 10월 9일자로 총회가 불법을 행했음을 주장하는 장문의 성명서를 크리스찬지에 발표했다. 거의 30년 동안 송 목사의 정치적 영향아래 있어온 경남(법통)노회는, 그 임원진과 송목사가 총회의 권징을

---

23) 송상석, op. cit., p.175 경남노회가 총회장 및 특별 재판국장 앞으로 보낸 편지 참조.
24) 송상석, op. cit. p.183
25) 총회 제25회(1975), p.23

받게 되자, 사건 자체의 핵심보다는 정치적인 시각에서 판단하게 되고[26] 송 목사의 논리를 수용하여 그를 지원하게 된 것이었다.[27] 이로써 고신 교회는 내분과 분열의 비극을 초래하게 되었다.

그런데 교회의 분열은 경남 노회뿐 아니라 경기노회에서도 일어나 총회를 이탈하는 분들이 생기게 되었다. 이들은 제23회 총회가 성도간에 "소송을 하지 아니하는 것이 총회의 입장"이라고 결의했으나, 제24회 총회가 그 결의를 재론하여 "소송을 남용하지 않도록 하는 것이 총회의 입장이다"라고 수정한 것은 고전 6:1-8의 말씀에 위배되는 비성경적 결정이라고 주장하였다. 그래서 경기노회 안에 소수로 이루어진 소위 반고소파(反告訴派)가 생김으로 내분이 일어나게 된 것이다. 제24회 총회 후에 곧 모인 1974년 10월의 경기노회는 성도간의 불신법정 소송에 대한 연구위원을 내게 되었고 그 연구위원들의 연구서가 1975년 9월에 제출되었다.[28] 그런데 이 반 고소파에 속한 다수는 자연스럽게 경남노회와

---

26) 송상석, op.cit., pp.185-187 참고.
경남노회가 1975년 10월 12일자로 발표한 "호소문"에 보면 정관외에 교회가 내규로 만들어 합의한 것을 무시하고 "정관을 총회가 결의작성하여 문교장관의 허락을 받은 것이므로 이 정관에 위배되는 행위는 곧 총회결의를 위반하는 것이 되고 마는 것이다"라고하므로 송 목사의 법적이사장직 주장을 옹호하고 있음을 본다. 그는 4년 임기 이사로서 선임되어 (1988,9) 임기 1년을 남겨두고, 이사장으로 선임되었던 것이다(1971,9). 이사임기가 지나면 (1972,9), 이사장 직도 끝나야 하는 것인데, 그는 정관에 이사장 임기가 4년이고, 1년 전에 문교부장관에 의해 승인되었으니 임기가 3년이 남아 있다는 주장을 한 것이다. 경남노회가 이러한 송 목사의 주장을 뒷받침해 준 것은 그를 위하는 일은 되지 못했다.

27) Ibid., p.185와 pp.49, 50을 참조. 경남노회는 이 사건을 韓, 宋의 "헤게모니 쟁탈전" 혹은 "화란 원조금 주관권을 노린 이사장 쟁탈전"으로 돌리고 있을 뿐아니라, 송목사는 평화적인 해결을 위해 경남노회가 평화사절단(손명복, 송명규, 박윤섭)을 한상동 목사, 한명동목사에게 파송하여 평화적 해결을 위해 간청했으나 한상동 목사가 "송상석 목사를 처리하지 않고 화해하면 고려파 교단은 망한다"했다는 말을 기록하고 있다. 이 내용의 사실 여부를 떠나 그 때의 상호 관계가 어떠했음을 느끼게 한다.

28) 송상석, op.cit., pp.209-217 "성도간의 불신법정 소송에 대한 연구 보고"를 참조 할 것. 당시 연구 위원은 하찬권, 박성호, 석원태, 정승벽, 김만우 목사였다. 그런데 당시 연구위원장인 하찬권 목사는 제25회 총회 전에 "기독신자간의 불신법정 소송문제 연구"라는 논문을 전국교회에 산포하여, 이 혐의로 총회는 노회 발언권 중지를 지시하기로 결의했다. 제25회 총회록 p.29 참조.

정신적인 연관을 갖게 되었다. 경기 노회원들 중에서 반고소의 소리가 높아지자 송상석 목사는 크게 격려를 받게 되고, 1973년의 그에 대한 민형사 소송에 직간접으로 관련된 사람들과, 제24회 총회에서 소송에 관한 제23회의 결의를 수정한 총회측을 "고려파 교단 고소파"로 이름지어 예리한 비판을 가했다.[29] 송목사는 1976년 9월에 "법정 소송과 종교재판"이라는 책을 펴내었다. 거기에서 그는 자신이 예배당을 확보하기 위해 오랫동안 법정소송에 관련해 온 일에 대하여는 성경적 처사로 변호를 하고[30], 성도간의 법정 소송에 대하여는 고전 6:1-8을 들어 비성경적이라는 논리를 폈다.[31] 여기서 송목사는 실상 이론, 행위 양면에서 모순을 남겼다. 그는 자신이 10여년 동안 예배당 확보를 위해 타교파에 속한 성도들을 상대로 법정소송을 해 왔을 뿐 아니라, 자신이 총회로부터 징계를 받은 후인 1975년 초에 총회에 속한 목사 15명을 상대로 형사고소를 했던 것이다.[32] 그는 반 고소를 외쳤지만 결코 반 고소 입장의 생활을 보여주지 않았다.

---

29) 송상석, op. cit., p.35
30) Ibid., pp.28, 43 그는 느헤미야, 스룹바벨, 에스더가 "하나님의 성전과 예루살렘성을 구원하기 위하여 불신 왕에게 호소하여 성공한 일들을 비성경적이라 할 수 없을 것이다"라고 하며, "교회재산의 욕심에서가 아니고 성전(예배당) 곧 여호와 하나님의 제단에 충렬적인 사상은 바알의 제사장들을 물리치고 여호와의 제단을 쌓든 엘리야의 제단을 쌓아야 하겠다는 것이 당시 고려파 소속 교인들의 지배적인 여론이었던 것이다"라고 한다.
31) Ibid.,pp.29-37 1957년도에 박윤선 박사는 바로 이 고전 6:1-8을 근거로 송상석 목사가 예배당 건물 확보를 위해 여러해 계속하고 있는 소송에 반대했었다. 1957년도 3월호(61호)에 실린 박윤선 박사의 "우리의 걸어갈 길" pp8-18을 참고. 그런데 이제 송상석 목사가 같은 성경 구절을 근거로 소송을 반대하고 있다.
32) 총회 제25회(1975) 회록, p.7, 제26회(1976) 회록, pp.76-78 송 목사는 "출판물에 의한 명예 훼손" "사문서위조 및 동행사" "공문서 부실기재 및 동행사"등의 죄목으로, 윤봉기, 민영완, 한학수, 변종수, 최만술, 오병세, 신현국, 이용기, 김주오, 고 한상동, 한명동, 이경석, 전성도, 김희도, 홍관표를 걸어 형사고소 했다. 부산지검에서 무혐의 처리가 되자, 그는 대구고검에 재정신청(소위 항고)을 내었다. 그러나 이 재정신청은 위 15인을 무혐의 처리한 부산 지검과 송상석 목사의 싸움을 의미하게 되는 것인 고로 승산이 없는 것을 안 송 목사는 대구 고검장 앞으로 1976. 6. 24일에 취하장을 내게 되었다. 그렇지만 송목사는 그의 항고취하 이유로 "...基督敎知性人 社會에 呼訴하여 聖經과 敎團憲法대로의 輿論攻勢의 審判을 받게 하는 것이 法官들을 괴롭히는 것보다 簡便할 줄 알아서 本件 法廷抗告를 取下합니다"라고 했다. 송상석, op.cit., p.200

송상석 목사에 대한 권징이 있은 후 고신 총회를 이탈한 두 집단이 생기게 되었다. 하나는 이미 언급한 대로 행정보류를 해 나간 경남노회였고, 다른 하나는 경기노회에서 소위 반고소 운동을 일으켜 교회분열을 조장했다는 혐의로 경기노회에 의해 징계를 받았거나, 행정보류를 한 분들이 1975년 10월 27일 경기노회(소위 반 고소파)를 조직함으로 이루어진 집단이었다.

그런데 소송 반대를 이유로 총회를 이탈한 이 양 노회에 속한 분들은 일찍부터 독자적인 길을 모색하고 자파 신학교를 세우기로 기획하여, 1975년 1월 25일 연락처를 경향교회당(昔元太 목사 시무)으로 정하고 학교설립을 위한 준비에 들어갔다.[33] 이들은 1970년 부산 고려신학교의 대학부가 고려신학대학으로 인가되어, 고려신학교라는 이름이 더 이상 사용되지 않게 된 것을 이용하여, 반고소파 노회를 조직하던 그 날(1975. 10. 27), 고려신학교의 복교를 선언했다.[34] 그리고 이들은 1976년 3월 6일에 서울에서 소위 "고려신학교" 개교를 하고, 1976년 4월 14일 서울 평창동 11번지 소재 삼각산 제일기도원 별관에서 고려신학교 현판식을 가졌다.[35] 1976년 10월 29일에 소위 "반고소 고려파 대한 예수교 장로회 총회"를 조직함과 동시에, 이 학교를 총회직영으로 결의하므로 하나의 교파를 만들었다. 그런데 이 소위 "고려신학교"는 역사적 고려신학교와는 실상 아무런 관련이 없다.

그런데 이들의 총회는 일년이 가지 못해 분열을 겪게 되었다. 반고소의 기치를 내세우고 그 총회를 주도하기 원했지만 그 뜻을 이루지 못하게 된 석원태 목사 측은 1977년 총회 전에 또 다른 반 고소 총회를 조직하고, 기존 반고소 총회

---

33) 高麗神學校復校 20周年 紀念論文集, 京鄕文化史, 1996, pp.27, 28 (註 여기 高麗神學校는 석원태 목사가 경영하는 학교를 가리킨다.)
34) 송상석, op. cit., pp.195-197
35) 高麗神學校復校20周年 紀念 論文集, 경향문화사, p.23
    1976. 4. 24일자 크리스찬 신문과, 같은 날자의 기독신보에 "반고소파"가 고려신학교 새 이사를 구성하고 현판식도 가졌다는 기사를 실었다. 이 때 경기 반고소파와 경남노회 행정보류측이 규합을 했다. 이사장은 김주락 목사, 부이사장 이기진 목사, 서기 석원태 회계 박윤섭 장로 등이었고, 고려신학교 교장 서리는 손명복 목사였다. 당시 교수 명단에는 초교파적으로 차영배, 신성종, 최의원, 김진홍, 탁명환, 석원태 등이 들어 있었다.

를 이탈하게 되었다. 결과 소위 반 고소측은 "대한예수교장로회 (고려) 총회"와 "대한예수교장로회 (반고소) 고려 총회"로 분열하게 되었다. 순수한 진리와 신앙을 생활의 표준으로 삼지 않은 일종의 영웅심과 교권욕이 분열된 교회를 다시 분열하는 핵분열의 비극을 가져오게 한 것이다.[36]

어쨌든 송상석 목사를 상대한 소송과 그에 대한 목사면직이라는 극단적 처리는 고신교회의 전진에 큰 장애를 가져 왔고, 분열을 가져오므로 힘의 분산을 초래했다. 송상석 목사는 일반적으로 훌륭한 목회자라고는 인정받지 못했다. 그러나 그는 교회정치가로서의 예지를 가진 지도자였다는 사실은 잘 알려져 있다. 그는 예배당 확보를 위해 여러해 동안 법정투쟁을 하므로 교회에 덕을 세우지 못한 부정적인 면이 큰 것도 있었다. 그러나 1947년 고려신학교를 위해 위험을 무릅쓰고 만주까지 가서 박형룡 박사를 모셔올 만큼 신앙적 모험을 보였고, 총회의 교권에 대결하여 법적으로 경남(법통)노회를 변증하고 고려파 교회의 역사적인 터를 놓는데 탁월한 지도력을 발휘했다. 그리고 승동측과의 합동시 과속을 경계했을 뿐 아니라, 조심스런 접근을 시도했다. 환원과 관련해서도 합동총회 바로 다음 총회인 1961년 9월 총회에서 이미 승동측이 다수의 힘으로 합동원칙을 파기하고 있다고 비판하고, 경남노회 총대를 이끌고 퇴장하므로 행동적 항의를 보였으며, 합동의 와해를 경고했다. 환원 시에는 환원의 불가피성을 법적으로 논증하고 변증하므로 큰 기여를 했다.

그렇기 때문에 송 목사가 범한 큰 허물에도 불구하고 교회 일각에서는 그에 대한 "목사 면직" 처분만큼은 납득하기 어려워했다. 특히 고려파 운동 출발부터 신앙면에는 한상동, 신학면에는 박윤선, 정치면에는 송상석이 삼두마차 격이 되어 고신교회를 이끌어 왔다 보기 때문이었다. 한상동, 송상석 두 분은 처음부터 고신교회 건설의 동역자였지만 사건을 이해하고 처리하는 방법에 있어서는 언제나 대치관계를 이루어 온 서로 어려운 상대였다. 특별히 "가이사회조직 사건(或은 理事會私組織 事件)" 이후 두 분의 관계가 매우 첨예하게 대립되었다는 것

---

[36] 당시 석원태 목사측에 선 목사들 중에 고려신학교 출신은 석원태 목사 자신 외에는 단지 윤장근, 김태윤 두 목사 뿐이었던 것으로 알려져 있다.

은 누구나 감지하고 있는 형편이었다. 송 목사가 면직을 당할 당시 한상동 목사가 아직 고려신학교를 중심으로 하는 부산지역에서 큰 영향력을 행사하고 있는 처지였기 때문에 그의 목사면직 사건은 한 목사 편에 상당한 오해를 낳을 수밖에 없었다.[37] 이 두 분은 서로 뜻을 같이 하기 어려운 처지였지만, 고신교회 출범 후 몇 번의 위기를 겪는 중에서도 서로 헤어지지 않고 고신을 이끌어 왔다. 그러나 만년에 당면한 시험으로 말미암아 두 분은 끝내 헤어져 이 세상에서 화해 없이 별세를 하고 말았다.

송 목사는 그의 생애에서 최종으로 남긴 편저 "법정소송과 종교재판"에서 많은 증거를 들어 자신을 변호하였다. 하나님의 보좌 앞에서는 이런 자기 변호가 필요하지 않을 것이다. 1976년 1월 7일에 한상동 목사가 그보다 먼저 별세했다. 송상석 목사는 그의 책을 이런 말로 끝맺고 있다: "일련의 사건에 총재격인 위대한 고 한상동 목사는 꽃 상여에 담겨서 공동묘지로 장엄스러운 행군을 했는가 하면 필자는 이 책에 담기워서 하나님 앞에서 호소하려 한다. 아멘."[38] 4년 후 1980년 12월 20일 송상석 목사도 하나님의 부르심을 받아 갔다. 이 두 분은 주의 교회를 위해, 고신 교회 건설을 위해 거의 30년 동안 함께 일해 온 동역자였다. 그런데 두 분은 고신 교회사에서 지워지지 않는 서로 다른 흔적을 남기고 갔다. 이 두 분의 생애와 상호관계, 생의 종말은 미래의 고신인들에게 중요한 역사적 교훈을 남겨 주고 있다.

---

37) 송상석, op.cit., pp.49,50 당시 경남노회는 두 분사이의 화해를 이끌어 내기 위해서 노회 사절단을 한상동 목사에게 보냈는데 이들이 돌아와 보고한 내용을 송목사는 다음과 같이 적고 있다;
"이 때 공식적인 경남법통노회 사절단은 손명복 목사, 송명규 목사, 박윤섭 장로 등이었다.
-대화 내용-
한상동 목사 : [송상석 목사를 처리하지 않고 화해하면 고려파 교단은 망한다.]
손명복 목사 : [모든 것을 백지화하고 화해하지 않고 이대로 나가면 교단이 망한다.]
정반대의 결론을 내고 보니 대화는 결렬되고 만 것이다." 물론 여기 기록된 대화 내용은 확증하기 어렵다.
38) 송상석, op. cit., p.294

제21장 화합과 전진(1980-)

21.1 1975년 이탈한 경남지역 교회들의 영입(迎入)

1975년 제25총회에서 행정보류를 선언하고 이탈한 경남(법통)노회는, 일시적으로 서울 경기지역의 소위 반고소파와 제휴함으로 1976년에 총회를 조직하기까지 했었다. 그러나 이 총회는 1년이 못가 내분이 일어나 분열됨으로 그 힘이 약화되고 말았다. 그러자 경남지역의 교회들 가운데는 총회에 속한 경남(계승)노회로 돌아오는 교회들이 차츰 생기게 되었다. 분열전인 1974년도 경남(법통)노회에 속한 교회수는 155였다.[1] 그런데 이들이 행정보류를 하고 이탈한 후, 1976년도 총회시 경남(계승)노회에 속한 교회 수가 90여 교회였다.[2] 그러니 결국 경남노회 지역 교회들 가운데 행정보류에 가담한 교회가 그 전체 수의 반에 이르지 못했던 것이다. 1979년도 통계에 의하면 경남노회(계승)에 속한 교회 수가 조직교회 50, 미조직교회 54, 개척교회 1로 105교회가 된다.[3] 이는 반 고소를 주장하고 행정보류를 한 경남노회에 속한 교회수가 점점 줄어들게 됨을 가리키는 것이었다. 또한 행정보류 측 경남노회 중심의 총회는 석원태 목사 측(반 고소파 고려)이 분열해 나간 후, 수도권에서 독자적으로 "서울 고려신학교"를 운영했지만 경제난 인물난으로 유지해 나가기가 매우 어려운 형편에 있었다.[4]

---

1) 총회, 제24회(1974) 회록, p.58 경남노회 보고 참조.
2) 총회 제26회(1976) 회록, pp.79-81 총회전권위원회 보고 참조.
3) 총회 제29회(1979) 회록, p.51 경남노회 보고.
4) 1976년 4월 현판식을 가진 소위 고려신학교는 석원태 목사가 1977년 이탈하여, 한 다른 고려신학교를 운영해 나감으로, 경남중심의 반고소 행정보류측도 당시 이기진 목사가 시무하는 영천

이런 때에 총회 안에는 이탈한 형제들을 영입하자는 운동이 일어나게 되었다. 첫 번째의 헌의는 1978년 제28회(1978) 총회에 진주노회(노회장 이금조 목사)와 경북노회(노회장 김원개 목사)로부터 들어오게 되었다. 총회는 "각 노회의 재량으로 하되 개인자격으로 받고", 총회는 "이탈한 목사가 본 교단으로 복귀를 원할 때는 무조건 받아들이기로 하고, 치리(권징, 저자 주)를 받은 목사가 잘못을 인정하고 복귀를 원할 때는 교회 앞에 사과케 하고 즉시 해벌케하기"로 원칙을 정했다.[5] 이 때 영입을 위해 접촉하게 된 주 대상은 행정보류를 하고 떠난 전 경남노회에 속한 교회 형제들이었다. 1979년 제29회 총회는 다시 진주노회의 헌의를 받아드려 이탈형제 영입교섭위원을 내기로 하고, 각 노회에서 한 사람씩 선출하기로 하여 10명의 영입교섭위원회가 구성되었다.[6] 이 위원회는 1년 동안 세 차례나 공식접촉을 가졌으나 서로 의견의 통일을 보지 못했다. 1980년 제30회 총회는 이 위원회의 보고를 받고 새 영입위원을 내기로 결정했다.[7] 이 위원회가 1981년 제31회 총회에 이탈한 형제들과 접촉한 결과 "형제들이 돌아오기를 간절히 원하고 있음이 확인되었다" 보고하고, "이탈 한 형제들이 돌아 올 때 각 노회는 과거를 불문에 두고 사랑으로 영입해 줄 것"을 제의했다.[8] 총회는 이 영입위원회를 1년간 더 존속하게 하여 작업을 계속하게 했다.

1982년 제32회 총회는 이탈한 형제를 접촉한 영입위원회의 마무리 보고를 받았다. 위원회는 보고와 동시에 "우리가 소송문제를 가지고 나누어진 것은 하나님 앞에 피차 죄송스러운 일이므로 하나되기 원하여 무조건 받아들여 하나가 되

교회당에서 서울고려신학교를 해 나가다가, 김주락 목사의 주선으로 부평에 교사를 얻어 옮겨 계속해 갔다. 이 교사와 대지는 1982년 행정보류측 경남노회가 총회에 복귀함으로써 총회가 인수하게 되고, 고려신학대학원이 천안에 새교사를 신축하여 그 곳 학생들을 천안캠퍼스로 모을 때까지 분교 교사로 사용을 했다.

5) 총회, 제28회(1978) 회록, pp.19, 31
6) 총회 제29회(1979) 총회록, pp.109, 110, 113, 116 위원회 조직은 다음과 같았다: 위원장 박창환, 서기 심군식, 회계 조규태, 위원; 이금조 백종우 박헌찬 박치덕 서상동 정주성 박은팔.
7) 총회, 제30회 회록(1980), pp.112, 114, 128 새 영입위원은 다음과 같았다.
    위원장 ; 박유생 목사, 서기 ; 윤지환 목사, 회계 ; 김도준 장로 위원 ; 목사-신현국 정재영 전복식 이삼열 조재태. 장로-정양수 김성검 등이었다.
8) 총회 제31회(1981) 회록, p.89

도록 가결하여 주시기 원합니다"라는 제의를 하게 되었을 때, 총회는 이를 수용하게 되므로 이탈한 형제들을 즉시 받아들이게 되었다.[9] 총회 현장에 참석했던 이탈한 교회 형제들이 총회 앞에 나와 서게 되고, 총회장이 그 대표와 악수를 하여 6년 동안 헤어져 온 형제들과 화합하므로 분열의 상처를 치유할 수 있었다. 이 때는 1979년 합동측 장로회 총회가 주류, 비주류로 분열된 후 매년 분열이 거듭되는 시기였기에 분열 이탈하여 떠났던 교회들을 영입하여 교회의 화합과 일치를 이루게 된 것은 크게 감사할 일이었다. 이로서 일찍부터 개혁주의 신학과 생활의 순결을 부르짖고 개혁의 길에 동참했던 고신파 형제들은 같은 뿌리를 찾아 화목과 합일을 이루어 새로운 전진을 하게 되었다.

21.2 교회 교육기관과 병원의 발전

1. 고려신학대학원의 발전

1) 고려신학교 정체성(正體性)의 회복; "고려신학대학원"

"고려신학교"는 1970년 12월 예과 과정인 대학부에 "고려신학대학"이란 이름으로 대학인가가 나오게 되자 "신학 본과" 혹은 "신학 연구과"라는 이름으로 대학에 종속되는 기관이 되어 버렸다. 지난날 주격이 되어온 고려신학교가 이제는 부속기관이었던 대학부에 종속이 되어지는 기현상이 나타나게 된 것이다. 이후 지난날의 "고려신학교"는 대학의 그늘 아래에서 그 정체성을 차츰 잃어 가게 되었다.

1980년 10월 "고려신학대학"이 그 명칭을 "고신대학"으로 바꾸어 기독교 일반대학이 되고, 이어 같은 해 11월 3일 교역자 양성기관인 "신학연구과(혹은 본과)"에 교육부로부터 "신학대학원"의 인가가 났다. 이로서 옛 "고려신학교"인 신

---

9) 총회 제32회 회록(1983), pp.41,42 그 때까지 행정보류측 경남노회에 잔존했다가 영입된 교회수는 60교회 내외였다. 제33, 34 총회에 제출된 경남(법통)노회, 마산노회의 보고중 통계를 참조. 이탈한 형제들이 운영해 오던 인천 부평에 소재한 신학교는 서울 고려신학교(총회인정)에 흡수되었다.

학연구과는 "고신대학"에 종속된 특수대학원이 되었고, 차츰 고신대학 속에 묻혀버리게 되었다. 그런데 일반 교회는 이런 제도적인 변화를 미처 이해하고 따르지 못했다. 교회는 아직도 옛 고려신학교의 주역이었던 교수들이 연이어 "고신대학"의 행정 책임자가 되고, 대학을 이끌어 가고 있으므 로 이름만 바뀌었지 고신대학은 목사 양성기관인 옛 "고려신학교"인 것으로만 오해하고 있었던 것이다. 이렇게 된 이유는 당시 총회, 이사회, 교수회가 교회에 이 변화에 대한 합리적인 설명이나 홍보 없이 제도적 변화만을 강행해 나왔기 때문이다. 이는 개 교회와 성도들이 주체의식을 가지고 교회 치리회의 하는 일을 살피고 감시하는 개혁주의 교회에서는 보기 어려운 현상이었다. 이런 결과로 1980년대에 들어 고신 대학내에 세속적 운동의 침투로 혼란이 일어나게 되었을 때, 교회와 목회양성기관인 신학대학원과의 관계에 매우 부정적인 결과가 나타나게 되었던 것이다.

 1982년 3월 27일 반미(反美) 혁명 이념에 물든 몇몇 고신대 학생들이 주동이 되어 부산 미문화원에 방화(放火)를 함으로써 전국을 놀라게 했다.[10] 이 방화사건으로 고신교회 총회장이 전국 일간지와 교계 기관지를 통해 전 국민들에게 사과를 해야만 했다.[11] 언제나 반혁명, 반폭력을 주장해 오던 가장 보수적인 고신교회가 바로 이 일 때문에 전국에 사죄를 빌어야 했던 것이다.[12] 이어 80년대 중반 이후 혁명적인 학내 민주화 운동에 물든 학생들이 연일 교내에서 폭력을 휘둘러, 고신 교회는 큰 충격을 받게 되었다. 이 때 제도적인 변화를 이해해 오지 못한 교회는 목사 후보생을 교육하는 기관이 이런 혁명적 폭력에 가담하고

---

10) 반외세 자주화의 햇불, 부산미문화원방화사건 보고서, 방화7년 3월 18일 고신대학 총학생회 학술부, p.5

11) 총회, 제32회(1982) 회록, p.136 미문화원 방화사건은 1982년 3월 18일 부산 대청동에 소재한 미국 문화원에 방화한 사건으로 고신대 학생들인 문부식(신과 4년), 김은숙(기독교교육학과 4년)이 주축이 되어 일으킨 사건이었다. 이 사건으로 말미암아 당시 이근삼 박사가 도의적 책임을 지고 학장직을 사임하였다. p.192

12) 이만열은 그 방화사건을 반미운동의 차원에서 격찬을 하여: "그(문부식)가 만일 거기서 살인사건만 나지 아니하였더라면 굉장히 높이 평가되어야 할 사건이라고 생각합니다. ...그 사람 불러다가 명예졸업장이라도 주었으면 좋겠습니다"라고 한다. "고신교단과 한국 사회"라는 주제의 강연 테이프에서 녹취. 고려신학대학원 도서관 소장. 개혁주의 신앙과 생활은 어떤 목적을 이루기 위한 수단으로 사용하는 방화나 폭력을 정당시하지 않는다.

있다고 오해하게 되었다. 결과 신학교육기관에 대한 교회의 관심과 사랑은 거의 실종상태에 이르고 말았다.[13]

이에 위기를 절감한 "신학대학원"은 정체 회복의 길을 모색하게 되었다. 1988년 8월 신학대학원은 먼저 재정, 학사, 행정, 인사 면에서 대학과 분리하기로 결의하고 대학당국에 이를 청원하였다. 당시 고신대학 교무회의는 이 뜻을 수용하여 "신학대학원은 목회자 양성의 독립학교로 문교부에 신청하기로 하고, 교명을 "고려신학대학원"(가칭)으로 하기로 결의 하게 되었다.[14] 이것은 대학으로부터 완전히 독립된 "단설신학대학원" 설립을 목적한 첫 출발이었다. 이사회와 학교 당국은 "고려신학대학원"이란 교명을 법적으로 승인 받을 때까지 학교와 교회 대내적인 관계에서 사용하기로 했다. 그런데 1997년 8월에 교육부가 이 교명을 학칙변경과 함께 공식적으로 승인하였다.[15]

1988년 9월의 제38회 총회는 "본 교단 신학대학원과 고신대학 분리운영을 허락하기로 가결"하므로 마침내 교회적인 차원에서의 신학대학원 독립은 성취되었다. 이후 신학대학원의 법적 독립에 대한 총회의 관심은 더욱 커 가게 되었다. 교단발전연구위원회는 1992년 제42회 총회에 "고려학원 이사회는 현실 수습 차원에서 벗어나 과감히 이사회를 양분하여 총회(전국교회)는 신학대학원에 전력을 쏟아 인재양성에 전념토록 용단을내릴 것"을 제의했다.[16] 동 위원회는 이듬해 1993년 제43총회에 "단설신학대학원" 설립 추진과, 학교법인 고려학원과는 별도로 "목사 양성기관인 신학대학원을 관리운영하기 위해서 이사회를 별도 구

---

13) 신학교에 대한 교회의 관심이 실종된 증거는 교회의 지원이 급격하게 줄어든 데에서 찾아 볼 수 있었다. 1982년 제32회 총회가 고신대학의 청원을 받아드려 교회경상비 1%로 대학을 지원하도록 결의를 했다. 그러나 교회의 반응은 차가웠다. 1984년에는 기대한 반액도 입금이 되지 않았고, 교회의 관심은 매년 줄어들어 1986년에는 기대했던 총액의 5분의 1도 입금되지 않았다.
14) 제313회(1988.8.18) 고신대학 교부회의 회의록 참조.
15) 1997년 9월 2일부로 교육부 문서번호 학무 81412-1776에 의해 학칙 변경 "제1조 중 "이 대학원"을 "고신대학교 신학대학원(고려신학대학원)"으로 변경하고, "국가와 교회"를 "교회와 국가"로 변경한다"가 인가되었다.
16) 총회 제42회 회의록(1992), p.362

성"하는 문제를 제기했다.[17] 그 결과 이 총회는 "신학대학원 고신대학교 이사 분할은 이사회에 맡겨서 연구토록"하여 이사회에 맡겼다. 그러나 이사회는 그 다음 총회에 구체적인 연구보고를 하지 않았다.[18] 이 후 단설신학대학원 설립에 대한 열의는 차츰 식어가게 되었다. 지난날 역사가 준 교훈을 시간이 감에 따라 총회는 잊어버리게 된 것이다.

  교회는 일어나는 현실적 사건들로 말미암은 경험을 통하여 신학대학원이 대학교로부터 독립해야 한다는 것을 조금 배우게 되었다. 그러나 이 원리에 대한 확신이 없는 총회는 상황이 바뀌어지자 이에 대한 필요성을 잊어버리고 만 것이다. 신대학원과 대학은 양 기관의 지속적인 발전을 위해서 개혁주의 생활원리를 따라 정비되어야만 한다. 개혁주의 교회는 각 영역마다 주어진 주권(領域主權)을 귀중하게 여긴다. 신령한 교회 영역과 문화적인 교육의 영역은 구별되어야 한다. 교회는 교회의 머리되시는 예수 그리스도로부터 복음증거라는 대 사명을 직접 받았다.(마 28:18-20) 교회의 치리회(노회, 총회)는 복음전하는 대사명과 영적 관리에만 전념해야 한다. 문화적 사명은 하나님의 나라 백성들인 그리스도인들의 자원적 활동영역이다. 제도로서의 교회가 이 사명을 가르치고 측면에서 도울 사명은 있으나 직접 수행할 의무는 지고 있지 않다. 이 영역주권의 혼돈은 무엇보다 교회의 속화를 가져오게 마련이다. 신학대학원과 대학교의 이사분립을 통한 완전한 상호간의 독립은 참된 개혁주의 교회건설과 효과적인 하나님 나라 건설을 위해 매우 중요하다. "고려신학대학원"이 대학으로부터 내적으로 독립함으로 그 정체성이 어느 정도 회복되었으나, 그 정체성의 완전한 회복은 법적으로 완전한 독립 기관이 되어질 때일 것이다.

2) 지방신학교의 정리와 신학교육의 단일화(單一化)

  1960년대 중반 이후 지방의 부교역자 수급을 위해 서울, 경북을 위시하여 전라지역에 지방신학교가 생겨났다. 서울의 고려신학교는 1968년 설립되어 폐교,

---

17) 총회 제43회 회록(1993), pp.145-152
18) Ibid., p.31

복교 등의 과정을 겪어 오다 1981년에는 재단법인 고려학원 이사회의 관장아래 운영되는 독립적인 총회직영 신학교로 발전하여 6회 졸업생까지 내게 되었다. 그리고 경북지방 대구에서도 1978년 신학교가 설립되어 1982년에 목회연구과 제1회 졸업생을 배출하게 되었다. 전라지방 광주에서도 지방의 특수성을 감안하여 전라신학교가 생겨나게 되어 1990년에는 대학부 뿐 아니라, 목회연구과도 받게 되었다.

그런데 이 지방신학교의 설립은 지방의 부교역자 수급을 통한 교회봉사라는 유익한 점이 있었으나 신학교육의 불균형과 목회자 세계의 파벌 형성이란 부정적인 결과를 가져오게 되었다. 이 문제는 목사들의 자질 향상과 교회의 일치를 위해서는 반드시 해결해야할 과제가 되었다. 결과 신학교육의 단일화 작업이 시작되었다. 1988년 12월에는 본교가 수도권 지역 노회들이 운영해 오던 인천시 부평에 있는 서울 고려신학연구원을 인수하여 본교 인천교정으로 사용하게 되었다. 교수회는 1989년 9월 제 39총회에 목사 후보생에게 동질의 신학교육을 제공하고, 목회자간의 파벌 형성의 위험을 방지하며, 교회의 일치와 조화를 촉진케 하기 위해서 1990년도부터 지방 신학교에서 목회 연구과를 받지 않도록 건의 했다. 이 때 총회는 신학대학원의 수도권 이전을 이미 결정하고 이를 추진 중에 있었기 때문에, 수도권에 새 캠퍼스가 마련될 때까지 한시적으로 지방신학교(경북)의 목회연구과를 허락하되, 1년만 지방신학교에서 수학하도록 하고, 2학년부터는 본교에 편입하도록 하였다. 이런 산발적인 신학교육은 1998년 9월 충남 천안(天安)에 새 캠퍼스를 완공하고 "고려신학대학원"을 옮김으로 완전하게 정리되었다. 경북신학교, 전라신학교가 문을 닫게 되고, 학생들은 모두 천안 캠퍼스로 집결하게되어 고신 교회의 신학교육이 단일화된 것이다.

3) 안영복 교수의 성령론에 대한 정리

고려신학대학원은 설립 이후 반세기 역사에서 이질적인 신학문제로 내환을 겪은 일이 거의 없었다. 그런데 1980년대 후반에 이르러 한 시련을 겪게 되었다. 1986년 하반기에 안영복 교수(구약학, 히브리어 교수)가 전통적 개혁주의 신학의 성령론을 비판하고 나서게 된 것이다. 그는 "중생"과 "성령세례"를 전적으로 구별하여 중생은 구원에 관계되는 신앙생활의 시초에 일어나는 일이고, 성령세례는 중생한 사람이 받는 은사에 관계되는 일이라고 했다. 중생한 사람이 성령세례로 복음증거의 능력을 받게 되는데, 이것이 제2의 축복이라고 주장했다.

신학대학원 교수회는 위원을 내어 그의 성령론을 연구하고, 그의 성령론의 오류를 지적했다.[19] 교수회는 "중생"과 "성령세례"는 본질적으로 동일한 사건을 가리키는 것으로 신앙생활을 가능하게 하는 시초의 사건이라고 했다. 성령세례(중생)로 말미암아 성령께서 내주하시게 됨으로, 신자들은 이 성령께서 언제나 전적으로 자신을 다스려 주시도록 성령의 충만을 위해 기도해야 한다는 것이다.

그러나 안영복 교수는 이질적인 성령론을 신학교 교단에서 뿐 아니라, 교회강단에서도 확산시켜 나갔다. 이로 말미암아 상당수 학생들이 영향을 받게 되고, 교회 목회자들 중에서도 영향을 받는 분들이 생겨나게 되어 교회 안에 성령론에 대한 혼선이 생기게 되었다. 결과 총회에서도 이 성령론 문제를 다루게 되어 1987년 제37회 총회는 성령론에 대한 조사 해명위원을 선정했다.[20] 그리고 1991년 제41회 총회는 교회 안에 이질적인 성령론이 침투해 오고 있음을 염려한 나머지 "성령론에 대한 본 교단 입장 정립"을 위해 위원을 선정하게 되고, 이 위원들은 안교수와 토론 후 그에게 사견을 지나치게 강조하므로 교회에 물의를 일으키지 않도록 경고했다. 그러나 안교수는 1992년 9월 총회를 앞두고, 그 해 7월에 "성령론 정립을 위하여 총회에 드리는 글: 종전의 성령론은 왜 잘못되었는가?"라는 소책자를 펴내어 전국 교회에 배포하였다.

이에 총회 신학부는 신학대학원 교수회에 이 책자에 담긴 성령론을 분석하여 총회에 답해 줄 것을 요청했다. 이 때 신학교 감독기관인 이사회는 신학교를 위해 더이상 방관할 수 없다는 판단을 내려 안영복 교수의 강의 시간 배정을 잠정적으로 유보할 것을 신학교 당국에 통보했다. 신대원 교수회는 안 교수의 글에

---

19) "고려신학대학원 교수회 성령론 연구위원보고서: 성령세례에 대하여," 고려신학교, 13(1987,5) pp.79-86
20) 총회, 제37회 회록, p.16 선정된 해명위원은 이금도, 원종록, 이한석, 박성복 목사였다.

대한 교수회의 비판적 견해를 총회 신학부에 보내었다. 1992년 제42회 총회에는 신학부로부터 안교수의 신학교수 해임 건의안이 올라왔다. 안 교수는 지난 수년동안 신대원 교수들의 공통된 견해와 배치되는 그의 사견을 계속 주장하고 가르치므로 학교와 교회 안에 물의를 일으켜 교회 안에 혼란을 야기하고 있다는 것이 그 이유였다. 총회는 장시간 격론 끝에 "안영복 교수의 인사처리 문제는 이사회에 맡겨 처리하기로" 결정하므로 이 문제를 매듭지었다. 총회 후 이사회는 안교수의 태도에 변함이 없음을 확인하고 그를 해임함으로써 불건전한 성령론의 확산을 막게 되었다.

4) 신학대학원의 수도권 천안(天安)으로의 이전

고려신학대학원의 수도권 이전 운동의 역사는 고려신학교 역사만큼이나 오래된다. 1946년에 고려신학교가 부산에 설립되자 서울의 몇 몇 보수적 입장의 목사들은 이 학교의 서울이전을 바라고 접촉해왔다. 1947년 10월 제1대 고려신학교 교장으로 취임했던 박형룡 박사가 겨우 반년을 보내고 이탈한 이유 중의 하나가 고려신학교의 서울 이전이었다. 그 후 1960년대 말 송도 구교사(舊校舍)의 공간문제로 총회가 신축의 필요성을 논의하게 되었을 때, 신학교의 서울 이전에 대한 여론이 일어나기 시작했다. 경기노회는 1969, 1970, 1972년 총회에 계속 고려신학대학의 서울 이전을 건의했다.

1972년 총회는 "교단 발전연구위원회"를 구성하여 이에 대하여 1년간 연구하여 보고하기로 결의를 했다. 그러나 당시 위원장이었던 송상석 목사가 법적 이사장직을 고수하게 된 일로 교계에 큰 혼란이 일어나게 되어 신학대학의 수도권 이전 문제는 외면을 당하게 되었다. 그러던 중 1974년 9월 총회는 고려신학대학 신축지를 부산 암남동 현 신학교 위치로 결의하고 말았다. 이 후 신학교 수도권 이전 문제는 거의 10년 이상 언급되지 않았다.

그런데 1980년대 중반에 이르러 "신학대학원" 수도권 이전에 대한 여론이 다시 일게 되어 1984년 제34회 총회는 이를 이사회에 맡겨 1년간 연구하게 했다. 1986년 제36회 총회는 드디어 "신학대학원"만을 수도권으로 이전하는 일에 합의를 보고, 구체적인 사항을 이사회에 일임하였고, 1987년 제37회 총회는 이 일을 적극 추진하도록 결의했다. 그러나 신학대학원의 이전문제는 그렇게 쉬운 일이 아니었다. 그 이유로는 첫째, 신학대학원이 법적으로 지방대학인 "고신대학"에 종속된 기관이므로 이전에 대한 교육부의 허락을 받아야 하는 때문이고, 둘째, 정부가 수도권 인구유입 억제정책을 쓰고 있어 수도권에로의 학교의 이전을 허락하지 않기 때문이었다.

그러나 신학대학원 수도권 이전의 길이 차츰 열리게 되었다. 교육부는 단설대학원 설립에 대한 입법이 진행되고 있을 때, 수도권 인접지역에로의 이전 가능성을 암시해 주었다. 이에 이사회와 학교 당국은 천안시 삼용동에 소재한 3만 2천여평의 대지를 매입하고 문교부에 신학대학원 위치변경 계획 승인 신청을 하였다. 교육부는 1994년 12월 이 위치변경 승인을 해주므로, 1996년 4월 26일 행정동, 강의동, 도서관, 강당, 기숙사, 교수 사택을 포함한 건물신축기공식을 가졌다. 그리고 1998년 8월 25일에는 총 8,577평에 이르는 건물을 완공하고 준공식을 거행하게 되었다.

신학대학원은 1988년 9월 교육부로부터 학교이전 허가를 받고, 1998년 9월 8

고신대학교 교훈(코람 데오)

일에 1998학년도 학교이전 개강예배를 천안 새 교정에서 드렸다. 이로서 수도권에로의 신학교 이전 건의가 교회로부터 들어 온지 27년만에 그 성취를 보게 되었다. 신학대학원의 수도권 이전을 구체적으로 논하던 때부터 천안에 학교건물을 신축하고 옮길 때까지(1884-1998) 이사장으로 재임했던 이금조 서완선 신명구 원종록 류윤욱 곽삼찬 조재태 목사의 일관된 노력과 활동이 컸다. 굳게 닫혔던 남북의 창이 차츰 열릴 뿐 아니라, 20세기를 마감하고, 새 천년 지구촌시대(globalization)가 열리게 되는 때, 신학교를 수도권으로 옮기게 된 것은 뜻있는 일이었다. 주께서 북한과 전 세계를 향한 복음전파와 세계의 개혁주의 교회건설에 이바지하도록 신학대학원의 역사를 이끌어 주신 것이다.

5) 신학대학원 교수진의 세대교체(世代交替)

1980년대를 넘어서면서부터 신학대학원에는 교수들의 이동, 은퇴를 통해 세대교체가 자연스럽게 이루어져 갔다. 고신 제2세대가 물러가고 제3세대가 들어서게 된 것이다.

먼저 선교사로 내한하여 교수로 학교를 도와 오던 분들이 은퇴 혹은 선교회의 철수로 귀국을 하게 되었다. 1953년에 미국정통장로교회 선교사로 내한하여 교수로 그 외에 학교 도서수집 등으로 다양한 봉사를 해온 하도례 목사(Theodore Hard)가 그의 사역을 마치고 1987년 귀국을 했고, 거의 같은 시기에 내한하여 신학교육을 도와 온 미 장로교회(P.C.A.) 선교사인 현요한(John Hunt)과 신내리(Alvin R. Sneller) 목사도 1980년대 말에 영구 귀국을 했다. 특별히 자매교회인 화란 개혁교회로부터 1980년에 선교사 교수로 파송되어 왔던 고재수(Dr. N.H.Gootjes)박사와 박도호(John M. Batteau)교수가 10년 가까운 신학교육 봉사를 마치고 돌아가게 되었다. 박도호 교수는 1988년 첫학기를 마치고, 화란 개혁교회의 초빙을 받아 목회로 돌아갔고, 고재수 박사는 1989년에 캐나다 해밀톤에 있는 "캐나다 개혁교회신학대학"(Theological College of the Canadian Reformed Churches)의 교의학 교수로 임명을 받고 떠나게 되었다. 이 두 교수는 특별히 교수와 생활을 통해 개혁주의 신학과 생활의 면모를 고신 교회와 학

1980년대의 교수진

생들에게 잘 보여주었다. 1980년대 90년대에 수년 교수로 봉사하다 개인 사정으로 학교를 떠나게 된 분들은 박성복, 안영복, 이보민, 박종칠, 김병원 등이었다.

60년대 초부터 구약을 담당해 오던 홍반식 교수가 1988년에, 교의학을 담당해오던 이근삼 교수가 1994년에, 신약을 담당해 오던 오병세 교수가 1996년에 각각 정년 은퇴를 하게 되었다. 1969년부터 교회사, 봉사신학을 담당해 오던 허순길 교수가 1999년에 정년 은퇴하므로 고신 제2세대는 새 밀레니움이 이르기 전 모두 학교를 떠나게 된 것이다.

이후 고신 신학교육은 제3세대에게 맡겨졌다. 2002년 현재 구약학에 한정건, 이성구, 신약학에 이승미, 변종길, 길성남, 교회사에 최덕성, 양낙흥, 교의학에 유해무, 박영돈, 기독교윤리학에 신원하, 봉사신학에 현유광, 한진환, 김순성, 선교학에 이신철 교수가 봉사하고 있다.

2. 고신대학교의 시련과 발전

1) 기독교 일반대학으로의 전환(高麗神學大學에서 高神大學으로)

1970년 12월 고려신학교 신학예과(대학부)가 "고려신학대학"이란 교명으로 문교부 인가를 받았다. 그 후 고려신학대학은 신학과 외에 신학에 인접한 학문을 연구하는 종교교육과를 1977년에 증설하게 되었고, 1978년에는 종교음악과를 증설하게 되었다. 신학과, 기독교교육학과, 종교음악과는 그 학문의 성격상 교회의 봉사라는 범주 안에 속해있기 때문에 신학대학이라는 울안에서 큰 어려움 없이 공존하게 되었다.

그러나 시간이 갈수록 차츰 지난날 "칼빈대학"의 꿈을 이루어 기독교 일반대

고신대학교(영도)

학으로의 변신을 원하게 되었다. 그런데 현재의 고려신학대학의 상황은 1955년 칼빈대학 설립을 추진해던 때와는 매우 달랐다. 그 때는 고려신학교가 사립이었고, 칼빈대학도 사립으로 추진되었다. 그러나 현재는 전 학교가 총회가 직영하는 교회에 속한 학교가 되어 있는 것이다.

그러니 고려신학대학을 일반기독교대학으로 변신시키기 위해서는 신중한 연구와 기획이 필요했다. 개혁주의 생활원리를 따라 교회와 신학교, 교회와 고등교육과의 관계를 연구하여 교회의 충분한 이해를 얻고 합의를 도출해 내어 진행하여야 했다. 그런데 불행하게도 지금까지의 관행은 이런 신중한 연구나 토의의 과정이 없이 몇몇 특정인들에 의해 일들이 결정되고 추진되어 온 것이다. 이번 기회도 다르지 않았다. 이사회는 1978년 총회 전에 "본 신학대학을 일반대학으로 변경하기로 가결"하고, 그 이름을 "고신대학"으로 하기로 하고, "현 신학 연구과(목사 후보생을 위한 과정-저자 주)는 앞으로 문교부에서 학위를 줄 수 있는 학교로 인가받도록 추진한다"고 결의하고 총회에 보고했다.[21] 그러나 1978년 9월 제 28회 총회는 이사회의 보고와 위 건의를 받고 이에 대한 표결을 한 결과 절대다수의 반대로 부결이 되어 버렸다.[22]

---

21) 제27-4회 이사회(1978. 4. 10) 와 제27-9회 이사회(1978. 9. 14) 회록 참조.
22) 총회 제28회 회의록, p.65, 재적 114명중 可가 36표, 否가 74표, 棄權 3표였다.

이사회는 이듬해 제29회 총회(1979. 9)에 의과대학 설립을 건의했다. 이 때 총회는 박영훈 복음병원 원장의 설명을 들은 후, 고려신학대학을 개편하지 않을 것을 전제로 하고 의과대학 설립을 연구 추진하도록 결의했다. 그리고 총회는 이 일의 추진을 위해 이사회와 각 노회 대표 1인씩 파송하여 협력 추진하기로 했다.[23)]

그런데 기독교 일반대학으로의 변신을 위한 법적인 수속은 총회의 결의와는 관계없이 진행되었다. 1980년 10월 2일 문교부로부터 "고신대학"으로의 교명 변경 승인이 되었다. 그리고 이어 의학과도 1981년에 증설되었다. 이 모든 것은 총회에서 재론이나 어떤 결의없이 진행되었고, 총회는 이를 기정사실로 수용할 뿐이었다. 이제 고려신학대학이 기독교 일반대학 "고신대학"으로 변신을 했다. 기독교대학의 설립과 운영은 그리스도인들이 하나님나라 건설을 위해 문화적 사명을 수행할 수 있는 방편이 되기 때문에 필요하다. 그러나 개혁주의 세계에서는 제도로서의 교회가 직접 일반 학문을 연구하는 대학을 세우고 운영하는 것을 바람직하지 않다고 보고 있다. 문화 영역은 교회의 직접적인 소명영역이 아니기 때문이다.[24)] 학교는 제도로서의 교회(치리회)가 아닌 신자들의 협의체(Association)가 설립하고 운영하게 된다. 이렇게 하므로 교회는 교회의 속화와 신학의 변질을 더 효과 있게 방지해 갈 수 있기 때문이다.

2) 고신대학의 시련

1980년 기독교 일반대학으로 변신한 고신대학은 대학설립 이념의 터전을 확고히 하고 일어서기도 전에 큰 시련을 당면하게 되었다. 1980년대에 계속 두 번의 큰 시련을 겪어야 했다. 고신 교회(총회)는 이 대학을 직영하는 처지에 있었기 때문에 대학이 겪는 모든 시련을 함께 감당해야만 했다. 이는 일찍부터 교회영역과 문화영역을 분명히 구별하여 생활해오지 못한 결과였다.

---

23) 총회 제29회 회록, pp.72, 73, 94 참조.
24) John Kromminga, *The Christian Reformed Church, A Study in Orthodoxy*, Baker Book House, 1949, p.125-150 참조. Kromminaga 는 "일반 학문을 촉진하고 이 목적을 위해 학교를 세우는 것이 제도로서의 교회의 소명의 부분이 아님은 의심 없는 사실이다"라고 한다. idem. p.146

첫 번째 시련은, 이미 언급한 대로 1982년 3월 18일 부산 미 문화원 방화사건에 고신대 학생 5명이 주모자로 가담한 일 때문이었다. 1960년대 이후 때를 따라 정치적인 문제들을 제기하고 대학가에 소요를 일으켜 온 소위 "운동권" 학생들이 1980년대에 이르러 반 외세, 반미, 통일, 민족주의, 민중 중심 등의 운동을 펴, 데모와 폭력을 통한 극단적 혁명 운동을 전개했다. 이 운동은 기독교 일반대학으로 변신한 고신대학을 무풍지대로 두지 않았다. 이 운동에 연루된 학생들이 미문화원 방화사건을 일으킨 것이다. 이 사건은 전국에 큰 충격을 주었을 뿐 아니라, 고신 교회로 하여금 경악에 사로잡히게 만들었다. 이 일로 총회장과 이사장이 일반 일간지와 교계 신문을 통해 전 국민과 교회 앞에 공개적인 사과문을 내게 되고, 이근삼 학장이 도의적 책임을 지고 사면하게 되었다.

두 번째 시련이 왔다. 80년대 후반 운동권 학생들은 대학내 민주화 운동을 일으켜 대학마다 큰 소요를 겪게 되었다. 고신대 운동권 학생들은 학교 행정에 대한 학생참여, 학교건물 신축 공사에 얽힌 비리 공개 등의 17개 항목을 내세우고 수업거부에 들어갔을 뿐 아니라 학장실과 재단 사무실을 점거하고, 집기를 파손하는 폭력까지 행사하게 되었다. 이는 당시 모든 대학이 겪게된 시대적 현상이요 진통이라고 할 수 있으나, 기독교적 문화사명을 수행하기 위해 세운 고신대학에서 이런일이 일어나게 되었을 때, 큰 충격이 아닐 수 없었다. 고신대는 1988년 4월 한달 동안 수업을 완전히 중단하게 되고, 교수회는 7번의 모임을 가져 당면한 문제와 겨루어야 했다.

결과 고신대학 초기 역사는 기독교 문화사명을 수행하는 모습을 제대로 보여주지 못했다. 이 학교가 개혁주의 문화관에 입각한 대학으로서의 모습을 교회와 세계 앞에 보여주기 위해서는 새 출발 이상의 큰 부담을 지게 되었다.

3) 고신대학교(高神大學校)로의 교명 변경과 발전

"고신대학"은 기독교 일반대학으로 변신을 한 후 종합대학으로의 발전을 위해 학과를 계속 증설해 가므로 송도에 있는 교정만으로는 공간이 부족하여, 제2캠퍼스 조성에 나서게 되었다. 1980년 영도에 있는 7만여평의 대지를 매입하고,

1982년 4월 새 교사 신축에 착수하여, 1984년 2월에 3동 2,356평 건물의 준공을 보았다. 1985학년도에 학부를 그 곳으로 옮기고, 1986년 6월에는 음악동의 준공을 보았다. 그 동안 보건학과(1985), 생물학과(1998년 생명공학과로 명칭변경)와 식품영양학과(1986)등이 증과되고, 계속 아동학과, 화학과, 수학과, 가정관리학과(1987, 1999년에 가정복지학과로 명칭변경), 간호학과(1988)가 증설되었다.

1993년 3월 1일부로 고신대학은 교육부로부터 "고신대학교"로의 교명 변경 승인을 받았다. 1988년에는 자연과학동이 신축하고, 1992년에는 중앙도서관 및 생활관, 1994년에는 의학부 강의동, 1995년에는 학생관을 준공하여 필요한 공간을 넓혔다. 고신대학교는 계속 선교언어학과와 영어영문학과(1993)증설, 광고홍보학과, 산업디자인과(1998), 전산학과, 미술학과(1999, 2001년 회화과로 명칭변경), 의료경영학과와 환경보건학과(2000)를 신설하여 학문연구의 범위를 크게 넓혀왔다.

1980년에 "신학대학원"이 인가되고, 이 신학대학원은 1989년 이후 "고려신학대학원"이란 교명으로 대학교로부터 행정, 학사, 인사 모든 면에 대학으로부터 독립되었다. 이 외에 일반 대학원(1978), 보건대학원(1993), 선교대학원(1997), 교육대학원(1999), 사회교육원(1994)이 증설되었다.

고신대학교는 20년이란 짧은 기간동안 부산 경남 지방의 중진 대학으로 성장을 했다. 한국의 기독교 대학은 일찍부터 개화를 주도하며 복음증거의 매개 역할을 하고 하나님 나라 건설에 이바지 해왔다. 그러나 현재 기독교 대학 중에 참으로 기독교적 문화사명을 다하고 하나님 나라 건설에 이바지하는 학교를 찾아보기 어렵다. 고신대학도 출발부터 세속적인 혁명운동의 침투로 얼룩져 개혁주의 문화기관으로서의 정체를 들어내지 못했다. 고신대학교는 이제 크기로서가 아니라 질로서 하나님 나라 건설에 이바지하는 기관으로서의 면모를 들어낼 사명을 가지고 있다.

3. 복음병원(福音病院)의 발전

6.25 전란으로 전 국민이 고통과 빈곤으로 신음하던 때인, 1951년 6월 21일 부산, 남항동에서 복음진료소로 문을 연 복음병원은 장기려 박사를 초대원장으로 기독교적 사랑과 자비를 베푸는 구호병원으로서의 역할을 귀하게 펴 갔다. 1957년 5월 28일에는 건평 140평의 건물을 송도 현 위치에 마련하여 옮기고, 1961년 8월 7일에는 비영리 의료기관으로 복음병원 개설허가를 받았다. 1968년 4월 8일 복음 간호학교 인가를 받아 개교하므로 복음병원은 간호교육을 겸하게 되었다. 1970년 12월 31일에는 고려신학대학 설립인가를 받게 됨과 동시에 복음병원은 학교법인 고려학원의 수익기관으로 편입이 되었다.

1976년 6월 장기려 박사가 은퇴하여 명예원장으로 추대되고, 제2대 병원장으로 박영훈 장로가 취임을 하였다. 이로서 복음병원은 장기려 박사 주도의 제1기가 끝나게 되고, 박영훈 원장 주도의 제2기를 맞게 되었다. 이 때부터 병원은 비약적인 발전을 하게 된다. 1977년 3월 22일에 보사부로부터 종합병원 인가를 받게 되고, 1978년에는 복음병원 암센타를 개설했다. 1979년 1월에는 별관 4층 1,050평을 신축 완공하고 1980년 3월에는 국내 최초로 심전도 자동 진단기를 설치 가동하게 되었다. 1980년 10월에 "고려신학대학"이 기독교 일반대학인 "고신대학"으로 바뀜과 아울러, 고신대학 의예과가 신설되므로 이 병원은 이제 의학교육을 담당하고 의사를 수련하는 병원으로 발전을 하게 되었다.

1981년 2월에 복음병원을 "고신대학 부속 복음병원"으로 개칭하고, "고신의료원"으로 기구를 개편하였으며, 3월에는 초대 고신의료원장에 박영훈 원장이 취임을 했다. 1984년 10월에는 건평 5,648평의 병동을 신축하여 350병실을 갖추므로 총 715병상을 가진 큰 병원으로 성장했다. 1980년대 초반 병원과 의학부에서 일어난 불행한 사건들로 말미암아 1987년 박원장이 사임을 하게 되고, 의료원장에 이승도, 이종담이 단기간 의료원장으로 봉사를 하였다.

1991년 6월 3일에 박영훈 장로가 다시 의료원장으로 복귀하여 병원은 활기를 띄게 되었다. 1993년에는 고신대학교 보건대학원 4개학과(병원행정학과, 환경행정학과, 환경관리학과, 보건관리학과, 보건간호학과) 설립인가를 받고, 1994년에는 대학원 의학과 석,박사 과정 인가를 받았다. 1993년 5월에 연 건평 5,400평, 병상 662의 병실동 증축공사에 들어가 1995년 12월에 준공을 보므로, 이제 복음병원은 서울 이남에서 일천 병상 이상을 갖춘 제일 큰 병원으로 등장하게 되었다.

1996년 6월에 박영훈 원장이 정년은퇴를 하게 되고, 이화동 교수가 의료원장으로 취임을 하였으며, 1997년 6월에 박영훈 교수는 명예원장으로 추대되었다. 그는 영도에서 병원이 개설 될 때부터 이 병원을 위한 봉사를 시작하여 평생을 복음병원과 함께 하여 왔다. 일찍이 장기려 박사가 초대 원장으로 복음병원의 정신적 터를 놓았다면, 박영훈 장로는 그 터 위에 탁월한 외과전문의와 병원 운영자로서 오늘의 대 고신의료원을 이룩하는데 큰 기여를 한 것이다. 현재 고신의료원은 1,300병상, 1,350여명의 직원을 가진 부산에서는 가장 큰 병원으로 알려지고 있다. 의학부와 병원은 의료선교에도 관심을 가져 2001년 현재 25명의 간호사와 5명의 의사 선교사가 선교에 헌신을 하고 있다.[25]

복음병원은 원래 교회로부터 독립된 기관이었다. 복음병원이 교회직영이 되고, 교회에 속한 "학교법인"의 수익기관이 된 것도 개혁주의 교회생활의 원리와는 관계없이 그때 그때의 형편을 따라 실리적 차원에서 되어진 것뿐이다. 1964년 9월 총회시 사립 고려신학교가 총회직영이 될 때, 복음병원도 총회직영이 되었다. 이 후 병원은 유지재단에 편입이 되고, 고신대학이 설립될 때 "학교법인 고려학원"의 수익기관으로 인정을 받게 되었다. 결과 복음병원은 고신대학교에 속한 부속병원이 된 것이다.

고신교회는 고신대학교와 복음병원을 소유하고 직영하여 왔다. 고신 교회는 이런 큰 기관들을 가진데 대하여 종종 자부심을 갖게 된다. 교회가 병자를 위한 자비의 사역에 관심을 갖는 것은 당연한 일이다. 그러나 교회가 대학을 세워 직영하는 것이 바람직하지 않은 것처럼, 병원을 세워 직영하는 것도 바람직하지는 않다. 병원같은 기관은 학교처럼 교회의 직접적인 소명의 영역이 아니기 때문이다. 교회가 영역의 혼돈을 가져올 때, 그 정체성을 상실하기 쉬운 것이다.

---

25) 기독교보, 2001, 6, 9일자, p.

고신 교회는 "학교법인 고려학원"을 통해 "고신대학교"와 "복음병원"을 운영함으로써 교회와 사회에 상당한 봉사를 해 온 것은 사실이다. 그러나 교회는 신령한 공동체이다. 교회가 주께로부터 받은 직접 사명은 복음전파와 이 세상 속에서 교회의 "거룩성"을 지키며 드러내는 일이다. 고신 교회는 지금까지 직접 소명 영역이 아닌 간접 영역의 기관들을 직영함으로 얼마나 교회에 신령한 유익을 가져 왔는지를 살펴야만 한다. 지난 20여년 동안 교회의 최고 치리회인 총회는 이 기관들의 운영과 연관된 문제에 붙잡혀 교회의 신령한 봉사를 위해 바람직한 전진을 할 수 없었다.

21.3 학생신앙운동(S.F.C.)의 진전

일찍이 고신교회 진리운동의 진원지인 고려신학교에서 배태된 "학생신앙운동"은 세계교회에서 보기 드문 신앙운동으로 자리를 잡고 성장하게 되었다. 1955년 제4회 총회가 "학생지도위원회"라는 부서를 두므로 이 학생신앙운동을 교회중심의 운동으로 가꾸어 오게 되었다. 그런데 이 지도위원회가 원리적인 측면에서 수시로 지도를 할 수 있지만 세미한 부분까지 계속 지도하기는 어려웠다. 이 운동을 전적으로 책임지고 직접 지도할 수 있는 간사제도의 필요성이 제기되었다. 결과 1971년 간사제도가 도입되어 최초 김만우 강도사가 이를 맡았다. 이와 함께 학생신앙운동은 그 본래의 사명의 영역을 차츰 넓혀갈 수 있게 되었다. 강령 중 이 운동의 사명 가운데 "국가와 학원의 복음화"라는 것이 있었으나, 그 동안의 운동은 주로 교회 내에 치중되었고, 학원의 복음화를 위한 조직적인 운동은 별로 펴오지 못했다. 1971년 SFC 지도자 수련회에서 학원 속에서의 신앙운동을 강조하기에 이르렀다. 이 때 S.F.C. 운동에 한 전환점이 나타나게 된 것이다.

지금까지 S.F.C.운동은 실상 중고등학교 학생들을 위한 운동이었고 대학생들은 이 운동을 봉사는 역만을 맡아 왔다. 그런데 이때부터 대학생들이 학원 내에서의 자기 사명을 자각하게 되어 대학 S.F.C. 운동을 전개하기 시작하게 되고,

중고 학생신앙운동으로부터 독립된 운동을 전개하기 시작했다. 곧 이 신앙운동을 위해 헌신하고 봉사하기 원하는 평신도 간사들도 나타나게 되어 이 운동에 큰 활성화를 가져왔다. 이로서 대학 학생신앙운동은 학원복음화를 위한 학원선교단체로 등장하게 되고, "대학 학생신앙운동연합회"도 조직되어 학원속의 전도에 주력하게 되었다.

1972년부터는 지방 간사제도가 도입되기 시작하여 부산지역에 변의남이 서게 된다. 그러나 재정문제로 아직 전임간사를 세우기 어렵기 때문에 효율성있는 운동을 전개하기는 어려웠다. 드디어 1979년도부터 전임간사를 세우게 되어 강영순, 안용운, 이성구, 전성준 등이 지방간사로 봉사를 시작하게 되므로 조직적이고 체계있는 운동이 전개 되어갔다.

학생신앙운동은 학원의 전도뿐 아니라 회원들의 신앙지식의 양육을 위해서도 교과과정을 작성하고, 월간 큐티집 "날마다 주님과"를 발간하며, 3단계 7과정 교재 등을 펴내게 되었다. 또한 S.F.C.의 "개혁주의 신앙의 세계 교회건설과 세계의 복음화"라는 사명을 수행해 가기 위해 그 신앙운동 범위를 세계로 넓혀가게도 되었다. 1997년에 필리핀 마닐라에 해외지부를 개척하고, 2000년에 중국 연변에 지부를 개척하기에 이르렀다.

1971년 이후 "대학학생신앙운동"이 독립되어 활성화되면서 기존 중고등 학생운동이 약간 침체되는 결과를 가져왔다. 그러나 이 운동도 여기에 소명감을 가진 간사들이 늘어나고 학원에 들어가 적극 봉사함으로써 차츰 활성화되어 가고 있다.

학생신앙운동은 원래 수양회 중심의 운동이었다. 처음부터 수양회는 회원들이 신앙과 생활의 활력을 얻게 되는 장소가 되었다. 그런데 이 운동의 규모가 커지게 되므로 전국적인 수양회를 자주 갖는 일은 쉽지 않게 되었다. 그래서 전국단위의 수양회는 1983년부터 3년마다 갖기로 했다. 지금까지 이 대회는 모일 때마다 참가수가 1만명을 넘어선다.

2001년도의 현황을 보면 "대학학생신앙운동"이 130개 조직되어 있으며 운동원이 4,119명이고, 중고 학생신앙운동은 64중학교, 172개 고등학교에 약4,000

명의 운동원이 있다. 이를 위해 봉사하고 있는 간사가 모두 90명으로 신학과정을 밟은 간사가 31명이고, 평신도 간사가 59명이 된다.[26]

"학생신앙운동"은 일찍이 고려신학교를 요람으로 태어나고, 고신 교회의 품안에서 성장해 온 운동이다. 고신 초창기 진리운동의 뜨거운 열기 속에서 출발한 이 운동은 무엇보다도 교회중심이라는데 큰 의의가 있다. 이 신앙운동에 참여하는 중고대 학생들에게서 고신 교회의 미래를 보게 된다.

21.4 문서운동

1. 월간지

고신 교회가 아직 총회로 출발하기 전인 1948년 12월에 고려신학교에서 개혁주의 진리를 파수하고 전하는 사명을 목적으로 "파수군"을 창간하였다. 이 잡지가 교회개혁운동의 매체가 되어 진리운동을 이끌어 오다, 1952년 고신교회가 조직을 갖추게 되었을 때에는 자연스럽게 교회의 신앙 생활을 이끄는 교회적인 잡지가 되었다. 그러나 이미 언급한 대로(16.5) 1960년대에 합동과 환원의 역사를 거치면서, 1963년 6월, 통권 119호를 끝으로 정간되고 말았다. 환원 후 고신 교회는 일반 신자들의 신앙과 생활에 도움을 줄 수 있는 새로운 잡지를 다시 간행하려 노력하였다. 그러나 당시의 경제적, 사회적 여건이 이 뜻을 이루어 가는데 쉽지 않았다. 1963년부터 1980년까지 "개혁주의" "개혁세계" "고신학보" "교회생활" "고신대학보" "개혁신앙" 등 지명을 바꾸어가며 창간, 정간, 휴간 등을 해 오다, 마침내 당시 정부의 언론 통폐합시 "개혁신앙"마저 7호를 내고 폐간되고 말았다. 그러나 교회 문서운동에 뜻을 가진 분들의 끈질긴 노력으로 1981년 7월에 "월간고신"이 창간되어 현재까지 20년 이상 고신교회의 "평신도 신앙증진"을 위한 월간지로 사명을 다해 오고 있다.

---

[26] S.F.C.가 발행한 "학생신앙운동 ABC, 2000" 책자 와 "SFC 사역보고, 2002년 사역현황." 참고.

2. 주간신문

고신 교회는 1952년 개혁된 장로교회로서 조직을 정비하고 새출발을 한 후 곧 교회 주간지의 필요성을 절감하여 1955년 6월 8일에 "기독교보"라는 지명으로 창간호를 내었다. 당시 발행인(사장)은 송상석 목사, 주필 박윤선 교장, 편집인 김경래였다. 그러나 당시의 교세와 경제적 여건으로는 이 신문의 발행을 오래 지탱하기 어려웠다. 1년간 발행해 오는 동안 많은 부채를 안게되어 제6회 총회는 "동 교보는 총회와의 관계가 없어지는 것"으로 결의를 하게 되고, 신문 발행 계속 여부는 신문사 자체에 맡기게 되었다.[27] 결과 "기독교보"는 34호를 끝으로 정간이 되고 말았다. 그러나 이후 교계에는 주간 신문에 대한 향수가 계속 남아 있었다. 1980년대 말 그 동안 정부에 의해 강한 제재를 받아 오던 대중 매체에 대한 통제가 풀리게 되자 이 기회에 "기독교보"를 다시 살리자는 운동이 일어나게 되었다. 그래서 1989년 6월 12일 총회유지재단 이사회가 "기독교보"를 복간하기로 결의를 하였다. 이 일은 특별히 당시 총무로 봉사 중이었던 최해일 목사와 지난날 "기독교보" 창간시 편집인으로 수고했던 김경래 장로, 그리고 서울 등촌교회 시무중이었던 박현진 목사에 의해 적극 추진되어, 1989년 9월 16일 정간된 지 33년만에 복간호를 내게 되었다. 이후 이 "기독교보"는 고신 교회의 주간지로 10년 이상 자리를 굳게 잡아왔다. 현재 정금출 장로의 책임(사장)아래 한국 교계의 굴지 주간지로, 고신교회 상호간의 맥을 잇는 교회적 기관지로서의 역할을 하고 있다.

21.5 고신교회와 세계 선교

1. 해외 선교

고신 교회가 1956년 총노회로부터 총회로의 개편을 하면서 그 기념으로 해외 선교를 시작하기로 하고 김영진 목사를 선교사로 선택하여 1958년 5월 대만으로 파송했다. 그는 원래 대만 인구의 14퍼센트를 차지하고 있는 객가인(客家人)

---

27) 총회 제1회-제10회 회의록, p.98

을 상대로 신죽(新竹)에서 선교사역을 시작했지만 곧 대만인과 산지인(山地人)을 위해서도 복음을 전했다. 그는 1990년 은퇴할 때까지 객과인들로 구성된 죽동교회(竹東敎會), 대만인들로 구성된 신죽교회(新竹敎會), 산지인들로 구성된 화원교회(花園敎會) 등 12교회를 설립하고, 진정홍(陳正弘) 목사를 위시한 현지인 목사 18명을 배출하였다.

선교사를 파송할 때에는 언제나 적어도 두 가정 이상을 함께 파송하는 것이 바람직한 일이지만 당시 한국 교회의 경제사정으로는 이것이 불가능했다. 그래서 김영진 선교사 가족은 미국에서 온 정통장로교회, 북미 기독교개혁교회, 뉴질랜드 개혁교회 선교회 선교사들과 협력하며 봉사하게 되었다. 당시 대만선교사가 당한 어려움은 단 한 가족 뿐이라는 외로움 외에 경제적으로도 당하는 어려움이 심했다. 당시 한국의 경제적인 어려움이 큰 원인이기도 했지만, 더 큰 원인은 70년대 초반에 교회의 내적대립 갈등으로 말미암아 총회적 협력이 느슨해졌고, 선교에 대한 관심이 냉각되었던 데 있었던 것이다.[28] 그래서 선교사가 해외에서 1년 가까이 생활비를 송금 받지 못하는 이해 못할 어려움을 겪게도 되었다. 그러나 김영진 선교사는 이 가운데서도 인내하며 선교를 포기하지 않고 지속했다. 1971년 3월에는 미정통장로교회, 기독개혁파교회등의 선교회와 협력하여 대만 기독교 개혁종교회(臺灣基督敎改革宗敎會)를 조직하여 대만에 개혁주의 교회의 터를 견고히 하였다. 김영진 선교사 가족이 그 곳에서 사역한지 16년 후인 1974년에야 한국 교회는 유한준 목사 가족을 파송하게 되므로 두 가족이 동역하게 되고, 선교회도 구성할 수 있게 되었다.

유환준 목사는 타이페이에 주재하여 선교활동을 했는데, 특별히 어학에 탁월한 재질이 있어 선교지에 누구보다도 더 빨리 적응할 수 있었다. 그는 교회개척을 하고 현지 지도자 양성을 위해 신학교육에도 힘을 기울였다. 그는 일곱 교회

---

28) 김영진, "대만선교의 재검토", 고신대학보, 12호(1975. 8), p.21 당시 인내하다 지친 김영진 선교사는 이렇게 말했다; "그토록 하나님께 기도하고 결심하고 노회적, 총회적으로 결정하고 시작한 해외 선교사업이 20년도 못되어 이렇게 냉각되고, 심지어 총회에서 파송한 선교사가 해외에서 1년 가깝게 생활비, 사업비 송금을 받지 못하고 있는 사실을 알면서도 관심도 동정도 없는 정도가 되었으니…"

를 개척하면서 1980년 이래 중국어로 교리서와 주석 등 12여종의 저서를 중국어로 저술하여 총 5만 여권을 대만 중국교계에 보급하기도 했다.[29] 1985년에 이병길 목사가 파송되어 대만선교에 가세하여 봉사하다 1994년 9월 선교 본부 총무로 임명을 받아 귀국했다. 대만 선교는 고신교회가 총회적으로 시작한 첫 사업으로 세계의 개혁주의 건설이란 선교목표를 가장 뚜렷하게 실현한 선교사업이었다.

1970년대에 한국교회가 큰 성장을 보고, 80년대에 이 성장이 지속되면서 전국교회에 선교의 열이 고조되었다. 이 때 경제적인 성장도 함께 이루어져 선교사역의 확장을 가능하게 했다. 1980년대에 이르러 고신교회도 선교에 대한 사명을 새롭게 하고, 선교에 대한 체제를 정비하여 구체적인 선교정책을 수립하게 되었다. 1981년 총회에서는 "해외 선교업무 규정"을 제정하고, 선교국을 설치하여 사무실을 열었다. 이 선교업무규정에는 선교목표와 선교목적을 명시했다.[30]

1980년대에 총회의 해외선교지가 대만이외에 인도네시아와 필리핀으로 확대되었다. 제2의 선교지인 인도네시아에는 1983년 10월에 김종국 목사가 서울 중앙교회의 지원을 받고 떠나게 되었고, 그 이듬해인 1984년 6월에는 이현철 목사가 전국여전도회의 후원을 받고 같은 선교지를 향해 떠나게 되었다. 이 두 선교사는 말랑(Malang)에 있는 엘레오스 장로교회 교단(Eleos Presbyterian Synod)과 협력하여 사역함으로써 개척교회 사업과, 와길 유치원, 와길 중학교 등의 교육기관을 설립하고 살렘신학교를 설립하여 교회지도자들을 양성하였다. 총회선교부의 주도로 열린 제3의 선교지가 필리핀이었다. 필리핀 선교는 이미 그 곳에 진출하여 선교하고 있는 장로회 합동측 선교부와의 협력으로 시작되었다. 고신선교부는 앞으로 필리핀에 하나의 장로교회를 세우고, 이미 설립된 장

---

29) 선교회보, 제89호(1998. 3. 4), p.17
30) 총회선교부, "해외선교부업부규정" (총회선교부 해외선교국, 1980), "제2조 해외선교사업의 목적과 목표; "총회선교사업의 목표는 개혁주의 신학과 정치를 따르는 토착교회의 설립이다.......우리의 기본임무는 죄인들을 구원하시기 위하여 세상에 오셔서 죽으시고 부활하신 예수 그리스도의 구원의 복음을 말과 행위로 전파하는데 있다..."
31) 김사엽, "필리핀으로부터의 부름." 해외선교회보, 제21호(1986,9), 228-229.

로교신학교에 협력하기로 약속을 했다.³¹⁾ 이로써 1980년대 후반에 김자선(1986), 김형규(1987), 남후수(1987), 최수일(1989), 김영숙(1989) 등이 파송되어 사역하게 되고, 다른 여러 선교사들이 뒤따르게 되었다.

고신교회 선교부는 차츰 국제적인 초교파 선교단체와 관련을 맺게 되어 1981년에는 변재창 목사와 유영기 목사가 해외선교회(OMF, Oversea Missionary Fellowship)의 선교사로 파송이 되고,³²⁾ 같은 8월에는 전국여전도회 후원으로 이신철 목사가 세계복음화운동(WEC, Worldwide Evangelization Crusade) 소속으로 아프리카 가나에 선교사로 파송되었다. 1981년에는 이상롱 목사가 성경번역선교회(GBT) 소속 선교사로 나갔으며, 1992년에 손승호 목사가 OMF 소속 선교사로 태국에 가서 봉사를 하기 시작했다.

1980년대에 선교지역이 확대되고, 선교사들의 수가 증가하자 선교부 전담총무제도의 필요성이 제기되었다. 그래서 대만에서 봉사해온 김영진 선교사가 1986년부터 1990년까지 4년 동안 한국에 매년 6개월씩 봉사하면서 선교부 업무와 행정을 쇄신했다. 그는 1988년 고신선교훈련원(KMTI, Kosin Missionary Training Institute)을 설립했다. 1990년에는 곽삼찬 목사, 1994년에는 이병길 목사, 2000에는 이헌철 목사가 총무직을 이었다. 1989년까지 고신교회로부터 파송된 원주민을 위한 선교사는 21명이었다.

고신교회의 해외선교는 1990년대에 이르러 더욱 활성화되었다. 선교지역이 아세아를 넘어 유럽, 남미, 미주, 오세아니아, 아프리카 뿐 아니라, 러시아를 위시한 동유럽까지 확대되었다. 그 결과 선교행정의 효율화를 위해 선교에 경험이 있거나 선교 훈련을 받은 분을 선교본부 선교사로 봉사하게 하는 제도를 도입했다. 1992년 7월 선교부 대표간사로 일하던 하민기 목사를 본부선교사로 임명하고, 1997년에는 그를 선교훈련원 원장으로 위촉했다. 1993년 미장로교(PCA) 선교부가 철수하면서 그들이 소유한 대전에 있는 1800평의 대지와 거기 있는 건물 4동을³³⁾ 고신교회 선교부에 기증함으로 고신선교부는 이를 선교훈련원과 안식

---

32) 총회 제30회 회록, p.122
33) 기독교보, 178호(1993, 10, 30), p.1 당시 시가로 약36억원에 이르는 재산이었다.

년으로 귀국하는 선교사들의 휴식처로 사용할 수 있게 하였다.

고신교회 선교는 1890년대 말 한국이 당면했던 IMF지원과 통제하의 어려운 경제적 여건 속에서도 활력을 잃지 않았다. 2000년도에도 15명 이상의 새로운 선교사들을 파송하였다. 현재(2002. 3) 235명(126세대)의 고신 교회 선교사들이 세계 44개국에서 복음을 전하고 있다.[34]

2. 해외 교포 선교와 해외 고신계(高神系) 교회

고신교회는 처음에 문화가 다른 타민족을 위한 선교에 관심을 가졌을 뿐, 해외에 거주하는 교포를 위한 복음증거에는 큰 관심을 갖지 못했다. 그러기에 해외에 있는 교포선교는 자원하여 이민하는 목사나 혹 해외 교포의 복음화에 관심을 가진 개인들에 의해 자의적으로 시작 되었다. 그런데 교포를 위한 이 선교도 선교부가 차츰 주선을 하게 되었다. 아직 총회는 타민족을 위한 선교와 해외교포를 위한 선교에 대한 원리적인 연구와 접근을 하지 못했던 것이다.

선교부는 그 첫 경우로 1966년 브라질에 이민을 가는 정길수(鄭吉洙) 목사에게 선교사의 명칭을 주었다. 정목사는 브라질 쌍파울로에 정주하면서 복음장로교회를 설립하고 교민 목회를 위해 봉사하다 1982년에 별세했다. 1972년에는 조병철 목사를 일본의 교포선교사로 파송했다. 그 후 늘어나는 이민 추세를 따라 계속 교포들을 위한 선교사들이 줄을 잇게 되었다. 1972년 12월에는 박상순 목사가 캐나다로, 1974년에는 이종칠 목사가 아르헨티나로, 김용출 목사가 캐나다로 교포선교의 의무를 갖고 떠나게 되었다. 그런데 이분들은 모두 교회가 재정을 부담해서 파송한 것이 아니고, 거의 자원하여 자비로 혹은 현지 교포들의 초청에 의해서 가게 되었기 때문에 교회의 큰 관심을 끌지 못했다. 또한 선교부도 선교사로 인준만 하였지 아무런 뒷받침을 해주지 못하였기 때문에 선교사들에 대한 어떤 감독권이나 지도력을 발휘할 수 없었다.

1980년대에 이르러 세계가 점점 지구촌화 되어 가고, 이민의 수가 늘고, 해외에 나아가 교포선교를 위해 봉사하기 원하는 목사의 수도 많게 되었다. 선교부

---

34) 총회선교부 선교사 현황(2002,3,9) 보고.

는 교포선교 혹은 목회를 위해 이미 출국한 분들에게도 선교사의 명칭을 주게 되었다. 1981년에 서독의 김은수 목사, 미국의 김만우 목사, 호주의 홍관표 목사를 교포선교사로 인준하였다. 1982년에는 캐나다로 가는 조성관 목사, 1983년에는 브라질로 가는 손창호 목사, 미국으로 가는 신현국 목사, 1984년에는 스페인으로 가는 도만기 목사를 교포선교사로 인준하여 보냈다. 그 이후에도 줄이어 교포선교사를 인준하게 되었다. 그런데 이런 과정 속에서 본국 교회로부터 선교사 명칭을 받고 와서 봉사하는 분들과 같은 고신교회 출신이지만 선교사 명칭을 받지 못하고 온 분들 사이에 형평성 문제가 제기되고, 상호간에 정신적인 균열이 생기게 되므로 교포 목사 상호간에 어려움이 생기게 되었다. 이 때문에 1996년 제46총회는 교포선교사 칭호를 없애기로 결의하였다. 교포선교의 초기에는 법적인 수속이나 공적인 인정을 받기 위해 이런 호칭이 필요했을 수 있었다. 그러나 이민을 통해 교포사회가 커지고, 교포교회와 교포목사의 수가 증가됨으로 이런 호칭에 큰 의미가 없어졌다고도 볼 수 있다. 1990년 4월의 통계만 보아도 총회가 인준한 교포선교사의 수는 모두 39명뿐이었다. 그런데 2000년도 통계를 보면 미국에만 체류 혹은 정착하고 있는 고신교회 출신 목사들의 수가 140명(교회수는 84)이나 되어진 것이다.[35] 이제 6 대륙에 흩어져 있는 교포 교회들은 각기 독자적인 행정체제를 갖추고 각기 교단을 형성하기에 이르렀다.

제일 먼저 미주 고신 총노회(總老會)가 1985년 11월 12일에 조직되었다. 이 때 총노회에 가담한 교회는 단지 네 교회로 박재영 목사가 시무하는 뉴저지 제일 한인 교회, 신현국 목사가 시무하는 산호세 한인장로교회, 임종수 목사가 시무하는 필라 초대교회, 전재린 목사가 시무하는 템피교회였다. 1988년 제4회 총노회가 모일 때는 고신에 뿌리를 가진 상당수 교회들이 가입을 하게 되어 목사 24명, 장로 3명 모두 23명이 모이게 되었다. 이 때에 총노회는 동부노회와 서부노회로 분립하기로 하고 총노회를 총회로 개편하게 되었다. 1994년 2월에 브라질과 파라과이 교회를 중심으로 남미노회가 조직되었다. 그리고 같은해 11월 제10회 총회시에는 동부노회를 동부노회와 중부노회로 분립하여 이제 재미 고신 총

---

35) 제4회 고신 선교대회, "새천년의 소망 주 예수 그리스도", p.158

회는 네 노회를 갖추게 되었다. 현재 미주 고신 총회는 4노회 약 50여 교회를 가지고 있다. 이 총회는 미주를 택해 이주하여 정착한 고신인들의 교회를 개혁주의 신학과 생활의 전통 위에 세워가기 위한 교역자 양성을 위해 1990년부터 "미주 고려신학교"를 설립 운영해 왔고, 현재 동부와 서부에서 학교를 운영하고 있다. 그리고 1979년도부터 시작한 학생운동(SFC) 수양회를 매년 개최함으로 다른 문화권과 종교적 환경에서 성장하고 있는 청소년 학생들에게 신학과 신앙의 뿌리를 찾게 하며 고국교회의 개혁주의 신앙 전통을 계승하게 하기 위해 노력을 경주하고 있다.

대양주 총회는 미주보다 뒤에 조직되었으나 그 성장은 다른 지역보다 매우 빨랐다. 한국인들의 호주 이민은 소위 백호주의(白濠主義)가 사라진 70년대부터 시작되었다. 1979년에 홍관표 목사가 시드니 교포교회의 초청을 받아 정착하게 되므로 고신교회 계통의 역사가 시작된 셈이다. 그는 성공적인 목회를 하면서 주변에 교회개척에 협력함으로써 차츰 교회의 수가 증가되어 갔다. 1991년에는 장로교 정치에 기반을 둔 치리회 조직의 필요성을 느껴 시드니 중앙장로교회를 비롯한 6개 교회 총대들이 모여 시드니 중앙장로교회에서 총노회를 조직하게 되었다. 이 후 뉴질랜드에도 고신 교회 계통의 교회들이 속속 설립되어 총노회는 호주노회와 뉴질랜드 둘로 나누고 총노회를 총회로 개편하게 되었다. 2001년 8월 총회는 서부호주와 동남아시아 지역을 포괄하는 동남아시아 노회를 조직하기로 하여 이제 대양주 총회는 3개노회 25개처 교회로 이루어진 당당한 교단이 되었다.

유럽에도 총노회가 조직되어 본국교회와 밀접한 관계를 가지고, 총회때마다 친선 사절들의 교환 방문을 통해 교제를 가진다.

21.6 한국과 세계 속의 교회들과의 관계

1. 국내 다른 교회와의 관계

고신교회가 국내에서 교회적인 친교관계를 공식적으로 가지고 있는 교회는 한 때 합동했다 환원하게 된 예장 합동측 교회이다. 고신은 환원 총회에서 승동측과 우호관계를 갖기로 결의했다.[36] 비록 상대방의 공약 파기로 환원은 했으나 신앙과 신학이 같으므로 교회적인 교제는 갖는 것이 마땅하다고 보아 우호관계를 갖기로 한 것이다.

고신교회가 가담하여 활동하는 국내 교회연합기구로서는 "한국장로교 협의회", "한국기독교 총연합회", "한국기독교지도자 협의회" "한국찬송가 공의회" 등이 있다. 고신교회는 일찍부터 신학과 교리를 초월한 교회일치운동은 반대해 왔지만, 기독교 공통의 유익을 확보하고 지켜가기 위한 연합운동에는 적극 가담해 오고 있다.

2. 외국교회와의 자매관계

고신교회는 출발부터 역사적인 교회들이 고백해 온 사도적인 신앙고백(사도신경) 속의 "거룩한 보편교회"(A holy catholic Church)를 믿을 뿐 아니라, 고신교회가 이 속에 있음을 의식하고 사도적 진리를 파수하는 세계에 산재한 교회들과의 교제를 추구하여 왔다.

1967년 화란 개혁교회와 맺은 자매 결연은 상호간에 큰 유익을 가져 왔다. 특별히 철저한 칼빈주의 신학과 생활의 전통을 가진 화란교회와의 밀접한 관계는 양 교회간의 신학의 교류를 심화시키는 계기가 되어졌다. 화란개혁교회는 고신교회의 요청에 따라 1980년에 두 선교 교수(Dr. Gootjes와 Drs. Battau)를 파송하여 고려신학대학원에 10년간 교수를 하였다. 1976년에는 화란 자매교회와 자매관계에 있는 화란계 "호주 자유개혁교회"(The Free Reformed Churches of Australia)와 자매관계를 맺게 되었다.[37] 이 후 그 곳 아마데일 교회(The Free Reformed Church of Armadale)가 고려신학대학 교수인 허순길 박사를 담임목사로 청빙하게 되어, 그 곳에 가서 1978년에서 1987년까지 10년을 봉사하게 되었다. 이렇게 고신교회와 화란계 개혁교회는 단순한 영적 교류뿐만 아니라,

---

36) 총회 회록 제11회-제20회, p.38 (제13회 총회(환원) 총회록)
37) 총회 제26회 총회록, p.16

인적 교류도 하게 되어 상호간의 이해를 더욱 깊게 했다. 1977년 제27회 총회는 "남아공 개혁교회"(The Reformed Church in South Africa)와 자매관계를 갖기로 결의하고 제의했는데, 1979년 1월에 모인 남아공 개혁교회 총회가 이를 받아들이므로 양 교회간의 자매관계가 이루어졌다.[38] 이 관계로 말미암아 상당수 고신인들이 그 곳 "포쳅스트롬 대학과 신학교"(Potchefstroom University and Seminary)에 가서 연구할 수 있는 기회를 가지므로 학문적 교류를 갖게 되었다. 1981년 제31회 총회는 "일본개혁교회"(The Reformed Church in Japan)와 친선관계를 맺기로 결의했다.[39] 이어 1982년 제32총회는 화란계 "남아공 자유 개혁교회"(The Free Reformed Churdhes in South Africa)와 자매관계를 갖기로 결의했다.[40] 이 교회 역시 제2차대전 후 화란으로부터 이민한 화란 개혁교회(31조파)에 속했던 분들로 이루어진 교회였다. 1992년에는 여러 해 논의되어 오던 화란계 "캐나다 개혁교회"(The Canacian Reformed Churches)와의 자매관계가 그 결실을 보았다. 이 교회도 화란 개혁교회(31조파)에 속한 분들이 제2차 세계대전 후에 캐나다로 이주하여 세운 교회이다. 이 교회에 속한 구호단체는 이미 1960년대 말부터 복음병원 진료소와 고아원(대구 사랑의 집)등을 도와왔다.[41]

1993년에는 "미정통장로교회"(The Orthdox Presbyterian Church in the U.S.A.)와의 자매관계가 정식으로 이루어졌다. 이 교회에 속한 한부선 선교사는 고려신학교 초창기부터 신학교를 위해 봉사하였고, 고신교회가 출발할 때부터 협력하였다. 뒤이어 내한한 이 교파 선교사들은 고신교회의 귀한 협력자들이었다. 그러나 양 교회는 반세기를 지나오면서 영적인 친교만을 가졌지 교회적인 공식 관계를 맺은 일이 없었다. 미정통 장로교회는 이 사실을 발견하고 1992년

---

38) 총회, 제29회 회록, pp.67,68
39) 총회 제31회 촬요,p.5
40) 총회, 제32회 회록 p.18
41) 이 캐나다개혁교회와 고신교회와의 관계는 허순길 목사가 화란 유학하는 중 일시 귀국했다가 돌아가던 1970년 3월 방문하여 약 40일간 여러 교회들을 방문함으로써 상호 밀접한 관계를 갖게 되었다.

제59회 총회에서 고신교회와 정식 친교관계(Eecclesiastical Fellowship)를 갖기로 결정하고 고신 총회에 제의해 오게 되었다. 그 결과 고신 총회도 1993년 제43총회에 이 제의를 기쁨으로 받아들이므로 공식적인 친교관계를 갖게 된 것이다.[42] 1999년 제49회 총회는 화란의 "기독개혁교회"(De Christelijke Gereformeerde Kerken)와 자매결연을 맺기로 결의했다.

현재까지 고신이 공식적으로 자매관계를 맺고 있는 교회는 다음 8교파 교회이다:

1. 화란개혁교회(De Gereformeerde Kerken in Nederland, Vrijgemaakt),
2. 호주 자유개혁교회(The Free Reformed Churches of Australia),
3. 캐나다 개혁교회(The Canadian Reformed Church),
4. 남아 자유개혁교회(The Free Reformed Churches in South Africa),
5. 남아 개혁교회(The Reformed Church in South Africa),
6. 일본 개혁교회(The Reformed Church in Japan),
7. 미 정통장로교회(The Orthodox Presbyterian Church in the U.S.A.)
8. 화란 기독개혁교회(De Christelijke Gereformeerde Kerken)

이 외에도 고신 교회는 아메리카 장로교회(The Presbyterian Church in America)와 공식적인 자매관계에는 있지 않으나 우호적인 교류를 하고 있으며, "국제개혁교회협의회"(ICRC)의 회원교회인 20여 교파교회들과 친밀한 관계를 가지고 있다.

3. 국제적 교회연합기구와의 관계; 국제개혁교회협의회
(The International Conference of Reformed Churches:ICRC)

고신 교회는 일찍부터 개혁주의 신앙고백 안에서의 교회의 일치를 귀중하게 여겼다. 다양한 신앙, 신학을 가진 교회들을 하나의 조직 속에 수용하는 기구 안에서의 혼합적 일치를 거절해 왔다. 그러기에 처음부터 일치 속에 다양성을 주장하는 "세계기독교연합회"(WCC)나 "개혁교회연맹"(The Alliance of Reformed Churches, ARC)등에 가입하지 않았고, "세계기독교 협의회"의 산하단체처럼 변질해버린 "개혁주의 에큐메니칼 협의회"(The Reformed Ecumenical Council)에도 가담하지 않았다. 신학적으로 보수적인 입장을 취하나 지나치게 정치성을 띤 "국제기독교협의회"(ICCC)에도 가담하지 않았다. 그러나 고신 교회는 같은 진리와 신앙 안에서 교회가 일치된 모습을 세상 앞에 보여주는 것을 교회의 사명으로 여기고 개혁주의 신앙과 신학을 파수하는 교회들 간의 협의체 구성을 추구하고 이에 가입했다.

1982년 10월에 화란 북쪽지방의 도시 흐로링건(Groringen)에서 화란개혁교회(31조)를 중심으로한 자매교회들과 스코트란드 자유교회(The Free Church of Scotland)의 대표자들이 함께 모여 서로 교제하며, 개혁주의 신학과 신앙을 파수해 가기 위해 서로 협력할 수 있는 기구를 조직하기 위한 협의를 하였다. 이 첫 모임에 한국 고신 교회를 대표해서 이근삼 박사가 참석했다. 이 모임은 국제개혁교회협의회(The International Conference of Reformed Churches, 이하 ICRC)를 조직하기로 합의를 보고 임시헌장과 규칙을 마련하게 되었다.[43] 이 모임이 사실상 ICRC의 창립협의회가 된 것이다.

이 협의회는 헌장에서 ICRC의 기반으로 삼개일치신조(the Three Froms of Unity)[44]와 웨스트민스터 교리 표준서(the Westminster Standards)[45]에 고백된 대로의 신구약 성경을 두었다. 그리고 ICRC의 목적으로는 다음 다섯 항목을 설정했다.

첫째, 회원교회가 그리스도안에 가진 신앙의 일치를 표현하고 증진하며,

둘째, 회원교회간에 완전한 교회 관계를 갖도록 격려하며,

셋째, 선교 및 다른 사명을 수행하고 있는 회원교회들 간에 협력을 촉진하며,

---

42) 총회, 제43회 총회 촬요, p.19
43) *Proceedings of the International Conference of Reformed Churches*, October 15-23, 1997, Seoul Korea. pp.213-218 Constitution and Regulations of the ICRC를 참조.
44) 일치신조는 대륙의 개혁교회가 채용하고 있는 Begic Confession, Heidelberg Catechim, Canons of Dort 세 신조를 가리킨다.
45) 웨스트민스터 교리표준서는 웨스트민스터 신앙고백(Westminster Confession of Faith)과 대소 교리문답(the Larger and Shorter Catechism)을 가리킨다.

넷째, 회원교회가 당면한 공통적인 문제들을 연구하고 이 문제들에 관하여 추천하며,

다섯째, 세계에 개혁주의 증거를 제시하는 것 등이었다.

이 협의회는 순수한 개혁주의 신앙과 신학의 노선을 걷는 교회들의 유일한 국제적 협의체이다. 이 "협의회"에 가입하기 위해서는 헌장에 명시된 대로 개혁주의 신앙을 수호해야 하고, W.C.C.의 회원교회가 아니어야 하며, 두 회원교회의 추천을 받아야 하게 되어 있다.

3년 후인 1985년 스코틀랜드, 에딘버그에서 모인 제1차 협의회에는 10교파 교회의 대표가 참석하였고, 화란에서 모여 마련한 헌장과 규칙을 채용하게 되었다. 에딘버그 협의회 후에는 4년마다 회집하기로 했다. 1989년에는 제2차 협의회가 캐나다 랭리(Langley)에서, 1993년에는 제3차 협의회가 화란 쯔볼러(Zwolle)에서 모였다. 1997년 제4차 협의회는 우리 나라 서울에 있는 서문교회에서 9일간 (10월 15일-23일)모였다. 이 때는 회원교파 교회가 크게 늘어 21개 회원 교파 교회의 대표들과 업서버를 포함하여 약 80명이 참석하게 되었으며 고신 교회의 대의원인 허순길 박사가 회장으로 선임되어 봉사했다. 이는 고신교회가 50년 사상 처음으로 주관한 국제회의였다. 제5차 협의회는 2001년 미국 필라델피아에 있는 웨스트민스터 신학교에서 9일 동안(6월20일-28일) 열렸다. 고신교회는 ICRC의 창립 회원 교회로서 앞으로 이 국제적 기구와 제휴하고 협력함으로써 한국과 세계의 개혁주의 교회 건설을 위해 적극 봉사할 큰 사명을 가지고 있다.

제22장 반세기 역사 전환기에 맞은 시험과 또 다른 교회들의 영입

 고신 교회는 50주년 희년을 맞으면서 희비(喜悲)가 엇갈리는 두 가지 역사적인 경험을 하게 된다. 이는 고신 의료원을 둘러싼 문제 때문에 겪게 되는 시험과 또 다시 이탈했던 교회들을 영접하게 되어진 일을 가리킨다.

22.1 고신의료원을 둘러싼 문제와 총회가 겪는 시험

 고신 총회는 5년 혹은 10년마다 거의 주기적으로 시험을 겪어 왔다. 사탄은 교회가 화목하고 도약하려는 때에는 언제나 시험을 가져와 전진을 방해한다. 1963년 환원 이후 고신 교회가 겪게 된 큰 시험들은 교회의 근본적인 문제인 신학적, 교리적인 문제나 혹은 전도와 선교의 문제로 말미암은 것이 아니었다. 교회가 직영하는 대학과 병원을 둘러싼 문제들이었다. 여기에는 이사와 이사장이란 명예와 기관과 연관된 직 간접 이권이 관계되어 있는 것으로 이해되고 있다.
 1973년의 "법적 이사장 사건"이 이것 때문에 일어났고, 이 여파로 1975년 경남노회 총대들이 "행정보류"를 하여 이탈하게 되므로 전국교회가 함께 분열의 상처를 입었던 것이다. 나아가 이 기관들의 교회 직영이 고신 교회의 원색을 퇴색케 하는 결과를 가져 왔다. 1980년대 초부터 90년대 초까지의 고신대학 학생들의 "미 문화원 방화 사건", "학원민주화 운동" 폭력 사건 등은 모두 교회생활에 엄청난 충격을 주었다. 이 기관들의 직영으로 가장 큰 해를 입은 편은 교회의 목회자인 목사들과 장로들이었다. 교회의 영적인 유익을 위해서만 봉사해야 할

복음병원의 초기 천막병원(영도, 1951)

교회의 지도자 목사, 장로들이 대학과 수익기관인 병원을 운영하는 이사직, 이사장직을 사모하게 되므로 교회직분의 속화를 초래하기도 했던 것이다.

사탄은 교회가 1982년 이탈한 교회들을 맞이하고 하나가 되어 도약하려는 때에 다시 시험을 가져와 내분을 조장했다. 1990년대에 이르러 복음 병원 지하 주차장 건설 입찰을 둘러싸고 문제가 일어났다. 이 문제로 학교법인 이사장 곽삼찬 목사가 사법당국에 고소를 당하게 되고[1], 결과 교회지도자 세계에 불협화현상이 일어나게 되었다. 교회 안에는 형제를 비방하는 문서들이 익명으로 나돌아 교계에 혼란이 야기되었다. 1995년 제45총회는 "학교 법인 안에 있는 제반 문제 해결을 위하여 전권위원을 구성하기로" 결의하고, 전권위원을 내게 되었다.[2] 교회사는 총회의 전권위원회가 교회의 어려운 문제를 해결하는 방편이 되어진 유익한 경우도 있었지만, 정치적으로 편향되어 교회에 상당한 후유증을 남긴 경우도 있었음을 말해 주고 있다. 총회 전권위원들은 위원회가 구성되는 즉시 "전권위원회"로 모이기 시작하여 1996년 제46총회가 모일 때까지 무려 17회 회의를

---

1) 소송한 분은 전 학교법인 이사였던 건축사업가 배환갑 장로였다.
2) 제46회 총회록, pp.41, 42 총회가 전권내기로 결의한 후 이틀이 지난 마지막 날 "전권위원에 대하여 재론하자는 제안이 있어 투표했으나 가 165표 부 140표로 부결되었다.(p.48) 이를 볼 때 총회는 이 문제를 두고 정치적으로 거의 같은 세력으로 내분되어 있었음을 보게 된다.

가졌다.[3] 1996년 제46회 총회가 부산 남교회에서 모였을 때 전권위원회가 처리 보고를 히고, 총회는 그 고소 사건과 직 간접으로 관련된 분들에게 가한 징계 보고를 어렵게 받아들였다.[4] 이 보고를 받는 투표 결과의 찬반 수의 차이가 크지 않았다.[5] 이것은 곧 후유증이 매우 심상치 않음을 예고해 주는 것이었다. 이후 교회 안에는 선이 보이지 않는 양 세력이 나뉘어 고신의료원 문제를 위시하여 대두되는 문제들마다 대립현상을 보이게 되었다.

1997년 제47회 총회에서는 제46회 총회시 전권위원회가 낸 보고서에 대한 전권위원을 내기로 했다. 이것은 대립된 두 세력 사이에 역전을 의미하는 것이었다. 1998년 제48회 총회에 지난 총회 때 낸 전권위원회가 보고를 하게 되었다. 총회는 보고의 내용의 심각성 때문에 비공개로 진행하기로 했다. 이 때 극단으로 대립된 현실에 위기감을 느낀 총회는 조정위원들을 내어 첨예한 문제들에 대한 구체적인 대안을 찾기로 했다. 결과 총회는 결국 지난 제 45, 46, 47 총회 전권위원회에 의해 결의된 모든 것을 교단 화합차원에서 백지화하기로 결의를 했다.[6] 이는 어떤 면에서 매우 다행스런 결의였다. 그러나 이는 지난 3년 동안 교

---

3) 제1회 전권위원회 1995년 9월 21일-제17회 전권위원회 1996년 9월 16일. 17회를 모임으로 위원들의 신간적인 소모도 컸지만 그 비용도 매우 컸다. 원래 전권위원에게 6백만원이 예산되어 배정되었으나, 실제 든 비용의 결산은 2천 3백 89만 3천 9백 40원이었다. 그러니 약 1천 8백만원이 더 소요된 것이다.
4) 제46회 총회록, p.45 전권 위원회 보고, 판결문, 회록 등은 pp.229-310을 보라.
5) idem. 총 400표 중 가 218표, 부 175표, 무효 5표, 기권 2표였다.
6) 총회 제48회 총회록, pp.42, 43
"조정위원회 보고를 대폭 수정(1, 2, 4항 삭제)하여 제45회, 제46회, 제47회 모든 결의는 교단 화합차원에서 백지화하기로 하고 회장단으로 하여금 선언문 형식으로 문안을 작성하여 총회장 명의로 발표하기로 가결하다."

선 언 문

제48회 총회에 하나님의 강권적 명령과 역사가 나타났습니다. 우리 총회는 하나님의 뜻에 순종하여 제45회, 제46회, 제47회 전권위원회 모든 결의를 교단화합차원에서 백지화하고
(1) 철저히 회개하여 하나님의 노하심을 풀어드리고,
(2) 우리는 서로 용서하고 사랑하며 화합하여,
(3) 우리 교단의 힘을 모아 마지막 때에 주님의 명령을 이행하고 하나님의 뜻을 이루어 드림으로 한국 교회와 세계교회에 우리들의 단합된 모습을 보여 하나님께 영광 돌릴 것을 선언합니다.
1998년 9월 25일 제48회 총회장 김종삼

회의 목회자들, 감독자들인 목사, 장로들이 수많은 시간, 정력, 금전을 들여가며 해 온 일이 허공을 쳤다는 사실을 말해 주는 순간이었다고도 보게 된다. 교회생활의 핵이 되는 신학과 교리문제가 아닌 다른 것을 위한 싸움은 교회에 백해 무익할 뿐이다. 교회의 신령한 지도와 감독을 위해 부름 받은 목사와 장로들이 한 수익기관의 운영과 관련된 문제로 소송하고 소송을 당하며, 이 때문에 온 교회가 수년 동안 고통을 당하였던 것이다.

그런데 이 양 세력간의 대립현상은 이후에도 사라지지는 않았다. 고신의료원 체제 폐기를 통한 대학교 총장의 행정 감독권 강화 문제와 김해복음병원 정리문제를 둘러싸고 같은 두 세력간의 내적 대립은 여전히 계속되었다. 1999년 제49총회는 고신의료원제도를 폐기하기로 결의를 했다.[7] 1998년 제48총회에서는 회개하고 용서하며 "단합된 모습을 보여 하나님께 영광 돌릴 것을 선언"했으나, 대립관계는 여전히 남아 있어 고신의료원 폐기 문제를 둘러싸고 그대로 나타나게 되었다. 그것은 2000년 제50회 총회에 "'고신의료원 제도 폐지결정의 무효확인 청원"이 올라 온데서 나타났다.[8] 제50회 총회는 "본 회의장 3층에 입장한 고신의료원 노조원들의 소란"으로 정회를해야 했다. 그런데 노동조합측에서는 이를 선한 투쟁으로 자랑스럽게 여기면서; "(2000년) 9월26일 고신의료원 제도 폐지를 강행하는 총회에 의료원의 170여명의 조합원이 의료원제도 필요성 및 의료원의 주인은 조합원 및 직원임을 인식시키기 위해 천안 신대원 캠퍼스에서 투쟁을 하여 우리의 요구를 전달하였다"고 한다.[9] 고신의료원 폐지를 반대하는 노조원들의 시위가 2001년 제51회 총회에서는 더 격렬하여 400여명이 동원되어 총회장을 완전히 점령함으로써 총회는 정회를 하게 되고 장시간 회의를 진행할 수 없었다. 개혁주의 교회세계라면 어느 곳이던 '투쟁성'을 가진 "노조"라는 것은 존재하지 않는다. 이것은 이권 확보를 위해 투쟁하기 위해 조직된 순수 "세속단체"의 성격을 가지고 있기 때문이다. 이런 단체가 세상의 단체와는 본질적

---

7) 총회 제49회 회록, p.37
8) 총회 제50회 회의록 p.45
9) 고신의료원 50년, 1951-2001, 고신의료원, 2001, 11, 1 p.547

으로 다른 교회가 직영하는 기관에 있다는 사실이 개혁주의 신앙과 생활에 전적으로 배치되는 일이다. 제51회 총회는 다시 올라온 고신의료원 존속 건의안을 기각하고 그 존속 문제는 계속 연구하기로 결의했다.[10] 문제의 핵심은 의료원 제도의 지속을 허락하므로 병원과 의학부에 대학본부로부터의 어떤 독립성을 인정하느냐, 병원제도를 도입함으로써 의학부, 병원을 고신대학 총장의 직접적인 행정과 감독 아래 두느냐 하는 것이다. 이 문제를 둘러싸고 교회의 직분자들 세계에 내분이 일어나고, 시소게임 같은 힘겨루기 모습을 보여 오고 있는 것이다.

고신의료원 제도의 존폐 문제나, 대학교와 의학부, 병원과의 행정적인 연관 문제 등에는 이견이 있을 수 있다. 그러나 교회치리회(총회)가 이 문제에 직접 연관되어 목사 장로 세계에 반목이 생기고 이로 말미암아 온 교회가 고통하고, 미래를 향한 전진에 지장을 받고 있다는데 심각성이 있는 것이다. 총회는 고신 50주년을 맞으면서 "교단 제2 창출을 목표로 2020-3000교회 확장 운동키로 하는 건"이 들어와 이를 전도부로 넘겼다.[11] 그러나 이런 교회 확장운동은 전국 교회가 일체가 되어 교회의 본래의 사명인 복음 전파의 사명으로 돌아와 함께 전진하게 될 때만 바람직한 결실을 얻을 수 있게 될 것이다.

22.2 이탈한 또 다른 교회들(반고소 고려파)의 영입(2001)

고신교회가 50주년 희년을 맞으면서 어려운 시험만을 맞고 있는 것은 아니다. 감사와 기쁨으로 미래를 내어다 볼수 있는 기회도 얻게 된 것이다. 2001년 제51 총회에서 나뉘었던 교회, 헤어졌던 형제를 맞이하게 될 것이다. 1982년 총회는 이탈했던 경남노회 지역 교회들은 영입했으나, 같은 때에 함께 이탈했던 서울, 경기 노회 지역 중심의 소위 "반 고소 고려파" 교회들은 포함되지 않았다. 이후 총회는 이들도 영입할 수 있는 기회가 오기를 바랐다. 2000년에 모인 제50회 총회는 드디어 소위 서울 경기 지역 중심의 "반 고소 고려파" 교회와 합동을 바라

---
10) 총회(2001) 제51회 회록, p.57
11) Ibid.

고 "합동추진 위원"을 내었다. 이 총회의 결정이 알려지자 "반 고소 고려파"측은 어떤 공식적인 접촉이 있기도 전에 합동에 대한 부정적인 공식적 입장을 성명서를 통해 지상에 발표했다. 이 교단의 소위 주류 세력은 "합동추진"이란 급격한 추진에 민감하게 부정적 반응을 보였던 것이다.[12]

그렇지만 이 주류 세력 밖에 있는 상당수 교회지도자들이 고신측의 합동추진에 대하여 적극적인 뜻을 보이게 되었다. 고신 합동위원들(위원장 이금조 목사)은 합동을 원하는 이 비 주류 대표들과 접촉하여 의사를 타진하고, 2001년 3월 15일 총회 운영위원회에 보고했다. 총회운영위원회는 합동 위원들의 보고를 받고 이 위원회에 전권을 맡겨 합동을 추진하게 했다.[13] 이 합동은 급진적으로 추진되었다. 3월 30일 고신총회 사무실에서 고신 합동위원과 고려측 합동위원이 연석회를 가져 합동을 위한 4개 항목[14]에 합의를 보고, 고신측에서 이 고려측

---

12) 총회가 합동연구위원이 아닌 "합동 추진 위원"을 바로 낸 것이 주목을 끈다. 1960년 고신이 승동측과 합동을 하게 되었을 때 역시, 고신 총회는 합동을 전제로 하고 "합동추진 위원"을 바로 내었다. 이런 일의 진행 방법은 졸속성을 띄기 쉽고, 후유증을 가져 올 가능성을 언제나 안고 있다. 여기 주류측은 반고소 고려측을 주도적으로 이끌어 온 석원태 목사 중심의 세력을 가리킨다.
13) 기독교보, 제 511호, 2001, 3, 24 자 보도
14) 총회 제51회 회록 pp.59-61 참고

합 동 합 의 사 항

주후 2001년 대한 예수교 장로회(고신측)와 대한 예수교장로회(고려측) 합동위원회는 다음 사항을 합의하기로 하다.
1. 고려측 교회를 영입함에 있어 모든 자격(목사, 장로, 강도사, 전도사, 선교사, 신학생, 군목)은 그대로 인정하고 받기로 한다.
2. 신학생들은 고려신학대학원으로 편입한다.
3. 영입되는 교회들의 독노회를 인정하고, 노회 존속기간은 고려측 의견을 수용한다.
4. 기타 필요한 사항은 양 교단 합동위원회가 합의해서 처리한다.

주 후 2001. 3. 30
장 소 고신총회 사무실
고신측 합동위원 고려측 합동위원

위원장 : 이금조 목사 위원장: 조석연 목사
위 원 : 원종록 목사, 조긍천 목사 위원: 황석영 목사, 조용선 목사, 박종수 목사, 윤지환 목사 이길봉 목사, 조원근 목사, 곽삼찬 목사, 조재태 목사 추경호 목사, 신재철 목사, 박재석 장로, 차철규 장로
4월 16일 당시 영입될 교세는 58교회, 목사 63명, 장로 46명, 세례교인 5,867명이었다.

일부 교회들을 영입하는 방법으로 합동을 추진하기로 하였다.

합동위원들의 합의문 가운데는 영입되는 교회들이 그 지역에 있는 고신측 노회로 영입되지 않고, 지역을 초월한 독립노회를 조직하여 총회에 영입되는 것으로 한다는 것이 있었다.[15] 이렇게 합의를 본 고려측은 4월 3일 선두 교회에서 가칭 서경노회 창립노회를 개최하고, 본 교단과 합하기 위한 구체적인 작업에 들어갔다. 가칭 서경노회는 4월 9일자 국민일보에 54교회, 목사 63명, 선교사 7명, 강도사 10명, 장로 50명, 신학생 10명 외 교인 일동 명의로 "신학과 신앙이 같고, 교단의 뿌리가 같은 고신교단과 합동하기 위하여 고려교단을 탈퇴한다"는 성명을 발표하였다.

그리고 4월 16일 인천시 강화도에 있는 선두교회 수양관에서는 창립노회가 열렸다. 이 노회는 노회 명칭 승인, 전체 합동 절차 승인 등으로 17일까지 회무를 진행하고 마쳤다.[16] 이 노회의 총대들이 2001년 9월 천안 고려신학대학원에서 모인 제51회 총회에 참여하여 총회의 환영을 받으므로 고신 총회에 영입이 되어졌다.[17] 이로써 고신은 명분 없는 분열과 혼란이 지배하는 한국 장로교 세계에서 신학과 신앙을 같이한 교회들간의 교회일치를 이루므로써 아름다운 모범을 보여주었다.

2000년대에 들어 한국 기독교계에는 연합과 일치운동이 크게 일고 있다. 이 운동은 동서냉전의 시대가 끝나고 이념논쟁이 사라지고 있는 시대의 흐름을 따라 나타나, 신학, 교리, 신앙을 초월한 성격을 다분히 띠고 있다. 이 흐름에서는 역사적 전통과 정체성을 지키려는 자가 시대를 역행하는 자로 비난을 받는다.

---

15) 반 고소 고려파측으로부터 고신측에 영입되는 교회는 대부분 서울, 경기, 인천지역에 산재해 있다. 그렇다면 이 교회들은 기존 그 지역에 있는 고신측 노회에 영입되는 것이 원칙이었다. 그런데 합동위원들은 과도기를 고려 이 교회들만으로 이루어진 서경노회라는 새 노회를 조직하는데 합의를 했다. 그리고 합의문에 그 "노회의 존속기간은 고려측 의견을 수용한다"라고 명시했다. 이런 조처는 개혁주의 장로교 정치원리로부터는 벗어난 예외적인 것이었다. 해방 후 장로회 총회가 북한에서 남하한 분들에게 무지역 노회를 허락한 것이 교회생활에 유익이 되지 않았다는 것을 기억하게 된다.
16) 기독교보(515호), 2001년 4월 21일자
17) 총회 제51회 회록, p.23

제57회 총회

이것이 포스트모던이즘의 성격이기도 하다. 오랜 비 기독교적 역사와 문화환경을 가지고 있는 한국에서 기독교회 공동 목적의 달성과 이익의 확보를 위해 다양한 교파 교회들의 연합활동은 바람직하다. 그러나 신학과 신앙, 교리의 차이를 넘어선 교회의 일치운동은 결과적으로 참된 교회의 발전과 건설보다는 교회에 더 많은 문제를 일으키고, 교회 붕괴의 위험을 초래하게 되는 것이다. 교회는 올바른 신학과 신앙고백의 기반 위에 설 때만이 음부의 권세를 이길 수 있는 미래가 보장된다.[18] 고신 교회가 신학과 신앙의 뿌리가 같을 뿐 아니라, 전통적 개혁주의 신학과 신앙을 지켜오는 교회를 찾아 일치를 이루게 된 사실은 교회의 주 그리스도가 원하는 뜻을 이루는 일이다.[19] 새 천년 역사의 막이 열리고 고신 50주년 희년을 맞게 되는 때, 고신 총회는 헤어졌던 교회들을 진리 안에서 다시 영접하여 참된 교회일치를 이루므로 참된 개혁주의 한국교회 건설이란 미래의 역사를 향한 걸음을 내디딜 수 있게 되었다.

---

18) 마 16:15-18
19) 요 17:1 "아버지께서 내 안에 내가 아버지 안에 있는 것 같이 저희도 다 하나가 되어 우리 안에 있게 하사 세상으로 아버지께서 나를 보내신 것을 믿게 하옵소서."

맺는 말

고신 장로교회 반세기의 역사는 은혜의 하나님이 이끄신 역사였다. 일제시대에 배교(背敎)로 말미암아 무너진 한국교회의 재건을 위해 1946년 9월 20일 부산에 설립된 고려신학교를 중심으로 일어난 교회의 개혁, 재건 운동은 진보주의자, 교권주의자들의 끊임없는 질시와 방해공작에도 불구하고 요원의 불길처럼 번져 경상지역 온 교회를 뜨겁게 달구었다. 은혜의 하나님은 주의 교회를 사랑하고 재건하고자 하는 그의 백성의 마음을 사로잡으시고 역사하신 것이었다.

1951년 제36총회가 다수라는 교권의 힘으로 고려신학교를 지원하는 경남(법통)노회를 교회제도권 밖으로 축출했으나, 그것이 교회를 개혁 재건하려는 거룩한 불을 끄지 못했다. 오히려 경남(법통)노회를 중심한 교회들은 철석같이 뭉치고, 힘을 얻고 더 얻어 1952년 9월에는 한국 장로교회의 역사적 개혁주의 정통신학과 생활을 바로 이어가는 총회를 계승하기 위해 "총 노회"를 조직함으로 새 출발을 하게 되었다. 기존 가설 총회가 "대한 예수교장로회 헌법정신을 떠나 이교과적으로 흘러가고 있음"으로 "대한 예수교 장로회 헌법대로의 전통적인 장로회 총회를 계승"하기 위해 고신 장로회 총노회를 조직한 것이다.[1]

4년 후인 1956년에는 고신 총노회는 총회에로의 개편을 보게 되는 축복을 받았다. 출발 시에는 고신의 진리운동이 거의 경상지역에 제한된 운동이었으나, 주께서는 6.25사변이라는 민족적 대란을 고려파 교회의 진리운동에는 오히려 전화위복의 기회가 되게 하셔서 많은 교회지도자들이 남으로 밀려 내려와 부산 경상지역에 와서 머무는 동안 고신 개혁운동에 접하게 하심으로 정전이 된 후에

---

1) 대한 예수교 장로회 총노회 발회식 선언문 참조.

는 전국을 포괄하는 운동으로 자리를 잡게 해 주셨다.

이 때까지 고신의 교회의 정화, 개혁, 재건을 위한 운동은 뜨거웠고 순수했다. 물론 아무리 성화된 성도라도 이 세상에 있는 동안은 부패하고 불완전한 인간의 본성을 가지고 있기 때문에 교회 내에 조화를 해치는 갈등의 요인이 전혀 없지는 않았다. 그러나 모두가 교회의 개혁과 재건을 위한 진리운동에 사로잡혀 서로 이해하고 인내함으로 이를 극복해 왔다. 고신 초기 10년은 참으로 하나님의 은혜의 지배 속에서 모두가 자기를 부인하고 주의 참된 교회 건설만을 위해 살아 온 은혜의 시대였다. 고신 교회의 뚜렷한 정체성은 이 초기 10년 동안에 주조된 것이다.

그런데 고신 교회가 1956년 총노회를 총회로 개편하던 때부터 여태까지 서로 자중하는 중 밖으로 크게 드러 나지 않았던 교회당 소유권을 위한 소송문제에 대한 의견의 차이가 첨예하게 드러나 교회는 큰 시련을 겪게 되었다. 이 문제를 둘러싼 서로간의 정신적인 갈등은 "경기노회"의 행정보류라는 결과를 가져 왔고, 나아가 소송을 강력하게 반대하던 박윤선 박사가 주일 성수문제와 연관되어 결국 고려신학교를 떠나게 됨으로 여태까지 신학교를 중심하여 해 오던 고신 교회의 진리운동은 심각한 위기를 당면하게 되었다. 교회의 평안과 부흥 발전은 교역자를 양성해 내는 신학교와 교회가 하나가 될 때 가능하다. 이 때부터 고신 교회는 전열이 흩어진 양상을 보이고 위기를 맞게 되었다.

교회는 당면한 위기를 극복하는 길을 1960년 12월에 예장 "승동측"과의 합동에서 조급하게 찾았다. 그러나 이 합동은 지난날 진리운동을 박해했던 동일한 교권에 의해 다시 피해를 겪게 되는 길을 스스로 택한 우매했던 일로 드러나게 되었다. 합동을 하고 난 후 일년이 못 가서 합동공약은 다수라는 교권에 의해 폐기되고 만 것이다. 고신교회를 선도해 온 종들은 주의 은혜로 재건된 교회를 잘못 이끌어 온 것을 깨닫게 되었다. 부끄러움을 무릅쓰고 지난날의 진리운동의 맥과 참된 교회 건설의 역사를 이어가기 위해 교회 "환원"이라는 길을 택하게 되었다. 합동 환원의 역사는 교회의 주 그리스도 앞에 책임 있게 그의 교회를 봉사하지 못했던 부끄러운 역사였음을 솔직하게 고백하게 된다. 합동 환원을 거치는 동안 교회의 삼분의 일을 잃었다.

1963년 9월 환원한 고신교회는 1964년 교회의 생활을 재정비하고 다시 힘찬 새로운 출발을 하게 되었다. 합동 전에 여러번 거론되어 오던 신학교의 총회직영 문제가 해결되어, 이제는 고려신학교가 사립이 아닌 고신 교회의 직영 신학교가 되었다. 이 후 대학설립을 둘러싸고 일어난 여러 어려운 문제들이 있었지만 교회의 발전은 계속되어 갔다. 1970년에 고려신학대학 인가가 나와 고려신학교 대학부가 대학으로 승격되고, 1975년에는 화란 자매교회의 원조와 국내교회의 협력으로 신학교의 교사를 신축하게 되었다. 1964년 총회가 운영을 위탁받게 된 복음병원도 화란 기독교 기관의 중재를 통한 화란 정부의 원조로 간호학교 건물을 신축하는 등 계속 발전을 보게 되었다. 그러나 이런 외적인 건설에도 불구하고 교회 안에 자립잡고 있는 정치적인 대립이 진리운동과 개혁주의 교회건설에 적지 않은 장애물이 되었다.

1970년대에 교회 내에 일어난 정치적인 대립은 교회의 제도적인 정비와 외적인 건설 및 확장에도 불구하고 교회의 실질적 성장을 가져오지 못하는 침체기를 맞게 했다. "법적 이사장직" 문제를 둘러싼 극한 대립은 법정문제로 비화되었을 뿐 아니라, 이어 총회재판국을 통한 전 이사장의 목사직 면직은 그를 동정하는 경남노회측의 행정 보류라는 결과를 초래하여 종래에는 교회의 분열을 가져오고야 말았다. 이는 "하나님 앞에서"(Coram Deo) 생각하고 행동하는 생활이 흐려지고, 인간 중심의 사고가 교회 안에 자리를 잡게 되었을 때, 교회가 얼마나 큰 손해를 보는지를 분명하게 보여주는 역사적 사례였다. 진리를 위한 대립과 투쟁이 아닌 정치적인 이권을 위한 대립은 교회에 백해무익한 것임이 드러났다.

그러나 지난날 진리운동, 교회의 개혁과 재건운동을 통해 탄생한 고신 교회는 큰 정치적 파동으로 잠시 그 둥치가 흔들리고 가지가 찢겨지는 큰 상처를 입었지만 그 뿌리가 생생하게 살아 있어 상처받은 둥치와 가지를 유지하여 올 수 있게 되었다. 여기서 교회 역사의 터와 뿌리가 얼마나 중요하다는 사실을 실감하게 된다. 뿌리가 건전하고 든든했기 때문에 찢겨나간 가지들도 뒷날 다시 제자리로 되돌아와 젓 부침을 받고 한 몸을 이룰 수 있게 되었다. 1982년에 7년 전

행정보류를 하고 갈려 나갔던 교회들이 돌아와 원상회복을 하게 된 것이다.

그런데 1980년대에는 교회생활에 희비가 교차되었다. 교회가 하나되어 부흥하고 발전하려 할 때, 언제나 "음부의 권세"는 총력을 기울여 그 길을 가로막으려 한다. 이제 고신 교회는 예기치 못한 세속화 운동의 와중에 휩싸이게 된다. 학생운동권에 영향을 받은 고신대학 학생들이 미문화원 방화사건에 주동을 하게 된 사건이 일어나고, 이어 학원 민주화를 외치는 학생들로 말미암아 총회직영 고신대학이 상당 기간 폭력의 장이 되어버린 것이다. 이로서 개혁주의 교회 건설을 부르짖고 나오던 고신교회가 폭력적인 혁명에 앞서 간다는 역 인상을 세상에 남기는 불행을 겪게 되었다.

총회 직영 고신대학에서 일어난 세속적인 운동을 겪고 난 고신 교회는 1990년대에 들어 서면서 제도적 재정비를 통해 교회의 세속화를 방지하고 교회중심의 새로운 생활을 건설하려는 의지를 어느 정도 보이게 되었다. 신학대학원을 대학으로부터 독립시켜 단설신학대학원으로 만들어야 한다는 의지를 가지고, 천안에 새 캠퍼스를 마련하여 학교를 옮기기도 했다. 총회는 한 때, 신학대학원을 대학으로부터 완전 분리하여 독립된 이사회를 구성하는 일까지 논의한 일이 있으나, 시간이 지남에 따라 지난날의 역사를 잊고 그 열기는 식어지게 되었다.

기독교 대학은 기독교 철학에 입각한 교회 청소년들의 교육을 위해 필요한 기관이다. 그러나 교회가 대학이나 병원 등을 직영하는 일은 교회치리회의 속화를 초래하는 원인이 되기 쉽다. 이것은 바로 고신 총회의 1980년대 이후 지금까지의 역사가 잘 증명해 주고 있다. 교회치리회(총회)가 대학과 병원의 제도 운영 등의 복잡한 문제에 매여 교회치리회로서의 본래의 사명을 성실하게 이행할 수 없었다. 2000년 제50회 총회에서 "고신의료원 노조원"들의 소란으로 정회를 해야 했던 일이 일어났고, 이어 2001년 제51회 총회에서는 이 같은 노조가 총회장을 점거함으로 회의를 진행 못하는 역사에 유례없는 일도 일어났다. 총회의 대학과 복음병원의 직영문제로 교회 내에 정치적인 대립양상이 첨예하게 나타났다. 교회의 본질적 문제인 신학, 교리상의 문제로 교회 안에 의견이 나뉘고 대립현상이 나타나는 것은 불가피하지만, 어떤 기관의 운영 문제로 극한 대립 현상을 보이는 것은 있을 수 없는 일이다. 고신 교회는 교회의 순수성을 유지하기 위한 제도상의 개선 문제에 심각한 주의를 기울여야 할 때를 맞은 것이다.

고신 교회의 50년사를 회고할 때, 교회의 주요 왕이신 우리 주 예수 그리스도의 아버지 하나님께 감사할 뿐이다. 고신교회는 한국장로교회가 공적으로 배교하고 영적으로 무너졌을 때, 교회의 개혁과 재건을 위해 세움을 입은 교회였기에 본질적으로 한국 장로교회의 역사적인 바른 맥을 잇는 교회였다. 그럼으로 고신 교회는 한국 장로교회의 개혁이란는 사명을 가지고 신앙과 생활에서 지속적으로 참교회의 모습을 한국 교회에 보여주어 개혁해 가는 참 교회의 모습을 보여 주어야 했다. 지난 50년 동안 고신교회는 이 사명을 잘 수행해 왔다고 보기 어렵다. 그러나 고신을 통해 한국교회 속에 참된 개혁주의 교회건설이라는 선한 일을 시작하신 주님은 오늘날까지 은혜로 돌보시고 "촛대"를 옮기시지 않으셨다. 아직도 이 교회를 통해 이루시고자 하시는 뜻이 계시기 때문에 참으시고 붙잡아 주시는 것으로 믿고 감사하게 된다.

새 천년 대를 맞은 고신 교회는 설립 50주년을 기념하면서 고신의 정체성을 찾고 회복하여 미래의 역사의 진로에 주의 축복을 기대해야 할 것이다. 고신 교회는 한국에서 가장 분명한 정체성을 소유해 온 교회다. 개혁주의 정통 신학, 참회를 통한 교회의 정화, 생활의 순결, 참된 개혁주의 교회건설이 그것이었다. 이것은 어느 시대나 본질적으로 현실화되고 현재화되어야 할 정체성이다. 우리 교회 안에 "개혁된 교회는 항상 개혁해 가는 교회이다"(ecclesia reformata ecclesisa semper reformanda)라는 말이 즐겨 사용되고 있다. 개혁하는 교회는 항상 성경이 제시하는 완전한 교회의 모델을 따라 새로워지고 변화해 가는 교회를 말한다. 이것이 한 전시적인 구호에 그쳐서는 안 된다. 우리는 지난날의 역사가 주는 교훈을 잊지 않아야 한다. 역사의 교훈을 외면할 때 미래는 없다. 교회의 영적 번영을 방해하는 정치적 대립의 역사에 종지부를 찍어야 한다. 교회가 드러나는 큰 사업이나 재산에 대한 미련을 갖지 않아야 한다. 교회는 주 예수 그리스도로부터 직접 받은 대 사명이 무엇임을 알아 그 사명에 충실해야 한다. 주 예수 그리스도는 이 땅 위에 그의 교회를 세우시기 위해 오셨다.(마16:18) 그는 지금도 이 세상에서 빛을 잃은 "촛대"는 옮기시고, 빛을 발하는 "촛대"는 더욱 빛을 내게 하심으로 그의 교회를 계속 세워 가시고 계신다.(계 2, 3, 히 13:8) 고신 교회가 앞으로 100주년 희년, 아니, 주의 큰 날이 이를 때까지 그의 손에 붙들려 밝은 빛을 더욱 발하는 교회 되기를 진심으로 바라며 50년사 집필을 마감하려 한다.

"내가 속히 임하리니 네가 가진 것을 굳게 잡아 아무나 네 면류관을 빼앗지 못하게 하라." (계 3:11)

고신 이전의 장로회 총회 임원 명단(제1회-제37회)

회수	회장	부회장	총무	서기	부서기	회록서기	부회록서기	회계	부회계	때	곳
1	원두우	길선주		한석진	김필수			방위량	김석창	1912.9.1-4	평양장로회신학교
2	왕길지	한석진		김필수	김선두			사락수	김석창	1913.9.7-11	경성승동교회
3	배유지	양전백		김필수	김선두			피 득	김석창	1914.9.6-9	재령남산현교회
4	김필수	마포삼열		함태영	장덕로			피 득	김석창	1915.9.4-8	전주서문밖교회당
5	양전백	엄아력		함태영	장덕로			곽안련	김석창	1916.9.2-7	평양장로회신학교
6	한석진	홍승한		장덕로	김성탁			곽안련	김석창	1917.9.1-6	경성승동교회당
7	김선두	마포삼열		장덕로	김성탁			피 득	김석창	1918.8.31-9.6	선천북교회당
8	마포삼열	김익두		김성탁	채필근			피 득	김석창	1919.10.2-7	평양장로회신학교
9	김익두	이기풍		김성탁	차재명			주공삼	로해리	1920.10.2-7	경성승동교회당
10	이기풍	엄아력		차재명	남궁혁			주공삼	김동원	1921.9.10-15	평양장로회신학교
11	김성탁	박성찬		차재명	석근옥	김우석	김가전	임택권	주공삼	1922.9.10-15	경성승동교회당
12	함태영	안승원		김우석	홍종필	벡신칠	장홍범	임택권	황보덕삼	1923.9.8-13	신의주교회당
13	이자익	임택권		김우석	장규명	홍종필	박용희	이춘섭	이상배	1924.9.13-18	함흥신창리교회당
14	임택권	한석진		김우석	홍종필	장홍범	박용희	이춘섭	곽안련	1925.9.12-18	평양서문밖교회당
15	김석창	김내범		김우석	장홍범	석근옥	송관범	이춘섭	이상배	1926.9.11-17	평양서문밖교회당
16	김영훈	염복남		홍종필	장규명	정일선	최상림	이춘섭	백남채	1927.9.9-15	원산광석동교회
17	염복남	이인식		홍종필	정일선	이학봉	김길창	이춘섭	김동원	1928.9.7-13	대구신정교회당
18	차재명	이인식		홍종필	정일선	홍택기	장운경	이춘섭	정찬유	1929.9.6-12	경성새문안교회당
19	홍종필	이인식		홍택기	장운경	이승길	김봉도	이춘섭	김만일	1930.9.12-18	평양서문밖교회당
20	장규명	장홍범		홍택기	이승길	곽진근	홍하순	이춘섭	이관순	1931.9.11-17	금강산수양관
21	남궁혁	장홍범		홍택기	나시산	곽진근	김낙영	이춘섭	곽안련	1932.9.9-16	평양창동교회당
22	장홍범	이인식		홍택기	이승길	곽진근	나시산	이춘섭	김리현	1933.9.8-15	선천남교회당
23	이인식	김성로		홍택기	곽진근	나시산	박인관	고한규	장운경	1934.9.7-14	평양서문밖교회당

회수	회장	부회장	총무	서기	부서기	회록서기	부회록서기	회계	부회계	때	곳
24	정인과	김성로		홍택기	곽진근	나시산	김응순	고한규	곽안련	1935.9.6-13	평양서문밖교회당
25	이승길	이문주		홍택기	곽진근	나시산	정재호	고한규	임학수	1936.9.11-18	광주양림교회당
26	이문주	홍택기		곽진근	조택수	권태희	정재호	고한규	정일선	1937.9.10-16	대구제일교회당
27	홍택기	김길창		곽진근	조택수	권태희	정재호	고한규	이춘섭	1938.9.10-16	평양서문밖교회
28	윤하영	김길창		곽진근	조택수	조승제	강신명	고한규	장운경	1939.9.8-15	신의주제2교회당
29	곽진근	최지화		조승제	조택수	정재호	주형옥	고한규	박상설	1940.9.6-13	평양창동교회당
30	최지화	전필순		조승제	정재호	조택수	장세환	고한규	이춘섭	1941.11.21-26	평양창동교회당
31	김응순	전필순	김종대	조택수	배매수	김종대	전진수	김리현	장운경	1942.10.16-20	경성승동교회당
32	배은희	함태영		김종대						1946.6.12	서울승동교회당
33	이자익	함태영		김종대	계일승			김영주	이경옥	1947.4.18-22	대구제일교회당
34	이자익	이태학		계일승	유호준	김상백		김영주	이순필	1948.4.20-23	서울새문안교회당
35	최재화	박용희	유호준	유호준	서정태	안광국	김종대	이순필	김영주	1949.4.19-23	서울새문안교회당
36	권연호	김재석	김상권	김상권	김종대	강인구	서정태	정일영	김교완	1950.4.21-25	대구제일교회당
36	속회									1951.5.25	부산 중앙교회당
37	김재석	이원영	김상권	김상권	강인구	안광국	차태화	정일영	김교완	1952.4.29-5.1	대구서문교회당

장로교회(고신)의 역대총회임원

총회회수	총회장	제1부총회장	제2부총회장	총 무	서 기	부서기	회록서기	회록부서기	회 계	부회계	때	장 소
1	이약신	한상동			홍순탁		오병세	윤봉기	주영문	황성학	1952.9.11	진주성남교회당
2	이약신	한상동			홍순탁		오병세	윤봉기	주영문	황성학	1953.3.6	부산삼일교회당
3	이약신	한상동			홍순탁		전칠홍	윤봉기	주영문	황성학	1954.3.12	부산남교회당
4	한상동	박손혁			홍순탁		전칠홍	황철도	주영문	현호택	1955.4.19-21	부산남교회당
5	한상동	박손혁			전성도		전칠홍	서완선	주영문	박봉화	1956.4.17-19	부산남교회당
6	이약신	한상동			전성도	김영진	전칠홍	서완선	주영문	박봉화	1956.9.20-22	부산남교회당
7	한상동	황철도			전성도	정찬준	서완선	정봉조	주영문	박봉화	1957.9.17-20	부산남교회당
8	박손혁	황철도			전성도	정순국	서완선	정봉조	주영문	김해룡	1958.9.23-26	부산남교회당
9	황철도	한상동			전성도	정봉조	서완선	정순국	주영문	김해룡	1959.9.22-25	부산남교회당
10	송상석	박손혁			전성도	정봉조	서완선	김장원	주영문	박봉화	1960.9.20-23 속회=1차.11.22 2차.12.13	부산남교회당 속회= 서울홍천교회당
합동총회	한상동	김윤찬			박찬목	전성도	정규오	서완선	곽현보	주영문	1960.12.13	서울승동교회당
11	한상동	이환수			박찬목	정규오	전성도	장승찬	곽현보	백남조	1961.9.22	부산남교회당
12	이환수	이수현			박찬목	정규오	전성도	장승찬	곽현보	백남조	1962.9.20-26	서울승동교회당
13환원총회	송상석	황철도			김희도	전재린	김주오	송명규	지득용	김은도	1963.9.17-19	부산남교회당
14	황철도	한상동			김희도	전성도	김주오	이기진	지득용	김은도	1964.9.22-25	부산삼일교회당
15	윤봉기	한명동			김희도	전성도	서완선	이기진	지득용	박갑수	1965.9.21-25	부산남교회당
16	한명동	송상석			서완선	이기진	이금도	정판술	지득용	박봉화	1966.9.22-27	부산남교회당
17	송상석	한상동			서완선	이기진	이금도	정판술	김은도	박갑수	1967.9.21-25	마산제2문창교회당
18	한상동	윤봉기			이기진	전성도	이금도	정판술	지득용	변중수	1968.9.19-24	대구서문로교회당
19	오병세	김영진			이기진	전성도	이금도	김주오	지득용	김은도	1969.9.25-10.1	부산남교회당
20	송상석	김희도			이기진	김주오	이금도	김장수	지득용	김은도	1970.9.24-29	마산제1문창교회당
21	김희도	손명복			이기진	김주오	이금도	최해일	지득용	김은도	1971.9.23-29	서울성원교회당
22	손명복	김주오			이기진	박치덕	정판술	진학일	김은도	현기택	1972.9.21-28	부산부민교회당
23	강용한	권성문			이기진	한학수	정판술	진학일	김은도	현기택	1973.9.20-22 속회12.17-12.21	마산제1문창교회당

총회회수	총회장	제1부총회장	제2부총회장	총무	서기	부서기	회록서기	회록부서기	회계	부회계	때	장소
24	윤봉기	김주오			한학수	신명구	이금도	심군식	김은조	김도준	1974.9.19-26	부산남교회당
25	민영완	최만술			한학수	신명구	이금도	심군식	윤은조	김도준	1975.9.25-30	부산남교회당
26	전성도	이금도	민영완		신명구	신현국	심군식	진학일	김차석	윤은조	1976.9.23-29	부산남교회당
27	이금도	최만술	민영완		신명구	이금조	신현국	심군식	박준우	차홍호	1977.9.13-16	대구서문로교회당
28	최만술	신명구	민영완		신현국	이금조	진학일	심군식	박준우	윤은조	1978.9.26-29	부산남교회당
29	박창환	김주오	민영완		신현국	심군식	진학일	관삼찬	김도준	윤은조	1979.9.25-29	대구서교회당
30	김주오	최일영	민영완		진학일	이금조	곽삼찬	이 선	윤은조	강경숙	1980.9.25-10.1	서울중앙교회당
31	최일영	서완선	민영완		진학일	이금조	곽삼찬	이 선	윤은조	강경숙	1981.9.24-30	부산북교회당
32	서완선	남영환	민영완		이금조	곽삼찬	김용도	김원계	조규태	차홍호	1982.9.23-29	마산동광교회당
33	남영환	박태수		최해일	이금조	곽삼찬	김용도	김원계	정재택	이영수	1983.9.22-28	대구서문로교회당
34	박태수	최익우		최해일	김용도	최상수	조긍천	강호준	정재택	박종석	1984.9.20-26	부산삼일교회당
35	최익우	류윤욱		최해일	김용도	최상수	조긍천	강호준	박종석	정금출	1985.9.19-25	부산사상교회당
36	류윤욱	박두욱	임태근	최해일	조긍천	박종수	조재태	김명관	박종석	정금출	1986.9.25-30	서울제일교회당
37	박두욱	박현진	배환갑	최해일	조긍천	박종수	조재태	김종삼	정금출	윤은조	1987.9.21-26	경남울산교회당
38	박현진	이금조	손창희	최해일	박종수	김종삼	강호준	정주성	정금출	신종문	1988.9.5-9	서울 등촌교회당
39	김인규	박치덕	마이조	최해일	박종수	김종삼	강호준	정주성	신종문	김삼관	1989.9.18-22	경남마산교회당
40	박치덕	정판술	박윤섭	최해일	김종삼	조재태	정주성	이종영	신종문	이경상	1990.9.17-22	대구성산교회당
41	정판술	박유생	강경숙	최해일	조재태	김영동	윤지환	이한석	김정남	석삼균	1991.9.30-10.4	부산사직교회당
42	박유생	신명구	지득용	최해일	박찬규	김영동	윤진구	이한석	차홍호	박상복	1992.9.21-25	김해중앙교회당
43	신명구	최해일	김경래	최해일	박찬규	이한석	윤진구	김영동	차홍호	박계두	1993.9.20-24	부산서면교회당
44	최해일	이금조	마삼조	심군식	김용구	이종영	김영동	김희열	박계두	성보경	1994.9.28-30	진주중부교회당
45	이금조	정순행	차홍호	심군식	김용구	정승벽	김영동	김희열	김삼관	박은식	1995.9.18-22	광주은광교회당
46	정순행	임종만	주경효	심군식	김영동	이한석	강규찬	이태덕	박기용	박은식	1996.9.16-20	부산남교회당
47	임종만	김종삼	서원수	심군식	김영동	이용호	강규찬	이태덕	박기용	박재일	1997.9.22-26	부산삼일교회당
48	김종삼	조긍천	박기용	심군식	이한석	강규찬	김영호	윤희구	박은식	박재한	1998.9.21-24	울산시민교회당
49	조긍천	원종록	배상호	심군식	이한석	강규찬	윤희구	김영호	차철규	박은식	1999.9.27-10.1	고려신학대학원 강당

총회회수	총회장	제1부총회장	제2부총회장	총무	서기	부서기	회록서기	회록부서기	회계	부회계	때	장소
50	원종록	박종수	박재석	전호진	강규찬	윤희구	윤현주	신상현	차철규	박창제	2000.9.25-29	고려신학대학원 강당
51	박종수	이 선	정재택	전호진	이용호	정수생	윤현주	신상현	이우성	신주복	2001.9.17-21	고려신학대학원 강당
52	이 선	곽삼찬	한상철	전호진	이용호	정수생	박수만	권경호	이우성	정재홍	2002.9.23-27	고려신학대학원 강당
53	곽삼찬	조재태	김정남	전호진	윤현주	주준태	박수만	권경호	김종익	전기원	2003.9.22-26	고려신학대학원 강당
54	조재태	이한석	김봉갑	임종수	윤현주	주준태	권경호	전성준	김종익	전기원	2004.9.20-24	고려신학대학원 강당
55	이한석	권오정	이우성	임종수	주준태	장교종	권경호	임진웅	우병주	김재현	2005.9.26-30	고려신학대학원 강당
56	권오정	김성천	김국호	임종수	신상현	김철봉	최한주	박은조	우병주	김재현	2006.9.18-22	고려신학대학원 강당
57	김성천	이용호	김삼관	임종수	김철봉	최한주	권용수	정우진	성보경	정한석	2007.9.10-14	고려신학대학원 강당

한국 장로교회사 연표

제 1 편 한국 장로교회의 설립과 발전

1832년	7월	독일 경건주의적 개혁신앙을 가진 구추라프(Karl F.A. Gutzlaff)가 동인도 회사 배로 조선 서해안 백령도를 위시한 서해안 여러 섬을 방문하여 한문성경을 나누어줌. 주기도문을 조선어로 번역.
1865년	9월	회중교회 소속인 토마스 목사(Robert Jermain Thomas)가 황해도 서해안 자라리에 도착하여 복음서를 나누어 줌.
1866년	8월	미 상선 제네랄 셔만호(General Sherman)를 타고 대동강 신장포구에 도착했으나 문정차 나온 조선관원들과의 충돌로 셔만호가 불타게 되고, 9월 5일 토마스목사는 쑥섬에서 참수를 당하여 순교함.
1874년	10월	스코틀랜드 장로교회의 만주 주재 선교사 로스(John Ross) 목사가 조선인 만나기 위해 고려문 방문.
1876년	4월	로스는 성경을 조선어로 번역하기 위해 조선인 만나기 위해 두 번째 고려문 방문하여 의주 사람 이응찬, 이성하, 백홍준, 김진기 네사람을 만남. 이응찬이 로스의 어학선생되기 원해 동행함. 같은 해 가을 이응찬와 다른 세분도 로스 목사를 돕게 됨.
1878년	4월	로스 목사는 조선 청년들과 함께 만주에서 "누가복음"과 "요한복음" 번역을 마침.
1979년		이응찬, 백홍준 등 네 조선 청년이 스코틀랜드 선교사 맥이타이어(John MacIntire)에게서 세례를 받음. (개신교) 조선 장로교회회 최초 세례교인들이 됨. 로스 목사가 우장에서 서상륜 형제를 만나게 되고, 서상륜이 개종.
1881년		서상륜이 세례를 받고, 로스 목사의 성경번역을 도움.
1882년		가을 심양 문광서원 간행으로 "예수교 성교 누가복음 전서"와 "예수성교 요안내 복음전서"가 나옴.
1883년	4월	만주에서 "뎨자행적"(사도행전)과 "예수 성교 젼서 말코 복음"(마가복음) 출판. 이성하 한국전도 출발. 백홍준 입국하여 의주교회 설립. 서상륜 입국 서울지역 전도.
	4월29일	일본에서 이수정이 예수를 믿어 야스가와 목사로부터 세례 받음.
	5월	이수정이 일본 전국기독교 대친목회에 참석하여 그의 신앙고백을 공적으로 함. 주일 미 선교사들에게 한국에 선교사 파송을 호소함. 주일 미 성서공회총무 루미스(Henry Loomis) 목사 제안을 받아드

		려 복음서를 조선말로 번역하는 일을 시작. 懸吐聖經에 착수하여 1884년 8월에 4복음서와 사도행전 등 5권을 출간.
1884년		만주에서 "예수성교전서 마태복음" 출판. 황해도에 "소래교회"가 서상륜의 전도로 설립됨.
	4월	일본에서 이수정은 조선어 "마가복음"을 4월에 완역함.
	7월28일	언더우드 목사가 한국 최초의 미 북장로교 복음 선교사로 임명됨.
	9월20일	의사 알렌(Horace N. Allen)이 중국에서 선교지 변경허락을 받고 조선에 도착.
	12월4일	알렌이 우정국사건이 일어나 치명적인 상처를 받은 민영익을 치료해 줌으로 조정의 신뢰를 받음.
1885년	2월	이수정의 번역 "마가복음"이 미 성서공회에 의해 일본 요고하마에서 출간됨.
	2월25일	최초의 근대식 병원 廣惠院 설립(후에 濟衆院).
	4월 5일	미 북장로교회의 언더우드 목사가 미감리회 선교사 아펜셀라와 함께 내한 함. 제중원 의학교 시작.
1886년	7월	노도사(魯道士)가 언더우드 목사로부터 국내에서는 최초로 세례를 받아 장로교인이 됨. 그 후 서경조, 최명오 정공빈등이 세례를 받음.
1887년	9월27일	언더우드 목사가 새문안교회 세움. 서경조의 아들 서병호가 한국인 최초의 유아세례 교인이 됨. 만주에서 로스 목사를 위시한 조선인 번역자들에 의해 최초로 신약전서 "예수교 성교견서"가 출간됨.
1888년	12월	게일(S.Gale, 奇 一) 선교사 부산에 도착.
1889년	8월	언더우드 선교사가 당시 제중원의 여의사 호르톤(Horton)양과 결혼하고, 부부가 신혼여행을 겸하여 서북지방 순회전도를 함. 당시 의주 교인 33인에게 세례를 줌.
	10월	호주의 빅토리아 주 장로교회로부터 데이비스(J.H. Davis)와 그의 여동생(Mary Davis)이 선교사로 내한하여 호주 장로교 선교가 시작됨.
1890년	4월5일	호주인 선교사 데이비스 목사가 천연두와 급성 폐렴에 걸려 부산에서 별세.
	6월	존 네비우스 목사 부처 내한하여 선교원칙 소개.
	10월	북장로교회로부터 모펫(마포삼열), 베어드(배위량)가 선교사로 내한.

1891년	3월	모펫, 게일 선교사 서북지방에 순회전도.
	10월	호주 빅토리아 장로교회가 맥케이 목사(J.H.Mackey)부부와 세 여성 독신 선교사를 파송하여 부산에서 선교사역 시작. 부산 초량교회 설립.
1892년	11월	미 남장로교회 선교사 테이트(Lewis B. Tate), 전킨(William M. Junkin) 레이놀즈(William D. Reynolds)와 두 여선교사가 내한하여 선교를 시작함.
1893년	4월	미 남북장로교 선교부와 호주선교부가 "The Council of Missions Holding the Presbyterian Form of Government"(장로교 정치를 사용하는 선교공의회)를 조직함. 모펫 선교사가 평양에 정주하여 미 북장로교회 평양선교부 개설됨. O.R. Avison 의사 내한하여 제중원의 책임을 맡고 고종의 御醫가 됨.
1894년	4월	평양 숭실학당 설립. 평양널다리골 교회(장대현교회) 설립. 淸日戰爭으로 교회가 피해를 입음.
1895년		북장로교회 대구 선교부 설치됨. 남장로교회 군산. 전주 선교부 설치됨. 부산 호주 선교부 일신여학교 설립함.
1896년		대구 제일교회 설립. 기독학생운동체인 協成會(서재필) 조직.
1897년		그리스도 신문 창간. Allen 의료선교사가 미국의 대리공사로 임명됨.
1898년	2월	장로교회 여전도회가 평양 장대현교회에서 최초로 조직됨.
	9월	캐나다 장로교회 한국선교 시작됨. 원산에 선교부 개설. 북장로회 선천선교부 개설. 남장로회 목포선교부 개설.
1899년		Avison 의사가 미국인 세브란스의 기부금으로 남대문 밖에 종합병원과 의학교 설립. 대구 동산병원 설립. 서울 남대문 교회 설립.
1900년	5월	성경번역위원회가 신약전서 완역 수정본을 발행. 평양의 金宗燮과 소래의 徐景祚가 장로 장립을 받음. 선천 북교회에서 최초로 전도회가 조직됨.
1901년		평양 장로회 신학교 설립. 최초의 신학생은 김종섭과 방기창. 평양 성경학교 설립. 미 남북 장로교회, 캐나다, 호주 장로교회 선교부와 한국교회가 연합하여 "조선 예수교 장로회 공의회" 결성. "그리스도 신문"이 공의

		회의 기관지가 됨.
1902년		미 감리교회의 최초 선교사 Appenzeller 목사가 성서번역위원회 회의 참석차 목포로 가던 중 해상 조난을 당해 별세함.
1903년		원산에서 부흥운동이 시작됨.
	10월	황성 기독교청년회(YMCA)발족.
1904년		남장로교회 광주선교부 개설. 캐나다 장로교회 함흥선교부 개설. 한국교회 추수감사절 예배 시작.
1905년		장로교회 4 선교부와 미감리회와 남감리회 선교부가 연합하여 선교협력과 한국에 하나의 복음주의 교회 조직을 목적하고 "재한개신교 복음주의 선교회 총공의회"(The General Council of Protestant Evangelical Missions in Korea)를 조직함. 장감 선교회가 세브란스, 평양 기독병원 합동 경영을 결의함. 1907년 독노회 조직 계획안을 확정함. 평양 산정현교회 설립. 호주 장로교회 진주선교부 개설. 장감 양 선교회가 교육, 의료, 전도, 문서운동을 연합하기로 결의함. 을사조약으로 교회와 온 민족이 비통에 쌓임.
1906년		새벽기도회가 길선주에 의해 처음으로 시작됨. 평양주재 선교사들이 원산 주재 하디 목사 초청하여 기도회 개최.
1907년	1월	평양 대부흥운동이 장대현교회에서 시작되어 전국으로 확산됨. 헤이그 밀사사건.
	9월7일	대한 예수教 長老會 獨老會 組織. 신조로 인도 장로교회의 12信條를 받음. 평양신학교를 장로회신학교로 개칭하고 제1회 졸업생 7명을 배출하여 독노회는 이들을 목사로 안수함. 이기풍 목사를 제주도에 선교사로 파송함.
1908년		이기풍 목사 제주선교 시작. 호주 선교회가 진주 배동병원 설립. 북장로교회 선교회가 만주 안동 선교부 개설. 세브란스 의학교 제1회 졸업생 7명 배출. 장. 감 양 교회 합동찬송가 발행.
1909년		100萬 救靈運動 시작. 여수 애양원(원래는 광주나병원이라 부름) 시작. 장로회 독노회가 韓錫鎭 목사를 일본유학생들을 위한 선교사로 파송. 최관홀 목사를 시베리아에, 李寬善을 제주도에 여선교사로 파송.
1910년		날연보제도가 시작됨. 호주 장로교회 선교부가 부산 경남지역을 선교지역으로 북장로교회 선교회측과 합의함. 崔重珍 자유교회 설립.

		金永薺 목사를 북간도 선교사로 파송.
	8월	일제 한국을 강제로 합병. 대한제국을 조선으로 개칭.

제 2 편 교회의 수난과 시련

1911년	1월	소위 "데라우찌 암살음모사건"(105인 사건)으로 교회인사들 대거 체포됨.
	8월	"구약전서"가 발간됨으로 성경이 한글로 완역됨. 조선 교육령과 사립학교 규칙 공포로 기독교계 학교운영이 위축을 당함. 장로회 독노회를 총회로 개편하기 위해 대리회가 노회로 개편 조직됨(전라, 경충, 경상, 황해). 호주 장로회 선교부 마산 선교부 개설. 주한 선교사들이 "기독교 절제회"를 조직함. "재한 개신교 복음주의 선교 총공의회"는 그 이름을 "재한 개신교복음주의 선교 연합공의회"(The Federal Council of Protestant Evangelical Missions in Korea)로 고침.
1912년		총회로의 개편을 위해 평남, 함경, 평북 노회가 조직됨.
	5월	대구 서문교회 설립.
	9월2일	평양에서 여성경학원에서 조선 예수교장로회 총회 조직. 중국에 선교사 파송하기로 결의하고, 金永勳, 朴泰魯, 史秉淳 목사를 중국 산동성에 선교사를 파송키로 함. 남장로교 선교회가 순천 선교부 개설. 캐나다 장로교 선교회가 용정과 회령에 선교부 개설.
1913년	9월	서울 경복궁에서 주일학교 대회 개최. 장로교 제1회 총회에서 결의한 대로 세 선교사를 중국 산동으로 파송함. 호주 장로교 선교회가 통영, 거창에 선교부 개설. 진주여자 성경학교 설립.
1914년		자유교를 주창한 崔重珍이 장로교 총회에 자복서 제출. 崔鳳奭, 崔聖柱 목사 서간도 전도.
1915년	4월	개정사립학교규칙의 공포로 기독교학교에 탄압이 가중됨.
	7월	언더우드에 의해 연희전문학교(경신학교대학부) 개교.
	10월	"布敎規則"을 발표하여 교회도 정치적 통제하에 들게 됨. 장,감 양 교파가 3년마다 교대로 일본에 선교사 파송하기로 함.

1916년		장로교 경남노회 조직. 경북노회 조직. 평양여자고등성경학교 설립.
	10월12일	북장로교 한국 최초 복음 선교사 언더우드(H.G. Underwood) 별세.
1917년	9월	장로교 총회는 方孝元, 洪承漢을 중국 산동성에 제2대 선교사로 파송. 전남노회, 전북노회, 함북노회 조직
1918년	3월	장로회신학교에서 "神學指南" 창간.
	5월	장,감 연합협의회 조직.
		함남노회 조직. 朝鮮基督敎會의 分立. 김장호 목사 정직 시벌. 그와 관련된 신신학 유포자 공위량(Kerr) 선교사 출국.
	11월	朴尙淳을 산동에, 金鉉贊을 시베리아에 파송하여 선교를 재개함. 의산노회 조직.
1919년	월1일	3.1독립만세운동에 한국교회의 신자들이 대거 참여, 큰 탄압과 피해를 입음. 일본조합교회가 3.1운동을 비난하고 총독부를 옹호. 제암리교회 방화사건. 평양장로회신학교 무기휴교. 만국장로교연합회에 朴鐘純, 南宮爀을 파송하기로 함.
1920년	9월	새 총독 제등실이 문화정책 공표. 3.1운동 후 사립학교령 개정과 개정포교규칙 공포로 기독교 학교와 교회에 대한 탄압이 약간 완화됨. 금주동맹회 결성. 한국교회 공창 폐지운동 시작.
1921년		남만, 경안, 간도 노회 조직. 11월. 조선 주일학교 대회 개최. 勉勵靑年會 조직(Christian Endeavours)
1922년		평양, 안주, 평서, 순천 노회 조직. 조선예수교 장로회 헌법제정. 여름성경학교 처음으로 시작.
1923년	9월	총회가 李大榮 목사를 중국 산동성에 선교사로 파송. 평양여자신학교 설립.
	11월	조선기독교회(이만집) 분립.
1924년		1918년에 조직된 "장, 감 연합협의회"를 "조선예수교연합공의회 (The Federal Council of the Christian Churches)"로 명칭을 바꿈. 선교와 사회문제에 상호협력하고, 신경, 정치, 예배문제에 상호 불간섭키로 함. 경기노회 조직.

1925년		캐나다 장로교회가 감리교회, 회중교회와 합동하여 "연합교회"(The Uniting Church of Canada)가 됨에 따라, 한국 캐나다 장로교회 선교부도 "캐나다 연합교회 한국 선교회"로 개편됨. 결과 보수주의 선교사 L.L. Young 은 떠나게 되고 자유주의적인 W. Scott 등이 내한하여 선교하게 됨. 일제가 서울 남산에 朝鮮神宮을 완공함.
1926년	10월23일	공산당(1925년4월 창당)이 반기독교대회 개최. 금주선전일 제정.
1927년	5월	토마스 목사 순교기념 전도회 설립. Underwood 목사 기념비 제작(새문안교회) 유명화의 降神劇 사건.
1928년		"조선예수교장로회사기(上)" 발행. 장로교회 여전도회 전국연합회 조직. 세계선교협의회 J. Mott 박사의 내한 방문. 에루살렘 국제선교협의회에 정인과, 양주삼, 신흥우, 김활란 등이 참석.
1929년	5월	기독교 유지들로 이루어진 "信友會" 조직.
	6월	"농민생활" 창간.
1930년		신비주의자 감리교 목사 李龍道의 부흥회 등장.
1931년		경남노회 신사참배 반대 결의(여름). 금강산 기독교수양관 완공. 장, 감 연합으로 "신정찬송가" 발행.
1932년		감리교에 속한 申興雨가 중심이 되어 결성된 "積極信仰團"에 장로교의 全弼淳, 咸台永, 崔錫柱, 朴容羲, 權瑛湜, 洪秉德 등이 가담함. 경성, 북만노회 조직. 평양 서기산 추계 황령제에 기독교학교 불참. 조선기독교절제회 조직. 평양에 토마스 목사 기념 예배당 설립.
1933년		자유주의 신학자 金在俊 목사가 "신학지남"에 투고한 글을 통해 성경의 逐字靈感說을 반박하고 나섬.
	7월	원산의 장로교회 여신도 崔永惠 외 103명이 함남노회에 여장로 제도 헌의.
	9월	장로회총회는 女長老制度 헌의를 부결. 完全主義者 黃國柱의 등장. 총회가 이단으로 단죄.
1934년		金英珠 목사가 "모세오경"의 모세저작권 부인. 金春培 목사가 자유주의적 성경해석을 통해 여권 주장. 장로교 "신편찬송가" 발간. 유형기 목사 편 자유주의 경향을 가진 Avingdon주석 발간. 장로교 선교 50주년 희년 축하.

1935년	9월	총회는 김영주의 모세의 오경저작 부인문제, 김춘배의 여권 주장문제에 대하여 정죄하고, 자유주의 신학의 아빙돈 단권 주석 번역에 가담한 송창근, 채필근, 한경직에게 책임을 물음. 만주 봉천노회 조직.
	11월	길선주 목사 별세. 마포삼열 기념관 설립. 박형룡의 "기독교 근대신학 난제신평" 출간. 총독부가 각 학교에 신사참배 강요.
	12월	안식교 신사참배 결의.

제 3 편 일제박해하의 배교교회와 전투교회

1936년	1월	숭실전문학교 교장 윤산온(McCune)과 숭의 여학교 교장 선우리(Snook)이 신사참배거부로 면직 추방당함. 장로교회 기관지 "기독교보" 창간.
	5월25일	로마 교황청이 일본 로마 천주교회에 신사참배 이행에 대한 교령 내림.
	6월	경동노회 조직. 장.감 선구교역 철폐.
1937년		북장로교 선교실행위원회가 신사참배 문제로 기독교학교 폐쇄에 대해 원칙적인 합의 봄.
	7월	남장로교 해외선교부 총무 Fulton의 학교폐쇄 지시 성명. 중일전쟁 발발과 함께 신사참배 강요 강화. 사립학교규칙 개정 공포 통제 강화.
	9월	장로회 총회는 조선 예수교 연합공의회에서 탈퇴하고, 농촌부 폐지를 결의함.
	10월	평양의 장로교에 속한 기독교 학교 신사참배 문제로 폐교.
1938년		원한경(H.H. Underwood)은 신사참배를 애국행위로 받아드리고 연희전문학교 유지 경영을 주장.
	1월	미 북장로교회 본부는 연희전문, 세브란스 의전의 공동경영에 협력키로함.
	2월9일	평북노회 신사참배 결의. 國體明徵 內鮮一體를 내용으로 한 조선교육령 공포로 기독교 학교 존립 불가. 주기철 목사 첫 번째 검속.
	5월26일	미 북장로교회 선교부 교육사업에서의 인퇴 결의.

	7월 7일	서울에 친일 단체인 "조선기독교연합회" 조직.
	9월10일	제27회 장로회 총회 신사참배하기로 결의하여 배교함. 장로회 신학교 사실상 문 닫음.
	12월	장로교회 총회장 洪澤麒, 부총회장 金吉昌이 伊勢神宮등에 참배키 위해 일본 방문. 평양 기독교 친목회 조직.
1939년	3월	조선신학교 설립기성회가 김대현 장로 중심으로 조직됨.
	9월21일	제28회 총회가 "國民精神 總動員 朝鮮 예수敎 長老會聯盟"을 결성. 朴寬俊 장로 일본 帝國會議에 참석 투서.
	12월28일	평양노회 주기철 목사 면직처분.
1940년	4월11일	平壤神學校 총독부로부터 설립인가 받아 蔡弼近을 교장으로 개교.
	4월19일	서울에서는 경기도지사로부터 강습소 인가를 받고 김대현 장로가 중심이 되어 윤인구와 김재준을 교수로 朝鮮神學院을 개교. 신사참배 거부하는 교회지도자들이 대거 검거됨.
	7월3일	한상동 검속. 16일. 주남선 검속.
	8월	주기철 네 번째 검속. 여름동안 이기선, 이인재, 조수옥 등이 검속됨.
	8월14일	장로교가 "皇道情神의 體得" "內鮮一體의 完遂" 愛國機 獻納" 日本的 基督敎의 建設" 내용이 담긴 "戰時體制實踐聲明書" 작성 제출.
	9월7일	29회 총회는 日帝國策遂行을 위해 "總會常置委員會"를 조직.
	12월	"長老會聯盟"주관으로 "장로회신도대회" 개최. 외국선교사 추방 시작.
1941년	9월	제30회 총회는 西紀年代 폐기하고, "昭和 16년"이라 연호를 쓰기 시작함. "조선야소교장로교도 愛國機 獻納期成會"조직하고 鄭仁果(德川仁果)가 회장이 됨.
	12월	소위 대동아전쟁 발발.
1942년	1월	日本的 基督敎 확립을 위한 純化作業; 國體에 不適한 찬송가 삭제, 사도신경 중 천지의 창조주 되심과 심판주로 오시는 그리스도에 대한 신앙고백 부분 삭제.
	5월	새문안 교회에 세워져 있는 언더우드 기념비 제거.
	7월	崔德支 검속. 외국인 선교사 전원 출국.
1943년	4월	全弼淳(統理), 尹仁駒, 崔錫柱 등이 감리교측의 인사들과 "革新敎團"을 조직=구약 대부분과 계시록 삭제함.

	5월 5일	"日本基督教朝鮮長老敎團"조직되어 일본 기독교에 예속됨으로 한국장로교회의 역사가 끝남.
1944년	4월 1일	주기철 목사 옥중 순교. 최봉석 옥중 순교. 감리교 신학교가 "皇道情神敎師 鍊成所"로 개편됨.

제 4 편 해방과 교회의 개혁 재건운동

1945년	8월 1일	한국의 모든 교파를 포괄하는 "日本基督敎朝鮮敎團" 조직=統理에 金寬植, 副 統理에 감리교의 金應泰, 總務에 宋昌根.
	8월 15일	일본이 연합군에 무조건 항복하므로 해방을 맞음.
	8월 17일	신사참배 항거문제로 수감되었던 충복들이 출옥.
	9월 2일	부산에서 경남노회 재건을 위한 "신앙부흥운동준비위원회" 조직.
	9월 18일	경남노회 재건노회 자숙안 결정. 9월 8일. "日本基督敎朝鮮敎團" 통리 金寬植과 간부들은 교권장악을 위한 교단지속을 위해 "南部大會"를 소집했으나 감리교측의 퇴장으로 와해.
	9월 20일	평양 감옥에서 출옥한 충복들이 한국장로교 재건을 위한 다섯 가지 기본 원칙 발표.
	11월 14일	평북노회 주관 敎役者 퇴수회.
	12월 3일	경남노회 제47회 정기노회(마산 문창교회)에 주남선 목사 처음으로 참석.
1946년	4월	한상동 목사 남하.
	6월 12일	"대한 예수교 장로회 南部總會"가 승동교회에서 모여 제27회 총회 신사참배 결의 취소. 조선신학교 남부총회 직영결정.
	6월23일 -8월20일	박윤선 목사를 강사로 진해에서 신학강좌 가짐.
	7월 9일	경남노회(47회 임시노회)가 진해에서 모여 고려신학교 설립을 인허함.
	9월 20일	부산에서 고려신학교 개교.
	10월 말	한부선 선교사 내한 고려신학교에 협력.
	12월 3일	제48회 정기노회에서(진주) 김길창이 회장으로 당선되어 고려신학교 인허 취소. 한상동 목사 "경남노회가 바로 설 때까지 탈퇴" 선언.
1947년	2월 14일	경남노회 소속 67교회가 노회 결의에 항거하고 한상동 목사 지지

		성명서 발표.
	3월10일	경남노회 제48회 임시노회에서 김길창을 위시한 임원진 사퇴.
	3월24일	경남지역 68교회 평신도 대표자들 마산 문창교회에 모여 교권주의자들을 규탄.
	6월27일	고려신학교 제1회 졸업생(전 평양장로회 신학교 학생) 3인을 냄.
	9월20일	박형룡 박사 귀국.
	10월14일	박형룡 박사 고려신학교 초대 교장으로 취임.
	12월9일	경남노회 제49회 정기노회 (광복교회)에서 노회와 고려신학교 관계의 정상화. 한상동 목사 탈퇴선언 취소.
1948년	5월	박형룡 박사 고신 이탈하여 서울에서 중도보수주의자들과 함께 "長老會神學校" 세움.
	6월	박윤선 목사 고려신학교 제2대 교장으로 취임.
	4월	제34총회가 당년 화란 암스텔담에서 열리는 "세계기독교회협의회"(The World Council of Churches) 창립총회에 金觀植 목사(前 日本基督敎朝鮮敎團 統理)를 대표로 파송하기로 하고 매달 백불씩 보조하기로 결의. 동 총회서 정치부장 金觀植이 고려신학교 학생추천 거절.
	7월	김길창 일파에 의해 "高麗神學校와 所謂 神聖派"라는 성명서가 유포됨.
	9월21일	경남노회 제49회 임시노회(김길창시무 항서교회)가 고려신학교 인허 다시 취소.
	12월 7일	경남노회 제50회 정기 노회(마산 문창교회)에서 "미소기바라이"를 모른다고 하는 김길창에 대해 한상동 목사가 제명동의를 함.
	8월 2일	학생신앙운동(Students For Christ) 출범.
	12월	고려신학교에서 "파수군" 창간호를 냄.
1949년	3월 8일	김길창 일파가 신앙과 신조가 다르다는 이유로 경남노회 밖에 새노회 조직.
	4월23일	제35회 총회(새문안 교회)가 분규가 일어난 경남노회 수습위해 전권위원 5명을 파송하기로 결의.
	5월27일	전권위원들이 경남노회에 한부선과 고려신학교와 관계를 갖지 말 것과 고려신학교 관계자들에게 강단 허락하지 말 것을 명령하고, 경남노회 3分(경남, 경중, 경서)할 것을 결의하여, 결과 경남에 다섯

		노회가 생김.
	8월28-29	경남노회에 속한 111교회가 전권위원들의 노회 3분 결의 반대하고, 평신도들이 신도대회를 문창교회에서 갖고 총회에 항의하는 선언문을 채택.
1950년	4월	고려신학교에서 대 회개운동이 일어남.
	4월25일	제36총회(대구 제일교회)가 경남노회 전권위원회 보고를 기각하고, 특별위원 보내기로 결의함.
	4월25일	제36총회는 회의 진행이 불가능하여 9월 5일에 속회하기로 하고 정회함.
	5월12일	총회특별위원들은 고려신학교 관계자들에게 총회와 관계 맺기까지 회원권 중지를 선언하고, 경남노회가 분열되기 이전의 경남노회 제51회 이전으로 돌아가 노회 조직할 것을 통보.
	5월	경남노회는 특별위원들의 조처에 항의서 제출.
	6월25일	북한의 남침으로 사변이 일어남.

제 5 편 개혁해 가는 장로교회

1951년	3월14일	특별위원들 새로운 경남노회 조직. 경남(법통)노회 불참.
	5월25일	제36회 총회 속회가 부산 중앙교회에서 열려 새로 조직된 "경남노회"를 받아들이고, 기존 경남(법통)노회 총대를 배제함. 이로써 경남(법통)노회는 총회로부터 축출을 당함.
	6월21일	영도제3교회 부속창고에세 복음진료소(복음병원의 전신) 개설.
	9월 8일	총회는 경남노회를 축출한 후 교회당 접수에 나서 먼저 초량교회접수를 위한 행동에 나섬.
	10월14일	한상동 목사 초량교회당 내어주고 나와 삼일교회 세움.
1952년	4월29일	제37회 총회(대구 서문교회)는 경남(법통)노회 총대들의 권을 인정하지 않고 "고려신학과 그 관계 단체와 총회와는 하등의 관계가 없다"고 선언함으로 경남(법통)노회와의 완전한 단절을 선언함.
	9월11일	제57회 경남(법통)노회가 진주 성남교회에서 모여 경북, 경기, 호남 지역 교회를 포괄하는 총노회를 조직. 자숙할 것(9,22-1012)을 결의.
	10월16일	"大韓 예수敎 長老會 總老會 發會式 宣言文" 발표

1953년	1월11일	학생신앙운동 동기수양회를 "전국학생동기수양회"로 부르고 "제1회 전국학생대회"를 가짐.
	6월10일	조신측이 갈려나가 속회하면서 "法統總會"라 자칭함.(후에 "韓國基督敎長老會"라는 이름으로 새 출발함.
1954년		총노회가 요청을 따라 "학생신앙운동"의 지도 감독을 맡고, 지도위원이란 부서를 둠.
		고려신학교와 복음병원 건물 신축을 위한 부지로 부산시 암남동34 소재 1만3천여평을 매입.
1955년	9월	칼빈학원(칼빈대학) 신설 개교.
1956년	4월17일	제5회 총노회는 총노회를 총회로 개편하기로 결의.
	9월20일	경남, 경북, 부산, 진주, 전라, 경기 6 노회가 모여 총회로 개편함. 이 첫 총회는 金榮進 목사를 대만에 선교사로 파송하기로 결의함.
1957년	2월	박윤선 교장이 교회당 소송문제에 대한 반대를 제기하고 교장직 사표를 내고 떠나 서울에서 "개혁신학원"을 세움
	9월	소송하지 않기로하는 교육이념으로 교육한다는 합의를 보고 박윤선 교장 고려신학교에 복귀함.
	10월7일	경기노회가 "총회가 예배당 소송을 그만 둘 때까지 총회와의 행정관계를 보류"하기로 결의.
	10월15일	총회지시를 쫓는 교회들을 중심으로 새로운 경기노회 조직.
	12월	예장에서 박형룡 박사의 신학교건축비 3천만환 사건이 터짐.
1958년	9월	경남노회가 제8회 총회에 "고려신학교 총회직영" 헌의. 이후 3년간 이 헌의는 계속됨.
1959년	12월	박윤선 교장 연구 위해 화란으로 떠남.
	9월	장신44총회(대전 중앙교회)에서 박형룡 측의 NAE계와 한경직 편의 W.C.C.계간의 치열한 충돌로 분열이 일어남.
1960년	5월	박윤선 교장의 귀국.
	7월	박윤선 교장 주일에 선교사 전송문제로 인한 오전예배 참석 못한 일로 주일성수 문제 태두되어 이사회와 갈등이 생김.
	8월	서울에서 고신측 지도자들과 분열된 승동측 지도자들이 비공식으로 회동 교회 합동하기로 뜻을 모음.
	9월	박윤선 교장이 교장직에서 해임됨으로 고려신학교를 영구히 떠나게 됨. 주일성수에 대해 박교장과 같은 견해를 가졌던 한부선 선교사도

		고려신학교와의 공식 관계에서 떠나게 됨.
	9월20일	고신 제10회 총회는 승동측과의 합동을 위해 "합동추진위원" 9명을 택하고 정회함.
	10월25일	대전에서 양측 합동위원회가 모여 합동을 위한 협의를 마침.
	11월22일	고신총회는 속회로 모여 합동문제를 노회에 수의하기로 결의함.
	12월13일	서울 승동교회당에서 합동총회로 모임(고신측 회원 130명, 승동측 회원 233명, 합 363명).
1961년	9월21일	합동 후 처음으로 제46총회가 부산 남교회에서 모임. 총회는 신학교 정책에 대한 "일원화"라는 합동공약을 깨고 "신학교를 연내로 단일화"하기로 결의하고, 고려신학교의 폐합을 결정. 경남(법통)노회는 이에 대한 항의를 하고 총퇴장함. 고려신학교 재학생들이 반대 시위함.
	10월10일	경남노회는 임시노회로 모여 "大韓 예수敎 長老會 合同總會에 對한 慶南老會 對策決議案"을 통과 10월20일자로 발표.
1962년	3월	고려신학교 폐합결의에 따라 고려신학교 3학년 학생들 서울 총회신학교로 옮겨감.
	10월17일	전 고려신학교 설립자 한상동 목사가 고려신학교 복교를 선언.
	12월17일	박손혁, 오병세, 이근삼 세교수가 복교에 합류.
1963년	2월25일	홍반식 교수 복교에 합류.
	6월	총회고시부가 복교한 고려신학교 졸업생에게 강도사 응시자격을 주지 않음.
	7월29일	고신교회 환원 발기회 조직.
	8월 8일	부산노회 환원.
	8월26일	경남노회 환원.
	8월12일	전라노회 환원.
	9월 3일	경북노회 환원.
	9월 4일	경기노회 환원.
	9월12일	경동노회 환원.
	9월17일	"대한 예수교 장로회 제13회 환원총회"를 부산 남교회에서 가짐. 환원총회는 자숙하기로 결의함(9.23-9.29) 환원 결과 원래 590교회에서 445교회로 줄어듬.
	10월10일	진주노회 환원.

	12월	칼빈학원 고려신학교에 폐합 결의.
1964년	1월9일	칼비학원이 고려신학교 대학부과정으로 폐합됨(고신대학=고려신학교 부속기관).
	9월	제14회 총회에서 고려신학교 총회직영 결정(고려고등성경학교와 복음병원도 함께 직영이 결의됨).
1965년		대한 예수교 장로회 총회유지재단 구성. 화란 개혁교회(자유)와 자매관계 맺기로 결의.
1966년	9월	고려신학교의 대학부의 대학인가를 받기 위해 총회유지재단을 교육재단으로 변경해 달라는 요청을 제16회 총회에 제출.
1967년	5월1일	학교당국이 "가이사회"를 조직하여 학교재단법인 설립인가를 신청하여 "학교 법인 고려학원" 인가를 받음.
	11월	화란 개혁교회(De Gereformeerde Kerken in Nederland-Libertated, Art.31)와 자매관계 맺어짐.
1968년	2월28일	고려신학교 대학부에 대학에 준한 각종인가가 나옴.
	4월 8일	복음간호학교 인가
	9월	제18회 총회는 용문산의 나운몽 집단을 이단으로 규정. ICCC와의 우호관계 유지를 재확인.
1969년	2월	신학교, 대학부 교수들 이사장과의 마찰로 총 사퇴 결의문 발표.
	3월12일	이사회가 신학교 교수를 제외한 대학부 교수 5명의 사표를 수리.
	9월	제19회 총회는 웨스트민스터 신앙고백과 대소요리문답을 본 장로교회 신조로 채용. 대학부 대학 동등학력 지정학교 인정받음.
1970년	9월	제20회 총회는 캐나다 개혁교회(The Canadian Reformed Churches)와 자매 관계 맺기로 가결. 장로교회연합협의회 참여를 1년 보류. ICCC와의 우호단절건과 RES 회원권 관계 일년 보류. 고려신학교 본관 3층 건평 610평을 건축키로 함.
	12월22일	고려신학대학 설립인가 받음.
1971년	9월	제21회 총회 ICCC와 우호관계 단절하고, RES 탈퇴 결의. 헌법에 없는 권사, 영수 세우는 일을 불법으로 규정.
1972년	9월	제22회 총회 장로교회(4개교단) 협의회에 가담하기로 결의. "교단발전연구위원" 구성하여 고려신학대학 서울이전 연구 맡김.
	12월29일	송상석 목사가 학교법인 고려학원 법적 이사장임을 주장.
1973년	9월	제22회 총회 "성도간의 법정제소는 이유 여하를 막론하고 신앙적이

		아니며 건덕상 방해됨으로 하지 않는 것이 본 교단 입장"임을 천명.
1974년	9월	제23회 총회; 고려신학대학 신축기지를 부산으로 확정. 법정제소에 대한 전 총회의 결의를 수정:"사회법정에서의 성도간의 소송행위가 결과적으로 부덕스러울 수 있으므로 소송을 남용하지 않도록 하는 것이 총회의 입장이다."
	12월4일	총회 재판부 송상석 목사에 대한 면직을 선고.
		유환준 목사를 대만 선교사로 파송.
1975년	8월15일	고려신학교 송도 새교사 연건평 1700평 준공.
	9월26일	제25회 총회; 경남노회 총대 행정보류 결의. 총회는 이를 이탈행위로 규정. 총무제도 도입(서기가 겸임; 한학수).
1976년	1월7일	한상동 목사 별세. 오종덕 목사 별세.
	6월	장기려 박사 은퇴하고, 박영훈 장로 복음병원 제2대 원장으로 취임.
	9월	제26회 총회 권사 제도 도입하기로 결의. 호주 "자유개혁교회"(The Free Reformed Churches in Australia)와 자매관계 갖기로 결의.
	10월29일	행정보류한 경남노회 중심하여 "소위 반고소 고려파 대한 예수교장로회 총회" 조직됨.
1977년	9월	제27회 총회; "강단 교류문제; 본 총회 결의 정신을 위배하고 강행할 경우 해 노회가 응분의 처리를 가할 것." 결의.
1978년	9월	제28회 총회에 이탈형제(전 경남노회) 영입 위한 헌의들어옴 (진주노회, 경북노회).
		고려신학대학을 일반대학으로 인가 신청하도록 해달라는 이사회 청원 부결.
1979년	9월	제29회 총회; 이탈형제 영입위원 냄. 의과대학 설립추진을 현 고려신학 대학을 개편하지 않을 것을 전제로 허락. 남 아프리카 개혁교회(The Reformed Church in South Africa)와 자매교회관계 획립.
1980년	9월	제30회 총회; 교회헌법수정안 채택.
	10월 2일	고려신학대학의 명칭이 고신대학으로 바뀜(기독교일반대학이 됨).
	11월 3일	"신학대학원" 인가 남.
	12월20일	송상석 목사 별세.
		화란 자매교회로부터 선교사 교수로 두분 (Dr. N.H. Gootjes, Rev. John M. Batteau)이 내한 신학대학원을 돕기 시작함.

1981년	9월	제31회 총회; 학생신앙운동 상설지도위원회 설치. 일본개혁교회와 친선관계 맺기로 결의. 교단사를 편찬하기로 결의.
1982년	3월18일	고신대 학생들이 주도한 부산 미문화원 방화사건 일어남. 제32회 총회; 이탈한 교회들(전 경남노회)을 영입. 남 아프리카 자유개혁교회(The Free Reformed Church in South Africa)와 자매관계 갖기로 결의. 고신대학 위해 각교회 경상비 1% 예산에 반영키로 결의.
	10월	복음병원 건평 5,648평 병동 신축.
1983년	9월	제33회 총회; 교단본부 회관 건립하기로 하고 건축비 배당. 고신대학 의학부의 대학 개편명칭은 복음의과대학으로 하기로 하고, 신학대학원 졸업생을 강도사로 호칭키로 함.
1984년	9월	제34회 총회; "신학대학원"만의 수도권이전문제 이사회에 맡겨 1년간 연구하도록 함. 본 교단과 같은 목사 과정을 거쳐 목사가 된 자는 "노회가 심사 후 준회원으로 받고 본 교단 신학대학원에 1년 이상 이수케 한 후(30학점 취득) 정회원으로 허락하기로" 헌법 수정함. 고신대학 영도 캠퍼스 7만 여평 대지에 새 건물 준공.
1985년	9월	제35회 초회; ICRC 총회에 참석여부는 섭외부 재량에 맡기기로 함. 하기목회자 대학원 개설하기로 함. 교회경상비 백분의 1을 대학원(신학대학원)에 사용하기로 함.
1986년	9월	제36회 총회; 신학대학원 수도권 이전 합의. 총회유지재단이사회와 학교법인 이사회를 분리하기로 함. 스페인 개혁장로교회와 우호관계 갖기로 결의.
1987년	9월	제37회 총회; 신학대학원 수도권 이전 적극 추진하기로 함. 유지재단이사와 학교법인이사의 분리에 있어서 이사직을 각각 2년간씩 교대하기로 함. 하도례(Theodore Hard) 선교사 영구 귀국.
1988년	4월	고신대학 학생권 운동원들에 의한 소요로 한 달 동안 수업중단 사태 발생. 고신대 학장실과 재단사무실 점거.
	8월	신학대학원과 대학당국은 신학대학원을 고신대학으로부터 분리하기로 하고 교명을 "고려신학대학원"으로 하기로 결의.
	9월	제38회 총회; 고신대학과 대학원을 분리 운영하기로 결의. 신대원 학생 전원 장학제도를 연구하기로 함. 신사참배가결 50주년 상기 기도회를 갖기로 함. 총회회관 건립추진하기로 하고 총회유지재단

		에 맡김. 9월 둘째 주일을 교단주일로 정함. 통신성경학교를 통신성경대학으로 명칭변경. 상임총무 두기로 함.
	12월	홍반식 교수 정년은퇴. 화란의 박도호 교수(John M. Batteau) 화란으로 영구 귀국.
1989년	9월	제38회 총회; 고신대학을 총회가 직영하는 것을 재고하도록 교단발전연구위원회에 맡겨 연구하도록 결의. 교회경상비중 1%의 신대원 지원은 의무적으로 하기로 함.
1990년	9월	제40회 총회; 신학대학원 수도권 이전에 관한 건은 이사회와 학교 교수회에 맡겨 처리키로 함. 고신대와 고려신학대학원을 위한 1%헌금을 고려신학대학원 75%, 고신대 25%로 하기로 함. 카나다 개혁교회(The Canadian Reformed Churches)와 자매결연 맺기로 재차 결의. 총회 전담 총무 두기로 결의. 타교단 목사를 부흥강사를 초빙하는 건은 총회결의를 재확인하고 (강단교류 합동측) 기타 교단강사는 노회 허락으로 한다.
1991년	9월	제41회 총회; "신자가 교회법대로 송사하지 않고 일반 법정으로 송사를 우선하는 것은 성경 고전 6:1-11대로 하는 것이 원리이다"라고 확인. 본 교단 모든 선교단체는 총회 선교부의 지도를 받기로 함.
1992년	9월	제42회 총회; 집회강사는 개혁주의 교단에 소속된 목사로 노회의 허락을 받기로 함. 캐나다 개혁교회(The Canadian Reformed Churches)가 우리 교회와의 자매관계 갖기로 결의함에 따라 자매관계 이루어짐.
	10월	안영복 교수 성령론 문제로 해임.
1993년	9월17일	총회회관 준공예배.
	9월	제43회 총회.미정통장로교회(The Orthodox Presbyterian Church in the U.S.A.)와의 자매관계 확정. "표준 새번역 성경은 교회에서 사용할 수 없음을 가결." 일본 기독교 개혁파 교회와 선교협력에 관한 건을 인정하기로 함. 교육사제도 신설 허락. 노회 담당 교수제 실시하기로 함. 신학생전원 기숙사 수용 훈련받도록 함. 신학대학원 고신대학교 이사 분할을 이사회에 맡겨서 연구하도록 가결.
1994년	9월	제44회 총회; 고신대 입학자격은 학습교인 이상으로 하기로 함. 이사는 중임하던 것을 단임으로 규칙변경하기로 함. 성서공회와 성서공회문제가 태두되어 이미 관련해온 성서공회에 본 교단 뜻을 관철

		하기로 하고, 이것이 이행 불가능할 때 철수 하기로 함. 김해복음병원 처리문제 논의.
	11월	충남, 천안시 삼룡동 소재 3만여평을 고려신학대학원 이전신축부지로 매입.
1995년	9월	제45회 총회; 류광수의 다락방에 관계하는 자들 권징할 것. SFC 사단법인 설립 청원건 허락. "학교법인 안의 제반문제 처리전권위원 선정"
	12월8일	복음병원 신축병동 5동 완공. 박영훈 의료원장 정년 은퇴.
1996년	2월	오병세 교수 정년은퇴.
	9월	제46회 총회. 전 총회에서 선정한 "전권위원"의 재판 결과에 대한 보고를 받음.
1997년		6개노회(경기, 경인, 남부산, 마산, 수도, 충청)가 단설신학대학원 설립과 대학원 대학 이사회를 독립 이사회로 구성해 줄 것을 총회에 상정.
	9월	제47회 총회, 대학원대학 설립건은 일년간 유보하기로 함. 제46회 총회 총회록 전권위원회 보고서에 대한 전권위원 구성하기로 가결. 제46총회시 구성된 특별대책위원회 보고 받음. 교단미래정책위원회 두기로 함.
	10월	제4차 국제개혁교회협의회(ICRC)가 9일간 서울 서문교회에서 개최됨
1998년	9월	제48회 총회 조정위원을 내어 제45회, 제46회, 47회가 낸 "전권위원회"들이 처리한 건들을 조정하기로 한 결과 그 동안의 전권위원회에 의해 결의된 모든 것을 교단화합차원에서 백지화하기로 함. 고신대학교, 복음병원, 김해복음병원관 관련된 문제의 근본적 해결을 위해 전문 경영인의 진단을 받기로 함.
1999년	2월	허순길 교수 정년은퇴.
	9월	제49회 총회; 전총회가 결정한 경영진단 결과에 따라 김해복음병원은 조속히 매각하고, 송도 복음병원은 경영혁신을 이루도록 이사회에 일임함. 고신의료원제도 폐지하고 고신대학교 복음병원으로 하기로 결의.
2000년	9월	제50회 총회 소위 "반 고소 고려파"와 합동을 위한 "합동추진 위원"선정.

		교단 50년사 편찬을 교단미래 정책위원회에 맡기기로 함.
	9월26일	총회회의장에 입장한 고신의료원 노조원들의 소란으로 상당시간 정회됨. "안수기도는 성경대로 하되 건덕을 세우는 범위 내에서 한다"로 가결.
2001년	9월	제51회 총회는 "반 고소 고려파"의 일부로 새로 조직된 서경노회를 영입함. 고려측과의 합동추진을 위한 위원회 존속을 결의. 고신의료원 노조 400여명이 총회장을 점거함으로 여러 시간 정회됨. "교단 산하 기관의 비신앙적 노조활동에 대한 대책 마련" 청원건과 "총회가 수익기관인 고신의료원을 직영할 수 있는가" 등의 질의를 학원 이사장에게 맡겨 처리하게 함. 신대원과 대학 신학부 교수들의 연합교수회 문제, 교수 순환문제 등을 이사회 법제위원회에 넘김. 공공 장소에 설치된 단군상을 철거하도록 대 정부건의 및 성명서를 발표하기로 결의.
2002년		교단설립 50주년 기념대회 조수옥 권사 소천
2003년	3월	김해복음병원 최종부도
	4월	복음병원 교육인적자원부 관선이사 파견
	5월	복음 병원 부도
2004년		고신선교 50주년 기념대회 기독교보 창간 50주년
2005년		전국적 단군상 철거 집회
2006년	9월	고려신학대학원 60주년 기념대회 고신역사기념관 개관 교육원 클릭바이블 시리즈 완간
2007년		이근삼 박사 소천 복음병원 정이사 체제로 전환 전도위원회 3,000교회 운동 전개
2008년	2월	고 송상석 목사 해벌(총회 운영위원회)

參考文獻

1. 韓國敎會史 關係 書籍

간하배, 한국장로교회 신학사상, 개혁주의신행협회, 1977
姜東鎭, 日帝의 韓國侵略政策史, 서울 한길社, 1980
郭安連(編), 長老敎會史典彙集, 京城, 朝鮮耶蘇敎書會, 1918
吉善宙, 靈溪 吉善宙 牧師 著作集, 第1卷, 서울, 基督敎書會, 1968
吉善宙, 牧師 說敎集, 崔仁化 編, 京城主日學校 出版社, 1941
金景來 編著, 社會惡과 邪敎運動,
金得榥, 韓國宗敎史, 서울 海文社, 1963
김수진, 한일교회의 역사, 대한기독교서회, 1989
金良善, 韓國基督敎解放十年史, 서울, 大韓예수敎長老會總會, 宗敎敎育部, 1956
金良善, 韓國基督敎史硏究, 서울, 基督敎文社, 1971
金麟瑞, 著作全集, 卷1-5, 서울 信望愛社, 1951
金麟瑞, "朱基徹 牧師의 殉敎史와 그 說敎集, 부산 신앙생활사, 1962
金在俊, 長空著作全集, 卷1,2, 韓國神學大學出版社, 1971
金忠南, 순교자 주기철 목사 생애, 서울, 百合出版社, 1971
南永煥, 韓國敎會와 敎壇(고려 교단사를 중심으로), 소망사, 1988
南永煥 譯, 일제 수난성도의 발자취,〈일본검사의 기소내용〉, 도서출판 영문, 1991
文定昌, 軍國日本朝鮮强占三十六年史, 서울 栢文堂, 中卷, 1966
閔庚培, 새문안교회 85년사, 새문안교회, 1973
閔庚培, 韓國基督敎會史, 改訂版, 基督敎出版社, 1982
박종칠, "한국교회사에 있어서 고려파의 의의", 고려신학대학원 학우회, 1984
朴聖謙, 黃海老會 百年史, 黃海老會百年史 編纂委員會, 1971
박용규, 한국장로교 사상사, 총신대학 출판부, 1993
박윤선, 대한예수교장로회는 어디로 가나? 진리운동 No.1,2 고려신학교학우회 출판부, 1952
박윤선, 성경과 나의 생애(정암 박윤선 목사 자서전), 영음사, 1982
朴慶植, 日本帝國主義의 朝鮮支配, 청아출판사, 1986
白樂濬, 韓國改新敎史, 延世大學校 出版部, 1973.
邊宗浩, 李龍道牧師書簡集, 서울. 心友園, 1958
徐明源, 韓國敎會成長史. 이승익 譯, 서울, 基督敎書會, 1966
서정민, 한국교회논쟁사, 도서출판 이레서원, 1994
鮮于燻, 民族의 受難, 愛國同志會 서울支會, 1955
孫仁秀, 한국근대교육사, 1885-1945, 연세대학교출판사, 1971

宋相錫, 法廷訴訟과 宗敎裁判, 慶南法通老會, 1976.
심군식, 세상끝날까지, 한국교회의 증인 한상동 목사의 생애, 소망사, 1977
심군식, "해와 같이 빛나리." 죽지 못한 순교자 주남선 목사의 생애, 서울 교회교육연구원, 1990
심군식, 조수옥 권사의 생애, 영문사, 1997
安容濬, 태양신과 싸운이들, 칼빈문화사, 1956
안이숙, 죽으면 죽으리라, 기독교문사, 1996
연규홍, 한국장로교회와 칼빈신학사상, 〈한국교회의 일치를 위하여〉, (박사학위논문), 도서 출판 한빛, 1996
吳允台, "韓國基督敎史, IV, 先驅者 李樹廷 編" 惠善文化社, 1983
李能和, 朝鮮基督敎及 外交史, 서울, 學文館, 1968
이상규, "고신대학40년약사", 논문집, 고신대학, 1986
이상규, "주기철 목사의 신사참배반대와 저항." 제2회 소양 주기철 목사 기념 강좌, 발표논문, 서울 주기철 목사 기념사업회, 1997
이상규, "한상동 목사의 신학과 교회건설." 〈한상동 목사의 생애와 사상〉, 고신대학교.
이만열, 한국기독교사 특강, 성경읽기사, 1996
이만열, "한국현대사에 나타난 과거사 청산문제." 〈신학사상〉 1996 봄
이만열, "한국교회연합의 장은 열리는가, 1", 목회와 신학, 1995, 3월 호
李永獻, 韓國基督敎史, 서울, 컨콜디아사, 1978
李浩雲, 韓國敎會初期史, 서울, 基督敎書會, 1970
日本基督敎團史, 東京, 日本基督敎團史 編輯委員會, 1970
長老會神學大學七十年史, 서울, 長老會神學大學, 1971
張喜根, 韓國長老敎會史, 서울, 亞城出版社, 1970
전택부, "人間 申興雨", 대한기독교서회, 1971
전택부, 한국에큐메니칼 운동사, 서울, 한국기독교회협의회, 1979
정규오, 신학적입장에서 본 한국장로교 교회사, 상 하 권, 한국복음문서선교회, 1983
趙昇濟, 牧會餘話, 서울, 香隣社, 1965
蔡基恩, 韓國敎會史, 예수敎文書宣敎會, 1980
蔡弼近(편), 韓錫晉 牧師와 그 時代, 서울, 基督敎書會, 1971
최덕성, 한국교회 친일파 전통, 본문과 현장사이, 2000
최종규, "이 한 목숨 주를 위해", 도서출판 진서턴, 1981
許淳吉, 高麗神學大學院50年史, 圖書出版 영문, 1996
기독교대학의 본질과 사명, 고신대학교, Vol. 1. No.1, 1998
기독교사상연구.제3호, 고신대학교 부설 기독교사상연구소, 1996
고신선교 40년, 대한예수교장로회(고신)총회 선교부, 1998
고신의료원 50년(1951-2001), 고신의료원, 2001
大韓예수敎長老會百年史, 韓國敎會百周年準備委員會史料分科委員會, 大韓예수敎長老會, 1984

宣敎七十周年記念說敎集, 大韓예수敎長老會總會 宗敎敎育部, 1955, 中卷, 歷代總會長 說敎.
재미총회 10년사, 재미한인예수교장로회초회, 1995
제1회 소양 주기철 목사 기념 강좌, 주기철목사 기념사업회, 1996
제2회 소양주기철 목사 기념강좌, 주기철 목사 기념사업회, 1997
長老敎會史 典彙集(1917年 刊), 朝鮮耶蘇敎會, 1918
長老敎會史 典彙集(1918년 간), 郭安連 編輯, 1918
朝鮮基督敎會小史, 朝鮮基督敎會 傳道部 發行, 1941
朝鮮예수敎長老敎會史記(上), 車載明 編, 서울 新門內敎會堂, 1928
朝鮮예수敎長老會史記(下), 韓國敎會史學會編, 1968
한상동 목사, 그의 생애와 신앙. 이상규, 최수경 편집, 부산:글마당, 2000
韓國基督敎 100年史, 韓國基督敎長老會 歷史編纂委員會, 1982
한국기독교 100년사, 한국기독교장로회 역사편찬취원회, 1992
韓國基督敎長老會五十年略史, 韓國基督敎長老會, 1965
한국기독교의 역사 1, 2 권, 한국기독교역사연구회, 기독교문사, 1989
韓國敎會史 雜錄, 高麗神學大學院 圖書館 所藏, 卷 1-6
韓國長老敎會史(高神), 大韓예수敎長老會總會, 歷史編纂委員會, 1988

2. 會議錄

大韓예수敎 長老會 獨老會會錄, 1907-1911
大韓예수敎長老會 總會錄(統合), 1912-2001
大韓예수敎長老會 總會錄(合同), 1912-2001
大韓예수敎長老會 總會錄(고신), 1952-2001
朝鮮예수敎長老會 慶南(法統)老會錄, 1946-1963
朝鮮長監聯合協議會, 會錄, 1918-1924
朝鮮예수敎聯合公議會 會錄, 1924-1936

3. 定期刊行物

대한그리스도인 회보, 1899-1905
독립신문, 1896-7
그리스도 신문, 1987.4 -1905.6
그리스도 회보, 1911-1914
기독신보, 1915-1937
基督敎報, 1936-1938

기독교보 (고신기관지), 1955, 1989-
基督申報, 1932-1934
基督敎 思想
면려청년, 1947-1952
빛과 소금, 1988, 5
신학지남, 장로회신학교, 1918-
월간고신,
朝鮮基督敎史 硏究 第19號
파수군 1-129호

4. 外國參考圖書

Adams,J.E., *The Educaational Federation of Protestant Evangelical Missions*, the Christian Movement, 1913

Allen H.N., *A Chronological Index of Foreign Relations of Korea from the Beginning of Christian Era to the 20th Century*, Seoul, Methodist Publishing House, 1901

Avison, O.R., *History of Medical Work in Korea*, Quarto Centenial Papers, 1909

Baird, A.L., *Daybreak in Korea, - A Tale of Transformation in the Far East*, New York, Fleming H. & Reveill. 1909

Billings, B.W., *The Co-operating Board for Christian Education in Korea*, The Christian Movement, 1918

Blair,W.N. & Hunt B., *The Korean Pentecost and the Sufferings which followed*, Edinburg, The Banner of Truth Trust, 1977

Blair,W.N., *Gold in Korea*, Presbyterian Church in the U.S.A. 1957

Balir,W.N., *The Korean Pentecost and Other Expressions on the Mission Field*, New York, The Board of the Foreign Mission of the Presbyterian Church in the U.S.A.,

Brown, A.J., *The Korean Conspiracy Case*, New York, 1912

Brown, A.J., *The Mastery of the Fasr East*, New York, Charles Scribners, 1919

Brown, G.T., *Mission to Korea*, Board of World Missions Presbyterian Church, U.S. 1962

Brunner, E.S., *Rural Korea, A Preliminary Survey of Economics, Social and Religious Conditions*, The Report of the Jerusalem Meeting of the International Missionary Conference, 1928, Vol. VI.

Butterfield, K.L., *The Rural Mission of the Church in Eastern Asia*, New York, International Missionary Council, 1931

Chisholm, W.H., *Vivid Experience in Korea*, Chicago, The Bible Institute Colportage, 1938

Chung, H., *The Case of Korea*, New York, Fleming H. Revell, 1920

Churchill, J., *A Collection of Voyages and Travels*, some Now First Printed from the Oriental Manuscripts, Others Now First Published in English, 6 vols, 1732

Clark, A.D., *History of the Korean Church*, Seoul, C.L.S., n.d.

Clark, C.A., *The Korean Church and the Nevius Methods*, New York, Fleming H. Revell, 1930

Cark, C.A., *Digest of the Presbyterian Church of Korea*, Seoul, Korean Religious Book & Tract Society, 1918.

Clark, C.A., *Religions of Old Korea*, New York, Fleming H. Revell, 1932

The Fiftieth Anniversary Celebration of the Korean Mission of the Presbyterian Church in the U.S.A., June 30-July 3,k ed. by Rhodes H.A., Seoul, John D. Wells School.

Griffs W.E., *Corea, the Hermit Nation*, New York, Charles Scribners, 1889

Gifford, D.L. *Every-Day Life in Korea*, New York, 1898

Gundry, S.N. Love them, In *The Life & Theology of Moody*,(무디의 생애와 신학, 이희숙 역, 생명의 말씀사), 1985

Gutzlaff, K.F.A., *Journey of Three Voyages along the Coast of China in 1831, 1832 & 1833 with tyhe Notices of Siam, Corea and the Loo-Choo Islands*, London, Frederick Westley & A.H.Davis, 1834.

(A) History of the Ecumenical Movement, 1917-1948, Second Edition, London, 1967

Hulbert, H.B., *The Passing of Korea*, New York, Doubleday Pate, 1906

Kerr, E.A., & Anderson G., *Australian Presbyterian Mission in Korea*, 1889-1941, Australian Presbyterian Board of Missions, 1970.

Latourette, K.S., *History of Christianity*, Vol. 2, Reformation to the Present, Haper & Row Pub. London. 1961

Latourette, K.S., *Christianity in a Revolutionary Age*, vol. 3, London, Eyre & Spottiswoode, 1961.

Latourette, K.S., *The Great Centrury in Northern Africa and Asia A.D. 1800-1914*, New York, Harper & Brothers, 1944

Latourette, K.S., *A History of Christian Mission in China*, New York, 1927

Lee, K.S., *The Christian Confrontation with Shinto Nationalism*, Philadelphia, Presbyterian and Reformed Publishing Co., 1966.

Martin, N., *Japan's Attempt to Exterminate Korean Christians*, Milford, 1919

McCully, E.A., *A Corn of Wheat, or the life of the Rev. J.J. McKenzie of Korea*, the

Westminster Co., 1903

Mckenzie, F.A., *The Tragedy of Korea*, London, 1908

Mckenzie, F.A., *Korea's Fight for Freedom*, Seoul, Yensei University Press, 1969 Reprinted)

McCune, S., Korea, *the Land of Broken Calm*, Princeton, D. Van Nostrand.

Miller, F.S. *Our Korean Friends*, New York, Fleming H. Revell, 1935

Moffet, S.H., *The Christians of Korea*, New York, Friendship Press, 1962

Morrison, D., Korea: *The English Church Mission, 1890-1900*, London, S.P.G. House, 1950.

Mott, J.R., *The Evangelization of the World in This Generation*, New York, Student Volunteer Movement, 1905.

Mott, J.R., *Addresses and Papers, vol.3*, Student Volunteer Movement for Foreign Missions, New York, Associations Press, 1946

Olmstead, C.E., *History of Relision in the United States*, J.J. 1960

Paik, L.G., *The History of Protestant Mission in Korea 1832-1910*, Pyeng Yang, Union Christian College, 1929.

Quarto Centennial Papers read befvore the Korean Mission of the Presbyterian Church in the U.S.A.(1884-1934), Pyeng Yang, 1909.

Reed, R.C., *History of the Presbyterian Churches of the World*, Westminster Press, 1927,

Reynolds, W.D., *"Fifty Years of Bible Translation and Revision,"*

Rhodes, H.A., Campbell, A., *History of the Korean Mission Presbyterian Church in the U.S.A.(1884-1934)*, Seoul, Chosen Mission Presbyterian Church, 1934.

Rhodes, H.A., Campbell, *History of the Korean Mission Presbyterian Church in the U.S.A.(1935-1959)*, New York, Commission on Ecumenical Mission and Relations, United Presbyterian Church in the U.S.A., 1964.

Rian, Edwin H., *The Presbyterian Conflict*, OPC, Philodelphia, 1992

Rutt, R., *A Biography of James Scaarth Gale and a New Edition of his History of the Korean People*, Seoul, Royal Asiatic Society Korean Branch, 1983

Smith, F.H., *The Other Side of the Korean Question; Fresh Lights on Some Important Facts*, Seoul Press, 1920

Soltau, T.S., *Korea the Hermit Nation; and its Response to Chrstianiry*, New York, World Domionion Press, 1932.

Speer, R.E., *Reports of Mission in Korea of Presbyterian Board of Foreign Mission*, New York, 1897.

Speer, R.E., *Missions and Politics in Asia*, New York, Fleming H. Revell,

Sweet, W.W., *The Congregationists, Religion on the American Frontier 1783-1850*, vol.111, Chicago, 1939
Trollope, M.N., *The Church of Corea*, London, A.R. Mowbraay & Co. LTD, 1915
Underwood, H.G., *The Call of Korea*, New York, Fleming H. Revell, 1908
Underwood, H.G., *The Religions of the East Asia*, New York, Mcmillan, 1910.
Underwood, L.H., *Fifteen Years among the Topk-Knots, or the Life in Korea*, New York, American Treact Society, 1904.
Underwood, L.H., *Underwood of Korea*, New York, Fleming H. Revell, 1918.
Van Buskirk, J.D., *Korea, the Land of the Dawn*, Toronto, Missionary Education Movement of the U.S.A. and Canada, 1931.
Van der Jagt, A. *Struggle and Triumph*, Canadian Reformed Pub. House, 1960
Williamson, A., *Journey in North China, Manchuria and Eastern Mongolia, with Some Accounts on Korea*, London, Smith eldedr & Co., 1870.

5. 外國語로 된 報告書 및 定期刊行物

Annual Minutes, The General Council of Protestant Evangelical Missionsin Korea, 1907.
Annual Report of the Board of Foreign Missions of the Presbyterian Church in the U.S.A., New York, Mission House, 1909-
Annual Report of the Executive Committee of Foreign Missions of the Presbyterian Church in the U.S., 1892-
Annual Report of the National Bible Society of Scotland, Glasgow, 1868-1920.
Annual Report on Administration of Chosen, Government General of Chosen, 1911-1938.
Banner of Truth Trust, 1977.
General Council of Protestant Evangelical Missions in Korea, Seoul, 1905.
International Review of Missions, Edinburgh, 1912-1965.
Korea Mission Field, Seoul, 1896-1942.
Korean Repository, Seoul, 1982-1896.
Presbyterian Guardian, 1945-1960.
Reports of the Korea Mission of the Presbyterian Church in the U.S.A., 1910-1915.
The Missionary Review of the World. 1895.
The Reports of British Foreign Bible Society(B.F.B.S.). 1914.
Korean Mission Materials of the PCUSA(1911-1954) Reports, Filed Correspondance and Board Circular Letters(미북장로교 한국선교 관련문서), The Institute for Koreanj

Church History(한국기독교역사연구소), 1995, vol. 26.
Quarterly Review, Vol. 155, 1883, London.

6. 其他 參考書

장로교회 신앙고백; 웨스터민스터 신앙고백 및 대소교리문답.
개혁교회 신앙고백; The Belgic Confession of Faith.
　　　　　　The Heidelberg Catechism. The Canons of Dort.
Cyclopedia of Biblical Theological and Ecclesiastical Literature, by McClintock Strong,
　　　Vol. VIII, Baker, 1970 (reprinted)
The New Shaff-Herzog Encyclopedia of Religious Knowledge Vol. XI
Proceedings of the International conferenced of Reformed Churches, October 15-23,
　　　1997, Seoul Korea.
日本外交文書, 日本外勤省, 1906, 第21卷
高宗太皇帝實錄
舊韓國外交文書, 第10卷

찾아보기

(총회임원명단, 장로교사연표, 참고문헌, 각주의 내용은 제외되었음.)

【ㄱ】

강기범 521
강남백 260
강병주 293
강성화 307
강양욱 328
강용한 535, 536, 594
강윤문 126
강주선 342, 347, 348, 401
강진선 411, 421
계성수 290
고성모 480, 481, 482, 483, 485, 486, 491
고한규 257, 325, 592, 593
고흥봉 316
곽삼찬 555, 569, 583, 595
곽안련 195, 363, 592
곽진근 251, 257, 260, 592
곽현보 486, 492, 494, 594
곽희정 328
구연직 380
구츠라프 29, 30, 31
권남선 340, 377, 396, 398
권성문 392, 535, 537, 594
권세열 389, 476
권연호 336, 425, 486,
그리어슨 593
기 일 136, 144, 194, 265, 270
기포드 70
길선주 71, 122, 123, 127, 130, 141, 149, 159, 171, 172, 175, 206, 207, 208, 209, 233, 593

길성남 556
길인섭 256
김갑석 467, 510
김갑철 390
김경래 566, 595
김관식 272, 273, 277, 332, 374, 472
김광현 389
김 구 332
김규식 67, 151, 189, 332
김길수 326, 330
김대현 271, 607
김도환 446
김두석 306, 316, 354
김두영 292
김만우 540, 563, 571
김만일 295, 303, 341, 592
김묘년 306
김백문 426
김병상 327
김병원 556
김상권 389, 395, 473, 474, 593
김상도 449, 505, 510
김상순 340, 342
김석구 327
김석진 302, 398
김석찬 395, 453
김석창 149, 173, 272, 295, 592
김선애 443
김선지 298
김성린 521
김성심 290
김성여 386
김세열 379, 388

김수영 307
김순성 556
김야모 307, 316
김영수 273
김영숙 306, 30, 316, 569
김영재 342, 521
김영제 147
김영주 231, 232, 233, 234, 271, 276, 332, 593
김영진 423, 566, 567, 569, 594
김영철 273
김영훈 423, 592
김옥균 48, 52, 55, 62
김용출 570
김윤섭 315
김윤찬 480, 481, 486, 594
김은수 591
김을길 392, 510
김응순 255, 328, 330, 593
김응태 277
김의창 289, 298, 304, 461
김익두 184, 206, 209, 211, 210, 212, 213, 328, 329, 330, 592
김인영 332
김인준 280, 330
김인희 297, 298, 299
김일선 280
김자선 569
김자평 32
김장삼 69
김재석 379, 402, 593
김재준 229, 230, 231, 273, 358, 393, 404, 405, 435
김정식 118
김종국 568
김종만 536
김종섭 140, 141, 194

김주오 410, 536, 541, 594
김진경 518, 521
김진근 147
김진기 40, 42
김진수 321, 330, 593
김진홍 431, 432, 439, 446
김차숙 305
김창식 111
김철현 432
김철훈 330
김치근 328
김치선 353, 438, 476
김필례 337
김필수 149, 592
김해룡 461, 532, 537, 594
김현숙 296, 308
김현정 190, 379
김형규 569
김형락 298, 299, 316
김형재 147
김호영 111
김홍렬 147
김홍전 477
김화식 281, 325, 330
김화준 290
김희도 531, 532, 535, 541, 594

【ㄴ】

나운몽 424, 426
낙 스 47, 48, 63
남궁혁 194, 195, 197, 270, 592
남영환 353, 357, 403, 448, 465, 478, 480, 481, 518, 519, 534
남영희 506
남후수 569
네비우스 92, 93, 94, 95, 103, 114
노도사 71, 72, 101, 104

노진현 340, 358, 375, 386, 401, 471,
　　　473, 478, 481, 486, 494, 499
니시모도 291
넛비끼 292, 293

【ㄷ】

다가하시 150
데이비스, 린니 61
데이비스, 매리 59
도만기 571
도미다 255, 281
도이베르드 456
드 류 66

【ㄹ】

라시산 328
레이놀즈 60, 61
로버트 84
로 스 39, 40, 41, 42, 43, 44, 49, 70,
　　　72, 101, 102, 103, 113
로 즈 33
로해리 293, 592
롭 121
루미스 47, 103, 105
리 델 33
리 드 63
린드세이 30

【ㅁ】

마건충 50
마두원 304, 357, 429, 430, 431, 435,
　　　446, 486, 524, 527
마 쉬 268
마쓰모도 273
마포삼열 83, 144, 145, 149, 173, 175,
　　　178, 194, 195, 251, 363, 592
매 티 61
맥 래 62

맥레이 46, 52
맥케이 60
맥켄지 61, 62, 129
맥코믹 82, 83, 84, 85, 86
맥킨타이어 41, 103
메 첸 409, 429, 433, 453, 477, 525
멘지스 60
모리슨 30
모 방 31
모 트 134
무 디 53, 54, 77, 78, 85, 86
문선명 424, 426
문정관 35
밀렌도르프 43, 55
미나미 255, 291, 293
미우라 49
민병석 111
민 비 46, 55, 56, 64
민영완 539, 541
민영익 55, 64, 74
밀 러 58, 89

【ㅂ】

바네스 89
박경애 305, 305
박관준 291, 298, 304, 315
박규수 32, 35, 36, 37
박도호 555
박병훈 472, 492, 493, 495
박봉화 443, 449
박상순 328, 329, 458, 570
박선택 411
박성복 530, 556
박손혁 392, 431, 479, 481, 482, 486,
　　　499, 504, 523, 594
박승봉 118
박 연 27

박연서 275, 332
박열순 306
박영돈 556
박영효 24, 46, 55
박영훈 558, 561, 562
박용히 389
박윤선 86, 318, 346, 347, 354, 355, 358, 362, 365, 366, 386, 410, 431, 432, 434, 436, 437, 439, 438, 440, 442, 451, 454, 455, 457, 458, 461, 462, 464, 465, 466, 467, 468, 469, 470, 500, 503, 505, 514, 543, 566, 587
박응률 256
박의흠 290, 297, 298, 294, 304, 315
박인순 306, 307
박임현 256
박재영 571
박종칠 556
박찬목 486
박찬묵 483
박춘권 36
박태로 150
박태선 423
박현진 566
박형룡 76, 226, 230, 232, 233, 270, 292, 320, 321, 348, 353, 357, 358, 360, 365, 366, 367, 372, 373, 375, 382, 386, 431, 438, 469, 471, 472, 473, 474, 476, 478, 485, 499, 513, 543, 553
반 틸 433, 435
방기창 118, 141, 145, 147
방위량 124, 125, 126, 131, 161, 183, 257, 258, 592
방화중 118
배덕영 328

배선근 344
배성근 376
배위량 127, 151
배은희 334
배추달 465
배태준 480, 481
배학수 296, 298, 307, 308
백낙준 237
백영옥 296, 308
백홍준 40, 41, 42, 44, 45, 50, 53, 10, 103
번 커 152
베어드 58, 72
벨트프레이 27, 28
변의남 564
변재창 569
변종길 556
변홍규 333
부두일 142
부라운 163

【ㅅ】

사병순 150, 423
사이마 430
샤록스 66, 68
서경조 41, 43, 101, 140, 145
서고도 250, 269, 363, 405
서상륜 41, 42, 43, 44, 53, 100, 101, 103, 104
서완선 486, 523, 555, 594
서정환 316
석원태 542, 545
선우리 246, 251
세끼야 292
소현세자 25
손명복 297, 34, 354, 436, 461, 536, 594

손승호 569
손양원 281, 287, 316, 331, 341, 347, 367, 386
손창호 571
송린서 145
송명규 461, 594
송상석 199, 357, 375, 386, 392, 413, 422, 453, 454, 456, 458, 481, 483, 485, 491, 498, 505, 518, 520, 531, 533, 535, 536, 537, 541, 542, 543, 544, 553, 566, 594
송창근 204, 229, 233, 332, 358
슈펠트 38, 50
스가노 49
스왈론 58, 83
스크랜틴 68
스킬더 433
스푸너 462
시라도라 150
신내리 477, 486, 524, 525
신덕균 111
신명구 595
신상호 111
신애균 337
신영철 328
신원하 556
신의경 337
신현국 571, 595
신흥우 118, 222, 225
심명섭 332
심문태 340, 341
심익현 328
심취명 141
써 튼 430

【ㅇ】

아담스 58
아라기 291, 292
아 베 275
아브라함 카이퍼 433, 456
아펜셀라 47, 57, 72, 101, 105, 118
안광국 472, 474, 475, 593
안대선 293
안두화 474
안상흠 35
안영복 551, 552, 553,
안용운 564
안용준 282, 396, 397, 467, 499
안이숙 291, 299, 304, 305, 307, 309, 316
알 렌 25, 38, 54, 55, 56, 57, 64, 66, 72, 74, 92, 105, 110, 112, 113, 138
애비슨 65, 68, 74, 107, 112, 117, 177
야스가와 46, 50
야스다께 280
양낙흥 556
양성봉 340, 395, 401, 402, 477, 481
양승달 526
양전백 141, 145, 161, 172, 173, 175, 238, 327, 592
양주삼 197, 224, 252, 253, 260
양진환 413
양화석 475, 480, 481, 483
어드만 84
어 빈 66
언더우드 117, 116, 138, 142, 149, 153, 222, 270
엘러즈 58, 64
엘링우드 79
염봉남 232, 251

염애나 305, 307, 316, 354
오 노 293
오문환 255
오병세 413, 444, 499, 504, 520, 521, 523, 556, 594
오봉엽 110
오영은 290
오 웬 66
오윤선 298, 299, 304, 316
오정모 279, 284, 287, 288, 298
오종덕 432, 444, 515
오천영 251
오형선 301
올링거 70
올 프 59
우가끼 291, 292
우덕준 340, 401
우문태 32
우자와 150
우지룡 111
워필드 84, 90
원종록 552, 554, 583, 595
원한경 248, 269
웹스터 101
유각경 337
유억겸 223, 251
유여대 172, 327
유영기 569
유재기 281
유태연 141
유한준 567
유해무 556
유호준 472, 473, 593
유효원 427
윤봉기 303, 410, 413, 419, 479, 481, 483, 519, 536, 594
윤산온 161, 162, 163, 246, 247, 248, 251
윤술용 296, 308, 342
윤은조 535, 595
윤인구 273, 275
윤치호 60, 225
윤하영 264, 265
이경석 348, 533, 536
이경필 48
이광록 316
이근삼 504, 518, 520, 521, 523, 548, 559, 576
이근택 112
이금조 546, 555, 583, 595
이기선 256, 283, 286, 288, 289, 290, 294, 297. 309, 316, 320, 334
이기진 535, 594
이기풍 145, 146, 423, 592
이길함 111, 124, 125, 127
이눌서 69, 84, 149, 195, 196
이대영 389, 391
이명직 260
이문주 293, 593
이병길 569
이복순 306
이상근 357, 431, 432, 457, 458, 505
이상룡 569
이상재 118
이성구 556, 564
이성태 443
이성하 45
이수정 46, 47, 48, 49, 50, 51, 57, 70, 101
이수필 386, 401
이술연 305, 306, 316
이승길 255, 256, 293, 592
이승도 561
이승두 69

이승만 118, 322
이승미 556
이승훈 25, 161, 162, 171
이신철 556, 569

이약신 295, 302, 307, 308, 383, 387, 392, 412, 413, 423, 594
이용도 212, 213, 214, 215, 217
이용익 112
이운형 302
이 웅 328
이원긍 118
이원영 336, 593
이유택 281, 325, 330
이응찬 40, 41, 42
이인식 251, 389, 592
이인재 283, 296, 297, 298, 299, 303, 304, 308, 316, 348, 354, 356, 432, 436, 461
이자익 379, 592
이정자 308
이종담 561
이종석 443
이종칠 570
이지영 506
이찬수 298
이학봉 199, 251, 592
이학인 411, 413, 241
이헌철 568, 569
이현속 303, 309, 316
이현익 35, 37
이홍식 302
이홍장 38
이홍필 389, 390
이화동 562
이환수 480, 481, 495, 594
임성은 461

임옥희 423
임종수 571, 596
잉골드 66

【ㅈ】

장기려 448, 449, 450, 561, 562
장두희 316
장석인 411, 446
장시정 128
장운경 255, 282, 592
장홍련 280
장홍범 283, 592
전성도 413, 481, 482, 486, 594
전성준 564
전영창 442, 448, 449
전위렴 142
전재린 572, 594
전종휘 449
전칠홍 460, 461, 594
전 킨 60, 61, 66,
전필순 222, 223, 275, 276, 470, 471, 475, 593
정공빈 101
정규오 473, 480, 481, 482, 486, 594
정금출 566
정길수 570
정대위 358
정순국 461
정은혁 303
정익로 141
정익성 246
정인과 251, 262, 266, 593
정일영 480, 481, 482
정일형 495
정총해 521
정춘수 223, 267
정팔현 303

정홍권 521
조남복 118
조능봉 36
조동진 473
조병직 141
조병철 570
조복희 307
조수경 390
조수옥 297, 303, 305, 307, 308, 309, 316
조수완 356, 480, 481
조승제 269, 389, 593
조용석 446
조재태 555, 596
조택수 330, 593
조희염 273
존스톤 122
주공삼 141
주기철 256, 270, 279, 283, 284, 285, 286, 287, 288, 294, 288, 299, 300, 307, 315, 317, 331, 341
주남선 295, 298, 301, 305, 308, 309, 316, 331, 341, 343, 345, 344, 346, 347, 359, 362, 367, 386, 436
주남수 391
주상수 370
주영문 402, 443, 467, 486, 594
주태화 443
진학일 506, 594, 595
쯔다셴 46

【ㅊ】

차영배 526, 542
차재명 251, 271
찰스 피니 53, 77
채정민 256, 289, 297, 298, 304, 316

채필근 230, 233, 234, 271, 272, 274, 276, 283, 592
최관홀 147
최달석 307
최덕성 335, 556
최덕지 298, 305, 306, 307, 309, 316, 372
최동삼 290
최만술 506, 539, 595
최명오 101
최병규 10
최봉석 299, 315
최상림 295, 298, 302, 303, 309, 315, 331, 341, 592
최석주 222, 275
최선일 32
최수일 569
최의손 357, 429, 431, 524
최재화 340, 341, 342, 382, 593
최정엽 141
최지화 261, 292, 593
최진교 506
최해일 566, 594, 595
추국원 481, 480

【ㅋ】

카이퍼 433, 456
캐로라인 31
커 렐 66
크레이다너스 433
크로쇠이데 433
킨슬러 257

【ㅌ】

태매시 298
테이트 60, 61
토마스 31, 32, 33, 34, 35, 36, 37, 39,

40, 103, 113
톰 슨 49

【ㅍ】

페 리 60
편하설 144, 282
포 드 477
포세트 60
폴 크 56
푸 트 62
폴 톤 249
피터즈 27

【ㅎ】

하도례 432, 477, 555
하 디 121, 22
하민기 569
하 스 55
한경직 233, 273, 324, 471
한대식 467
한명동 354, 381, 431, 441, 446, 517, 523, 594
한부선 466, 467, 468, 477, 486, 505, 524, 525, 574
한상동 283, 284, 285, 287, 288, 289, 296, 297, 298, 299, 301, 302, 303, 304, 305, 306, 307, 308, 316, 331, 334, 341, 343, 345, 353, 354, 355, 356, 358, 359, 361, 362, 367, 370, 371, 372, 375, 376, 377, 386, 401, 423, 431, 432, 436, 445, 448, 452, 455, 457, 466, 470, 479, 481, 482, 486, 492, 499, 503, 504, 510, 513, 514, 515, 518, 519, 520, 521, 529, 530, 533, 536, 543, 544, 594

한석진 45, 111, 118, 141, 144, 145, 147, 592
한위렴 128, 226
한진환 556
한학수 523, 536, 539, 594
함일톤 304, 357, 429, 431
함태영 169, 175, 225, 334, 592
해이베르츠 27
허대시 297
허순길 521, 526, 530, 556, 573, 577
허천기 330
헐버트 104, 118
헤 론 54, 56, 57, 66, 70, 92, 108, 138
헤르만 바빙크 433
헨드릭 하멜 28
현요한 477, 486, 524, 525, 555
현유광 556
호르톤 74
호만성 128
홍관표 571, 572
홍기주 328
홍반식 348, 499, 504, 520, 521, 523, 556
홍병선 260
홍영식 56, 54
홍택기 257, 258, 260, 320, 592
황보기 303
황은균 326
황철도 298, 34, 354, 371, 413, 436, 479, 481, 482, 483, 485, 510, 515, 594,
힐 257

한국장로교회사 고신교회중심

2008년 5월 10일 개정판 인쇄
2021년 9월 15일 개정3판 발행

저　자 / 허순길
발행인 / 김수관
발행처 / 도서출판 영문
　　　　 서울특별시 은평구 역촌동 10-82
　　　　 Tel.(02) 357-8585　Fax.(02) 382-4411
　　　　 E-mail : kskym49@daum.net
출판등록번호 / 제03-01016호
출판등록일 / 1997. 7. 24

판권소유 / 도서출판 영문
정가 30,000원

ISBN 978-89-8487-239-3

※잘못 만들어진 책은 구입처나 본사에서 교환해 드립니다.